조용한 혁명

메이지유신과 일본의 건국

지은이

성희엽(成熙曄, Seong Heui Yeob)_ 국제지역학 박사, 일본근대사 전공. 서울대학교 자연과학대학 화학과를 졸업한 뒤 동아대학교 동북아국제대학원을 거쳐 국립 부경대학교 국제지역학부 대학원에서 일본 근대사에 관한 연구로 박사학위를 받았다. 부산광역시청, 기획재정부에서 근무했으며 부산동서대학교 대학원 일본 지역 연구과에서 초빙교수로 강의했다.

조용한 혁명 메이지유신과 일본의 건국

초판 1쇄 발행 2016년 1월 10일 **2판 5쇄 발행** 2021년 12월 25일

지은이 성희엽 **펴낸이** 박성모 **펴낸곳** 소명출판 **출판등록** 제13-522호

수소 서울시 서초구 서초중앙로6길 15, 2층

전화 02-585-7840 **팩스** 02-585-7848 **전자우편** somyungbooks@daum.net **홈페이지** www.somyong.co.kr

값 52,000원 ⓒ 성희엽, 2017

ISBN 979-11-5905-111-1 93910

일본 근대사 100년에 관한 성찰

조용한 혁명

메이지유신과 일본의 건국

Silent Revolution
Meiji-Revolution and Japan's state-buildings

성희엽

사무라이의, 사무라이에 의한, 일본을 위한 혁명

나라는 이익(利)을 이로움으로 삼지 않고
정의(義)를 이로움으로 삼는다.
國, 不以利爲利, 以義爲利也.
─『대학(大學)』

표기법 관련 일러두기

이 책에서 날짜 등의 표기, 일본어의 한글표기 원칙은 다음과 같이 정하였다.

1) 날짜의 표기, 법령의 표기 등은 이와나미 서점이 2001년 간행한 근대일본총합연표(近代日本總合年表 4版)를 참고하여 다음과 같이 정하였다.

① 날짜의 표기 : 일본은 1872년(메이지 5) 11월 9일(양력 1872.12.9) 태음력을 폐지하고 태양력을 채택하는 조서를 발표하여, 1872년 12월 3일을 1873년(메이지 6) 1월 1일로 정하였다. 이로써 날짜표기가 연호·음력에서 연호·양력으로 바뀌었다. 따라서 이 책에서는 이 날을 기준으로 연호 대신 연도를 사용하여 그 이전 날짜는 음력으로 그 이후는 양력으로 표시하였다. 다만 연호를 표시할 필요가 있을 때에는 괄호 안에 별도로 연호를 표시하였다. 예외적으로 막부 말기 일본이 서양 국가들과 체결한 조약에 정해진 개항, 개시 일정은 별도의 언급이 없는 한 양력을 기준으로 표기하였다.

② 사람의 생몰연대의 표기는 1872년까지는 일본의 연호·음력으로, 그 이후는 서양력으로 표시하였다.

③ 연령의 표기 : 일본은 1950년 1월 1일을 기준으로 연령의 표기를 수연령(數年齡)에서 만연령(滿年齡)으로 바꾸었다. 이 책에서도 이 기준에 따라 표기하였다.

④ 법령의 공포일은 그 법령이 관보에 등재된 일자(천황이 재가한 일자 혹은 제정된 일자가 아니라 법령에 표기되어 있는 일자)를 표기하였다. 다만 1886년(메이지 19) 2월 26일의 공문식(公文式) 공포 이전의 법령과 대만총독부, 조선총독부의 율령(律令), 제령(制令), 부령(府令)은 재가일자를 기준으로 표기하였다.

⑤ 법령의 표기는 공문식 공포 이전에는 항목 끝에 괄호를 두어 법령의 발령 주체와 형식을 약호로 표시하였다(太布=太政官布告, 太布達=太政官布達, 太達=太政官達). 태정관포고 254호 이전까지는 법의 형식이 매우 애매모호하였기 때문에 그 명시를 피하고 있는 경우도 많다. 한편 일본의 법령전서는 1868년에서 1870년까지는 발령주체와 상관없이 발령 일자에 따라 편찬되어 있고, 1871년 이후에는 발령주체에 따라 편찬되어 있다. 이는 1870년까지는 정부의 관제가 정비되어 가는 과정이어서 발령 주체의 확정이 곤란했기 때문이다. 이러한

혼란은 공문식이 공포되어 법령의 표기가 발령 주체와 형식에 따라 매우 세부적으로 정해짐에 따라 사라졌다.

2) 일본어의 한글 표기는 다음과 같이 정하였다.

① 이 책의 일본어 표기는 국립국어원의 일본어 표기법을 따랐다. 하지만 국립국어원의 표기법은 글로벌 시대인 오늘날 한글의 위상에 어울리지 않는 문제점을 많이 가지고 있다. 외국어 표기법은 인문학의 기초에 해당하는 중요한 일로서 국립국어원을 포함하여 일본 연구와 관련된 모든 학회와 학자 그리고 출판계가 함께 책임의식을 가지고 이 문제를 하루속히 해결할 필요가 있다.

② 일본어 인명, 지명, 행정구역 등의 고유명사는 일본어음으로 읽어주는 것을 원칙으로 하였다. 다만 이미 우리나라에서 관용적으로 굳어져 있거나, 그 의미를 명확히 드러내기 위해 꼭 필요한 경우에 한하여 한자음을 우리식으로 적고 괄호 안에 일본어 발음을 표기해 두었다.

③ 도래인과 중국인의 이름은 한자음을 우리식으로 적고 괄호 안에 일본어 발음을 표기해 두었다. 그 밖의 외국인의 이름은 그 나라의 발음을 기준으로 표기하였다.

④ 일본어로 쓴 책의 제목은 일본어음을 그대로 적는 것을 원칙으로 하였다. 다만 국학자들이 쓴 책은 고대 일본어로 표기되어 있는 것들이 많아 이 원칙을 그대로 따르기 어렵다. 그럴 경우 책 제목과 주요 개념은 발음하는 것도 그 의미를 이해하는 것도 모두 어려워 우리나라의 독자들에게는 아무런 실익이 없기 때문이다. 이런 문제점 때문에 국학자들의 책 제목과 중요개념의 표기는 고대 일본어음과 우리식의 한자어 표기법 중 우리나라 독자들이 이해하고 익히기 쉬운 표기법을 경우에 따라 선택하여 적어 두었다.

⑤ 천황의 호칭과 관련해서는 천황과 왕 두 가지가 있다. 이 책에서는 천황의 호칭이 일본 역사서에 처음 등장하는 7세기 중엽 덴치(天智) 천황 이후의 천황은 천황으로, 그 이전의 천황은 왕 또는 여왕으로 표기하였다. 천황의 가족도 이 기준에 따라 표기했다.

이 책을 내기까지 많은 분들의 도움이 있었다. 은사이신 국립 부경대학교 국제지역학부의 김진기 교수님은 늦깎이 제자가 깊고 넓은 학문의 숲에서 길을 잘 찾아갈 수 있도록 늘 격려해 주셨다. 안식년으로 미국에 가 계시는 동안에도 상세한 코멘트를 해 주신 은혜는 잊을 수 없다. 같은 학부의 정해조 교수님, 이홍종 교수님, 고종환 교수님, 이중희 교수님을 비롯하여 최기성 교수님께도 이 자리를 빌려 감사의 말씀을 드린다. 여러 선생님들께서 세심하게 배려해주신 덕분에 학위를 마치고 이 책을 쓸 용기를 얻었다. 동아대학교의 박형준 교수님께서는 의미 있는 책이라며 격려해주셨다. 동서대학교 장제국 총장님은 같은 대학의 대학원 일본지역연구과에 1년간 초빙교수로 강의할 수 있도록 배려해 주셨다. 이 책의 많은 부분이 동서대학교에서 있을 동안 집필되었다. 그때 내 강의에 적극적으로 참여해 준 중국과 일본의 대학원생들, 특히 청강생이면서 한 번도 강의를 빼먹지 않았던 마츠모토 군은 오랫동안 기억에 남아 있을 것이다. 부산영상위원회와 부산국제영화제 두 분 위원장님도 이 책을 집필할 수 있도록 물심양면으로 지원해 주셨다. 부산지역의 문화소통단체 숨의 차재근 대표는 이 책을 집필할 수 있는 공간을 선뜻 내주었다. 차 대표가 운영하는 복병산 창작여관에 들어간 뒤 비로소 바깥세상의 바람소리를 잊고 사색에 빠질 수 있었다. 복병산 창작여관이 없었다면 아마

몇 년은 더 이 책과 씨름해야 했을 것이다. 차 대표는 또한 독일 아마존에서 해외로는 배송되지 않는 두 권의 헌책을 직접 구해주었다. 이 책을 구상할 때부터 가까운 지인들로부터도 많은 조언을 받았다. 일본근대사 전공자가 아니면서도 솔직하고도 따뜻한 의견을 제시해 준 이 분들은 이 책의 첫 독자이자 비평가다. 한국미래연구원 이철 이사장은 늘 문제의식을 함께 공유하면서 이 책이 빨리 완성될 수 있도록 응원해 주었다. 부산경제진흥원의 오지환 박사와 몇몇 후배들은 이 책의 구상단계에서부터 많은 도움을 주었다. KNN의 이성림 본부장은 예고 없이 불쑥 내 연구실로 찾아와 담소를 나누다 가곤 했다. 겉으로는 내가 진짜로 책을 쓰고 있는지 감시하기 위해서라고 말했지만 그 깊은 속내에 늘 고마워하고 있다. 조선일보 박주영 본부장, 부산발전연구원의 주수현 박사, 동성화학의 전대현 전무, 부산일보의 이병철 부장, 미디어줌의 박미화 대표는 엉성한 초고를 읽고 책의 내용과 편집방향에 대해 조언을 해 주었다. 부산MBC의 탁은수 부장, ESS 김태균 대표, 이성권 고베 총영사는 이 책의 배경이 되는 교토와 고베지역의 역사현장에 동행해 주었다. 제8장에 있는 이와쿠라 도모미의 고택 사진은 탁은수 부장의 어깨에 올라타 찍은 것이다. 우리가 방문한 날이 마침 휴관일이라 다른 방법이 없었는데, 자료사진으로서는 좀 부족하지만 우리의 추억을 떠올리기에는 더할 나위 없이 소중한 사진이 되었다. 채널A의 김광현 부장은 반술 상태에서 책 제목의 구체성이 떨어진다고 큰 소리로 지적질을 했다. 오랜 우정의 힘으로 그의 지적질을 받아들여 메이지유신과 일본의 건국이라는 부제를 달았더니 정말로 맘에 드는 제목이 되었다. 동서대학교 레포츠과학부의 이효경 교수는 '스타팅 피스톨'이라는 체육계의 용어를 전 국가사격대표에게 직접 확인해 주었다. 이 교수의 도움으로 '혁명의 스타팅 피스톨'이라는 멋진 소제목이 만들어졌다.

차재원 전 국회부의장실 비서관, 임지홍 보좌관 등 대한민국 국회 의원회관에 근무하는 친구와 후배들은 국회도서관에서 책을 대여하는 데 많은 도움을 주었다. 고난 속에서도 오랜 기간 나를 응원해 준 행원 형은 누구보다 이 책이 나오길 기대하고 있다. 이 분들 모두에게 진심으로 감사드린다.

이 책을 쓰면서 새삼 감사함을 느낀 분들도 많이 있다. 우리나라의 일본근대사 연구 환경은 매우 열악한데 그나마 천만다행으로 이 책을 쓰는 데 꼭 필요했던 마루야마 마사오와 후쿠자와 유키치의 책은 꽤 많이 번역되어 있는 편이었다. 그중 마루야마 마사오의 『일본정치사상사연구』와 『문명론의 개략을 읽는다』는 이 책의 1부를 집필하면서 특히 많이 참고하였다. 이 두 책은 일본 근대 정치사상을 연구할 때 넘어야 할 첫 번째 산이다. 개인적으로는 두 책을 이해하는 데 꼬박 10년의 세월이 걸렸다. 아마 우리글 번역이 없었다면 최소 5년은 더 걸렸을 것이다. 그밖에도 오규 소라이의 『논어징』, 이토 진사이의 『동자문』·『논어고의』, 마리우스 잰슨의 『사카모토 료마와 메이지유신』, 스기타 겐파쿠의 『난학사시』 등 매우 중요한 일본 고전들이 최근 번역되었다. 좋은 한글번역본을 내 주신 여러 선생님들께 진심으로 감사드린다. 마지막으로 분량이 많은 만큼 출간에 따르는 부담이 커짐에도 불구하고 선뜻 이 책을 출간할 수 있도록 배려해 주신 소명출판 박성모 대표님, 공홍 부장님, 그리고 어수선했던 원고가 한 권의 책으로 탄생할 수 있도록 날카롭고 꼼꼼하게 편집을 해 주신 편집부에게도 깊이 감사드린다.

차례

감사의 글   5

시작하면서

1. 동아시아 근대사의 거울, 일본 근대사   15
2. 주요 역사 용어들   27
3. 유신과 건국의 역사관   40

제1부 유신과 건국의 기원

제1장 「5개조서약문」과 유신혁명

1. 「5개조서약문(五箇条の御誓文)」   47
2. 「5개조서약문」과 유신혁명   53
   1) 「5개조서약문」의 정치적 배경   53
   2) 유신의 근본정신과 신정부의 국시(國是)   55

제2장 정통성

1. 정통성과 천황   61
   1) 천황가의 기원과 정통성   61
   2) 만세일계(萬世一系) 황통론의 계보학   64
2. 국학과 유신혁명   84
   1) 국학의 중흥과 발전   84
   2) 국학과 유신혁명   101
3. 미토학과 유신혁명   106
   1) 미토학(水戸学)의 성립과 발전   106
   2) 후기 미토학과 유신혁명   126

제3장 **근대성**

1. 근대성과 일본문명 128
2. 난학과 서양문명 135
   1) 세계로 향해 열린 작은 창, 데지마(出島) 135
   2) 막부 말기 서양문명의 수용 150
3. 근대성과 유신혁명 158
   1) 난학과 근대적 세계관 158
   2) 난학과 근대적 개혁사상 173

제4장 **공공성**

1. 에도 시대 유학의 발전과 혁신 185
   1) 에도 시대 유학의 발전 185
   2) 경제 사회의 발전과 유학의 혁신 196
2. 정치 세계와 공공성의 발견 203
   1) 이토 진사이와 천하공공(天下公共)의 도(道) 203
   2) 오규 소라이와 선왕(先王)의 도(道) 214
3. 공공성과 유신혁명 230
   1) 공의(公儀)와 공공성―대정위임론(大政委任論) 230
   2) 근대적 공공성(公共性)
      ―요코이 쇼난과 공공의 정치 239

제2부 유신혁명

제5장 혁명전야

1. 중국의 시련과 일본의 대응   245
   1) 서풍에 실려 오는 불길한 소식, 아편전쟁   245
   2) 우국지사들   256
   3) 막부 말기의 부국강병 노력   264
2. 혁명전야   277
   1) 불가피한, 그러나 치명적인 개국(開國)과 개방   277
   2) 정치적 행동가(Activist)—요시다 쇼인   290
   3) 혁명의 스타팅 피스톨(Starting Pistol)
      —사쿠라다문밖의 사건   306
   4) 조슈의 지독한 투혼
      —8·18정변에서 제2차 조슈정벌전쟁까지   313

제6장 유신

1. 왕정복고 쿠데타   346
   1) 유신혁명의 주력, 사쓰마   346
   2) 쇼군의 승부수—대정봉환   358
   3) 혁명세력의 반격—왕정복고 쿠데타   373
   4) 에도성 무혈개성—가쓰 가이슈의 마지막 담판   380
2. 유신의 또 다른 행위자들   387
   1) 천황가와 조정   387
   2) 국제적 환경—영국과 프랑스   403
3. 패자(敗者)들의 유신혁명   415
   1) 마지막 쇼군, 도쿠가와 요시노부   415
   2) 막신들의 유신혁명   421
   3) 아이즈의 풀리지 않는 유신 원한   426

제7장 **유신혁명**

1. 구체제와 유신 정부　438
　1) 기도 다카요시　438
　2) 구체제의 특징과 한계　445
　3) 유신 정부의 개혁 정책　452
2. 유신에서 혁명으로, 구체제를 해체하다　455
　1) 지역(藩) 권력의 폐지　455
　2) 신분 제도의 폐지　462
　3) 특권과 차별의 폐지　466

제3부 건국

제8장 **건국의 구상**

1. 유신 정부와 이와쿠라사절단　475
　1) 이와쿠라 도모미　475
　2) 유신 정부와 이와쿠라사절단　484
2. 이와쿠라사절단의 문명론—『미구회람실기』　496
　1) 자본주의 산업문명　496
　2) 공화주의와 입헌군주제　500
　3) 만국공법(萬國公法, 국제법)과 국제 질서　504
3. 유신 정부 초기의 건국 구상과 근대화 혁명　508
　1) 유신 정부의 시련
　　—정한론 정변(1873)과 서남전쟁(1877)　508
　2) 이와쿠라사절단과 유신 정부의 건국 구상　517
　3) 이와쿠라사절단과 근대화 혁명　524

제9장 **경제혁명**

1. 정부 주도의 공업화　530
　1) 오쿠보 도시미치　530
　2) 서구화 정책과 식산흥업 정책　535
2. 근대 자본주의 제도의 정초　541
　1) 근대적 시장경제와 재정금융 제도　541
　2) 근대화의 기수, 엔(円)의 탄생　552

제10장 **군사혁명**

1. 근대 국민군과 군사 제도　569
　1) 야마가타 아리토모　569
　2) 중앙정부군의 창설과 발전　575
2. 메이지기의 군비 증강과 대외 팽창　587
　1) 메이지기의 대외 팽창 논리　587
　2) 메이지기의 군비 증강　591
3. 메이지기 일본군의 특징　594

제11장 **입헌혁명**

1. 근대적 입헌 제도와 제국헌법　608
　1) 이토 히로부미와 근대적 입헌제도　608
　2) 오쿠마 시게노부의 정당내각제 입헌론과 1881년정변　615
　3) 유럽 입헌 제도 조사와 대일본 제국 헌법　626
2. 불평등조약의 개정과 '자주독립'　633
　1) 근대 국제 정치 질서와 불평등조약 체제　633
　2) 근대 사법 제도의 구축　639
　3) '자주독립' 문제와 불평등조약의 개정　642

제12장 유신과 건국에 관한 성찰

1. 유신과 건국의 특징 650
2. 유신과 건국의 주체-사무라이 혁명가 654
  1) 유신의 영웅들 654
  2) 사무라이를 혁명가로 키운 것 660
  3) 덴포기의 사무라이들 674
3. 유신과 건국의 운명 706
  1) 건국과 독재 706
  2) 후계자들-유신과 건국의 파괴자 716

보론 천황과 전쟁책임론

1. 현대 일본의 천황 721
2. 쇼와 시대의 끝-봉인된 전쟁책임론 729

참고문헌 737

부록 770

일본 근대역사 관련 영화/드라마 자료 784

사진 출처 및 인용 자료의 소장처 788

찾아보기 790

저자 후기 807

시작하면서

믿음의 세계에 거짓이 많고,
의심의 세계에 진리가 많다.
— 후쿠자와 유키치, 『학문의 권장』[1]

1. 동아시아 근대사의 거울, 일본 근대사

이 책은 동아시아 국가들 중 유일하게 서구 열강들의 군사적, 경제적인 침략에 맞서 자립적 근대화에 성공한 근대 일본의 역사를 유신과 건국이라는 주제를 중심으로 쓴 것이다.

잘 알려져 있듯이 에도 시대 일본은 도쿠가와 쇼군가와 270여 개 번으로 구성된 봉건적 막번체제[2]를 유지하고 있었다. 이 시대 에도사회는 전란이 끝나고 평화가 이어지면서 경제적으로도 문화적으로도 크게 발전한다. 하지만 지방 다이묘의 반란가능성을 차단하기 위해 시행한 대형 함선과 무기의 제조 금지 조치 등 지방통제정책으로 인해 막부 말기 일본의 군사적인 능력은 설립 초기보다도 현저하게 약화되어 있었다.

---

1   후쿠자와 유키치, 남상영 역, 『학문의 권장』, 소화, 2003.
2   이 책 제7장 제1절의 제2항 구체제의 특징과 한계(445~452쪽) 참조.

이로 인해 1853년 미국의 페리 함대가 에도 앞바다에 나타났을 때 일본은 아무런 군사적인 대응능력을 갖추고 있지 않았다. 하지만 이에 맞서 신속하게 군사적인 대응태세를 갖추는 한편 외교 협상을 통해 다음해 서양 5개국과 화친조약을 체결한다. 이어 1858년 미국의 요청에 따라 먼저 일미수호통상조약[3]을 먼저 체결하고 다른 서양 4개국과도 같은 내용의 수호통상조약(안세이5조약)을 차례로 체결한다.

그런데 화친조약과 달리 안세이5조약에서 5개 항구의 개항과, 에도·오사카 두 도시의 외국인 거주 허가 등 실질적인 개방을 약속한 것이 알려지면서 큰 문제가 발생한다.[4] 외국인에 대한 혐오감이 강했던 고메이 천황이 강경하게 반대하면서 안세이5조약에 대한 천황의 칙허는 무산되고 만다. 이에 외국인을 배척하려는 양이세력은 천황을 중심으로 결집하여 반막부 운동에 나서고, 안세이5조약의 상대국들은 조약의 조속한 이행을 요구하는 무력행동을

---

3   미국, 영국, 프랑스, 러시아, 독일 등 5개국과 맺은 조약을 말한다. 일미통상수호조약은 일본이 근대적 형식에 기초해 외국과 맺은 최초의 통상조약이다. 그러나 함포를 앞세운 미국 앞에 영사재판권을 인정하고 관세자주권도 상실했다는 점에서 매우 불평등한 조약이었다. 이 책 제11장 제2절의 제1항 근대국제정치질서와 불평등조약 체제 참조.

4   이때 개항을 약속한 5개 항구는 요코하마, 나가사키, 하코다테(즉시 개항), 니가타(1860년 1월 1일), 효고(1863년 1월 1일)이며 개방하기로 한 두 도시는 에도(1862년 1월 1일) 오사카(1863년 1월 1일)이다. 이중 오사카의 개방과 효고(현 고베시)의 개항 문제는 막부 말기 정국을 뒤흔드는 핵심적 정치이슈로 떠오른다. 고메이 천황이 지리적으로 황궁과 가까운 오사카와 효고를 외국인에게 개방하는 것에 매우 강경하게 반대했기 때문이다. 1862년 막부의 견구사절단은 오사카의 개방과 효고의 개항 시기를 연기하기 위한 것이었다. 견구사절단은 이때 영국과의 협상에서 관세율 인하, 생사수출 자유화 등 양보를 하는 대신 오사카의 개방과 효고 개항시기를 1868년 1월 1일로 연기하는 런던조약을 체결하였다. 그 뒤 영국 등 서구열강은 시모노세키 전쟁에서 승리하자 효고의 조기 개항을 요구하면서 무력시위를 했고, 막부는 관세율을 다시 인하하는 조건으로 개항 시기는 그대로 유지하는 개세조약을 체결한다. 사쓰마, 조슈 등 서남지역의 다이묘들과 제15대 쇼군 도쿠가와 요시노부 사이의 주도권 경쟁(4제후 회의)과 왕정복고 쿠데타의 감행 시기 등은 효고항 개항 일자와 깊게 관련되어 있다.

벌이기 시작한다.

이로써 크게 도쿠가와 쇼군가, 쇼군가 직속의 막부 관료(하타모토), 후다이 다이묘를 한 축으로 하는 구체제 수호 세력과 도쿠가와 시대 내내 중앙정치에서 소외되었던 일본 열도 서남지역의 개혁적 다이묘, 도자마 다이묘, 후쿠이·미토의 신판 다이묘, 조정의 개혁적 공경 등 체제 변혁세력을 또 다른 한 축으로 하는 막말의 대변혁과정이 시작된다.

그것은 1860년 3월 다이로 이이 나오스케가 암살된 사쿠라다문밖의 사건에서 본격화되기 시작해 1867년 12월 9일의 왕정복고쿠데타, 보신전쟁에 이르기까지 그 결과를 예측하기 힘든 동란의 연속이었다. 막부의 정치적 탄압과 이에 반발해 일어난 테러사건들, 천황을 둘러싸고 벌어진 친막부 세력과 반막부 세력 사이의 전투들, 전국적 규모의 내란으로 발전한 제1,2차 조슈정벌 전쟁, 시모노세키 전쟁, 사쓰에이 전쟁 등 내란과 외환이 꼬리에 꼬리를 물고 계속 일어났다.

그 동란의 과정에서 일단의 개혁적 사무라이들은 봉건 막번체제처럼 지역과 신분으로 분열된 국가시스템으로는 군사력이 월등한 서구열강의 위협을 극복하는 것이 불가능하다는 통찰을 얻는다. 에도사회가 일찍이 경험한 적이 없는 내우외환의 국가적 위기에 빠지자 쇼군가나 다이묘가의 봉건적 경계를 넘어 일본이라는 국가, 일본 민족이라는 전혀 다른 차원의 근대적 세계를 보게 된 것이다. 이들은 봉건 막번체제 아래에서 전혀 경험할 수 없었던 강렬한 민족적 정체성과 근대적 국가의식을 체득하고, 봉건 막번체제를 초월하려는 새로운 시대정신을 자신의 공적 사명감으로 받아들인다. 바로 유신과 건국의 주체세력이다.

이렇게 사쓰마, 조슈 두 번을 중심으로 형성된 유신 주체세력은 여러 차례의 시행착오 끝에 마침내 군사쿠데타를 감행하여 도쿠가와 막번체제를 해체하고 천황제 통일정부를 수립하는 데 성공한다. 이어 '사무라이의 사회적 자살'[5]이라고 불릴 정도로 근본적인 사회경제적 개혁정책을 단행하고, 서구의 근대적 입헌제도를 도입하여 1889년 천황제 근대국가를 수립한다.

막말 일본근대사의 전개과정은 대략 이렇게 요약할 수 있다. 그럼 우리에게도 이처럼 익숙한 일본근대사를 유신과 건국이라는 큰 주제로 다시 한 번 성찰해 보고자 하는 이유는 무엇일까?

그것은 무엇보다도 일본근대사를 한국과 일본 두 나라 사이의 교류사 내지는 관계사에 한정해서 바라보는 것에서 벗어나 이제는 근대 일본의 자립적인 발전과정이라는 관점에서 고찰해 볼 필요성이 있기 때문이다. 일본이 봉건체제에서 근대적 국가로 변화할 수 있었던 원동력이 과연 무엇이었는지, 그것이 어떻게 준비되었는지, 또 현대 일본에는 어떻게 영향을 미치고 있는지 등등 우리가 지금까지 별로 관심을 가지고 있지 않았던 관점에서 일본근대사를 한번 생각해 볼 때가 되었기 때문이다.

그 동안 우리나라 역사학계는 주로 우리 역사를 중심에 두고 그것과 연관되어 있는 일본의 역사만을 연구하는 경향에 빠져 있었다. 이러한 경향은 일본 역사의 제한된 분야를 좁은 시각에서만 바라보게 하는 문제점을 낳았고, 일본의 역사를 내부의 자립적인 발전과정이라는 관점에서 보지 못하게 했다. 뿐만 아니라 일본역사를 한일관계사라는 작은 창을 넘어 좀 더 국제적인 관점에서, 좀 더 다양한 시각에서, 좀 더 깊이 있게, 좀 더 거시적으로 보지 못하게 했다. 그러다 보니 일본 근대사에 관한 우리의 이해수준은 심하게 말하자

---

5   三谷博, 『明治維新 考える』, 岩波書店, 2012, 4〜10쪽.

면 아직 시바 료타로의 역사소설[6] 수준도 못 넘어서고 있다.

이 책이 대상으로 삼고 있는 1800년대만 해도 그렇다. 지금 우리학계에는 이 시기 일본근대사에 관해 축적된 연구가 별로 없을 뿐만 아니라, 국정교과서의 정형적인 시각에서 벗어난 독창적인 연구도 많지 않다. 아편전쟁 이후 청이 어떤 과정을 거쳐 서구열강의 분할지배를 받게 되었는지, 봉건 막번체제 일본은 또 어떻게 서구열강에 맞서 독립을 유지할 수 있었는지를 돌아보면서 역사의 교훈을 찾을 수 있는 시간이 충분히 있었음에도 불구하고 그렇게 하지 않았던 구한말 조선의 오류를 오늘날 우리도 똑같이 반복하고 있는 것이다.

중국의 근대사는 말할 것도 없거니와 봉건 막번체제 아래에 있던 일본이 얼마나 오랜 기간 동안, 얼마나 역동적으로 국가적인 역량을 내부에 축적해왔는지, 외세의 위협 앞에서는 얼마나 철저하게 자신을 개혁하면서 국가적 위기를 극복했는지, 서구열강의 아시아에 대한 식민지배와 경제적 약탈은 또 어떻게 진행되어 왔는지 등등 매우 중요한 역사적 교훈들에 눈을 감고 있는 것은 그때나 지금이나 마찬가지이다.

우선 아시아 국가들의 근대사는 어느 나라건 간에 그 나라만의 역사 혹은

6   시바 료타로(1923~1996)는 매우 유명한 일본의 역사소설가다. 『언덕위의 구름』, 『료마가 간다』, 『화신』, 『타올라라 검』 등 막부 말기를 배경으로 한 역사소설을 많이 썼고, 그의 작품 대부분이 역사 드라마나 영화로 제작되었다. 우리나라에도 그의 소설은 많이 번역되어 있다. 그는 메이지 시대를 동경하는 반면 쇼와 시대를 혐오하는 것으로 널리 알려져 있다. 그의 많은 소설들이 메이지 시대를 배경으로 하고 있는 것은 이 때문이다. 이를 통해 그는 메이지 시대의 일본 국민사라고 일컬어질 만큼 독특한 역사관을 형성하였다. 또한 그는 메이지유신이 성공할 수 있었던 것은, 일본이라는 국가와 근대적 일본 국민을 탄생시키기 위한, 도쿠가와 쇼군가를 비롯한 사무라이들의 숭고한 희생이 있었기 때문이라고 보았다. 이를 통해 그는 '찬란한 메이지 시대를 이룬 유신의 영웅을 많이 만들어냈다. 司馬遼太郎, 『明治という國家』, 日本放送出版協會, 1989, 115~116쪽; 司馬遼太郎, 『昭和という國家』, 日本放送出版協會, 1998; 三谷博, 『明治維新 考える』, 岩波書店, 2012, 제6장 「시바료타로―국민사의 추구, 쇼와에의 혐오」 참조.

아시아 국가들 사이의 역사만으로는 성립자체가 불가능하다. 그만큼 아시아 근대사에 미친 서구의 영향은 크다. 유럽의 열강들은 이미 1600년대 초부터 아시아 주요 지역을 지배하기 시작했다. 처음에는 인도 남부, 자바, 자카르타 등의 주요 해안도시들을 위주로 점령했지만, 1800년대에 이르면 인도차이나 반도에 이르기까지 동남아시아 전 지역의 내륙으로 지배영역을 확대했다. 그 결과 아시아 국가들의 자립적인 발전이 저지되고 심각하게 왜곡되었음은 말할 필요도 없다.

1839년부터 본격화된 청과 영국 사이의 아편을 둘러싼 분쟁은 이러한 서구열강의 아시아 침략과 지배가 중국대륙과 동아시아 지역으로 확대되는 신호탄이었다. 이들은 아편전쟁을 계기로 중국 광동과 주변지역을 점령하고 이어 해안을 타고 북상하면서 주요 연안도시들을, 그 뒤에는 양자강 상류의 주요 내륙 도시들까지 차례로 점령해 들어갔다.

일본도 이러한 서구열강의 지배야욕에서 벗어날 수는 없었다. 다만 일본에서는 도쿠가와 쇼군가와는 별개로 쇼군가에 역사적 원한을 가지고 있는 사쓰마, 조슈 등 서남지역의 다이묘들이 일찍부터 부국강병정책을 추진한 결과 몇몇 지역은 서양 함대에 독자적으로 맞설 수 있을 정도로 성장해 있었다. 반막부 세력을 대표하는 사쓰마(현재의 가고시마현)와 조슈(현재의 야마구치현)는 각각 영국 함대와 서양 4개국 연합함대와 맞서 사쓰에이 전쟁(1863), 시모노세키 전쟁(1864)을 독자적으로 감행할 정도로 강력했고, 이때의 전투경험을 교훈으로 삼아 양이노선을 버리고 봉건막번체제의 개혁을 향해 나아간다.

이런 관점에서 이 책에서는 근대 일본의 유신과 건국을 서구열강이 인도와 동남아시아, 중국에 이어 일본을 지배하려고 등장했을 때 이에 맞서 대외적으로는 자주독립을 지키고 내부적으로는 봉건 막번체제에서 근대국가로의 근본적인 체제변혁에 성공한 혁명으로 보고 있다.

결론적으로 근대 일본의 유신과 건국은, 성공한 혁명이며, 서구의 근대적 혁명과 다른 여러 가지 특징 때문에 '조용한 혁명'이라고 정의하고 있다. 이런 정의는 지금까지 우리나라는 물론이고 일본에서도 없었다. 유신과 건국을 혁명이라고 정의한 사람도 많지 않다.[7]

그러나 유신과 건국은 그 시대가 요구하던 역사적 과업인 자주독립과 근대적 통일국가의 수립이라는 목표를 단기간에, 비교적 적은 희생으로, 실제 현실에서 완수한 혁명이다. 반면 프랑스대혁명 등 서구의 근대혁명은 대부분 엄격하게 말하자면 실제 현실에서는 너무 많은 희생과 파괴만을 남기고 실패로 끝난 혁명이다. 단지 자유, 평등, 박애 같은 화려한 혁명 이념이 제국주의의 깃발을 타고 전 세계로 확산되면서 마치 그것이 현실에서도 성공한 것 같은 착각을 불러일으키고 있을 뿐이다. 즉 서구의 근대혁명은 이념이 승리한 관념적 혁명에 불과하지만, 근대 일본의 유신과 건국은 혁명 이념 그 자체가 현실에서 완수된, 성공한 혁명이다.

비록 천황제 근대국가를 수립한 뒤 서구의 제국주의 국가들과 함께 아시아 이웃국가들에 대한 침략적인 팽창정책을 추진하면서 그 의의가 많이 퇴색

---

7   메이지유신을 혁명이라고 처음 정의한 사람은 도쿠토미 소호다. 1893년 요시다 쇼인의 전기를 일본인 최초로 출간하는데 이 책에서 그는 요시다 쇼인을 유신혁명의 선봉이었다고 평가했다. 德富蘇峰, 『吉田松陰』, 岩波書店, 1981, 20쪽. 하지만 두 번째 판(再版)부터는 메이지유신을 혁명으로 보는 관점을 철회한다. 일본의 학자들은 대부분 유신과 건국의 성격을 종합적으로 이해하려고 하기 보다는 개별 사건을 세부적으로 더 깊게 이해하는데 초점을 많이 두고 있다. 따라서 마르크스주의 학자들 외에는 메이지유신의 종합적인 성격을 연구한 논문이 많지 않다. 미타니 히로시는 최근 근대 일본의 유신과 건국을 새로운 혁명이론으로 파악하려는 시도하고 있는 대표적인 학자다. 그러나 대부분의 일본 학자들은 여전히 유신과 건국의 성격을 종합적으로 이해하려고 하기 보다는 개별 사건을 세부적으로 더 깊게 이해하려는 경향이 있다.

되어 버렸지만, 일본의 유신과 건국은 에도막부 정부에서 천황제 정부로 정치권력의 주체가 바뀐 왕정복고 쿠데타일 뿐만 아니라, 거기에서 훨씬 더 앞으로 나아가 정치, 사회, 경제, 문화, 군사 등 모든 분야에서 봉건적 껍데기를 벗고 근대적인 제도로의 전환에 성공한 사회경제적인 혁명이기도 하다. 더욱이 그것은 서구열강의 경제적, 군사적 침탈이라고 하는, 서구와는 전혀 다른 동아시아 국가들의 가혹했던 시대적 운명을 딛고 달성한 것이다. 이런 측면에서 근대 일본의 유신과 건국은 서구의 시민혁명과는 또 다른 독자적인 변혁모델로 평가받을 만한 가치가 충분히 있다.

그럼에도 불구하고 지금까지 근대 일본의 유신과 건국은 제대로 평가 받지 못했다. 프랑스대혁명 등 서구의 혁명들은 근대적 혁명의 이상적인 모델로 평가받는 반면, 유신과 건국은 그것이 달성한 근대적 업적마저도 제대로 평가받지 못하는 경우가 많았다. 심지어 유신과 건국이 일본군국주의와 쇼와 파시즘의 원형으로 취급받는 경우조차 있었다.

이런 현상이 생긴 이유로는 다음의 몇 가지를 들 수 있다. 우선 일본 국내적으로는 오늘날에도 여전히 천황가와 천황제도를 절대적으로 존중하는 전통이 남아 있기 때문이다. 예부터 일본에서는 천황가의 단절을 의미하는 역성혁명을 부정하고 황통은 만세에 걸쳐 영원토록 존속한다는 신화적 전통을 가지고 있다. 이러한 이유로 인해 천황가에서는 아예 성#도 사용하지 않으며 유신과 건국을 황통의 단절을 의미하는 혁명으로 정의하는 것 자체를 기피[8]해 왔다.

---

8   일본에서는 천황가의 황통이 지속되고 있는 것에 대한 자부심이 매우 높으며, 반대로 천황가의 단절을 의미하는 혁명이라는 말에 대해서는 거부감이 매우 강하다. 모토오리 노리나가가 정사(正史)인 『일본서기』보다 『고사기』를 중요시했던 것이나, 미토에서 『대일본사』의 제호를 둘러싸고 일본이라는 국호를 쓸지 말지에 관한 논쟁이 벌어졌던 것도 이 때문이었다. 일본에서는, 국호는 한 왕조가 멸망한 뒤에 그 왕조의 역사를 편찬할 때

두 번째로는 전전은 물론 전후에도 일본 학계에 뿌리가 강하게 남아 있던 마르크스주의 역사학의 영향이다. 마르크스주의 역사학은 유신과 건국을 불완전한 시민혁명으로 보고 두 단계에 걸친 혁명을 더 거쳐 일본이 사회주의 체제로 변혁되어야 한다고 주장했었다. 이러한 주장의 배경에는 유신과 건국으로 인해 수립된 천황제 국가는 근대적 국가가 아니며 전 근대적인 절대주의 국가라는 전제가 깔려 있었다.[9]

마지막으로 서구학자들의 아시아에 대한 편견을 들 수 있다. 어떤 학자는[10] 프랑스대혁명과 같은 '아래로부터의 혁명'은 서구에서 민주주의 사회로 가는 길을 열었지만, 일본의 유신과 건국은 서구의 근대적 혁명과 다르게 불충분한 '위로부터의 혁명'이었기 때문에, 뒷날 일본이 파시즘과 독재체제로 넘어가는 원인이 되었다고 주장한다.

서구학자들의 이러한 주장은 그러나 역사적으로 전 지구에 걸친 식민지 지배와 제국주의 쟁탈 전쟁이 대부분 영국과 프랑스 등 서구의 선진문명국가에 의해 자행된 것이었다는 점에서 설득력이 없다. 그들이 일본에서의 독재와 파시즘의 기원을 설명하는데 적용한 논리를 일관되게 자신들의 역사에도

사용하는 것이라는 인식이 강해 국호로 '일본'을 사용하는 것에 거부감이 많았다. 에도시대 초기의 유학자였던 야마가 소코는 『중조사실(中朝史實)』에서, 국학을 체계화한 모토오리 노리나가는 『고사기전(古事記傳)』 등에서, 중국에서는 왕조가 빈번하게 바뀌었기 때문에 '도리,道'가 없는 나라라고 비판하면서 중국이 아니라 일본이 동아시아세계의 중심이며 중화(中華)라고 주장했다.

9   遠山茂樹, 『明治維新』, 岩波書店, 2000. 도야마 시게키의 이 책은 1951년 출간된 이래 메이지유신사 연구에서 절대적인 영향력을 발휘했다. 그는 메이지유신의 시기 구분을 1853년 페리내항부터 1877년 서남전쟁까지로 보면서 이 24년 동안 절대주의가 형성되었다고 보았다. 서남전쟁 이후 일청전쟁, 일본제국헌법의 반포까지는 절대주의적 천황제 국가의 확립기로 보았다.

10   배링턴 무어, 『독재와 민주주의의 사회적 기원』, 까치, 1992.

적용한다면 프랑스대혁명, 영국의 명예혁명 등 서구의 근대적 혁명들도 마찬가지로 훗날 그들이 저지른 식민지 지배와 제국주의 침략의 원죄로 비판받아야 마땅하기 때문이다. 영국, 프랑스, 미국 등 서구의 근대적 혁명은 서구사회 안에서는 이상적인 사회변혁일지 모르지만, 조선, 중국, 일본 등 동아시아 국가들에게는 경제적 침탈과 식민지 지배의 야욕을 풀어놓은 야만성의 해방에 지나지 않는다.

그럼에도 불구하고 동아시아 국가들에서는 아직도 명예혁명, 프랑스대혁명과 같은 서구의 시민혁명을 너무나 자연스럽고 당연하게 자유, 평등, 박애와 같은 인류의 보편적인 이상을 실현한 사회변혁으로 생각하는 경향이 많다. 이러한 현상은 동아시아가 서구의 군사적, 경제적 지배를 벗어났는지는 모르지만 이념, 지식, 가치 등 정신적 측면에서는 오늘날에도 여전히 서구의 지배에서 벗어나지 못하고 있다는 것을 반증해주는 사실에 지나지 않는다.

앞에서 잠깐 언급했듯이 1800년대 초반 서구열강은 이미 동남아시아의 많은 지역을 군사적, 경제적으로 지배하고 있었고, 아편전쟁을 계기로 중국에 대한 본격적인 침략에 나섰다. 당시 일본은 인구와 경제력 측면에서 서구열강과 비교해 큰 격차가 나지 않았지만 서구의 증기군함과 암스트롱포 같은 최신식 무기에 대항할 수 있는 군사적인 수단은 전혀 갖추고 있지 않았다. 장거리 사격이 가능한 대포로 무장한 증기선함대는 또 언제 어느 지역으로 공격해 올지 모르기 때문에 지역별로 분열되어 있는 막번체제로는 해안선이 매우 긴 국토를 효율적으로 방어할 수도 없었다. 이 때문에 페리 함대가 등장한 이후 일본은 대외적으로는 서구열강의 침략으로부터 자주 독립을 지키고, 대내적으로는 새로운 국제정세 변화에 대처할 수 있는 강력한 중앙집권적 근대국가의 수립으로 나아가지 않을 수 없었다. 유신과 건국은 바로 이러한 역사적 과업을 해결한 근대적 혁명이었다.

반면 청 왕조와 조선왕조는 건국 초기의 강건했던 기상과 활력을 잃어버리고 청 왕조는 중화세계라는 우물에, 조선은 그 안의 또 다른 작은 우물에 빠져 서양세계와 국제정세의 변화를 외면하고 안주해 있었다. 특히 조선은 영조, 정조대의 개혁정책이 무산된 뒤, 국가통치 경험도 능력도 전혀 준비되지 않은 어리고 무능한 왕이 연속적으로 즉위함으로써 수십 년 동안 국가적 리더십에 큰 문제를 안고 있었다.

거기에 국가보다는 가문의 영광만을 탐욕적으로 추구하는 몇몇 세도가문과 왕실의 외척들이 국정을 장악하여 농단하면서, 공적 영역인 국가를 사적 영역인 가문의 이익을 위해 희생시키는 풍조가 만연했다.

이러다 보니 1800년대 후반 조선 왕조는 중국과 일본이 이미 수십 년 전 아편전쟁에서부터 서구열강의 침략에 대응하면서 겪었던 실패와 성공의 사례들로부터 귀중한 교훈을 얻을 수 있었음에도 불구하고, 당시의 국제정세변화를 읽지 못하고 안에서 문을 걸어 잠근 채 망해가는 청 왕조에 기대어 왕조를 어떻게 연명할 지에 대해서만 전전긍긍할 뿐, 조선이라는 국가를 지키고 조선의 백성을 보호하기 위한 노력은 하지 않았다. 당시 이 땅에는 이씨의 왕조는 있어도 조선 백성들의 국가는 사실상 없었던 것과 마찬가지였다.[11]

이런 허약하고 무능한 조선말의 이씨 왕조 보다 더 안타까운 것은 당시 조선의 지배세력을 대체할 수 있는 새로운 대안세력이 자립적으로 형성되지 못했다는 점이다. 이씨 왕조와 세도가문과 외척세력을 대체할 수 있는 사회적,

---

[11] 일본이 유신을 단행하여 부국강병정책을 급속하게 추진하고 있을 때, 대원군과 고종 등 조선왕실은 궁궐을 지키고 왕조를 보호하는 국왕친위부대만 만들었지 국토를 방위하고 백성을 보호하는 근대적인 군대를 만드는 데에는 아예 관심조차 없었다. 최병옥,『개화기의 군사정책연구』, 경인문화사, 2000, 260~261쪽.

정치적, 경제적 대안세력이 우리 내부에 충분하게 형성되어 있지 않은 상태에서 중국과 일본의 군사적 개입이 시작되는 바람에 우리 스스로 주체적인 개혁과 변혁을 통해 새로운 국가적 리더십을 형성할 수 있는 기회를 살리지 못했기 때문이다.

결국 조선은 외세의 침략에 맞서 독립국가로서의 자존을 지킬 수 있는 지배세력도 없었고, 이를 대체할 수 있는 새로운 리더십도 살리지 못한 채 이리저리 외세의 개입에 황망하게 휘둘리다가, 제대로 된 무기도, 제대로 훈련받은 병사도 없이, 제대로 된 전투 한 번 치러보지 못하고 무기력하게 일본의 지배를 받게 되고 말았다.

그럼 지금 이 시대 우리가 처해있는 상황은 어떨까? 그때나 지금이나 한반도가 처해있는 지정학적인 운명은 여전하다. 한반도를 둘러싸고 있는 국제정세는 그 변화의 속도나 냉혹함의 정도에서 볼 때 그때보다 심하면 심했지 결코 덜하지도 우호적이지는 않다. 우리의 지정학적인 운명은 어찌되었건 앞으로도 계속 미국, 중국, 일본, 러시아과 같은 세계 최강의 강대국들과 국경을 마주하면서 살아갈 수밖에 없게 되어 있다. 이들이 어느 날 갑자기 강대국의 지위에서 떨어져 우리보다 약한 국력을 가진 나라로 변할 리는 단연코 없다. 우리와 오랜 동안 영욕의 역사를 함께 공유해 온 일본 역시 어찌됐건 중국과 함께 국제정세의 근본적인 변화 속에서도 세계 최고수준의 강대국 지위를 계속 유지하고 있다.

이런 측면에서 에도 시대 봉건 막번체제에 안주해 있던 일본이 서구열강의 등장이라는 일찍이 경험하지 못했던 국가적 위기에 맞서, 지배계급 스스로 자신의 신분과 특권을 보장해주던 봉건 막번체제를 해체하고, '사무라이 계급의 사회적 자살'이라고 부를 정도로 근본적인 사회경제적 개혁을 단행한 뒤, 동아시아를 넘어 세계의 강대국으로 도약할 수 있었던 과정을 분석해 보는 것은 의미 있는 일일 것이다. 더불어 이를 통해 동아시아에서 근대국가가 어떻게 형성되었는지, 한 시대의 국가지도층의 능력에 따라 국가의 운명이 또 얼마나 크게 바뀔 수 있는지 한 번 성찰해볼 수 있다면 그 또한 큰 의미가 있을 것이다.

끝으로 지금까지 우리는 너무 오랫동안 동아시아와 일본의 근대사에 관해 우리의 시각에서만 형성된 좁고 얕은 지식을 진실이라고 굳게 믿고 있었다. 구체적으로 언급하지 않더라도 이러한 믿음의 세계에는 거짓과 오류가 많다. 거짓과 오류가, 진실과 진리와 구별하기 힘들 정도로 섞여 있는 이 세계에서는, 믿음보다는 의심이라는 덕목이 훨씬 더 가치가 있다. 근대 일본의 유신과 건국을 동아시아 국가들의 비극적인 근대사를 비춰볼 수 있는 거울로 삼아 다시 한 번 성찰해 봐야 하는 이유도 바로 여기에 있다.

과거 역사가 오늘 우리의 눈을 가리고 미래의 무덤을 파는 오류를 범해서는 안 된다.

2. 주요 역사 용어들

> 세상은 말을 싣고서 변해가며,
> 말은 도(道)를 싣고서 변해간다.
> 도(道)가 밝지 않은 것은 바로 여기서 유래한다.
> ─오규 소라이, 「학칙(學則)」[12]

개국(開國) - 쇄국(鎖國) vs 개항(開港) - 양이(攘夷)

중국, 일본, 조선 등 동아시아 국가들의 근대사는 대부분 서양에 의한 개국을 시점으로 삼고 있다. 개국은 그만큼 동아시아 근대사에서 중요한 사건이다. 그런데 서양의 근대는 봉건제 신분 사회의 정치, 경제적 속박을 극복하고 인류의 자유와 평등을 실현시킨 역사적 진보였을지 몰라도 동아시아 세계의 개국과 근대는 그렇게 말할 수 없는 복잡성을 가지고 있다. 동아시아 세계의 근대는 내부적 역량과 자발적 계기에 의해 자주적으로 시작된 것이 아니라 서구열강에 의해 강제적으로 시작되었기 때문이다. 따라서 동아시아에서는 개국이라는 단어가 바로 근대의 시작을 의미하는 것으로 씌어서는 안 된다. 천황·조정, 막부, 번 등 유신의 역사와 관련된 다른 역사용어도 마찬가지다.

이 용어들은 막부 말기의 역사적 변동기, 혹은 유신 이후에 처음 등장한다. 에도 시대에는 전혀 다른 용어들이 쓰이고 있었다. 막말 유신기에는 이처럼 새로운 사상·제도뿐만 아니라 새로운 용어들도 많이 생겨났다. 역사용어들은 시대의 변화를 반영해 탄생한 것이기 때문에 다른 시대에 쓰이던 용어와는 엄밀하게 구별하여 사용될 필요가 있다. 오규 소라이의 인용문처럼, "세상은 말을 싣고서 변해가며, 말은 도를 싣고서 변해가기" 때문에 막말 유신기에 탄생한 용어를 에도 시대를 설명하는데 그대로 사용하다보면 도가 밝지 않을 수도 있다. 그럼 그중 매우 중요한 천황·조정, 막부, 번과 같은 역사용어는 뒤에 다시 설명하기로 하고 여기에서는 이 책 전체를 이해하는 데 필요한 개국, 역성혁명, 유신, 사무라이혁명가에 대해서만 설명하겠다. 먼저 개국의 의미부터 살펴보자.[13]

12 　荻生徂徠, 「學則」, 『日本思想大系』 36, 岩波書店, 1973, 190쪽.
13 　일본 역사학계에서 막말 유신기의 역사 용어를 언설의 문제로 보고 의미 있는 연구서를

동아시아 세계의 개국에 대해 일본의 어떤 학자는, "닫힌 사회로부터 열린 사회로의 상대적인 추이"이며, 역사적 현실로서는 19세기 중엽 이후에 동아시아 지역의 제 민족, 특히 일본과 중국과 조선이 '국제 사회'에 다소 강제적으로 편입되는 일련의 과정[14]이라고 정의한다. 하지만 이 정의는 일본의 개국을 설명하기에는 충분할지 몰라도 조선과 중국의 개국까지 포괄해서 설명하기에는 부족하다. 중국과 조선이 닫힌 사회에서 열린 사회로 편입되는 과정, 즉 중국과 조선의 개국은 위의 정의처럼 다소 강제적으로 편입된 것이 아니라 제1, 2차 아편전쟁, 운요호 사건과 같이 매우 폭력적인 방식으로 강제되었기 때문이다. 반면 일본은 군사적 위협은 있었지만 실제 개국 과정은 군사적 점령 같은 폭력적 방식이 아니라 불평등한 통상조약과 같은 외교적, 경제적 방식에 의해 진행되었다.

이처럼 같은 동아시아 국가들 안에서도 개국의 실제 진행과정은 서로 다르다. 따라서 개국의 의미도 나라별로 달라질 수밖에 없다. 그럼 일본 근대사에서 개국 혹은 쇄국이라는 단어가 어떻게 쓰이고 있는지 그리고 어떻게 쓰여야 하는지 좀 더 자세하게 검토해보자.

일본은 통상 1854년 체결된 일미화친조약을 계기로, 200여 년 동안 지속된 에도 막부의 폐쇄적 '쇄국 정책'을 폐지하고 개국했다고 말한다. 쇄국을 부정적인 것으로, 개국을 긍정적인 것으로 보는 대표적인 견해다. 그러나 이러

펴내고 있는 대표적인 학자로는 아오야마 다다마사를 손꼽을 수 있다. 青山忠正, 『明治維新の言語と史料』, 淸文堂出版, 2006; 明治維新史學會, 『講座 明治維新 2 幕末政治と社會變動』, 有志舍, 2011에 있는 아오야마 다다마사의 총론; 青山忠正, 『明治維新と國家形成』, 吉川弘文館, 2000, 7~54쪽; 青山忠正, 『明治維新』, 吉川弘文館, 2012, 1~8쪽; 渡辺浩, 『東アジアの王權と思想』, 東京大學出版會, 2011, 1~13쪽.

14 마루야마 마사오, 김석근 역, 『일본정치사상사연구』, 통나무, 1995, 173쪽.

한 시각은 많은 문제점을 안고 있다.

이와 관련하여 먼저 에도 막부가 '쇄국 정책'을 시행하면서도, 류큐, 조선, 중국, 네덜란드와 예외적으로 외교 관계를 유지했던 점에 주의할 필요가 있다. 에도 막부는 설립 초기부터 류큐, 조선과는 서로 외교사절을 교환할 정도로 신뢰하는 '통신通信' 관계로, 중국, 네덜란드와는 단지 무역만을 허용하는 '통상通商' 관계로 설정하여 교류하고 있었다. 에도 시대 내내 류큐, 조선, 중국, 네덜란드 등 4개국과 이러한 외교, 통상관계가 유지되고 있었기 때문에 엄격히 말하자면 쇄국했다고 볼 수는 없다.[15]

한편 막부 말기 일본이 서양 5개국과 체결한 조약으로는 1854년의 화친조약과 1858년의 통상조약이 있다.

사실 화친조약에서는 시모다와 하코다테 두 곳을 서양 함선들이 기항할 수 있는 항구로 허용해주긴 했지만, 조약의 내용을 자세히 살펴보면 인도적 차원에서 연료와 물, 음료수와 같은 물품의 제공만을 허용해준 것에 지나지 않았다. 즉 화친조약은 1842년 막부가 시행한 신수급여령[16]과 거의 같은 것이었다. 고메이孝明 천황(1831~1866) 역시 화친조약을 이런 의미로 받아들였다. 이 때문에 일미화친조약의 체결로 인해 에도 막부의 대외정책이 쇄국에서 개국으로 전환되었다고 보는 견해는 문제가 있다. 정확하게 말하자면 1854년의 일미화친조약 체결로 인해 '개항'되었다고 보는 것이 옳다. 그것도

---

15 로널드 토비, 『일본근세의 쇄국이라는 외교』, 창해, 2013.

16 미국 등 외국 선박이 일본 연안에 자주 출몰하자 1825년 에도 막부는 외국 선박은 무조건 격침시키고 선원은 두 번 생각할 필요도 없이 체포 혹은 살해하라는 이국선타불령(異國船打彿令)을 내린다. 그 뒤 아편전쟁에서 청이 패배했다는 소식이 전해지자 서양 선박에 포격하지 말고 땔감과 식수 등 인도적인 물품에 한해 제공하라고 변경한다. 이것이 신수급여령(薪水給輿令)이다.

제한적인 개항에 지나지 않았으며 실질적인 개항은 1858년 일미통상조약의 체결로 서양 5개국과의 자유무역을 허용하면서 이루어진다. 당시에도 개국이라는 말보다는 개항이라는 말이 더 많이 사용되었다. 개국이라는 말은 메이지유신 이후 유신 정부가 역사자료를 편찬하면서 사용되기 시작한다.

1854년 화친조약의 체결을 개국이라고 주장하면서, 200년 이상 지속된 에도 막부의 폐쇄적이고 시대역행적인 쇄국 정책이 무너지고 서양문명으로 가는 길이 열렸다는 평가는 유신 정부가 급속한 개화 정책을 추진하면서 '만들어진' 것이다. 그 전까지는 4개국에 한정된 대외 관계를 통상조약에 의해 변경하는 의미로 '개항'이라는 말이 사용되었다. '쇄국'이라는 말도 부정적인 의미로는 사용되지 않았다. 당시 '개항'에 반대되는 의미로 사용된 말은 쇄국이 아니라 '양이'였다.

결론적으로 1854년의 화친조약으로 인해 에도 막부의 대외정책이 부정적 의미의 쇄국에서 긍정적 의미의 개국으로 바뀌는 것처럼 이해해서는 안 된다. 쇄국 정책을 부정적으로 봐서도 안 되며, 반대로 화친조약의 체결을 긍정적 의미의 개국으로 이해해서도 안 된다. 다만 이 책에서는 구별의 편의상 1854년 화친조약에 의해서는 서양 국가와 처음 외교관계를 맺었다는 의미에서 '개국'이, 1858년 통상조약에 의해서는 실질적인 무역관계를 맺고 시장을 개방했다는 의미에서 '개방'이 이뤄졌다고 쓰고 있다. '쇄국'이라는 용어는 역사적 사실을 충실하게 반영하기 위해 주로 '대외통제정책'으로 바꿔 쓰고 있다.

역성혁명(易姓革命)

예부터 동아시아에서는 왕조의 교체를 역성혁명이라고 불렀다. 왕조는 동일한 성(姓)을 가진 혈족에게 세습되었기 때문에, 다른 성을 가진 인물이 기존의 왕조를 철폐하고 새로운 왕조를 세울 경우 이렇게 불렀다. 동아시아에서는 왕조가 교체되는 경우가 많이 있었으며 특히 중국에서는 일일이 열거할 수 없을 정도로 많았다.

대개 역성혁명을 일으킨 쿠데타 세력은 자신들의 행위를 정당화하고 백성의 지지를 얻기 위해 천명天命을 받아 역성혁명을 일으켰다고 주장했다. 그러나 일본에서는 중국이나 한반도의 왕조와 달리 역성혁명이라는 말 자체를 금기시하여 쓰지 않았다. 메이지유신의 주체세력도 유신을 일으켰다고 할 뿐 역성혁명이라는 말은 꺼내지 않았다. 메이지유신뿐만 아니라 일본 역사상 어떤 정치적 변혁도 공식적으로 혁명 혹은 역성혁명이라고 부르는 경우는 없다.

중국유학자 중에서도 역성혁명을 인정한 사람은 많지 않다. 특히 공자에게 이것은 상상도 못 할 급진적 주장이었다. 공자는 제후가 자신의 부모를 섬기듯이 중앙의 천자를 섬기던 주나라를 유학의 정치적 이상과 현실이 일치하는 가장 이상적인 사회 형태로 생각했기 때문에 주 왕실 이외에서 천자가 나온다는 것을 상상도 할 수 없었다.

반면 맹자는 공자와 달리 역성혁명론을 적극적으로 인정했다.[17] 맹자의 역성혁명이 구체적으로 어떤 것인지는 맹자가 제나라 선왕宣王과 나눈 대화에 잘 나타나 있다. 제나라의 선왕이 신하가 임금을 시해해도 되느냐고 묻자, 맹자는 다음과 같이 대답하고 있다.

---

17 맹자의 역성혁명론은 맹자가 살았던 시대적 배경과 함께 이해할 필요가 있다. 공자 시대만 해도 제후국끼리 전쟁을 하더라도 주 왕실의 권위가 남아 있었다. 그러나 맹자가 살던 전국 시대의 주 왕실은 이미 회복할 수 없을 정도로 몰락해 버렸고 중원에 난립해 있던 수백 개의 제후국들은 약육강식의 전쟁을 거치면서 점점 7개의 나라로 통합되어 가고 있었다. 맹자는 이러한 정치, 사회적 배경 아래 왕도정치를 행하면 혈통과 상관없이 천하의 왕이 될 수 있다는 역성혁명론을 내놓았다.

인(仁)을 해치는 자를 가리켜 적(賊)이라 이르고, 의(義)를 해치는 자를 잔(殘)이라 이르며, 잔적(殘賊)한 자를 **한 사내**라고 이릅니다. **한 사내인 걸과 주를 처형했다는 말은 들었어도 군주를 시해했다는 말은 듣지 못했습니다.**[18]

위의 인용문에서 알 수 있듯이 맹자는 인의(仁義)를 해치는 왕은 일개 사내에 불과할 뿐이므로 시해해도 된다고 말하고 있다. 공자가 주 왕실 이외에는 천자가 될 수 없다고 믿었던 데 비해 맹자는 도덕적 기준에 의해 역성혁명을 일으켜도 된다고 과감하게 인정한 것이다. 다만 맹자 역시 아무에게나 역성혁명을 인정한 것은 아니었다. 맹자는 이를 인(仁)의 정치 즉 왕도정치[19]를 베풀 수 있는 인물이면서 왕의 친척인 경우에 한정하였다. 역성혁명론을 인정하면서도 그 주체를 엄격하게 제한함으로써 무분별한 반란을 막으려고 했던 것이다.[20]

반면 일본에서는 맹자의 역성혁명론과 왕도정치사상이 받아들여지지 않았다.[21] 그 이유는 천황 때문이었다. 중국이나 우리나라와 달리 일본에서는 고대 천황제 국가가 수립된 이후 정권의 교체는 있었어도 천황의 혈통이 끊

18 齊宣王 問曰 湯放桀 武王伐紂 有諸 孟子對曰 於傳 有之, 曰臣弑其君 可乎, 曰賊仁者 謂之賊 賊義者 謂之殘 殘賊之人 謂之一夫 聞誅一夫紂矣 未聞弑君也. (『孟子』「양혜왕 하」) 인용문 번역은 성백효, 『맹자집주』, 전통문화연구회, 2010. 참조.
19 맹자는 전설적인 성왕(聖王)인 요·순임금과 그 정치 이념을 계승한 우 임금, 그리고 은·주 시대의 탕왕, 문왕, 주공(周公), 춘추 시대의 공자 등 7명의 성인(聖人, 聖王)이 펼친 정치를 왕도정치라고 말했다. 이 중 공자는 다른 성인들과는 달리 왕이거나 왕의 역할을 실제로 해본 적이 없는 인물로서는 유일하게 성인의 계보에 올라가 있다.
20 이 책 제4장 제2절의 제1항 중 천하공공의 도 참조.
21 반면 무력으로 정권을 잡은 도쿠가와 이에야스가 『맹자』를 애독하였다는 사실은 유명하다. 그는 천하의 주인이 되고자 하는 사람은 사서(四書, 『논어』·『맹자』·『대학』·『중용』)의 이치에 통하지 않으면 안 되며, 사서 모두를 공부하는 것이 어려우면 『맹자』 한 권이라도 철저하게 읽어야 한다고 말했다. 또한 유학자 하야시 라잔과 탕 임금과 우왕의 방벌에 대해서도 토론하고 있다. 마루야마 마사오, 앞의 책, 120쪽.

어진 적은 없었다. 즉 맹자가 말하는 역성혁명이 일어난 적이 없다. 에도 시대의 국학자들이나 천황존숭론을 주장했던 유학자들이 천황의 황통을 절대적인 것으로 여겼던 것도 이 때문이었다. 그들은 천황의 혈통 즉 황통은 만세일계에 걸쳐 영원히 이어져야 하는 것이라고 생각했으며, 천황의 정통성에 혈통 이외의 기준들은 중요하지 않다고 보았다. 따라서 이들은 천황의 인품이 선하건 악하건, 천황의 정치가 정의롭건 아니건, 천자로서 능력이 있건 없건 상관없이 천황은 무조건적으로 존숭되어야 한다고 주장했다.

이 때문에 역성혁명을 인정한 『맹자』는 불온한 사상을 담고 있는 책으로 취급되어 금기시 되었다. 막부의 관리들은 나가사키로 들어오는 책을 검열할 때 기독교서적 다음으로 『맹자』와 관련이 있는지 없는지를 검사했다. 『맹자』를 실은 배는 반드시 침몰한다는 낭설[22]까지 있었다. 이처럼 일본에서는 천황의 존재 때문에 황통의 교체를 의미하는 역성혁명이라는 말을 언급하는 것조차 금기시되었다. 하지만 막말 변혁기가 되자 이러한 금기에도 변화가 나타난다. 주로 일신一新이라는 말이 쓰이긴 했지만 유신혁명의 주체들은 혁명이라는 단어도 거부감 없이 사용했다. 혁명 대신 유신이라는 단어가 본격적으로 사용되기 시작한 것은 천황제 정부가 수립되고 난 뒤인 1869년부터다.

유신(維新)

유신이라는 말은 중국의 고전인 『시경詩經』에서 유래한다. 정확하게는 『시경』「대아」편에 있는 부賦의 한 구절인 "주수구방, 기명유신周雖舊邦, 其命維新"[23]에서 따온 것이다. 이 부는 주周나라를 세우는 데 일등공신이었던 주공周

---

22   野口武彦, 『王道と革命の間 : 日本思想と孟子問題』, 筑摩書房, 1986, 6쪽.
23   "文王在上 於昭于天 周雖舊邦 其命維新, 有周不顯 帝命不時 文王陟降 在帝左右." 『시경(詩

公이 무왕의 아들成王에게 주 왕조 설립의 정당성을 가르치기 위해 지은 것이다. 주공은 무왕과 함께 은殷商의 마지막 임금인 주紂를 토벌하고, 반란을 진압하면서 성왕을 보좌했던 충신이다. 그는 주나라의 무왕이 은나라의 신하이면서 황제를 토벌하고 은나라를 멸망시킨 것을 정당화하기 위해, 주나라는 제후국에 분봉分封된 지 이미 1,000여 년이나 지났지만 천명을 받아 새로운 왕조를 열게 되었다고 강조했다. 여기에는 천명으로 새로운 왕조를 열게 되었다는 변혁의 의미도 있지만, 제후국으로서 주나라의 전통이 1,000년 이상 연속되고 있다는 점을 강조하려는 의도도 숨어 있다.[24]

막부정권이 타도되고 천황제 정부가 새롭게 수립되었기 때문에 메이지유신으로 인해 형식적으로는 정권이 교체되었다고도 말할 수 있다. 그러나 무사정권은 토벌된 것이 아니라 700여 년[25] 만에 스스로 천황에게 권력을 반환한 것이고, 황통 역시 두말할 필요도 없이 연속되고 있었다는 점에서 메이지

經)』「대아(大雅)」편「문왕지십(文王之什)·문왕(文王)」.

24   반면 미타니 히로시는『시경』에서 말하고 있는 유신은 사실상 왕조의 교체에 해당하는 혁명을 의미하는 것이기 때문에 메이지유신의 유신 역시 혁명을 의미하는 것으로 봐야 한다고 주장한다. 三谷博,『明治維新 考える』, 岩波書店, 2012. 요시다 쇼인은 옥중에 있을 때 집필한『강맹차기』상권에서, 탕과 무가 정의(義)를 내세워 걸과 주를 무찌르고 천명을 받았다고 주장하지만 일본은 이와 다르다고 말한다. 쇼인은, 일본에는 찬란하게 빛나는 황실과 천황이 있기 때문에, 천황의 뜻을 받들지 않고 정이대장군의 직책을 의문시해서는 안 된다고 말하고 있다. 만약 그럴 경우 공자의『춘추』에 있는 '의로운 전쟁이란 없다'는 말처럼, 천황의 뜻을 받들지 않고 적국을 정벌하는 행위는, 정의(正義)에 의한 것이라고 아무리 주장해도 그것은 의로운 전쟁이 아니라 사적(私的) 전쟁에 불과하다고 비판한다. 나아가『맹자』의「양혜왕」편의 뜻을 깊이 변별하지 못하면 간악한 적에게 마음을 쉽게 열 수 있다고 주의를 주고 있다. 吉田松陰,『講孟箚記』上, 講談社, 1979, 89〜92쪽.

25   다이카 개신 이후 천황이 직접 통치한 시기가 있었지만, 얼마 지나지 않아 후지와라 가문 등의 귀족가문들이 실질적인 통치권을 대신 행사했다. 후지와라 가문이 천황 대신 국가권력을 행사한 시기부터 따진다면 천황이 메이지유신을 통해 친정을 회복하기까지 걸린 기간은 천년 정도 될 것이다. 그런 측면에서는 주나라가 세워진 지는 천년이 넘었지만 그 천명은 새로 시작된다는 시경의 구절은 메이지유신과 딱 맞아떨어지는 구절이다.

유신을 왕조의 교체를 의미하는 역성혁명이라고 말하기 어려운 것도 사실이다. 메이지유신은 1858년 이후 막부가 외교, 국방은 물론이고 내정^{内政}에서도 제 역할을 제대로 수행하지 못하자, 그 동안 천황이 위임해두었던 통치권^{大政}을 다시 찾아와 직접 행사하게 된 사건이므로 고대 이후 천황의 권력이 연속되고 있다는 사실을 증명해 주는 것이기도 했다.

이렇게 볼 때 메이지유신은 한편으로는 정권의 교체이지만 다른 한편으로는 황통의 연속성을 증명해주는 정치적 변혁이다. 주공이 유신이라는 말로 정권 교체의 정당성과 주나라의 정통성을 강조하려고 했듯이 천황제 통일정부를 지향하는 왕정복고쿠데타에도 유신이라는 말만큼 잘 어울리는 단어를 찾기는 쉽지 않다.

앞에서도 언급했듯이 일본에서는 황통의 단절을 의미하는 혁명이라는 말이 금기시되고 있다. 정치권력의 교체가 일어났을 경우는 물론이고 근본적인 사회 경제적 변혁이 일어났을 경우에도 혁명이라는 말을 잘 쓰지 않는다. 고대의 다이카개신[26]이나 중세의 겐무신정[27] 그리고 근대의 메이지유신에서 알 수 있듯이 정치권력의 교체나 사회·경제적 변혁이 일어났을 경우 혁명이라는 말 대신 단지 신^新자를 붙여 새로운 변화나 변혁이 일어났다는 사실을 강조하고 있을 뿐이다.

그러나 왕정복고쿠데타와 같은 단순한 정권교체와 근본적인 정치, 사회, 경제적 변혁은 엄밀하게 구분할 필요가 있다. 따라서 이 책에서는 메이지유신의 직접적인 계기가 된 왕정복고 쿠데타와 천황정부의 수립을 지칭할 때는 그냥 메이지유신 혹은 유신이라고 쓰지만, 그 뒤 유신정부가 단행한 근본적

26　이 책 135쪽 주 9 참조.
27　이 책 391쪽 주 61·62 참조.

개혁조치와 이로 의해 초래된 근본적인 사회, 정치, 경제, 문화적 변화를 지칭할 때는 메이지혁명 혹은 유신혁명이라고 구분해서 쓰고 있다. 또 '유신혁명과 천황제 근대국가'의 수립을 함께 써야 할 경우에는 편의상 '유신과 건국'으로 줄여서 함께 쓰고 있다.

사무라이 혁명가

사무라이 혁명가는 유신과 건국을 완수한 주체 세력을 말한다. 서구에서는 부르주아가 근대적 정치 변혁을 주도한 반면 일본에서는 봉건 막번 체제의 실무를 책임지고 있던 중하층 사무라이들이 왕정복고 쿠데타에서 건국에 이르기까지의 정치 변혁을 주도한다. 이들은 번의 행정을 담당한 엘리트 관료이면서 막말 존왕양이 운동에서 유신까지의 치열했던 전투를 현장에서 지휘했던 군사지휘관이었다. 유신 뒤에는 신정부의 요직을 맡아 유신혁명과 건국을 성공시킨 근대화 혁명가들이기도 했다.

'사무라이 혁명가'는 서양 세력의 등장 때문에 일본에서 대외적 위기가 처음 고조되기 시작하던 1800년대 초반의 '우국지사'나, 서양인과 서양문물을 무조건적으로 배척하던 탈번 낭사浪士[28]와는 전혀 다른 집단이다. 이들은 근대적 세계에 대한 전망을 가지고 있었을 뿐만 아니라 테러나 방화와 같은 개별적이고 급진적인 정치 행동이 아니라 번 전체의 경제적·군사적 역량을 총동원하여 막부 정권과 투쟁함으로써 이를 실현하려고 했다.[29]

그러면 사무라이 혁명가들은 어떤 계기를 통해 메이지유신과 근대국가를

---

28 막부 말기 존왕양이운동에 뛰어들기 위해 봉건적 주종관계를 버리고 번을 탈출하여 교토나 에도에서 활동하던 급진적 사무라이를 말한다.

29 이 책 제12장 제1절의 제2항(662~664쪽) 참조.

수립하는 주체로 변신할 수 있었으며 그 힘은 어디에서 나왔을까? 대부분의 사람은 사무라이라고 하면 아마 완고하고 보수적인 이미지를 떠올릴 것이다. 하지만 놀랍게도 사무라이 혁명가들은 1860년대 초에 이미 유럽에 유학을 다녀와 국제 정세에 눈을 뜬 근대적 엘리트였다. 조슈는 1863년 이토 히로부미와 이노우에 가오루 등 5명의 청년을 뽑아 비밀리에 영국으로 유학을 보낸다. 그 뒤 조슈의 내부 정세가 긴박해지자 이토 히로부미와 이노우에 가오루 두 사람은 1년 만에 유학을 포기하고 귀국하지만 나머지 3명은 계속 남아 서구의 선진문명을 배웠다. 이들 중 이노우에 마사루井上勝는 영국의 런던대학에서 철도기술을 배운 뒤 귀국하여 일본에 철도를 도입하는 데 큰 공을 세워 철도의 아버지라고 불린다. 조슈 존왕양이파의 지도자였던 다카스기 신사쿠는 1862년 중국 상해에 2달 동안 다녀왔다. 이때의 체험으로 인해 그는 당시 영국과 프랑스 등 서양이 지배하고 있는 국제 정세의 실상을 알고 있었다.[30] 사쓰마와 막부도 비슷한 시기에 유학생을 선발하여 유럽에 파견했다. 이처럼 유신과 건국을 주도해간 사무라이들은 우리가 알고 있는 사무라이와는 전혀 다른 근대적 사무라이였다. 메이지유신이 성공한 뒤 천황제 국가의 부활에 머무르지 않고 근대적 통일 국가의 수립을 꿈꾸며 다시 전진할 수 있었던 것은 이처럼 문명화된 사무라이들이 유신 정부의 지도자로 있었기 때문이다.

　유신 정부가 수립된 뒤에는 정부 차원에서 서양의 선진문명을 배우려는 노력이 다양한 분야에 걸쳐 시행되었다. 야마가타 아리토모는 군사 제도를 연구

30　다카스기 신사쿠는 원래 막부사절단과 함께 유럽을 시찰하고 싶었지만 실현되지 않았다. 대신 막부의 무역시찰단에 합류하여 상해로 갔다. 이때의 경험을 기록한 일기가 「유청오록(遊淸五錄)」이다. 「유청오록」은 「항해일록」, 「상해암류일록」 등의 일기와 「내정탐색록」, 「외정탐색록」, 「기양잡록」 등 정보보고서 형식의 기록으로 구성되어 있다. 一坂太郎, 『高杉晉作の「革命日記」』, 朝日新書, 2010.

하기 위해 미국과 유럽을 다녀왔고 이토 히로부미는 화폐 제도를 연구하기 위해 미국을 다녀왔다. 역사상 유례없는 대규모의 정부사절단이었던 이와쿠라 사절단은 서양 5개국과 체결한 통상조약의 개정 등 외교 문제를 해결하고 선진문물을 시찰하기 위해 12개국에 22개월 동안 머물면서 비스마르크 독일제국 수상, 티에르 프랑스 대통령 등 당시 유럽과 미국의 국가 최고지도자들을 만나 조언을 듣고 최첨단의 선진문물과 제도를 견학했다. 메이지유신 이후 사무라이 혁명가들은 이런 과정을 거쳐 근대국가의 관료로 변신할 수 있었다.

근대국가로의 전환에 대한 저항도 만만치 않았다. 역설적이게도 이러한 저항은 다른 지역보다 메이지유신을 주도했던 조슈와 사쓰마 지역에서 더욱 강하게 발생했다. 이들은 유신 정부가 아무런 보상도 없이 군대를 해산하거나 봉건적 특권을 폐지하는 것에 반발해 반란을 일으켰다. 하지만 유신 정부가 단행한 근대적 개혁조치들은 봉건적 사무라이의 반란으로 되돌릴 수 있는 것이 아니었다. 반란은 모두 허무하게 끝났고 이들은 일본의 근대화 혁명에 바쳐진 산제물이 되었다. 역설적이지만 유신 정부는 혁명동지들과 가슴 아픈 전투를 치르고 나서야 복고적 껍질을 깨고 근대국가를 향해 전진하는 혁명적 에너지를 얻을 수 있었다.

3. 유신과 건국의 역사관[31]

"모든 역사는 현대사다"[32]라는 역사학의 유명한 격언이 있다. 이탈리아 역사학자 베네데토 크로체가 남긴 말로서 그는 '있는 그대로의 역사'를 중요시하는 실증주의 역사학에 반대하여 '현재의 실천적인 삶의 욕구'를 더 중요시하는 역사학[33]을 제창하였다. 그에 따르면 역사 속의 사건들은 아무리 먼 옛날의 것이라고 하더라도 그 사건이 야기하는 진동은 현재의 욕구 및 상황과 관계있으며,[34] 역사란 고정불변한 과거 사실史實의 기록이 아니라 시대에 따라 변할 수 있는 역사적 해석이 된다.

역사를 시대에 따라 변할 수 있는 역사적 해석으로 보는 크로체의 역사관을 여기에서 꺼내는 이유는 이 책의 주제인 유신과 건국을 서로 다르게 해석하는 다양한 역사관이 공존하고 있기 때문이다. 일본에서는 1930년대에서 1980년대까지 걸쳐 유신의 시작과 끝, 역사적 발전 단계, 국제 환경의 영향, 총체적인 의미 등을 둘러싼 논쟁이 치열하게 전개되었다. 이 때문에 유신과 건국의 역사는 어느 관점에서 보는가에 따라 그 내용과 의미가 많이 달라진

31　메이지유신에 관한 일본학계의 연구 흐름에 관해서는 青山忠正, 『明治維新と國家形成』, 吉川弘文館, 2000에 明治維新의 史學史라는 제목으로 잘 정리되어 있다. 나가하라 게이지의 『20세기 일본의 역사학』 제1장 메이지유신과 일본사학, 제7장 사회구조와 변혁의 관점도 참고할 만하다. 나가하라 게이지, 하종문 역, 『20세기 일본의 역사학』, 삼천리, 2011.

32　베네데토 크로체(Benedeto Croce, 1866~1952)는 이탈리아의 철학자, 역사학자, 정치가이다. 『역사의 이론과 역사』에서 그는 역사란 고정불변한 과거 사실(史實)의 기록이 아니라 시대에 따라 변할 수 있는 역사적 해석이라고 보았다. 베네데토 크로체, 이상신 역, 『역사의 이론과 역사』, 삼영사, 1987.

33　베네데토 크로체, 최윤오 역, 『사고로서의 역사 행동으로서의 역사』, 새문사, 2013, 13쪽.

34　위의 책, 16쪽.

다. 여기에서는 그중 권력을 장악한 유신 주체 세력의 입장을 대변해 온 왕정복고 역사관(천황제 유신사관)과 유물사관에 입각하여 유신과 건국을 해석하는 마르크스주의 역사관을 중심으로 살펴보자.

우선 왕정복고 역사관은 오늘날 일본에서 가장 광범위하게 퍼져 있는 역사관이다. 막부 말기 사쓰마, 조슈 등 서남 지역의 유력 번들이 개혁에 먼저 성공하여 막부에 대항할 수 있는 경제력과 군사력을 갖춘 정치 세력으로 성장한 뒤, 존왕양이 운동과 막부 타도 운동을 거쳐 유신 정부를 수립하고 천황제 근대국가도 수립했다고 본다. 이 역사관은 사쓰마, 조슈의 사무라이 혁명가를 중심으로 막말 변혁 과정이나 정치적 주체의 형성 과정 등을 연구하였다. 관제 사학자들에 의해 쓰인 전형적인 승자 중심의 역사관으로서 메이지 정부 지도자들의 애국심과 헌신적 활동을 부각하는 반면, 막부나 도쿠가와 요시노부, 아이즈 등 조적으로 낙인찍힌 번 그리고 천황과 조정의 역할은 무시하거나 평가절하하는 경향을 가지고 있다.

도쿄대학사료편찬소가 주도하여 1889년 15책으로 완성된 『복고기復古記』,[35] 유신사료편찬사무국이 주도하여 1939년에서 1941년까지 6권으로 간행된 『유신사』 등 정부가 주도하여 편찬한 사료들은 대부분 이 역사관에 입각한 것이다.[36] 그 외에도 이 역사관은 사이고 다카모리, 오쿠보 도시미치, 기도 다카요시 등 사쓰마, 조슈의 정치 지도자들에 관한 전기, 영화, 드라마, 소설 등 다양한 매체를 통해 광범위하게 확산되었다. 유신과 건국에 관한 오늘날

---

35 폐번치현 직후 신정부에 의해 발간되기 시작한 보신전쟁(戊辰) 사료집이다.
36 이 밖에 유신과 관련한 주요 사료로는 『유신사료(維新使料)』(19책, 1938~1942), 『막말외교관계사료(幕末外交關係史料)』(33책, 1910~1959), 일본사적협회가 1915년에서 1931년에 걸쳐 발간한 186책의 방대한 자료집이 있다. 일본의 유신 관련 사료는 평생을 바쳐도 다 못 읽을 정도로 방대하다.

가장 일반적인 해석이라고 볼 수 있다.

　이에 반해 마르크스주의 역사관은 왕정복고 역사관과 달리 천황제정부의 근대적 성격을 부정하면서 막말과 유신 이후 메이지 시기의 사회·경제적 분석에 관심을 많이 기울였다. 유신주체세력의 계급적 기반이나 정치·경제적 강령을 분석하는 연구들이 많이 있다. 이 역사관은 학연(學研)[37]이라는 연구단체를 중심으로 결집한 젊은 학자들에 의해 군국주의에 대한 반발과 민주주의에 대한 갈망을 배경으로 광범위하게 확산되었다. 1930년대 이들은 코멘테른의 지령[38]과 일본 공산당의 강령에 병기된 마르크스주의 이론을 토대로 명확한 정치적·이데올로기적 목적 아래 사회주의 혁명의 길을 제시하고자[39] 하였다. 주로 동경대 출판회, 이와나미서점을 통해 책을 발간하였다.

　이들이 메이지유신의 성격을 연구한 배경은, 사회주의 역사관에 입각하여 일본의 역사적 발전 단계에 대한 과학적 분석을 한 뒤 혁명의 목표를 정하는 데에 있었다. 특히 쇼와 시대 일본이 제국주의 단계에 들어섰음에도 불구하고 전체주의적 천황정부가 유지되고 있는 것이나, 일본이 침략'전쟁'을 벌이고 있는 근본 원인을 해명하고 그 타결책을 찾으려고 했다. 메이지유신은 불완전한 시

37　학연(學研, 歷史學研究會)은 1932년 대학 졸업생들의 자발적 학술모임에서 출발한 단체이다. 전후 대학 안에서 학생과 교원에 의한 사회주의 운동이 민주화 운동과 손을 잡고 활동할 때 재야의 아카데미즘을 표방하면서 전국조직을 결성, 역사학계의 주류를 형성하였다. 대표적인 학자로는 도야마 시게키(遠山茂樹), 이노우에 기요시(井上淸), 이시모다 쇼(石母田正) 등이 있다.

38　코민테른은 코뮤니스트 인터내셔널(Communist International)의 약자다. 러시아 사회주의 혁명을 성공시킨 레닌의 발기로 1919년 3월 창설되었다. 제3 인터내셔널이라고도 부른다. 제2 인터내셔널이 제1차 세계대전의 발발로 배타적 민족주의에 빠지면서 결렬된 것을 교훈으로 삼아 각국 공산당의 연대와 통일적인 행동을 중시하였다. 이에 따라 일본 공산당 등 아시아 지역의 공산당은 자국의 구체적인 현실보다는 코민테른의 경직되고 모험주의적인 방침에 따라 활동한다.

39　三谷博, 『明治維新を考える』, 岩波書店, 2012, 194~197쪽.

민혁명이었다는 주장[40]이나, 천황제 정부는 봉건 사회 체제가 끝나고 근대국가가 수립되기 전에 과도기적으로 등장하는 전제주의적 절대주의 국가와 같은 것[41]이기 때문에 사회주의로 가기 위해서는 두 단계에 걸친 혁명이 필요하다는 주장은 모두 이러한 역사관에 입각하여 나온 것들이다. 마르크스주의 역사관은 전후 일본 역사학계의 주류로 오랜 동안 군림하였다. 대표적인 학자로는 도야마 시게키, 이노우에 기요시, 호리카와 에이치 등이 있다.[42]

한편 1970년대 이후 이 두 역사관과는 전혀 다른 새로운 경향의 연구자들이 나타난다. 이들은 왕정복고 역사관이든 마르크스주의 역사관이든 모두 승자인 사쓰마와 조슈의 입장에서 일방적이고 편협한 시각으로 일본 근대사를 해석해 왔다고 비판하면서, 그동안 무시되었던 실증적 연구에 몰두하였다. 이를 통해 이들은 일본 근대사에서 무시되거나 평가절하되었던 천황과 조정의 내부 의사결정 구조나 천황의 정치적 등장 과정을 분석하는 한편 아이즈 등 조적朝敵(조정의 적)으로 낙인찍혔던 번에 대해서도 조명을 비추기 시작했다. 사쓰마, 조슈 내부에서 막부 타도 노선에 반대했기 때문에 역사 서술에서 소외되었던 비주류 정치 세력에 대해서도 연구하기 시작했다. 다양한 관점에서의 실증적 연구를 토대로 이들은 일본 근대사를 사쓰마, 조슈의 토막 세력을 중심으로 서술하는 좁은 시각에서 벗어나 다양한 역사적 주체의 시각에서 종합적으로 서술하려고 노력하고 있다.

지금까지 간략하게나마 유신과 건국의 역사관을 살펴본 이유는 이 책이 가지고 있는 서술상의 한계 때문이다. 이 책은 유신과 건국의 일본 근대사를

40　나가하라 게이지, 앞의 책, 104~115쪽.
41　遠山茂樹, 『明治維新』, 岩波書店, 2000, 309~311쪽.
42　井上清, 『日本現代史 1 : 明治維新』, 東京大出版會, 1951; 堀江英一, 『明治維新の社會構造』, 有斐閣, 1954.

사상적 · 정치적 · 제도적 측면에서 종합적으로 고찰하고 있다. 그러면서 자칫 역사적 사실을 단순하게 나열하는 데 그칠 수 있는 서술 방식의 단점을 극복하고 일관성 있는 흐름 속에서 역사적 사건들의 인과관계를 설명하기 위해 어쩔 수 없이 사쓰마, 조슈의 사무라이 혁명가들을 중심으로 논의를 전개하고 있다. 미토의 존왕양이사상에 영향을 받았던 사쓰마, 조슈의 사무라이 혁명가가 유신혁명을 성공시키고 이어 근대국가의 수립에도 성공하는 식의 흐름은 겉으로만 보면 전형적인 왕정복고 역사관 스타일이면서 시바 료타로 같이 메이지 시대의 영광을 찬양하는 소설가들이 추구하는 서술 방식으로 비칠 수도 있을 것이다.

물론 왕정복고사관이 옳다고 생각하기 때문에 이렇게 하는 것은 아니다. 그보다는 우리나라에 일본 근대사에 관한 책이 아직 별로 없고, 일반적으로 일본 근대사에 관한 이해 수준도 높지 않기 때문에 다양한 역사관을 소개하는 것보다는 가장 일반적인 역사관을 기준으로 삼아 서술하는 것이 좋겠다고 판단했기 때문이다. 다만 제6장 제2절 제1항에서 천황가와 조정에 관해, 제6장 제3절 제1, 2, 3항에서는 에도 시대의 마지막 쇼군인 도쿠가와 요시노부와 막부의 신하들, 아이즈와 동북 지역 번들의 유신 전후의 활동에 관해 개략적으로 서술해 둠으로써 이러한 문제점을 보완하였다. 또한 특정 사건에 관해 학자들 사이에 의견 대립이 치열하거나 중요한 반대 의견이 있을 경우에는 이를 주석에 소개해 둠으로써 균형을 잡으려고 노력했다.

이런 측면에서 바라건대 근대 일본의 유신과 건국의 역사는 사쓰마와 조슈의 사무라이 혁명가들이 펼치는 영웅담과 전설로 읽혀서는 안 되며, 서구 열강의 군사적 · 경제적 침략에 맞서 자주독립을 지키기 위해 분투했던 매우 다양한 정치적 주체의 대립과 갈등, 그리고 변혁의 역사로 읽히길 기대한다.

제1부
유신과 건국의 기원

---

1. 「5개조서약문」과 유신혁명
2. 정통성
3. 근대성
4. 공공성

1장

「5개조서약문」과 유신혁명

널리 회의를 열어, 공론에 따라 나라의 정치를 정한다.
지식을 세계에서 구하여, 황국의 기반을 크게 진작시킨다.
　　　　　　　　　　　　　　　　　　　　　　　　−「5개조서약문」[1]

1. 「5개조서약문五箇条の御誓文」

1868년 3월 14일, 메이지 천황은 공경과 다이묘를 데리고 교토황궁 안에 있는 자신전紫宸殿에서 하늘의 신과 땅의 신天神地祇에게 제사[2]를 지낸다. 이어 공경 산죠 사네토미가 「5개조서약문」[3]을 낭독한 뒤, 참석한 공경과 다이묘들을 향해 천황의 칙어를 읽었다. 끝으로 천황을 포함하여 이 자리에 참석한 공

1　인용문은 「5개조서약문(五箇條の御誓文)」(1868.3.14) 제1조, 제5조다. 제1조의 원문은 "廣く會議を興し, 万機公論に決すべし"이다. 여기서 "만기(万機)"는, '나라의 정치' 외에도 '정치상 중요한 모든 사항(三省堂 大辭林)', '모든 정치 사항' 등으로 번역될 수 있지만, '나라의 정치'로 번역했다.

2　『太政官日誌』第一册 38. 近代デジタルライブラリー(http://kindai.ndl.go.jp). 근대디지털라이브러리는 일본국회도서관이 메이지기 이후 저작권이 만료된 고서를 디지털화해 제공하고 있는 사이버도서관이다.

3　「5개조서약문」은 메이지 친황의 칙명에 따라 1868년 3월 13일 아리스가와다루히토 친왕이 직접 자필로 썼다. 3월 14일 교토 황궁에서 천신지기어서제(天神地祇御誓祭)라는 의식으로 행해졌고, 산죠 사네토미가 낭독하였다.

「5개조서약문」 선포식(이누이 난요 그림)

경과 다이묘들이 모두 「5개조서약문」[4]에 친필로 서명을 했다. 일반 백성에게는 「국위선포의 편지國威宣布の宸翰」[5]가 천황의 이름으로 선포되었다. 일본 역사상 천황과 공경과 전국의 다이묘들까지 직접 서명한 문서는 「5개조서약문」하나밖에 없다.

　「5개조서약문」은 우리나라에는 잘 알려져 있지 않지만 포고된 지 140여년이 지난 오늘날에도 일본에서는 여전히 중요한 정치적 의미를 지니고 있다. 메이지 천황을 주신主神으로 모시고 있는 메이지신궁은 그 누구보다도 「5개조서약문」을 중요시하고 있다. 메이지신궁과 메이지신궁 숭경회는 해마다

4　「5개조서약문」은 3개의 문서, 즉 제문에 해당하는 「5개조서약문」(제문, 어제문(御祭文)), 천황이 신하들에게 서약문에 따를 것을 당부하는 칙어(明治維新の御宸翰) 그리고 공경과 다이묘들이 천황의 당부를 잘 따르겠다고 약속하는 봉답서로 구성되어 있다. 이 중 공경과 다이묘들이 친필 서명한 문서는 봉답서다. 이날 411명의 공경과 다이묘가 서명했고 참석 못 한 자들은 뒤에 서명했다. 1868년 5월, 쇼군가의 가신에서 천황의 신하가 된 1,000석 이상의 하타모토와 보신전쟁에서 토벌대상이 되었던 구막부 측 번의 다이묘

메이지신궁 정전(도쿄)

「5개조서약문」과 천황의 칙어를, '메이지유신 몇 년, 「5개조서약문」 포고 몇
년'이라는 제목 아래 게시하면서 새해를 맞는다. 2001년부터 2006년까지 세
차례에 걸쳐 일본 총리를 지낸 고이즈미 준이치로 총리는 「5개조서약문」을
자신의 정치적 소신으로 여길 만큼 중요하게 생각하는 대표적인 인물이다.
그는 2001년 5월 7일 제151회 일본국회에서 수상에 취임한 뒤, '신세기 유신
을 목표로'라는 제목의 연설[6]에서, '천하의 공론에 따라 나라의 정치를 결정
하겠다'는 메시지를 반복해서 강조했다. 이 연설의 메시지는 「5개조서약문」

들도 신정부로부터 사면받고 난 뒤 서명했다. 이로써 병으로 서명에 참가하지 못한 한
명을 빼고 모든 다이묘가 서명했다. 최종적으로는 공경과 다이묘 544명, 기타 288명이 서
명했다. JACAR(아시아역사자료센터(アジア歷史資料センタ)), Ref.A04017122900, 「稿本詔
勅錄・卷之一・內部上」. 아래에서는 JACAR의 표기방식에 따라 JACAR, Ref. 알파벳과 11
자리 숫자, 문서명으로 표기한다.
5　　川田敬一, 『五箇條の御誓文を讀む』, 錦正社, 2012, 49~50쪽.
6　　小泉純一郎, 『万機公論に決すべし : 小泉純一郎首相の「所信表明演說」』, 阪急コミュニケー
ションズ, 2001. 고이즈미 총리는 2001년 4월 26일부터 2006년 9월 26일까지, 일본의 제87,
88, 89대 총리를 연속으로 지냈다.

메이지신궁 입구의 안내 간판

「5개조서약문」(메이지신궁 정전 옆 휴게소)

제1조와 같은 내용이다.

　이 두 가지 사례만 봐도 「5개조서약문」이 매우 중요한 정치적 문서임을 알 수 있다. 그럼 「5개조서약문」과 메이지 천황의 칙어를 한번 자세히 살펴보

자. 「5개조서약문」은 다음과 같이 매우 짧고 간결한 다섯 개의 조항[7]으로 이뤄져 있다.

> 제1조. 널리 회의를 열어, 공론에 따라 나라의 정치를 정한다.
>
> 제2조. 상하가 마음을 합쳐 국가 정책(경륜(經綸))[8]을 활발하게 펼친다.
>
> 제3조. 중앙관리, 지방무사가 하나가 되고 서민에 이르기까지 각자 뜻한 바를 이루어 불만이 없도록 해야 한다.
>
> 제4조. 옛날부터 내려오는 낡은 관습을 깨고 천지의 공도[9]에 따른다.
>
> 제5조. 지식을 세계에서 구하여, 황국의 기반을 크게 진작시킨다.

산죠 사네토미가 읽었던 메이지 천황의 칙어는 다음과 같다.

> 우리나라가 미증유의 변혁을 하려고 하기에, 짐이 직접 신민을 이끌고 천지신명에게 서약하고, 국시를 크게 정해 만민을 보전하는 길을 세우고자 한다. 신들도 또한 이 취지에 따라 마음을 합쳐 함께 노력해주길 바란다.[10]

---

7 원래 「5개조서약문」의 각 조항에는 번호가 매겨져 있지 않지만 여기서는 편의상 순서대로 번호를 매겼다. 원문 내용은 다음과 같다. 제1조 廣ク會議ヲ興シ, 万機公論ニ決スべシ. 제2조 上下心ヲ一ニして, さかんに経綸を行うべし. 제3조 官武一途庶民にいたるまで, おのおのその志を遂げ, 人心をして倦まざらしめんことを要す. 제4조 旧來の陋習を破り, 天地の公道に基づくべし. 제5조 智識を世界に求め, 大いに皇基を振起すべし. 五箇條の御誓文, 天神地祇ヲ南殿ニ祭リ公卿諸侯等ト誓約ヲ爲ス.(簿冊番号：太00013, 『太政類典』第1編 第15卷, 日本國立國會圖書館)

8 요코이 쇼난은 『국시삼론』에서 경륜을 경제와 재정 정책이라는 의미로 사용했다. 그러나 일반적으로 경륜은 경제와 재정 정책에 한정하지 않고 국가 정책 일반을 의미한다.

9 국제법을 의미한다.

10 메이지 천황의 칙어 원문은 다음과 같다. "我が國未曾有の変革を爲んとし, 朕, 躬を以て衆に先んじ天地神明に誓い, 大にこの國是を定め, 万民保全の道を立んとす. 衆またこの趣旨に

산죠 사네토미가 천황의 칙어를 읽자, 마지막으로 참석자들 모두 봉답서에 천황의 칙어에 따르겠다는 의미로 서명을 했다.

이처럼 이날의 궁중의례는 천황·공경·다이묘들이, 유신 주체 세력이 정해 놓은 「5개조서약문」을 천지신명에게 서약하는 종교적 의식이었을 뿐만 아니라, 참석자 모두 친필서명까지 함으로써 이를 반드시 지키겠다는 정치적 계약을 체결하는 자리였다. 즉 일본의 새로운 통치자로 등장한 유신 주체 세력이 구체제의 지배자들에게 「5개조서약문」 선포식이라는 형식을 빌려 유신의 근본정신과 신정부의 국시를 제시하고 이에 따를 것을 반강제적으로 요청하는 자리였다. 「5개조서약문」을 거부할 수 있는 사람은 당연히 아무도 없었다.

참고로 「5개조서약문」이 포고된 날, 1868년 3월 14일은 도쿠가와 막부가 사실상 막을 내린 날이다. 이날 에도 시대 마지막 쇼군 도쿠가와 요시노부는 유신 정부 측과의 협상 끝에 에도성을 스스로 열고 항복하기로 결정[11]했다. 이로써 천황 정부와 막부가 각각 일본의 통치권을 주장하던 내란 상태는 끝이 난다. 쿠데타군은 혁명군으로 지위가 격상되었고, 천황 정부는 일본의 유일한 정부로 공인되었다.

基き協心努力せよ. 年号月日 御諱(睦仁)."
11 이 책 제6장 제1절의 제4항 에도성 무혈개성 – 가쓰 가이슈의 마지막 담판 참조.

2. 「5개조서약문」과 유신혁명

1) 「5개조서약문」의 정치적 배경

「5개조서약문」은 유신 주체 세력이 천황과 공경 및 전국의 다이묘들에게 강요한 일종의 정치적 계약서다. 그럼 유신 주체 세력이 이것을 만든 정치적 의도는 무엇이었을까?

그것은 「5개조서약문」 제1조에 잘 나타나 있다. 제1조에는 나라의 중요한 정치적 사항을 유신 정부가 독단적으로 결정하지 않고 공경 및 다이묘들의 의견을 반영하여 결정하겠다는, 즉 공의 여론정치에 대한 약속이 제시되어 있다. 이 약속은 막부 말기 사쓰마, 도사, 에치젠(현재의 후쿠이현 북부지역) 등 큰 번의 다이묘나 실력자들이 끊임없이 막부에 요구했던 것이다. 오늘날의 민주주의 국가처럼 일반 국민의 여론에 따라 정치를 한다는 의미는 아니지만, 주요 다이묘의 의견을 막부 정치에 반영해달라는 주장은 그 자체만으로도 큰 정치적 변화를 의미[12]하는 것이다. 그것은 막부의 권위가 땅에 떨어지기 전에는 도저히 나올 수 없는 개혁적인 주장이었다.

막부 말기 사쓰마, 도사, 에치젠의 유력 다이묘들이 주요 다이묘회의(참예회의, 4제후회의)[13]를 구성하여, 막부 정치를 개혁하고 자신들의 참여 아래 막부 정치를 이끌어가려고 했던 것이나, 도쿠가와 요시노부가 대정봉환을 단행한

---

12   에도 막부 아래에서는 막부의 권한과 번의 권한이 엄격하게 분리되어 있었고, 막부 정치는 후다이에 의해 운영되었다. 이 때문에 서남 지역의 도자마 다이묘나 에치젠 같은 신판 다이묘가 막부 정치에 참여하는 것은 봉쇄되어 있었다.

13   이 책 제6장 제1절의 제2항 쇼군의 승부수─대정봉환 중 4제후회의 참조.

뒤, 천황 친정 대신 모든 번의 다이묘를 구성원으로 하는 정치적 합의체(열번 연합 정권, 제후회의)를 구성[14]하려고 했던 것은 모두 제1조의 공의 여론 정치, 즉 공공성의 정신에 바탕을 둔 것이었다.

그러나 왕정복고 쿠데타가 성공하자 사쓰마, 조슈 등의 유신 주체 세력은 막부를 해체하고 쇼군 도쿠가와 요시노부를 신정부에서 완전히 배제하려고 했다. 이들은 천황 중심의 통일 국가를 건설해 천황이 직접 통치권을 행사하는 천황 친정 체제를 지향했다. 천황의 친정이라고는 하지만 메이지 천황은 아직 성인식도 치르지 않은 나이였고, 고메이 천황의 갑작스러운 죽음으로 아무런 준비도 없이 즉위했기 때문에 정치적인 권위나 경험도 아직 갖추고 있지 못했다. 고메이 천황의 독살설[15]마저 나돌고 있었기 때문에 메이지 천황이 스스로 나서서 주도적으로 친정을 한다는 것은 애당초 불가능한 일이었다. 유신 주체 세력이 주장하는 천황 친정은 결국 사쓰마, 조슈 중심으로 유신 정부를 독점하겠다는 속셈에 지나지 않았다.

그럼에도 불구하고 유신 주체 세력이 「5개조서약문」에서 공의 여론에 의한 정치를 펼치겠다는 것을 가장 앞부분에 내세운 것은 무엇 때문이었을까? 앞서 설명했듯이 「5개조서약문」을 공표한 1868년 3월 14일은 도쿠가와 요시노부가 에도성을 스스로 열고 항복한 날이다. 이로써 도쿠가와 막부의 시대는 끝난다. 하지만 유신세력의 정치적 기반은 아직 미약하였다. 서쪽 지역의 다이묘들은 대부분 신정부 지지로 돌아섰지만 동북 지방은 여전히 반란의 기운이 강했다. 이 지역은 에도 막부의 직할 영지가 많이 있던 지역으로 도쿠가와 쇼군가를 지지하는 다이묘들이 여전히 많았다. 그 중심은 1862년 이후

---

14 이 책 제6장 제1절의 제2항 쇼군의 승부수 — 대정봉환 중 결국 무력토막노선으로 참조.
15 독살설을 주장하는 사람들이 지목한 사람은 존왕양이파 공경 이와쿠라 도모미다.

교토 슈고직京都守護職을 맡아 교토의 치안과 황궁 수비를 맡았던 아이즈였다. 아이즈는 제3대 쇼군 도쿠가와 이에미쓰德川家光의 배려로 설립된 이래 막강한 군사력과 경제력을 보유하고 있었고, 1860년대 들어 막부 권력이 무너지기 시작할 때에는 영지인 동북 지역에서 대규모의 군사를 이끌고 와 교토 슈고직을 수행했을 만큼 도쿠가와 막부에 대한 충성심이 강했다. 하타모토旗本 (쇼군직속가신) 중에는 도쿠가와 요시노부의 에도성 자진 반납에 불만을 품고 결사 항전을 주장하는 세력도 적지 않았다. 훗날 삿포로 개척장관을 맡았던 구로다 다케아키도 이때는 결사항전을 주장하는 막부 강경파였다. 그는 막부의 군함을 탈취한 뒤 삿포로에서 마지막까지 저항했다.

이처럼 왕정복고 쿠데타와 보신전쟁에서의 승리에도 불구하고 당시 신정부의 통치권은 아직 미약했다. 유신 주체 세력이 유신의 과업을 완수하기 위해서는 하루라도 빨리 정국을 안정시키고, 정부의 통치권을 전국에 걸쳐 확립하는 것이 무엇보다 급선무였다. 이런 상황에서 「5개조서약문」은 전국의 주요 다이묘들이 오랫동안 주장해왔던 공의 여론 정치를 유신의 근본정신이자 신정부의 국시로 선언함으로써 이들을 유신 정부 편으로 끌어들이기 위한 것이었다.

2) 유신의 근본정신과 신정부의 국시國是

그럼 「5개조서약문」은 구체적으로 어떤 약속을 제시하고 있을까? 제1조와 제5조에 잘 나타나 있다. 이미 설명했듯이 제1조에는 공의여론정치, 즉 공론에 따라 국가의 주요한 정책을 정하겠다는 것이 약속되어 있다. 제1조의 공의 여론 정치는 1858년 이후 유력한 다이묘와 개혁적 인물들이 계속 주장해왔던 것이었다.

제5조에는 서양문명을 받아들여 천황제 국가를 수립하겠다는 유신 정부의 국가 목표와 방향이 제시되어 있다. 헌법이나 주요 법률이 미비하고, 건국의 방향도 불명확하던 시기에 「5개조서약문」은 유신 주체 세력들이 국가의 목표와 방향을 구체적으로 잡아 가는 데 가장 중요한 지침이 되었다.

이처럼 「5개조서약문」의 제1조와 제5조에는 공의 여론정치의 시행, 서양문명의 수용, 천황제국가의 수립이라는 유신정부의 국시 즉 국가목표가 제시되어 있다. 이는 유신의 근본정신―자주독립과 천황중심의 근대적 통일정부 수립―이기도 하다.

그런데 이 세 개의 국시는 유신변혁기라는 역사적 상황 아래에서 하나의 정치적 목표로 제시 된 것이지만, 사실은 고대 국가 수립 이후 일본이 국가적 위기나 대전환을 겪을 때마다 국가의 새로운 방향을 제시해 주면서 등장했던 정신이기도 하다. 이 책 제2장에서 제4장에 걸쳐 자세하게 설명하고 있지만 이는 고대 이후 오랜 기간 동안 일본의 역사를 이끌어온 일종의 원동력과 같은 것이다. 이 책에서는 이를 일본 고유의 세 정신 즉 공공성(제1조), 근대성(제5조 앞부분), 정통성(제5조 뒷부분)으로 정의했다.[16] 세 정신은 역사적 변혁기가 되면 자신을 대변하는 정치세력을 세상에 낳기도 했다.

참고로 「5개조서약문」은 왕정복고 쿠데타 직후 유리 기요마사와 후쿠오카 다카치카가 초안을 작성[17]하고, 기도 다카요시 등 유신 주체 세력[18]이 수

16　이 책의 제2장, 제3장, 제4장에서 각각 이를 상세하게 설명해 놓았다.

17　사카모토 료마의 선중팔책(신정부강령 8책)에도 「5개조서약문」과 유사한 부분이 많이 있다. 사카모토의 선중팔책은 사카모토가 후쿠이의 유리 기요마사 등으로부터 신정부에 관한 구상을 듣고 난 뒤에 작성한 것으로서, 당시 개혁적 인물 사이에 광범위하게 퍼

정하여 확정한 것이다.

　그럼 여기에서는 이 책의 전체적인 흐름을 이해하는 데 도움이 될 수 있게 세 정신의 특징과 발전과정을 간단하게나마 한 번 살펴보자. 우선 근대성은 고대 국가의 성립 이래 일본보다 더 뛰어난 선진문명이 외부에 있을 경우, 이를 받아들여 일본의 문명수준을 외부의 선진문명과 일치시키려고 하는 경향을 말한다. 고대 국가 시기에 중국의 선진문명을 받아들이기 위해 파견하던 견당사, 견수사, 에도 시대 초기에 센다이번이 로마에 파견했던 게이초慶長 유럽 파견 사절단, 그리고 유신 정부의 이와쿠라사절단 등은 모두 이러한 정신적 경향에서 나온 것이다. 막부의 통제 정책에도 불구하고 난학자들이 자발적으로 서구문명을 수용하여 발전시킬 수 있었던 원동력도 마찬가지다. 막부 말기 서남 지역의 큰 번들이 중앙정국을 주도할 수 있었던 것도 자신들의 문명수준이 서양국가들에 비해 현저하게 낙후되었다는 것을 빨리 깨닫고 서구의 문물과 제도를 빨리 받아들여 개혁 정책을 추진한 결과 부국강병을 먼저 이룰 수 있었기 때문이었다.

　이에 반해 정통성은 일본 고유의 전통과 정체성을 고수하려는 경향을 말한다. 정통성은 특히 외래 문명의 영향력이 과도할 경우 그에 대한 반발로서 나타났으며 그 중심에는 항상 천황이 있었다. 헤이안 시대나 에도 시대 중기 이후 중국문명의 과잉 현상에 반발하여 등장한 국풍国風 운동이나 국학国学 운동, 메이지유신 이후 서구문명의 과잉에 반발하여 등장한 국가신도와 천황존

져 있었다.

18　「5개조서약문」은 유리 기요마사(由利公正)의 초안, 후쿠오카 다카치카(福岡孝弟)의 수정안을 거쳐 최종적으로 기도 다카요시가 수정·확정하였다. 由利公正の素案, 福岡孝弟の修正案, 木戸孝允の修正案 등 3개 안의 원문자료 화상은 明治神宮宝物殿 編, 『明治天皇と維新の群像』, 明治神宮, 2008에 수록되어 있다.

숭론(국체론) 등이 여기에 해당한다.

정통성은 에도 시대에 들어와 스이카 신도[19] 계열의 학자들에 의해 천황숭배론으로 체계화된다. 하지만 스이카 신도의 천황숭배론은 정치적으로는 큰 영향력을 미치지 못했다. 정통성이 정치적으로 큰 영향을 미치게 되는 것은 미토水戸(현재의 이바라키현 이바라키시)의 유학자들이 등장하면서부터다. 미토 존왕양이파의 지도자였던 후지타 도코는 유학자이면서도 모토오리 노리나가의 국학을 받아들여 비합리적 천황숭배론[20]으로까지 나아갈 정도로 정통성을 추구했다. 그의 천황숭배론은 미토를 넘어 다른 지역의 존왕양이파들에게도 많은 영향을 미쳤다. 조슈의 존왕양이 지사 요시다 쇼인이 대표적인 인물이다. 미토에서 시작된 정통성은 요시다 쇼인이라는 인물을 만남으로써 훗날 막번 체제를 뿌리에서부터 뒤흔드는 불씨가 된다.

이에 비해 공공성은 근대성과 정통성에 비해 비교적 늦게 등장했다. 공공성에 관한 정치사상은 에도 시대 중기에 이르러 주자학의 혁신을 추구하던 이토 진사이, 오규 소라이 등과 같은 유학자들에 의해 체계화되었다. 여기서 공공성은 서로 다른 두 가지 차원의 원리로 나누어진다. 그것은 한편으로는 지배 권력이 통치권을 행사하는 공적 영역은 사적私的 세계에서의 개인적 윤리와는 다른, 공적公的 영역에 고유한 기준과 원칙이 있어야 한다는 원리이면서, 다른 한편으로는 공적公的 영역은 특정한 소수 집단의 전유물이 아니라 다수의 의사와 참여를 통해 공적共的으로 실현되어야 한다는 원리를 의미한다. 첫 번째 차원의 공공성은 오규 소라이에 의해, 두 번째 차원의 공공성은

---

19 이 책 195쪽 주 22 참조.
20 후지타 도코의 『홍도관기술의』를 보면 잘 알 수 있다. 藤田東湖, 『弘道館記述義』, 岩波書店, 1996.

이토 진사이를 거쳐 요코이 쇼난에 이르러 독자적 형태를 갖추게 된다.

첫 번째 차원의 공공성은 막부 말기에 이르러 공적公的 역할을 독점적으로 맡고 있던 공의公儀 즉 쇼군가가 그 역할을 제대로 하지 못할 경우에는 그 권력을 다시 회수해야 한다는 대정봉환론에 큰 영향을 미쳤다. 또한 봉건적 사무라이들이 외세의 군사적 위협에 제대로 대처하지 못하는 쇼군가와 다이묘가를 목격하면서, 봉건적 주종관계는 작은 의리, 사적私的인 의리에 지나지 않으며 천황 혹은 전체 일본이야말로 큰 의리, 공적公的인 의리라는 인식의 대전환을 이루는 데에도 밑바탕이 되었다.

두 번째 의미에서의 공공성은 엄격하게 세분화된 신분질서 위에 짜여 있는 도쿠가와 막번 체제를 근본적으로 뒤흔들 수도 있는 근대적 성격을 가지고 있었다. 요코이 쇼난 같은 개혁적 유학자는 지배 계급뿐만 아니라 농민, 상인, 수공업자 같은 일반 백성들에게도 근대적인 공적 세계에 참여할 수 있는 권리가 있다고 인정함으로써 공공성을 근대적 정치원리로 발전시켰다.

공공성은 특히 막부 말기에 이르러 공의 여론에 의한 정치, 즉 도쿠가와 막부의 독재 체제를 개혁하고, 다수 번이 막부의 정치 결정 과정에 참여하는 공론 정치(공의 여론 정치)를 실행해야 한다는 정치 구상으로 구체화되었다. 서남 지역 큰 번의 주도 아래 일부 막부 관료들까지 포함하여 많은 정치 세력들이 여기에 공감하였다.

이처럼 「5개조서약문」에는 일본역사의 원동력이라고도 볼 수 있는 세 정신이 함께 제시되어있다. 따라서 「5개조서약문」 선포의례는 정통성, 근대성, 공공성의 통합을 선언하는 것임과 동시에 각각의 정신을 대변하는 세 세력의 정치적 연대를 선언하는 것이었다. 공동의 목표 아래 이 세 세력이 정치적 연대를 이룬 것은 그 자체만으로도 의미있는 역사적 사건이었다. 유신 정부가 판적봉환, 폐번치현 등의 중앙 집권 정책과 질록처분, 학제, 징병령 등의 사회·경제적 개혁 정책을 신속하게 추진할 수 있었던 것도 이러한 정치적 연대가 뒷받침되어 있었기 때문에 가능했다. 천황이 직접 주재하는 궁중 의례라는 형식을 갖춘 것도, 천황을 포함하여 모든 공경 및 다이묘의 친필서명을 받았던 것도 이들의 적극적 참여 없이는 구체제에서 새로운 체제로 평화적으로 넘어가는 것이 불가능했기 때문이었다.

결론적으로 「5개조서약문」 선포의례는 유신주체세력이 공동의 정치적 꿈, 즉 유신정부의 국시를 제시함으로써 서로 다른 생각을 갖고 있던 정치세력들을 통합시키려고 한 정치적 의식이었다. 그 꿈은 바로, "함께(공공성) 서양문명(근대성)을 도입하여 천황제 국가(정통성)를 수립하자는 것이었다."

2장
정통성

과거를 지배하는 자가 미래를 지배한다.
현재를 지배하는 자가 과거를 지배한다.
—조지 오웰, 『1984』[1]

1. 정통성과 천황

1) 천황가의 기원과 정통성

서양의 역사를 보면 로마 시대의 황제들에서부터 프랑스의 루이 16세, 영국의 엘리자베스 1세, 독일의 빌헬름 2세, 러시아의 표트르 대제 등 많은 황제들이 절대군주로 군림했었다. 동아시아에서도 고대 중국의 진시황부터 청나라의 강희제 등에 이르기까지 많은 황제가 절대적 권력을 휘둘렀다. 절대권력을 휘둘렀다는 점에서 동서양의 여러 황제나 메이지 천황이나 쇼와 천황

---

1   이 구절 뒤에는 다음과 같은 구절이 이어진다.
    "그렇다면 과거는 어디에 존재하나?" "기록 속에요. 과거는 기록되는 거지요." "기록 속이
    라. 그리고……?" "정신 속에요. 인간의 기억 속에 말입니다." "기억 속이라. 그러면 좋아.
    우리, 즉 당은 모든 기록을 지배하네. 그리고 모든 기억도 우리가 지배하는 걸세. 그렇게
    되면 우리가 모든 과거를 지배하는 것이 되지 않는가?" 조지 오웰, 김기현 역, 『1984』, 문학
    동네, 2012, 302~303쪽.

이세신궁 내궁 신락전(미에현 이세시)　　　　　　　　　　　　이세신궁 내궁 정전

사이에 별 차이가 없다. 그렇다면 일본의 천황과 동서양의 절대군주의 근본적 차이는 어디에서 찾을 수 있을까? 그것은 권력의 기원을 설명하는 방식, 다르게 말하면 권력의 기원을 정당화하는 방식에 있다.

서양의 절대군주들은 신이나 교회로부터 권력을 위임받았다는 왕권신수설을 동원하여 자신들의 권력을 정당화한다. 중국의 황제들은 신 대신 천명天命 즉 하늘의 명령에 따라 역성혁명을 일으켰다고 주장하면서 이를 정당화 한다. 이처럼 서양의 왕권신수설이나 중국의 천명설은 자신들의 불법적 권력 탈취를 정당화하기 위해 신이나 하늘의 명령과 같은 초월적인 힘을 빌린다.

반면 일본에서는 전혀 다른 방식으로 천황의 권력을 정당화했다. 즉 천황이 신으로부터 권력을 위임받았거나 천명을 얻었기 때문이 아니라, 천황은 바로 신의 자손이라고 주장했다. 이 논리에 따르면 천황은 아마테라스오미카미라고 하는 태양신의 직계혈통을 이어받은 신의 자손이 되며,[2] 천황 권력의 기원 역시 태양신으로부터 유래한다. 여기서 태양신 즉 아마테라스오미카미로부터 일본을 다스리라는 신칙神勅을 받은 천황가가 영원히 혈통을 이어가며 일본을 지배할 것이라는 '만세일계의 황통론'이 나온다.

문제는 황통의 정통성이 황통론에만 머물지 않고 유신 이후 일본의 정체政

2　　가토 슈이치, 박인순 역, 『일본문화의 시간과 공간』, 작은이야기, 2010, 165쪽.

體 내지 국체國體와 동일시되었다는 데 있다. 이러한 혼동으로 인해 근대 일본은 천황제 근대 입헌 국가에서 천황절대주의 국가, 쇼와파시즘의 전체주의 국가로 변질해갔다. 후쿠자와 유키치는 1875년 『문명론의 개략』에서 J. S. 밀의 『대의정체론』 등을 참고하여 국체와 정통政統과 혈통은 서로 다르기 때문에 구별[3]해야 한다고 강조했지만, 그 뒤의 역사는 오히려 혈통이 정통과 국체를 흡수하는 방향으로 흘러가 버렸다. '만세일계의 황통'이 천황가의 정통성을 넘어 일본 역사의 정통성, 일본의 정통성과 한 몸이 되어버린 것이다.

20세기 초 근대국가 일본에서 천황을 살아있는 인간신으로 추앙하는, 믿지 못할 일이 수십 년간 지속된 것도 바로 이러한 신화적 지평 위에 정통성이 뿌리 깊게 자리 잡고 있었기 때문이다.

그럼 아래에서는 고대 국가 형성 이후 천황의 정통성이 어떤 과정을 거쳐 지배 계급뿐만 아니라 일본 사회의 내부에 깊게 자리 잡게 되었는지를 알아보도록 하자. 이 문헌들을 보면 알 수 있듯이 일본에서는 고대 천황제 국가 시기 이래 최근까지 만세일계의 황통론에 근거하여 천황의 정통성이 끊임없이 반복되어왔다. 또한 황통에 위험한 영향을 미칠 수 있는 급격한 정치 변혁이 일어났을 경우에는 어떤 희생을 치르더라도 천황의 정통성을 부각하면서 황통의 존속과 천황가의 명예를 지키려고 노력했다. 먼저 서양의 왕권신수설과 만세일계의 황통론을 비교해 본 뒤 천황가의 정통성 확립에 기여했던 주요 문헌[4]들을 검토해 보자.

---

3 福澤諭吉, 『文明論之槪略 福澤諭吉著作集 第4卷』, 慶應義塾大學出版會, 2002. 제2장 서양의 문명을 목표로 할 것; 마루야마 마사오, 김석근 역, 『문명론의 개략을 읽는다』, 문학동네, 2012, 제5강.
4 이 책과 관련해 중요한 문헌은 『고사기』, 『일본서기』, 『신황정통기』, 「왕정복고선언문」, 「5개조서약문」, 「교육칙어」, 「군인칙어」, 「대일본제국헌법」, 「천황의 인간선언」 등이

2) 만세일계萬世一系 황통론의 계보학

왕권신수설

절대군주제를 변호하기 위해 제시된 대표적 이론은 왕권신수설이다. '국왕의 권력은 신성하고 절대적인 것'이라고 주장했다. 왕권신수설을 대표하는 장 보댕과 로버트 필머의 이론은 일본 국학자들의 천황제 인식과 매우 비슷하다. 그러나 왕권신수설은 근대국가가 형성되기 전의 특정한 역사적 단계에서 나타났다가 사라진 반면 일본의 존왕론은 근대국가가 수립된 뒤에도 여전히 사라지지 않고 큰 영향력을 미쳤다는 데 큰 차이가 있다. 그럼 서구의 왕권신수설이 어떤 시대적 배경에서 형성되었는지부터 알아 본 뒤 왕권신수설과 천황제의 공통점과 차이를 검토해 보자.

LES
SIX LIVRES
DE LA REPVBLIQVE
DE I. BODIN
Angeuin.

Enſemble vne Apologie de Rene Herpin.

A PARIS.
Chez Iacques du Puis, libraire iuré, à la
Samaritaine.
1583.
AVEC PRIVILEGE DV ROY

장 보댕의 『국가론』(1576)

15세기에서 16세기에 걸쳐 유럽에서는 기독교 신앙을 벗어나 새로운 정신을 추구하는 르네상스 운동이 일어났다. 이에 따라 교회의 권위는 약화되고 과학의 권위가 향상되었다. 봉건귀족은 힘을 잃고 도시 국가와 부유한 상인의 힘이 점점 더 커졌다. 개연성과 확률을 중요시하는 과학정신이 확산되면서 중세 시대와는 전혀 다른 새로운 정신적 기질이 나타났고,[5] 교회의 절대적 권위와 정신적 족쇄에서 벗어난 자유로운 개인이 탄생했다. 이에 따라 새로운 정치 세력인 국왕과 시민을

다. 쇼와파시즘 시기 황국사관을 주장하는 문헌들은 굳이 언급할 만한 가치도 없다.
5   버트런드 러셀, 서상복 역, 『서양철학사』, 을유문화사, 2012, 638~640쪽.

로버트 필머 『가부장제 – 국왕의 자연적 권력』(1680)

옹호하는 정치사상이 나오기 시작했다. 장 보댕*Jean Bodin, 1530~1596*과 로버트 필머*Sir Robert Filmer, 1588~1653*의 왕권신수설은 이러한 시대적 배경 아래 교황의 절대권력 대신 국왕의 권력을 옹호하기 위해 나온 것이었다. 그러나 기독교 세계 안에서 국왕의 권력을 옹호한 세력은 신교뿐이었으며, 가톨릭은 여전히 교황을 지지했다.

보댕은 마키아벨리와 달리 종교를 매우 중요하게 생각했고, 군주의 통치 권은 신의 섭리에 따라 행사되는 것으로서 신하들과 나누어 가질 수 없다고 보았다. 그리고 국가의 통치권은 가정*mesnage*을 다스리는 가장의 권한과 유사 하다는 점을 강조하면서 다음과 같이 말했다.

가족은 국가의 진정한 근원이고 시작이며 주요 구성 요소다 (…중략…) 잘 운영 되는 가정은 국가의 진정한 모습이며, 가정의 권력은 최고(souveraine)권력과 유 사하다. 가족이 잘 통치되면 국가 역시 잘 통치될 것이다 (…중략…) 국가란 주권에 의해 많은 가정에 공통된 사항들을 정당하게 통치하는 것이며, 가장은 자신에 대한 복종을 통해 많은 사항과 가정에 고유한 것들을 정당하게 통치하는 것이다.[6]

물론 보댕이 국가와 가정을 같은 것으로 보고 있었던 것은 아니다. 플라톤이 내 것과 네 것을 구별하는 것에서 국가의 모든 해악과 멸망의 원인이 발생한다고 본 것과 달리, 보댕은 "자신에게 고유한 것이 없으면 공적인 것도 없고, 모든 사람이 왕이면 아무도 왕이 아니며, 사적인 것과 공적이 것이 혼동되면 국가도 가족도 없다"[7]고 말하면서 국가의 영역과 가정의 영역을 철저히 구별했다.

그리고 이러한 구별 위에서, 보댕은 가장의 권한이나 국왕의 권한은 절대적이라고 주장했다. 즉, 가장은 남편으로서 아내에 대해, 아버지로서 자녀들에 대해 절대적 권한을 가지며, 몇 가지 예외적인 경우에는 아내와 자녀들의 생사여탈권도 가진다고 보았다. 가장의 권한을 국가의 통치권으로 확장하면 군주의 권리도 절대적인 것으로 된다고도 주장했다.

한편 필머는 왕권신수설을 지지하는 세력 중에서도 극단적 분파에 속한 사람이었다. 그는 국왕은 인간의 그 어떤 통제에서도 벗어나 완벽하게 자유로우며, 선왕들의 관례, 심지어 자신의 행동에도 구속받지 않고, 법률도 국왕만이 제정할 수 있다고 주장했다. 제목만 봐도 알 수 있듯이, 그는 『가부장제 —국왕의 자연적 권력』[8]에서 정치권력은 대중의 자유로운 선택이 아니라, 상속의 원리에 의해 정해진다고 주장했다. 반면 의회파들은, '인간은 태어날 때부터 자유를 부여받았으며, 정부의 형태는 대중의 자유로운 선택에 의해 결정된다'고 주장하였다.

---

6   장 보댕, 나정원 역, 『국가에 관한 6권의 책 1 ─ 국가 · 권리 · 주권론』 1, 아카넷, 2013, 5
    9~67쪽. 이 책은 1576년 프랑스에서 처음 출간되었다.
7   위의 책, 66쪽.
8   *Patriarcha*의 부제는 영어로 'The Natural Power of Kings Defended against the Unnatural
    Liberty of the People'이다.

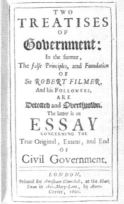

존 로크   존 로크의 『시민정부론』(1690)

　　필머에 따르면 창세기에 기록된 족장들은 군주들이며, 아담의 후예들이
다. 신은 군주의 권력을 처음에는 아담*Adam*에게 주었고, 그로부터 상속자들
에게 전해지다가 근대의 여러 군주에게 이르게[9] 되었다. 이처럼 그는, 군주의
통치권은 신이 아담에게 준 가장의 권한家長權, *Patriarcha*[10]이 국가의 영역으로
확장된 것[11]이며, 찰스 1세가 아담의 직계자손으로 영국에 대한 통치권을 계
승했다고 보았다. 따라서 자식이 아버지를 영원히 받들어야 하듯이 백성은
군주의 권위와 명령에 절대적으로 복종해야 하며, 이를 위반하는 것은 자기
조상에 대한 반항인 동시에 신의 뜻을 거역하는 것이 된다고 주장했다.[12]

　　이에 대해 존 로크*John Locke, 1632~1704*는 상속(세습)은 정권의 합법적 기초
가 될 수 없다는 점을 논박하기 위해 장자상속권의 부당성을 입증하는 데 역
점을 두었다. 군주의 세습은 대부분 장자상속을 통해 이뤄지기 때문이었다.
로크는 아담을 계승한 상속자가 장자 한 사람뿐이라는 필머의 주장이 사실이

9　　버트런드 러셀, 앞의 책, 2012, 790쪽.
10　　*Patriarcha*는 경우에 따라 가장권 또는 가부장제로 번역하였다.
11　　Sommerville, Johann P.(ed.), *Sir Robert Filmer : Patriarcha and Other Writings*, Cambridge
　　　University Press, 1991.
12　　위의 책; 버트런드 러셀, 앞의 책, 2012, 791쪽.

라면, 현존하는 많은 국왕 중 그 한 사람을 제외한 다른 모든 국왕들은 왕위찬 탈자가 되기 때문에, 국민들에게 복종을 요구할 수 있는 어떤 권리도 가질 수 없게 된다[13]고 비판했다. 로크는 이처럼 왕권신수설의 부당성을 공격한 뒤 이어 『시민정부론』[14]에서 정부의 참된 기원에 대해 서술하고 있다.

권력의 기원을 계약이나 공공의 이익[15]에서 찾지 않고 상속의 원리와 가장 의 권위에서 찾는 왕권신수설은 오늘날 민주주의 국가에 살고 있는 사람들에 게 매우 낯설게 느껴질 수도 있다. 그러나 왕권신수설이 아무리 낯설게 느껴 진다 하더라도 쇼와파시즘 시기의 황국사관보다는 덜할 것이다. 왕권신수설 이 황국사관보다도 300년이나 더 오래된 정치이론임을 감안하면 더욱더 그 렇다. 전전의 일본뿐만 아니라 인류의 역사 속에 등장했다 사라진 다양한 형 태의 신권적 권력자들을 보면, 권력의 기원과 정통성을 신이나 초월적인 어 떤 힘에서 찾는 전근대적 정신 형태를 극복하는 것이 얼마나 어려운 것인지 를 잘 알 수 있다.[16]

왕권신수설의 운명이 그랬듯이 필머의 개인적인 삶도 행복하지 않았다. 그는 왕당파*royalists*와 의회파*parliamentarians*의 치열한 투쟁 속에서 매우 불운한 삶을 살았다. 필머의 집은 열 번이나 의회주의자의 습격을 받았고, 자신에게

---

13 존 로크, 강정인・문지영 역, 『통치론』, 까치, 1996; 버트런드 러셀, 위의 책, 794쪽.
14 우리나라에 출간되어 있는 로크의 『시민정부론』은 모두 필머에 관한 부분인 1부를 제외 하고 2부의 시민정부론만 번역되어 있다. 로크의 『시민정부론』 1권은 1689년, 2권은 1690 년에 각각 발간되었다.
15 존 로크는 『통치론』에서, 정치권력을 사형 및 그 이하의 처벌을 내릴 수 있는 법률을 제정 하는 권리이며, 또한 재산을 규제하고 보전할 목적으로, 그리고 공동체(commonwealth)를 외적의 침입으로부터 방어하기 위하여 공동체의 무력을 사용하는 권리라고 정의하면 서, 정치권력은 오직 공공의 이익을 위해서만 행사되어야 한다고 말한다. 존 로크, 앞의 책, 9~10쪽.
16 북한의 3대 세습 체제를 봐도 잘 알 수 있다.

귀족 작위를 주었던 찰스 1세가 1649년 1월 30일 처형되는 것도 지켜봐야 했다.[17] 군주의 권력은 시민들에 의해 선출되는 것이 아니라는 점을 주장하기 위해 『가부장제Patriarcha』[18]를 썼지만 역사는 필머의 기대와 정반대로 흘러갔다. 1688년 명예혁명이 성공하자 존 로크의 친구들이 의회를 장악했고 왕권신수설은 왕당파와 함께 권좌에서 끌려 내려왔다. 필머를 격렬하게 공격하던 존 로크와 시민정부론이 새 시대의 승리자로 등장했다.

『고사기』와 『일본서기』(기기(記紀))[19]

지구상의 어떤 나라이건 거의 대부분의 나라에서는 특별한 존재 혹은 신이 자신의 나라를 건국했다는 건국신화를 가지고 있다. 그러나 그렇다고 신화와 역사를 혼동하지는 않는다. 중국은 많은 신화를 가지고 있지만 신화를 역사책에 편입시키지는 않는다. 중국의 신화는 대부분 『산해경山海經』, 『회남자淮南子』, 『초사楚辭』 같은 비역사책에 실려 전해내려 오고 있다. 신화의 나라라고도 불리는 인도도 마찬가지다. 인도는 전 세계 신화의 원조라고도 일컬을 수 있는 '마하바라따'[20]라는 장대한 신화를 가지고 있지만 '마하바라따'에 인도의 역사가 포함되어 있는 것은 아니다.

반면 일본은 이와 다르다. 일본의 역사책에는 신화와 역사가 섞여 있으며 이로 인해 신화와 역사의 구분이 모호한 경우도 많다. 일본에서 가장 오래된 역사책인 『고사기』[21]와 『일본서기』[22]는 일본의 건국신화에서부터 시작한다.

---

17 버트런드 러셀, 앞의 책, 2012, 790쪽.
18 Patriarcha가 집필된 것은 1640년이지만, 실제로 발간된 것은 그의 사후인 1680년이었다.
19 『고사기』(712)와 『일본서기』(720)를 합쳐 간단하게 '기기(記紀)'라고 부른다.
20 위야사, 『마하바라따』 1~5, 새물결, 2012.
21 오노 야스마로, 노성환 역, 『고사기』, 민속원, 2009.
22 전용신 역, 『일본서기』, 일지사, 1989; 이근우·정효운 외, 『역주 일본서기』 1~3, 동북아

『고사기』 상권 필사본 　　　　　　　　　 필사본 『일본서기』(헤이안 시대)
(일본국보, 1371)

'기기'에 따르면, 태초에 신들이 일본 국토를 만들고 난 뒤 자신의 자손을 직접 땅으로 내려 보내 일본을 영원히 통치하라고 명령한다. 즉 일본을 처음 통치하기 시작한 진무 천황神武天皇은 태양신 아마테라스와 혈통이 직접 연결되어 있는 신의 자손이다. 『고사기』는 이에 대해 태양신 아마테라스가 진무 천황에게 천양무궁天壤無窮의 신칙神勅을 통해 일본 국토에 대한 통치권을 주었다고 기록하고 있다. 정사正史인 『일본서기』 역시 신대神代에 이어 진무천황편을 서술하면서 그가 천신과 해신의 아들이라고 말하고 있다.[23] 이런 점에서 『고사기』와 『일본서기』는 천황가의 정통성을 근거 지어주는 가장 중요한 책들이다.

　그 뒤 기타바타게 지카후사, 모토오리 노리나가 등 천황존숭론자들은 이 신칙을 근거로 천황의 정통성은 진무 천황에서부터 이어지고 있는 만세일계의 황통으로만 정해진다고 주장했다. 이것이 '만세일계의 황통론'이다. 이에 따르면 천황은 개인의 정치적·군사적 능력이나 인품을 떠나 오직 황통에 의해서만 정통성을 인정받는다. 일본 역사에서 천황이 무능력하거나 부도덕하다는 이유로 역성혁명을 일으키거나, 천황제를 폐지하려는 급진적인 혁명이 일어나기 힘들었던 이유도 여기에 있다.

역사재단, 2013.
23　전용신 역, 앞의 책, 65쪽.

기타바타케 지카후사

백산본 『신황정통기』(무로마치시대, 국가중요문화재)

『신황정통기』[24]

『신황정통기』는 기타바타케 지카후사北畠親房, 1293~1354가 1334년에 쓴 책이다. 그는 가마쿠라 막부로부터 권력을 되찾아 겐무신정을 시행했던 고다이고 천황後醍醐天皇이 교토에서 쫓겨나 남쪽 요시노에 남조南朝[25]를 세울 때까지 곁을 지킨 충신이다. 고다이고 천황이 아시카가 다카우지의 반란에 의해 다시 무너져 가는 것을 보면서, 당시 12세에 불과했던 어린 고무라카미 천황(1339~1368 재위)에게 남조의 정통성과 천황의 덕목恩德을 깨우쳐 주기 위해 이

24 기타바타케 지카후사, 남기학 역, 『신황정통기』, 소명출판, 2008.
    기타바타케 지카후사가 1334년에 쓴 역사책. 참고로 쇼와파시즘 시기 도쿄대 국사학과 교수였던 히라이즈미 기요시(平泉澄)는 일본의 3대 역사서인 『일본서기』, 『신황정통기』, 『대일본사』 중에서 『신황정통기』를 가장 중요한 역사서로 보았다. 기타바타케 지카후사가 『신황정통기』를 썼기 때문에 천양무궁(天壤無窮)의 신칙(神勅)과 3종의 신기(三種神器)가 황실지배(皇室支配)의 근거로 자리 잡을 수 있었다고 보았기 때문이다. 그는 신관(神官) 출신으로 쇼와파시즘 시기 황국사관의 대표적 이데올로그이면서, 군부와 극우 민간단체들의 사상적, 실천적 리더로서 활약했다. 『신황정통기』에 나오는 "대일본은 신국(神國)"이라는 구절을 절대적인 것으로 숭배하여 황국사관의 토대를 만들었다. 다치바나 다카시(立花隆), 이규원 역, 『천황과 도쿄대 – 현대 일본을 형성한 두 개의 축』 1(20장) · 2(45장), 청어람미디어, 2008.
25 1336년부터 1392년 남북조가 통합될 때까지를 남북조 시기라고 부른다. 아시카가 다카우지는 1336년 고묘 천황을 옹립하여 무로마치 막부를 열었다.

책을 썼다. 『신황정통기』는 이처럼 황통이 단절될 수도 있는 절박한 상황 속에서 탄생했다. 『신황정통기』의 첫 부분은 다음과 같은 문장으로 시작한다.

오야마토(大日本)는 신국(神國)이다. 아마쓰미오야(天祖)가 처음 나라의 근본을 세우고 태양의 신(日神)이 오랫동안 자신의 계통을 후세에 전하고 있다. 이것은 우리 나라에만 있는 일이다. 다른 나라에는 이와 같은 예가 없다. 그러므로 우리 나라를 신국(神國)이라 하는 것이다.[26]

『신황정통기』의 전체 내용을 압축해서 설명할 수 있는 문장이 바로 '대일본은 신국'이라는 한 구절이다. '대일본은 신국'이라고 과감하게 정의를 내리고 있는 책은 『신황정통기』가 처음이다. 그가 일본은 아마테라스 신에서 유래하는 신국이라고 단언한 이유는 무엇일까? 천황가의 혈통이 단절될지도 모르는 상황에서 황통을 유지할 수 있는 마지막 방법은 천황가의 정통성을 강조하는 것밖에 없다고 생각했던 게 아니었을까?

반란군과의 전투에서 계속 패배하고 있고, 고다이고 천황의 상속자는 아직 나이가 어린 절망적 상황에서 기타바타케가 기댈 곳은 천황가의 수호신, 즉 아마테라스 신밖에 없었다. 그가 천양무궁의 신칙 외에 천황의 황통을 증명하는 근거로 거울, 구슬, 검이라는 3종의 신기 三種神器[27]를 제시한 것도 이

---

26   기타바타케 지카후사, 위의 책, 12~13쪽.
27   『고사기』에는 3종의 신기 중 거울에 관한 부분만이 나와 있다. 아마테라스 신이 천손인 니니기에게, "이 거울은 오로지 나의 혼으로 모시고 내 자신을 모시는 것처럼 우러러 모시도록 하라"라고 말한다. 오노 야스마로, 노성환 역, 『고사기』, 민속원, 2009, 101쪽. 반면 『신황정통기』에는 3종의 신기와 관련해, "이 거울과 같이 밝게 천하를 비추고, 곡옥의 구부러진 모습같이 정교하게 천하를 다스리며, 신검을 들어 복종하지 않는 자를 평정하라"는 칙을 내렸다고 서술하고 있다. 기타바타케 지카후사, 위의 책, 49쪽. 현재 거울(八咫鏡, 야타

때문이었다. 3종의 신기는 기타바타케에 의해 황통을 증명하는 신표로 자리 잡는다.[28] 당시 3종의 신기는 요시노로 쫓겨 간 남조에 있었다.[29]

3종의 신기 거울, 구슬, 검(이미지)

그러면 기타바타케가, '일본은 신국'이라고 주장한 근거는 무엇이었을까? 그는 천축(인도)과 중국의 천지개벽 신화와 황위의 계승 사례를 비교하면서 이를 주장하고 있다. 천축의 경우, 천신(天神)의 혈통을 받아 세계를 건립하였다는 점에서 일본과 비슷한 점도 있지만 천축 최초의 왕인 민주왕의 혈통은 세월이 흘러가면서 대부분 멸망해버렸고, 힘만 있으면 열등한 혈통도 국왕(國王)이 되었다는 점에서 일본과 다르다[30]고 이야기한다.

또한 중국은 문자와 서적을 존중하는 나라이긴 하지만 세상의 기원에 관해서는 분명하게 기술되어 있지 않으며, 특히 황위 계승과 관련해서는 잦은 반란으로 질서가 없는 나라라고 보았다. 중국에서는 옛날 세상이 정직하고 도(道)가 올바르던 시대에도 혈통이 아니라 현자를 옹립하여 왕위에 오르게 했고 복희씨 이래 천자의 성이 36번이나 바뀌는 등 황위 계승이 매우 어지러웠

　　노카가미)은 미에현 이세시 이세신궁 내궁(황대신궁(皇大神宮))에, 검(草那芸之大刀, 구사노기노타치)은 나고야시 아쓰타신궁에 신체(神体)로 모셔져 있으며, 구슬(八尺瓊勾玉, 곡옥, 야사카니노마가타마)은 거울 및 검의 모형과 함께 도쿄 황궁에 보관되어 있다.

28　　쇼와 천황은 태평양전쟁 말기 미군의 도쿄대공습으로 인해 메이지신궁이 폭격을 받자, 3종의 신기를 보호할 수 있는 방안에 고심했다. 그는 3종의 신기를 황실, 국체와 같은 것으로 생각하고 있었다. 고모리 요이치, 송태욱 역,『1945년 8월 15일, 천황 히로히토는 이렇게 말하였다―'종전조서' 800자로 전후 일본 다시 읽기』, 뿌리와이파리, 2004, 33~36쪽.

29　　미토(水戸)에서 편찬한『대일본사』는 이 때문에 남북조시대의 정통성을 남조에 있다고 보았다. 현재의 천황가의 혈통은 북조에 속한다.

30　　기타바타케 지카후사, 앞의 책, 27쪽.

으며,[31] 황족이 아닌 자나 신하, 이민족 등도 나라를 빼앗거나 왕위를 찬탈하는 경우가 많았던, 질서가 없는 나라라고 주장했다. 이처럼 기타바타케는 황통의 연속성을 기준으로 중국과 인도를 비교한 뒤, 두 나라 모두 일본에 비해 질서도 없고 도리도 없는 나라라고 폄하한다.

기타바타케 지카후사는 천황에 대한 신하의 도리도 매우 중요시했다. 그는 왕토王土에 태어나 충성을 다하고 목숨을 버리는 것은 신하의 도리이며, 자신의 명예로만 여겨야지 물질적 보상을 바라면 안 된다고 충고했다. 그리고 그 이유에 대해서, 가령 한 사람이 나라國를 하나씩 받기 원한다면, 일본은 66개 나라國밖에 없으므로 모두 다 합쳐도 66명밖에 주지 못하며, 한 개의 군郡씩 나눠준다고 해도 일본에는 594개 군밖에 없기 때문에 594인은 기뻐할지 몰라도 나머지 1,000만의 사람들은 기뻐할 수 없기 때문[32]이라고 말하고 있다.

기타바타케가 살았던 시대에는 무사들의 토지쟁탈전이 극심했었다. 전쟁에서 공을 세운 뒤 그에 대한 보상이 불충분하다는 이유로 주군을 배신하는 경우도 허다했다. 말할 것도 없이 아시카가 다카우지가 대표적 인물이다. 그는 고다이고 천황을 도와 가마쿠라 막부를 멸망시키고 겐무신정에도 참가했다. 그러나 자신을 정이대장군에 임명해주지 않자 다시 난을 일으켜, 천황정부를 폐지하고 무사 정권(무로마치 막부)을 세웠다.

반면 기타바타케는 고다이고 천황을 마지막까지 지켰다. 그가 신하의 도리에 대해 강조한 것은, 아시카가 다카우지를 비롯하여 주군에 대한 순수한 충성심보다는 물질적 보상을 더 중요시하는 무사들의 세속적 풍토에 경종을 울리고 싶었기 때문이었다.

---

31   위의 책, 28쪽.
32   위의 책, 288~289쪽.

제96대 고다이고 천황 초상(14세기)

아시카가 다카우지 초상
(무로마치막부 초대 정이대장군)

그러나 『신황정통기』를 쓰는 동안 전세는 점점 더 불리해져 갔다. 1341년 오다 성小田城[33]이 함락되자 세키 성關城으로 옮기지만, 세키 성도 1343년 함락된다. 이에 요시노로 다시 돌아와 관군을 지휘했지만 전세를 되돌리지 못하고 1354년 결국 전사한다. 그는 "사람은 과거를 쉽게 잊지만, 하늘은 결코 도를 저버리지 않는다. 사악한 자는 오래지 않아 멸망하고 혼란한 세상도 바른 상태로 돌아간다. 이것이 고금의 이치"[34]라고 확신에 차 말했다. 하지만 정작 본인은 잘못된 세상이 올바르게 돌아오는 것을 끝내 보지 못하고 세상을 떠나야만 했다. 이에 따라 전쟁터를 전전하며 어린 고무라카미 천황에게 남조의 정통성과 천황이 갖춰야 할 덕목을 깨우쳐주려 했던 그의 가르침은 헛되이 끝나고 말았다. 영국의 정치사상가 토마스 홉스가 '나는 가르친다, 그렇지만 소용은 없다Doceo, sed frustra'라고 내뱉었던 탄식이 기타바타케의 경우처럼 잘 맞아떨어지는 경우도 없을 것이다.

그러나 역사는 종종 한 인간이 감당할 수 없는 시간의 한계를 극복한다. 기타

33   현재의 이바라키현 쓰쿠바시 오다(茨城縣 つくば市 小田)에 있다.
34   기타바타케 지카후사, 앞의 책, 281쪽.

바타케가 세상을 떠난 지 513년 뒤, 왕정복고 쿠데타가 성공하자 그는 극적으로 부활한다. 그리고 제2차 세계대전에서 일본이 패망할 때까지 일본이 가장 자랑스러워하는 불멸의 충신이 되어 제국의 어린 학생들을 전쟁터로 이끌었다. 이때의 가르침도 소용없었다는 것을 지금의 세상 사람들은 모두 잘 알고 있지만, 그 전쟁이 끝날 때까지 이에 대해 이의를 제기하는 사람은 아무도 없었다.

「왕정복고선언문(왕정복고대호령)」

왕정복고 쿠데타가 일어났을 때 메이지 천황은 아직 성인식(元服)도 올리지 않은 소년[35]이었다. 이와쿠라 도모미는 교토 황궁 안 학문소에 천황을 모셔 놓고 「왕정복고선언문」, 즉 「왕정복고 대호령」을 읽었다. 이 선언문은 이와쿠라 도모미가 국학자 다마마쓰 미사오(玉松操)[36]의 도움을 받아 오쿠보 도시미치 등과 함께 작성한 것이었다. 선언문에는 도쿠가와 요시노부의 대정봉환을 받아들이며, 에도 막부를 폐지하고 조정의 섭정, 관백도 폐지한다는 사실과 천하의 정치를 포함한 모든 일은 진무 천황이 처음 시작하신 것을 바탕으로 한다고 되어 있었다.

「왕정복고선언문」에서 진무 천황을 내세운 것은, 천황제 통일 국가 수립이 진무 천황의 업적에 비견될 수 있을 만큼 위대한 과업이라는 의미도 있겠

---

35 메이지 천황(1852.9.22(양력 11.3)~1912.7.30)은 왕정복고 쿠데타가 성공한 다음 해 1868년 2월 8일 성인식(만 15세)을 거행하고 일련의 의식을 거쳐, 10월 12일 교토 황궁에서 대례를 올리고 천황 즉위 사실을 내외에 선포했다.
36 다마마쓰 마히로(玉松眞弘, 1810.3.17~1872.3.23)라고도 부른다. 막부 말기 국학자로 이와쿠라 도모미를 도와 왕정복고 대호령의 문안을 작성했다. 보신전쟁 때는 쿠데타군의 사기를 높이기 위해 천황의 군대를 상징하는 금기(錦旗)를 디자인했다. 유신이 성공한 뒤 신정부가 개혁적 정책을 시행하자 이와쿠라와 멀어졌고, 서구화 정책이 본격화되자 공직을 사퇴하고 은거해 버렸다.

「왕정복고선언문」(1867.12.9)

지만, 그보다는 쿠데타의 정당성을 확보하기 위해서는 천황의 정통성을 끌어들이는 것보다 더 좋은 것은 없었기 때문이다. 메이지 천황은 아직 정치적 경험도, 정신적 권위도 미약했지만, 천황의 정통성은 나이나 인품, 정치적 능력과 상관없이 오직 만세일계의 황통에서 나온다는 것을 쿠데타 지도부는 잘 알고 있었다.

천황의 인간선언

1945년 8월 15일 쇼와 천황은 육성으로, "참기 어려움을 참고, 견디기 어려움을 견뎌", "만세를 위해 태평한 시대를 열고자 한다"[37]는 눈물의 육성玉音방송(종전[38]선언,[39] 항복선언)을 한다. 그리고 다음 해 1월 1일 인간선언[40]도 발

37 　昭和天皇, 『終戦の詔書』, 文藝春秋, 1995, 11쪽.

38 　일본에서는 전쟁 패배를 단적으로 드러내는 단어를 순화시켜 사용한다. 패배, 항복이라는 단어 대신 전쟁이 끝났다는 의미로 종전이라고 단어를 쓰고 미군의 점령도 점령이라는 단어 대신 진주(進駐)라고 쓴다. 이 책 730쪽 주 20 참조.

39 　종전선언은 이것이 진짜 항복선언문인지 의심이 들 정도로 전쟁 책임에 대한 반성을 찾아 볼 수 없다. 여기에는, '미국과 영국 두 나라에 대해 선전포고를 한 것은 민족의 자존과 동아시아의 안정을 간절히 바라는 데서 나왔으며, 타국의 주권을 배격하고 영토를 침략하려는 의도는 아니었다'고 말함으로써 오히려 중국과 동남아시아에 대한 침략 사실 자체를 부정하고 있다. 또한 자신들이 일으킨 전쟁을 1941년 이후의 태평양전쟁에 한정하여, 만주사변 등 그 이전의 침략전쟁은 제외하고 있다. 태평양전쟁에 관해서도 동아시아

표한다. 그런데 언뜻 이해가 잘되지 않는 점은 인간선언의 앞부분에 「5개조
서약문」을 그대로 싣고 있다는 사실이다. 「5개조서약문」은 메이지유신 뒤
유신 정부가 유신의 근본정신과 국시를 제시한 문서다.[41] 그런데 일본이 제2
차 세계대전에서 패배한 뒤 천황의 신성을 부정하는 인간선언을 하면서 80년
전의 「5개조서약문」을 그대로 싣고 있는 이유는 무엇일까?

　막부 말기 서양열강의 군사적 위협을 극복했던 것처럼, 패전과 미군점령
이라는 사상 초유의 국가적 위기 상황에서도 천황을 중심으로 일치단결하여
극복하자는 절박한 메시지를 전달하고 싶었던 것은 아니었을까?[42] 전쟁책임
론이 제기되고, 심지어 천황제 폐지론 주장까지 나오고 있는 위험한 상황에

　　의 안정을 바랐기 때문에 선전포고를 했다는 식으로 언급함으로써, 태평양전쟁 개전 당
　　시의 논리를 그대로 답습하고 있다. 종전의 이유에 대해서도, '적이 잔혹한 폭탄을 사용
　　하여 빈번히 무고한 백성들을 살상해, 전쟁을 지속하면 일본 민족의 멸망을 초래할 수
　　있기 때문'이라는 등 원자폭탄으로 인한 일본인의 희생을 부각하고 있는 반면 일본의 침
　　략 행위로 인해 희생당한 아시아 민족에 대해서는 일언반구도 없이 침묵하고 있다.

40　昭和天皇, 「年頭の詔書(人間宣言)」, 『終戰の詔書』, 文藝春秋, 1995, 25∼36쪽.
　　1946년 1월 1일 발표한 천황의 인간선언 역시 마찬가지로 일본의 전쟁책임에 관해서는
　　완전히 침묵하고 있다. "나와 우리 국민 간의 유대는 상호신뢰와 경애로 맺어진 것이며
　　신화와 전설에 의한 것은 아니다. 천황은 현인신이고, 일본 국민은 다른 민족보다 우월
　　하며, 나아가 세계를 지배할 운명을 가진다는 가공의 관념에 기초를 두어서는 안 된다"
　　라고 하면서 황국사관의 핵심적 요소들을 부정하고 있기는 하지만 아시아 여러 나라를
　　침략한 행위에 대해서는 언급조차 하지 않았다. 상식적이라면 패전 직후 발표된 두 개의
　　선언문에는 침략전쟁에 대한 사과 내지 반성이 당연히 언급되어야 한다. 그럼에도 불구
　　하고 필사코 피해 가는 이유는 무엇일까? 그것은 바로 천황 때문이다. 천황의 정통성과
　　무책임성을 끝까지 수호해야만 일본의 국체가 유지된다는 믿음 때문이다. 일본 군부는
　　항복선언을 앞두고 천황의 전쟁 책임을 회피하기 위해 막을 수 있었던 일본인의 막대한
　　희생까지도 감수했다. 따라서 침략전쟁에 대한 사과와 반성을 피해 가는 것은 그리 어렵
　　지 않은 결정이었을 것이다.

41　이 책 제1장 제1절 5개조서약문 참조.

42　쇼와 천황은 1977년 8월에 가진 기자회견에서 1946년의 인간선언에 관해, "천황의 '신격
　　부정'은 부차적인 문제였으며, 첫 번째 목적은 메이지 천황의 「5개조서약문」을 국민들에
　　게 전하는 데 있었다"고 답변했다.(『아사히신문(朝日新聞)』, 1977.8.24)

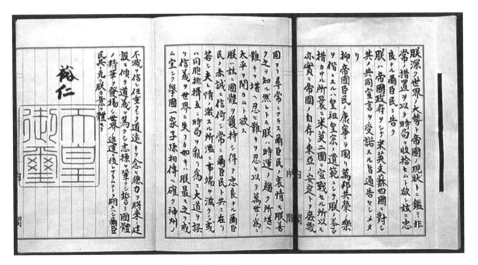

「종전조칙」(1945.8.15)

천황의 인간선언 언론보도(『아사히 신문』, 1946.1.1)

서 쇼와 천황은 아마 메이지 천황과 유신혁명가들의 혼령에게라도 도움을 청하고 싶었을 것이다. '인간선언'을 발표한 한 달 뒤부터 쇼와 천황이 전국 순행巡行에 나선 것도 유신정부 초기 메이지 천황의 전국순행을 그대로 본받은 것이었다. 이때의 순행으로 쇼와 천황은 국민통합의 상징으로 부활한다.

종전선언과 마찬가지로 쇼와 천황의 인간선언에도 침략전쟁에 대한 반성
은 전혀 없다. 민주주의 시대에 맞춰 천황의 이미지를 새로 만들어냈을 뿐이
다. 인간선언은 천황과 국민의 관계를 신과 백성의 관계로 보는 허황된 관념
에서 벗어나, 어버이와 자식의 관계처럼, '상호 신뢰와 경애'를 바탕으로, '항
상 국민과 함께 있으며 늘 이해를 같이 하고 평안함과 근심걱정을 함께 나누
는', 매우 인간적인 관계로 재정립한다. 이 선언으로 쇼와 천황은 아버지와
같이 온화한, 민주주의 시대에 맞는 새로운 이미지로 재탄생했다. 인간선언
으로 천황이 하늘에서 땅으로 내려온 근본적인 이유 역시 패전과 미군정이라
는 역사상 최악의 시대를 맞아 만세일계의 황통을 보존하기 위해서였다.

왕권신수설과 천황제

그럼 앞에서 살펴보았던 서양의 왕권신수설과 일본의 천황제는 어떤 관계
가 있을까? 영국의 유명한 철학자 버트란트 러셀의 분석을 한번 살펴보자. 러
셀은 『서양 철학사』에서 필머의 왕권신수설을 설명하다가 일본의 천황제를
언급한다. 그는, "일본을 제외하고는 오늘날 어떤 현대인도 정치권력을 부모
가 자식 위에 군림하는 것과 같다고는 생각하지는 않을 것"[43]이라면서 일본
의 천황제가 가지고 있는 가부장제적 성격을 비판한다. 그러면서 당시 일본
에서 대학 교수 및 학교 교사들이, 천황은 태양신 아마테라스의 직계혈통이
고 황족 이외의 다른 일본인들은 같은 혈통에서 분가되어 나온 자손들이라고
가르치고 있는 내용은 필머의 학설과 비슷하다고 지적했다.

러셀은 일본 천황제의 이러한 특성에 대해, 고대 이집트인들이나 스페인

---

43   버트런드 러셀, 서상복 역, 『서양철학사』, 을유문화사, 2012, 792쪽.

정복 이전의 멕시코, 페루 등에서도 그 흔적을 찾아 볼 수 있는데 이것은, "인류가 발전해가는 특정한 단계에서 나타나는 자연스러운 과정으로, 영국은 스튜어트 왕가(1603~1714)가 지배할 때 이 단계를 통과했지만, 일본은 현대로 접어든 오늘날에도 여전히 이 단계에 머물고 있다"[44]고 분석했다.

러셀이 『서양철학사』를 집필한 것은 1940년대 초였다. 이 시기 일본에는 황국사관이 광범위하게 퍼져 있었고 쇼와파시즘의 광기가 극에 달해 있었다. 왕권을 가족 안에서의 가장의 권한과 동일한 것으로 보는 필머의 사고방식은, 천황은 일본의 조상신을 모시고 국민들은 자기 조상의 제사를 모신다거나, 일본인을 하나의 대가족으로 보고 황실을 일본의 큰집으로 생각하는 국가신도적 사고방식과 매우 비슷하다.

영국에서 왕권신수설은 종교의 다원화(영국 성공회, 로마교회, 개신교)와 명예혁명(1688)으로 의회파가 정권을 장악하면서 사라졌다. 반면 일본에서는 이러한 사고방식이 극복될 수 있는 종교적 계기도 부족했고, 사회경제적 변화를 주도할 수 있는 독립적 계층의 형성도 늦었다. 전국 시대 말기에 규슈 지역에 급속하게 보급되던 기독교는 막부의 대탄압으로 거의 말살되어 버렸다. 불교는 오다 노부나가의 불교 대탄압으로 종교성을 거의 잃어버리고 체제에 흡수되어 막부의 행정적 기능까지 담당[45]했다. 이에 따라 일본은 전통적 종교 이외에 새로운 종교의 도입으로 인해 종교와 정신세계가 다원화될 수 있

---

44   위의 책, 792~793쪽.
45   에도 시대에는 불교 사원이 그 지역의 백성들을 관리하는 기능도 맡고 있었다. 이로 인해 백성들은 출생, 결혼, 사망 등에 관한 일이 생기면 모두 사원에 신고했다. 일본의 인구역사학자들은 이러한 자료를 통해 에도 사회를 분석한다. 6년마다 정기적으로 작성된 전국 호구조사 자료와 함께 방대한 분량의 일차 자료가 남아 있다. 원래는 기독교도와 금지된 종교인을 색출하기 위한 종교통제정책으로 시행되었다. 백성들은 의무적으로 기독교도가 아니라는 증명서를 절에서 받아야 했다. 이를 데라우케(寺請)제도라고 부른다.

는 기회를 잃어버렸다.

또한 에도 시대의 상인 계층은 영국이나 서구의 부르주아 계급처럼 독자적인 경제적 힘으로 사회발전을 주도해 나갈 수 있는 능력을 갖추지 못했다. 대부분 봉건적 권력에 기생하면서 성장했기 때문에 새로운 생산 방법이나 사회적 관계를 만들려는 의지도 없었다. 이들은 자본주의적 정신이 전혀 없는 상업자본 혹은 고리대자본에 지나지 않았다. 이처럼 에도 시대 일본에서는 새로운 사회질서를 주도적으로 형성해갈 수 있는 혁명적 계층이 형성될 수 있는 사회 경제적 토대가 약했다.[46]

1940년대 일본은 러셀의 지적처럼 서구 국가들이 자연스럽게 지나간 문명의 특정한 단계를 제때에 통과하지 못하고 과거의 어느 시점에 그대로 머물고 있었던 것인지도 모른다. 더욱 심각한 것은 과거의 특정 시점에 그대로 머물고 있을 뿐만 아니라 끊임없이 고대 천황제국가 시기에 창조된 신화의 세계로 회귀하려는 시도를 반복해 왔다는 사실이다.

예를 들어 태초의 천지창조신화와 일본의 건국신화가 담겨있는 『고사기』는, 1700년대 말 모토오리 노리나가에 의해 『고사기전』으로 부활했다. "대일본은 신국"[47]이라고 선언하고 있는 기타바타케 지카후사의 『신황정통기』는 1930년대 쇼와파시즘의 시기에 히라이즈미 기요시平泉澄, 1895~1984의 황국사관[48]으로 부활했다. 『일본서기』에 있는 진무神武 천황의 건국신화는 1867년 12월 진무 천황께서 창업하신 고대로 돌아간다는 왕정복고선언으로 부활했다. 제국 시대 일본의 국가로 불렸던 〈기미가요君が代〉[49]는 천황의 치세가 1,000대,

46   마루야마 마사오, 김석근 역, 『일본정치사상사연구』, 통나무, 1995, 247~250쪽.
47   기타바타케 지카후사, 앞의 책, 11쪽.
48   다치바나 다카시, 이규원 역, 『천황과 도쿄대』 2, 청어람미디어, 2008, 45~50쪽.
49   1880년 11월 3일 천장절(천황의 생일)에 메이지 천황의 생일축가로 처음 공표되었고

8,000대까지 이어지기를 노래하고 있는데 이는 헤이안시대 말 국풍國風운동
이 전성기에 이르렀을 때 편찬된『고킨와카슈』에 있는 노래(와카和歌)[50]다.

근대 일본에서 천황의 정통성을 부활시키려고 했던 시도의 절정은 대일본
제국헌법(이하 제국헌법)이다. 제국헌법에는 만세일계의 천황이 통치한다(제1
조),[51] 천황은 신성하며 침해해서는 안 된다(제3조)[52]라고 명문화되어 있다. 도
쿄대학 법대 교수로 헌법학의 권위자였던 우에스기 신키치上杉愼吉는 이를 좀
더 근대적인 방식으로 세련되게 다듬어, 주권은 오직 천황[53]에게만 있다는

1893년 8월 12일에 문부성이 〈기미가요〉의 가사와 곡 등을 모아 관보(축일대제일가사병
악보(祝日大祭日歌詞竝樂譜))에 실었다. 1914년 해군에서 해군예식령으로 정하면서 사
실상 일본의 국가로 사용되기 시작했다. 제2차 세계대전 후 폐지되었다가 1999년 일본의
국가로 공식적으로 법제화(國旗及び國歌に關する法律)되었다. 이 가사의 원형은 고대 헤
이안 시대의 단가(短歌)로, 10세기 초 발간된 일본의 고유시가집인『고킨와카슈(古今和
歌集)』에 실려 있다. 1868년 영국인 존 펜턴(John Fenton)이「기미가요」의 시에 처음 서양
곡을 붙였다. 그 뒤 1880년 궁내성 아악과 직원인 하야시 히로모리(林廣守)가 현재의 〈기
미가요〉를 만들었고 독일 음악가 프란츠 에케르트(Franz Eckert)에 의해 완성되었다.
1999년「국기 및 국가에 관한 법률」이 제정되면서 정식 국가로 되었다.

50   원문은 다음과 같다.
"임금이시여 천 년 만 년 사소서, 조그만 돌이 커다란 바위되어 이끼 앉을 때까지(君が代
は千代に八千代にさざれ石の巖となりて苔の生すまで)." 기노 쓰라유키 외편,『고킨와카
슈』상, 소명출판, 2010, 227쪽.
『고킨와카슈(古今和歌集)』는 10세기 초 다이고(醍醐) 천황의 명에 의해 편찬되었다.『만
요슈(萬葉集)』편찬(7세기 후반~8세기 후반) 이후 중국 문화가 밀려들어 오면서 와카 대
신 한시가 유행하였는데 이에 대한 반발로 일본 고유의 가치와 문화를 찾으려고 하는 국
풍운동이 일어났다.

51   제1조의 원문은 다음과 같다.
"第一條 大日本帝國は萬世一系の天皇之を統治す."

52   제3조의 원문은 다음과 같다.
"第三條 天皇は神聖にして侵すべからず."
이토 히로부미도 제국헌법의 내용을 설명한『헌법의해』에서 제3조가『고사기』와 관련
이 있다고 말하고 있다.

53   우에스기 신키치(1873~1929)는, '천황은 곧 국가다', '천황은 절대무한하다', '신(神)으로
불릴 수 있는 것은 오직 천황뿐이다'라고 주장하면서 천황주권설을 체계화했다. 같은 대
학 법대 교수였던 미노베 다쓰키치(美濃部達吉, 1873~1948)가 천황기관설을 주장하자

천황주권설을 주장했다. 시대를 넘어 반복되는 이러한 시도는 모두 만세일계의 황통, 즉 정통성과 관련되어 있다. 그럼 정통성을 이론적으로 체계화하여 천황존숭론을 뒷받침했던 국학과 미토학에 대해 좀 더 자세하게 알아보자.

2. 국학과 유신혁명

1) 국학의 중흥과 발전

일본의 국학은 게이추[54]가 고서적 중에서도 특히 만요가나万葉仮名[55]로 쓰인 책들을 연구하면서 본격적으로 시작된다. 게이추 등 국학자들은 8세기에 쓰인 이 책들을 중국의 사상, 문화에 물들지 않은, 일본의 참 정신이 담겨 있

격렬한 논쟁을 벌였다. 우에스기 신키치를 추종하는 학생들은 그 뒤 흥국동지회(1918), 칠생사(七生死)(1925) 등 국수주의 운동 단체를 결성하여 활동하고, 1932년 혈맹단 사건에도 참가하는 등 천황주권설은 국수주의 운동에 많은 영향을 미쳤다. 다치바나 다카시, 이규원 역, 『천황과 도쿄대』 Ⅰ·Ⅱ, 청어람미디어, 2008.

54 契沖(1640~1701.1.25)는 에도 시대 중기 진언종 승려이면서 일본의 고전을 연구하여 국학을 창시했다. 미토의 2대 번주였던 도쿠가와 미쓰쿠니의 의뢰를 받아 『만요슈』를 주석한 『만엽대장기(万葉代匠記)』를 시작으로 일본 고전의 주석을 많이 남겼다. 게이추는 이를 통해 그 이전까지 유행하던 가나 사용법에 모순이 있다고 느끼고, 『만요슈』 외에도 『일본서기(日本書紀, 니혼지키)』, 『고사기(古事記, 고지키)』, 『겐지모노가타리(源氏物語)』 등의 고전에서 가나사용법을 새로 분류하여 『화자정람초(和字正濫抄)』를 집필하였다. 이 과정에서 일본 고전의 실증적 연구 방법을 확립하는 데 크게 기여하였다. 일본 국학은 게이추에 의해 새로 중흥되었다고 할 정도로 그가 남긴 업적은 크다.

55 만요가나(万葉仮名)는 가나의 일종으로, 주로 고대 일본어를 표기하기 위해서 한자의 음을 빌려 쓴 문자이다. 『만요슈(만엽집(万葉集))』의 표기에 만요가나가 처음 사용되었기

게이츄 탄생지 기념비(효고현 아마가사키시)

는 신성한 서적으로 여겼으며, 이 참 정신을 통해 8세기의 일본과 1,000년이 지난 18세기 후반의 일본이 동일하듯이 미래의 일본도 동일성을 유지하면서 영원히 지속될 것이라고 보았다.

국학이 성립하기 전에도 야마가 소코 같은 유학자는 중국 역사에서는 왕조가 자주 교체된 반면 일본은 그렇지 않은 점을 들어, '일본의 충(忠) 도덕이 중국보다 뛰어나다'[56]고 주장하면서 도덕적 우월성을 주장했다. 하지만 중화주의를 벗어나 일본의 도덕적 우월성과 중심성이 대중화되는 시기는 18세기 후반 부터다. 게이츄에서 새로 시작된 국학은 처음에는 지식인 사회를 중심으로 제한적 범위에서 전파되었지만 이 시기에 이르자 모토오리 노리나가에 의

때문에 만요가나로 불린다. 『만요슈』가 편찬될 당시에는 아직 가나가 만들어지지 않았기 때문에 이러한 독특한 표기법이 사용되었다. 『고사기』나 『일본서기』 가요나 주석 등의 표기법도 『만요슈』와 같다.

56 山鹿素行, 『中朝事實講話』, 平凡社, 1933. 러일전쟁의 전쟁 영웅이면서 쇼와 천황의 어린 시절 스승이었던 노기 마레스케(乃木希典)는 메이지 천황이 세상을 떠나자 다음 날 부인과 함께 자결한다. 그가 자결하기 전 쇼와 천황을 알현하면서 증정했던 책이 바로 야마가 소코의 『중조사실』이다.

해 대중적으로 확산된다.

모토오리 노리나가 같은 국학자들은 중국은 잦은 왕조 교체로 도리道가 없는 나라인 반면, 일본은 태양신(아마테라스)의 직계 혈통이 끊어지지 않고 이어지고 있는 것을 근거로, "중국 서적에서 말하는 도道는 거짓 도道이며, 참된 도道는 오직 일본에서만 전해내려 오고 있다"고 주장했다. 일본이 중국보다 도덕적으로 더 우월하다는 이러한 의식은 중화주의에 대한 문화적 열등감을 극복하고, 일본 스스로 동아시아 세계의 중심이라는 의식, 즉 일본식 중화주의를 낳게 했다.

모토오리 노리나가[57]

모토오리 노리나가本居宣長, 1730~1801는 에도 시대 국학을 체계화하고 이를 일반 백성들에게까지 전파함으로써 일본 최고의 국학자로 추앙받는 인물이다. 대표작으로 손꼽히는 『고사기전古事記傳』에서, 『고사기』에 나오는 이야기는 모두 신화가 아닌 사실이라는 전제 위에, 아마테라스 신의 신칙과 만세일계의 황통론에 근거하여 천황존숭론과 일본중심주의를 체계화했다. 이러한 주장들은 후지타 도코 등 미토의 학자들을 거쳐 존왕양이론 등 막말의 사상계에 큰 영향을 미쳤다.

모토오리 노리나가는 1730년 마쓰자카松坂에서 상인 가문의 차남으로 태어났다.[58] 1752년 교토로 유학하여 유학자 호리 게이잔堀景山의 집에 기숙하면서 이토 진사이, 오규 소라이 등 에도 시대 유학 혁신 운동을 주도한 학자들

---

57 모토오리 노리나가 기념관 홈페이지(www. norinagakinenkan.com)에 모토오리 노리나가의 연보, 이력, 가계도 외에도 그의 저작 중 일부가 공개되어 있다.
58 마쓰자카는 현재의 미에현 마쓰자카시로 일본의 중부 지방이나 관동 지방에서 이세 신궁으로 가는 길목에 위치해 있어 참배객들이 많이 왕래하던 지역이었다.

모토오리 노리나가 집터(미에현 마쓰자카시)　　　　　모토오리 노리나가 궁(마쓰자카시)

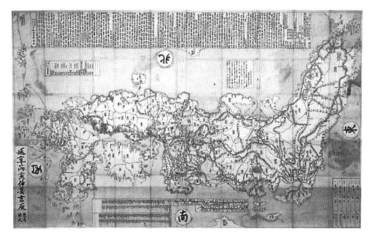

〈대일본천하사해도〉(국가지정중요문화재)
모토오리 노리나가가 다다미 한 장에 복사해 가지고 있던 지도

에 관해 공부하였다. 이때 게이잔의 소개로 국학의 창시자인 게이추의 저
술을 처음 접하면서 일본 고전에 눈을 떴다. 처음에는 국학이 아니라 문학 연
구에 뜻을 두었기 때문에, 1757년 고향에 돌아온 뒤 『겐지모노가타리』[59] 등

59　무라사키 시키부, 전용신 역, 『겐지이야기(源氏物語)』 1~3, 나남, 1999. 11세기 일본 황실
　　을 배경으로 전개되는 남녀의 애정 이야기이다. 4대 천황, 70여 년에 걸쳐 430여 명의 등
　　장인물이 나온다.

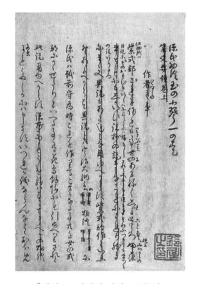

『겐지모노가타리 다마노오구시』　　　가모노 마부치 초상(마루야마 오우신 그림)
(국가지정중요문화재)

문학에 관한 강의를 시작했다. 『겐지모노가타리』는 중세 헤이안 시대 궁중을 배경으로 펼쳐지는 장편 이야기책으로 남녀의 애정편력이나 연애에 관한 이야기가 많이 담겨 있다. 이 때문에 노리나가 이전에는 음란물 내지 호색好色에 대한 권선징악의 교훈서로 취급되었고 문학 작품으로서 큰 평가를 받지 못했다. 반면 모토오리 노리나가는 이전까지의 평가와는 정반대로 『겐지모노가타리』를 일본인의 섬세하고 우아한 정서적 교감인 모노노아와레物の哀れ[60]를 표현한 문학작품으로 매우 높게 평가하였다. 주자학적 윤리가 지배적이고, 문학과 예술이 정치와 도덕의 수단으로 평가되고 있던 시대에 『겐지모노가타리』의 예술성을 이렇게 높게 평가하는 것은 그 자체만으로도 매우 획기적인[61] 일이다.

　노리나가가 문학 연구에서 국학으로 발을 본격적으로 내딛게 되는 계기는

60　박규태, 『일본정신의 풍경』, 한길사, 2010, 118~136쪽.
61　위의 책, 124~125쪽.

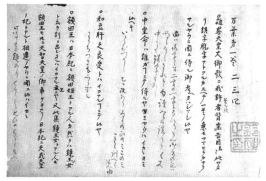

모토오리 노리나가의『고사기전』제1권(37세)과
제44권(69세) (국가지정중요문화재)

모토오리 노리나가가 가모노 마부치로부터『만요슈』첨삭 지도를
받은 편지(국가지정중요문화재)

국학자로 유명한 가모노 마부치[62]를 만나고 나서부터다. 노리나가는 문학에
관한 저술을 펴내면서『고사기』,『일본서기』등 일본의 고대 역사도 연구하
고 있었는데, 마침 이세 신궁에 참배 가는 길이던 가모노 마부치가 마쓰자카
에 들렀을 때『고사기』주석에 관한 지도를 청했다(1763.5.25). 그해 말 가모노
마부치로부터 정식으로 입문 허가를 받아 이듬해 정월에 입문서약서를 제출
하고 제자가 되었다. 그 뒤 1764년부터 35년 동안 필생의 역작인『고사기전』
44권을 비롯하여 국학에 관한 저서들을 집필하였다.[63] 1771년에는 고도론古
道論의 핵심이 잘 정리되어 있는『나오비노미타마直毘靈』를, 1787년에는 고도
론에 입각한 정치이념을 정리한『다마쿠시게玉くしげ』와 기이번의 개혁 방안
을 제시한『비본 다마쿠시게秘本玉くしげ』를 저술했다.[64]

62 　가모노 마부치(賀茂眞淵, 1697~1769). 도토미(현재 시즈오카현 하마마쓰) 출신 국학자.
63 　『나오비노미타마』는『고사기전』의 서문에 해당하는 것으로, 국학을 소라이학의 아류로
　　보는 세론을 반박하면서, 신(神)의 도(道)를 상세하게 설명하고 있다. 책의 끝부분에 1771
　　년 10월 9일 완성되었다고 기록되어 있다.
64 　모토오리 노리나가는 이 밖에도『겐지모노가타리』의 주해서로 모노노아와레론을 제창
　　하고 있는『겐지모노가타리 다마노오구시(源氏物語玉の小櫛)』을 비롯하여『다마카쓰마
　　(玉勝間)』,『어융개언(馭戎慨言)』등 많은 작품을 남겼다. 이 중『어융개언』은 고대 이래의
　　일본 외교사라고 할 수 있는 책으로 고대 일본의 삼한정벌 등이 기록되어 있다. 本居宣長,
　　『馭戎慨言 : 日本外交史(現代語譯 本居宣長選集 第2卷)』, 多摩通信社, 2009.

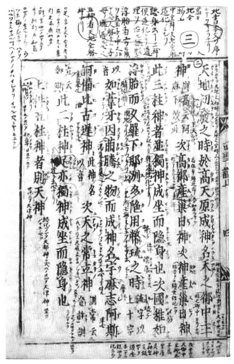

모토오리 노리나가 44세 자화상　　　　　모토오리 노리나가가 사용했던 『고사기』
　　　（국가지정중요문화재）　　　　　　　　　（국가지정중요문화재）

한편 이 시기에는 유명한 학자들이 자신의 문인을 중심으로 독자적 조직을 형성하는 것이 유행했다. 출판문화가 발달함에 따라 문인들의 조직은 독자와 출판경영자 양자의 성격을 모두 가진 집단[65]으로 발전하기도 했다. 모토오리 노리나가와 히라타 아쓰타네 같은 유명한 학자들은 자신의 문인 조직을 통해 책을 출판하고, 사상을 전파했다. 『고사기전』도 노리나가의 문인[66]들에 의해 출판되었다.

65　이노우에 노부타카 외, 박규태 역, 『신도ー일본태생의 종교시스템』, 제이엔씨, 2010, 274～277쪽.
66　덴메이기(天明年間, 1781～1789)가 끝날 무렵부터 제자들이 증가하여 사망했을 당시에는 487명에 달했다. 이세국의 제자가 200인으로 가장 많았고 오와리국이나 다른 지방에도 있었다. 직업으로는 조닌(町人)이 약 34%, 농민이 약 23%였다고 한다.

고도론(古道論)

　모토오리 노리나가 국학의 핵심은 고도론에 있다고 할 정도로 고도론은 중요하다. 여기서는 『나오비노미타마』와 『다마쿠시게』를 중심으로 노리나가의 고도론을 살펴보자. 『나오비노미타마』는 신(神)의 도(道)에 대해 논하고 있는 책이다. 노리나가는 이 책에서 일본[67]은 아마테라스 신이 낳으신 나라이며, 수없이 많은 천황의 대대손손까지, 천황은 아마테라스의 자손[68]이라고 말한 뒤, 당시의 세태가 중국풍(가라고코로, 漢意)에 물들게 된 과정과 그 폐단을 다음과 같이 비판하고 있다.

　　신의 시대(神代)나 지금이나 우리 나라는 변함없이 신의 마음에 따라 평화롭게 다스려지고 있는 나라이기 때문에 특별히 도(道)라고 하는 것을 주장할 일도 전혀 없었다. 그런데 시대가 흘러 중국으로부터 서적이 들어오면서 우리 나라의 옛 풍습보다 중국의 풍습을 더 연모하여 배우는 일이 성행하게 되었다. 천하를 통치하는 천황의 정치도 중국풍으로 되어버렸으며 백성들 마음마저도 그렇게 변해버렸다. 옛날부터 외국에서는 관례적으로 신하가 갑자기 왕이 되기도 하고 왕이 갑자기 신하가 되기도 하며, 멸망해 사라지기도 했다. 그래서 나라를 탈취하려고 꾀하다가 실패한 자를 도적(賊)이라고 하여 경멸하고, 탈취에 성공한 자를 성인(聖人)이라 부르면서 존경한다. 이 때문에 성인도 성공한 도적에 지나지 않는다.[69]

---

[67]　『나오비노미타마』에서는 일본을 '천황이 통치하는 나라'라는 뜻인 황대어국(皇大御國), 대어국(大御國) 등의 극존칭을 사용하여 표현하고 있으며 일본이라고는 거의 쓰지 않는다. 황국이라는 표현을 쓰기도 한다.

[68]　모토오리 노리나가, 고희탁 외역, 『일본국체 내셔널리즘의 원형 – 모토오리 노리나가의 국학』, 동북아역사재단, 2011, 49~51쪽.

[69]　위의 책, 65쪽.

노리나가는 이처럼 평화롭게 다스려지던 일본에 중국의 서적이 들어오면서, 거짓 도에 불과한 중국의 도가 퍼져 천황의 정치도 백성의 마음도 중국풍에 물들어버렸다고 한탄하면서, 이를 극복하기 위해서는 일본 고유의 도인 고도(古道)를 다시 되찾아야 한다고 주장하였다. 노리나가가 이런 주장을 하게 된 근본적 이유는, 고도는 누군가가 이야기를 만들어낸 것이 아니라 아득한 태고부터 전해져 내려오다가『고사기』와『일본서기』에 기록된 것으로서, 명백하고 의심의 여지가 없이 참된 것이라고 믿고 있었기 때문이다.

이에 노리나가는 중국풍이 만연하게 된 핵심적인 원인으로 주자학부터 비판한다. 주자학은 천지음양이라는 전혀 알 수 없는 신비한 것을 도(道)라고 부르며, 듣기에는 심오한 것 같지만 자세히 관찰해 보면 대단한 것도 없고 오히려 천박한 것에 지나지 않는다고 폄하[70]하고, 이어 노장사상에 대해서도, 유학자의 건방진 사고를 번잡하게 느끼고 자연적인 것을 존중하기 때문에 비슷한 점이 있긴 하지만, 그들도 아마테라스 신의 나라가 아닌 나쁜 나라에서 태어나 역대 성인의 주장만을 듣는 데 익숙해져 있기 때문에 신의 도와는 다르다[71]고 비판한다. '아마테라스 신의 나라가 아닌 나라는 나쁜 나라'라는 말에서 알 수 있듯이, 노리나가의 고도론은 중국과 중국문화 그 자체를 배척하는 극단적인 민족주의 성향을 가지고 있다.

모토오리 노리나가의 비판과 폄하는 여기서 멈추지 않는다. 그는 중국에서는 음양, 오행, 팔괘 등 사람이 지어낸 억측과 망설로 이 세상의 생성 과정과 만물의 원리를 설명하지만 실제로 그런 것은 없다[72]고 부정한다. 그뿐만

---

70   위의 책, 70쪽.
71   위의 책, 79쪽.
72   위의 책, 87쪽.

아니라 중국 유학의 핵심 원리인 천명天命이나 천도天道에 대해서도, 그것은 은나라를 연 탕왕이나 주나라를 연 무왕 같은 인물이 걸왕과 주왕을 살해하고 나라를 강탈한 반인륜적 행위 즉 역성혁명을 정당화하기 위해서 무리하게 만든 논리에 지나지 않는다고 비판한다.[73] 이에 반해 고대부터 만세일계의 황통이 이어지고 있는 일본은 천도나 천명을 내세우지 않더라도 '참된 도'가 이어지고 있는 나라라고 보았다.

여기서 노리나가가 말하는 '참된 도'가 무엇을 의미하는지는 『다마쿠시게』에 잘 나타나 있다. 『다마쿠시게』는 『비본 다마쿠시게』와 함께 기이의 9대 번주 도쿠가와 하루사다德川治貞, 1775~1789 재임의 요청에 고도론을 바탕으로 자문한 것이다. 1782년부터 1788년에 걸쳐 에도 시대 최악의 흉작과 기근이 발생하였다. 농민, 도시서민들뿐만 아니라 하급무사들까지 생활고에 고통을 겪었고, 전국에 걸쳐 폭력적 저항인 잇키一揆가 일어났다. 이에 도쿠가와 하루사다는 민심을 달래고 혼란을 예방하기 위해 노리나가에게 번정에 대한 자문을 요청하였다.

『다마쿠시게』는 참된 도道와 참된 마음가짐에 대해 이야기하고 있다. 노리나가는 이 책에서, 하늘과 땅 사이에 통용되는 참된 도는 오직 하나뿐이며, 다른 나라에서는 상고上古 시대에 끊어졌지만 일본皇国에서는 태양신 아마테라스가 손자 니니기에게 일본을 통치하라고 천상에서 땅으로 내려 보낼 때, '황위계승은 천지와 함께 영원히 이어질 것'이라는 칙명 즉 천양무궁天壤無窮의 신칙神勅을 내렸기 때문에 참된 도가 올바르게 전해지고 있다[74]고 말한다.

또한 이 신칙 덕분에 옛날에 호조北条,[75] 아시카가足利 같은 역적이 나와 조

---

73 위의 책, 104쪽.
74 위의 책, 85쪽.

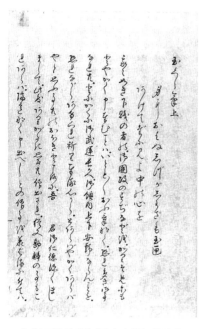

『비본 다마쿠시게』(국가지정중요문화재)

정을 경멸하고 무력을 휘둘렀지만, 역적 가문들은 결국 모두 멸망하여 흔적도 없어진[76] 반면, 만세일계의 황통은 앞으로도 흔들림 없이 영원할 것이라고 말한다. 결론적으로 노리나가는 사실이 이런데도 불구하고 사람들이 외국의 도에 빠져 고대 신대의 신묘한 뜻을 이해하지 못하고, 외국 학설에만 매달려 제멋대로 왜곡하고 있기 때문에, 중국 유학이 일본에 들어오기 이전인 고대 시대에 "천황이 신의 뜻에 따라 천하를 통치"했듯이, 하루사다도 신의 뜻에 따라 국정(번정)을 운영하는 것이 참된 도를 올바르게 행하는 방법[77]이라고 권하고 있다.

고도론에 입각하여 '참된 도'를 설명하고 있는 『다마쿠시게』와 달리 『비본 다마쿠시게』에는 노리나가가 막부 말기 불안정한 일본 사회의 문제점과 대책을 어떻게 생각하고 있는지가 잘 나타나 있다. 『비본 다마쿠시게』는 당시의 문제점으로 사치풍조, 농민에 대한 가혹한 중과세, 빈부격차의 확대, 부자에 대한 무리한 징세 등을 지적[78]하면서 몇 년 동안 농민, 도시민이 큰 무리를 지어 과격한 행동을 하거나 약탈하는 일이 빈번하게 발생한 것도 따져보면 모두

---

75 호조는 이즈국(현재 시즈오카현과 이즈반도) 출신의 호족으로 가마쿠라 막부의 싯켄직(執權職)을 세습한 일족이다. 호조 가문은 가마쿠라 막부 시기, 여러 대에 걸쳐 천황가의 외척이 되어 정권을 장악하였다.
76 모토오리 노리나가, 앞의 책, 2011, 105쪽.
77 위의 책, 114쪽.
78 위의 책, 131~158쪽.

윗사람이 잘못했기 때문[79]이라고 지적하고 있다. 그리고 이에 관한 대책으로 농민을 처벌하는 것보다 그들을 불쌍히 여기는 마음을 가지고 근본적 대책을 세워야 한다고 조언한다. 당시의 사회불안과 혼란에 대해 이를 예방하지 못한 집권층에 더 문제점이 있다고 본 것이다.

모토오리 노리나가는 이처럼 고도론을 바탕으로 다양한 분야에 관한 책을 저술하면서 국학을 체계화하였다. 그가 죽은 뒤 국학은 히라타 아쓰타네에 의해 계승, 발전되었다. 히라타 아쓰타네가 발전시킨 국학을 별도로 히라타 국학이라고도 부른다. 히라타 국학은 객관적이고 고증적 학문방법론을 중요시했던 모토오리 노리나가와 달리 천황존숭론에 기초하여 신도를 이론적으로 체계화함으로써 국학을 학문이 아니라 신앙으로 발전시킨다.

히라타 아쓰타네 초상
(와타나베 긴조 그림)

히라타 아쓰타네

히라타 아쓰타네平田篤胤, 1776~1843는 1776년 아키다秋田의 죠카마치에서 야마토다大和田가의 4남으로 태어났다. 1795년 20세 때 탈번하여 무일푼으로 에도로 갔다. 이때만 해도 그는 국학을 배우려했던 것은 아니었고 오히려 에도에서 최신의 학문으로 알려져 있던 서양의 의학, 지리학, 천문학을 배우려고 했다. 그런데 에도에 온 뒤 전혀 다른 계기로 국학을 연구하게 된다. 1792년 러시

---

79   위의 책, 146~150쪽.

히라타 아쓰타네가 꿈속에서 스승 모토오리 노리나가를 만났다는 〈몽중대면도〉

아의 락스만[80]이 에조치^{蝦夷地}(홋카이도)와 통상 관계 체결을 요구한 이래 대러시아 문제는 당시 막부뿐만 아니라 지식인 사회에서 최대의 관심사였다. 에조치에 가까운 아키다 출신이었던 그는 대러시아 관계에 관한 막부의 극비문서까지 구해볼 정도로 큰 관심을 가진다. 이 과정에서 그는 러시아나 서양국가들과 같은 외부로부터의 강압에 맞서 일본이 지켜야만 하는 가치는 과연 무엇인가라는 의문을 가졌고 그 답을 고민하던 중 1803년 모토오리 노리나가에 관해 알게 된 것을 계기로 국학에 입문한다.

이때 모토오리 노리나가는 이미 세상을 떠난 뒤였다. 하지만 그는 꿈속에서 모토오리 노리나가를 만나 제자로 입문했다고 주장하면서 스스로 수제자임을 자처하였다. 그 뒤 모토오리 노리나가의 국학에 종교적 성격을 강화하여 독자적으로 히라타파 국학을 창설하였다.

『고사기전』에 감명 받은 그는 모토오리 노리나가를 일본 최고의 학자로 존경하였다. 다만 모토오리 노리나가가 고대 일본에 많은 관심을 가지고 있었던 반면, 아쓰타네는 사람이 죽은 뒤의 영혼세계, 즉 사후세계에 더 많은

---

80 이 책 제6장 제2절의 제1항 천황가와 조정 중 397~398쪽 참조.

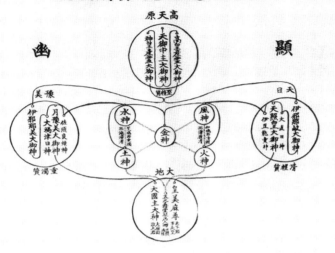

히라타 아쓰타네의 혼백분속도설

관심을 가지고 있었다. 유교는 근본적으로 무신론적 태도를 취하면서 인간의 영혼을 귀신론으로 설명하고 있기 때문에 이런 의문에 대해 명쾌한 답을 줄 수 없었다. 모토오리 노리나가는 사람이 죽으면 그 영혼은 황천국黄泉國으로 가 소멸되는 것으로 보았기 때문에 사후 세계의 존재 자체를 부정하였다. 불교의 지옥·극락설, 윤회설이나 민간신앙들은 사후세계에 대해 자세하게 설명하고 있지만 아쓰타네는 이러한 설명들은 모두 황당무계한 미신으로서 민심을 어지럽히는 것에 지나지 않는다고 보았다. 이에 아쓰타네는 사람은 죽은 뒤에 어떻게 될까? 사람에게 영혼이 있다면 그것은 어디로 가는 걸까? 등의 의문을 가지고 사후세계에 집중적으로 파고들었다. 이렇게 해서 탄생한 것이 그의 대표작인 『다마노미하시라霊の眞柱 영능진주』(1813)[81]다.

히라타 아쓰타네가 사후 세계를 해명하기 위해 저술한 『다마노미하시라』는 일본의 근대사상계에서도 매우 특이한 것이었다.[82] 그는 사람이 죽은

---

81   『平田篤胤·伴信友·大國隆正』(日本思想大系 50), 岩波書店, 1973.

뒤에도 그 영혼은 황천으로 가 소멸되거나 윤회하는 것이 아니라고 보았다. 그에 따르면 사람의 영혼은, 마치 신들이 신사에 영원히 머무는 것처럼 이 국토 안에 영원히 머문다. 신사나 사당이 있을 경우 거기에 머물지만, 그렇지 않을 경우에는 자신의 묘소에 머문다. 부모의 영혼이나 조상의 영혼은 멀지않은 유세幽世에서 우리 집의 번영과 마을의 안녕을 지키고 있다. 유세와 현세는 겹쳐져 있지만 현세에서 유세를 보는 것은 불가능하다. 그러나 유세에서 현세現世를 보는 것은 가능하다. 그곳의 주재신은 유명대신幽明大神인 오쿠니누시大國主神이다.[83] 이처럼 아쓰타네는 자신의 학설에 조상제사, 인과응보, 지옥 등의 종교적 관념을 적극적으로 도입[84]해 사후 영혼의 세계를 대중적 방식으로 에도 시대의 서민들이 이해하기 쉽게 설명하였다. 이를 통해 막부 말기 국학에 종교적 성격을 부여한 복고신도가 형성되는 정신적 토대가 만들어진다.

사후세계를 설명하기 위해 『다마노미하시라』를 쓴 뒤부터 히라타 아쓰타네는 모토오리 노리나가의 국학을 벗어난다. 그는 모토오리 노리나가 국학의 전통적 방법론인 고증적 문헌 분석과 실증주의적 태도에서 벗어나 일본의 고전에서 자신의 주장을 입증할 수 있는 근거를 찾으려고 하였다. 예를 들어 사후세계를 설명하기 위해 노리나가의 『고사기전』과 그 부록으로 첨부되어 있는 핫토리 나카쓰네의 『산다이코三代考, 삼대고』[85]를 토대로 세계의 생성과정

82　모토오리 노리나가, 앞의 책, 2011, 155~156쪽.
83　위의 책, 158~159쪽.
84　이노우에 노부타카 외, 박규태 역, 『신도-일본태생의 종교시스템』, 제이엔씨, 2010, 278쪽.
85　핫토리 나카쓰네(服部中庸, 1757~1824)는 29세에 모토오리 노리나가의 제자로 입문하였다. 천문역학에 관심이 많아 1788년 『천지초발고(天地初發考, 덴치쇼하츠코)』를, 1791년에는 『산다이코』를 저술하였다. 『산다이코』는 천, 지, 황천이 하나에서 분리되어 따로 성립되는 과정을 10개의 그림으로 설명하였다. 이 책은 『고사기』 등의 고전에 설명되어 있는 신화 세계의 우주관과 일본의 건국신화를 당시의 천문학적 지식을 동원하여 묘사한 것이다. 노리나가는 다른 제자들의 반대에도 불구하고 핫토리 나카쓰네를 총애했

폐불훼석으로 재가 될 뻔했던 흥복사 5층 석탑
(일본 국보, 나라현 나라시)

을 독자적으로 해석[86]하였다. 당시 아쓰타네는 이미 코페르니쿠스의 지동설은 물론 서양의 과학지식을 잘 알고 있었다. 그가 유교나 불교를 비판할 때 사용했던 가장 강력했던 무기가 지동설[87]이었다. 그럼에도 그는 지동설의 근

다. 『산다이코』는 노리나가에 의해 『고사기전』 17권의 부록으로 실렸다.

86 핫토리에 의하면 하늘도 땅도 아무것도 없는 허공에 아메노미나카누시, 다카미무스비, 가미무스비 세 신이 먼저 생겨나 한 물질(일물(一物))을 만들었다. 이 물질이 분리되기 전에는 『고사기』에 등장하는 세 가지의 세계 즉 천(天, 아메), 지(地, 쓰치), 황천(黃泉, 요미)이 각각 위, 중간, 아래에 만들어졌는데 분리되면서 태양과 대지와 달이 생겨나 운행하게 되었다고 보았다.

87 아쓰타네는 코페르니쿠스의 지동설도 잘 알고 있었다. 에도에서 유학하면서 그때까지 진실이라고 믿었던 유교적 지식이 크게 잘못되었으며, 유럽의 지식이 과학적이며 놀랍지만 진실이라는 것을 깨달았다. 이에 따라 그는 유학이 전제로 삼고 있고, 불교적 세계관도 당연한 것으로 받아들이고 있던 천동설은 잘못된 것이고, 지동설이 타당한 것이라

원을 코페르니쿠스가 아니라 일본의 고전에서 찾을 수 있다고 주장[88]하였다.

히라타 아쓰타네는 다양한 분야에 걸쳐 매우 많은 저술을 남겼다. 그러나 일본에서 히라타 아쓰타네의 이름을 알고 있는 사람들은 대부분 그를 폐불훼석[89]의 장본인 내지 제2차 세계대전이 끝나기 전까지 모든 종교 위에 군림했던 국가신도의 창시자로 본다. 그가 체계화한 히라타 국학이 뒤에 복고신도로 발전하고, 메이지유신 이후 일본의 종교계를 지배하면서 극단적 행동을 많이 자행했기 때문이다.

옛날이나 오늘날이나 일본 국학의 대표적 특징은 일본중심주의다. 이는 신화의 세계와 실제 세계를 같은 것으로 믿는 모든 국학자의 공통된 특징이다. 다만 히라타 아쓰타네는 더 극단적 주장을 많이 했다. 그는 일본은 신국神國이라는 일반적 주장에서 나아가, 황국은 모든 나라들의 조국이며 천황은 모든 나라의 대군大君(황제)으로 군림한다고 주장했다. 뿐만 아니라 인도와 중국의 신화와 전설, 중국 유교, 인도 불교, 기독교 등은 모두 일본의 고대 전설에서 파생된 것이며, 인도, 중국의 고문헌에 나오는 중요한 지명도 일본의 것이

면 이 우주의 기원은 어떻게 되는 것인가라는 의문을 가졌다. 그의 대표작인『다마노미하시라』는 사람이 죽은 뒤 그 영혼의 행방과 사후세계에 대한 해명과 함께 우주의 기원에 대한 의문을 해명하려고 시도한 저술이었다. 日本國立歷史民俗博物館,『明治維新と平田國學展』, 2004 해설자료 참고.

88 박규태,「아쓰타네 국학의 코스몰로지와 일본주의－『영능진주』를 중심으로」, 고희탁 외,『국학과 일본주의』, 동북아역사재단, 2011, 151～153쪽.

89 이때 자행된 불상과 불탑의 파괴 행위로 인해 일본은 오랜 기간 동안 보존되어온 종교적・문화적 자산을 많이 잃어 버렸다. 예를 들어 사쓰마의 경우 1,616개의 절이 파괴되고, 승려 2,966명이 환속되었다. 이때 환속된 승려 중 약 1/3은 군대로 배치되었다. 이 때문에 당시 절에서 몰수된 재산과 인원이 일본군의 형성에 많은 역할을 했다고도 말해진다. 유홍준은 자신의 책에서 현재 일본 국보로 지정되어 있는 흥복사 5층탑이 당시 폐불훼석의 광풍으로 인해 25엔에 팔려 불쏘시개가 될 뻔 했던 일화를 소개하고 있다. 유홍준,『나의 문화유산답사기－일본편 2』, 창비, 2013, 205～218쪽.

었다는 황당무계한 주장까지 하기에 이르렀다. 그리고 이 세상의 모든 것이 마치 일본에서 비롯된 것인 양 서양의 최신 과학 이론까지 동원하여 그것을 입증하려고 했다. 이런 측면에서 히라타 아쓰타네는 국학자들 중에서도 가장 극단적인 일본중심주의자라고 말할 수 있다.

2) 국학과 유신혁명

국학을 학문적으로 체계화하여 유신에 사상적인 영향을 미친 사람은 모토오리 노리나가지만, 여러 갈래의 국학 중 메이지유신의 성공과 유신 정부의 신도정책에 직접적인 영향을 미친 것은 히라타 국학이다. 그러면 히라타 국학은 어떻게 메이지유신에 기여했을까? 두 가지 측면에서 이를 살펴보자.

우선 히라타 국학은 대외적 문제뿐만 아니라 쇼군과 다이묘, 번주와 가신, 가신과 봉공인奉公人으로 구성되는 봉건적 주종 관계에 관해서도 천황과 조정을 중심으로 나라를 재구축해야 한다는 존왕론적 사고방식을 가지고 있었다. 이러한 사고방식은 신직神職에 종사하는 사람들뿐만 아니라 무사 계층도 강한 관심을 가지게 해 무사 중에서 입문하는 자도 많았다. 사이고 다카모리도 여러 차례 에도의 이부키노야를 방문했다. 특히 아쓰타네는 일·러 위기가 고조되는 와중에 서양으로부터 일본이 지켜야만 하는 가치는 과연 무엇인가에 대해 집중적으로 고찰했었다. 불교의 고향 인도가 영국의 식민지로 전락하고, 유교의 고향 중국도 아편전쟁에서 영국에 대패하고 난 뒤 페리 함대가 일본에 등장하자 히라타 국학은 전국적 관심을 받게 된다. 특히 미토의 존왕양이 급진파가 덴구당의 난[90]으로 352명이나 처형되고, 백여 명이 처벌되면서 완전

덴구당의 난(다케다 고운사이의 「쓰쿠바산의 거병」, 우타가와 구니테루의 우키요에, 1893)

히 괴멸되자, 히라타 국학의 존왕론적 국가관은 더욱 설득력을 얻게 되었다.

다른 한편으로 히라타 국학은 다른 유파의 국학과 달리 전국에 걸쳐 강한 문인조직을 형성하고 있었다. 아쓰타네는 1816년, 1819년 두 차례에 걸쳐 현재의 지바현 일대를 순회하는 등 문인을 늘리기 위한 활동을 정력적으로 전개했다. 이를 통해 신직자, 사무라이, 호상 같은 도시의 상층 계층뿐만 아니라 촌의 나누시名主(촌장), 호농 등 촌락의 지도자 계층에서도 많은 문인을 확보해 전성기 그의 문인 수는 4,000명이 넘었다.

90　덴구당의 난(天狗党の亂)은 1864년 5월 2일 미토 존왕양이 과격파 지도자였던 다케다 고운사이(1803~1865)와 후지타 도코의 4남 후지타 고시로(1842~1865)가 쓰쿠바 산에서 막부 정권에 대해 반란을 일으킨 사건이다. 난이 일어나기 얼마 전인 1864년 3월 26일 조정은 막부에 요코하마 항의 쇄항과 해안 방비 대책을 세울 것을 요구했다. 이 난의 주모자였던 후지타 고시로는 조정의 요구를 막부가 실행할 의사가 없다고 판단해 스스로 양이 실행의 선봉이 되려고 난을 일으켰다. 덴구당의 난이 발생하자 다른 지역에서도 이를 추종하는 몇 개의 반란이 일어났지만 모두 진압당해 비참하게 끝나고 말았다. 1865년 1월 14일 덴구당의 지도자들은 투항한다. 그 뒤 352명이 처형당하고 110명이 오바마번에서 근신 처분을 받았다. 이 난으로 인해 많은 사무라이들이 죽는 바람에 미토는 그 뒤 정치적 영향력을 잃고 만다. 이 책 서론 제3절 유신과 건국의 역사관, 제2장 제3절 미토학과 유신혁명 중 아이자와 세이시사이 참고.

또한 히라타 국학은 이부키노야氣吹舍라고 부르는 독자적 문인 조직을 가지고 있었다. 이부키노야는 히라타 국학을 교육하는 교육기관이면서 동시에 아쓰타네의 사후 그의 책뿐만 아니라 다양한 출판물을 간행, 판매하는 출판 조직[91]이기도 했다. 이부키노야는 막말 정치적 혼란기가 되자 자연스럽게 전국의 정보를 수집하는 정보센터 역할을 맡는다. 이를 통해 히라타파 문인들 사이에는 정치 정보와 해외 정보가 많이 확산되었고 시나노信濃(현재 나가노현)와 미노美濃(현재 기후현 남부) 지방에서는 무사 출신 문인을 중심으로 반막부 운동에도 참여한다.

이렇게 하여 히라타 국학은 막말에서 유신 정부 초기에 걸쳐 중앙정치무대에서 큰 영향력을 확보한다. 야노 하루미치矢野玄道, 1823~1887는 시라카와가[92]의 학사學師 출신으로, 히라타파의 중심이 되어 교토에서 활동했다. 오쿠니 다카마사大國隆正, 1792~1871[93]는 히라타 문인들과는 별개로 아쓰타네의 사상적 영향을 받아 활동한 인물이다. 그는 국학을 내셔널리즘 측면에서 이해했고 진무 천황을 모델로 하는 천황 친정 체제를 지향했다.

유신 정부 초기에 많은 활동을 전개했던 다마마쓰 미사오玉松操, 1810~1872도 히라타파 국학자다. 그는 메이지유신에서 공경 그룹의 지도자로 큰 역할을 했던 이와쿠라 도모미의 스승이기도 했다. 유신 정부 초기 몇 년 동안 이들의 영향력은 특히 강했다. 이들은 고대의 천황제 국가를 이상으로 삼으면

91 이부키노야는 「이부키노야일기」를 남기고 있는데 여기에는 이부키노야가 운영되던 거의 전 기간에 걸쳐 문인들의 입문 과정, 문인들 간의 교류 실태가 기록되어 있으며 특히 1840년대 이후에는 서적들의 매상고 등 수입 내역도 기록되어 있다. 日本國立歷史民俗博物館, 앞의 책, 해설자료 참고.
92 에도 시대에는 시라카와가(白川家)와 요시다가(吉田家) 두 가문이 신관직을 독점했다.
93 그는 쓰와노(津和野, 현재 시마네현) 출신으로 아쓰타네에게 국학을 배우고 나가사키에서 난학을 배운 뒤 탈번하여 교토에서 학자로서 활동했다.

서, 신기관神祇官을 중심으로 유신 정부의 주도권을 잡으려고 했다. 유신 정부 초기 신기관은 태정관과 같은 지위를 차지하고 있었다.

1868년 3월 13일 신기관을 부활하는 태정관 포고가 내려졌다. 이 포고는 고대 국가 시절에 신기를 관장하던 관청인 신기관을 부활시켜 신사의 중앙집권화를 꾀하려고 한 것이었다. 이에 따라 그때까지 요시다가吉田家와 시라카와가白川家가 두 가문이 지배하던 신직은 신기관으로 이관되고, 신기관의 행정은 히라타파의 오쿠니 다카마사를 매개로 쓰와노 출신들이 장악하였다.

1868년 3월 28일 발포된 신불판연령神佛判然令은 중세 이후 신불습합으로 불교적 색채가 많이 혼합되어 있는 신사에서 불교적 색채를 제거할 것을 명령했다. 이에 따라 신사에 있는 불상, 범종, 불구 등이 제거되고, 불상을 신체神體로 모시고 있는 신사는 신체를 바꾸었다. 유신 정부가 신불판연령을 공포한 의도는 신도와 불교를 명확하게 구별하려는 데 있었지만 지방에서는 원래의 의도가 왜곡되어 불상 등을 훼손하는 폐불훼석 사태로 이어졌다. 이에 따라 신불 분리 정책은 본래 의도를 떠나 신도가 일본의 유일한 고유 종교라는 이데올로기를 전면에 부각시킨다.

1871년 5월에는 신사의 신직을 세습하는 것이 금지되고, 신사는 국가의 종사宗祀 즉 국가적 제사로 승격되었다. 일부 신직은 관리로 편입되었고 국학자가 유력 신사의 신관에 임명되었다. 1875년에는 신사제식神社祭式이 정해져 전국적으로 동일한 의식이 행해지게 되었다. 천황 조상신을 모시는 신사 아래로 전국의 신사들이 위계에 따라 등급을 부여받았다. 원래 유력 씨족의 조상신을 모시던 신사들이 국가적 차원에서 천황 조상신을 모시는 신사를 중심으로 질서정연한 위계질서 아래 편입되었다.

잘 알려져 있듯이 고대의 신기 제도는 천황제와 밀접한 연관을 가지고 있었다. 고대 천황제 국가는 제정일치 국가였기 때문에 국가 행사와 천황가의 제사는 불가분의 관계에 있었다. 중세와 에도 시대의 천황은 천황가의 제사만을 지내면서 현실의 국가권력과는 단절되어 있었지만, 천황제 통일정부가 수립되자 천황제와 신사신도는 고대의 제정일치 국가를 이상으로 삼아 다시 결합되었다.[94]

1882년 교육칙어, 1889년 제국헌법, 1890년 군인칙어가 제정되어 천황을 인간신(아라히토가미, 현인신現人神)으로 보는 인식이 국민 교육과 언론을 통해 확산되었고, 메이지 천황 사후 메이지신궁이 창립되자, 천황의 신격화는 더욱더 가속화되었다. 거기에 덧붙여 일본은 모든 국민이 동일한 씨족이라는 의식氏子(우지코 의식)도 점점 강해져,[95] 천황은 국민에게 부모와 같은 존재로, 황실은 전통적 이에家 질서의 가장 높은 곳에 있는 큰집이라는 인식이 형성되었다.

유신 정부 초기에 큰 영향력을 가지고 있던 신기관과 히라타파 국학자들은 유신 주체 세력이 중앙 집권 정책과 서구화 정책을 급속하게 추진하면서 그 영향력을 잃는다. 하지만 히라타 국학이 추구하던 천황제 국가주의의 이상은 일본인들의 정신세계에서 점점 더 정교하게 그 영향력을 확대해 나갔다. 히라타 국학은 이처럼 일본인들의 내면세계에 천황을 종교적 숭배의 대상으로 삼아 신격화함으로써 그 뒤 일본 전체가 쇼와파시즘에 쉽게 빠져 드는 밑바탕을 만들어 주었다.

지금까지 살펴보았듯이 천황의 정통성은 사상적, 문화적, 정치적 위기에 부딪혔을 때에는 일본 고유의 사상적, 문화적 정체성을 회복하고, 정치세력

---

94 이노우에 노부타카 외, 박규태 역, 『신도-일본태생의 종교시스템』, 제이엔씨, 2010, 299~301쪽.
95 위의 책, 298쪽.

을 통합하여 자주독립을 지키는 긍정적인 힘으로 작용하였다. 그러나 대외적 위협이 제거되고 천황제 국가가 수립되자 천황의 정통성은 거꾸로 전 일본을 극단적 일본중심주의로 빠져들게 만드는 부정적인 힘으로 변질되기 시작했다.

3. 미토학과 유신혁명

1) 미토학水戸学의 성립과 발전

『대일본사』

미토학[96]은 에도 막부 시대에 히타치국 미토(현재 이바라키현 북부)에서 형성된 일본역사학의 한 학풍을 말한다. 미토의 제2대 번주 도쿠가와 미쓰쿠니[97]

---

96 도쿠가와 나리아키와 미토학에 관하여는 아래와 같은 한글 논문이 있다. 박훈, 「막말 미토번에서 봉서의 정치적 등장과 그 역할」, 『동양사학연구』 77, 2001; 박훈, 「후기미토학의 변통론(變通論)과 군신관(君臣觀)」, 『일본역사연구』 14, 2002; 박훈, 「德川 말기 미토번의 남상운동과 정치공간」, 『역사학보』 173, 2002.3; 박훈, 「德川 말기 후기미토학의 민중관－會澤安의 『신론(新論)』을 중심으로」, 『역사교육』 85, 2003.3; 박훈, 「『대일본사』 편찬에서 '등전파(藤田派)'의 역할 재고」, 『대구사학』 86, 2007; 박훈, 「德川 제소의 대민(對民)활동과 그 의의－지방역인(地方役人) 접촉과 순촌(巡村)」, 『일본역사연구』 32, 2010.

97 도쿠가와 미쓰쿠니(德川光國, 1628~1701)는 미토의 제2대 번주로 일본인에게 매우 친숙한 인물이다. 일본 영화와 드라마에 자주 나오는 미토고몬(水戸黃門)이라는 인물의 실제 모델이다. TBS TV는 〈미토고몬〉이라는 드라마를 42년 동안이나 방영하였다. 우리나라의 암행어사나 중국의 포청천과 비슷하게 일본 전국을 돌아다니면서 탐관오리나 악당을 징벌하는 권선징악 드라마이다. 드라마에서 미토고몬은 겉으로는 인자한 할아버지처럼 보이지만 전국을 유랑하면서 불의를 징벌하고 백성들의 어려움을 해결해주는 의인이다. 결정적 순간이 되면 암행어사 마패와 비슷하게 생긴 쇼군가의 문장(접시꽃(三葉

는 『대일본사』[98]를 편찬하면서, 대의명분론에 기초하면서도 실증적 방법론을 중요시하는 독특한 학풍을 형성하였다. 1700년대 말 이후 러시아와 서양의 함선이 일본 연안에 자주 출몰하여 대외위기론이 고조되자 미토에서는 이에 대처하기 위한 정치, 경제, 외교적 대책을 담은 경세론을 적극적으로 제시한다. 이로 인해 미토학은 『대일본사』의 편찬 과정에서 형성된 전기 미토학과, 막부 말기의 대외적 위기에 대처하기 위한 경세론으로 발전하는 후기 미토학으로 나누어진다.

도쿠가와 미쓰쿠니 초상(미토 2대 번주)

도쿠가와 미쓰쿠니가 시작한 『대일본사』의 편찬은 그 소요기간만 따져도 대역사라고 부를 만하다. 1657년 시작되어, 1700년대에는 거의 중단되었다가 1700년대 말 미쓰쿠니 서거 100주년(1799)을 계기로 다시 재개되어, 250년 만인 1906년 완성되었다. 편찬이 끝나자 메이지 천황에게 헌정되었고, 천황은 이에 대한 답례로 『대일본사』 편찬에 사용된 사료를 보존할 수 있도록 금화 10,000엔을 상금으로 주었다.[99] 도쿠가와 미쓰쿠니와 도쿠가와 나리아키는 그 공적을 인정받아 정1위에 추서되어 도쿠가와 종가, 셋칸가와 같은 서열

葵))이 새겨진 패를 꺼내 보여준다. 미쓰쿠니의 시호가 의공(義公)이기 때문에 의공이라고도 많이 불린다.

98 『대일본사』는 『일본서기』, 『신황정통기』와 함께 일본의 대표적 3대 역사서다. 1657년에 시작되어 250년 만인 1906년에 총 402권으로 완성되었다. 그 이전의 역사책이 편년체로 편찬된 반면 『대일본사』는 기전체로 편찬되었다.

99 이 하사금으로 쇼코칸문고(彰考館文庫)를 만들어 자료를 보존하였다. 태평양전쟁 말기 일본대공습 때 자료의 대부분은 소실되었고 약 1/5 정도가 지금까지 남아 있다.

대일본사가 편찬된 쇼코칸 유적(현재는 미토시립제2중학교)

에 해당하는 공작 작위를 받았다. 뿐만 아니라 두 사람을 제사 지내는 신사를 별격관폐사로 지정하고 그 이름도 직접 지어주었다. 미토의『대일본사』편찬이 천황가에 어떤 기여를 했기에 이 같은 특별 대우를 받았을까? 미토학의 형성, 발전과정 및 주요 특징을 살펴보면서 이에 관해 알아보자.

『대일본사』의 편찬 작업은 도쿠가와 미쓰쿠니가 영주에 취임한 뒤 본격적으로 시작되었다. 그는 이를 위해 1663년 쇼코칸彰考館. 창고관을 설립했다. 쇼코칸에는 도쿠가와 이에야스의 인정을 받았던 하야시 라잔파 학자들이 많이 참여하였다. 명나라가 멸망한 후 1659년 나가사키로 망명하여 체류하고 있던 명나라의 신하 주순수[100]도 나리아키의 초빙을 받고 편찬 사업에 참여하였다. 이에 따라『대일본사』의 편찬은 하야시 라잔 등 에도 시대 초기의 주자학자들로부터 많은 영향을 받았다. 이들은 주자학의 대의명분론을 끌어들여 막부권력을 정당화하고자 하였다. 이를 위해 천황을 최고 정점으로 하는 질

---

100 朱舜水(일본명 슈 슌스이, 1600.11.17~1682.5.24) 명나라의 신하로 양명학에 뛰어났으며 실학적 학풍을 가지고 있었다. 미쓰쿠니는 주순수를 대단히 존경했다. 주순수가 죽은 뒤 1715년에는 그의 유고를 모아『순수선생문집(舜水先生文集)』을 총 28권으로 간행했고 그의 묘소도 미토 번주가의 묘지인 서룡산(瑞龍山, 이바라키현 히타치 오타시)에 명나라 양식으로 조성해 주었다.

다치하라 스이켄 초상
(와타나베 가잔 그림, 1823,
중요미술품)

후지타 유코쿠 초상
(구사가와 시게토 모사, 1886)

서정연한 신분질서를 상정하고, 그 바로 아래 막부 정권을 위치지움으로써 무사정권의 정통성을 인정받으려고 했다. 대의명분론을 중시하는 전기 미토학은 이렇게 형성되었다.

다른 한편으로 『대일본사』의 편찬은 역사학의 방법론적 측면에서 독특한 학풍을 형성하였다. 『대일본사』는 역사에 관한 자료의 편찬 이외에도 와카, 천문, 역학, 지리, 산수, 신도, 고문서, 고고학, 병학 등 광범위한 분야에 걸쳐 실증적 자료를 수집·편찬하였다. 또한 이전의 역사책과는 달리 자료에 대한 고증과 인용한 출전의 명기, 사료와 유물의 보존에도 힘썼다. 쇼코칸 학자[101]들은 자료를 수집하기 위해 일본 전국을 직접 다녔다. 미토학은 이처럼 역사 연구에 고증학적·실증적 연구방법을 도입함으로써, 기존의 주자학과는 다른 역사학의 전통을 형성하였다.

한편 막부 말기 후기 미토학은 이처럼 서로 다른 두 학풍을 함께 이어받으면서 발전한다. 내우외환의 위기를 맞아 막번 체제를 정당화하려는 주자학적

---

101 1659년에는 53명의 학자가 쇼코칸에 소속되어 있을 정도로 많은 학자들이 『대일본사』의 편찬 작업에 참가하고 있었다.

대의명분론과 일본 고유의 전통과 풍속을 바탕으로 새로운 정치질서를 세우려는 천황숭배론이 바로 그것이다. 이 둘은 사상적으로뿐만 아니라 정치적으로도 언제든지 정면충돌할 수 있는 불씨를 안고 있었다.

이 두 학풍을 대표하는 인물이 각각 아이자와 세이시사이와 후지타 도코다.[102] 두 사람은 정치적으로는 각각 미토의 존왕양이 점진파와 급진파를 대표한다.

후기 미토학

미토학은 제6대 번주 도쿠가와 하루모리[103] 때 다시 부흥기를 맞이한다. 이때 후기 미토학이 형성된다. 하루모리에 의해 쇼코칸 총재에 임명된 다치하라 스이켄[104]은 『대일본사』 편찬 사업을 다시 시작했다. 하루모리는 학문을 중시하였고, 매일 아침 학자들과 교정 작업도 함께할 만큼 『대일본사』의 편찬에 적극적이었다.

그가 번주로 있던 시기에는 러시아 등 외국의 함선이 일본 전역에서 빈번

---

102 두 사람 모두 후기 미토학을 발전시켰지만 엄격하게 말해 후기 미토학을 대표하는 사람은 후지타 도코다. 유신혁명의 지도자를 길러낸 조슈의 요시다 쇼인뿐만 아니라 황국사관을 체계화한 히라이즈미 기요시(平泉澄)도 후지타 도코의 신봉자였다. 미토시 가이라쿠엔 근처에 있는 도키와 신사(常磐神寺) 안에 후지타 도코를 제신(祭神)으로 삼고 있는 도코 신사(東湖神社)가 있다. 일본에서 미토학자를 제신으로 삼고 있는 신사는 이곳뿐이다. 吉田俊純, 『水戸學と明治維新』, 吉川弘文館, 2013, 215~219쪽.

103 도쿠가와 하루모리(德川治保, 1751.8.16~1805.11.1). 1766년 16세 때 번주가 되어, 1805년 사망할 때까지 40년 동안 번주로 있으면서 미토를 중흥시켰다.

104 다치하라 스이켄(立原翠軒, 1744.6.7~1823.3.4). 다치하라 스이켄은 농민에서 하급사무라이가 된 집안의 신분적 한계와, 주자학이 아니라 소라이학을 배운 학문적 한계를 극복하고 쇼코칸의 총재가 된 인물로 『대일본사』의 편찬에 큰 공을 세웠다. 1760년 스승과 함께 소라이학에 입문했다. 1786년 쇼코칸의 총재가 되어 『대일본사』의 편찬에 주력했고, 1799년 『대일본사』 80권을 도쿠가와 미쓰쿠니의 묘에 헌상했다. 吉田俊純, 『水戸學と明治維新』, 吉川弘文館, 2003, 12~16쪽.

도쿠가와 나리아키 글씨

도쿠가와 나리아키 초상
(1800~1860, 제15대 쇼군
도쿠가와 요시노부의 부친)

하게 출몰했다. 이에 따라 쇼코칸 학자들은 『대일본사』의 편찬 사업뿐만 아
니라 농정 개혁이나 대러시아 외교 대책 등 번의 실제적인 정치 문제에 대해
서도 적극적으로 의견을 제시했다. 후기 미토학은 이처럼 쇼코칸 학자들이
정치, 경제, 외교 등 번의 현안에 대해 경세론적 의견을 내놓으면서 형성되어
막말 지사들에게도 많은 영향을 미친다.[105]

　미토에서 후기 미토학의 특징이 본격적으로 형성되는 계기는, 다치하라
스이켄의 제자 후지타 유코쿠[106]가 「정명론正名論」(1791)이라는 의견서를 번

105　전국의 번교에서 미토학을 가르쳤기 때문에 미토학은 전국의 무사들에게 많은 영향을
　　미쳤다. 경천애인의 사상과 존왕양이론 등 미토학의 사상은 유신혁명의 정신적 원동력
　　중 하나가 되었다.

106　후지타 유코쿠(藤田幽谷, 1774.2.18~1826.12.1)는 후기 미토학을 중흥시킨 미토의 유학
　　자다. 낡은 옷을 수선하는 상인집(古着商)에서 태어났지만 어렸을 때부터 학문에 두각을
　　나타내 다치하라 스이켄의 문인이 되었고, 나중에 그의 추천으로 쇼코칸에 들어갔다. 그
　　러나 『대일본사』의 제호에 일본이라는 국호를 사용해도 되는지를 놓고 스승과 대립한
　　끝에 결국 결별했다. 후지타 유코쿠는 중국에서 역사서에 국호를 쓰는 경우는, 한 왕조
　　가 멸망하고 난 뒤 그 왕조의 역사를 편찬하기 위해서인데, 일본은 황통이 한 번도 끊어
　　지지 않고 이어지고 있기 때문에 '일본'이라는 국호를 사용하면 안 된다고 주장했다. 이
　　문제는 국학을 받아들이는 학자들에게는 매우 중요한 문제였다. 국학을 체계화한 모토
　　오리 노리나가가 정식 역사서인 『일본서기』 대신 『고사기』를 가장 중요하게 여긴 것도
　　이 때문이었다. 미토 존왕양이 운동의 지도자 중 한 명인 후지타 도코는 후지타 유코쿠

에 제출하면서 부터다. 후지타 유코쿠는 이 의견서를 하루모리에게 바쳤지만, 번정을 비판하고 있다는 이유로 좌천되고 만다.[107] 그러나 역경을 딛고 다시 일어서, 1807년 쇼코칸 총재에 취임한다. 그 뒤 그는 아이자와 세이시사이, 후지타 도코 등을 중심으로 독자적 문파를 형성한다.

후기 미토학은 1829년 도쿠가와 나리아키가 제9대 번주로 취임하면서 전성기를 맞이한다. 나리아키는 1841년 후지타 도코와 아이자와 세이시사이 등 학자들의 의견을 받아들여 번교 고도칸(弘道館, 홍도관)을 설립하였다. 이들은 당시 러시아, 영국, 미국 등의 서구세력이 일본 연안에 빈번히 나타나 위협하는 상황에서, 국가의 독립과 발전을 이루기 위해서는 사회와 정치의 부패와 타락을 개혁하고 우수한 인재를 양성해야 한다고 주장했다.

고도칸은 이처럼 처음부터 국내외의 현실 문제에 관한 해결책을 찾으려는 경세론적 구상에서 설립되었으며, 막부 직할 학교인 쇼헤이코[108](11,000평)나 조슈의 메린칸(14,000평, 명륜관)보다 훨씬 큰 규모로 54,070평이나 되는 대규모의 부지 위에 오늘날의 종합대학교와 같은 체계[109]를 갖추고 있었다. 나리아키는 이 고도칸을 중심으로 개혁 정책과 양이 정책을 추진해나갔다.

의 아들이다.

107 이 일로 인해 스승과 제자 사이에 『대일본사』의 편수 방향을 놓고 대립하게 되어 다치하라가 먼저 후지타를 파문하였지만 최종적으로는 후지타 유코쿠가 스승인 다치하라 스이켄을 쫓아내고 1807년 쇼코칸의 총재에 취임했다.

108 쇼헤이코(昌平黌)는 쇼헤이자카학문소(昌平坂學問所)라고도 부르며 1790년 에도 간다 유지마(神田湯島)에 설립되었다. 쇼헤이자카는 공자가 태어난 쇼헤이코(昌平鄉)에서 유래한 이름이다. 원래 하야시 라잔(林羅山) 가문의 사립학교(私塾)였는데, 1790년의 「간세이이학금지령」 이후 막부 차원에서 주자학을 장려하면서 하야시 가문과 단절하고, 제도적 정비를 거쳐 1791년 막부직영학교로 문을 열었다.

109 고도칸은 정청(正廳), 지선당(至善堂), 문관(文館), 무관(武館)(격검관(擊劍館), 창술관(槍術館), 유술관(柔術館)), 군기국(軍機局), 천문(天文), 산수(算數), 지도(地図等の館), 의학관(医學館), 조련장(調練場), 마장(馬場) 등으로 구성되어 있었다.

고도칸(홍도관, 이바라키현 미토시)

고도칸 정청 대기실에 걸려 있는
존양(존황양이)큰 글씨
(마츠노부 토시, 1855)

고도칸(정문)

고도칸(홍도관) 정청과 정문 그리고 정청 대기실에 걸려 있는 존양 글씨

참고로 에도 막부의 마지막 쇼군인 도쿠가와 요시노부는 나리아키의 7남
이다. 에도에서 태어났지만 미토가의 교육 방침[110]에 따라 2세 때부터 미토
에서 자라면서 자연스럽게 미토학의 전통을 몸에 익혔다. 안세이대탄압 사건

---

110 미토가의 가풍은 매우 강하고 검소했던 것으로 알려져 있다. 자식이 태어나면 화려하고
모든 것이 풍족한 대도시 에도가 아니라 시골인 미토에서 양육했다. 도쿠가와 가문의 최
고 측근이자 쇼군을 배출할 수 있는 지위를 가진 고산케 가문이면서도 매우 검소한 생활
을 했다. 식사는 국 하나 야채 하나(一汁一菜)를 원칙으로 하였으며 백미는 금지되었다.
고기와 생선은 한 달에 3회로 제한되었다. 옷도 비단 종류는 일절 금지되었으며 목면이
나 삼베옷을 입었다. 버선은 겨울에도 홑겹으로 내피가 없는 것을 신어야 했다. 자식들
은 어릴 적부터 문무에 걸쳐 교육 받았다. 궁술(弓術), 마술(馬術), 수술(水術)은 기본적으
로 숙달해야 했고 유교 경전 등의 공부도 엄격하게 받았다.

때 그가 막부로부터 근신 처분을 받은 곳도 고도칸이다. 요시노부가 훗날 대정봉환을 단행하여 사쓰마·조슈와의 전면적 전쟁을 회피하고 국가적 대분열과 내란을 피한 것도 미토학의 존왕양이론이 어린 시절부터 몸에 익어 있었기 때문이라고 말하는 사람도 있다.[111]

후기 미토학의 최대 업적은, 당시 일본이 처한 대외적 위기는 개별 번이나 막부의 위기가 아니라, 일본 전체의 위기라는 인식을 제시했다는 데에 있다. 후기 미토학은 미토를 중심에 두고 국방 정책, 대외 정책, 경제 정책, 사회 교육 정책 등을 고민한 것이 아니라, '일본'이라고 하는 전혀 다른 지평에서 대외적 위기를 바라보았다. 이러한 인식의 대전환이 있었기 때문에 후기 미토학은 대외적 위기를, 개별 번이나 막부의 위기가 아니라 일본의 존망과 관련되어 있는 절체절명의 국가적 위기로 받아들였던 것이다.

그 전까지 일본의 사무라이들은 이런 생각을 해 본적이 없었다. 조슈의 존왕양이론자 요시다 쇼인도 마찬가지였다. 그도 동북지방을 순례하는 길에 미토에서 아이자와 세이시사이 등 미토학자들로부터 지적받고 나서야 조슈가 아니라 일본이라는 단일민족, 단일국가에 관해서 고민하기 시작했다. 후기 미토학은 이처럼 개별 번을 넘어서, 일본이라는 단일국가를 먼저 생각하는 사고의 대전환을 불러 일으켰다. 후기 미토학의 역사적 의의는 여기에 있다.

한편 후기 미토학은 메이지 정부가 천황주의 이념을 전파하기 위해 만든 교육 칙어나 쇼와파시즘 시기 황국 사관의 형성에도 많은 영향을 미쳤다. 이 때문에 제2차 세계대전이 끝난 뒤에는 국체론을 낳은 사상적 원천 내지 쇼와파시즘의 모태로 인식되어 학계에서 기피되었다. 하지만 이러한 견해들은 광

---

111 宮田正彦, 「大政奉還と王政復古」, 『第14回 水戶學講座 德川慶喜公 : その歷史上の功績 5』, 常磐神社, 1997.

범위한 분야에 걸쳐 있는 후기 미토학을 단지 존왕론
내지 국체론에만 한정하여 평가하는 문제점이 있다.
후기 미토학이 존왕론과 국체론의 이론적 토대를 마
련함으로써 쇼와파시즘기 황국사관의 형성에 기여한
점은 부정할 수 없는 역사적 사실이지만, 다른 한편
으로 막부 말기 대외적 위기를 극복하기 위한 대안으
로 제시된 경세론 중 하나였다는 점도 무시되어서는
안 된다.

아이자와 세이시사이 초상

아이자와 세이시사이

1800년대 초반 존왕양이 지사들에게 가장 많은 영향을 미친 인물로는 미
토번의 아이자와 세이시사이會澤正志齊, 1782.5.25~1863.7.14를 손꼽을 수 있다.
그의 『신론新論』(1825)[112]은 국체國體에 바탕한 대개혁을 주장하여 막부 말기
존왕론의 효시[113]가 되었고, 막말 지사들 사이에서 존왕론의 경전으로 간
주[114]될 정도로 큰 영향을 미쳤다. 당시 전국의 젊은 지사들 중에는 신론이
주장하고 있는 열광적인 민족주의의 세례를 받지 않은 사람이 거의 없었다고
한다. 막부 말기 대표적 존왕양이론자인 조슈의 요시다 쇼인, 구루메久留米의
마키 이즈미도 많은 영향을 받았다. 요시다 쇼인은 미토에서 아이자와 세이

---

112   일본국립국회도서관의 디지털 라이브러리에 공개되어 있는 신론을 참고하였다. 會澤正
      志齊, 『新論』上・中・下, 明治書院, 1939.(http://kindai.ndl.go.jp)
113   미나모토 료엔, 박규태 외역, 『도쿠가와 시대의 철학사상』, 예문서원, 2005, 223쪽.
114   막말 지사들 사이에서는 『신론』을 읽지 않으며 지사의 자격이 없다고 여겨질 정도였으
      며 서로 이름도 모르는 다른 번의 지사들이 어딘가에서 만났을 때 서로 『신론』을 읽었느
      냐 하는 질문으로 확인했다고 한다. 위의 책, 222쪽.

사이를 직접 만나기도 했다.[115]

    아이자와 세이시사이는 대대로 농민이었지만 부친 대에 이르러 사무라이 신분으로 승격된 집에서 장남으로 태어났다. 1791년 10세 때 후지타 유고쿠에게 사사받았고, 1799년 쇼코칸에 들어가 『대일본사』의 편찬에 종사하였으며 나중에 쇼코칸 총재가 되었다. 1804년 5세의 도쿠가와 나리아키와 제7대 영주 도쿠가와 하루토시德川治紀[116]의 아들들을 함께 가르치기 시작해 17년 동안 이들의 교육을 담당했다. 제15대 쇼군 도쿠가와 요시노부도 이때 함께 가르쳤다. 1801년에 대외 문제에 관한 책인 『치시마이문千島異聞』을 썼다. 『치시마이문』을 보면 주자학자인 아이자와 세이시사이가 다른 나라의 실정을 파악하기 위해 얼마나 많은 노력을 기울였는지 알 수 있다. 『치시마이문』에는 하야시 시헤이의 『해국병담』, 야마무라 사이스케의 『정정증역 채람이언』 등 세계지리와 서양사정에 관한 양학자들의 책과 중국에서 번역된 서양학자들의 책이 26권이나 인용되어 있다.[117] 1824년 5월 미토 오즈하마[118]에 영국인 12명이 상륙하였을 때는 이들과 필담을 나누었다. 1825년 9월 후지타 유코쿠의 뒤를 이어 쇼코칸의 총재 대리가 되었다. 도쿠가와 나리아키가 9대 영주에 취임하자 후지타 도코와 함께 덴포 개혁을 추진하였다. 1831년 쇼코칸 총재, 1840년 고도칸의 초대 관장이 되었다.

---

115 동북지방을 여행할 때 아이자와 세이시사이를 여러 차례 만났다고 자신의 책 『동북유일기(東北遊日記)』에 적고 있다. 미토에 도착하자마자 세이시사이를 방문하였고 그 뒤에도 5차례 방문했다. 세이시사이는 술을 마련해 쇼인의 일행들을 환대하였고 이들과 밤새 토론했다. 吉田俊純, 『水戸學と明治維新』, 吉川弘文館, 2003, 189~191쪽; 高須芳次郎, 『會澤正志齊』, 厚生閣(http://kindai.ndl.go.jp), 1942, 59~61쪽.

116 미토 도쿠가와가의 제7대 영주. 1805년에서 1816년까지 재위했다.

117 吉田俊純, 앞의 책, 2003, 64쪽.

118 오즈하마(大津浜)는 현재 북이바라키시 오즈를 말한다.

1858년 8월 천황이 막부 몰래 미토에 칙서를 보낸 사건(무오의 밀칙)[119]이 발생했다. 서양 5개국의 통상조약체결요구로 막부와 천황의 대립이 확산되고 있던 와중에 다이로 이이 나오스케가 천황의 칙허 없이 통상조약을 체결해 버리자 이에 격노한 고메이 천황이 관백 몰래 밀칙을 보낸 것이다. 이 사건은 조정의 의사결정 절차와 천황이 번과 접촉할 때에는 반드시 막부를 거쳐야만 하는 관례를 무시한 것이었다.

막부는 이 사건에 막부를 타도하려는 음모가 숨어있다고 보고 칙서의 반환을 요구했다. 이때 아이자와 세이시사이는 조정과 막부의 대립을 우려하여 칙서를 반납할 것을 주장하였지만 급진파는 이에 반대했다. 이에 따라 미토는 존왕양이 점진파尊攘鎭派와 존왕양이 급진파尊攘過激派[120]로 분열되었다. 아이자와 세이시사이는 1860년 2월 4일, 급진파들은 존왕양이의 의의를 올바로 이해하지 못한 무식한 자들이라고 격렬하게 비판하는 의견서를 제출했다. 미토 정부도 2월 28일 급진파의 토벌을 결정[121]하였다.

아이자와 세이시사이의 동상
(이바라키현 미토시)

점진파와 급진파의 분열과 대립으로 진퇴양난에 빠진 급진파 무사들이 이 상황을 타개하기 위해 며칠 뒤 일으킨 사건이 바로 사쿠라다문밖의 사건[122]

---

119 吉田俊純, 앞의 책, 2003, 175∼176쪽.
120 급진파의 사상적 지도자는 후지타 도코였다. 물론 후지타 도코는 이때 이미 사망하고 없었다. 1855년 안세이대지진 때 본인은 가까스로 살았지만 어머니를 구하기 위해 다시 집으로 갔다가 건물에 깔려 사망했다. 후지타 도코가 사망하고 난 이후 미토에는 뛰어난 지도자가 나오지 않았다. 童門冬二,『尊王攘夷の旗 : 德川齊昭と藤田東湖』, 光人社, 2004.
121 당시 미토의 번정은 점진파가 장악하고 있었지만 실제로 출병을 하지는 않았다.
122 吉田俊純, 앞의 책, 2003, 177∼178쪽. 사쿠라다문밖의 사건의 주모자들은, 이이 나오스

이다. 아이자와 세이시사이는 이때에도 암살은 무사가 할 일이 아니라고 주장하면서 맹비난하였다. 1862년 히토쓰바시 요시노부에게 세계정세의 흐름을 설명하는 책을 써 헌정했고 이듬해 향년 82세로 세상을 떠났다.

『신론』

『신론』은 아이자와 세이시사이가 1825년 완성해 번주에게 바친 책으로 후기 미토학의 존왕양이론이 체계적으로 설명되어 있다. 그는 서양 함선의 잦은 출몰에도 불구하고 아무런 위기의식을 느끼지 못하는 다이묘, 무사들의 안일함과 무기력을 일깨우기 위해 『신론』을 썼다. 때마침 막부가 타불령[123]을 공포하여 강경한 대외 정책을 시행한 영향도 있었다. 그러나 『신론』은 황실중심주의를 두려워한 영주의 반대로 당시에는 출간되지 못했다. 그 뒤 아이자와 세이시사이가 도쿠가와 나리아키와 함께 막부로부터 처벌을 받아 유폐되어 있을 때 그의 문인들에 의해 출간되어, 규슈와 주고쿠 지방을 중심으로 확산[124]되었다.

『신론』은 존왕양이론을 명쾌하고 체계적[125]으로 설명하고 있다는 데 그 의미가 있다. 특히 서양 열강들의 침략과 능욕으로부터 일본을 지켜야 한다

케의 암살 이외에도 사쓰마가 병사를 이끌고 교토로 상경한 뒤 천황의 칙사와 함께 에도로 가 막부 개혁을 요구한다는 계획을 가지고 있었다. 그러나 사쓰마의 내부 사정으로 이 계획은 무산되었고, 대신 사쓰마 사무라이 아리무라 지자에몬 형제만 개인적으로 합류했다. 이이 나오스케의 암살로 천황의 칙허 반납은 유예되었지만, 미토의 급진파 사무라이들은 대신 혹독한 대가를 치러야 했다. 이 책 제5장 제2절의 제3항 혁명의 스타팅 피스톨—사쿠라다문밖의 사건 참조.

123 타불령(文政打佛令, 1825)은 일본 연안에 접근하는 외국 배들은 예외 없이 모두 공격해 격퇴하라는 막부의 명령이다. 막부는 1842년 아편전쟁에서 중국이 패배했다는 소식을 접하고 난 뒤 타불령을 폐지했다. 이국선 타불령이라고도 부른다.

124 高須芳次郎, 앞의 책, 59~61쪽.

125 마루야마 마사오, 앞의 책, 1995, 499쪽.

는 당위성을 강조하여 강렬한 민족주의적 감성을 불러일으켰다. 이 때문에 『신론』은 존왕양이론의 경전[126]으로 인정받으면서 전국의 존왕양이 지사들 사이에 열광적으로 퍼져 나갔다. 『신론』의 민족주의적 세례가 얼마나 뜨거운 것이었는지는 다음 문장에 잘 나타나 있다.

> 삼가 생각건대, 신주(神州者, 일본)라 함은 태양의 땅으로 솟아나, 원기(元氣)의 땅으로 시작되었으며, 황통은 대대로 이어져 먼 옛날부터 바뀌지 않았다. 처음부터 대지(大地)의 원수(元首)였으며 만국의 기강(綱紀)이었다. 참으로 밝은 빛을 세상(宇內)에 비추고, 천황의 감화가 미치지 않는 곳이 없었다. 그런데 오늘날 야만적인 서양 오랑캐들이 천한 발로 사해를 뛰어다니고 제국(諸國, 일본 전국)을 유린하면서, 마치 소경이 앞을 훤히 보고 절름발이가 뛸 수 있는 것(묘시파리(眇視跛履))처럼 감히 상국(上國, 일본)을 능욕하려 들다니, 교만하기 짝이 없도다.[127]

이 짧은 문장은 막부 말기 일본 민족주의의 특징을 잘 보여주고 있다. 무엇보다 막부가 아닌 천황이 일본의 중심이라는 사고방식이 명확하게 나타나 있다. 아직 막부권력이 강력하게 존재하던 때에 이러한 천황존숭론은 막부로부터 경계 받을 수 있는 위험한 사상이었다. 이 때문에 『신론』을 헌정 받은 도쿠가와 나리노부[128]는 이 책의 출판을 허락하지 않았다.

---

126 위의 책, 500쪽.
127 미나모토 료엔, 앞의 책, 224쪽. 참조. 會澤正志齊, 『新論』(上・中・下), 明治書院, 1939, 1쪽. 한문 원문은 다음과 같다. 謹按, 神州者大陽之所出, 元氣之所始, 天日之嗣, 世御宸極, 終古不易, 固大地之元首, 而萬國之綱紀也, 誠宜照臨宇內, 皇化所曁, 無有遠邇矣, 而今西荒蠻夷, 以脛足之賤, 奔走四海, 蹂躪諸國, 眇視跛履, 敢欲凌駕上國, 何其騷也. 현대 일본어 번역은 다음과 같다. 謹んで按ずるに, 神州は太陽の出づる所, 元氣の始まる所にして, 天日之嗣, 世宸極を御し, 終古易らず. 固より大地の元首にして, 万國の綱紀なり. 誠によろしく宇大に照臨

그럼 『신론』에는 구체적으로 어떠한 내용이 담겨 있는지 한번 알아보자.[129] 『신론』은 모두 국체國體, 형세形勢, 노정虜情, 수어守禦, 장계長計 등 다섯 항목으로 구성되어 있다. 국체 편에서는 아마테라스 신이 일본의 건국 이전부터 큰 효大孝와 큰 충大忠을 보여주고, 제정일치 제도를 통해 '정치는 교화敎化'라고 하는 진리를 구체화시킴으로써 건국의 근본大本이 이루어졌다고 이야기하고 있다. 이어 형세 편에서는 세계정세의 대세를 논하고 노정 편에서는 서양국가들이 곧 일본을 침략할 것 같은 위기 상황을 설명하였다. 다음으로 수어 편에서는 어떻게 일본이 부강해질 수 있을 것인가에 대해 마지막으로 장계 편에서는 제정일치 제도를 존중하고 신도神道로 만민을 교화시켜야 한다고 적고 있다.[130]

이 밖에도 『신론』은 대외적 위기를 극복하기 위해서는, 막부와 번이 따로따로 독립적인 막번체제의 봉건할거주의에서 벗어나야 한다고 주장했다. 막부와 번을 넘어 '국가'라는 관점에서 통일되어야 한다는 당위성은 『신론』에서 처음으로 제시되었다.

또한 아이자와 세이시사이는 당시 금기시되어 있던 막부에 대한 비판도 서슴지 않았다. 그는 도쿠가와 이에야스 이래로 막부 정권은 자신의 절대적 권력을 영구화하기 위해 각 번의 힘을 억누르는 정책을 해왔는데 이는 막부 절대권력의 유지에는 도움이 될지 모르나 국토를 방위하는 데에는 전혀 도움

し, 皇化の暨ふ所, 遠邇あることなし. しかるに今, 西荒の蛮夷, 脛足の賤を以て, 四海に奔走し, 諸國を蹂躙し, 眇視跛履, 敢へて上國を凌駕せんと欲す. 何ぞそれ驕れるや.

128 德川齊脩(1797.4.12~1829.10.31). 미토번의 제8대 영주로, 제7대 영주 도쿠가와 하루토시의 장남이다.

129 박영준의 책에 신론의 내용이 자세하게 소개되어 있다. 박영준, 『해군의 탄생과 근대일본』, 그물, 2014.

130 會澤正志齊, 『新論』 上・中・下, 明治書院, 1939.(http://kindai.ndl.go.jp)

이 되지 않기 때문에, 막부 위주의 정책을 버리고 국가 전체의 부강을 도모해야 한다[131]고 주장했다.

『신론』의 한계

이러한 의의에도 불구하고 『신론』은 문제점도 많이 가지고 있다. 『신론』은 서양의 과학기술과 학문을 연구하는 난학에 대해 어리석은 백성들을 미혹하는 독약으로 보고 경계[132]해야 한다고 주장하는가 하면, 백성들을 오랑캐와 마찬가지로 믿을 수 없다고 말하는[133] 등 난학자와 백성들에 대한 뿌리깊은 불신을 드러내고 있기 때문이다.

그러나 이러한 불신은 비단 아이자와 세이시사이뿐만 아니라 당시 지배 계층이 가지고 있던 일반적 인식이었다. 에도 사회는 이처럼 하나의 국가, 단일한 민족으로는 보기 어려울 정도로 지역과 지역, 신분과 신분 사이의 불신과 차별의식이 깊었다. 『신론』에는 지배 계층의 불신뿐만 아니라 극단적인 공포심도[134] 나타나 있다.

대외적 위기가 높아지자 지배 계층은 백성들이 외국세력의 지원을 받아 봉건적 지배 체제를 무너뜨릴지도 모른다는 공포심을 가지게 된다. 때문에 그들은 부국강병론에 대해서도, "부유하고 강해진다고 해도 그것이 바로 우리 것으로 되지는 않을 것이며, 적에게 무기를 빌려주고 도둑에게 양식을 주는 것이 될 뿐이니 나라를 부강하게 하더라도 모조리 오랑캐들에게 넘어가버

---

131 미나모토 료엔, 박규태 외역, 『도쿠가와 시대의 철학사상』, 예문서원, 2005, 225쪽.
132 마루야마 마사오, 앞의 책, 1995, 500쪽.
133 후지타 도코도 간악한 백성들과 교활한 오랑캐들(姦民狡夷)이라는 표현으로 피지배층인 백성들에 대한 불신을 나타내고 있다. 위의 책, 501~502쪽.
134 위의 책, 499쪽.

릴 것"[135]이라고 말하면서 경계심을 늦추지 않았다. 여기서 '적과 도둑'은 백성들을, '우리'는 지배 계층을 가리킨다. 피지배층을 이처럼 적, 도둑으로 보는 극단적인 불신과 적대감에서 벗어나지 못하는 한, 단일한 민족, 하나의 국가로서 정체성을 가지는 것은 불가능한 일이다.[136] 메이지유신이 성공한 뒤 신정부는 이러한 불신과 적대감을 없애기 위해 사회 개혁 정책을 과감하게 단행한다.

후지타 도코

후지타 도코藤田東湖, 1806~1855는 후지타 유코쿠의 아들로 후기 미토학을 대표하는 인물 중 한 명이다. 고도칸의 교육이념을 설명한 『홍도관기술의』[137]를 썼다. 그는 이 책에서 『고사기』, 『일본서기』 등에 나오는 건국신화를 토대로 일본 고유의 전통적인 도덕과 질서를 강조했다. '존왕양이'라는 말은 여기서 처음 사용되었다. 이 밖에 후지타 도코의 중요 저작으로는 감옥에서 쓴 『회천[138]시사』[139]가 있다. 「회천시사」는 목숨을 걸고 존왕양이 운동에 뛰어든

---

135 위의 책, 500쪽.
136 이런 측면에서 같은 존왕론자이면서도 아이자와 세이시사이와 요시다 쇼인의 인식에는 큰 차이가 있다. 조슈의 대표적 존왕론자인 요시다 쇼인은 일군만민론과 초망굴기론을 주장하였다. 일군만민론은 천황 아래 모든 백성은 동일하다는 논리이며, 초망굴기론은 대외적 위기를 극복하기 위해서는 백성들이 궐기해야 한다는 논리다. 요시다 쇼인의 존양론에는 이처럼 분열과 차별의식을 넘어 백성을 평등하게 보는 근대적 국가의식이 싹트고 있었다. 조슈에서 일본 최초로 사무라이뿐만 아니라 일반 백성들까지도 포함한 혼성 부대인 제대가 결성된 것은 결코 우연한 일이 아니다.
137 藤田東湖, 『弘道館記述義』, 岩波書店, 1996. 1838년 도쿠가와 나리아키의 이름으로 공표된 「홍도관기」에는 고토칸의 건학정신이라고 할 수 있는 5가지 정신—신유(神儒, 신도와 유학) 일치, 문무(文武) 일치, 충효(忠孝) 일치, 학문사업 일치, 치교(治敎) 일치—이 제시되어 있다. 『홍도관기술의』는 이 「홍도관기」를 상세하게 설명한 책이다.
138 회천은 전세를 역전시킨다는 의미로 태평양전쟁과 관련이 있다. 일본이 태평양전쟁 시기에 만든 무기의 이름은 대부분 천황과 관련이 많다. 숫자로 표기된 것들은 서력이 아

후지타 도코 동상(이바라키현 미토시)

「홍고관기」 탁본(고도칸 지선당)

자신의 경험을 회상하면서 지은 시로, 비장감이 강렬하게 흐르고 있어, 막부 말기 존왕양이 지사들이 즐겨 애송하였다.

한편 후기 미토학은 사상적으로 소라이학의 영향을 많이 받았다. 후지타

니라 기원년─진무 천황 이후 황기년도─의 끝자리 두 자리 숫자를 따 명명되었다. 전투기 및 가미가제특공대의 자살무기로 사용된 제로센 전투기는 실제 운용되기 시작한 해인 1940년이 황기 2600년이기 때문에 제로센으로 명명되었다. 또한 별칭이 있는 것들은 대부분 천황을 위해 목숨을 바친 역사상의 인물들과 관련이 있다. 태평양전쟁 말기에 일본 해군은 초대형 어뢰를 사람이 탑승할 수 있도록 개량하여 특공대의 무기로 사용했다. 태평양전쟁 최초의 특공무기로 그 이름이 바로 가이텐 즉 회천(回天)이었다. 전세가 불리해지자 자살무기를 통해서라도 이를 역전시켜보려는 절박한 상황에서 지어진 이름이다. 또한 가이텐 어뢰에 표시되어 있는 심벌마크는 구스노키 마사시게의 국화문양(菊水)을 본떠 만들었다. 회천을 개발한 인물이나 731부대의 책임자로 세균전을 기획했던 인물들은 모두 쇼와파시즘 시기 황국사관을 체계화한 히라이즈미 기요시와 친했다.

139 「회천시사(回天詩史)」는 '세 번이나 죽기를 각오하였지만 죽지 않고 25번이나 도수를 건넜다'로 시작한다. 원문은 다음과 같다.

"三たび死を決して 而も死せず 二十五回 刀水を渡る 五たび閑地を乞うて 閑を得ず 三十九年 七處に徙る 邦家の隆替 偶然に非ず 人生の得失 豈徒爾ならんや 自ら驚く塵垢の 皮膚に盈つるを 猶餘す忠義の 骨髓を塡むるを. 嫖姚定遠 期す可からず 丘明馬遷 空しく自ら企つ 苟しくも大義を 明らかにして 人心を正さば 皇道奚ぞ 興起せざるを患えん 斯の心奮發して 神明に誓う 古人云う有り 艶れて已むと."

도코의 부친인 후지타 유코쿠를 비롯하여 다치하라 스이켄, 아이자와 세이시사이 등은 모두 소라이학에 심취해 있었다. 이들은 천황을 정점으로 하는 질서정연한 사회를 이상적인 것으로 보고 천황가의 제사 등 궁중 의례 등을 중요시하면서도, 정작 천황존숭론을 체계화한 모토오리 노리나가의 국학에는 큰 관심을 두지 않았다. 대부분의 유학자들은 국학을 비합리적인 것이라고 보았기 때문이다. 이러한 태도는 양학에 대해서도 마찬가지였다. 다만 국제 정세를 파악하기 위해 양학의 성과만은 소극적으로 받아들였다. 이처럼 후기 미토학자들은 유학의 경계선을 결코 넘지 않았다.

그러나 후지타 유코쿠의 아들 후지타 도코는 신유 일치神儒　致, 치교 일치治教　致라는 고토칸의 건학정신에서 알 수 있듯이, 이 경계선을 넘어 국학의 세계로 들어갔다. 그는 『홍도관기술의』에서 유학자로서는 비정상적이라고 생각될 정도로 모토오리 노리나가의 국학을 적극적으로 받아들여 존왕론을 체계화했다. 정치노선으로도 그는 아이자와 세이시사이 등 미토의 주류였던 존왕양이 점진파(진파)가 아니었다. 그는 존왕양이 급진파(격파)였다. 다만 1855년 안세이대지진 때 모친을 구하러 집에 들어갔다가 사고로 일찍 세상을 떠나는 바람에 미토의 치열했던 정치 투쟁에 휩쓸리지는 않았다.

하지만 후지타 도코가 죽고 나자 미토에는 점진파와 급진파의 충돌을 조정할 만한 인물이 더 이상 나오지 않았다. 거기에다가 미토는 도쿠가와가의 혈족이면서도 존왕양이론의 본산이라는 모순된 지위를 가지고 있었기 때문에 막부 말기가 되자 교토의 정치적 대립 구조가 고스란히 미토 내부에도 옮겨져 치열한 정치투쟁이 일어났다. 그 과정에서 미토의 사무라이들은 거의 다 죽어버렸다고 해도 될 정도로 많은 희생을 치른다. 메이지유신의 결정적 순간과 신정부에 미토 출신 사무라이들이 눈에 띄지 않는 것은 이 때문이다.

후지타 도코(이바라키현 역사관)

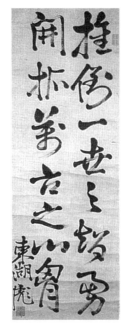

후지타 도코의 「회천시사」

후지타 도코의 글씨

　1851년 말 요시다 쇼인이 동북 지방을 순례한다. 이때 후지타 도코를 만나기 위해 미토를 방문하지만 근신 중이라 만날 수 없었다. 대신 아이자와 세이시사이 등 다른 미토 사무라이들의 환대 속에 1달가량 머무른다. 하지만 사상적으로 쇼인은 아이자와 세이시사이의 미토학이 아니라, 후지타 도코의 미토학을 받아들인다. 이리하여 모토오리 노리나가의 천황숭배론은 후지타 도코의 존왕론을 거쳐, 요시다 쇼인에 의해 조슈로 건너간다. 그곳에서 국학과 미토학은 비로소 정치적 변혁론으로서의 존왕양이론을 꽃피우게 된다. 이런 측면에서 국학과 미토학은 막부 말기 조슈의 존왕양이론에 정통성이라는 영양분을 제공해주었다.

2) 후기 미토학과 유신혁명

후기 미토학자들이 제시했던 경세론적 제안은 그러나 대외적 위기에 관한 현실적 대안으로는 발전하지 못한다. 미토에도, 막부에도 서구열강의 철제 군함과 대포에 맞설 수 있는 군사력, 경제력이 준비되어 있지 않았기 때문이다. 더욱이 막부는 미토의 도쿠가와 나리아키와 번사들이 막부의 정책에 간섭하는 것을 경계하고 있었다. 에도 시대에 다이묘가의 이러한 행동은 엄격하게 금지되어 있었다. 미토 다이묘가의 가격家格이 아무리 높다해도 막부의 권위를 넘보는 것은 매우 위험한 행동이었다. 1844년 도쿠가와 나리아키와 후지타 도코 등이 막부로부터 근신처분을 받은 것도 이 때문이었다.

이 책의 5장에 설명되어 있듯이 1853년 페리 함대가 에도 만 앞에 나타났을 때 막부는 몇 년간에 걸친 부국강병 노력에도 불구하고, 아무런 대응도 할 수 없었다. 서양과 일본의 군사력에는 극복할 수 없는 차이가 있었다. 막부의 군사적, 경제적 능력의 한계를 절감한 로쥬 아베 마사히로는 그때까지의 막부 독재 체제에서 벗어나 유력한 다이묘들의 협조 아래 군사력을 강화시키려고 했다. 그는 전국의 다이묘에게 해안 방어에 관한 의견을 구하는 한편 유능한 개명 번주였던 도쿠가와 나리아키를 해방 담당 로쥬에 임명하였다. 또한 군사제도를 개혁하고, 유력 번들에게 대포의 주조와 대형함선의 건조를 허용하는 등 다이묘 통제정책을 완화하면서 연안방비대책을 수립해 나갔다. 1857년 6월 아베 마사히로가 세상을 떠나기 전까지 이러한 노력들은 어느 정도 성공을 거두었고, 페리가 막말 일본 사회에 가져다준 충격도 극복되는 것처럼 보였다.

그러나 막부가 천황의 반대를 무릅쓰고 전격적으로 서양 5개국과 통상조약(1858)을 체결하자 위기는 밖이 아니라 안에서부터 격렬하게 일어나기 시작했다. 고메이 천황은 격노하여 양위까지 언급하며 막부를 질책했고, 『신론』과 같은 열광적 민족주의의 세례를 받고 자란 사무라이들은 분노로 들끓었다. 막부의 권위는 땅바닥에 떨어지고, 전국의 사무라이들이 교토로 몰려들기 시작했다.

페리의 등장으로 인해 초래된 대외적 위기가 일본 전체의 국가적 위기의식을 고양시키는 계기가 되었다면, 1858년 막부의 독단적인 통상조약의 체결은 전국의 사무라이들로 하여금 막부 대신 천황을 새로운 정치적 대안으로 모색하는 계기가 되었다. 이리하여 대외적 위기에 의해 고양된 양이론은 미토학에 의해 체계화된 존왕론과 결합[140]하여 현실적 정치변혁론으로서 존왕양이론을 낳는다.

---

140 아이자와 세이시사이가 막번 체제에 대해 비판적 태도를 가진 것은 아니었다. 오히려 그는 막부를 중심으로 막번 체제를 재건하려고 했다. 그에게는 봉건적 신분제를 타파하려는 의도가 전혀 없었다. 따라서 존왕론과 양이론이 결합하여 탄생한 존왕양이론이 필연적으로 토막론 즉 막부타도론으로 이어진다고 보아서는 안 된다.

3장
근대성

1. 근대성과 일본문명

근대성이란 고대부터 일본이 자신의 문명 수준이 외부의 어느 나라보다
뒤떨어진다고 판단될 때에는 적극적으로 그 선진문명을 도입해 배우거나 따
라잡으려 했던 경향을 말한다. 일본의 외부문명에 대한 호기심과 탐구정신은
옛날부터 유별났다. 일본 역사에서 근대성이 사회 발전의 원동력으로 작용했
던 시기는 크게 세 번 있었다. 모두 외부 선진문명에 대한 탐구정신과 모험심
이 넘치고 국운이 왕성하게 팽창하던 시기였다.

---

1   杉田玄白, 『蘭學事始』, 講談社, 2012; 이종찬, 『난학의 세계사』, 알마, 2014, 59쪽.

독일에 소개된 덴쇼(天正)견구소년사절단(독일 아우구스부르크, 1586).
서울대학교 중앙도서관 소장.

첫 번째는 쇼토쿠 태자가 견수사와 견당사를 파견하여 중국의 선진문물을
받아들이고 고대 국가 체제를 정비한 시기이다. 쇼토쿠 태자는 수나라에 견
수사遣隋使와 유학승을 보내 중국의 선진문물을 도입하였고, 이를 바탕으로
지배층의 권력 기반을 강화함으로써 부족 연합 국가에서 율령제에 기반한 천
황제 고대 국가 체제로 발전할 수 있었다. 수나라가 망하고 당나라가 수립된
이후에도 이러한 전통은 계속 이어졌다. 당 태종 이세민이 즉위한 뒤 대규모
의 사절단(견당사遣唐使)[2]을 보내 외교 관계를 수립하고 중국의 선진문물을 도

---

2   당 태종 이세민이 즉위한 직후인 630년 이누가미노 미타스키(犬上御田鍬)가 이끄는 일본
     최초의 견당사가 파견되었다. 그 후 894년까지 총 19차례 파견되었다. 그중 두 차례는 실
     패하였고 한 번은 이미 파견되어 있는 견당사들의 귀국을 영접하기 위한 것이었다. 또
     당나라 사절들의 귀국을 호송하기 위한 파견도 세 차례 있었다. 따라서 엄격하게 말해
     일본이 정식으로 당나라에 견당사를 파견한 횟수는 13번이다. 894년 스가와라노 미치자

400주년 기념으로 제작된 덴쇼(天正)견구소년사절단 기념동상(나가사키현 오무라시). 1582년 로마로 가 1590년 사제가 되어 귀국한다.

입했다. 견당사를 통해 도입된 당의 화려한 귀족문화를 바탕으로 덴무天武・지토持統・몬무文武 천황 3대(673~707)에 걸쳐 활기 넘치는 하쿠호白凰문화가 일어났고, 헤이안 시대에 들어서서는 찬란한 귀족문화가 꽃피었다. 중국으로부터 선진문물을 수입하던 관행은 894년 스가와라노 미치자네의 건의에 따라 견당사가 폐지[3]될 때까지 계속 이어졌다.

두 번째는 전국 시대 말에서 에도 시대 초기까지다. 별도로 아즈치安土, 모모야마桃山 시대라고도 부른다. 이 시기 세계는 유럽인에 의해 열린 대항해시대가 절정에 달하고 있었다. 지리상의 발견과 새로운 항로의 개척으로 유럽

네의 건의에 따라 폐지되었다.

3 견당사가 폐지된 이유는 여러 가지가 있지만 당의 내란이 가장 중요한 이유로 거론된다. 다른 한편으로는 헤이안 시대에 꽃핀 귀족문화에 지배 계급이 안주해버린 결과 왕성한 모험심과 탐구력을 잃어버렸기 때문이라고도 보는 견해도 있다. 그러나 견당사가 폐지된 가장 중요한 이유는 2세기 동안 지배 계층에 만연한 중국의 귀족문화에 반발하여 일본 고유문화를 복원하려고 하는 흐름이 거세게 일어났기 때문이었다. 이 시기를 전후하여 소위 국풍(國風)운동이 일어났다. 또한 당이 멸망한 뒤 중국은 5대 10국 시대의 혼란기가 계속 되었기 때문에 중국과의 교류보다는 일본 내부의 발전에 치중했던 점도 하나의 원인이다.

다테 마사무네가 사절단과 함께 스페인 국왕에게 보낸 편지

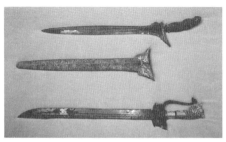

단검들(일본국보)

하세쿠라 쓰네나카 초상화(일본국보)

하세쿠라의 로마시민증(일본국보, 1615). 로마시의회에서 시민증과 함께 귀족에 임명한다는 내용이 금박으로 새겨져 있다.

게이초 유럽파견사절단 관계자료[4]

인들은 일본에까지 다다랐다. 1549년 프란체스코 하비에르 신부가 가고시마에 상륙한 뒤 스페인, 포르투갈의 많은 유럽인들이 연이어 방문했다. 남만인南蠻人이라고 불렸던 이 유럽인들은 기독교, 총, 세계지도, 지구의, 포도주, 카스테라 등 다양한 선진 문물을 전해주었고 오다 노부나가 등 몇몇 전국 다이묘戰國大名들은 이들과 적극적으로 교류했다. 이러한 시대적 분위기에 힘입어

---

4   하세쿠라 쓰네나가가 가지고 온 '게이초(慶長) 유럽 파견사절단 관계 자료'는 현재 센다이시 박물관에 소장되어 있다. 2001년에 하세쿠라 쓰네나가의 초상화, 로마교황 바오르 5세의 초상화, 로마시의회가 쓰네나가에게 준 시민증, 십자가상, 단검, 사제가 미사를 올릴 때 입는 옷 등이 국보로 지정되었다. 하세쿠라 쓰네나가의 초상화는 일본인을 그린 유화 중 가장 오래된 작품으로 알려져 있다. http://www.city.sendai.jp/kyouiku/museum/syuuzou/10_kenoushi/index.html#10a1(2013.12.25). 2013년 시민증, 하세쿠라 쓰네나가의

세 명의 규슈지역 다이묘들이 1582년 견구소년사절단을 로마로 파견하기까지 이른다.[5] 전국시대가 끝날 때까지 이런 흐름은 계속되었고 대항해 시대에 걸맞은 야심과 모험심을 가진 일본인들은 주인장을 가지고 해외로 뻗어나갔다.[6] 근대 이전 일본의 역사에서 가장 진취적이었던 이 시기 일본인의 모험정신은 그러나 도쿠가와 이에야스가 전국시대를 통일한 뒤 지방 다이묘에 대한 통제정책과 기독교 탄압정책을 시행하면서 짧게 끝나고 만다.

이 시기에 가장 주목할 만한 사례로는 센다이번이 유럽에 파견한 게이초慶長 유럽 파견 사절단이 있다. 게이초사절단은 이 시기 일본인들의 왕성했던 지적 호기심과 모험심을 잘 보여주는 사례다.

1613년 9월 15일, 센다이仙台 다이묘人名 다테 마사무네伊達政宗의 가신 하세쿠라 쓰네나가[7]는 통상교섭을 위해 180여 명으로 구성된 게이초 유럽파견사

초상화, 로마교황 바오르 5세상 등 세 점은 유네스코 기억유산으로 등록되었다.

5   1582년 규슈지역 기독교 다이묘 세 명이 13~14세 소년 4명을 로마로 파견한다. 덴쇼견구소년사절단(天正遣歐少年使節團)이다. 카톨릭 신부 알렉산드로 바리야노(Alessandro Valignano)의 발의로 스페인, 포르투갈 국왕에게 일본 선교에 관한 지원을 요청하고 향후 소년들을 일본에서의 포교를 담당할 수 있는 재목으로 키우기 위해서였다. 이 사절단은 일본의 존재가 유럽에 널리 알려지게 계기가 되었으며 그중 세 명이 신부 서품을 받고 돌아와 일본에서 포교활동을 했다. 포교 활동 중 한 명은 마카오로 추방되었고 또 한 명은 나가사키에서 순교했다. 이들은 2007년 교황청에 의해 복자에 시복되었다. 사절단은 나가사키에서 출발한 지 8년이 지난 1590년 다시 나가사키로 귀국한다. 이때 쿠텐베르크 활판인쇄기 등 서양문물을 가져왔다. 덴쇼견구사절단 외에도 1600년대 초반까지 여러 차례에 걸쳐 많은 일본인이 미국, 유럽 등을 다녀왔다. 덴쇼소년사절단에 관한 자세한 내용은 이종찬, 앞의 책, 130~137쪽.

6   이 시기 일본인의 주인선 무역은 베트남, 캄보디아, 시암, 말라가, 바타비아까지 진출했으며 항구도시마다 일본인 정착촌도 많이 생겨났다. 위의 책, 137~150쪽.

7   하세쿠라 쓰네나가(支倉常長, 1571~1622)에 관한 자료는 하세쿠라 로쿠에몬(Faxecura Rocuyemon, 支倉六右衛門)이란 이름으로 유럽에도 많이 남아 있다. 하세쿠라 쓰네나가는 일본의 정규 사절로서 아메리카 대륙과 유럽 대륙에 첫발을 디딘 인물이다. 에도 시대에 잊혀졌다가 1872년 이와쿠라 사절단이 이탈리아를 방문했을 때 다시 알려지게 되었다. 당시 하세쿠라 쓰네나가는 정사(正使)였으며 부사(副使)에는 프란체스코 수도회

하세쿠라 쓰네나가 동상(사절단 파견 400
주년 기념으로 건립, 센다이시 센다이성)

게이초유럽파견사절단 기념비(센다이시 센다이미술관)

절단을 이끌고 로마로 향한다. 사절단은 이시노마키石卷(현재의 미야기현 이시노
마키시)에서 건조된 갈레온선 산 후안 바우티스타San Juan Bautista 호를 타고 출발
해, 태평양과 대서양을 건너 스페인을 거쳐 로마에 도착했다. 1615년 1월 2일
스페인 국왕 펠리페 3세를, 같은 해 9월 12일 교황 바오로 5세를 알현하였다.
사절단은 통상 교섭에는 성공하지 못한 채, 7년 뒤 1620년 8월 24일 귀국한다.

한편 사절단이 일본을 떠난 직후 에도막부는 기독교 탄압정책을 펴기 시
작해, 하세쿠라 쓰네나가가 귀국하였을 때에는 기독교 금지령과 대형 함선
제조 금지령, 해외 도항 금지령이 내려져 있었다. 이러한 경향은 그 뒤 점점
더 강해졌고 하세쿠라 쓰네나가는 실의 속에 쓸쓸하게 죽음을 맞이한다. 아
들 쓰네요리常頼는 그의 가신이 기독교 신자라는 사실에 책임지고 처형당해
가독家督마저 단절된다. 1668년 손자 쓰네노부常信 대代에 이르러서야 하세쿠

선교사 루이스 소테로(Luis Sotero)였다.

라가는 사면되고, 가문의 이름도 다시 사용할 수 있게 되었다.

게이초 유럽 파견 사절단 이후 에도사회는 스스로 해외로 진출해 선진문명을 적극적으로 찾아 나서기보다는 해외에서 수입되는 문명만을 소극적으로 수용하는 자세에서 벗어나지 못했다. 일본인의 모험심과 탐구정신은 메이지유신 뒤 다시 꽃피기 시작한다.

세 번째는 막말 변혁기에서 메이지 정부 초기까지의 시기이다. 이때 서구의 선진 문명은 번과 막부의 운명을 좌우할 만큼 중요했기 때문에 이들은 해외로 유학생을 보내거나 각 분야의 전문가를 초빙하여 서구의 선진 과학 기술을 전수받았다. 당시 번이 독자적으로 해외와 교류하는 것은 금지되어 있었기 때문에 몇몇 번은 막부의 감시를 피해 몰래 유학생을 파견했다.

일본 역사상 근대성에 대한 욕구가 가장 강했던 시기는 메이지유신이 성공한 뒤다. 유신 정부는 세계 역사상 유례가 없는 대규모의 정부사절단을 미국과 유럽에 파견한다. 이것이 그 유명한 이와쿠라사절단[8]이다.

한편 해외로부터의 외부 선진문명의 지속적 도입과 추종은 내부의 반발을 초래해 일본의 고유한 문화와 정체성을 되찾자는 문화 운동을 일으킨다. 견당사가 폐지(894)된 뒤 일어난 헤이안 시대의 국풍國風 운동이나 에도 중기 이후의 국학 운동 등이 바로 그것이다. 일본의 독자적인 풍토와 일본인의 고유한 가치, 감정 등을 중요하게 여기는 이러한 흐름에서, 오늘날 일본의 전통문화로 볼 수 있는 다양한 문화가 생겨났다.

이처럼 일본에서는 고대부터 외부 선진문명을 도입하려는 움직임과 일본의 고유한 풍토와 전통을 중요시하는 흐름이 서로 긴장 관계를 이루면서 독

---

8   이와쿠라사절단에 관해서는 이 책 제8장에서 자세하게 설명하고 있다.

자적 문화를 형성해왔다. 이를 근대성과 정통성의 대립과 발전이라고 말할 수 있다.

그럼 이제부터 에도 시대 막부의 통제정책 아래에서도 근대성이 어떻게 발전했는지 한번 알아보자. 막부의 통제정책에도 불구하고 민간차원에서 외부 문명을 도입하려는 노력이 자발적으로 이어진 것을 보면 일본인의 지적 호기심과 탐구정신이 얼마나 강했는지 잘 알 수 있다.

2. 난학과 서양문명

1) 세계로 향해 열린 작은 창, 데지마出島

19세기 아시아에서는 유일하게 일본만이 자발적인 근대화에 성공했다. 그 요인은 무엇일까? 여러 가지 견해가 있지만 그중에서도 일본에는 고대부터 외국의 선진문물을 배우려는 적극적 태도가 있었기 때문이라고 보는 견해가 많다. 이들은 일본에는 645년 다이카 개신[9] 이후 오랜 기간에 걸쳐, 일본보다 우

---

9   다이카 개신(大化改新)은 645년 일어난 정변을 말한다. 622년 쇼토쿠 태자(聖德太子)가 죽은 후 실권을 장악한 소가씨(蘇我氏)가 정치를 전단하자 중국에 유학하여 수・당의 문화와 정치 제도를 배우고 돌아온 유학생들이 645년 6월 나카노오에 황자(中大兄皇子, 후의 38대 덴지 왕)와 나카토미노 가마타리(中臣鎌足, 후지와라노 가마타리)를 중심으로 정변을 일으켜 소가씨를 살해하고, 다음 날 제36대 고토쿠(孝德) 왕을 옹립하였다. 이어 일본에서 처음으로 연호(年號)를 도입하여 645년을 다이카(大化) 원년으로 정했다. 그리고 수도를 아스카에서 나니와(難波, 지금의 오사카)로 옮겨 율령을 반포하고 토지 제도

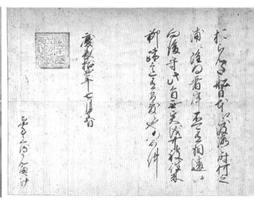

데지마 전경(중앙 부채꼴 인공섬)이 잘 나와있는 〈나가사키항
부감도〉(1818). 왼쪽 아래 기와집들은 중국인 거주지.

네덜란드 통상허가증(1609)

수한 해외문명이 있을 경우 이를 적극적으로 받아들이는 전통이 형성되었다
고 강조한다. 에도 시대 서양문물의 수용 형태를 보면 이러한 견해는 타당한
것으로 보인다. 에도 시대에는 막부의 엄격한 통제 정책에도 불구하고 서양문
물이 다양한 경로를 통해 자발적으로 수용되고 발전되었기 때문이다.

에도 막부는 기독교의 전파를 막고 체제의 안정을 꾀하기 위해 여러 차례에
걸쳐 통제 정책을 시행한다. 대신 1634년 나가사키에 데지마라는 작은 인공
섬[10]을 조성한 뒤, 네덜란드와 중국에게만 교역을 허가했다. 이로 인해 해외
선진문명과의 교류와 교역은 나가사키 데지마에서 중국과 네덜란드의 허가
받은 상인을 통해서만 이루어지게 되었다. 거기에 교역 상품에 대한 막부의

를 개혁하여 중앙집권 체제를 구축하였다. 646년 1월 천황이, '개신의 조(詔)'를 발표하면
서 본격적으로 개혁정책을 단행한다. 이로 인해 고대 국가 체제가 정비된다.

10   데지마(出島)는 1634년 에도 막부의 통제 정책의 일환으로 나가사키에 건설된 인공섬이
다. 부채꼴 모양의 섬으로, 전체 넓이는 약 1.3ha정도이다. 1641년에서 1859년까지 네덜
란드 상인과 중국 상인이 이곳을 통해 무역을 했다. 1855년 일란화친조약이 체결되어 네
덜란드인이 나가사키시로 자유롭게 출입할 수 있게 되고 나자 유명무실해졌다. 1859년
데지마 안에 있던 네덜란드 공관도 폐쇄되었다. 한편 청 왕조의 대만정벌(1683) 이후 중
국 무역선의 입항이 급증하자 막부는 밀무역을 방지하기 위해, 1689년 도진야시키(唐人
屋敷, 중국인 거주지)를 설치해 이곳에 거주하도록 했다. 長崎市,『出島』, 長崎市, 2013; 로
널드 토비, 허은주 역,『일본근세의 쇄국이라는 외교』, 창해, 2013, 185쪽.

감시와 통제도 뒤따랐기 때문에 통제 정책은 지역, 사람, 물품에 대한 세 겹의 통제로 이루어졌다.

데지마에 온 네덜란드인을 찾아온 일본인들(가쓰시카 호쿠사이 그림, 1802)

이러한 통제 정책은 전국 시대 말기, 소위 대항해大航海 시대에 주인선朱印船[11]을 타고 동남아시아 각 나라와 무역을 하던 진취적인 일본인들을 섬나라 일본의 울타리 안에 가둬 버렸다.[12] 그 사이 서구세계는 산업혁명을 거치면서 놀랄 만큼 높은 수준의 과학기술 문명과 근대적 제도들을 만들어 냈다. 이 때문에 일본의 문명수준이 서구에 뒤처지고, 막부 말기 서양의 군사적 위협에 대처하지 못한 원인을 막부의 통제 정책에 돌리는 경우가 많다. 그러나 그렇다고 해서 에도 막부가 서구문명에 완전히 눈을 감고 있었던 것은 아니었다.

놀랍게도 에도 시대 일본은 이 조그만 인공섬을 통해 중국과 서양의 문물과 과학기술을 열성적으로 받아들였으며, 에도 막부 또한 서구세계에 관한 각종 정보를 적극적으로 수집하였다. 중국과 네덜란드의 상인들은 입항할 때 서구세계에 관한 정보보고서를 반드시 제출해야 했다.[13] 서양의 문물과 의

---

11 중세 일본에서 도래 외국선과 무역을 할 경우에는 중앙 정부가 독점을 한다든가 중앙 정부의 특허를 필요로 하지 않았다. 오히려 포구별로 그 지역의 관행이나 권문세가 혹은 그 지역의 토착 세력의 권익이 우선시되었다. 하지만 전국 시대를 거의 통일한 도요토미 히데요시는 주인장을 발급해 기존의 무역 형태를 금지하고, 중앙에서 일률적으로 통제하기 시작했다. 주인장은 막부가 발급한, 붉은색 도장이 찍힌 무역허가증을 말한다. 1602년 출항 일본선에 대해 주인장이 처음 발급된 이래 주인선 무역은 대외통제정책으로 인해 일본인이 해외로 도항할 수 없을 때까지 지속되었다. 외국선의 입항과 무역에 대한 특허도 주인장을 통해 이루어졌다. 이때 발급된 주인장 원본이 현재 마드리드 국립도서관에 남아 있다. 야마구치 게이지, 김현영 역, 『일본근세의 쇄국과 개국』, 혜안, 2001, 46~48쪽.

12 이종찬, 앞의 책, 137~141쪽 참고.

〈남만인도래도병풍〉(16세기 말~17세기 초, 중요문화재)

학, 과학기술 등에 관심 있는 일본인은 네덜란드 상인과 통사通詞(통역인)의 숙소를 찾아다니면서 네덜란드어와 서양의학을 배우고, 서양의 책과 물건을 구입했다.

이렇게 네덜란드의 상인 등을 통해 수입된 서양학문을 난학이라고 부른다. 초창기의 난학은 네덜란드 상관에서[14] 통역을 담당하던 통사들이 주도하였다.[15] 그 뒤 난학은 막부 가신이면서 뛰어난 학자였던 아라이 하쿠세키新井白石[16]에 의해 진흥되고, 아오키 곤요青木昆陽에 의해 중흥되었으며, 스기타 겐

---

13 이 책 제5장 제1절 아편전쟁과 일본의 해외정보수집 – 풍설서 참고.
14 당시 나가사키의 오란다 상관에는 통역관이 123명(법정인원은 150명)있었다. 그중 본통사가 8명이었는데 본통사 중 4명이 대통사였으며, 그중 한 명은 도시반(年番)으로 무역업무와 오란다 상인들을 감시하는 업무까지 총괄했다. 高橋愼一, 『洋學論』, 三笠書房, 1939, 55쪽; 송휘칠, 「근세일본의 쇄국 정책과 양학수용」, 『일본사상』 3, 2001, 173쪽 각주 27번. 네덜란드 상관(네덜란드 동인도무역회사, VOC)의 동남아시아 및 일본으로의 진출 과정과 주요 활동에 관한 자세한 내용은 이종찬, 앞의 책, 제2장 참조.
15 위의 글, 173쪽.
16 아라이 하쿠세키(1657~1725)는 에도 시대 중기의 하타모토 출신 정치가, 학자로 지리학, 역사학, 문학 등에 많은 저술을 남겼다. 대표적 저서로는 『독사여론』, 『서양기문』 등이 있다. 新井白石, 『讀史余論 現代語譯』, 講談社, 2012; 新井白石, 『西洋紀聞』, 平凡社, 1968; 新井白石, 『折たく柴の記』, 岩波書店, 1999.

파쿠에 이르러 비약적으로 발전한다. 난학은 다음과 같이 크게 세 가지 유형으로 나눌 수 있다.

첫 번째는 근대적 의학과 자연과학, 기술 등을 적극적으로 받아들인 흐름이다. 처음에는 의학을 중심으로 발전하다가 본초학, 박물학 등 자연과학과 기술 분야로 점점 넓혀졌다.

서양의학은 전국 시대 말 포르투갈 사람을 통해 처음 전해졌지만 에도 막부의 통제 정책이 시작된 이후에는 네덜란드 사람을 통해 주로 전해진다. 나가사키 상관의 통역관 니시 기치베이西吉兵衛, 1635~1684는 홍모류[17] 의학을 배워 최초(1668)로 의사 인증서를 받았다. 기치베이는 포르투갈 의사에게 의술을 배웠고, 나가사키 상관의 의사 란스트Constantin Lanst 로부터 네덜란드 의술을 익혀 홍모외과 니시류西流의 창시자가 되었다. 1675년 에도에서 개업하여 진료를 시작했고 나중에는 막부의 의관도 겸했다. 난학은 스기타 겐파쿠가 네덜란드의 인체해부서을 번역한 『해체신서』(1774)[18]에 이르러 절정기를 맞이한다. 이처럼 의학은 에도 시대 전 기간에 걸쳐 매우 활발하게 수용되었다. 스기타 겐파쿠의 『난학사시』[19]에는 에도 시대 초기부터 1800년대 초까지 난의학과 난학의 흐름이 자세하게 소개되어 있다.

난학자들은 자연과학과 기술에 관한 서양 서적도 활발하게 도입했다. 천문, 지리 연구서인 『제국토산서帝國土産書』, 전기電氣에 관한 서적, 수학의 대수법, 물리학의 '구심력의 법칙', 코페르니쿠스의 지동설 등도 이때 소개되었다. 서양의 근대 과학적 인식이 수용되면서 지식인들 사이에 지적 충격과 왕

---

17 네덜란드인의 머리카락이 붉은 빛깔을 띠고 있었다고 해서 붙여진 이름이다.

18 杉田玄白, 『解体新書』, 講談社, 2012. 스기타 겐파쿠, 『해체신서』, 한길사, 2014.

19 杉田玄白, 『蘭學事始』, 講談社, 2012. 한글 번역본은 이종각, 『일본 난학의 개척자 스기타 겐파쿠』, 서해문집, 2013 참고. 이종찬, 앞의 책, 25~98쪽.

시볼트 기념관(나가사키시)

시볼트가 사용했던 의료기구와 처방전

시볼트의 『일본 식물지』와 『일본 동물지』

시볼트 국외 추방 명령서(1828)

시볼트의 『일본』

성한 호기심, 그리고 감수성으로 가득 찬 새로운 정신이 팽배[20]해졌다. 1823년 네덜란드 상관 의사로 데지마에 온 독일인 의사 시볼트는[21] 막부의 허가를 얻어 나가사키 외곽 나루타키에 진료소를 설치, 운영하면서 나루타키주쿠(명롱숙鳴瀧塾)라는 학교를 열었다. 그는 이곳에서 서양 의학을 비롯하여 천문학, 지리학, 동물학, 식물학 등의 자연과학 지식을 가르쳤다.[22]

20 Marius B. Jansen, *Japan and Its World*, Princeton University Press, 1980, p.8.
21 독일인 의사, 박물학자로 본명은 Philipp Franz Balthasar von Siebold(1796. 2. 17~1866. 10. 18)이다. 1823년 일본에 네덜란드 상관 의사로 부임했다. 1824년 나가사키 외곽 지역에 있는 나루타키(鳴瀧)에 진료소를 겸한 나루타키주쿠를 열고 의학과 천문학, 지리학, 식물학 등 자연과학을 가르쳤다. 난학교를 개설하자 다카노 조헤이, 이토 겐보쿠 등 전국에서 많은 학생들이 왔다. 서양의 최신 의학 정보를 일본에 전달해 주었고, 일본의 식물학, 동물학, 민속학 등을 연구하였다. 이 때문에 유럽에서는 일본학의 아버지로 불린다. 일본의 동식물에 관한 많은 표본과 자료를 수집하여 네덜란드로 보냈는데 이 중 많은 부분이 오늘날까지 남아 있다. 그가 수집한 일본의 식물 표본은 1만 2,000점이나 되었는데 이것을 기초로 2,300여 종을 모아 『일본식물지』를 펴냈고 동물 표본은 당시 라이덴 왕립자연사박물관의 초대관장이 모아 『일본동물지』로 펴냈다. 또한 네덜란드 정부의 후원을 받아 일본 연구를 집대성한 『일본』 7권을 편찬, 발간했다. 1858년 일란통상조약이 체결된 뒤 시볼트에 대한 추방령이 풀리자 네덜란드 무역회사의 고문으로 다시 일본에 왔다가 막부의 대외교섭을 자문하는 외교 고문 역할을 맡았다. 한편, 1828년 일본 지도를 가지고 귀국하다가 발각되어 추방당했다. 이를 시볼트 사건이라고 부르는데 시볼트에게 지도를 복사해 준 학자는 옥사했고 10여 명이 연루되어 처벌받았다.
22 シーボルト記念館,『シーボルトが一見たニッポン』, シーボルト記念館, 2005; 宮崎克則,『ケンペルやシーボルトたちが見た九州そしてニッポン』, 海鳥社, 2009.

오카타 고안(1850년경)　　　　　　　　데키주쿠(오사카시)

　　난의학자 오가타 고안[23]은 나가사키, 에도와 함께 난학의 3대 중심이었던
오사카 지역의 난학을 집대성한 인물이다. 천연두 치료에 관한 업적으로 일
본 근대의학의 아버지로 불린다. 1849년 사가번이 수입한 종두로 우두종두
법을 개발하여 막부로부터 유일한 우두종두법치료소로 공인받는 등 천연두
의 예방과 퇴치에 크게 기여했다. 기초의학에 관한 연구도 끊임없이 해 일본
최초의 병리학책인『병학통론病学通論』을 저술했고, 그밖에도 기초의학에 관
한 많은 책을 저술, 번역하였다. 1838년 그가 설립한 데키주쿠에는 일본 전역
에서 많은 인재들이 모여 들었다. 1844년에서 1864년까지 데키주쿠를 다녔
던 학생들이 직접 서명한 성명록에는 현재 636명의 명단[24]이 남아 있는데, 후
쿠자와 유키치福澤諭吉,[25] 하시모토 사나이橋本左内, 1834.4.19~1859.11.1, 오도리
게이스케大鳥圭介, 오무라 야스지로大村益次郎 등 유명한 인물들의 이름도 있다.

23　오가타 고안(1810.7.14~1863.6.10)은 무사출신의 난학자, 의사로 오사카에서 활동하였
　　다. 그는 다음과 같은 유명한 경구를 남겼다. "의사가 이 세상에서 살아가는 이유는, 사람
　　들을 위해서이지 자신을 위해서가 아니다. 유명해지려고 생각하지 마라. 이익을 좇으려
　　고도 하지 마라. 그저 자신을 버려라. 그리고 사람을 구하는 것만을 생각해라."
24　梅溪昇,『續 洪庵・適塾の研究』, 思文閣出版, 2008; 適塾紀念會,『緒方洪庵と適塾』, 1993.
25　후쿠자와 유키치의 자서전에는 데키주쿠의 수업방식, 커리큘럼, 오가타 고안에 관한 일
　　화 등 그가 오사카 데키주쿠에서 유학하던 시절의 이야기가 자세히 설명되어 있다. 후쿠
　　자와 유키치, 허호 역,『후쿠자와 유키치 자서전』, 이산, 2006.

지도병풍)(16세기 말, 중요문화재). 오스트레일리아와 남극은 포함되어 있지 않다.

막부 말기에는 이처럼 난의학자에게 의학을 배운 뒤 존왕양이운동에 뛰어든 지사들이 많이 있었다. 데키주쿠는 뒤에 오사카 대학 의학부로 발전한다.

두 번째는 세계지리와 서양사정 연구를 통해 일본인의 세계에 관한 인식을 넓혀준 흐름이다. 물론 일본은 난학자들이 서양에 관한 연구를 본격적으로 하기 전에도, 다양한 경로를 통해 서양세계를 어느 정도 알고 있었다. 1523년 마젤란에 의해 세계 일주 항로가 열리고 대항해 시대가 시작되면서 일본을 방문한 서양인을 통해 이미 서양세계를 접하고 있었기 때문이다. 그럼에도 시대 일본은 세계를 어떻게 이해하고 있었을까? 유럽 사람을 만나기 전까지, 일본은 세계를 일본(본조本朝), 중국(진단震旦, 당唐), 인도(천축天竺) 등 3국의 틀 안에서 이해[26]했다. 전국 시대 포르투갈인의 등장은 일본의 이러한 인식에 큰 변화를 가져오고 서양세계에 대한 관심을 불러일으켰다.

1549년 예수회의 하비에르 신부*Francisco Xavier, 1506~1552*가 가고시마에 처음 상륙하고, 많은 유럽인이 뒤를 이어 방문[27]하면서 일본인의 세계인식은 3

26   로널드 토비, 허은주 역, 『일본 근세의 쇄국이라는 외교』, 창해, 2013, 210~215쪽.
27   특히 오다 노부나가는 서양문물의 수입에 관심이 많았다. 그는 포르투갈인 복장을 즐겨 입고 포도주를 좋아했으며 서양의 선진문물을 적극적으로 받아들였다. 도요토미 히데

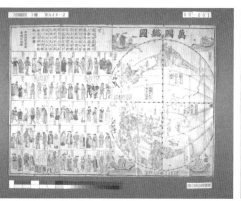
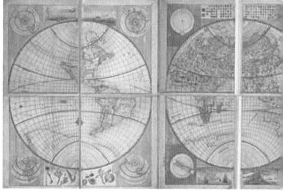

〈만국총도〉(1671)   시바 고칸의 〈지구전도〉(1794년경)

국에서 만국萬國으로 바뀌게 된다. 당시 일본인이 서양세계를 어떻게 인식하고 있었는지는 일본인이 제작한 세계지도(만국지도)에 가장 잘 나타나 있다. 1610년대에 제작된 〈만국회도병풍萬國繪圖屛風〉에는 유럽을 중심으로 그린 세계지도의 양 끝에 42개국의 인물이 묘사되어 있다. 1645년에는 동아시아와 일본을 세계의 중심에 둔 〈만국총도〉가 제작되었다. 40개 나라의 인물을 묘사한 〈만국인물도〉도 이 시기에 제작되었다.

17세기 이후 중국의 유서類書(백과전서)를 본뜬 백과전서가 일본에서도 유행했다. 1712년 오사카 의사 데라시마 료우寺島良安는 중국의 백과사전 『삼재도회』를 참고하여 105권 81책으로 편찬한 백과사전 『화한삼재도회和漢三才圖會』[28]를 발간하였다. 데라시마 료우가 30년에 걸쳐 편찬한 이 책의 각 항목에는 일본어와 한자가 함께 표기되어 있으며 그중 외국인 항목에는 176개국에 이르는 외국인의 얼굴이 묘사되어 있다.

요시 역시 선교사를 추방하기는 했지만 무역은 계속 유지하였고 남만인의 복장도 자주 입었다.
28   『화한삼재도회』는 한글로도 번역되어 있다. 데라시마 료우, 홍기원 역, 『삼재도회집성 4 －화한삼재도회』(상), 민속원, 2014; 데라시마 료우, 홍기원 역, 『삼재도회집성 5－화한 삼재도회』(하), 민속원, 2014. 화한삼재도회의 발간과정과 데라시마 료유에 관해서는 오 스미 가즈오, 『사전, 시대를 엮다』, 사계절, 2014, 133~152쪽 참고.

하야시 시헤이 기념비(센다이미술관)

일본인이 제작한 만국지도들을 보면 알 수 있듯이 일본의 세계인식은 1700
년대 초반 이미 상당한 수준에 도달해 있었다. 이 시기 일본의 세계인식을 더
욱 심화시키는 책들도 많이 발간되었다. 대표적인 책으로는 아라이 하쿠세키
의 『채람이언』(1708)과 『서양기문』(1715), 시바 고칸의 〈지구전도〉(1794), 야마
무라 사이스케의 『정정증역채람이언』(1802) 등을 들 수 있다. 이 밖에 세계지리
나 세계 각 나라의 사정에 관한 다양한 인문지리서가 중국에서 도입되었다.

세 번째는 막부 말기에 대외적 위기가 고조되자 이에 대한 대책으로 일본
연안의 방어와 사회 경제적 개혁을 주장한 경세론적 흐름이다. 1700년대 말
일본에는 러시아를 비롯하여 서양의 함선이 자주 출몰했다. 이에 따라 특히
해안 방비를 강조하는 학자들이 많이 나타났다. 이들은 나중에 막부의 통제
정책을 비판하면서 대외 개방과 적극적 해외 교류를 주장하는 흐름으로 이어
진다. 하야시 시헤이林子平, 1738~1793의 『해국병담海國兵談』(1791), 가쓰라가와
호슈桂川甫周, 1759~1809의 『북사문략北槎聞略』(1794), 혼다 도시아키本多利明, 174
3~1821의 『서역물어西域物語』(1798) 등이 대표적이다.[29] 이들은 대개 국방 정

---

[29] 참고로 『북사문략』의 부록에 실려 있는 〈아세아전도〉에는 동해를 '조선해'라고 표기하
고 있다. 또한 하야시 시헤이의 『삼국통람도설』(1785)에는 조선, 류구, 에조 삼국지도와
대일본지도가 실려있는데, 독도・울릉도가 조선과 동일하게 노란색으로 표시되어 있
다. 일본은 녹색으로 표시되어 있다. 『삼국통람도설』은 패전으로 미국에 빼앗긴 오가사
와라 제도를 반환(1968.6.26)받는 데에도 결정적인 역할을 했다. 오가사와라 제도는 남

『두프 하르마 난일사전』. 1812년에 시작하여 1833년 막부에 헌정되었다.

『두프 하르마 사전』

책에 관심을 가지고 연안방비에 관한 대책을 세울 것을 촉구했다. 그밖에 야마가타 반토山片蟠桃, 1748~1821, 호아시 반리帆足萬里, 1778~1852, 와타나베 가잔渡辺崋山, 1793~1841, 다카노 조에이高野長英, 1804~1850 등은 1800년대 초 막부의 쇄국 정책과 경제 정책 등을 비판하고 대외적 개방과 교류를 주장했다. 와타나베 가잔과 다카노 조에이는 막부의 통제 정책을 비판한 『유메모노가

태평양의 여러 섬으로 이루어져 있는데 중심 섬은 도쿄에서 1,000km, 최남단의 오키노토리 섬은 도쿄에서 1,740km 거리에 위치해 있다. 일본의 해양영토에 매우 중요한 섬이다. 『삼국통람도설』에 실려 있는 동북아시아 여러 국가들의 지도(삼국통람여지노정전도)는 이종찬, 앞의 책, 186쪽에 실려 있다.

헨드릭 두프(Hendrick Doeff,
1777~1835)

헨드릭 두프가 편찬한 『불일사전』

타리』라는 소책자가 계기가 되어 막부의 탄압을 받는다.[30]

그럼 난학의 영향력은 어느 정도였을까? 난학을 가르치던 사설학교와 난학자(제자 포함)의 수 등을 통해서 간접적으로나마 한번 알아보자. 고토 쇼카이에 의하면 1805년 당시 스기타 겐파쿠가 세운 천진루는 문인이 104명에 달했으며, 겐파쿠 사후(1807) 입문한 제자도 77명 있었다. 그의 제자 오쓰키 겐타쿠大槻玄澤의 지란당은 93명, 네덜란드 상관의 통역관 겸 의사였던 요시오 고우큐吉雄耕牛는 600명의 제자가 있었다. 그 외 에도, 나가사키를 비롯한 전국의 난학교에서 공부한 문인을 합치면 모두 1,000명이 넘었다.[31] 메이지유신 직전에는 번교에서 공식적으로 난학자를 채용한 곳도 많아 난학자가 3,000명을 초과했다는 주장[32]도 있다.

---

30 막부의 보수적 지도자는 난학자들을 국가전복을 꾀하는 잠재적 위험인물로 지목하고 탄압하기도 했다. 대표적인 것이 반샤의 옥(蠻社の獄) 사건이다. 이 사건은 1839년에 모리슨호 사건에 관해 다카노 조에이가『유메모노가타리(夢物語)』를 써서 막부의 쇄국 정책을 비판한 것이 계기가 되어 와타나베 가잔 등 그의 동료들이 탄압받은 사건이다. 이 책 제3장 제3절의 제2항 난학과 근대적 개혁사상 참조.
31 芳賀徹,「18世紀日本の知識戰士たち」, 杉田玄白・平賀源內・司馬江漢, 芳賀徹 編,『日本の名著』22, 中央公論社, 1984, 13~14쪽.
32 정하미,「일본의 서양학문의 수용」,『일본문화연구』4, 2001, 150~151쪽.

1800년 초 난학자의 수만 보더라도 알 수 있듯이 난학은 1800년을 전후로 급속하게 발전한다. 하지만 난학은 야만인의 학문이라는 뜻인 만학으로 불렸으며 막부의 탄압을 받았던 난학자도 많았다. 의학 분야에서 동양 의학은 내과로, 난의학은 의학이 아니라는 뜻인 외과[33]라고 불릴 정도로 차별받았다. 난의학자 요시다 조슈쿠가 에도에 '내과'를 개업하자 동양의학을 배운 의사들이 대거 반대하고 나섰을 정도였다.

스기타 겐파쿠는 가난하여 『해체신서』의 저본인 『타펠 아나토미아*Tefal Anatomia*』를 구입할 돈도 없었다. 그러던 것이 스기타 겐파쿠 말년에 이르러서는 하나의 유행처럼 퍼져 난학자라고 사칭하는 엉터리 난학자들까지 생겨날 정도로 발전한 것이다.

이처럼 난학은 주류학문의 견제와 막부의 무관심 속에서도 난학자들의 자발적인 노력[34]으로 성장을 거듭하여 에도 사회에 큰 기여를 한다. 난의학은 에도 시대 서양의학의 발전을 이끌었으며, 난학자들이 소개한 자연과학 지식과 기술은 에도 사회에 근대적 과학정신과 실증적 방법론을 전해 주었다. 뿐만 아니라 막부 말기에는 서양과의 교류를 주장하고 서구의 사회 제도와 정치 제도, 그리고 민주주의사상까지도 소개함으로써 봉건적 사무라이들이 자신의 껍질을 깨고 근대적 사회에 대한 전망을 가지도록 도와주었다. 난학을 통해 서구의 근대성을 일찍 깨달은 봉건적 사무라이들은 막부 말기의 정치적 변

---

33 이 당시의 내과 외과 구분은 오늘날의 분류와는 달랐다. 동양의학을 내과라고 불렀기 때문에 난의학을 배운 의사는 내과를 개업할 수는 없었다. 요시다 조슈쿠가 에도에 내과를 개업했을 때에도 동양의학자들과 한의들이 반대하고 나섰지만 가가번의 도움으로 개업을 할 수 있었다.

34 스기타 겐파쿠가 『난학사시』에서 회고하고 있듯이, 난학은 막부의 쇄국 정책으로 서양 문물의 수입이 금지되어 있는 상태에서 난학에 관심이 있는 몇 명이 모여 자발적으로 시작되었다. 杉田玄白, 『蘭學事始』, 講談社, 2012.

혁과정에서 주도적 역할을 맡는다. 이들은 유신정부에서도 주체 세력이 되어 서양의 선진문물과 제도를 도입하고 서구의 입헌 제도를 본받아 천황제 근대국가를 수립한다. 참고로 에도 시대에 설립되었던 주요 난학교는 다음과 같다.

〈표 1〉에도 시대 주요 사설 난학교

학교 설립자	학교명	소재지	기간	전문분야
스기타 겐파쿠杉田玄白	천진루天眞樓	에도	1774~1817	난학, 난의학
오쓰키 겐타쿠大槻玄澤	지란당芝蘭堂	에도	1786~1826	난학
에마 란사이江馬蘭齋35	호란당好蘭堂	오가키	1795~1885	난의학
고이시 겐슌小石元俊36	구리당究理堂	교토	1801~1849	난의학
고바야시 모모지마小林桃嶋	색진관索眞館	교토	1801~1843	난의학
이나무라 산파쿠稻村三伯37		교토	1806~1810	난학, 네덜란드어
후지바야시 후잔藤林普山38	요천당嶢川堂	교토	1807~1825	난학, 네덜란드어
하부 겐세키土生玄碩39	영취당靈萃堂	에도	1810~1848	안과의
요시다 조슈쿠吉田長叔40	난반당蘭畔堂	에도	1810~1824	난의학
시볼트Siebold	명롱숙鳴瀧塾	나가사키	1824~1828	난학, 난의학
히라이 신도平井愼道	일습당日習堂	에도	1829~1848	난학
이토 겐보쿠伊東玄朴41	상선당象先堂	에도	1833~1870	난의학
오가타 코안緒方洪庵	데키주쿠適適齋塾	오사카	1838~1864	난학, 난의학

출처 : 정하미, 「일본의 서양학문의 수용」, 『일본문화연구』 제4집, 2001, 151쪽.

35 에마 란사이(1747~1838.7.8). 미노국 오가키(현재 기후현 오가키시) 출신의 난의학자. 처음에는 한의학을 배웠지만 『해체신서』를 읽고 큰 충격을 받아 난학에 뜻을 두었고 46세 되던 1792년에 에도로 가 스기타 겐파쿠의 제자가 되어 난학을 공부했다. 미노 지역 난학의 시조이며 기후 서양의학의 3대가 중 한명으로 불린다.

36 고이시 겐슌(1743~1809.2.9). 야마시로(현재 교토 남부 지역)에서 태어난 난학자, 난의로 관서 지역 난의학의 주창자다. 동·서 난의학의 교류를 촉진시켰다. 1783년 후시미에서 직접 인체를 해부하기도 했다.

37 이나무라 산파쿠(1758~1811.2.9). 이시이 쇼스케(石井庄助), 우다가와 겐신(宇田川玄眞, 1770~1835)과 함께 1796년 『Halma 난불사전』을 토대로 일본 최초의 네덜란드어 사전(蘭和辭典)인 『하루마와게(ハルマ和解, 하루마화해)』를 펴냈다. 그 뒤 네덜란드 상관장 헨드

2) 막부 말기 서양문명의 수용

막부와 지방 다이묘들은 민간에서 난학이 상당히 발전하고 나서야 이에
대해 관심을 가지기 시작했다. 막부는 주로 해외 사정을 파악하기 위한 서양

릭 두프(1803~1817 재직)가 네덜란드어 통사의 협력을 받아 난일사전 편집을 시작하여
1833년 약 8만 단어가 수록된 두프 하루마(Doeff Halma) 난일사전(58권)이 완성되었다. 이
나무라 산파쿠의 『하루마와게』를 '에도 하루마', 두프의 『난일사전』을 '나가사키 하루마'
혹은 '즈후 하루마'라고도 부른다.

38 후지바야시 후잔(1781.2.8~1836.3.1). 야마시로에서 태어나 교토에서 주로 활약한 난의,
    난학자이다. 이나무라 산파쿠와 친하였으며 문법서, 사전, 의학서적을 많이 번역해 난학
    의 보급에 공헌하였다. 저서로는 『역건(譯鍵)』(1810), 『화란어법해(和蘭語法解)』, 『원서
    도량고(遠西度量考)』, 『서의방선(西医方選)』(1828), 『서의금일방(西医今日方)』(1848) 등
    이 있다. 『역건(譯鍵)』은 이나무라 산파쿠의 『하루마와게』에 수록되어 있는 6만여 개의
    어휘 중 약 2만 7천 개를 선별하여 펴낸 것으로 많이 보급되었다고 한다. 『하루마와
    게』가 30부만 간행된 것에 비해, 『역건』은 1810년에 100부, 1824년에 100부가 다시 인쇄
    되는 등 많이 보급되었다. 오스미 가즈오, 앞의 책, 196쪽.
39 하부 겐세키(1762~1848.9.14). 아키(현재 히로시마현 아키다카타시)에서 집안 대대로
    안과의를 업으로 해 온 가문에서 태어났다. 17세 때인 1778년 안과 기술을 배우기 위해
    여행을 떠나 전국을 다니다가 교토에서 수련하던 중 참수당한 사형수를 해부할 때 참관
    하였는데 이때 안구를 얻어 직접 해부를 하였다. 일본에서 안구를 해부한 것은 하부 겐
    세키가 처음이다. 1803년 히로시마의 번의가 되었고 1810년 쇼군 도쿠가와 이에나리에
    의해 막부의 의관에 임명되어 쇼군과 그 가족의 진료를 담당하였다. 히로시마 번의를 맡
    고 있을 때 에도로 가 스기타 겐파쿠의 집에 머물면서 의술을 연마하기도 했다.
40 요시다 조슈쿠(1779~1824.9.2). 처음에는 한의를 공부하였으나 만족하지 못해 막부의
    난의에게 난의학을 배웠다. 서양 내과 의학서를 번역하여 일본의 내과 발전에 큰 기여를
    하였으며 일본 최초로 내과를 개업하였다. 그가 죽고 난 뒤, 제자들이 난학서클 상치회
    (尚齒會)를 결성하였다. 상치회는 막부의 탄압을 받으면서도 막부 말기 일본의 근대적
    각성에 많은 영향을 미쳤다. 요시다 조슈쿠의 제자 중에는 막부 말기 대표적 개혁사상가
    인 다카노 조에이(高野長英), 와타나베 가잔(辺崋山) 등 뛰어난 인물이 많이 있었다.
41 이토 겐보쿠(1801.2.11~1871.2.20). 막말의 난의학자. 히젠(현재 사가현) 출신으로 근대
    의학의 아버지로 불린다. 나가사키에서 시볼트에게 의학을 배웠다. 사가에서 소종두법
    을 시행하였고 1858년 에도에 종두소를 열었다. 같은 해 7월 13대 쇼군 이에사다가 각기
    병으로 중태에 빠졌을 때 내과난의로는 처음 막부의 의사가 되었다. 1861년부터 서양의
    학소의 대표로 근무하였고 같은 해 12월 16일 난의로는 처음으로 쇼군의 어의가 되었다.

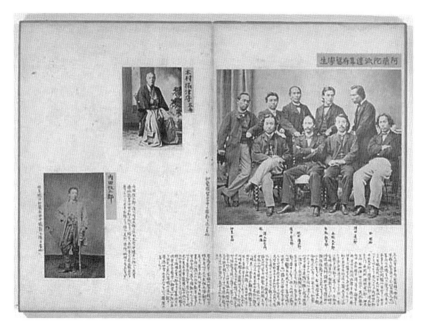

막부 최초의 유학생들(1862)

지리서와 해양, 선박, 무기, 천문, 역법 등 실용적인 서양학문과 기술을 받아들였다. 제8대 쇼군 도쿠가와 요시무네德川吉宗, 1684~1751는 통제 정책을 완화하고 서양의 문물[42]을 적극적으로 받아들여 난학의 발전에 크게 기여하였다. 1741년 기독교 관련 서적을 제외한 서양 서적의 수입을 허용하고, 1745년에는 네덜란드어를 배우는 것도 허용하였다. 그 이전에는 네덜란드어를 배우는 것이 금지되어 있었기 때문에 네덜란드어 통사通事는 가문에서 대대로 구전으로 내려오는 네덜란드 말을 익혀야 했다. 요시무네가 네덜란드 문자를 배우도록 허용하자 네덜란드어를 배우려는 붐이 일어나고, 네덜란드어 문법에 관한 책,[43] 난어사전(네덜란드어-일어)을 비롯한 외국어사전, 백과사전(유서

---

42 1728년 베트남에서 코끼리를 직접 수입해 에도에 코끼리 붐이 일어나기도 했다.
43 시즈키 다다오(志筑忠雄, 1760~1806)의 『화란사품고(和蘭詞品考)』. 그는 나가사키의 통사 가문에서 태어나 네덜란드어뿐만 아니라 자연과학에도 조예가 깊었다. 뉴턴학설의 번역서 『역상신서(暦像新書)』, 켐벨의 『일본지(日本誌)』 중 일부를 번역한 『쇄국론』을 출간하였다. 그 외에도 많은 서양책을 번역·출간했다.

類書) 등이 앞 다투어 간행되기 시작했다.[44]

막부가 난학에 관해 본격적으로 관심을 가지게 되는 것은 『해체신서』가 출판되고 서구열강의 군함들이 일본연안에 자주 나타나면서부터다. 『해체신서』를 출판할 때만 해도 스기타 겐파쿠는 혹시 문제가 생길까봐 이 사실을 막부에 미리 신고했다. 그러나 『해체신서』가 출판되자 막부는 물론이고 에도 사회 전체적으로 난학에 대한 인식이 바뀌기 시작했다. 막부는 난서의 번역·출판을 국익에 도움이 되는 사업으로 공인해 주었다. 이에 따라 난학자들은 난학교를 설립하여 제자들을 체계적으로 양성할 수 있었다.

막부는 1790년대부터 서양 서적을 수입하기 시작했다. 1811년에는 덴몬카타[45]에 서양 서적의 번역을 관장하는 반쇼와게고요蠻書和解御用[46]라는 직책을 만들어, 나가사키와 에도에서 활동하던 난학자 오쓰키 겐타쿠를 책임자로 임명하였다. 나가사키와 에도에 이어 교토와 오사카에도 난학 붐이 일어났고 곧 전국적으로 확산되었다.

1854년 일미화친조약의 체결로 '만국공법'(국제법) 체제에 편입되자 서양에 관한 연구는 이제 난학자의 개인적 관심을 넘어서 막부의 중차대한 업무로 떠올

---

44 에도 시대에서 메이지기까지 발간된 주요 외국어 사전과 백과사전에 관해서는 오스미 가즈오, 앞의 책, 제6장 참고.

45 덴몬가타(天文方)는 에도 시대 천문, 역술, 측량, 지리 등을 관장하던 기관으로 1684년에 설치되었다.

46 반쇼(만서, 야만인의 책)라는 명칭이 말해주듯, 이 당시만 해도 서양의 서적을 야만족의 서적이라고 보고 있었다. 비즐리, 장인성 역, 『일본근현대사』, 을유문화사, 2010, 50쪽. 반쇼와게고요는 뒤에 양학소(洋學所), 번서조소(蕃書調所), 양서조소(洋書調所) 등으로 명칭이 바뀌면서 존속하다가 동경대학으로 통합되었다. 반쇼와게고요의 대표 업적으로 손꼽는다면 프랑스 학자 노엘 쇼멜의 『백과사전』(네덜란드어) 번역을 들 수 있다. 이 책은 30년 동안의 번역 작업을 거쳐 1846년 『후생신편(厚生新編)』 164책으로 발간되었다. 오스미 가즈오, 앞의 책, 제9장 참고.

워싱턴 해군병기창을 방문한 견미사절단(1860).
른쪽에서 세 번째 인물이 정사(正使) 신미 마사오키다.

견미사절단을 환영하는 뷰캐넌 미국 대통령(1860)

구사절단과 후쿠자와 유키치(왼쪽 두 번째)(1862)

견구사절단(1862. 네덜란드)

조슈 파이브(런던, 1863)
(앞줄 왼쪽 이노우에 가오루,
뒷줄 오른쪽 이토 히로부미)

랐다. 이에 따라 막부는 직접 양학 연구 기관을 설치하고 양학의 진흥에 나섰으며 양학자를 관리로도 채용하기 시작했다. 네덜란드 학문이라는 의미로 사용되던 난학이라는 단어는 영국과 프랑스가 등장함에 따라 양학으로 바뀌었다. 야만족의 책을 번역하는 기관이라는 뜻을 가지고 있던 반쇼와게고요도 서양 서적을 번역하는 곳이라는 뜻을 갖는 양학소로 바뀌었다. 양학소는 막부의 양학 관련 정책을 대표하는 기구가 되었고 전국에서 뛰어난 인재가 선발되었다. 양학소는 뒤에 개성소로 이름이 다시 바뀌었다가 도쿄대학이 설립될 때 통합되었다.

막부의 이러한 노력을 본받아 지방 다이묘들도 경쟁적으로 외국인 전문가를 고용[47]하는 등 양학의 육성에 나서면서 전국에 걸쳐 양학 붐이 일어났다. 메이지 시대 일본을 대표하는 계몽사상가이자 언론인이던 후쿠자와 유키치도 이 시기 사립 양학교를 설립하였다. 그는 직접 영어로 강의를 했다고 한다.[48]

또한 막부는 국비유학생을 선발하여 서구의 선진국가에 파견한다. 1862년

---

[47] 막부 말기에서 유신정부에 이르기까지 일본에는 다양한 분야의 외국인 전문가들이 고용되어 있었다. 이들은 막부, 번, 혹은 유신정부로부터 매우 높은 급여와 좋은 조건을 제공받았다. 梅溪昇, 『お雇い外國人－明治日本の脇役たち』, 講談社, 2007.

[48] 후쿠자와 유키치는 자서전에서, 1868년 봄 도쿄 우에노 공원에서 혁명군과 구 막부군의 전투로 인해 밀려서 총소리가 들릴 때에도 수업을 중단하지 않고 영어원서로 강의를 했다고 말하고 있다. 후쿠자와 유키치, 허호 역, 『후쿠자와 유키치 자서전』, 이산, 2006, 235쪽. 한편 후쿠자와 유키치는 견미 사절단의 일원으로 미국에 갔을 때 남은 경비를 몽땅 영어 원서를 구입하는데 썼다. 이 덕분에 그가 설립한 게이오기주쿠(慶應義塾, 게이오대학의 전신)에서는 사전, 지리, 역사, 법률, 경제, 수학 등 다양한 분야를 영어 원서로 강의할 수 있었다. 게이오기주쿠에서 영어원서로 강의를 하는 수업방식은 그 뒤 전국적으로 확산되었다.

사쓰마 유학생들(1865)

에노모토 다케아키榎本武揚, 쓰다 마미치津田真道, 니시 아마네西周 등 14명의 해군유학생을 유럽에 파견하였고, 그 뒤를 이어 1866년 기쿠치 다이로쿠菊池 大麓, 도야마 마사카즈外山正一, 하야시 다다스林董 등 14명의 유학생을 영국에 파견했다. 1867년 프랑스에도 유학생 10명이 파견되었지만 메이지유신이 일어나자 철수하였다. 이 시기 해외에서 유학하고 귀국한 유학생들은 막부 정권이 아니라 신정부에서 중요한 역할을 맡게 된다.

서남 지역의 유력 다이묘들은 막부 몰래 번 차원에서 국비유학생을 파견했다. 조슈는 1863년 5월, 뒷날 조슈 파이브five라고 불리게 되는 이토 히로부미, 이노우에 가오루井上馨, 야마오 요조山尾庸三, 이노우에 마사루井上勝, 엔도 곤스케遠藤謹助 등 5명을 영국에 파견하였다. 사쓰마는 1865년 3월 19일 모리 아리노리森有禮, 사메지마 나오노부鮫島尚信, 요시다 기요나리吉田清成 등 19명을 영국에 파견하였다. 조슈와 사쓰마의 국비유학생들은 영국 등 서구 선진 국가에서 유학한 뒤 막말 변혁기와 메이지유신 이후 신정부에서 핵심적 역할을 맡아 활동한다.

이 밖에도 막부는 1858년 통상조약을 체결한 뒤 이 조약들의 비준서 교환 등 후속 절차 및 외교적 현안을 협의하기 위해 막부의 공식사절단을 미국과

사쓰마의 젊은 군상들 동상(가고시마시). 1865년
영국으로 유학을 떠난 19명을 기념하여 제작되었다.

유럽에 여러 차례 파견했다. 막부가 공식적으로 파견한 최초의 사절단은 견미
사절단(1860)이다. 그 뒤 견구사절단(1862), 견불사절단(1863), 견로사절단(1866)
등도 파견된다.

1860년 막부에서 미국에 파견한 견미사절단은 일미수호통상조약 비준서
의 교환이 목적이었다. 1860년 1월 22일 요코하마를 출발하여 미국 군함[49]을
타고 하와이를 거쳐 태평양을 횡단하여 샌프란시스코에 도착하였다. 그때만
해도 아직 미국의 대륙 횡단 철도가 완성되지 않았기 때문에 다시 군함을 타
고 파나마를 거쳐 1860년 5월 15일 워싱턴에 도착했다. 워싱턴에서 뷰캐넌

---

49 이때 견미사절단이 타고 갔던 미국 군함은 포해턴호(Pawhatan)였다. 포해턴호는 막말
일본의 역사에 자주 등장한다. 1854년 3월 31일 체결된 일미화친조약이 포해턴호에서 조
인되었다. 그 뒤 조약의 세부규정을 교섭하기 위해 이즈국 시모다에 정박하고 있을 때
요시다 쇼인이 밀항을 요청하는 사건이 일어났던 배도 포해턴호다.

2) 막부 말기 해외파견사절단

사절단명칭(정사)	주요 참가자(부사 등)	인원	방문국	기간(양력)	주요임무 및 성과
견미사절단 신미 마사오키新見正興[50]	무라가키 노리마사村垣範正(부사)	77명	미국, 하와이	1860.2.13~1860.11.9	일미통상수호조약의 비준서 교환
	기무라 요시타케木村喜毅(제독)[51] 가쓰 가이슈勝海舟(함장)	96명	미국, 하와이	1860.2.10~1860.6.23	견미사절단 경호, 항해술 실전 훈련
견구사절단 다케우치 야스노리竹内保徳	마쓰다이라 야스나오松平康直(부사)	38명	유럽	1862.1.21~1863.1.28	에도, 오사카 등 개항연기교섭(성공) 사할린 문제 협의
견불사절단 이케다 나가오키池田長発	가와즈 스케쿠니河津祐邦(부사)	33명	프랑스	1864.2.6~1864.8.19	요코하마 쇄항 협의(실패)
견러사절단 고이데 호즈미小出秀実	이시카와 도시마사石川利政(메츠케目付)	16명	러시아	1866.11.18~1867.6.9	사할린, 일·러국경 문제 협의 재개
견구사절 도쿠가와 아키타케徳川昭武	무카이데 하야토向山隼人 (간테부교勘定奉行·외국부교外国奉行)	30명	유럽	1867.2.15~1868.12.16	파리만국박람회 참가, 요코스카제철소 설립 관련 협의

대통령을 접견하고, 5월 23일 국무장관 루이스 카스와 비준서를 교환한 뒤, 같은 해 6월 30일 미국 군함을 타고 대서양, 인도양을 거쳐 1860년 11월 9일 귀국하였다. 사절단의 정사였던 신미 마사오키는 귀국 후 외국부교가 되었다. 하지만 견미사절단은 미국 방문에서 얻은 소중한 경험을 살릴 수 없었다. 견미사절단이 귀국했을 때 교토는 과격한 존왕양이론자들로 들끓고 있었다. 교토는 곧 양이론자들의 세상으로 변했고, 개국을 주장하거나 서구문명의 도입을 주장하는 사람들은 무차별적으로 습격당했다. 이 때문에 견미사절단은 자신들의 경험을 입 밖에 꺼낼 수조차 없었다.

한편 미국사절단이 군함을 타고 태평양을 건널 때 막부가 1857년 네덜란드로부터 구입한 최초의 증기범선 간닌마루咸臨丸호도 함께 태평양을 건넜다.

50　신미 마사오키(新見正興, 1822.5~1869.10.18). 막부의 외국부교(外國奉行)였다.
51　후쿠자와 유키치는 견미사절단에 기무라 요시타케의 개인 수행원 자격으로 참가하였다. 후쿠자와 유키치의 자서전에는 기무라 요시타케가 함장, 가쓰 가이슈가 부함장으로

일본인이 조종하여 태평양을 건넌 최초의 배다. 함장은 1854년 나가사키 해군훈련소에서 항해술을 배운 가쓰 가이슈였다.[52]

3. 근대성과 유신혁명

1) 난학과 근대적 세계관

일본인의 세계인식

근세 일본인의 폐쇄적이고 자기중심적인 세계인식에 큰 변화를 가져온 대표적인 책으로는 『채람이언』과 『정정증역채람이언』을 들 수 있다. 『채람이언』은 막부 관리였던 아라이 하쿠세키[53]가 1708년 천주교 포교를 위해 규슈 서남해안에 잠입했다가 체포된 죠반니 시도티*Giovanni B. Sidotti*를 직접 심문한 경험을 토대로 저술하였다. 전 세계 5대양 82개국의 지리와 정치, 경제, 문화

나와 있다. 반면 가쓰 가이슈의 자서전적 기록인 『영천청화(永川淸話)』에는 직책에 관한 언급이 전혀 없다. 勝海舟, 『永川淸話』, 角川文庫, 2012.

52 勝海舟, 『永川淸話』, 角川文庫, 2013, 27~29쪽.

53 아라이 하쿠세키(新井白石, 1657.2.10~1725.5.19)는 막부의 고위 관리로 다른 나라의 문화에 관해 체계적인 연구를 남겼다. 『채람이언(采覽異言)』(1713) 외에도 쇼군의 특명으로 이탈리아 선교사 조반니 시도티(Giovanni Battista Sidotti, 1668~1714)를 직접 심문하고 기록한 책 『서양기문(西洋紀聞)』(1715년경)을 남겼고, 아이누와 오키나와를 문화지리학적으로 기술한 『에조지』, 『남도지(南島志)』(1720) 등을 저술했다. 고대 일본문화를 이해하기 위해 조선 문헌도 사용했다고 한다. 마루야마 마사오·가토 슈이치, 임성모 역, 『번역과 일본의 근대』, 이산, 2002, 39~40쪽.

등 서양세계의 종합적인 사정을 기록해 일본의 세계인식을 심화하는 데 크게 기여하였다. 그 뒤 야마무라 사이스케[54]가 1802년 당시 최신의 네덜란드 서지를 참고하여 『채람이언』의 오류를 수정하고 내용을 보충하여, 『정정증역채람이언』을 펴냈다. 이 책은 이전의 세계지리에 관한 책처럼 세계 각 나라에

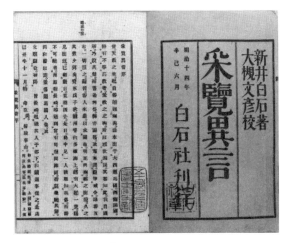

『채람이언』(1748)

관한 지식을 단편적으로 소개하는 것이 아니라 러시아, 투르크, 신성로마제국 등 서양의 제국들과 함께 일본도 제국으로 분류하고 있는 것이 특징이다.[55] 이에 따라 그때까지 일본이 가지고 있던 자기인식에 큰 변화가 생기게 된다. 『정정증역채람이언』에 일본을 '제국'으로 분류한 것은 과연 어떤 의미를 가지고 있을까?

전국 시대까지만 해도 일본인의 세계인식은 중국, 천축, 일본 등 크게 세 나라를 벗어나지 않았고, 동아시아 세계질서도 황제-국왕-제후라는 전통적

---

54 야마무라 사이스케(山村才助, 1770~1807.10.20)는 지리학자로 1802년 종합 세계 지리서 인 『정정증역채람이언(訂正增譯采覽異言)』을 펴냈고, 1804년 막부에 헌납했다. 야마무라는 스기타 겐파쿠에게 난학을 배우려고 했으나 이미 연로하여 그의 제자 오쓰키 겐타쿠에게 입문하여 난학을 배웠다. 스기타 겐파쿠의 『난학사시』에는 야마무라가 지리학에 관심이 많았고 전심전력하여 하쿠세키의 『채람이언』을 보완하여 총 13권의 책으로 발간한 뒤, 막부에 헌납했다고 기록되어 있다. 또 지리학이 중국보다 일본에서 더 발달하게 된 것은 난학의 공적이라고 적고 있다. 杉田玄白, 『蘭學事始』, 講談社, 2012, 69쪽.

55 키리하라 겐신, 「막말유신기 존양론에 보이는 국제 사회 인식의 전회(轉回)-'제국' 언설을 둘러싸고」, 『한국과 일본의 서양문명 수용』, 경인문화사, 2011.

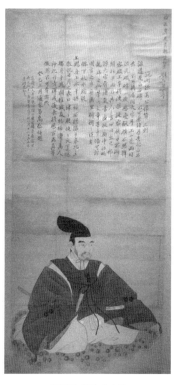
아라이 하쿠세키상
(서울 국립중앙박물관 소장)

인 계층적 질서로 이해하고 있었다. 여기서 '왕국'은 황제의 책봉을 받은 '왕'의 나라로서 제국에 종속해 있기 때문에 동아시아 세계질서에서 정치적인 독립성을 가질 수 없었다.

그러나 에도 시대 일본은 중국을 정점으로 하는 동아시아 세계 질서를 인정하지 않았고 중국을 황제국으로도 인정하지 않았다. 오히려 만주족이 세운 청淸은 야만족이 세운 나라라고 폄하하고 멸시하였다. 이에 따라 일본은 에도 시대가 끝날 때까지 중국과 국교를 재개하지 않았다. 대신 조선과 류큐 두 나라와만 정식 외교 관계를 유지했다. 조선과 류큐는 정식 외교 관계를 맺은 '통신의 나라'로 중국, 네덜란드 등은 경제적 교역만을 하는 '통상의 나라'로 구분하여 교류했다.

한편 일본에서 쇼군은 어찌 되었든 간에 천황이라는 존재로 인하여 자신을 황제로 부를 수는 없었다. 외교 관계에서 쇼군을 나타낼 때도 천황이나 쇼군이 아니라 대군大君이라고 불렀다. 이 때문에 에도 시대 일본의 외교를 대군외교라고도 부른다. 또한 에도 시대 일본에는 단일한 통일 국가라고 하는 인식도 없었다. 일본 열도는 66개주 2섬의 독립적 국가들로 구성[56]되어 있으며, 막부는 그중에서 가장 큰 국가라는 생각이 일반적이었다.

---

56   고대 율령제 국가 성립시 66개주 2개 섬으로 정해진 이래 계속 유지되었다.

이런 상황에서『정정증역채람이언』이 발간되었다. '제국'이라고 하는 말[57]
은 18세기 말 난학자 요시무라 다다노리吉村忠典가 네덜란드어 'keizerrijk'를
번역한 것으로『태서여지도설泰西輿地圖說』에서 처음 사용되었다.『태서여지
도설』은 세계에는 세 개의 제국(신성로마, 투르크, 러시아)이 있다고 언급하면서
도 제국이 무엇인가에 대해서는 아무런 설명도 하지 않았던 반면,『정정증역
채람이언』은 이를 좀 더 발전시켜 '제국'이란 용어에 대해 정의를 내리고 제
국에 속하는 나라를 세분해서 분류하고 있다.

즉『정정증역채람이언』은 제국이란 국력이 융성하여 많은 나라를 신하로
거느리고 있는 대국의 군주가 아니면 붙일 수 없다고 정의한 뒤 신성로마제
국(게르마니아), 러시아(무스코비야), 중국(시나), 투르크, 무갈 등 5개 나라를 '제
국'으로 분류하고 있다. 또한 서양 서적의 기록을 근거로 서양인들은 페르시
아, 이디오피아(아비시니아), 모로코, 타이(샴), 일본 및 수마트라 등 6개 나라도
제국으로 부르고 있다고 기록하고 있다.[58]『정정증역채람이언』에서 주목해
야 할 곳은 바로 세계가 여러 개의 제국으로 이루어져 있고 일본도 그중 한 제
국이라는 부분이다. 이 사실은 이전의 일본인들로서는 도저히 상상도 할 수
없던 것이었다. 이로 인해『정정증역채람이언』은 일본이 스스로를 제국으로
인식하고 확신하는 계기가 되었다.

자신을 제국으로 보는 이러한 인식은 막부 말기 개국 과정에서 더욱 강화

---

57 구치키 마사쓰나(朽木昌網, 1750~1802)가 저술한『태서여지도설(泰西輿地圖說)』(1789)
에 처음 나타나 있다. 1796년 간행된 일본 최초의 네덜란드어사전(蘭日辭典)인 이나무라
산파쿠(稻村三伯, 1758~1811)의『하루마와게(波留麻和解)』에는 'keizerrijk'를 '제왕의 나
라'라고 번역해 기록하고 있으며, 1810년에 출간된 후지바야시 후잔(藤林普山, 1781~
1836)의『역건(譯鍵)』(약 2만 7,000어 수록)에는 'keizerrijk'와 'keiserdom'에 대해 제국이라
설명되어 있다. 키리하라 겐신, 앞의 책.
58 山村才助,『訂正增譯采覽異言下卷』, 靑史社, 1979, 1059쪽.

된 형태로 나타난다. 1853년에 내항한 페리 함대가 도쿠가와 막부에게 보낸 미국 대통령의 국서에는 '일본 제국 황제 폐하*His Imperial Majesty, the Emperor of Japan*'로 표기되어 있다. 그다음 해 체결된 일미화친조약에는 '아메리카 합중국과 제국 일본 양국의 인민'의 이름으로 조약을 체결한다고 되어 있다. 이처럼 미국이 외교 관계를 체결하는 공식 외교 문서에 일본을 제국이라고 표현하는 것은 서양 국가들이 일본을 대등한 독립국으로서의 인정해주는 것으로 인식되었고, 나아가 동아시아 세계질서의 중심이었던 '제국' 중국과 외교적으로 대등한 독립 국가라는 인식에도 눈을 뜨게 되었다.

한편 아라이 하쿠세키는 앞에서 언급한 『채람이언』 외에도 『서양기문』[59]이라는 책을 저술하였다. 『서양기문』은 기독교에 관해 저술한 책으로 제우스신, 로마교회, 법황청, 가톨릭 교리와 직제, 예배의식, 포교활동 등을 그림과 함께 자세하게 설명하고 천지창조설과 예수의 부활을 비과학적이라고 비판[60]하고 있다. 또한 기독교를 제외한 서양의 학문을 기의 학문 즉 형이하학으로 규정한 뒤 서양의 형이하학은 동양에 비해 월등하지만, 도덕적 측면과 정신적 측면의 형이상학은 동양을 따라올 수 없다고 보았다.[61] 서양의 물질문명은 비록 동양보다 뛰어나지만 정신문명은 동양이 서양보다 훨씬 더 뛰어나다고 보는 이러한 사고방식은, 사쿠마 쇼잔의 동도서기론東道西技論이나 메이지 초기의 화혼양재론和魂洋才論보다 훨씬 앞서 아라이 하쿠세키가 이미 제시한 것이었다.[62]

---

59   『서양기문』은 현재 하쿠세키의 자필본인 내각 문고본 이외에도 20여 종 이상의 필사본이 전해지고 있다. 1800년대에 서점가에 여러 종류가 유통되었다고 한다.
60   新井白石, 『西洋紀聞』, 平凡社, 1968.
61   위의 책.
62   송휘칠, 「근세일본의 주자학수용과 그 변용에 관하여」, 『한국의 철학』 22, 1994, 179쪽.

요한 아담 쿨무스
(Johann Adam Kulmus)

쿨무스의 해부도
(1722년 초판 발행, 독일 단치히(Danzig))

스기타 겐파쿠 초상

『타펠 아나토미아』(네덜란드어
번역본, 1734, 암스테르담)

근대적 과학정신

1774년 난의학자 스기타 겐파쿠가 마에노 료타쿠,[63] 나카가와 준안[64] 등

---

63 마에노 료타쿠(前野良澤, 1723~1803.11.30)는 부젠국 나카쓰(현재의 오이타현 나카쓰시) 번의를 지낸 난학자다. 원래 부친은 지구젠의 번사였으나 일찍 사망하는 바람에 요도에서 번의로 있던 숙부 밑에서 자랐다. 그 뒤 인연이 되어 마에노가를 잇게 되었다. 『해체신서』의 번역 작업은 에도 나카쓰 번사의 주택지에 있던 료타쿠의 집에서 진행되었다. 료타쿠는 좌장으로서 이 번역모임을 주도했고 실제 번역도 대부분 자신이 했다. 『해체신서』가 발간된 뒤에는 어학, 천문학, 물리학, 병학, 의학, 지리, 역사 등 다방면에 걸쳐 네덜란드 서적의 번역, 연구에 몰두해 모두 30종 이상의 저서와 역서를 완성했지만 생전에는 한 권도 발간되지 않고 필사본으로만 유포되었다. 이 중 의학 관련 책은 별로 없다. 스기

동료들과 함께, 네덜란드어로 된 해부책『타펠 아나토미아*Tefal Anatomia*』[65]를 번역하여『해체신서』[66]라는 책을 펴냈다.[67] 이 책은 스기타 겐파쿠와 그의 동료들을 일본 역사상 가장 뛰어난 학문적 업적을 달성한 학자의 반열에 올려주었을 뿐 아니라, 일본에 근대적 의학과 과학이 비약적으로 발전하게 되는 전기[68]를 마련해 주었다. 그럼 스기타 겐파쿠가 어떤 계기로『해체신서』를 번역하게 되었는지부터 한번 알아보자. 직접적 계기는 사형당한 어느 노파의 인체해부에 참관[69]하면서부터이다. 이때 그는 네덜란드 해부책『타펠 아나토미아*Tefal Anatomia*』에 나와 있는 해부도와 실제 사람의 신체를 비교하면서 인체의 각 기관과 내부 구조를 관찰했다. 그런데 폐와 간의 구조, 내장

타 겐파쿠는『난학사시』에서, 당시 료타쿠는 '기인', '원래 외국인', '네덜란드인의 화신' 등으로 불렸다고 적고 있다. 그런 료타쿠가 네덜란드어에 처음 입문한 것은 40세 중반이었다. 먼 훗날인 1858년, 료타쿠 등이 모여『해체신서』를 번역하던 바로 그 집에서 나카쓰 출신의 후쿠자와 유키치가 난학교를 열어 강의를 시작했다.『해체신서』의 번역을 시작한 시기부터 87년이 지났을 때였다. 이런 점에서 료타쿠가 살던 집은 에도의 난학이 시작된 곳이면서 게이오대학의 발상지라고도 말할 수 있다. Wert Michael・鳥井裕美子, 川嶌眞人編,『九州の蘭學』, 思文閣出版, 2011, 59~65쪽.

64 나카가와 준안(中川淳庵, 1739~1786.7.2)은 본초학자, 난학자로 와카사국 오바마의 난의학자다. 스기타 겐파쿠의 고향 후배다.

65 *Tafel Anatomia*는 독일인 요한 쿨무스(Johann Adam Kulmus, 1689~1745)의 해부도 *Die Anatomische Tabellen*를 네덜란드어로 번역한 것으로, 1734년 암스테르담에서 간행되었다. 일본에는 헤랄트 딕텐(Gerard Dichten)이 네덜란드어로 번역한 *Ontleedkundige tafalen*이 네덜란드 동인도회사를 통해 도입되어 있었다. 타이먼 스크리치, 박경희 역,『에도의 몸을 열다―난학과 해부학을 통해 본 18세기 일본』, 그린비, 2012, 174쪽.

66 『해체신서』는 처음에는 도판 1권을 포함하여 모두 5권으로 발간되었다. 杉田玄白,『解體新書』, 講談社, 2012.

67 이때 발간된『해체신서』는 번역상 오류가 많이 있었다. 오쓰키 겐타쿠가 1826년 이를 바로잡아『중정해체신서(重訂解體新書)』를 출간했다.

68 杉田玄白,『解體新書』, 講談社, 2012, 234쪽.

69 원래는 도라마쓰라고 하는 백정이 해부를 하게 되어 있었지만 그 날 몸이 아파 대신 도라마쓰의 할아버지가 나와 해부를 하였다. 이 사람은 90세 정도 되는 노인이었지만 힘이 넘쳤고 여러 번 인체를 해부해 본 경험이 있었다. 杉田玄白,『蘭學事始』, 講談社, 2012, 39~41쪽.

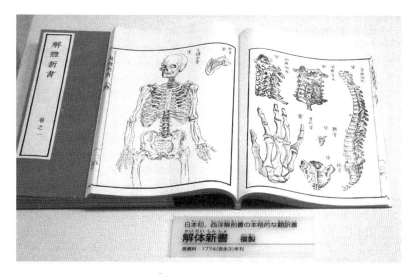

『해체신서』(1774, 에도)

의 위치 및 형태, 동맥과 정맥, 뼈의 모양 등 여러 부분에서 중국의 의학서는 틀리거나 빠져 있는 부분이 많은 반면『타펠 아나토미아*Tefal Anatomia*』에 나와 있는 그림들은 정확하게 일치했다.[70] 스기타 겐파쿠와 함께 참관했던 동료[71] 들은 모두『타펠 아나토미아*Tefal Anatomia*』의 정확하고 세밀한 묘사에 매우 놀라는 한편 의사로서 의학의 기본이 되는 인체에 대해서 잘 모르고 있었다는 것을 부끄럽게 느꼈다. 이에 이들은 이 책을 번역하기로 결심했고, 바로 그 다음날부터 함께 네덜란드어를 공부해 가면서 밤낮 없이 고전한 끝에 3년 5

70 비즐리, 장인성 역,『일본근현대사』, 을유문화사, 2010, 56쪽.
71 이때 마에노 료타쿠는 49세, 스기타 겐파쿠는 39세, 나카가와 준안은 33세였다. 이들은 다른 사람의 도움 없이 오직 마에노 료타쿠가 나가사키에서 유학할 때 구입한 네덜란드어 사전 한 권에 의지해서 번역하였다.『해체신서』의 실제 번역 과정은 료타쿠가 좌장으로 주도했다. 그러나 그는 자신의 이름을 공개하는 것을 꺼려 번역자 이름에 넣지 않았다. 한편『해체신서』의 번역 작업에 참여한 사람들이 책에 따라 다르게 소개될 때가 있는데 이는 번역작업에 여러 사람들이 새로 참가하기도 하고 빠지기도 했기 때문이다. 『해체신서』가 나오기 전까지 네덜란드 서적의 번역과 통역은 나가사키에 있는 통사들이 전담하고 있었고, 난학에 관심 있는 사람들은 대부분 나가사키 유학을 통해 네덜란드어와 서양 학문을 배웠다. 이 때문에 에도에서『해체신서』가 번역·발간되자 에도가 난학의 새로운 중심지로 떠올랐다.

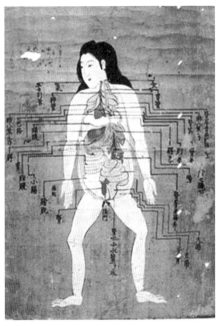

1702년 일본에서 발간된 해부도

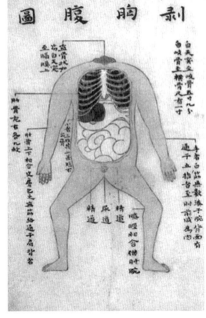

야마와키 도요의 해부도 『장지』(1754)

개월 동안 초고를 11번 고쳐 『해체신서』를 간행한다.[72] 스기타 겐파쿠는 만년에 그 과정을 『난학사시』에서 상세하게 회상하고 있다. 그의 말처럼 그것은, "키도 노도 없는 돛단배 하나에 의지하여 망망대해에 뛰어든 것처럼, 끝없이 넓고, 의지할 데 하나 없어, 지칠 대로 지치게 만드는 고행의 연속"[73]이었다. 남들이 가지 않았던 길을 새로 개척한다는 것은 원래 그런 것이 아닐까? 스기타 겐파쿠와 그의 동료들은 숱한 고난을 참고 견디며 돛단배 하나로

---

[72] 『타펠 아나토미아』의 입수 과정에서부터 『해체신서』가 번역·발간되기까지의 자세한 과정은 스기타 겐파쿠가 말년에 쓴 회고록인 『난학사시(蘭學事始)』에 나와 있다. 杉田玄白, 『蘭學事始』, 講談社, 2012, 32~62쪽. 이종각의 책에는 아주 상세하게 그 과정과 이후 난학의 발전상을 설명하고 있다. 이종각, 『일본 난학의 개척자 스기타 겐파쿠』, 서해문집, 2013.

[73] 杉田玄白·平賀源内·司馬江漢, 「蘭學事始」, 芳賀徹 編, 『日本の名著』 22, 中央公論社, 1984, 108쪽; 杉田玄白, 『蘭學事始』, 講談社, 2012.

망망대해를 건너는 고행의 결과, 마침내 구라마습의 불경 번역에 비유[74]될 정도로 위대한 업적을 남기게 되었다. 오늘날 우리가 쓰고 있는 신경神經, 동맥動脈, 연골軟骨 같은 많은 의학용어가 이때 처음 만들어졌다.

에도 시대 일본인들에게 『해체신서』의 간행이 얼마만큼 충격적이고 위대한 업적이었는지를 이해하려면 당시 일본의 의학수준을 고려하지 않으면 안 된다. 그러면 에도 시대 일본인은 사람의 인체에 대해 어느 정도 알고 있었는지 잠깐 알아보자. 당시 한방이라고 불렸던 동아시아의 전통의학은 신체를 절개하는 것에 대해서는 생각도 하지 못했다. 이는 일본에서도 마찬가지였다. 한방의사들은 신체 내부를 볼 필요성을 느끼지 못했고 굳이 한방과 인체 내부의 관련성을 찾는다면 약을 환자의 목구멍에 넣는 정도였다.

한방의학서의 그림에도 숟가락과 약초, 쟁반 같은 도구밖에 없었다. 외과의사는 접골이나 종기의 절제와 같이 아주 단순한 치료를 하는 수준에 불과했다. 외과의사는 종기의사라는 별명으로도 불렸다. 신체가 전체적으로 어떤 기능을 하는지 그 근본 원리는 어떤 것인지, 신체의 다양한 부분이 서로 어떻게 얽혀 있는지도 깊이 있게 알지 못했다.[75] 18세기 후반까지 일본의 외과의사는 외과수술을 경시했기 때문에 자연적으로 해부학도 멀리했다.

이런 사정으로 인하여 『해체신서』 이전에도 여러 종류[76]의 해부도가 출간

---

74 위의 책, 41~43쪽. 구마라습이 불경을 한문으로 번역함으로써 한자를 사용하는 아시아 지역의 진 민족이 불교의 가르침을 누릴 수 있게 된 것과 같이, 『해체신서』 발간으로 기초의학 지식을 수억 아시아 민족이 누릴 수 있게 되었다는 것을 의미한다.

75 타이먼 스크리치, 박경희 역, 『에도의 몸을 열다-난학과 해부학을 통해 본 18세기 일본』, 그린비, 2012, 84~85쪽.

76 헤이지로 해부도, 산노스케 해부도 등 사형수의 이름을 그대로 딴 해부도가 있다. 이 해부도들은 모두 두루마리 그림으로 그려졌고 두루마기 그림을 펼치면서 실제 해부 과정을 좇아가는 형식으로 구성되어 있다. 위의 책, 126~128쪽.

되어 있었지만 이들은 대부분 실제 인체를 해부해 보고 저술한 것이라고는 믿기 어려울 정도로 부정확했다. 당시 가장 획기적인 해부도로 알려져 있는 책은 야마와키 도요[77]의 『장지藏志』(1759)다. 『장지』는 1754년 도요가 교토에서 직접[78] 인체 해부를 하면서 관찰한 경험을 바탕으로 만든 일본 최초의 해부도[79]다. 여기서 도요는 자신의 인체 해부 경험을 토대로 오장육부설을 부정한다. 그러나 여기에 나와 있는 해부도 역시 너무 추상적이라서 실제로 인체해부를 한 지조차 의심스러울 정도[80]다. 아니 정확하게 말한다면 실제로 해부를 했다고 해도 당시의 의학 기술과 의학 수준을 감안할 때 인체 내부를 정교하게 관찰하기는 어려웠을 것[81]이라고 해야 할 것이다.

이러한 경향은 일본에 수입된 중국의학서의 해부도들도 마찬가지였다. 중국의학서들은 고대의 의학서인 『황제내경』에 있는 그림을 본뜬 것들이 많았다. 1702년에 발간된 겐로쿠 해부도는 음양의 조화에 대응하기 위해 남녀의 내부 기관을 서로 대칭으로 표현하는 등 남녀의 성 차이를 내부 장기에까지 반영해 그리고 있다.[82] 에도 시대 중기 일본의 인체에 대한 이해 수준은 이처

---

77 야마와키 도요(山脇東洋, 1706.2.1~1762.9.25). 에도 시대 의사, 실험의학의 선구자다. 음양오행설에 기초한 인체의 내부(內景)에 의문을 가지고 1754년 윤2월 교토 쇼시다이의 허가를 얻어 사형수를 해부하고 관찰하였다. 1759년 그 성과를 바탕으로 『장지(藏志)』를 간행했다. 일본 최초로 인체를 해부하였고 이를 통해 난학의 정확함을 입증하여 큰 반향을 일으켰다.

78 杉田玄白,「形影夜話」, 杉田玄白・平賀源內・司馬江漢, 芳賀徹 編, 앞의 책, 1984, 310쪽. 스기타 겐파쿠는 이 책에 와카자키 도요가 직접 사형수의 시신을 해부하여 이전부터 전해내려 오던 내장의 구조가 실제 사람의 내장 구조와 완전히 다르다는 것을, 고스기 겐테기(小杉玄適)라는 남자로부터 들었다고 기록하고 있다.

79 스기타 겐파쿠도 『장지』를 보고 나서 자신도 인체해부를 참관하고 싶었다고 『난학사시』에 적고 있다. 위의 책, 104쪽.

80 타이먼 스크리치, 앞의 책, 2012, 166~168쪽.

81 인체의 내부 장기를 상세하게 보기 위해서는 다양한 해부 도구가 필요하기 때문이다.

82 타이먼 스크리치, 앞의 책, 2012, 136~141쪽.

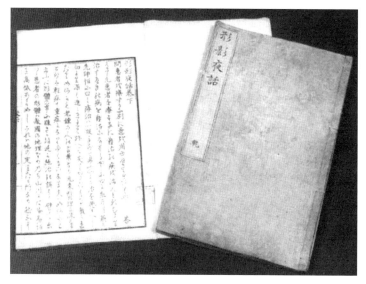

스기타 겐파쿠의 『형영야화』

럼 매우 낮았다. 이 때문에 인체의 각 장기와 뼈, 혈관 등을 세밀하게 묘사하고 있는 『해체신서』의 간행은 에도 사회에 인체에 관한 지식뿐만 아니라 근대적 과학정신을 형성하는 데에도 큰 영향을 미쳤다.

이로써 중국의학서와 일본의학서의 권위는 크게 실추되고, 전통의학계에서 신봉하던 음양오행설 등 추상적이고 신비주의적인 인체관으로부터도 벗어날 수 있게 되었다. 동시에 아무리 권위가 있는 학설이라고 하더라도 맹목적으로 받아들일 것이 아니라 실험과 관찰을 통해 확인해야 한다는 실증적 방법론이 확산되고 인간은 모두 평등하다는 인식[83]도 생겨난다.

스기타 겐파쿠는 또한, '의사는 경험을 많이 쌓아 의술을 숙련하는 것 외에도, 신분과 빈부의 격차에 따라 환자를 차별하지 않고 있는 힘을 다해 친절하게 치료해야 한다'고 강조[84]했다. 실제로 그는 에도의 명의로 이름이 널리 알

---

83   芳賀徹, 「18世紀日本の知的戰士たち」, 杉田玄白 · 平賀源內 · 司馬江漢, 芳賀徹 編, 앞의 책, 41쪽.
84   위의 책, 334쪽.

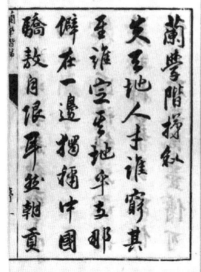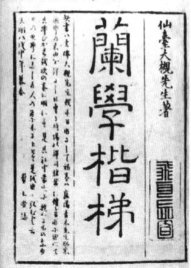

오쓰키 겐타쿠의 『난학계제』(1788)

려져 있었으며, 노년까지 환자를 돌보는 일을 게을리 하지 않았고[85] 의학 연구도 평생 소홀하지 않았다.

신분과 빈부를 떠나 인간을 평등하게 보는 인식은 스기타 겐파쿠가 노년에 쓴 『형영야화形影夜話』에 잘 나타나 있다.

> 예나 지금이나, 어느 나라에서도 인간이라는 것은, 위로는 천자에서 아래로는 만민에 이르기까지 남녀 외에는 다른 구별은 없다. 그것을 상하를 나누고, 위계를 부여하고, 그 사람들에게 이름을 붙이고, 또 사민(四民 : 사, 농, 공, 상)이라는 형식(名目)에 끼워 넣는다 해도 사람이라는 점은 변하지 않는다. 단지 귀천존비라는 형식만이 알려져 있을 뿐이다.[86]

---

85 스기타 겐파쿠는 49세부터 69세까지 20년 동안 일기(「일제일록」)를 썼는데 여기에는 노년까지 그가 진료를 다닌 기록도 남아 있다. 위의 책, 12~13쪽.
86 위의 책, 331쪽.

『해체신서』가 발간된 뒤 번역자들은 자신들의 학문을 '난학'이라고 이름[87] 붙였고 그 뒤 서양 서적이 대거 번역되는 등 번역의 시대가 열리면서 난학도 일본 전역으로 급속히 확산된다.[88] 『해체신서』의 번역자들은 그 외에도 많은 저술을 남긴다. 그중 스기타 겐파쿠가 말년에 난학 입문서로 저술한 『난학사시』[89]와 마에노 료타쿠의 제자 오쓰키 겐타쿠의 『난학계제』[90]는 『해체신서』에 버금갈 정도로 중요하다. 두 책은 난학의 수용 과정에 관해 쓴 것이지만 단순히 네덜란드어와 네덜란드의학의 수용을 넘어서 일본의 대외인식을 바로잡는 데에도 크게 기여했다.

난학자들 중에는 또한 단지 의학이나 자연과학 연구에 머물지 않고, 에도 말기의 봉건 체제를 비판적으로 인식한 사람들도 많이 있었다. 스기타 겐파쿠만 하더라도 난의학자였지만 백성의 고통에 관심을 가지고 막부의 정치를 비판하기도 했으며,[91] 뇌물정치로 상징되는 10대 쇼군 이에하루德川家治,

---

87　杉田玄白, 『蘭學事始』, 講談社, 2012.
88　잰슨 마리우스 B., 지명관 역, 『일본과 동아시아의 이웃나라들 – 과거에서 미래로』, 소화, 2002, 57쪽.
89　『난학사시』는 스기타 겐파쿠가 83세인 1815년에 완성되었다. 『난학사시』는 필사본 없이 원본 한 부만이 스기타 가문에 비전되어 오다가 1855년 에도 대지진 때 소실되어 버렸다. 그러던 중 막말에 간다 다카히라(神田孝平)가 우연히 혼고 거리를 걷다가 고서점에 진열되어 있는 『난학사시』를 발견하였다. 이 『난학사시』는 스기타 겐파쿠가 제자 오쓰키 겐타쿠에게 직접 필사하여 준 것으로, 간다는 이를 구입한 뒤 동료들과 함께 필사하여 여러 개의 필사본을 남겼다. 메이지유신이 일어난 해 후쿠자와 유키치가 스기타 가문의 스기타 렌쿄(杉田廉卿, 스기타 겐파쿠의 고손자)를 찾아가, 보물 같은 이 책을 보존할 수 있는 가장 좋은 방법은 출판하는 것이라고 설득하여 1861년 정월 상·하 두 권으로 출판되었다.
90　『난학계제(蘭學階梯)』는 오쓰키 겐타쿠(大槻玄澤, 1757~1827)가 1788년 발간한 난학입문서다. 책 제목은 글자 그대로 난학에 올라가기 위한 계단과 사다리라는 의미다. 2권으로 구성되어 있으며, 상권에서는 일본–네덜란드의 통상과 난학의 역사를 하권에서는 네덜란드어 기초 문법이 설명되어 있다.
91　스기타 겐파쿠의 사회 비판에 관한 글로는 「후견초(後見草)」, 「야수독어(野叟獨語)」, 「견해조(犬解嘲)」 등이 있다. 杉田玄白·平賀源內·司馬江漢, 芳賀徹 編, 앞의 책, 「後見草」

1737~1786 치세의 거듭되는 대기근[92]과 화재,[93] 질병[94] 등과 관련해서는, "병들어 죽는 자는 하층민들뿐이고 사민四民 모두가 마음 편할 날이 없으니 실로 말세의 조짐이라고 아니할 수 없다"[95]고 개탄하기도 했다. 사무라이 이외의 신분을 가진 자가 정치에 간섭하거나 비판하는 것을 엄격히 금지하였던 에도 막부 체제 아래에서 의사가 이러한 비판을 하기란 쉽지 않은 일이다. 이 때문에 그를 단순한 양학자가 아니라 우국지사 내지 역사가로 평가하는 사람도 있다.[96]

이처럼 난학은 주자학의 관념성을 극복[97]하고 근대적 과학정신과 비판적 의식을 깨우치는 데 크게 기여했다.[98] 특히 『해체신서』의 발간이 가지는 의미는 매우 큰 것이어서 중국이 일본에서 차지하던 사상적, 학문적인 역할을 네덜란드 등 서양국가들이 대신 맡게 되는 계기가 되었다[99]고도 말해진다.

에서는 연이은 자연재해와 전염병으로 비참해진 서민들의 생활과 농민들의 폭동 등을 생생하게 묘사하면서 막부 정책을 비판하고 있다. 「野叟獨語」에서는 러시아의 위협을 방어하기 위해서는 에도 경비가 중요하며, 무사들의 연약함을 극복하고 국토를 방어하기 위해서는 무사들을 고향으로 돌려보내야 한다고 주장하고 있다. 스기타 겐파쿠의 이러한 비판은 오규 소라이로부터 많은 영향을 받았음을 알 수 있다. 실제로 그는 아라이 하쿠세키와 오규 소라이에 관해 깊이 있게 알고 있었다. 스기타 겐파쿠는 『형영야화(形影夜話)』에서 아라이 하쿠세키와 오규 소라이에 관해 언급하고 있다. 위의 책, 306~308쪽.

92 1781년에서 1789년까지 지속된 덴메이(天明)의 대기근을 가리킨다. 이 기근과 함께 1732년의 교호(享保)의 대기근, 1833~1836년의 덴포(天保)의 대기근을 가리켜 도쿠가와 시대의 3대 기근이라고 부른다.

93 1774년 에도에서 발생한 대화재 사건을 말한다.

94 1773년의 대질병으로 19만 명이 사망하였다.

95 杉田玄白・平賀源内・司馬江漢, 芳賀徹 編, 앞의 책, 209~295쪽.

96 後藤昌介, 「經世家崑山と科學者長英」, 杉田玄白・平賀源内・司馬江漢, 芳賀徹 編, 앞의 책, 47쪽; 송휘칠, 앞의 글, 2001, 179~180쪽.

97 津田左右吉, 『文學に現はれたる我が國民思想の研究』 1, 岩波書店, 1977.

98 마리우스B. 잰슨, 앞의 책, 63~64쪽.

99 정하미, 앞의 글, 153쪽.

『해국도지』(1843)　　　　　『해국도지』 부분

2) 난학과 근대적 개혁사상

막부 말기에는 막부의 정책을 비판하거나 봉건 체제를 넘어서 평등한 정치 질서를 지향하는 개혁적 성향의 난학자들이 나타나기 시작했다. 1700년대 말에 이르러 하야시 시헤이, 혼다 도시아키는 해방론과 경세론적 저술을 발간하였고 이어 1800년대 초 아마가타 반토山片蟠桃, 1748~1821, 호아시 반리帆足萬里, 1778~1852, 와타나베 가잔渡辺崋山, 1793~1841, 다카노 조에이高野長英, 1804~1850 등은 막부의 통제 정책과 경제 정책을 비판하는 저술을 발간한다. 막말 유신기에는 요코이 쇼난橫井小楠, 1810~1869, 사쿠마 쇼잔佐久間象山, 1811~1878, 요시다 쇼인吉田松陰, 1830~1859 같은 사무라이 출신 유학자들이 실용적 필요성 때문에 병학과 난학을 연구했다.

1800년대 중반에는 서구 근대국가와 새로운 국제 정치 질서에 관한 책이 발간돼 지식인들에게 많은 영향을 미쳤다. 위원(魏源)의 『해국도지(海國圖志)』(1843)[100]와 서계여(徐繼畬)의 『영환지략(瀛環志略)』(1849)은 요시다 쇼인, 사쿠마 쇼잔, 요코이 쇼난 같은 막말의 지사들에게 큰 충격을 주었다. 브리지먼의 『연방사략(聯邦史略)』(1848)은 미국 역사에 관한 책으로 미국의 연방제와 대통령제 그리고 의회정치와 헌법에 관한 정보를 제공해주었다. 막부 말기에 제시된 유력 번 연합의 국가 구상이나 다이묘 합의제, 유신 직후의 국가구상인 「입헌정체조서」(1875.4)[101]에서 삼권분립 제도가 포함되어 있는 것은 이와 같은 서양 번역서에서 얻은 지식이 있었기 때문이었다.[102] 이들은 난학을 통해 서양의 근대적 제도와 정치사상을 접했으며 이를 바탕으로 유신 변혁의 과정에서 근대적 통일 국가를 수립하고 근대적 의회 제도를 도입할 것을 주장하였다.

그러나 막부 말기 대외적 위기가 고조되고 도쿠가와 쇼군가의 권위가 실추되었다고 하더라도 막부의 권력은 여전히 강고했다. 막부는 1790년 이학금지령(寬政異学の禁)을 내려 주자학 이외의 학문을 금지하고, 막부의 대외 정책을 비판하거나 막번 체제에 위험한 사상과 인물들을 탄압하면서 정치적 · 사

---

100 위원은 『해국도지』의 편찬 목적으로 '오랑캐의 장점을 배움으로써 오랑캐를 제압한다. 즉 서양의 선진기술을 배우는 것에 의해 서양의 침략을 제어한다'고 하는 이이제이의 논리를 언급하고 있다. 『해국도지』는 흠차대신 임칙서(林則徐, 린쩌쉬)가 영국인 Huge Murray의 『세계지리대전』을 『사주사(四洲史)』로 편찬 · 번역한 것을, 위원이 다시 재편찬하여 1843년에 『해국도지』로 출간하였고 1852년 100권으로 완성하였다. 『해국도지』는 중국에서 출판되자마자 일본에 곧바로 수입되어 판매되었고, 페리가 등장한 뒤에는 『해국도지』 붐이 일어났다. 『해국도지』는 수입된 지 3년 만에 21종의 번역서가 쏟아져 나올 정도로 일본 사회에 열광적으로 받아들여졌다.

101 이규수 역, 『일본 제국의회 관계 법령집』, 선인, 2011, 67쪽.

102 야마무로 신이치, 서민교 역, 「서학에 의한 만국인식의 변용과 동아시아 국제질서」, 『인간 · 환경 · 미래』 3, 2009, 99~101쪽.

다카노 조에이 초상
(쓰바키 진잔 그림, 중요문화재)

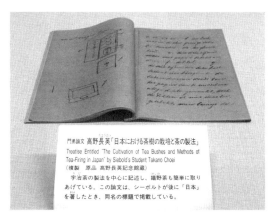

다카노 조에이의 논문(1827)

다카노 조에이의 처방전(중요문화재, 1831.10.27)

상적 통제 정책을 시행했다. 비록 막부의 탄압으로 좌절되긴 했지만 이들의
개혁적 사상과 정책은 봉건 절대 체제를 재건하려는 국학자들의 천황숭배론
이나 천황친정국가론과는 달리 근대적 인식을 넓히는데 크게 기여했다.[103]
그럼 와타나베 가잔과 다카노 조에이를 통해 막부 말기 난학자들의 개혁사상
을 알아보자.

---

103 김정호, 「19세기 전반기 일본 양학파(洋學派)의 개혁·개방론—와타나베 가잔과 다카노
     조에이의 사상을 중심으로」, 『한국정치학회보』 38-5, 한국정치학회, 2004, 50~51쪽.

다카노 조에이의 『의원추요』(1832)

다카노 조헤이가 네덜란드어로 작성한 안과 서적

다카노 조에이와 와타나베 가잔

막말의 대표적인 개혁적 양학자로는 다카노 조에이와 와타나베 가잔 두 사람을 손꼽을 수 있다. 이들은 1830~1840년대에 활동한 양학자로서 막부의 통제 정책을 비판하다가 탄압을 받는다. 그로 인해 와타나베 가잔은 자결하고, 다카노 조에이는 탈옥하여 도피생활을 하다가 체포되는 과정에서 결국 비극적 최후를 맞았다.

다카노 조에이는 미즈자와水沢[104]의 영주 미즈자와 다테水沢伊達가의 가신 고토 사네요시後藤実慶의 3남으로 태어났다. 9세 때 부친이 죽자 외삼촌 다카노 겐사이高野玄斎의 양자로 입양했다. 다카노 조에이의 외조부는 교토에서 한의학을 배운 의사로 당시 학교를 운영하고 있었고, 양부는 스기타 겐파쿠의 천진루에서 오쓰키 겐타쿠와 함께 난의학을 배운 의사였다. 이런 집안 환경으로 인해 조에이는 어릴 때부터 난의학과 난학에 자연스럽게 관심을 가지게 되었다. 17세 때 에도에서 유학하였고 다시 나가사키로 가 독일인 의사 시볼트가 세운 나루다키주쿠鳴滝塾에서 난학과 의학을 배웠다. 이때 조에이는

---

104 센다이 다이묘와 일문(一門)이다.

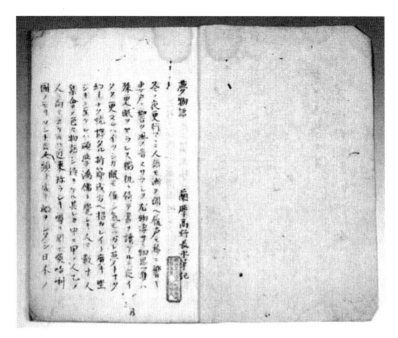

다카노 조에이의 『유메모노가타리』(1838)

시볼트의 지도 아래 「일본에서의 차나무의 재배와 차의 제조방법」[105]이라는 논문을 네덜란드어로 작성하여 제출했다. 훗날 시볼트는 조에이에 관해 가장 뛰어난 제자 중 한 명이었다고 회상했다. 또한 1826년에서 1830년에 걸쳐 일본어를 네덜란드어로 번역해 주었으며 자신의 부탁으로 비밀리에 대마도와 조선의 부산에 있는 일본인 거류지도 다녀왔다고 기록하고 있다.[106]

[105] 「日本における茶樹の栽培と茶の製法」. 다카노 조에이의 이 논문은 현재 독일 보쿰대학 도서관에 소장되어 있다. 宮崎克則, 『ケンペルやシーボルトたちが見た九州, そしてニッポン』, 海鳥社, 2009, 106쪽.

[106] シーボルト, 『シーボルト日記 : 再來日時の幕末見聞記』, 八坂書房, 2005, 64~67쪽. 시볼트는 또한 반샤의 옥에 관해, 조에이의 친구이자 자신의 제자인 니노미야 게이사쿠(二宮敬作)에게 전해들은 이야기라고 하면서, 조에이가 『유메모노가타리』에서 '자신의 꿈은 일본이 서구열강에 개국하고, 과학적 진보를 이루는 것, 그리고 유럽 책을 번역하는 것'이라고 기술한 것 때문에 체포되어 덴마초 감옥에 투옥되었다고 기술하고 있다. 탈옥 후 도피생활을 하다가 마지막 순간에 포졸들과 격렬하게 싸워 몇 명을 칼로 살해한 뒤 결국 체포되었지만, 스스로 혀를 깨물어 출혈을 많이 하는 바람에 사망했다고 기록하고 있다.

1828년 시볼트 사건이 일어나 시볼트가 추방되자 조에이는 에도로 가 난학교를 연다. 이때 동료들과 함께 일본 최초로 피타고라스에서 갈릴레오 갈릴레이, 존 로크, 크리스티안 볼프Christian Wolff에 이르는 서양철학사를 정리하였다. 1832년 기슈번 유학자 엔도 쇼스케遠藤勝助의 주도로 유학자, 난학자, 막부관리 등 다양한 직업의 인물[107]이 참여하는 학술모임인 상치회尙齒會에 가입했다. 여기서 와타나베 가잔, 후지타 도코 등을 처음 만났다. 덴포대기근 때는 이들과 함께 기근 문제를 논의해, 그 성과로 감자馬鈴薯와 메밀ソバ 등을 기근대책으로 제안하는 『구황이물고救荒二物考』[108]를 펴냈다.

또한 1832년(덴포 3년) 프랑스, 독일 학자의 네덜란드어 생리학 서적을 토대로 생리학 이론을 체계화한 『의원추요醫原樞要』를 발간하였다. 이는 서양 생리학을 일본 최초로 소개한 책이다. 서두에서 그는, 『해체신서』가 간행된 이후 서양의학서가 계속 출판, 보급된 결과 해부서에서 내·외과 치료서, 약학서적에 이르기까지 어느 정도 완비되었지만 의학의 기초적인 지식이라고 할 수 있는 생리학 분야는 아직 일본에 소개되어 있지 않다고 밝히면서 생리학의 중요성을 설명하고 있다. 개혁적인 성향과 파란만장한 인생역정으로 인해 지금까지 잘 알려져 있지 않았지만 그는 이외에도 안과, 이질, 병학兵学 등 분야의 책을 저술한 의학자였다.

그러던 중 1837년 미국 선적의 상선, 모리슨호가 피격되는 사건[109]이 일어

---

107 난학자로는 조에이 외에 고세키 산에이(小關三英), 하타자키 가나에(幡崎鼎) 등이 참가했고 막부 관리로는 가와지 도시아키라(川路聖謨), 하쿠라 간도(羽倉簡堂), 에가와 히데타쓰(江川英龍, 에가와 다로자에몬(太郎左衛門)) 등이 참가했다.
108 와타나베 가잔은 이 책의 삽화를 그렸다.
109 모리슨 사건은 1837년 미국 상선 모리슨호가 일본인 표류자 7명을 송환하기 위해 에도만에 나타났을 때 막부가 이국선타불령에 근거하여 포격하여 쫓아낸 사건이다.

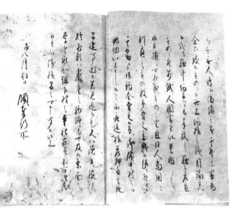
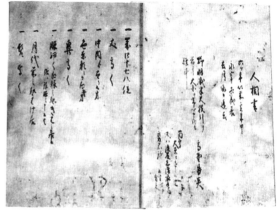

조에이 현상 수배 전단. 인상착의가 설명되어 있다(1844.8.1)

난다. 이때까지 막부는 외국 선박이 나타나면 두 번 생각할 필요 없이 공격해 쫓아내라는 이국선타불령[110]을 유지하고 있었다. 모리슨호 사건이 일어난 뒤 조에이는 상치회의 모임에서, 막부가 모리슨호 사건 뒤 열린 평의에서 만약 모리슨호가 다시 일본에 나타난다면 똑같은 방법으로 쫓아내기로 했다고 결론 내렸다는 말을 전해 들었다. 이에 막부의 이국선타불령과 쇄국 정책을 비판한 『유메모노가타리夢物語』라는 소책자를 익명으로 작성하여 비밀리에 주변의 사람들끼리 돌려보았는데 예상 외로 많은 사람들이 이 책에 호응하였다. 이 책에서 조에이는, "서양에서는 객관적으로 사물의 이치를 탐구하기 위해 천문, 지리, 측량, 역법, 지도, 기계 등으로 전문분야를 나누고, 그것을 다시 더 세밀한 분야로 나누어 새로운 학문이 계속 생겨나고 있다"고 하면서, "우리 나라에서는 영국을 해적으로 간주하여, 영국 선박이 근해에 접근하면 무조건 공격하게 되어 있는데, 세계에서 외국 선박을 이렇게 취급하는 나라는 없다"라면서 이국선타불령과 통제 정책을 비판하였다.[111]

---

110 이국선타불령(異國船無二念打拂令, 1825~1842)은 아편전쟁에서 청이 패배한 뒤 폐지되었다.
111 『渡辺崋山・高野長英・佐久間象山・横井小楠・橋本左内』(日本思想大系 55), 岩波書店,

그런데 모리슨호 사건이 일어났던 1830년대大保期에도 사회는 내우외환이 본격적으로 시작되던 시기였다. 1832년에서 1837년에 걸쳐 덴포대기근이 발생해 10만 명이 넘는 사람이 굶어죽고 전국적으로 백성들의 민란도 빈번하게 발생했다. 그중 양명학자이자 오사카 부교소에서 요리키与力로 근무한 적이 있는 오시오 헤이하치로大塩平八郎가 1837년 일으킨 난은 시마바라 난[112] 이후 가장 큰 난으로 에도 사회에 큰 충격을 주었다. 이 시기 유럽에서는 산업혁명이 본격화되고 있었고 영국 등 유럽의 선진국가들은 새로운 시장과 원료 보급 지역을 확보하기 위해 동아시아로의 진출을 준비하고 있었다.

1839년 5월 조에이와 그 주변 인물들의 움직임을 불온하게 여기고 있던 막부가 반샤의 탄압蛮社[113]の獄 사건을 일으킨다. 이로 인해 모두 8명이 체포되고 조에이는 에도 덴마초 감옥에 수감되어 종신형을 선고받는다. 그러나 1844년 6월 30일 감옥에 큰 불이 났을 때 탈옥하여 오랜 기간 도피생활을 한다. 전국을 다니며 환자를 치료하는 한편 서양 서적을 번역하거나 책을 저술하였

1971, 162~170쪽; 김정호, 앞의 글, 41쪽.
112 시마바라의 난은 1637년 규슈 시마바라와 아마쿠사 지역에서 일어났던 대규모 난이다. 시마바라는 지금의 나가사키현 미나미 시마바라시다. 기독교로 개종한 규슈지역의 다이묘 아리마 하루노부(有馬晴信)의 영지였다. 기독교인의 수가 증가한 것을 이유로 아리마가는 다른 지역으로 쫓겨 가고 대신 야마토 고조가에서 마쓰쿠라 시게마사가 영주로 왔다. 그는 시마바라성 개축, 과도한 연공 징수, 기독교 탄압 등 악정을 행해 원성을 샀다. 아마쿠사 역시 기독교 다이묘였던 고니시 유키나가의 영지였다. 난이 일어나자 막부는 이를 기독교도의 반란으로 보고 강경하게 대처했다. 막부는 바다 절벽 위에 있는 하라성에서 농성하고 있는 반란군을 진압하기 위해 나가사키 부교를 통해 네덜란드 상관장으로부터 함포와 범선을 지원 받아 바다에서 하라성으로 포격을 했다. 이때 반란군이 하라성에서 농성한 것은 로마교황청이나 포르투갈의 지원을 기대했기 때문이며 막부가 쇄국정책을 취하면서 포르투갈 대신 네덜란드에만 교역을 허용한 것은 이때 네덜란드의 군사적 지원 때문이었다는 주장도 있다.
113 반샤(蛮社)의 반(蛮)은 야만인을 일컫는 말이다. 상치회가 서양의 학문을 연구하는 사람들의 모임이라는 사실에 빗대어, 야만인의 학문을 연구하는 모임으로 비하하기 위해 붙인 것이다.

다. 우와지마 번주 다테 무네나리의 초청을
받아 약 1년간 그곳에 머물면서 포술 관련
병법서와 난학 서적을 번역하기도 했다.
1850년 10월 30일 격렬한 저항 끝에 결국
체포되었지만 출혈과다로 사망하였다.

　와타나베 가잔渡辺崋山, 1793.10.20~1841.11.23
은 에도에서 미카와국 다하라 번사 집안의
장남으로 태어났다. 와타나베 가문은 대대
로 상급무사의 가격家格을 가지고 있었지만
어린 시절 부친의 병고와 번 재정의 악화로
식사도 제대로 못 할 만큼 가난했다. 가잔

와타나베 가잔 초상(쓰바키 진잔 그림, 중요문화재,
1854). 와타나베 가잔 13주기에 그린 것이다.

은 어릴 때부터 그림에 뛰어난 재능이 있어 그림을 팔아 가족의 생계를 돕는
한편 학문에도 힘써, 18세 때 막부의 관립학교인 쇼헤이자카 학문소에서 들어
가 사토 잇사이[114]로부터 주자학을 배웠다. 그는 화가로서의 재능도 탁월해
이미 20세 중반에 이름이 널리 알려져 있었다. 1832년 5월 다하라의 가로年寄
役末席, 家老職에 취임하여 번정 개혁을 추진하였다. 우수한 번사를 등용하고 사
기를 높이기 위해 가격 외에도 직무의 비중을 함께 반영한 봉록제를 시행하고
농업 부문의 기술 개량과 병충해 방지, 상업 작물 재배, 토산품 제조 등에도 노
력하였다. 이러한 노력으로 인해 1836년부터 이듬해까지 지속된 덴포 대기근
때에는 번 내에서 굶어죽는 자가 한 명도 없어 전국에서 유일하게 막부로부터
표창을 받았다.

114　이 책의 258쪽 주 20 참조.

사토 잇사이 초상
(와타나베 가잔, 중요문화재, 1821)

와타나베 가잔은 난학자는 아니었지만 상치회에서 만난 다카노 조에이 같은 개혁적인 양학자들의 리더였다. 반샤의 탄압 사건 때 발표하지 않고 보관하고 있던 「신기론」이 발각돼, 배신陪臣[115]의 신분으로 막부의 정책에 입을 댔다는 것을 구실로 칩거를 명령받았다. 칩거 도중 주변의 권유에 따라 그림을 팔아 생활비를 마련하기 위해 전시회를 열었는데 나중에 이 사실이 막부에 알려져 번이 곤란하게 되었다는 풍문을 듣고 자결했다. 가잔은 「신기론」 밖에 「외국사정서」, 「서양사정서」 등의 논문을 남겼다. 그러면 「신기론」은 어떤 내용을 담고 있었을까?

「신기론」은 가잔이 막부의 모리슨호 포격사건과 관련한 막부의 평의를 전해 듣고 저술한 것이다. 상치회 모임에서 모리슨호가 다시 나타날 경우에는 막부가 전과 똑같이 무조건 포격을 할 것이라는 소문을 듣고 막부의 대외정책을 비판하였다. 그러나 「신기론」에는 몇 가지 잘못된 정보가 있다. 첫 부분에 모리슨이 영국인이며 광동성 마카오 상관에서 16년 동안 유학하면서 중국에 관해 연구한 인물로 소개되어 있다. 하지만 모리슨호는 미국 상선이며 가잔이 이야기하는 모리슨과는 아무런 상관이 없다. 더욱이 상치회에서 전해 들은 막부의 향후 대책에 무조건 포격하는 방

---

115 쇼군과 직접적 주종 관계를 맺고 있는 다이묘가 아니라 다이묘와 주종 관계를 맺고 있는
가신을 말한다. 배신은 쇼군가와 직접적 주종 관계가 없기 때문에 막부의 정책에 대해
개인적 의견을 말할 수 없었다.

안만 있었던 것도 아니었다. 당시 막부의 평의에서는 표류민을 네덜란드 상선에 태워 송환해야 한다는 안도 있었다. 어쨌든 카잔이 몇 가지 잘못된 정보에 근거해 「신기론」을 작성했다는 점을 감안하면서 그 내용을 살펴보자.

가잔은 「신기론」에서 모리슨의 조수가 러시아가 일본을 침략할 것이라는 소문을 나가사키에 전해주었다는 사실과 폴란드 같은 작은 나라가 유럽 열강에 의해 분열당한 실상을 언급하면서, 모리슨호가 다시 일본 연안에 나타날 경우에는 포격을 해서는 안 된다고 주장하고 있다. 러시아의 레자노프 함대에 대한 막부의 조치가 부적절했기 때문에 러시아와의 분쟁이 생겼음에도 불구하고,[116] 막부가 통제 정책을 바꾸려고 하지 않고 표류민을 송환하려고 하는 배를 또다시 포격한다면, 서양 제국에 의해 나라가 멸망당할 수도 있다고 비판했다. 당시의 국제 정세에 대해, "일본은 길거리에 버려져 있는 고깃덩이遺肉와 같은 신세로서 굶주린 호랑이와 목마른 늑대 떼들이 노려보고 있는 것과 같다"고 비유하면서 국제 정치의 실상과 일본의 국가적 위기를 적절하게 표현[117]하였다.

다카미 센세키 초상(와타나베 가잔 그림, 일본국보, 1837)

이런 인식을 바탕으로 가잔은 "막부의 정책은 중국의 명 왕조 말기의 형세처럼, 나라의 위험은 잊어버리고 전아풍류典雅風流(우아함과 풍류)를 좇는 부패한 관리들로 가득 차 있고, 유학자들은 실학實

116   이 책의 397~398쪽 참조.
117   日本思想大系 55, 앞의 책, 1971, 69쪽.

^學을 버리고 마음만 탐구할 뿐, 현실을 움직일 생각은 하지 않는다"[118]고 당시의 지배계층을 비판했다.

가잔이 자결하고 난 직후 아편전쟁에서 청이 패배했다는 소식이 전해지자 가잔의 「신기론」은 다시 주목받는다. 막부 관리를 비롯하여 많은 사람들이 필사하여 읽었지만, 그는 이미 이 세상 사람이 아니었다. 한편 가잔은 화가로서의 재능이 탁월했다. 특히 인물화를 잘 그려 〈다카미 센세키^{鷹見泉石, 1785~1858}의 인물화^{鷹見泉石}〉는 일본의 국보로 지정되어 있다. 그밖에 그의 작품 중 다수가 국가 중요문화재로 지정되어 있다.

---

118 위의 책, 72쪽.

4장

공공성

말 위에서 무력으로 천하를 얻었지만,
천하를 무력으로 다스릴 수 없다는 도리를
일찍부터 깨닫고 있었다.
―『도쿠가와실기(德川實記)』

1. 에도 시대 유학의 발전과 혁신

1) 에도 시대 유학의 발전

도쿠가와 이에야스와 주자학

일본에 유교가 전해진 것은 4세기 말엽 백제의 왕인이 『논어』와 『천자문』을 가지고 왔을 때지만 그 전성기를 맞이하는 것은 에도 시대에 이르러서다. 에도 시대 이전의 유학은 조정 박사들의 한漢, 당唐 훈고학 아니면 승려들의 개인적 연구에 머물러 있었다. 특히 송학은 가마쿠라 시대에 일본에 전해진 후 선불교의 영향을 많이 받아 선종의 교리가 유학에 많이 섞여 있었다.[1]

---

1   송학은 가마쿠라 시대(1185~1333)에 선승들에 의해 전래된 이래 고잔(五山)의 승려들에 의해 전승되었다. 이에 따라 송학은 불교 교리 특히 선종과 섞이게 되는데, 불교와 유교

왕인박사기념비(도쿄 우에노공원, 1940·1941). 왕인박사현창회에서 건립한 것으로, 왕인박사가 백제에서 건너와 천자문, 논어를 전했다고 기록되어 있다.

그럼 에도 시대 유학이 어떻게 발전하게 되는지 간략하게 알아보자.

일본 유학을 불교의 영향에서 분리하고 근세 유학으로 혁신시킨 사람은 후지와라 세이카[2]와 그의 제자 하야시 라잔林羅山, 1583~1657이다.[3] 라잔은 세

　는 둘이 아니며, 궁리진성(窮理盡性)은 견성성불(見性成佛)과, 지경정좌(持敬靜坐)는 좌선(坐禪)과 같은 것으로 간주하기까지 한다.

2　후지와라 세이카(藤原惺窩, 1561~1619)는 조선에서 사신으로 온 허산전과 임진왜란 때 잡혀온 유학자 강항(姜沆)을 만나 주자학을 받아들이게 되었다. 허산전은 이퇴계의 제자 류희춘(柳希春)의 제자다. 한국일본학회, 『일본사상의 이해』, 시사일본어사, 2002, 13쪽. 이런 측면에서 후지와라 세이카에 의해 수용된 일본의 주자학은 조선의 퇴계학에 가깝다고 해야 할 것이다. 이기동, 『이또오 진사이－일본사상의 대변자(1627~1705)』, 성균관대 출판부, 2000, 10~14쪽.

3　후지와라 세이카와 하야시 라잔은 에도 시대 초기의 대표적 주자학자이다. 세이카는 전국 시대에 보편적 통속 도덕으로 유행했던 '천도(天道, 하늘의 길)'라는 관념을 주자학의 '리(理)'와 결합시켰다. 그는 '무릇 하늘의 길이라는 것은 리(理)이다. 이 리가 하늘에 있어서 아직 사물에 부여되지 않은 것을 하늘의 길이라고 하며 사람의 마음에 갖추어져서 아직 어떤 일에 응하지 않은 것을 성(性)이라고 한다. 성(性)도 역시 리(理)다'라고 했다. 이처럼 세이카는 하늘의 길과 리를 등치시킴으로서 근세 초기 주자학의 독립을 가능하게

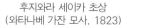

후지와라 세이카 초상
(와타나베 가잔 모사. 1823)

하야시 라잔 초상
(작가 미상 모사. 18c)

이카의 추천을 받아 등용된 뒤 도쿠가와 이에야스의 신임을 얻어, 1607년 막부의 정치고문에 오른다. 하야시 가문은 그 뒤 유학의 종가가 되어 신유학의 기틀을 마련한다. 일본 근세 유학은 이때에 이르러 비로소 독립된 교학敎學으로서 자리를 잡게 된다. 도쿠가와 이에야스는 신흥 유교 세력인 주자학이 조정과 불교 세력을 업고 있는 전통적 훈고학 세력에 대항할 수 있도록 정치적 지원을 아끼지 않았다. 그는 신앙의 열정에 사로잡혀 평등한 인간관계·사회관계를 지향하는 다른 종교들의 교리는 자신의 통치 방식과 맞지 않다고 생각하였고, 오랜 전란으로 인해 피폐해지고 살벌해진 전국 시대 사무라이들의 내면을 주자학으로 순화시켜, 외형적 복종이 아닌 내면적 순종에 기초한 사회질서 유지를 기대하였다. 『도쿠가와실기德川實記』는 이를 다음과 같이 기록하고 있다.

했다. 세이카도 라잔도 주자의 학문을 충실하게 소개하고 해설하는 것에서는 한 걸음도 벗어나지 않는 순수한 주자학자였다.

<table>
도쿠가와 이에야스 초상 | 도쿠가와 이에야스 신사
</table>

도쿠가와 이에야스 초상
(가노 단유 그림, 에도 시대 초기)

도쿠가와 이에야스 신사
(도치키현 닛코시)

말 위에서 무력으로 천하를 얻었지만 원래 태어날 때부터 신성한 자질을 갖추고 계셔서, 천하를 무력으로 다스릴 수 없다는 도리를 일찍부터 깨닫고 계셨으며 언제나 성현의 도를 존경하고 믿으셨다. 무릇 천하국가를 다스리고, 사람이 사람다운 도를 행하기 위해서는 이 외에는 다른 길이 없다는 지혜로운 결단(英斷)을 내리셨다. 그리고 세상을 다스리기 시작하면서 학문과 배움의 길(文道)을 크게 장려하셨다.[4]

더욱이 주자학은 한漢, 당唐 시대의 유학처럼 문학적, 주석적인 연구가 아니라 대의명분론을 토대로 하는 도통의 전승傳承을 중요하게 생각하고 있었기 때문에 사무라이의 교화를 넘어 에도 막부의 정당성과 정통성[5]을 확보하기 위해서도 충분히 보호할 만한 가치가 있었다.

이 밖에 에도 시대에 주자학이 발전하게 되는 또 다른 배경으로는 막번 체

4   『도쿠가와실기』(마루야마 마사오, 김석근 역, 『일본정치사상사 연구』, 통나무, 1995, 119~120쪽에서 재인용).
5   마루야마 마사오, 위의 책, 121쪽.

제의 엄격한 신분질서를 들 수 있다. 에도 막부는 병농 분리 정책을 시행해 무사와 농민층을 격리시킨 뒤 쇼군을 정점으로 하는 매우 세분화된 봉건적 신분질서를 만들었다. 유학에서 이상적인 사회로 여기는 고대 중국의 주(周)나라도 천자, 제후, 경, 대부, 사, 서민과 같이 세분화된 봉건적 신분질서를 갖추고[6] 있었다. 이처럼 에도 막번 체제는 주나라의 봉건 체제와 비슷한 사회 경제적 조건들을 많이 갖추고 있었기 때문에 봉건적 사회질서를 이데올로기적으로 뒷받침하고 있던 주자학도 에도 시대 일본에서 큰 거부감 없이 쉽게 받아들여질 수 있었다.

반면 정반대의 조건들도 몇 가지 있었다. 우선 에도 시대에는 시험을 통해 관리로 선발하는 과거 제도가 없었고 신분은 가문에 고정되어 세습되었다. 유학은 출세와는 아무런 상관이 없는 학문이었고 조선이나 중국처럼 지배 계급의 이데올로기로서 체제를 유지하는 기능을 가지고 있는 것도 아니었다. 지배 계급은 사무라이였고 유학자가 관직을 맡는 경우도 드물었기 때문에 유학자가 된다는 것은 출세는커녕 생계를 유지하는 것조차 쉽지 않았다. 에도 시대 유학자 중에 비교적 부유한 상인 가문 출신이거나 의사처럼 안정적인 직업을 가진 인물이 많았던 것은 이러한 이유 때문이다.

거기에다 에도 시대 종교적 기능은 불교와 신도가 거의 다 맡고 있었다. 불교사원은 데라우케(寺請) 제도라고 하는 일종의 호적관리 기능도 가지고 있었다. 유교의 교리 때문에 불교를 배척하는 유학자들도 있었지만 막부가 정책적으로 배불론을 시행한 일[7]은 없었다. 1843년에 완성된 도쿠가와 쇼군가의

---

6   위의 책, 111~112쪽.
7   오카야마나 미토에서 불교 사원의 철폐, 정리가 시행된 적은 있지만 이는 번 차원에서 독자적으로 시행된 것이며, 막부 차원의 정책에 의해 전국에 걸쳐 시행된 것은 아니었다. 사토 히로오 외, 『일본사상사』, 논형, 2009, 274쪽.

마쓰다이라 사다노부 자화상(1787)

정사正史인 『도쿠가와실기』에는 도쿠가와 이에야스가 하야시 라잔을 등용했던 것을 근거로 주자학이 에도 시대 사상계의 중심을 이루고 있었다고 언급하고 있지만 이를 그대로 받아들이기는 어렵다.

주자학이 관학으로서 완전히 인정받게 된 것은 막부의 로쥬 마쓰다이라 사다노부松平定信가 간세이 이학금지령[8]을 내린 뒤부터이다. 그 전에는 주자학이 체제 이데올로기로 자리 잡고 있었다고 말하기는 어렵다. 주자학이 사상계에서 차지하는 비중이 가장 높았던 것[9]은 분명하지만, 난학은 물론이고 조선, 중국에서 이단으로 취급받았던 양명학이나 기독교를 제외한 다양한 종교, 사상도 비교적 자유롭게 공존했다. 이 때문에 일본 근세 유학은 다양한 학파를 형성하면서 발전할 수 있었다.[10] 일본 고유의 유학으로 발전한 고학古

---

8   1790년 막부가 내린 간세이 이학금지령(寬政異學の禁)을 말한다. 위의 책, 273~274쪽.
9   田尻祐一郎, 『荻生徂徠:叢書・日本の思想家 15』, 明德出版社, 2008, 115~117쪽.
10   渡辺 浩, 『日本政治思想史』, 東京大學出版會, 2010. 한편 이시카와 켄은 에도 시대 유학을 모두 8개 학파와 이 중 어느 곳에도 속하지 않는 기타 학파 등 모두 9개 학파로 분류하고 있다. 여기에는 주자학 계열 학파(하야시 가문 계열, 쇼헤이코 계열, 교학파(京學派)-후지와라 세이카 계열, 기타 학파 등) 이외에도 안사이학파, 양명학파, 진사이학파, 소라이

^學도 이러한 풍토 아래에서 탄생했다.

한편 주자학은 우주론, 인간본성론, 도덕규범, 일상적 수양방법에 이르기까지 방대하고 정교한데다, 어느 사상보다도 자기완결적인[11] 체계를 구축하고 있다. 이 책에서 주자학의 방대한 체계를 설명하는 것은 현실적으로 쉽지 않다. 따라서 고학의 사상적 특징과 배경을 이해하는데 필요한 범위에 한정하여 에도 시대 주자학의 특징을 살펴보자.

에도 시대 주자학의 특징

주자학은 주자 한 개인의 사상이라기보다는 주돈이^{周敦頤}, 정호^{程顥}, 정이^{程頤}에 의해 발전된 송학의 흐름을 남송 시대에 주자(주희)가 집대성하여 체계화한 사상을 일컫는다. 한, 당 시대의 유학이 경서를 언어학적으로만 연구하는 훈고학에 빠져있었던 반면 주자학은 도통^{道統}의 전승을 중요시하였고, 훈고학이 오경[12]을 중요시한 데 반해 사서[13]에서 공자, 맹자, 증자, 자사의 근본정신을 파악하려고 하였다. 이를 통해 그 이전의 유학이 가지고 있던 이론적 단

학파, 고주(古註)학파, 절충학파(주자학과 소라이학을 절충한 학파로 주자학을 중심으로 하는 것과 소라이학을 중심으로 하는 학파가 있다), 미토학파, 기타 학파 등이 있다. 이 중 하야시 가문 계열 주자학파, 안사이학파, 소라이학파 등 세 학파가 번 유학자(藩儒)를 가장 많이 배출하여 천하를 삼등분 했다고 한다. 石川謙, 『日本學校史の研究』, 小學館, 1960, 251~260쪽.

11 주자학은 주돈이에 의해 개척되고 정명도, 정이천, 주희 등 송·명대 유학자에 의해 발전된 유학의 흐름으로 송학이라고도 불린다. 사서(『논어』, 『맹자』, 『대학』, 『중용』)를 중시하였으며, 작게는 일상생활의 수양 방법에서 크게는 우주론에 이르는 방대한 사상 체계를 형성하였고, 실용적 성격에서 벗어나 치밀하고 자기완결적인 이론 체계를 구축하였다. 에도 시대 주자학자들의 창조성이 많이 떨어졌던 것은 이러한 이론적 폐쇄성 때문이기도 하다. 마루야마 마사오, 앞의 책, 1995, 123~124쪽.

12 『역경』, 『서경』, 『시경』, 『예악』, 『춘추』를 말한다.

13 『논어』, 『맹자』, 『대학』, 『중용』을 말한다.

점을 보완하여 우주와 인간을 관통하는 거대한 형이상학을 구축[14]하였다.

주자학은 세계 형성의 기원을 주돈이의 태극도설로 설명한다. 이것이 주자학의 형이상학적 기초 즉 우주론이다. 태극도설은 우주만물의 궁극적 근원으로 태극太極이라는 원리를 제시한다. 태극에서 음과 양이라고 하는 두 개의 기氣가 생겨나고, 이 음양의 변화와 조합에 의해 오행(수, 화, 목, 금, 토)이 발생하며, 네 계절도 순환한다. 태극도설은 나아가 인간에 대해서도 같은 원리로 설명한다. 즉 인간은 우주 만물 중에서 가장 훌륭한 기를 받은 존재이며 그중에서도 성인은 하늘과 땅 그리고 자연이 완전히 하나가 되어 있는 존재天人合라고 본다.

주자는 이 태극도설을 정교한 이론으로 해석하면서 방대한 체계의 주자학을 구축한다. 주자는 우선 태극도설의 태극을 천지만물의 리理라고 정의함으로써 주자학이 합리주의 철학으로 발전하는 토대를 만들었다.[15] 주자학을 봉건 시대의 사고방식으로 생각하는 사람들은 이렇게 말하는 것을 이상하게 생각할지 모른다. 그러나 합리주의란 인간의 이성에 대한 확신에서 출발하여, 이성이 발견한 세계의 근본원리에 따라 현실 세계를 개조할 수 있다고 보는 사고양식을 말한다. 이런 측면에서 세계의 형성과 인간의 본성을 이기론으로 설명하고 나아가 인간은 누구나 참된 수양을 통해 성인이 될 수 있을 뿐만 아니라 현실에서 이상적 사회도 건설할 수 있다고 보는 주자학의 논리 체계는 전형적인 합리주의 철학으로 볼 수 있다. 다만 주자학의 합리주의는 근대적 합리주의처럼 과학에 근거한 것이 아니라 리理와 기氣라고 하는 도학에서 출

---

14 주자학의 사상적 특징에 대해서는 마루야마 마사오, 앞의 책, 1995, 123~137쪽; 中野剛志,『プラグマティズムからナショナリズムへ』, ちくま新書, 2012, 43~55쪽 참조.
15 마루야마 마사오, 위의 책, 126쪽.

발하고 있기 때문에 도학적 합리주의[16]라고 부른다. 주자학의 합리주의적 측면을 좀 더 자세히 살펴보자.

주자학은 리가 사람에 깃들면 본연本然의 성性이 되고 기가 사람에 깃들면 기질氣質의 성性이 된다고 본다. 본연의 성은 모든 인간에게 평등하게 존재하며 또한 절대적으로 선하다. 반면 기질의 성은 사람마다 달라, 밝고 맑고 어둡고 탁함淸明混濁의 차이가 사람들의 개성으로 나타난다. 인간의 욕망과 악은 원래 밝고 맑은 인간 본연의 성性인 리理가 어둡고 탁한 기질의 성性인 기氣로 덮여 있기 때문에 발생한다. 하지만 수양을 통해 어둡고 탁한 기질의 성을 걷어내면 다시 맑고 밝은 본연의 성으로 되돌아갈 수 있다고 본다. 따라서 주자학에서는 기질의 성이 완전히 밝고 투명하여 본연의 성이 원래 그대로 드러나는 사람을 성인이라고 보며, 누구든지 학문을 닦고 덕을 쌓으면 성인이 될 수 있다고 한다.

여기에서 주자학의 실천윤리가 시작된다. 주자학은 이를 위해 특히 『대학』과 『중용』을 중시한다. 『중용』은 주관적 수양방법[17]을 중요시하고 있는 반면 『대학』은 격물치지를 내세워 객관적 수양방법[18]을 중요시한다. 이처럼 도학적 합리주의의 논리 체계 안에서 사람은 누구나 성인이 될 수 있다는 믿음을 가리켜 주자학적 낙관주의라고 부른다. 이 낙관주의는 주자학의 대표적

---

16 미나모토 료엔은 주자학을 경험적 합리주의라고 부르고 있다.
17 중용에서는 덕성을 높이는 방법으로 존심(存心), 존심지경(存心持敬), 수정거경(守靜居敬)을 중요시한다.
18 대학에서 중요시하는 수양 방법으로 대표적인 것이 격물치지(格物致知) 즉 사물에 나아가 그 앎을 다한다는 것이다. 여기서 사물에 나아가 하나하나 그 리를 탐구하는 것은 동시에 그만큼 나의 본연의 성을 밝게 하는 것이 된다. 따라서 리를 궁구하는 것(窮理)에 힘쓰기를 오래 하여 하루아침에 넓고 환하게 관통하게 되면 모든 사물의 안과 밖, 정밀함과 거침에 이르지 않음이 없고, 내 마음의 모든 체와 큰 쓰임이 밝지 않은 것이 없다는 데에 도달하게 된다고 한다. 마루야마 마사오, 앞의 책, 1995, 129쪽.

특징 중 하나다.

한편 주자학적 낙관주의로 인해 자연세계와 인간 사회의 실천규범이 자연스럽게 연결된다. 이를 사유의 연속성이라고 부른다. 사유의 연속성은 『대학大學』에 잘 나타나 있다. 대학의 격물치지, 성의, 정심, 수신제가치국평천하[19]라는 가르침은, 개인의 앎에서부터 사적私的 도덕과 공적公的 정치의 세계가 일직선으로 연결되어 있음을 전형적으로 보여준다. 주자학적 사유의 연속성은 리理를 중심으로 하나의 체계 안에서 일사불란하게 배열되어 있다. 하늘의 이치는 인간의 본성과 연결되며, 법칙은 규범과, 사물物은 인간과, 개인은 성인과, 앎知은 도덕과, 도덕修身齊家은 정치治國平天下와 모두 직선적으로 연결된다. 이리하여 한 개인이 학문을 닦고 수양하는 행위는 나라를 다스리고 천하를 평화롭게 하는 데까지 자연스럽게 이어진다. 세상에 이처럼 체계적이고 질서정연한 철학적 낙관주의가 또 어디에 있을까! 이런 의미에서 주자학의 낙관주의는 주자학 전체를 관통하는 중요한 특징이라고 말할 수 있다.

낙관주의, 도학적 합리주의, 사유의 연속성 외에도 주자학의 특징으로 들수 있는 것으로는 엄격주의,[20] 정적인 성격 등을 들 수 있다.[21] 어찌됐건 주자학이 지배적 사상으로 자리 잡으면서 에도 사회는 전국 시대의 무질서와 하극상을 극복하고 크게 안정될 수 있었다.

---

19 "格物致知, 誠意, 正心, 修身齊家治國平天下." 성백효 역주, 『대학·중용』, 전통문화연구회, 2005.
20 엄격주의는 본연의 성에 역행하는 것은 허락하지 않는 태도를 말한다. 오늘날 우리들이 말하는 감정이나 욕망의 다양성은 자연의 원리에 반하는 것으로 부정된다. 정적인 성격은 실천윤리에서 단적으로 드러난다. 주자학의 실천윤리는 행동보다는 관조 즉 존심지경(存心持敬), 수정거경(守靜居敬) 등 내면 세계에 대한 관조와 깨달음을 더 중요시한다. 中野剛志, 앞의 책, 50~51쪽.
21 마루야마 마사오, 앞의 책, 1995, 136쪽.

한편 주자학 중 야마자키 안사이의 기몬崎門학파는 임금과 신하君臣, 스승과 제자師弟의 관계를 엄격하게 해석하고 특히 대의명분론에 입각해 막부 정권은 천황의 재가로 정당화된다는 점을 강조함으로써 막부 말기의 존왕론에도 많은 영향을 미쳤다.[22] 또한 수신제가치국평천하라는 대학의 간결한 가르침은 공적 사명감을 불러일으켜 천하국가를 논하며 분투하던 막부 말기 청년 사무라이들에게 정신적 지침이 되었다.[23]

야마자키 안사이 초상

다른 한편으로 에도 시대 주자학은 중국에서 수입된 학설을 소개만 할 뿐, 주자의 학설을 비평하거나 자신의 독창적 생각을 가질 수 없었다. 오로지 주자의 학설만을 충실하게 받들 뿐이었다. 시대의 변화를 반영한다는 것은 당연히 있을 수 없었다. 만일 주자의 학설을 비판하거나 자신의 독창적 견해를 내세우는 자가 있으면 그는 애당초 주자학파의 사람이 아니라고 간주되었다. 이런 경향을 "주자의 정신적인 노예"[24]라고 비판하기도 한다.

하지만 어떤 거대한 학문 체계도 사회 경제적 환경과 사람들의 삶의 방식이 바뀌는데 불구하고 철옹성처럼 유지될 수는 없다. 주자학 역시 마찬가지다. 평화가 지속되고 경제가 발전하자 에도 사회는 많은 변화를 겪는다. 전국

---

22 야마자키 안사이(山崎闇齋, 1618~1682)는 에도 시대 전기의 주자학자·신도학자이다. 군신 관계, 사제 관계를 중요시하고 대의명분론을 강조하여 막부 말기 존왕양이론에 많은 영향을 끼쳤다. 요시다 신도(吉田神道)를 발전시켜 스이카 신도(垂加神道)를 창시했다. 아이즈의 초대 영주 호시나 마사유키의 초청으로 에도에서 아이즈 번사들에게 유학을 가르치기도 했다.

23 미나모토 료엔, 박규태 외역, 『도쿠가와 시대의 철학사상』, 예문서원, 2000, 38~39쪽.

24 마루야마 마사오, 앞의 책, 1995, 138쪽.

시대의 살벌함은 사라지고, 겐로쿠元祿期, 1688~1704의 황금기가 도래하여 평화를 칭송하는 소리가 높을 때, 주자학은 고학이라는 대담한 도전자를 만나게 된다. 유학의 본고장인 중국에서도 나타나지 않았던 이 도전자로 인해 주자학은 중화세계의 바깥에서 흔들리기 시작한다. 중화문명의 정신적 중심인 주자학이 오랑캐의 나라라고 생각했던 일본에서 도전받으리라고는 아무도 생각하지 못했을 것이다.

2) 경제 사회[25]의 발전과 유학의 혁신

에도 막부가 열린 이래 평화가 지속되고 경제도 비약적으로 발전함에 따라 에도 사회는 큰 변화를 겪게 된다. 사무라이들이 농촌 지역을 떠나 도시(조카마치城下町)에 몰려 살면서 에도는 전국에서 가장 거대한 소비 도시로 성장한다. 산킨코다이(참근교대)와 조후 제도[26]에 의해 전국에서 모여든 다이묘와

---

25 하야미 아키라(速水融)는 에도 중기 이후 경제 발전이 가져온 사회 변화를 경제 사회라는 개념으로 설명하고 있다. 하야미 아키라, 조성원・정안기 역, 『근세일본의 경제발전과 근면혁명 – 역사 인구학으로 본 산업혁명 vs 근면혁명』, 혜안, 2004.

26 산킨코다이(參勤交代) 제도는 다이묘와 가족들이 1년씩 번갈아가며 의무적으로 에도에서 생활해야 하는 제도를 말하며 조후(定府)는 산킨코다이를 하지 않고 에도에 상주하면서 쇼군이나 번주를 모시는 것을 말한다. 다이묘 중에는 도쿠가와 이에야스에 의해 에도 정주가 정해져 있었던 미토 도쿠가와가 외에 로쥬(老中), 와카토시요리(若年寄), 사샤부교(寺社奉行) 등 막부의 중요한 직을 맡고 있는 사람은 당연히 에도성에 상주해야 했다. 각 번의 번사 중 에도에 상주하면서 번저에서 근무하는 자도 조후라고 불렸다. 한편 산킨코다이에 참가하는 인원은 번의 세에 따라 그 인원이 정해져 있었다. 가장 큰 번이었던 가가의 마에다가는 4,000명, 사쓰마의 시마즈가는 1,880명으로 정해져 있었다. 참고로 1841년 기슈의 도쿠가와 나리유키가 산킨코다이할 때에는 사무라이 1,639명, 인부 2,337명, 말 103필이 동원되었다. 이때 동원되는 인원과 말은 군역 부담을 지는 것과 같았다.

에도 니혼바시 주변의 광경(1805)

에도 지도(1844~1848)　　　　에도 시대 3대 가부키 극장 중 하나인 나카무라좌(1624년 설립)

그 가족, 가신들이 생활하면서 에도는 이미 18세기 초에 인구 100만이 넘는 세계 최대 규모의 도시[27]로 팽창했다. 오사카와 에도를 연결하는 교통망, 유통망 그리고 거대한 시장들이 형성되었고 지방에는 약 200여 개에 달하는 지방 영주 중심의 조카마치와 상업도시(이치바마치市場町), 숙박도시(슈쿠바마치宿場町), 항구도시(미나토마치港町)가 번성하였다. 상품과 화폐의 유통을 매개로 전국의 모든 번藩이 긴밀하게 연결되고, 시장경제의 물결이 전 계층, 전 지역으로 확산되면서,[28] 에도 사회의 경제 규모도 급격하게 팽창[29]하였다.

27　카토 히로시, 최혜주·손병규 역, 『인구로 읽는 일본사』, 어문학사, 2009, 84쪽. 에도의 최대 인구에 관해서는 200만 명설, 130만 명설 등 다양한 주장이 있다.

28　하야미 아키라는 에도 시대 시장 경제의 발전, 즉 경제 사회의 발전에 대해 농민들이 생산량을 증대시키기 위해 합리적으로 선택한 결과로 일어난 근면혁명이 그 원천이라고

에도의 파노라마 사진(베아트 촬영, 1865~1866)

　새로 부를 축적한 상인 계층과 도시민들은 경제적 힘을 바탕으로 에도 사회의 저변에서 보이지 않는 힘으로 대두하기 시작했다. 고리대자본가들은 금은의 가격 비율의 변동이나 일반 물가의 등귀를 이용하여 재산을 불려나갔다. 반면 쇼군가와 다이묘가의 재정은 점점 더 어려워져갔다. 하급사무라이들은 대부분 토지가 없었고 봉록으로 쌀을 받고 있었기 때문에 물가가 올라가는 것에 반비례해 살림살이는 궁핍해져 갔다. 사무라이와 상인들의 사회적 지위는 교호기享保期, 1716~1736 무렵부터 역전된다.

　오랫동안 평화가 지속되면서 사무라이들은 전국 시대 본업이었던 전투를 마치 먼 과거에나 있었던 일인 것처럼 까맣게 잊어버렸다. 이들은 원래 검소함을 생활신조로 삼고 살았지만, 에도나 지방의 도시에 집단적으로 거주하게 되자 점점 과시적인 소비 생활에 빠져들면서 사치에 물들기 시작했다. 사무라이의 칼마저 무기가 아니라 신분을 나타내는 증표로 변해 금과 은으로 화려하게 장식되었다.[30] 그럼에도 불구하고 대부분의 다이묘들은 에도 거주 비용

주장했다. 그는 일본인의 특성으로 일컬어지는 근면성에 대해서도 민족성이 아니라 이러한 경제 사회의 발전에 농민들이 대응한 결과 형성된 것이라고 주장한다. 하야미 아키라, 앞의 책, 310~312쪽.

29　고희탁, 『일본 근세의 공공적 삶과 윤리』, 논형, 2009, 37쪽.

으로 번 예산의 절반 이상을 지출해야 했고, 별도의 수익원도 없었기 때문에 번 재정은 갈수록 악화되었다. 이에 따라 다이묘는 물론이고 하급사무라이까지 부유한 상인들에게 높은 이자를 약속하고 돈을 빌리는 경우가 많았다.

다자이 슌다이太宰春臺, 1680~1747는 이러한 상황에 대해, "다이묘들은 크건 작건 간에 조닌에게 금품을 부탁했으며, 언제나 빚 독촉을 받고 있어서 고리대금업자를 보면 마치 귀신이라도 본 것처럼 두려워하였고, 자신이 사무라이라는 사실도 잊어버리고 조닌들에게 머리를 숙이곤 한다"[31]고 비판했다.

한편 경제의 비약적 발전은 새로운 계층과 새로운 정신적·문화적 경향을 만들어냈다. 부를 축적한 상인들을 중심으로 중산층이 형성되면서 인간의 욕망을 자유롭게 표출하는 화려하고 향락적인 겐로쿠 문화가 꽃 피기 시작한 것이다. 상인들은 겐로쿠 문화를 향유하면서 자신들의 높아진 자의식을 표출하고자 했지만, 주자학은 우주의 보편적 원리인 리理의 탐구와 일상생활에서의 엄격한 절제를 요구할 뿐 인간의 욕망에는 별로 관심이 없었다. 불교 역시 현세의 욕망을 억제하고 내세에서의 구원을 중요시하였기 때문에 이러한 사

---

30   마루야마 마사오, 앞의 책, 1995, 239쪽.
31   위의 책, 256쪽.

이시다 바이간 초상

회·경제적 변화에 대응할 수 없었다.

이런 시대적 변화를 배경으로 주자학과는 다른 새로운 사상들[32]이 나타났다. 여기에는 경제력을 배경으로 상인들의 정체성을 새롭게 모색하려는 심학心學과 유학의 혁신을 추구하려는 고학古學을 들 수 있다.

이시다 바이간의 심학은 상인의 사상이다. 바이간은 사무라이에게는 사무라이의 도道가 있고 상인에게는 상인의 도道가 있기 때문에, 각자의 도道를 올바로 실천하면 곧 천도天道에 통할 수 있다고 말하면서, 상인의 장사도 군주를 돕는 것이라고 주장했다. 주자학자나 사무라이들이, 상업으로 이익을 얻는 것을 사악한 행위로 여겼던 반면, 이시다 바이간은 상인의 이익 추구를 정당한 행위로 보았을 뿐만 아니라 신분 사회의 차별적 가치관을 뛰어넘어 보편적인 도道라고 주장하였던 것이다. 이런 측면에서 심학은 조닌(상인町人)의 생활철학이면서, 높아진 경제적·사회적 위상을 바탕으로 표출된 조닌의 자의식이었다고 말할 수 있다.

심학에 앞서, 주자학을 비판하면서 유학의 혁신을 추구하는 새로운 사유 방식과 사상이 등장하였다. 바로 고학古學이다. 고학은 야마가 소코의 성학聖學, 이토 진사이의 고의학古義學, 오규 소라이의 고문사학古文辭學을 합쳐 일컫는 말이다. 이들은 공자 이후 나온 유학자들의 학설이나 주석서가 아니라 고

32   이시다 바이간(石田梅岩, 1685~1744). 고희탁은 그 의미에 대해, 사상적 소비대상에 지나지 않았던 민(民)이 인간과 사회, 인간과 정치를 둘러싼 언설의 생산과 유통의 주체로 등장하였다는 데 있다고 본다. 片岡龍·金泰昌 編, 『石田梅岩 : 公共商道の志を實踐した町人敎育者』, 東京 : 東京大學出版會, 2011, 29~59쪽.

야마가 소코 초상   이토 진사이 초상

대의 유교 경전 그 자체를 탐구하여 유교의 참 정신을 찾으려고 했다.

중국 유학은 원래 고대 중국의 요순임금과 하의 우왕, 은의 탕왕, 주의 문왕과 주문공 그리고 공자 등 7명을 성인으로 모시며,[33] 주나라를 가장 이상적인 사회로 본다. 고학이 주자학을 비판하고 나선 이유는 고대 주나라를 모델로 하는 유학의 본래 가르침이 가마쿠라 시대 이후 불교와 노장사상의 영향을 받아 추상적이고 관념적으로 왜곡되었다고 보았기 때문이었다. 이런 관점에서 고학은 관념적 유교 해석을 벗어나 유학의 본래 정신을 찾기 위해서는 고대 사회의 실제 모습을 기록하고 있는 6경[34](오규 소라이) 혹은 논어와 맹자(이토 진사이)의 참 정신으로 돌아가야 한다고 주장했다.

주자학은 중국 유학 중에서도 우주론, 본성론, 도덕론에 이르기까지 매우 견고한 체계를 이루고 있는 사상이다. 주자학의 근본 원리에 도전하는 고학의 등장은 그 자체만으로 사상계의 큰 사건이었다. 고대 경전을 해석하기 위해 실증주의적·고증적 학풍이 일어났고, 고대의 언어에서 문학, 정치, 사회

---

33 『맹자』「진심장구(盡心章句) 하(下) 38」.
34 『역경(易經)』, 『서경(書經)』, 『시경(詩經)』, 『예기(禮記)』, 『악기(樂記)』, 『춘추(春秋)』를 말한다.

이토 진사이의 옛집 고의당(교토시)

제도에 이르기까지 광범위한 분야에 걸쳐 새로운 연구가 진행되었다. 고학에 이르러 일본인들의 독창적 사유, 즉 유교의 일본화[35]가 비로소 시작되었다고 평가될 만큼 에도 시대 사상계에 큰 영향을 끼쳤으며, 현대 일본인의 국민성과 일본문화의 특성을 가장 잘 보여 주고 있는 사상이라고도 평가받는다.[36] 뿐만 아니라 고학은 후기 미토학의 존왕양이론, 모토오리 노리나가의 국학사상 등에도 큰 영향을 미쳤다.

그럼 에도 시대 고학[37]을 대표하는 이토 진사이와 오규 소라이를 중심으로 고학의 주요 특징과 그 의미에 관해 알아보자. 이토 진사이는 일반 백성을 정치의 주체 즉 공적 영역의 주체로 인정함으로써 에도 사회의 신분적 한계를 뛰어넘었고, 오규 소라이는 공적 세계와 사적 세계를 구분한 뒤, 공적 세계에 고유한 규범을 새로 제시하였다.

---

35 荻生徂徠, 尾藤正英 譯, 『政談』, 講談社, 2013, 327~339쪽. 이 책에는 역자인 尾藤正英의 논문 「國家主義の祖型としての徂徠」가 실려 있는데, 소라이학이 일본인의 국민성과 일본문화의 특성에 미친 영향력이 잘 설명되어 있다.

36 미나모토 료엔, 앞의 책, 67쪽.

37 일본 고학에 관한 우리나라 학자들의 연구서는 많지 않으며, 번역된 책도 별로 없다. 현재 다음과 같은 책이 출간되어 있다. 오규 소라이, 임옥균 외역, 『논어징』 1~3, 소명출판, 2010; 이토 진사이, 최경열 역, 『동자문』, 그린비, 2013; 이토 진사이, 장원철 역, 『논어고의』 1~2, 소명출판, 2013; 이기동, 『이또오 진사이-일본사상의 대변자(1627~1705)』, 성균관대 출판부, 2000; 임옥균, 『주자학과 일본 고학파』, 성균관대 출판부, 2012; 고희탁, 『일본 근세의 공공적 삶과 윤리』, 논형, 2009.

2. 정치 세계와 공공성의 발견

1) 이토 진사이와 천하공공天下公共의 도道

> 도(道)는 천하가 공공(公共)하는 것으로,
> 한 사람의 사적 감정에 의할 것이 아니다.
> — 이토 진사이, 『어맹자의』

이토 진사이伊藤仁齋는 1627년 교토에서 목재상의 아들로 태어나 1705년 세상을 떠난 상인 출신 유학자이다. 15세 때 유학에 뜻을 두고 주자학에 입문하였지만 만족하지 못하고 불교와 양명학, 노장사상을 공부하였고, 선불교의 백골관[38]에 따라 수행하다가 종종 발작을 일으키기도 했다. 30세 중반에 주자학과 불교를 벗어나 고의학古義學이라는 독창적 방법론을 확립했다. 『논어』, 『맹자』의 해석서인 『논어고의論語古義』,[39] 『맹자고의孟子古義』와 『논어』·『맹자』의 주요 용어를 해설한 『어맹자의語孟字義』,[40] 자신의 사상을 문답형식으로 쉽게 정리한 『동자문童子問』[41] 등 많은 책을 저술하였다.

교토 호리가와에 있는 자신의 집에 고의당古義堂이라는 학교를 열어 강의를 시작하면서 명성이 널리 알려졌다. 구마모토, 히고 등에서 그를 선생으로 초

---

38 선불교의 수행 방법 중 하나로 피륙이 모두 없어지고 단지 백골만이 남아 있는 것처럼 보일 때까지 수행하는 것을 말한다. 이기동, 위의 책, 2000, 38쪽.

39 이토 진사이, 『논어고의』 상·하, 소명출판, 2013.

40 다음 책에 『어맹자의』 상(上)편의 원문과 한글 번역문이 실려 있다. 이기동, 『이또오진사이 — 일본사상의 대변자(1627~1705)』, 성균관대 출판부, 2000.

41 이토 진사이, 최경열 역, 『동자문』, 그린비, 2013; 伊藤仁齋, 『童子問』, 岩波書店, 1970.

빙하였지만 모두 거절하였고, 평생 교토에 머물면서 제자와 문도들을 가르쳤다. 이들의 숫자는 많을 때는 3,000명에 이르렀다고 전해질 정도로 융성하였고, 아들 도가이東涯를 비롯하여 우수한 학자들도 많이 배출되어 큰 학파를 형성하였다.

진사이는 자신이 창안한 고의학의 방법을 통해 공자의 저술로 알려져 있는『대학大學』은 공자가 직접 저술한 책이 아니며,『중용』에도 이본異本이 삽입되어 있다는 것을 찾아냈다.『논어』에는 제자 안회가 죽었을 때 공자가 통곡하는 모습을 보이는 등 인간적 모습이 곳곳에 기록되어 있는 반면,『대학』에는 인간의 희로애락과 같은 감정이 나타나있지 않기 때문에 공자가 썼을 리가 없다는 의문을 가진 끝에 면밀한 문헌비판을 거쳐 이 사실을 밝혀냈다. 이 일은 중국에도 알려져 중국 학계를 경탄시켰다고 한다.[42]

1681년 유럽에서 고문서 검증에 관한 책이 한 권 발간되었다. 프랑스 역사학자 장 마비용Jean Mabillon, 1632~1707의『고문서학De re diplomatica』[43]이다. 고문서 기록에 대한 비판과 검증의 기초를 확립한 것으로 평가받고 있을 만큼 중요한 책이다. 장 마비용의「고문서학」과 거의 같은 시점에 이토 진사이가 고의학적 방법을 통해『대학』과『중용』에 이본이 삽입되어 있다는 것을 구별해 내고, 이어서 오규 소라이가 고대 중국 문헌을 실증적·고증적으로 탐구하는 고문사학을 제창했다는 사실은 당시 일본의 학문수준이 어떠했는지를 잘 말해준다.

---

42 미나모토 료엔,『도쿠가와 시대의 철학사상』, 예문서원, 2000, 72~73쪽.
43 마르크 블로크는 이에 대해 1681년은 인간정신의 역사에서 참으로 획기적인 연대였다고 높게 평가했다. 마르크 블로크, 고봉만 역,『역사를 위한 변명』, 한길사, 2007, 111쪽.

고의학의 학문 방법

고의학은 학문 방법에서부터 주자학과 근본적으로 다르다. 이 때문에 고학의 독창적 방법론은 진사이에 의해서 시작되었다고 볼 수 있다. 오규 소라이의 고문사학 역시 고의학에서 많은 영향을 받았다. 그럼 고의학의 방법론적 특징은 무엇일까? 진사이는 우선 성현도통의 본래 뜻과 성현의 책 속에 표현되어 있는 의미를 구분하여 그것을 혈맥과 의미라고 부른다.

> 혈맥이라는 것은 성현도통(聖賢道統)의 뜻(旨)을 말한다. 맹자의 소위 인의(仁義)의 학설이 이것이다. 의미라는 것은 즉 성현의 책 속에 있는 의미 바로 그것이다. 의미는 혈맥 속에서 나온다. 따라서 학자는 먼저 혈맥을 이해함이 마땅하다.[44]

진사이는 이처럼 성현들의 책 속에 있는 개별 의미보다도 성현도통의 뜻, 혈맥을 먼저 이해해야 한다고 주장했다. 이러한 방법론에 입각해 그는 주자학이 공자의 참뜻을 잘못 이해하고 있다고 비판했다. 즉 주자학자 등 공자 이후의 유학자들은 성현도통의 뜻인 혈맥을 바탕으로 『논어』를 이해하지 않고, 노장사상이나 불교 또는 그 밖의 다른 사상의 시각에서 읽고 있다는 것이다. 따라서 진사이는 주자학의 『논어』 주석을 그대로 믿어서는 안 되며, 고의학의 방법을 통하여 공자가 말씀하신 본래 참뜻을 회복해야 한다고 주장했다.[45]

진사이는 또한 주자학의 도학적 합리주의보다 일상생활의 경험을 더 중요

---

44 伊藤仁齋, 「語孟字義」上, 『伊藤仁齋 · 伊藤東涯』(日本思想大系 33), 岩波書店, 1971, 76~77쪽.
45 中野剛志, 『プラグマティズムからナショナリズムへ』, ちくま新書, 2012, 62~63쪽.

하게 생각했다. 이에 따라 인간사회를 생생하게 변화해 가는 것(활물活物)으로 보았으며, 인간은 리理에 의해 규정되는 도덕적 주체가 아니라 생활세계에서 살아가는 사회적 존재라고 주장했다.

생활세계의 발견

진사이는 『논어』를 지상에서뿐만 아니라 "우주 전체에서 최고의 책"[46]이라고 극찬하였다. 그렇다고 주자학자들의 주석서처럼 심오한 이론을 알아야만 『논어』를 이해할 수 있다고 보지는 않았다. 오히려 그는 공자의 사상은 일상생활 세계 속에 있다고 보았다. 『논어』 역시 생활 속의 상식이나 경험칙, 일상적 감각의 의의를 기록한 책이기 때문에, 생활 속에서 일반적으로 공유하는 상식만 있으면 참뜻을 이해할 수 있다고 보았다. "도道란 일상생활에 맞게 인륜이 걸어가야 할 길"[47]이며, "천하에 존재하고 있어 곳곳마다 이르지 않는 곳이 없고, 때에 따라 마땅하지 않은 것도 없으며, 고금에 걸쳐 변함없이, 일상생활에서 인륜으로 행해지고 있는 것으로서, 소리도 없고 냄새도 없는 리理는 아니다"[48]라고 말한 것은 이 때문이다.

인의(仁義)의 정치철학

이토 진사이는 요순임금보다도 공자를 더 존경하였다. 요순임금은 백성을 알게 모르게 교화시킴으로써 태평 시대를 이룬 군주였지만 공자는 백성들이 도를 깨우치도록 노력하였는데, 백성들이 도를 깨우치지 못한 요순임금 시대

---

46 伊藤仁齋, 淸水 茂 校註, 『童子問』上, 岩波文庫, 1970, 제5장. 한글 번역본은 이토 진사이, 앞의 책, 29·152쪽.
47 伊藤仁齋, 앞의 책, 1971, 27쪽.
48 伊藤仁齋, 앞의 책, 1970, 9쪽.

는 요순임금이 죽고 나자 금방 전쟁과 혼란과 시대로 다시 돌아가 버린 반면, 공자의 도는 2,000년이 지난 진사이의 시대에까지 이어지고 있다고 보았기 때문이다.[49] 따라서 그는 요순임금 시대의 제도를 기록해 놓은 오경보다 공자의 사상을 정리해 놓은 『논어』를 더 중요하게 여겼으며, 『논어』에 나오는 여러 규범 중에서도 인(仁)을 가장 핵심적인 덕목으로 보았다.

> 인의 덕은 크다. 한마디로 표현한다면 사랑이라는 말밖에 없다. 군신 사이에서는 그것을 의(義)라고 부르고, 부자 사이에서는 그것을 친(親)이라고 부르며, 부부 사이에서는 그것을 별(別)이라고 부르고, 형제 사이에서는 그것을 서(敍)라고 부르고, 친구 사이에서는 그것을 신(信)이라고 부른다. 모두 사랑에서 나온다. 공자가 인을 최고의 덕이라고 한 것도, 성문(聖門)을 말하는 한 글자가 인(仁)인 까닭도 바로 이 때문이다.[50]
>
> ─「동자문(童子問)」 제39장

이처럼 진사이는, 인(仁)은 한 마디로 표현해 사랑이며, 구체적인 인간관계에서는 오륜(五倫)으로 각각 다르게 나타난다고 말한다. 즉 군신 사이에서는 의리로, 부자 사이에서는 친밀함으로, 부부 사이에서는 구별로, 형제 사이에서는 질서로, 그리고 친구 사이에서는 믿음이라는 규범이 된다는 것이다.

한편 구체적 인간관계를 규율하는 외적 규범인 오륜을 잘못 적용하면, 오히려 사람의 행동을 구속하는 형식적 제약이 되어 다른 사람을 질책하는 데 쓰이기 쉽다. 이러한 폐단을 막기 위해 진사이는 구체적 인간관계를 규율하

---

49 미나모토 료엔, 앞의 책, 78쪽.
50 伊藤仁齋, 앞의 책, 1970, 64쪽. 한글 번역본은 이토 진사이, 앞의 책, 107쪽.

는 오류은 궁극적으로는 사랑하는 마음인 인(仁)에 의해 뒷받침되지 않으면 안 되며, 특정한 사람에게 편향되지 않고 모든 사람에게 똑같이 베풀어져야 한다고 보았다.

> 여기에서만 행해지고 저기에서는 행해지지 않는 것은 인이라고 할 수 없다. 한 사람에게만 베풀고 열 사람에게는 베풀지 않아도 인이라고 할 수 없다. 숨 쉴 때도 존재하고 꿈속에도 통하고, 마음은 사랑을 떠나지 않고 사랑은 마음속에서 온전하게 한 덩어리가 되는 것 이것이 바로 인이다.[51]
>
> ―「동자문(童子問)」 제43장

이처럼 사람을 진심으로 사랑하면 상대방도 똑같이 대할 것이기 때문에 세상에서 이루지 못할 일이 없다고도 말한다.

> 내가 진실로 사람을 사랑한다면 사람 역시 나를 사랑한다. 서로 친하고 서로 사랑하는 것, 부모의 친함과 같고, 형제의 화목함과 같고, 행하여 얻지 못하는 것이 없고, 일로서 이루어지지 않는 것이 없다.[52]
>
> ―「동자문(童子問)」 제44장

진사이는 다른 어떤 덕목보다도 사랑인 인(仁)을 중요하게 생각하면서, 사랑이 있으면 모든 것이 다 이루어질 수 있다고 확신한다. 이런 면에서 진사이의 사상은 "사랑의 낙관주의 위에 세운 도덕철학"[53]이라고도 말한다.

---

51   위의 책, 70쪽. 한글 번역본은 이토 진사이, 위의 책, 118쪽.
52   위의 책, 71쪽. 한글 번역본은 이토 진사이, 위의 책, 119쪽.

사랑과 함께 진사이가 중요시한 또 다른 덕목은 의리義이다. 의義는 사랑이 군신 관계에서 나타나는 것으로서, 다르게 표현하면 정치적 사랑이라고도 할 수 있다. 진사이는 "의義가 없는 인仁, 즉 박애정신은 유교의 정신이 아니라 불교나 묵가墨家의 사상에 지나지 않는 것"[54]이라고 비판했다. 인仁은 의義와 균형을 이루어야 하는 도덕규범이라고 보았기 때문이다. 진사이가 말하는 인仁은 인仁만을 극단적으로 주장하는 원리주의나 박애주의와는 다르다는 것을 알 수 있다.

천하공공의 도

진사이의 왕도정치론은, 『맹자』로 『논어』를 풀고 있다[55]고 비판받을 정도로 『맹자』의 영향을 많이 받았다.[56] "왕도는 곧 인의仁義이며, 인의 밖에는 왕도가 없다"[57]는 말이나, 『동자문』 중中권 대부분에서 왕도정치론을 설명하고 있는 것에서도 잘 알 수 있다. 사실 진사이는 공자의 사상도 궁극적으로 왕도정치론에 의거하여 해석해야 하는 것으로 보았다. "만일 『맹자』를 떠나 『논어』의 자구字句에만 의거하여 해석하면, 그 참뜻義을 얻지 못할 뿐만 아니라 도道를 크게 착각하게 될 것"[58]이라고까지 경계하고 있다.

이처럼 진사이의 왕도정치론은 『맹자』를 떠나서는 이해될 수 없다. 그런데 『맹자』는 대부분의 유학자들이 기피하던 책이었다. 『맹자』를 실은 배는 반드

---

53 渡辺 浩, 『日本政治思想史』, 東京大學出版會, 2010, 제7장.
54 中野剛志, 앞의 책, 90쪽.
55 荻生徂徠, 「弁道제11조」, 『日本思想大系 36』, 岩波書店, 1973.
56 왕도정치론뿐만 아니라 인성론, 도덕론까지 『맹자』의 영향을 많이 받았다는 주장도 있다. 고희탁, 『일본 근세의 공공적 삶과 윤리』, 논형, 2009, 92쪽.
57 伊藤仁齋, 앞의 책, 1970, 95쪽.
58 위의 책, 24쪽.

시 침몰한다는 속설까지 있을 정도였다. 에도 시대 유학자들이 『맹자』를 기피한 진짜 이유는 왕도정치론과 역성혁명론 때문이었다. 천황의 황통이 아마테라스 신의 신칙에 의해 영원무궁할 것으로 생각하는 사람들에게 『맹자』의 역성혁명론은 매우 위험한 사상이었기 때문이다. 그럼에도 불구하고 진사이는 역성혁명론을 피하기는커녕, 탕왕과 무왕의 방벌을 보편적 도(道)라고까지 주장했다.[59] 이러한 해석은 에도 시대 어떤 유학자보다도 급진적인 것이다.

> 탕왕과 무왕의 방벌[60]과 같은 일은 도(道)라고 해야 하며, 권(權)이라고 불러서는 안 된다. 왜냐? (…중략…) 도라는 것은 **천하가 공공(公共)하는 것**으로 한 사람의 사적 감정에 의할 것이 아니다. 따라서 천하를 위해 잔학한 사람을 제거한 것을 가리켜 인이라고 말하는 것이다. 천하를 위해 도적을 물리친 것을 가리켜 의라고 말하는 것이다. 만일 탕왕, 무왕이 걸과 주를 방벌하지 못하여 그 악이 고쳐지지 않았다면 탕왕과 무왕 같은 사람이 나타나 이들을 죽였을 것이다.[61]

『어맹자의』에 있는 이 문장은 진사이가 왕도정치와 역성혁명을 어떻게 이

---

59 이토 진사이, 장원철 역, 『논어고의』(상), 소명출판, 2013, 418~421쪽. 이토 진사이는 권(權)과 도(道)를 명확하게 구별하고 있다. 권(權)은 개인의 사적인 정에 의하는 것으로 개인이 능히 할 수 있는 것인 반면, 도(道)는 천하 공공의 일이라고 말하고 있다. 따라서 천하의 인심을 좇아 탕왕과 무왕이 했던 방벌은 임금을 살해한 것이 아니라, 한 평범한 인간인 주(紂, 은나라 임금)를 죽인 것으로서 인(仁)의 극치이자 의(義)의 극치이기 때문에 마땅히 도(道)라고 해야지 권(權)이라고 해선 안 된다고 말하고 있다.

60 보통 다른 나라를 군사를 동원하여 치는 것을 정벌이라고 하지만 『맹자』에서 정(征)과 벌(伐)을 전혀 다른 의미로 구별하고 있다. 『맹자』는 위에서 아랫사람의 잘못을 쳐 바로잡는 것은 정이라고 하고 아랫사람이 윗사람의 잘못을 쳐 바로잡는 것은 벌이라고 한다. 성백효, 『맹자집주－진심장구(盡心章句) 하 2』, 전통문화연구회, 2006, 581쪽.

61 伊藤仁齋, 앞의 책, 1971, 權四. 한글번역은 이기동, 『이또오 진사이』, 성균관대 출판부, 2000, 167~171쪽.

해하는 있는지 잘 보여주고 있다. 그는 걸과 주 같은 폭군을 제거하는 것을 도道라고 정의한다. 따라서 걸과 주 같은 폭군을 제거하는 일은 도의 실현이 되고 필연이 된다. 탕왕과 무왕 같은 성인이 없었다면 다른 사람이 나타나 천하를 위해 폭군을 제거하였을 거라는 확신도, 폭군에 대한 방벌과 역성혁명은 도道라는 전제가 있기에 가능했다. 그런데 진사이는 여기서 더 나아간다.

> 그런 사람이 위에 없었다면 반드시 아래에 있었을 것이며, 혼자 할 수 없었다면 천하가 함께 행했을 것이다. [62]

인용문에서 알 수 있듯이 진사이는, 맹자가 엄격하게 제한한 방벌의 주체를 백성에게까지 확대하여, 만약 탕왕과 무왕이 없었더라면 '아래에서' 탕왕과 무왕을 대신할 사람이 나타났을 것이며, 만약 그것이 잘 되지 않았더라면, '천하'가 들고 일어나 걸과 주를 방벌했을 거라고 말한다.

방벌의 주체를 아랫사람이나 천하로 확대하는 것은 맹자나 에도 시대 유학자들에게는 상상도 할 수 없는 혁명적 사고방식이다. 맹자는 왕조의 정통성과 안정성을 유지하기 위해서 방벌의 주체를 엄격히 제한하고 있기 때문이다. 『맹자』「만장 하」편에 방벌의 주체에 관한 내용이 나온다. 제齊나라 선왕宣王과의 대화에서 맹자는, 경卿에는 군주와 친척인 경과 성姓이 다른 경이 있다고 설명한 뒤, 다음과 같이 이야기한다.

> 친척인 경은 군주가 큰 잘못을 했을 경우 간언을 반복하고 그래도 듣지 않을 경

---

62   위의 책, 權四.

우에는 군주의 자리를 바꿀 수 있지만, 성이 다른 경일 경우에는 간언을 반복해도 군주가 듣지 않으면 그냥 떠나면 된다.[63]

이처럼 맹자는 친척인 경은 방벌의 주체로 인정하지만, 성이 다른 경은 방벌의 주체로 인정하지 않았다. 경은 군주 바로 아래의 신분에 해당한다. 맹자는 왕조의 정통성과 안정성을 위해 경 중에서도 성이 같은 군주의 친척에게만 방벌을 인정했던 것이다. 진사이의 왕도정치론의 혁명성은 이처럼 맹자가 방벌의 주체에 채워놓은 안전장치를 끊어버린 데 있다.

에도 시대는 엄격한 신분 사회였다. 사람들에게는 모두 각각의 신분에 맞는 역할들이 고정되어 있었고 그 영역을 넘어설 경우에는 가혹한 처벌을 받았다. 공적 영역 즉 정치와 행정의 영역은 사무라이가 독점하고 있었기 때문에 농민, 수공업자, 상인 계층 등 일반 백성들이 공적 영역에 관해 의견을 표시하는 것은 금지되어 있었다. 그러나 진사이는 탕왕과 무왕의 방벌을 보편적 성격을 가지는 도道로 보았을 뿐만 아니라, 나아가 그 방벌을 담당할 주체를 아랫사람과 천하[64]의 백성에게까지 확대했다. 이것은 공적 영역에 참가하는 것이 금지되어 있는 일반 백성도 공적 영역의 주체로 인정하는 혁명적인 사고방식이었다. 진사이가 '천하공공의 도'를 가장 먼저 제창한 선구자[65]로 불리고 있는 것도 여기서 유래한다.

---

63 성백효, 『맹자집주－만장장구(萬章章句) 하 9』, 전통문화연구회, 2006, 441~443쪽.
64 여기서 말하는 천하란 국가의 영역에 속하는 국가 기구나 제도를 말하는 것뿐 아니라 그 속에 살고 있는 사람들까지도 포함된다. 즉 진사이가 말하는 천하에는 사무라이뿐만 아니라 일반 서민, 즉 일반 백성까지도 포함된다. 이처럼 진사이는 천하의 의미를 확대하여 방벌의 주체로 일반 백성에게까지 확대했다.
65 고희탁, 『일본 근세의 공공적 삶과 윤리』, 논형, 2009, 92~95쪽.

인의의 정치와 존왕양이론

진사이는 『논어고의』에서 인의의 정치가 이뤄지는 곳에서는 왕조가 오랫동안 지속되며, 진무 천황의 건국 이래 황통이 끊임없이 이어지고 있는 것도 이 때문[66]이라고 말하고 있다. 황통의 연속성을 근거로 일본의 우수성을 주장하는 견해는 진사이 외에도 많이 있다. 다만 대부분 『고사기』나 『일본서기』 같은 고대 일본의 역사책이나 신화에서 근거를 찾고 있는 점이 다르다.

그런데 중화사상에 의하면, 중국은 성인의 나라고 일본은 오랑캐夷狄의 나라다. 이 때문에 일본 유학자가 자기 나라의 우수성의 근거를 중국 유학에서 찾기는 쉽지 않았다. 설사 있다 하더라도 중화사상에 대한 반발이나 열등감의 보상심리로 인해 왜곡된 형태로 나타나기 쉽다.[67] 하지만 진사이는 일본의 우수성을 논어의 핵심사상인 인의의 정치에서 찾음으로써 이러한 심리적 왜곡을 극복한다. 일본에서 황통이 끊어지지 않고 이어지는 것은 논어의 인의의 정치·왕도정치가 현실에서 실현되고 있음을 증명하는 것으로 보았기 때문이다. 이처럼 황통의 연속성에 의해 일본의 우수성을 주장하는 진사이의 정치사상은 뒷날 후기 미토학이 강조하는 존왕양이론으로 이어져 일본 민족주의가 형성되는 데 크게 기여한다.[68]

---

66 이토 진사이, 장원철 역, 『논어고의』(상), 소명출판, 2013, 401~404쪽.
67 佐藤誠三郎, 『'死の跳躍'を越えて西洋の衝撃と日本』, 千倉書房, 2009, 4~13쪽.
68 中野剛志, 앞의 책, 98~100쪽. 나카노 다케시는 자기 나라가 우월하다고 느끼는 감정을 내셔널리즘 즉 민족주의라고 본다. 그리고 그 연장선에서 이토 진사이를 일본 민족주의의 씨앗을 뿌린 사람으로 본다.

2) 오규 소라이와 선왕先王의 도道

지극한 정성과
불쌍하게 여기는 마음이 있다 하더라도,
백성을 편안하게 할 수 없다면
그것은 인(仁)이 아니다.
－오규 소라이, 「태평책」[69]

오규 소라이荻生徂徠, 1666～1728는 1666년 에도에서 태어났다. 부친 오규 고안荻生方庵은 제5대 쇼군 도쿠가와 쓰네요시를 모시고 있었지만 소라이가 14살 때 에도에서 추방되고 말았다. 이때부터 부친이 사면될 때까지 13년간 농촌에서 독학으로 한학을 공부하였다. 농촌에서의 생활경험은 농업과 농민 생활의 실태에 대한 정확한 인식을 토대로 구체적 정책론을 제시하는 데 많은 도움을 준다.

에도로 다시 돌아온 뒤 도쿠가와 쓰네요시의 측근인 야나기사와 요시야스를 섬겼고, 주자학에서 벗어나 고문사학이라는 독창적 학문을 정립했다. 50세 이후에 『변도弁道』, 『변명弁名』, 『논어징論語徵』[70] 등 고학 3부작을 썼다. 『정담政談』[71]은 그의 나이 61세 때, 「학칙」은 세상을 떠나기 직전인 62세 때 (1727) 썼다. 이 외에도 그는 병학, 의학, 고전, 시문, 음악 등 다방면에 걸쳐 저술을 남겼다.

---

69 荻生徂徠, 「太平策」, 앞의 책, 1973, 466쪽.
70 『논어징』은 한글로 번역되어 있다. 오규 소라이, 임옥균 역, 『논어징』 1~3, 소명출판, 2010.
71 『정담』은 당시 에도 사회의 문제점을 분석하고 제도 개혁 방안을 제시한 책이다. 제8대 쇼군 도쿠가와 요시무네의 명령에 따라 비밀리에 작성·제출되었다.

소라이는 에도 시대 최고의 사상가 중 한 명으로 손꼽힌다. 이토 진사이가 개척한 고의학 방법론을 더욱 발전시켜 고문사학을 창안하였을 뿐만 아니라 고학의 실천적 성격을 더욱더 심화시켜 사적私的세계와 구분되는, 공적公的 세계에 고유한 정치윤리를 제시했다. 사적 세계의 개인윤리와 공적 세계의 정치윤리를 철저하게 구분하는 그의 정치철학은 마키아벨리

오규 소라이 초상

의 『군주론』에 비견되기도 한다. 『군주론』이 근세 유럽에서 과학으로서의 정치학을 수립하였다면 소라이의 정치론은 도쿠가와 봉건 체제 아래에서 사적 세계에 묻혀있던 정치세계를 최초로 발견한 것[72]이라고 말할 수 있다. 오늘날 일본적 특징으로 불리는 많은 현상들이 소라이의 영향 아래 형성되었기 때문에 일본유학은 소라이에 의해 비로소 중국 유학의 영향에서 벗어나 일본화[73]를 이루었다고도 말해진다.

한편 소라이의 사상은 국학과 후기 미토학으로 이어져 근대 일본의 국가 체제와 국가의식이 형성되는 데도 큰 역할을 하였다. 이 때문에 소라이에 대한 평가는 극과 극을 이룰 만큼 차이가 크다. 소라이의 사상을 근대적 사상의 맹아로 보는 긍정적 평가[74]가 있는 반면, 막부 말기와 근대 일본의 국가주의

---

72 마루야마 마사오, 앞의 책, 1995, 198쪽. 고희탁은 여기에 대해, 마루야마는 소라이를 마키아벨리에 비유함으로써 도덕과 정치의 분리를 강조하였지만, 소라이는 단순히 도덕과 정치를 분리하여 종래 개인적 도덕을 그대로 정치화하는 것이 아니라 이른바 공공영역에 요구되는 새로운 윤리로서 정치윤리의 토대를 마련하려고 했다고 주장한다. 고희탁, 『일본 근세의 공공적 삶과 윤리』, 논형, 2009, 129쪽.

73 荻生徂徠, 尾藤正英 譯, 앞의 책, 326~330쪽.

74 마루야마 마사오, 앞의 책, 1995, 제3절 참조. 전후 일본에서는 소라이의 사상을 후기 미

사상의 원류라고 보는 비판적 평가[75]도 있다.

소라이의 학문방법론과 선왕(先王)의 길(道)

소라이는 이토 진사이의 고의학을 발전시켜 고문사학이라는 새로운 방법론을 개척했다. 고문사학은 고대 중국의 걸출한 통치자였던 요, 순, 우 임금 같은 선왕先王이 만든 도를 기록하고 있는 경전을 그 시대의 언어 사용법에 따라 읽어야 한다는 방법론을 말한다.

소라이에 따르면 인류가 발생한 이후 사물에는 각각 고유한 명칭이 부여되었다. 처음에는 형태가 있는 것에만 부여되었지만, 성인이 세상에 나타난 뒤에는 형체가 없는 사물 즉 사회적 사실이나 규범에도 부여되었고, 그 이후부터는 형체가 없는 것에도 부여되었다. 그런데 세월이 흘러감에 따라 사물은 물론이고 사회적 사실이나 규범도 변하고, 후세 사람들도 자기 마음대로 이해하고 새로운 이름을 붙이는 바람에 고대 선왕이 보여준 참된 도가 정확하게 전해지지 않게 되어버렸다고 보았다.

> 세상은 말을 싣고서 변해가며, 말은 도를 싣고서 변해간다. 도가 밝지 않은 것은 바로 여기서 유래한다. (「학칙」)[76]

소라이는 그 이유를 참된 도가 주자학과 불교에 의해 왜곡되었기 때문이

토학의 민족주의와 연결시켜 부정적으로 보는 견해가 많다. 이러한 견해는 소라이의 사상을 호국의 귀신과 같은 국가주의 논리 혹은 국체론의 기원 중 하나로 본다. 片岡龍, 苅部直 編, 『日本思想史ハンドブック』, 新書館, 2008, 98쪽.

75 荻生徂徠, 尾藤正英 譯, 앞의 책, 330쪽.
76 荻生徂徠, 「學則」, 앞의 책, 1973, 190쪽.

라고 보았고, 「학칙」, 「태평책」, 『변도』, 『변명』 등의 저술에서 주자학과 불교를 끊임없이 비판하였다.

> 유학자 무리들은 성인의 길이 천하, 국가를 다스리는 길이라는 것을 뒤로 제쳐 두고 하늘의 이치(天理), 인간의 욕망(人慾), 이기(理氣), 음양오행(陰陽五行) 등과 같은 고묘한(高妙) 주장들을 앞세워, 지경(持經), 주정(主靜), 격물, 치지, 성의, 성심 등과 같이 승려들에게나 어울리는 것을 참된 것(誠)으로 생각한다.(「태평책」)[77]

이런 관점에서 소라이는 변해버린 세상과 변해버린 언어를 넘어 선왕이 남긴 도를 밝히기 위해서는 선왕이 만든 제도문물을 기록하고 있는 육경六經을 그 당시의 언어사용법, 즉 금언今言이 아닌 고언古言에 따라 해석해야 한다고 주장했다. 『논어』, 『맹자』 같은 중국 고전도 일본식으로 번역해서 읽을 것이 아니라 원래의 중국어 발음으로 읽어야 제대로 이해할 수 있다고 말했다. 실제로 소라이는 중국 고전을 중국어로 읽기 위해 나가사키에서 가정교사를 초빙해 중국어를 배우고, 한자를 비교언어학적으로 연구하여 2,434자를 해설한 『역문전제譯文筌蹄』[78]라는 한자사전을 펴내기도 했다. 이처럼 에도시대 고문사학자들은 고대 중국어, 고대 사회 제도, 문헌고증학 등을 깊이 연구했다.

그럼 여기서 소라이가 말하는 선왕은 누구를 말하는 것일까? 그것은 복희, 신농, 황제는 물론이고 요, 순, 우, 탕, 문, 주공 등 성인으로 불리는 고대 중국의 통치자들이다. 따라서 선왕의 도道는 선왕이 나라와 천하를 편안하게 하

---

77 「太平策」, 위의 책, 455쪽.
78 마루야마 마사오, 임성모 역, 『번역과 일본의 근대』, 이산, 2002, 32쪽.

기 위해 오랜 세월에 걸쳐 완성한 각종 제도를 일컫는다. 주자학의 리理나 이토 진사이의 생활세계의 상식과는 전혀 다른 차원에서 도道를 이야기하고 있는 것이다. 선왕의 도道가 기존의 유학과 고학을 구분[79]하는 핵심개념일 수밖에 없는 이유가 여기에 있다.

> 선왕의 도(道)는 선왕(先王)이 만든 것이지 천지자연의 도가 아니다. 생각건대 선왕은 총명하고 밝은(총명예지(聰明叡智)) 덕으로 천명을 받아 천하의 왕이 되었으며, 오로지 천하를 편안하게 하려는 마음으로 일했다. 이처럼 그 마음을 다하고 그 지혜를 다 짜내 이 도를 만들어 천하 후세의 사람들이 따라 행할 수 있도록 한 것이다. 이 어찌 천지에 저절로 생긴 것이겠는가. (「변도 4」)[80]

그러면 선왕(성인)의 도는 구체적으로 무엇을 말하는 것일까?

> 성인의 도는 천하를 다스리는 도와 다르지 않다. (「소라이선생문답서」)[81]

> 공자의 도는 선왕의 도(道)고 선왕의 도는 천하를 편안하게 하는 도다. (「변도 2」)[82]

> 예(禮), 악(樂), 형(刑), 정(政)을 떠나서 달리 도가 있는 것이 아니다. (「변도 3」)[83]

---

79 마루야마 마사오, 앞의 책, 1995, 340쪽.
80 荻生徂徠, 「弁道」, 앞의 책, 1973, 14쪽.
81 마루야마 마사오, 앞의 책, 1995, 195쪽.
82 荻生徂徠, 「弁道」, 앞의 책, 1973, 12쪽.
83 위의 글, 13쪽.

소라이는 선왕의 도를 인간의 주관적 내면세계가 아니라 인간의 외부에 객관적으로 존재하는 것에서, 구체적으로 요순임금 이래 고대 중국의 성인들이 나라와 천하를 편안하게 하기 위해 만든 예禮, 악樂, 형刑, 정政이라는 제도와 전통에서 찾았다.

주자학에서는 덕을 갖춘 통치자가 있으면 천하는 자연스럽게 다스려진다고 본다. 반면 소라이는 도덕의 세계와 정치의 세계를 엄격하게 구분하면서, 인간의 내면을 수양하여 덕을 갖추는 행위와 사회질서를 안정시키고 백성들을 편안하게 해야 하는 통치행위는 전혀 다른 것이라고 보았다. "선왕의 도는 예로써 마음을 다스린다"(「변도 18」)[84]는 문장에서 알 수 있듯이, 사회적인 동물인 인간은 사회제도禮를 통해 양육하고 변화시킬 수 있다고 보았던 것이다. 소라이에게 도道는 인간의 규범이지 자연법칙은 아니었다. 하늘의 도天道나 땅의 도地道라는 하는 것들도 결국은 성인의 도道를 빌려 말하는 것에 지나지 않았다.[85]

이리하여 소라이는 자연의 세계(우주론), 도덕의 세계(심성론, 수양론), 정치의 세계(정치론, 국가론)를 하나로 꿰고 있는 주자학의 고리를 끊어, 선왕의 도道를 정치세계의 독자적 원리로 자립시키고, 천하를 다스리기 위한 제도, 즉 공적 영역을 성찰한 최초의 사상가가 되었다. 그를 정치의 발견자라고 부르는 것은 이 때문이다.

사적(私的) 세계와 공적(公的) 세계
소라이는 사적 세계와 공적 세계를 분리하여, 공적 세계를 본격적으로 사

---

84   위의 글, 27쪽.
85   荻生徂徠, 「弁名上」, 앞의 책, 46쪽.

유한 최초의 사상가다. 공적세계에 대한 사유는 만년에 비밀리에 작성하여 막부에 제출한 『정담政談』[86]과 「오규소라이의율서荻生擬律書」에 잘 나타나 있다. 두 개의 사례를 통해 소라이의 공적 세계에 대한 사유가 어떤 것인지 한번 알아보자.

첫 번째 사례는 1696년 가와코에번에서 어떤 농민이 기근으로 생활고에 시달린 나머지 머리를 깎고, 이름을 도뉴道人라는 승명僧名으로 바꾼 뒤 어머니와 함께 유랑하던 도중, 어머니가 병이 나자 그냥 둔 채 에도로 떠났다가 부모를 버린 죄로 체포된 사건이다. 이에 가와코에번의 영주 야나기사와 요시야스[87]는 이 농민의 처벌을 두고 유학자들에게 자문을 구하였다. 소라이가 야나기사와 요시야스의 가신이 된 지 얼마 지나지 않았을 때였다.

야나기사와 요시야스 초상
(가노 쓰네노부 그림, 에도 시대 전기)

이에 대부분의 유학자들은 어버이를 버린 죄는 명률明律(명나라의 법률)에 없을 뿐더러 오늘날의 책에도 없다고 하면서, 도뉴가 아내와 헤어졌으면서도 어머니와 함께 걸식하면서 유랑한 것을 보면 처음부터 어머니를 버릴 마음이 있었던 것은 아니기 때문에 처벌할 수 없다는 의견을 내놓았다. 그러나 요시야스는 어버이를 버리는 사람은 어떤 경우라도 용서할 수 없다고 하면서 이를 받아들이지 않았다. 이처럼

86 荻生徂徠, 尾藤正英, 앞의 책, 2013.
87 야나기사와 요시야스(柳澤吉保, 1658~1714). 무사시 가와코에(武藏川越)의 영주로 제5대 쇼군 도쿠가와 쓰나요시의 총애를 받아 다이로격(格)으로 겐로쿠 시대의 막부 정치를 주도했다.

아코 사건을 주제로 한 우키요에(우타가와 구니요시, 1797~1861)

대부분의 유학자들이 주자학의 입장에서 농민의 주관적 동기가 어떠했는지를 따지고 있을 때 소라이는 전혀 다른 관점에서 의견을 제시했다.

그는 어버이를 버리는 일은 좀처럼 보기 힘든 일이고 이 사건은 또한 **반복해서 일어날 수 있는 유형**이기 때문에, 다른 영지에도 본보기가 될 수 있게 누군가를 처벌해야 한다는 의견을 제시했다. 다만 누가 처벌을 받아야 할 것인가라는 문제에 관해서는, 우선적으로는 농촌 지역을 통치하고 있는 다이칸代官과 군郡 부교이고 그 다음은 가로이며, 그 보다 위에 있는 사람[88]도 책임이 있으며, 이들에 비하여 그 농민의 책임은 지극히 가벼운 것이라고 주장했다. 즉 소라이는 이 사건의 책임은 근원적으로 정치를 잘못하여 농민이 유랑하는 사태를 초래한 위정자에게 있다고 주장한 것이다. 이에 요시야스는 그 농민을 마을로 돌려 보내고 경제적 지원을 해주었다.[89]

여기서 알 수 있듯이 소라이는 사람의 내면에 있는 주관적 동기를 따지지 않고, 이 사건을 언제든지 발생할 수 있는 객관적 사회현상으로 보고 미리 방지하지 못한 위정자에게 정치적 책임을 옮겨 놓음으로써 농민의 무죄를 이끌어내었다.[90]

두 번째 사례는 충신장忠臣藏 사건이라는 이름으로 널리 알려져 있는 아코 사건이다. 1702년 12월 15일 아침 에도를 발칵 뒤집어놓는 사건이 발생했다. 주군의 죽음을 억울하게 생각한 아코의 46명의 사무라이들이 천신만고 끝에 주군의 원수 기라 요시나카의 저택을 습격하여 복수한 뒤, 기라의 목을 창에 매단 채 주군의 묘가 있는 센가쿠지泉岳寺로 이동하여 그곳에서 막부의 처분

---

88   이는 가와코에번의 영주인 야나기사와 요시야스를 일컫는 것이다.
89   荻生徂徠, 尾藤正英 譯, 앞의 책, 61~63쪽.
90   마루야마 마사오, 앞의 책, 1995, 183쪽.

을 기다리고 있다는 것이었다. 이들은 그 뒤 막부의 심문을 거쳐 모두 할복자 살한다. 이 사건은 무사도의 전형적 사례로 여겨져 오늘날에도 영화, 드라마, 소설, 연극, 만화 등 다양한 장르에서 새로운 버전이 계속 제작되고 있을 정도로 유명하다. 그러나 이 사건은 그렇게 간단한 사건이 아니었다.

이 사건은 겉보기와 달리 봉건 막번 체제에 잠복되어 있던 근본적 가치들이 정면에서 충돌한 사건이었다. 가장 크게는 다이묘와 가신의 의리라는 봉건적 주종 관계에 기초한 사적 가치와 막번 체제의 질서유지라는 공적 가치가,[91] 작게는 아코 영주의 명예와 기라의 권위가 충돌했다. 이에 따라 막부 안팎에서 봉건적 의리와 무사도를 중요시하는 입장[92]과 막부의 권위와 법적, 정치적 질서유지를 중요시하는 입장 등으로 나뉘어 큰 논쟁이 벌어졌다.

그러면 소라이는 이 사건에 관해 어떤 태도를 가지고 있었을까? 그는 46인의 사무라이들이 의롭다고는 할 수 있지만, 그렇다 하더라도 그 의로움은 결국 그 무리에 한정되는, 사적 의리에 지나지 않는다고 보았다. 다만 그들의 충의忠義를 존중하여 참수형을 내리지는 말고 사무라이의 법도에 따라 명예롭게 할복할 수 있게 대우해야 한다고 주장했다.

---

91   위의 책, 184쪽.
92   무사도를 중요시하는 학자 중 대표적인 사람은 시가(滋賀)의 야마모토 쓰네토모(山本常朝, 야마모토 죠쵸)다. 그는 주군에 대한 절대적 충성, 헌신, 죽음의 각오 등 전국 시대 무사도의 덕목을 최고의 가치로 여기는 인물이었다. 그는 이 사건에 대해, 주군이 죽은 그날 밤 바로 복수를 하고 센가쿠지에서 할복을 했어야 했다고 주장하면서, 주군의 복수를 연기한 사이에 혹시 기라가 병이라도 나서 죽어버렸다면 어쩔 뻔했는가라고 『엽은(葉隱, 하가쿠레)』에서 비판하였다. 『엽은』은 그가 은거 중에 구술한 것을 다시로 쓰라모토(田代陣基)가 필기하여 완성됐다. 야마모토 쓰네토모의 원저작 외에도 미시마 유키오 등 많은 사람들이 『엽은』과 관련한 책을 썼다. 山本常朝・田代陣基, 『葉隱』, たちばな出版, 2003; 和辻哲郎, 『葉隱』 上・中・下, 岩波書店, 1940; 三島由紀夫, 『葉隱入門』, 新潮社, 1983.

아코 사건의 주모자 오이시 구라노스케 동상(도쿄시)

의리(義)는 자신의 몸을 깨끗하게 하는 도이며, 법은 천하의 사람들이 따라야 할 규범이다. 예(禮)로써 마음을 다스리고 의(義)로써 일을 다스린다. 지금 46인의 사무라이들이 그 주군을 위해서 원수를 갚은 것은 옆에서 섬긴 사람들이 부끄러움을 아는 것이다. 자신을 깨끗이 하는 도리로서 그 일은 의롭다고 할 수 있지만 그것은 그 무리(黨)에 한정되는 일이므로 궁극적으로는 사적 논의(私論)일 뿐이다. (…중략…) 지금 46인의 사무라이들의 죄를 결정하면서 사무라이의 예로써 할복에 처한다면 우에스기 가문[93]의 바람도 헛되지 않을 것이며, 또 그들의 충의를 가볍게 여

---

93 살해당한 기라 요시나카의 아들 중 하나가 우에스기 가문의 양자가 되어 가독을 상속하였다. 이에 늘 신변의 위협을 느끼고 있던 기라는 우에스기가 옆에 새로운 저택을 지어 이사했다. 기라는 강한 군사력을 보유하고 있는 우에스기가 옆에 있으면 그들의 도움으로 안전하게 지낼 수 있다고 생각했다.

기지 않는 도리 역시 공론(公論)이라고 할 수 있을 것이다. 만일 사론으로 공론을 해친다며 앞으로 천하의 법도가 서지 않게 될 것이다.[94]

이처럼 소라이는 46인의 사무라이들의 충의를 존중하여 일반적 살인범들에게 내리는 참수형에는 반대했다. 소라이의 의견에 따라 결정된 것인지 어떤지는 정확하게 알 수 없지만 막부는 이 사건을 소라이의 의견과 같은 방식으로 처리했다.

지금까지의 논의에서 알 수 있듯이 소라이는 사론私論은 사적 영역에 국한시켜야하며, 사론이 공론을 해치거나 공적 영역에 적용되어서는 안 된다고 주장했다. 사적 영역에 대한 공적 영역의 우위를 인정하는 이러한 사유방식을 정치적 사유의 우위,[95] 유교의 정치화[96]라고도 말한다.

공적세계의 새로운 윤리

소라이의 정치적 사유는 사적 세계와 공적 세계를 분리한 토대 위에서 공적 세계에 관한 새로운 윤리관을 제시했다는 데에 큰 의미가 있다. 소라이에 이르러서 자신의 몸과 마음을 잘 다스리면 천하국가도 자연히 다스려진다는 주자학적 낙관주의도 비로소 가치의 전환[97]을 이룰 수 있었다. 그는 그러한 낙관주의는 불가佛家나 도가道家에서나 내놓는 주장이며, 아무리 마음을 다스리고 몸을 닦아서 흠 하나 없는 옥과 같이 수행한다 해도 실제 국가를 다스리는 도를 모르면 아무런 도움이 되지 않는다[98]고 비판했다. 나아가 이러한 비

---

94   마루야마 마사오, 앞의 책, 1995, 187쪽.
95   위의 책, 188쪽.
96   위의 책, 234쪽.
97   위의 책, 197쪽.

판을 통해 내면세계의 탐구에서 벗어나 정치 세계에 고유한 공적 윤리를 세우고 나아가 유학을 왕도정치를 실현하는 정치학으로 재정립하려고 했다.[99] 군주에게 인(仁)은 백성을 불쌍히 여기는 마음이 아니라 실제로 백성들의 생활을 편안하게 해주는 것이어야 하며 그것을 실현하기 위해서라면 유학에서 말하는 도리를 벗어나는 경우가 있더라도 기꺼이 해야 한다고 강조한 것도 이 때문이다.

> 백성을 편안하게 하는 것(安民)이 인(仁)이며 사람을 아는 것(知人)이 지혜(智)
> 다. 후세의 유학자들이 말하는 것처럼 지극한 정성과 불쌍하게 여기는 마음이 있다
> 고 하더라도 백성을 편안하게 할 수 없다면 그것은 인(仁)이 아니며, 아무리 자비
> 심이 있다고 하더라도 그것은 모두 헛된 인이고 아녀자(婦人)의 인(仁)이라 할 것
> 이며, 엄마가 자식을 예뻐하는 것과 같은 것이다. (「태평책」)[100]

> 군주된 이는 설령 도리(道理)에 벗어나 사람들의 비웃음을 살 만한 일이라 하더
> 라도 백성들을 편안하게 할 수 있는 일이라면 그 어떤 것이라도 기꺼이 하겠다는
> 정도의 마음을 가져야 진정한 백성의 부모라고 말할 수 있다. (「태평책」)[101]

공적 세계에서 주자학의 도학적 규범을 떼내 새로운 정치윤리를 확립하려고 했던 소라이의 시도는 유럽에서 종교와 도덕의 제약으로부터 정치를 독립시켜 근대 정치학의 토대를 마련한 마키아벨리를 연상시킨다. 마키아벨리는

---

98   위의 책, 196쪽.
99   고희탁, 『일본 근세의 공공적 삶과 윤리』, 논형, 2009, 131쪽.
100 荻生徂徠, 「太平策」, 앞의 책, 1973, 466쪽.
101 위의 글, 467쪽.

『군주론』에서 악덕을 무릅쓰지 않고 통치를 할 수 없는 경우에는 비방을 감수하는 것도 주저해서는 안 된다[102]고 주장했다. 소라이도 마키아벨리도 사적 세계를 규율하는 도덕과 종교의 가치로부터 공적 세계의 독자적 윤리, 즉 근대 정치학의 새로운 방향을 제시했다는 점에서는 같다. 다만 소라이가 백성을 편안하게 하는 것安民을 중요시한 반면 마키아벨리는 국가의 독립을 유지하기 위한 정치적 기교를 더 중요시했다. 이 차이는 에도 시대 일본은 오랜 평화 속에서 겐로쿠 시대라는 문화적, 정치적 황금기를 맞이하고 있었던 반면 마키아벨리의 조국 피렌체는 외세의 끊임없는 침략으로 인해 밖으로는 독립을 유지하고 안으로는 분열을 극복해야 하는 절박한 역사적 상황에 처해있었기 때문에 나오는 것이다.

마지막으로 소라이는 당시 공적세계의 최고 권력자인 쇼군을 어떻게 보고 있었을까? 그 역시 쇼군을 최고 권력자로 보았다. 다만 그는 쇼군을 봉건 막번체제를 구성하는 '공公적 세계의 주체' 중 한 명으로, 즉 270여 명의 다이묘 중 가장 넓은 영지와 가장 강한 권력을 가진 한 명의 다이묘로는 보지 않았다. 오히려 그는 당시의 사회경제적인 모순을 극복하기 위해서는 쇼군이 더 강력한 권한을 행사해야 한다고 보았다. 봉건 막번체제보다 훨씬 더 중앙집권적인 국가권력을 기대했던 것이다. 온 천하가 모두 쇼군의 영지이고, 사실상 일본 전체를 소유하고 있음에도 불구하고 쇼군들이 전국의 다이묘 중에서 가장 큰 영지를 보유한 한 명의 다이묘로서의 역할에 안주하고 있다고 비판했던 것은 이 때문이었다.

---

102 니콜로 마키아벨리, 신재일 역,『군주론』, 서해문집, 2005, 133쪽.

무사토착론

소라이가 만년에 쓴 『정담』이라는 책에는 당시 쇼군가와 다이묘들이 극심한 재정난에 빠져 있고, 사무라이들도 궁핍에 시달리고 있는 사정이 잘 나타나 있다. 이 문제는 에도 등 대도시가 거대한 소비 도시로 바뀌고 전국에 걸쳐 상품경제화가 진행되는 등 급속히 발전한 반면 사회 경제 체제는 여전히 막부와 번 중심의 폐쇄적 구조를 유지하고 있는 모순에서 나오는 것이었다. 이를 해결하기 위해 소라이는 다양한 정책적 대안을 제시한다. 물가의 불안정[103]과 계층 간 빈부격차의 확대를 저지하기 위해 부족한 금·은 화폐 대신 동전을 확대공급[104]하는 방안 등 여러 가지가 있지만, 이 책의 내용과 관련해 주목할 만한 것으로는 무사토착론이 있다.

무사토착론은 사무라이가 에도에 살면서 도시주민화되는 것은 에도 상인에게만 이익이 될 뿐[105]이기 때문에, 사무라이의 도를 재흥하고 이들의 빈곤을 근본적으로 해결하기 위해서는 병농 분리 정책을 폐지하고 사무라이를 자신의 영지에 토착화[106]시켜야 한다는 방안이다. 무사토착론은 에도 막부의 병농 분리 정책에 정면으로 배치될 뿐만 아니라, 사회 경제적 발전 방향과도 맞지 않는 시대역행적 구상으로 보인다. 하지만 사무라이의 토착화라는 제안에는 사회 경제적 측면에서뿐만 아니라 군사적 측면에서도 중요한 의미가 담겨 있었다. 모든 사무라이에게 땅(지행소知行所)[107]을 지급하여 그곳에 살게 한

---

103 荻生徂徠, 尾藤正英 譯, 앞의 책, 122~127쪽.
104 위의 책, 127~138쪽.
105 위의 책, 73쪽.
106 위의 책, 84쪽.
107 에도 시대에 쇼군 혹은 다이묘가 가신에게 지급하던 토지를 말한다. 그 지역 안에 있는 백성에 대한 지배권도 포함된다. 일반적으로 막부의 하타모토, 고케닌이나 다이묘의 상급가신에게 지급되었다.

다면 병력의 규모도 옛날처럼 늘어나고 사무라이들의 용맹스러운 풍토도 다시 살아날 수 있을 것이라고 보았기 때문이다. 소라이의 이 구상은 그러나 받아들여지지 않았다.

무사토착론은 그 뒤 미토학자들에 의해 받아들여지고 조슈에 의해 계승[108]된다. 미토에서 해안 경비를 위해 사무라이들을 연안에 배치한 것이나 조슈의 존왕양이 지도자였던 다카스기 신사쿠가 만들었던 제대諸隊[109]라는 형태의 새로운 부대는 바로 소라이의 이 무사토착론 구상에서 나온 것이었다. 그렇다고 해서 소라이가 봉건 체제를 파괴하려는 의도를 가지고 있었던 것은 아니다. 오히려 그는 봉건 체제의 위기를 일찍 간파하고 이를 재구축하기 위해 노력했던 인물이었다. 다만 기대와 달리 도쿠가와 봉건 체제를 해체하고 근대적 통일 국가를 새로 수립하려는 다음 세대의 강렬한 열망이 소라이를 타고 넘어 갔을 뿐이다.

이런 측면에서 소라이는 에도 시대의 근본적 모순을 일찍 직감했던 "위기의 사상가"[110]면서, 동시에 근대의 정치 사상적 맹아를 제시했던 인물이었다.

---

108 中野剛志, 앞의 책, 2012, 146쪽. 나카노 다케시는 이 책에서 미토학이 국민 통합을 목적으로 하고 있다고 주장한다. 그러나 당시 지배 계층의 피지배 계층에 대한 불신과 차별의식을 생각할 때 이러한 주장은 옳지 않다. 오히려 미토학은 병농일치에 의한 번 내 통합, 번 외부적인 측면에서는 막부를 중심으로 한 국가 통합을 지향했다고 보는 것이 맞을 것이다. 나카노 다케시의 이러한 주장은 에도 시대에서 유신 직후의 주요한 사상가인 이토 진사이, 오규 소라이, 아이자와 세이시사이, 후쿠자와 유키치 등 네 명을 직렬로 연결시켜 실용주의적 민족주의로 계보화 하려는 그의 독특한 내셔널리즘 때문에 나온 것이지만 앞의 세 명과 후쿠자와 유키치 사이에는 깊은 간격이 있다는 것을 무시하고 있다.

109 이 책 제5장 제1절의 제3항 막부말기의 부국강병 정책 중 유력 번의 부국강병 정책 참조.

110 마루야마 마사오, 앞의 책, 1995, 250쪽.

3. 공공성과 유신혁명

1) 공의公儀와 공공성 – 대정위임론大政委任論

쇼군과 정이대장군

쇼군의 직책은 원래 정이대장군征夷大將軍[111]이었다. 정이대장군은 8세기에 들어서 왜구[112]나 이민족[113]들이 변방의 국경을 침범하자 천황이 자신의 권한을 일시적으로 위임해 토벌부대의 장수를 정이대장군에 임명하던 관행에서 유래한다. 따라서 정이대장군은 천황을 대리하여 현지에 파견된 군의 최고사령관으로서 그 지역의 모든 무사를 지휘할 수 있는 권한을 가지고 있었다. 최초로 이 직책을 받았던 사람은 794년 1월 1일 정이대장군에 임명된 오토모노 오토마로大伴弟麻呂, 731~809였다.

그 뒤 호조가北条家의 귀족정치가 오랜 기간 이어지면서 율령제에 기반을 둔 천황제 국가 체제가 유명무실해지자 규슈와 북쪽 변경에 왜구와 이민족들

---

[111] 고대 대장군의 직책명은 중화사상의 영향을 받아 정해졌다. 동서남북 4방향의 적을 각각 동이, 서융, 남만, 북적이라고 불렀는데 정이대장군은 이 중 동쪽을 방어하는 대장군이었다. 서쪽인 규슈 지역을 방어하는 대장군은 정서(진서)장군, 북쪽인 일본해를 방어하는 장군은 정적(진적)장군으로 불렸다.

[112] 우리나라에서는 왜구를 일본인 해적으로만 보고 있는 반면 일본의 중세사학자들은 고려·조선인 주체설, 고려·조선인과 일본인 연합설 등 여러 가지 주장을 한다. 무라이 쇼스케는 13세기 전반 왜구는 당초 일본 열도를 중심으로 하는 해적 집단이 중심이었지만 점차 국가지배로부터 벗어난 다민족적 집단으로 변했다고 본다. 무라이 쇼스케, 이영역, 『중세 왜인의 세계』, 소화, 2003; 니시지마 사다오, 이성시 편, 송원범 역, 『일본의 근대사 인식』, 역사비평사, 2008; 야마구치 게이지, 김현영 역, 『일본 근세의 쇄국과 개국』, 혜안, 2001.

[113] 동북지역의 국경을 침범하던 이민족을 말한다.

미나모토 요리토모 초상(왼쪽)과 다이라노 시게모리 초상(후지와라노 다카노부 그림 추정, 국보)

이 침탈해도 천황과 호조 정권은 이들을 토벌할 군사력도 경제력도 없어 방치하고만 있었다. 이에 다이라 가문平氏은 일본 서쪽 지역의 해안을 약탈하던 왜구를, 미나모토 가문源氏은 북쪽 변경 지역을 약탈하던 이민족을 자신의 무사단을 이끌고 가 각각 토벌하였다. 이 두 가문은 외적을 토벌한 공을 바탕으로 동, 서 일본에서 강력한 무사집단을 형성하였고, 100여 년에 걸친 두 가문의 치열한 경쟁 끝[114]에 미나모토 요리토모가 승리를 거둔다. 1192년 일본 최초의 무사 정권인 가마쿠라 막부는 이렇게 탄생하였다. 이후 도쿠가와 요시노부가 대정봉환大政奉還[115]을 하는 1867년까지 675년간 정이대장군을 수

---

114 처음에는 헤이케의 다이라 가문이 정권을 잡았지만 몇 번의 정쟁을 거쳐 단노우라 전투에서 미나모토 가문이 최종적으로 승리했다. 두 가문의 오랜 경쟁은 소설, 영화 등 다양한 장르에서 소재로 사용되고 있다.
115 정확하게 말해 정이대장군과 막부 체제가 폐지되는 것은 대정봉환 이후 왕정복고 쿠데타 때다. 쿠데타 세력은 왕정복고 대호령이라는 포고문을 발표해 정이대장군 등 막부 체제를 폐지하고 섭정, 관백 등 조정의 직제도 폐지했다. 일반적으로 막부 제도만 폐지한 것으로만 알려져 있지만 사실은 그렇지 않다. 쿠데타 세력은 막부뿐만 아니라 조정도 개혁 대상으로 생각하고 있었다.

장으로 하는 막부 정권이 통치권을 행사한다.

그런데 고대국가의 율령제에 의하면 정이대장군이라는 직책과 관위는 천황이 임명했으며, 정이대장군에 오를 수 있는 가문의 격도 엄격하게 규정되어 있었다. 군사력을 장악하고 있는 장군들에게 이러한 규정과 절차는 형식적인 것에 지나지 않았을 것으로 생각할 수도 있겠지만 역대 쇼군들은 모두 이를 존중하고 따랐다. 율령제의 엄격한 규정 때문에 출신 가문이 미천했던 도요토미 히데요시는 양자 제도를 활용하여 대신大臣 직위까지는 올라갔지만 가문의 한계를 극복하지 못해 정이대장군에는 끝내 오를 수 없었다. 오다 노부나가는 대신 직위를 얻기 위해 조정에 막대한 황금을 바치기도 했으며 자신은 천황 가문의 한 일파에 속한다고 주장했다. 이처럼 천황의 정신적 권위는 무력으로 정권을 장악한 쇼군과 막부에게 정권의 정당성을 인정받을 수 있는 원천이었다. 대신 쇼군은 천황과 조정을 보호하고 경제적 지원을 해주었다. 천황은 정신적 권위를, 막부는 정치적 권력을 각각 나눠 가지는 이같은 이중 권력 구조 아래 천황과 막부는 오랫동안 공생 관계를 유지했다.

대정위임론大政委任論

대정위임론이란 천황이 나라의 통치에 관한 주요 사항대정을 쇼군에게 맡겨 놓은위임 것을 말한다. 천황과 막부의 이중 권력 구조는 논리적으로 대정위임론에 근거하여 성립되었다. 하지만 막부 정권이 살아있는 동안 대정위임론에 관해 언급하는 사람은 없었다. 일본의 실제 통치권자는 명백하게 막부였고, 천황은 교토 황궁에 거의 갇혀 있었다. 천황이라는 존재 자체에 대해 대부분의 사람들은 무감각했다.

거의 유일하게 오규 소라이 정도가 천황과 쇼군의 관계에 대해 잠깐 고찰했을 뿐이다. 그는 『정담政談』에서 천하의 모든 다이묘는 쇼군의 가신(케라이家來)임에도 불구하고, 관위를 교토의 조정으로부터 받기 때문에 다이묘 중에 속으로는 교토의 조정을 진짜 주군으로 생각하는 자가 있을 수도 있다고 말하면서, 지금은 쇼군의 위력이 두려워 복종하고 있지만 말세가 되면 안심할 수 없는 사태가 생길지도 모른다고 우려하였다.[116] 막부 말기가 되자 이 우려는 현실로 변했다. 소라이도 우려만 했을 뿐, 천황과 막부의 관계에 대해 더 이상 고찰하지는 않았다. 대부분의 학자들 역시 마찬가지였다. 천황존숭론을 체계화한 모토오리 노부나가도 마찬가지였다. 그는 천황을 존숭하면서 도쿠가와 이에야스와 에도 막부의 덕도 함께 칭송했다.

이처럼 에도 시대 대부분의 학자들은 막부의 정통성을 보완하거나 막부 권력이 약화될 것을 우려하는 차원에서 천황과 막부의 관계를 고찰할 뿐이었다. 존왕론 역시 천황을 숭배하면서도 막상 천황과 막부와의 관계에 이르면 천황과 막부의 관계를 좋게 유지하면서 막부를 지원해야 한다는 좌막론佐幕論 내지 경막론敬幕論으로 기울어졌다.

그럼 막부 말기 천황과 막부의 근원적 관계를 다시 고찰하게 된 계기는 무엇이었을까? 로쥬 마쓰다이라 사다노부와 국학자 모토오리 노리나가 두 사람을 통하여 한번 알아보자. 두 사람이 살던 시기까지만 해도 대정위임론은 천황이 막부에게 통치에 관한 권한을 위임하였다는 사실 그 자체보다는, 천황은 막부에게 대정을 위임했기 때문에 막부의 정치 행위에 관해서는 일체 개입할 수 없다는 식으로, 천황과 조정의 정치개입을 견제하기 위한 논리로 사용되었다.

---

116 荻生徂徠, 尾藤正英 譯, 앞의 책, 155~156쪽.

마쓰다이라 사다노부의 대정위임론

대정위임론이라는 형식으로 천황과 막부의 관계에 관해 처음 문제를 제기한 인물은 제11대 쇼군 도쿠가와 이에나리가 집권하던 때의 로쥬 마쓰다이라 사다노부松平定信, 1759~1829였다. 이에나리는 1787년 14세에 쇼군에 취임하였고 사다노부는 그 한 달 뒤 로쥬에 임명되었다. 사다노부는 간세이 개혁[117]이라고 불리는 강력한 개혁 정책을 펼치는 한편, 아직 어린 쇼군 이에나리가 쇼군의 직분을 깨우칠 수 있도록, 1788년 8월 「쇼군의 마음가짐御心得之箇条」[118]이라는 문서를 바쳤다. 여기에 대정위임론에 관한 내용이 있다.

천하는 천하의 천하이면서 한 사람의 천하이며, 60여 주(州)[119]는 천황(禁廷, 조정)에 의해 쇼군에게 맡겨져 있다. (…중략…) 쇼군의 직분은 조정으로부터 위탁받은 60여 주를 통치하는 것이고 그 직무를 훌륭하게 수행하는 것이 바로 천황을 최대한 존숭하는 것이다.[120]

대정위임론을 아마 이보다 더 정확하게 설명할 수는 없을 것이다. 더욱이 반막부 성향의 인물이 아니라 막부의 실질적인 최고 권력자인 로쥬 마쓰다이

---

117 당시 덴메이대기근이라고 불리는 최악의 대기근이 닥친 데에다 가혹한 중과세, 빈부격차의 확대 등으로 농촌 지역뿐만 아니라 도시 지역에서도 민심이 흉흉하였고, 러시아 등 외국의 함선이 일본 연안에 자주 나타나면서 대외적인 위기의식도 서서히 고조되던 때였다. 이에 사다노부는 사무라이뿐만 아니라 상인들에게도 사치를 금지시키고 근검절약을 강요하였으며 이학금지령(1790)을 내려 난학 등 주자학 이외의 학문을 금지시키고에도 만의 해상 방비를 강화시키는 등 간세이 개혁을 시행했다.
118 國立國會図書館, 近代デジタルライブラリー(http://kindai.ndl.go.jp/info:ndljp/pid/1885693); 添川栗 編, 『有所不爲齋雜錄』, 第三集 第廿四, 1942, 13~15쪽.
119 고대 율령제 국가 시기 일본을 66개주 2섬으로 구분하여 통치했던 것에서 유래한다.
120 添川栗 編, 앞의 책, 1942, 13~15쪽.

라 사다노부가 꺼낸 것이다. 그런데 그가 이때 대정위임론을 꺼낸 진짜 이유는 따로 있다. 이해를 위해서 당시의 정치적 상황을 먼저 간략하게나마 알아보자.

이에나리가 쇼군이 되었을 때 일본에는 극심한 흉년이 몇 년간 이어지면서 덴메이대기근이라고 하는 역사상 최악의 기근에 빠져 있었다. 이런 상황에서 이에나리가 취임하기 직전에, 천황과 쇼군의 관계에 전례가 없는 일이 발생하였다. 에도 막부가 생긴 이래 처음으로 조정이 기근으로 굶주린 백성들에게 구휼미를 방출할 것을 막부에 제안[121]한 것이다. 물론 조정은 매우 조심스럽게 제안했지만 여기에는 막부의 실정에 대한 질책이 내포되어 있었다. 더욱이 이 제안은 굶주린 백성들이 대거 교토의 황궁으로 몰려가 몇 달간 집단행동을 한 결과 나온 것이었다. 이 때문에 구휼미를 방출할 경우 막부의 권위는 떨어지고 조정의 권위는 반대로 올라갈 것이 뻔했다. 그렇다고 이 제안을 무시하기도 어렵고, 받아들일 경우 하나의 선례가 되어 그 뒤에도 막부의 실정을 구실로 조정이 현실정치에 간섭하려 들 수도 있었다. 진퇴양난의 딜레마 속에서 막부는 제안을 받아들여 구휼미를 방출했다. 우려했던 대로 백성들 사이에서 막부의 권위는 추락하고 조정의 권위는 급상승했다.

이런 사정으로 인해 사다노부로서는 하루라도 빨리 막부의 권위를 다시 회복할 수 있는 대책을 찾지 않을 수 없었다. 따라서 그의 대정위임론은 전임 로쥬 다누마 오키쓰구田沼意次, 1719~1788 집권기에 해이해진 막부와 에도 사회의 기강을 다시 잡고 막부의 정치적 권위를 회복하기 위한 것이었다. 즉 국내 정치는 천황이 막부에게 전적으로 위임했다는 사실을 부각시킴으로써 막

---

121 이 책 395~398쪽 제6장 제2절의 제1항 막부 말기 조막관계의 변화 참조.

부 권력의 정당성을 다시 한 번 강조하고, 천황과 조정이 막부 정치에 간섭하는 것을 사전에 차단함으로써, 쇼군의 독점적 권력 지배를 강화하려는 의도가 깔려있었다.

사다노부는 나아가 쇼군의 통치권에는 무가나 서민에 대한 처벌 권한뿐만 아니라 공가公家에 대한 처벌 권한도 포함되어 있는 것으로 생각했다. 그때까지 공가에 대한 처벌 권한은 천황만이 가지고 있었고 막부는 조정의 권한에 개입할 수 없었다. 사다노부의 대정위임론에는 상황에 따라 조정의 공경도 처벌할 수 있다는 경고성 메시지도 담겨 있었다. 실제로 1858년 다이로 이이 나오스케는 안세이대탄압을 일으키면서 그 전까지 처벌하지 않던 공경도 처벌한다.

이처럼 마쓰다이라 사다노부의 대정위임론은 막부의 통치권을 강화하기 위해 제시되었다. 그러나 그의 의도에도 불구하고 대정위임론은 막부가 천하를 제대로 통치하지 못할 경우에는 거꾸로 대정위임이 취소될 수도 있다는 논리적 위험성을 안고 있었다. 물론 사다노부가 살아 있을 동안 그러한 불행은 일어나지 않았다.

모토오리 노리나가의 대정위임론

국학자 모토오리 노리나가도 비슷한 시기 대정위임론을 내놓고 있다. 노리나가는 주로 『겐지모노가타리』 등 가론과 문학론을 연구하였지만, 1700년대 중반 이후 안팎으로 위기가 고조되자 에도 사회의 현실에 관해서도 관심을 가지기 시작했다. 기이 번주 도쿠가와 하루사다의 자문 요청에 응해 집필한 『비본秘本 다마쿠시게』와 『다마쿠시게』에는 막부의 현실 정치 문제에 관해 다양한 대안이 제시되어 있다.

모토오리 노리나가는 윗사람을 따르는 아랫사람의 태도를 보면 그 나라가 잘 다스려지는지 아닌지를 알 수 있다고 했다. 즉 다른 사람 위에 있는 사람이 자신의 윗사람을 외경하면, 아랫사람 또한 자연스럽게 그 윗사람을 외경하기 때문에, 나라는 자연스럽게 잘 다스려지게 된다[122]는 논리였다. 이러한 논리에 근거하여 노리나가는 도쿠가와 시대는 보기 드물게 번영하고 있는 찬란한 시대라고 보면서, 이것은 막부가 조정을 존숭하고 만민에게 자애를 베푸는 통치를 하고 있기 때문으로, 참된 도에 부합하는 것은 물론이고 아마테라스의 마음과도 합치[123]된다고 말했다. 또한 이전의 호조 정권이나 아시카가 막부는 그 근본인 조정을 존숭하지 않았기 때문에 모든 일이 쇠퇴하고 극단적 파괴와 혼란이 연속되었지만 오다 노부나가, 도요토미 히데요시 두 무장이 반역을 진정시키고 조정을 다시 존숭했기 때문에 세상이 점차 평온[124]해졌다고 보았다. 특히 그는 도쿠가와 이에야스의 공로가 뛰어나고 덕이 높았다는 칭송[125]을 아끼지 않았다.

대정위임론은 이와같이 매우 단순한 논리로부터 도출되었다. 모토오리 노리나가는 쇼군의 권력은 아마테라스의 신칙과 조정의 위임에 따라[126] 대대로 쇼군 가문이 천하의 정치를 행하는 것이라는 말하면서, 천하의 인민 역시 아마테라스가 쇼군에게 맡겼기 때문에 각별히 소중히 생각해야 한다고 주장하

---

122 모토오리 노리나가, 고희탁 외역, 『일본국체 내셔널리즘의 원형 – 모토오리 노리나가의 국학』, 동북아역사재단, 2011, 109쪽.
123 위의 책, 107쪽.
124 위의 책, 106쪽.
125 모토오리 노리나가는 『다마쿠시게』에서 한 절을 할애하여 '도(道)에 합당한 도쿠가와 이에야스의 정치'라는 제목으로 도쿠가와 이에야스를 칭송하고 있다. 노리나가는 이 책에서 도쿠가와 이에야스의 이름을 쓰지 않고 신호(神護)인 아즈마테루카무미오야신(東照神御祖)을 사용하여 그에 대한 존경심을 표시하고 있다.
126 모토오리 노리나가, 앞의 책, 109쪽.

였다. 이어 다이묘는 쇼군이 다시 일국 一國, 일군 一郡으로 분할하여 각각 맡긴 것을 대신 통치하는 것이기 때문에, 영지 안에 있는 백성들은 결코 자신의 백성이 아니고, 구니 國 역시 자신의 구니가 아니며, 막부도 다이묘도 아마테라스로부터 위임받은 정치를 소중히 행해야 하며 아마테라스가 맡긴 백성들도 특별히 생각하고 어여삐 여겨야 한다[127]고 경계하였다.

모토오리 노리나가의 대정위임론도 그가 에도 막부에 불만을 가지고 있었기 때문에 나온 것은 아니다. 노리나가는 에도 막부가 천황과 조정을 깊이 외경하여 고대에도 보기 드물 정도로 나라가 잘 다스려지고 있다고 보았기 때문에, 반역의 심정이라고는 눈곱만큼도 갖고 있지 않았다. 오히려 자신이 도쿠가와 이에야스와 에도 막부의 정치를 칭송하는 것에 대해서, "막부에 아첨하려는 것이 아니라 천하가 오랫동안 온화하게 다스려지고 있어, 이전 시대와는 비교할 수 없는 훌륭한 시대"[128]이기 때문이라고 해명하고 있다.

모토오리 노리나가의 말 그대로 에도 시대는 아주 평화로운 시기였다. 『다마쿠시게』를 집필하던 시기를 전후하여 자연재해와 기근으로 백성들의 생활이 어려워지고 대외적 위기가 서서히 발생하기 시작했지만 에도 시대 이전 시기와 비교해 보면 안정 속에서 경제와 문화가 지속적으로 발전한 평화로운 시대였다. 이 같은 시대적 배경 아래에서 나온 대정위임론이 유신혁명기의 대정위임론과 같을 수는 없다. 마쓰다이라 사다노부의 대정위임론도 모토오리 노리나가의 대정위임론도 모두 본질적으로는 천황의 권위를 빌려 막부의 정통성을 강화하려는 의도에서 나온 것이었다.

그러나 막부가 1854년 서양 5개 국가들과 화친조약을 체결하고, 고메이

---

127 위의 책, 108~110쪽.
128 위의 책, 107쪽.

천황의 반대에도 불구하고 1858년 독단적으로 통상조약을 체결(1858)하자 대정위임론은 근본적으로 바뀌기 시작한다. 서구열강의 군사적 위협에 대응하기 위해 막번 체제를 근본적으로 개혁하거나, 원래 천황에게 위임받은 정권을 다시 천황에게 반환해야 한다는 전혀 다른 차원의 대정위임론이 여기저기에서 터져 나오기 시작했다.

2) 근대적 공공성公共性 – 요코이 쇼난과 공공의 정치

요코이 쇼난橫井小楠 1809~1869은 일본 규슈 남부 지방 히고備後(현재 구마모토현)의 유학자로 호소카와 가문의 번사였다. 유학자이면서도 양학을 적극적으로 연구해 서구 문화와 서구의 정치 제도를 깊이 이해하고 있었다. 고향에서 히고실학파라는 그룹을 형성해 히고가 직면하고 있던 위기의 해결 방안을 제시한 「시무책」[129]을 저술하는 등 활발하게 활동했고, 안세이 5년(1858) 후쿠이의 영주 마쓰다이라 요시나가松平慶永의 초빙을 받아 후쿠이의 부국강병책을 입안하였다. 그 뒤 요시나가가 막부의 정사총재직政事總裁職을 맡게 되자 분큐개혁(분큐文久 2년, 1862)을 입안하는 등 막부 개혁에도 깊이 관여하였다. 유신이 성공한 뒤에는 최연장자(60세)로 신정부의 참여參與가 되어 활동하였다. 1869년 그가 일본에 기독교를 확산시키려고 한다는 의혹을 품은 존왕론자들에게 암살되었다.

요코이 쇼난이 영국, 미국, 러시아 등 서양 제국의 의회 제도나 국제 관계

---

129 橫井小楠, 山崎正董 編, 「時務策」, 『橫井小楠遺稿』, 日新書院, 1943, 65~80쪽.

요코이 쇼난

요코이 쇼난 동상(구마모토시 쇼난공원)

유신의 인물들(좌로부터 사카모토 료마, 가쓰 가이슈, 요코이 쇼난, 마쓰다이라 슌가쿠, 호소카와 모리히사)(구마모토성 입구)

쇼난기념관과 사시헌(구마모토시)

에 관한 지식을 얻은 것은 청나라의 학자 위원이 쓴 『해국도지』를 통해서였다. 그 뒤 서양 제국을 오랑캐로 간주하여 쇄국하는 것은 천리天理에 위배된다고 생각해 대외관을 쇄국론에서 개국론으로 바꾸었다. 「국시삼론國是三論」[130]에서는 의회, 학교, 병원, 고아원 등의 공공시설을 설치하고, 선거를 통해 국왕을 선출하는 미국의 대통령제를 높이 평가[131]하였다. 또한 유학의 정

130 위의 책, 29~56쪽. 삼론이란 부국론, 강병론, 사도(士道, 무사도)론을 말한다.

치적 이상인 '어진 정치政'가 동양보다는 서양의 정치 제도에 더 잘 실현되어 있기 때문에 서양의 의회 제도를 도입할 것도 주장하였다.

요코이 쇼난의 의회 제도에 관한 구상은 『해국도지』에 있는 미국, 영국, 러시아의 의회정치에 관한 지식에서 얻은 것이지만, 후쿠이의 번정 개혁을 위해 제언한 「학교문답서學校問答書」[132]에 이미 기본구상이 나타나 있다. 그럼 「학교문답서」를 한번 살펴보자. 「학교문답서」에 따르면 정부는 행정을 집행한다는 측면에서 학교와 구별되는 것에 지나지 않으며, 정부 관리는 시간이 있을 때 학교에 출석해 토론에 참가하고 이를 통해 학교와 정부는 끊임없이 교류한다. 여기서 쇼난이 언급하고 있는 학교는 서양제국의 의회를 의미하며 학교와 정부의 관계는 오늘날 의회와 행정부의 관계와 비슷한 것이다.

이처럼 그는 근대적 의회 제도를 일찍부터 구상하고 있었다. 대정봉환이 있기 전 게이오 3년(1867) 4월 미국에 유학 가 있는 조카들에게 보낸 편지[133]에서는, "조정과 막부 그리고 도자마 다이묘뿐만 아니라 신분의 구별 없이 모두 모여公武外藩 貴賤共に 상, 중, 하원으로 구성된 의회를 갖춘 대大정부를 설립한 뒤, 해군, 부국, 외교 등 모든 국사를 의논하여 정하는 공공의 정치公共の政事를 시행해야 한다"고 주장하고 있다. 이처럼 요코이 쇼난은 신분의 구별 없이 모든 사람들이 동등한 위치에서 '천하의 정치'를 함께 토론하는 것을 '공공

---

131 카루베 타다시, 「만국공법과 일본사상−요코이 쇼난을 중심으로」, 『한국동양정치사상 사학회 제1회 국제학술회의, 동아시아 근대사와 정치리더십−한・중・일 비교연구 발 표논문집』, 2002, 4쪽.

132 「학교문답서」에서 '학교'는 일반적 의미의 학교를 의미하는 것은 아니다. 그것은 '조정 바깥에서 만나', 강습과 토론을 행하는 장소로 오늘날의 의회와 비슷하다. 橫井小楠, 山崎正董 編, 「學校問答書」, 앞의 책, 1~7쪽.

133 위의 책, 1~7쪽. 이 편지는 1867년 4월 27일 미국에 유학 가 있는 두 조카(左平太, 大平)에 게 보낸 편지다.

公共'이라는 단어로 표현하고 있다.[134]

그전까지 공적인 일은 사무라이계급이 독점하고 있었다. 요코이 쇼난은 이를 확대하여, 공적인 일을 모든 계층이 함께 결정한다는 의미로, '공공公共'이라는 개념을 제시했다. 요코이 쇼난의 사상적 독창성은 이처럼 송대宋代 이후 주자학에서 계승되어온 '공公'의 개념을 근대적 정치 제도로 새롭게 구상했다는 데 있다. 더욱이 군주와 그 아래의 관료, 의원 등 지배 계층만이 아니라 모든 사람이 정책 결정 과정에 참가할 수 있도록 개방되어 있다는 점에서 요코이 쇼난의 '공공公共' 개념은 그 이전의 학자들과 근본적으로 다르다. 당시 지배 계급 이외의 계층들을 가리킬 때는 '공公'이 아니라 '천하'라고 구별하면서 이들이 공적인 일에 참여하는 것을 원천적으로 배제하였다.

요코이 쇼난은 다행히 도쿠가와 요시나가를 통해 자신의 사상을 막말 정치개혁 과정에 적극적으로 반영할 수 있었다. 도쿠가와 요시나가, 사쓰마의 시마즈 나리아키라, 도사의 야마우치 요도, 도쿠가와 요시노부 등이 제안했던 막부개혁안이나, 1868년 3월 14일 공포된 「5개조서약문」 서문에는 그의 주장이 많이 반영되어 있다. 대정봉환론 역시 일찍부터 그가 주장한 것이다.

이런 측면에서 요코이 쇼난은 주자학자이면서도 신분질서를 넘어서 근대적 정치 제도의 핵심원리인 '공적인 일을 함께 결정한다'는 공공성의 원리를 누구보다 잘 이해하고 있었던 인물이었다.

---

134 카루베 타다시, 앞의 글, 6쪽.

제2부
유신혁명

5. 혁명전야
6. 유신
7. 유신혁명

5장
혁명전야

나는 세계의 지배자 아메리카를 노래하며,
머지않아 만개하게 될 천 개의 도시들을 찬양한다.
군도를 누비고 다니는 우리의 상선과 증기선들,
바람에 펄럭이는 우리의 성조기.
교역은 오랜 잠에서 깨어나 다시 열리고
다시 태어나는 여러 인종들
(…중략…)
야만적인 아시아인들은 다시 새로워져야만 하리라.
─월트 휘트만(Walt Whitmann)[1]

1. 중국의 시련과 일본의 대응

1) 서풍에 실려 오는 불길한 소식, 아편전쟁

동아시아 세계

동아시아 세계는 우리들이 생각하는 것보다 훨씬 오래전부터 서로 긴밀한 관계를 형성하고 있었다. 수, 당 왕조 시대에 중국 왕조에 의해 책봉 체제冊封體制[2]라는 형식의 국제 정치 구조가 형성된 뒤, 일본은 견수사, 견당사 등

---

1   조셉 폰타나, 김원중 역, 『거울에 비친 유럽』, 새물결, 2000, 220쪽.

을 통해 율령 제도, 한자, 유학 등 중국으로부터 당시 세계 최고의 선진문명을 받아들여 고대 국가 체제를 정비했다. 명 왕조 시대는 조공에 수반되는 무역을 통해 사람과 물건의 이동이 활발하게 전개되었다. 이 때문에 이 시기의 동아시아 세계질서를 조공 체제라고 부르기도 한다.[3] 조공 체제는 화이사상이라고 하는 한민족 우월주의 정치 이념을 바탕으로 유지되는 국제 정치 경제 구조였다. 감합무역[4]이라는 형태로 경제교류를 제한했지만 이로 인해 동아시아세계 내부에서의 경제교류가 단절된 것은 아니었으며 대만이 청 왕조에 완전히 복속된 1683년 뒤에는 청과 일본의 교역량도 대폭 확대되었다.

일본과 중국의 국교 관계는 임진왜란으로 파기된 뒤 에도 시대가 끝날 때까지 회복되지 않았지만,[5] 나가사키를 통해 중국의 문물은 지속적으로 유입

2 책봉 체제는 이 질서 안에 포함된 국가들 간의 경제적, 문화적 교류를 전제로 한다는 점에서 중국 주변 민족들이 어느 정도 정치 사회적으로 성숙한 단계에 진입해야만 성립할 수 있는 체제였다. 따라서 춘추전국 시대를 거치면서 중국 주변의 민족들이 중국문명의 영향을 받아 문명의 단계로 진입하고 그 지역이 정치적, 사회적으로 성숙할 때까지 기다리지 않으면 안 되었다. 십수 세기에 걸쳐 동아시아 세계의 국제질서를 규율하던 책봉 체제의 성립 시기에 대해서 대부분의 학자들은 최초의 통일 왕조인 진나라를 거쳐 한 왕조에 들어서면서 성립하게 되었다고 보고 있다. 이성시는 책봉 체제의 형성 시기를 전한 초로 보고 있다. 니시지마 사다오는 한(漢) 왕조가 동아시아 세계를 직접 완성시키지는 못했지만 정치적 세계로서 동아시아 세계는 한 왕조 때 그 단초가 마련되었다고 보고 있다. 니시지마 사다오, 송완범 역, 이성시 편, 『일본의 고대사 인식 – '동아시아 세계론'과 일본』, 역사비평사, 2008, 40쪽; 이성시, 『만들어진 고대 – 근대 국민국가의 동아시아 이야기』, 삼인, 2002, 144쪽.

3 미타니 히로시 외, 강진아 역, 『다시 보는 동아시아 근대사』, 까치, 2011, 26쪽.

4 무로마치 막부 시대 일본이 중국 명 왕조와 가졌던 제한적인 방식의 무역이다. 왜구와 구별하기 위해 정식 무역선이라는 것을 확인할 수 있도록 감합(감합부)이라고 하는 부절(符節)을 사용했다. 일본에서 명으로 갈 때는 본자(本字) 감합이, 명에서 일본으로 갈 때는 일자(日字) 감합이 사용되었다. 1401년에서 1549년까지 총 19회의 교역이 이루어졌다.

5 임진왜란(문록(文祿)의 역(役), 분로쿠노에키)으로 명과의 국교가 파기되었고, 명(明)의 고명(誥命)과 칙유(勅諭)에 도요토미 히데요시가 분개해 명나라와의 강화 교섭도 파기되었다. 도쿠가와 막부 정권이 새로 들어선 이후에도 중국과 일본 간에 사신이 왕래하는 정식 국교(통신)는 재개되지 않았다. 다만 나가사키를 통해 경제적 교류(통상) 관계는 계속

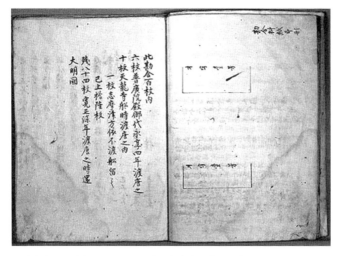

대명감합부(묘지원(妙智院), 교토천룡사 경내). 현재 감합부의 실물이 남아 있는
것은 없다. 이 사진은 어느 선승의 기록에 그려져 있는 것이다.

되었다. 사서와 경서뿐 아니라 시집과 문집도 대량으로 수입되어 무가 사회
뿐만 아니라 일반 백성에게까지 중국풍의 문화가 유행하였다. 따라서 책봉
체제는 동아시아세계의 국제 정치질서로서뿐만 아니라 문화적, 경제적 질서
로서 아편전쟁 직전까지 존속[6]했다고 할 수 있다.

6   유지되었다. 도쿠가와 막부 정권 시대가 끝날 때까지 국교는 회복되지 않다가 메이지유
신 이후에야 정식으로 국교가 회복되었다. 고명은 청, 적, 황, 백, 흑의 다섯 가지 무늬로
짜여 있는 운학문의 비단에 쓰인 것으로 봉천고명이란 제목 아래 봉천승운의 황제께서
다음의 일을 명령하심이라고 적혀 있고 후반부에 '特奉爾爲, 日本國王' 여덟 자로 '특별히
일본 국왕에 임명한다'고 적혀 있다. 고명과 칙유는 현재 일본 오사카 박물관에 보관되어
있다. 니시지마 사다오, 앞의 책, 230쪽. 칙유에는 강화조건을 구체적으로 제시하고, 히데
요시는 일본 국왕에 봉해 금도장, 관복을 배신들에게는 각각 관직, 사물을 내려주는 것이
기록되어 있다. 칙유에 제시된 강화 조건은 ① 일본군은 조선에서 한사람도 남기지 않고
철수할 것, ② 책봉 성립 이후에는 별도로 공시(貢市)를 요구하며 사단을 일으키지 말 것,
③ 다시는 조선을 침범하지 말 것 등 세 가지였다. 니시지마 사다오, 앞의 책, 230~237쪽.
한편 러일전쟁 결과 일본은 조선을 보호국으로 삼은 뒤 강제로 병합(점령)한다. 그런데
이때의 병합 형식은 조약체결이라는 외교적 형식을 빌려 실행되었다. 그리고 일본 천황
이 한국 왕을 책봉한다는 책봉 조서도 동시에 발표되었다. 책봉 체제라고 하는 동아시아
의 국제 정치 질서를 해체하기 위해 청일전쟁을 일으킨 일본이 조선을 식민지로 편입하
면서 다시 구질서인 책봉 체제 형식으로 양국 군주의 시열을 정하려고 한 사실은 일본이
이제 동아시아 세계 질서의 새로운 중심으로 등장했다는 욕망을 분명히 표현하고 싶었
기 때문일 것이다.

한편 청 왕조 이전까지 동아시아세계의 문명은 세계 최고 수준이었다. 동아시아 지역 내부의 교역뿐만 아니라 타 문명권과의 교역도 활발했다. 다른 문명권과의 교역수준을 알 수 있는 대표적 사례로는 정화鄭和의 대원정[7]을 손꼽을 수 있다. 서아시아 출신의 환관이던 정화는 1405년부터 1433년까지 모두 일곱 차례에 걸쳐 대규모의 선단을 이끌고 아라비아 반도와 아프리카 동부 해안까지 항해를 하면서 약 30개 국가를 방문했다.[8] 1차 항해 때는 8,000톤 선박을 포함하여 62척의 대선단에 27,800명의 선원과 병사가 탑승했다. 정화의 대항해가 가능했던 것은 유목민족이 장악하고 있던 실크로드Silk Road 대신 도자기와 향료를 주로 교역하는 바닷길이 10~12세기에 걸쳐 이미 개발되어 있었기 때문이었다. 중국 광주에서 인도 서안의 퀼론Quilon까지는 중국의 대형선박이 왕래하였고, 퀼론에서 페르시아만 혹은 남아라비아Arabia까지는 주로 페르시아나 아라비아선이 담당하였다.[9]

동아시아세계와 다른 문명권과의 교역 수준을 알 수 있는 또 다른 자료로 일본의 은 수출액을 들 수 있다. 17세기 일본은 멕시코Mexico 다음으로 세계 제2위 은수출국이었다. 당시 일본의 은 수출액은 1년에 약 20만kg에 달했는

---

7 宮崎正勝, 『鄭和の南海大遠征 : 永樂帝の世界秩序再編』, 中央公論, 1997. 이 책은 한글로 번역되어 있다. 미야자키 마사카쓰, 이규조 역, 『정화의 남해대원정』, 일빛, 1999. 미야자키 마사카쓰는 이슬람 상인의 제1차 대항해 시대에 이어 정화에 의한 중국인의 제2차 대항해 시대가 열렸으며 그 뒤를 이어 서양인에 의한 제3차 대항해 시대가 시작되었다고 주장한다. 정화의 대원정과 관련해서는 다음 책도 참고할 필요가 있다. 개빈 멘지스, 조행복 역, 『1421 – 중국, 세계를 발견하다』, 사계절, 2004. 개빈 멘지스(Gavin Menzies)는 1421년 중국이 아메리카 대륙을 발견했다고 주장한다.
8 포르투갈이 말라카에 상관을 설치한 해는 1512년, 예수회의 하비에르 신부가 일본에 선교사로 들어온 해가 1549년이므로 정화의 대원정은 서양이 동양으로 진출하기 훨씬 앞서 동양이 서양 세계로의 진출을 시도한 사건이다.
9 주경철, 『대항해시대 – 해상팽창과 근대 세계의 형성』, 서울대 출판부, 2008.

600주년 기념으로 복원된 정화의 배 모형(중국 난징 보(물)선 역사유적지 공원)

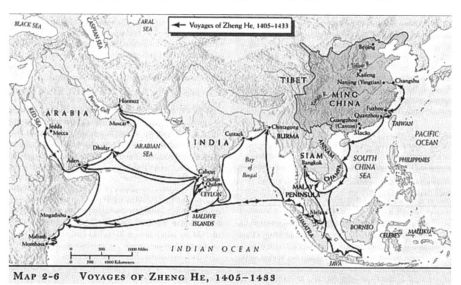

정화의 원정루트 지도

데, 이 규모는 전 세계 은 생산의 1/4에서 1/3에 해당한다.[10] 일본에서의 광산 개발은 원래 전쟁 준비와 같은 군사적 목적에서 시작되었지만 나중에는 교역 목적이 더 중요해졌다. 이에 1688년 막부는 은 수출을 금지하고 대신 구리를 수출하게 했지만, 대마도-조선 루트를 통해 수입되는 중국 상품의 결제 대금으로 은은 계속 유출되었다.

16세기에는 왜구들이 담당하던 밀무역도 상당히 발달해 있었다. 포르투갈 상인들은 중국과의 조공무역에 만족할 수 없었기 때문에 왜구가 만들어 놓은 밀무역루트에 적극적으로 합류하였다. 말라카*Malacca*에는 유럽인들보다 훨씬 앞선 시기에 일본, 류큐의 상선들이 왕래하고 있었고 일본의 금과 은은 국제 통화로 인정받고 있었다. 유럽인이 처음 일본에 접근할 시기에는 왜구의 밀무역에 의한 중계무역이 활발했다. 포르투갈인은 중국 연안을 중심으로 이미 형성되어 있던 밀무역 세계에 들어와 동남아산 향료, 유럽산 모직물과 중국산 견직물, 생사, 도자기 등과 교역했으며 일본 은의 수출에도 관여했다.

유럽인들이 동아시아에 처음 왔을 때 이들의 주 관심사는 국가 간의 외교적 교섭이 아니라 상품 교역의 확대에 있었다. 서유럽에는 아직 봉건 제도가 지배적이었기 때문에 도시국가, 귀족, 절대군주의 개인적 관심과 취향을 충족시켜줄 수 있는 상품 위주로 교역이 진행되었다. 그러나 17세기 이후 200년 동안 서유럽 국가들이 산업혁명에 성공하고 봉건 체제에서 근대국가 체제로 이행하면서 상품 교역 위주로 형성된 두 세계의 관계에 근본적 변화가 일어나기 시작했다. 서유럽 국가들은 산업혁명을 토대로 엄청난 경제적 발전을 이루었고 봉건 체제 대신 전문적이고 체계적인 관료 기구를 가진 절대주의

---

10   야마구치 게이지, 김현영 역, 『일본근세의 쇄국과 개국』, 혜안, 2001, 32~33쪽.

국가들이 탄생했다. 절대주의 국가들은 강력한 군사력을 기반으로 수백 개에 달하던 다양한 통치 기구들을 정리하고 단일한 통치권을 확립해 지배 영역 안에 있는 모든 자원을 중앙 정부로 집중시켰다.

반면 같은 시기 일본과 중국 등 동아시아세계는 상인과 탐험가들의 해외 진출을 막고 기독교를 금지하는 통제 정책을 시행하면서 서양세계와의 직접적 교류가 단절되어 있었다. 이로 인해 서양세계가 경제적, 정치적, 군사적으로 봉건 체제에서 근대국가 체제로 변화하던 중요한 시기에 동아시아세계는 이들로부터 아무런 자극을 받지 못하고 안주해버리고 말았다. 아편전쟁은 이러한 안주의 결과 벌어진 두 세계의 격차를 냉정하게 보여주는 것이었다.

아편전쟁은 처음에는 청 왕조의 아편 밀매 단속 때문에 발생한 국지적 전투였지만, 청 왕조의 허약함을 확인한 유럽 국가들이 중국 영토에 대한 탐욕을 드러내면서 점점 더 확산되었다. 이로 인해 아편전쟁은 수천 년 동안 유지된 중화문명의 지축을 뒤흔들어 동아시아세계를 강타하는 쓰나미를 일으킨다.

아편전쟁과 일본의 해외정보수집 – 풍설서(風說書)

아편전쟁은 겉으로는 영국이 자국에 막대한 이익을 안겨주던 아편 밀무역을 중국 정부가 단속한 것에 불만을 품고 일으킨 전쟁이었지만, 실제 목적은 중국시장을 더 개방시켜 교역을 확대하는 데 있었다. 제1차 아편전쟁은 1839년에서 시작되어 1842년까지 이어졌고 그 결과 난징조약이 체결되었다. 그러나 기대했던 만큼 교역이 확대되지 않자 영국과 프랑스는 1856년 제2차 아편전쟁을 일으켰고 1860년 베이징조약이 체결됨으로써 끝이 났다. 서양 국가와의 전쟁에서 중국이 두 번씩이나 패배한 사실은 충격적인 정보가 되어 일본에도 신속하게 전해졌다.

에도 시대 일본은 나가사키에 입항하는 상인들을 통해 해외 정보를 수집하고 있었다. 막부는 중국과 네덜란드 상인에 한하여 나가사키에서의 교역을 허락하는 대신 그 조건으로 이들이 입항할 때에는 반드시 해외의 풍설(정보)을 수집한 보고서를 작성해 나가사키 행정당국^{奉行}(부교)에 제출하도록 했다. 풍설이란 풍문, 소문, 혹은 정보 등을 의미하므로, 풍설서는 해외 사정에 관한 일종의 정보보고서였다고 말할 수 있다. 그중 중국인이 작성한 것은 당^唐풍설서, 네덜란드 상인이 작성한 것은 네덜란드풍설서라고 불렀다. 이것들은 교역과 연계되어 있는 의무였기 때문에 네덜란드의 상관이 폐지되는 1857년까지 계속 작성되었다.[11] 에도 막부가 통제 정책을 취하면서도 해외 정세에 관한 정보를 신속하게 알 수 있었던 데에는 이 풍설서들의 도움이 컸다.

아편전쟁과 관련한 정보도 풍설서를 통해 일본에 전달되었다. 1839년(텐보^{天保} 10년)의 한 네덜란드풍설서에는 이미 중국의 아편 금지 운동 소식이나 광동에서의 외국인의 아편 밀수 금지 조치, 광동 당국의 아편 밀매 단속 활동, 아편 흡연자에 대한 처벌에 관한 정보 등이 기록되어 있다.[12] 그 이후 중국 상

---

11 네덜란드 풍설서(통상 풍설서)는 1641년부터 1857년까지 작성, 제출되었다. 통상 풍설서는 네덜란드 선박이 도착하고 2~3시간이 지난 뒤 상관장 사무실에서 상관장, 데지마의 통사(통역인), 상인, 메츠케(감찰) 등이 모인 자리에서 선장으로부터 유럽과 동인도 지역의 전쟁이나 강화, 왕위계승이나 왕의 죽음에 관한 소식 등 일반적인 정보를 들은 뒤, 통사가 일본어로 번역한 문서에 상관장이 네덜란드어로 서명해 에도로 보내졌다. 일본 학계에서 통상 풍설서의 성립시기와 관련해 아직까지도 논란이 많다. 이와 관련하여 마쓰가타 후유코는 네덜란드 측에서 임의로 작성하여 제출된 풍설서와 막부의 제도로 정착되어 제출된 풍설서를 구분한 뒤 통상풍설서의 시기를 정하고 있다. 그녀의 구분에 따를 때, '막부의 명령에 따라 일본어 문서로 작성되고 여기에 네덜란드 상관장이 서명하여 작성·제출'된 최초의 풍설서는 1666년 풍설서다. 한편 현재 남아 있는 네덜란드 풍설서 중 원본(정본)은 1797년 풍설서가 유일하며, 사본으로서 가장 오래된 것은 1661년 풍설서다. 유일한 원본은 현재 에도도쿄박물관에 소장되어 있다. 松方冬子, 『風説書 : '鎖國'日本に語られた'世界'』, 中公新書, 2011, 30쪽; 松方冬子, 『オランダ風説書と近世日本』, 東京大學出版會, 2007, 제1~2장.

인들도 가세해 아편전쟁 소식을 계속 전했다. 1840년 7월 중국의 제5호 선주인 주애정이 제출한 풍설서[13]에는 황제가 파견한 특사 임칙서林則徐가 아편금연 조치를 취하고 영국 상인들이 2만 36개의 아편 상자를 임칙서에게 제출한 사실, 1839년 9월에 발발한 중국과 영국 군함 사이의 교전 소식[14] 등을 전하고 있다. 이후 중국과 영국의 교전 상황, 남경조약 체결 등에 관한 풍설서들이 계속 작성되었다.

한편 아편전쟁과 관련해서는 통상적인 당풍설서, 네덜란드풍설서와 별도로 아편전쟁에 관한 정보만을 토대로 「별단別段풍설서*Apart Nieuws*」가 작성되었다. 통상의 풍설서는 나가사키에 있는 네덜란드 상관에서 작성했지만 「별단풍설서」는 네덜란드 상관이 아니라 네덜란드 동인도총독의 지시로 바타이아에 있는 식민국 장관이 작성하여 나가사키에 있는 네덜란드 상관장에게 보낸 것이다.[15] 「별단풍설서」는 순전히 일본이 아편전쟁에 관해 종합적으로 이

---

12 왕효추, 신승하 역, 『근대중국과 일본』, 고려대 출판부, 2002, 10쪽. 이 책 부록 4 네덜란드
    통상 풍설서 참고.
13 위의 책, 11쪽.
14 위의 책, 12쪽.
15 네덜란드 별단풍설서는 1840년 5월 26일 네덜란드령 동인도총독 결정 제1호 제4조를 근
    거로 바타이아(자카르타의 옛 이름)에서 직접 작성되었다. 1840년에서 1857년까지 매년
    일본의 임시상관장에게 보내졌다. 1858년 동인도 네덜란드 정청(政廳)의 서기관이 일본
    영사관장 안 돈켈리우스에게, 더 이상 별단풍설서를 보내지 않을 예정이니 막부가 요청
    할 때에는 현지에서 작성하여 보내라고 지시함으로써 종료되었다. 다만 정식의 별단 풍
    설서가 종료된 뒤에도 네덜란드 상관에서 따로 작성한 별단풍설서가 2통 더 있다. 마쓰
    가타 후유코는 이 풍설서를 제3형식의 풍설서라고 부른다. 松方冬子, 『別段風説書が語る
    19世紀 : 翻譯と研究』, 東京大學出版會, 2012, 5~9쪽. 한편 마쓰가타 후유코는 최근 네덜
    란드 국립중앙문서관 소장 일본상관 문서, 인도네시아 국립문서관 소장 일반서기국 문
    서에서 네덜란드어 별단풍설서 수기본을 모두 찾아냈다. 이로써 별단풍설서가 1840년
    부터 1857년까지 총 18회 작성되었음이 명확하게 밝혀졌다. 별단풍설서의 원문은 마쓰
    가타 후유코의 책(松方冬子, 2012)에 모두 번역, 수록되어 있다. 그중 주요 내용을 요약해
    서 이 책 부록에 실어 두었다.

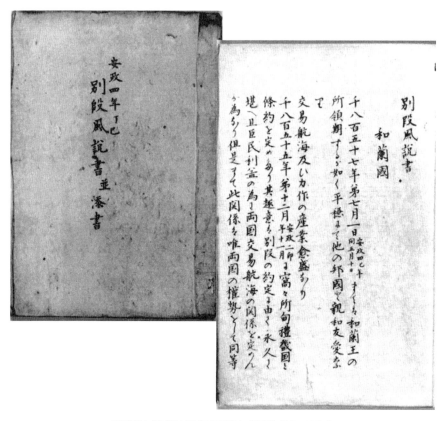

네덜란드 별단풍설서(쿠르티우스 상관장 구술, 1857)

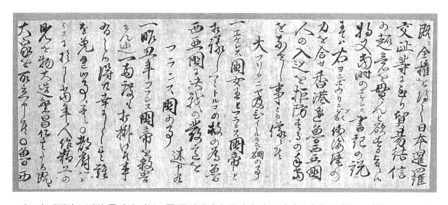

산죠가 네덜란드 별단 풍설서 사본 9쪽(존왕양이파 공경인 산죠 사네토미가 보관하고 있던 것, 1854)

해할 수 있도록 작성된 것으로서, 1840년부터 1846년까지 6년 동안의 보고서가, '중국의 아편 문제'라는 제목으로 데지마의 네덜란드 상관에 보관되어 있었다. 여기에는 풍설서 본문 외에 남경조약과 관련된 규정인 오항통상장정五港通商章程, 통과세에 관한 선언, 세율표, 호문색虎門寨 추가조약 등이 기록되어 있다.[16] 이러한 자료들을 보면 에도 시대 일본이 통제 정책에도 불구하고 해외 정세를 얼마나 열심히 수집하고 있었는지 잘 알 수 있다. 데지마는 서쪽 끝에 있는 아주 작은 인공섬에 불과했지만, 일본에게는 세계로 향해 열려 있는 큰 창이었던 것이다.

아편전쟁에 관한 정보는 또한 다양한 형식의 글을 통해 막말 일본의 지식인 사이에 확산되었다. 주애정周藹亭 등은 1844년에 이러한 풍설서들을 모아 아편전쟁에 관한 상세한 보고서를 제출했는데 이를 베낀 책이, 『영국침범사략』이라는 제목으로 발간되었다. 이 책에는 아편전쟁이 시작할 때부터 끝날 때까지의 전 과정이 개략적으로 설명되어 있고 남경조약의 조약문도 첨부[17]되어 있다. 이 밖에 풍설서를 편집한 책이나 아편전쟁을 소재로 한 소설책도 출간[18]되었다. 1849년 5권으로 된 군담소설 형식의 『해외신화海外新話』를 쓴 작가는 막부의 허가를 받지 않고 이 책을 출판했다가 2년 동안 투옥되었고 삽화를 그린 화가는 체포되어 옥살이를 하던 중 사망[19]했다.

러시아, 영국, 미국 등 다른 나라의 함선이나 상선들은 이미 18세기 말부터 일본 연안에 자주 나타났지만 그때까지만 해도 막부는 이들을 심각하게 받

---

16 松方冬子, 앞의 책, 2011, 145~149쪽.
17 왕효추, 앞의 책, 14쪽.
18 삼목언(森睦彦)의 조사에 따르면 1840년에서 1844년까지 각종 서적에 있는 아편전쟁에 관한 풍설서는 모두 19건이라고 한다. 위의 책, 11쪽.
19 위의 책, 19쪽.

아들이지는 않았다. 아편전쟁에서 중국이 패배했다는 소식이 전해지자, 비로소 일본의 존망을 좌우할 수도 있는 심각한 위협으로 인식하기 시작했다. 이처럼 일본이 대외적 위기를 현실적 위협으로 인식하게 된 계기는 아편전쟁이다. 하지만 그 이전부터 대외적 위기에 대비해야 한다고 주장했던 사람들은 많이 있었다. 대외적 위기를 강조하면서 해안 방비 등 국방 대책의 수립을 주장했던 사람들을 이 책에서는 우국지사라고 부르고 있다. 사쿠마 쇼잔이 대표적인 인물이다.

2) 우국지사들

사쿠마 쇼잔

아편전쟁 이후 대외적 위기의식이 고조되면서, 외적의 침입에 대비해야 한다고 주장하는 사람들이 나타났다. 이들은 섬이라는 일본 국토의 특성상 매우 긴 해안선의 방어를 중요하게 생각했기 때문에 해안 방어에 관한 대책, 즉 해방론을 주로 제시했다. 대표적 인물로는 미토(현재 이바라키현 미토시)의 아이자와 세이시사이, 후지타 도코와 마쓰시로(현재 나가노현 나가노시)의 사쿠마 쇼잔佐久間象山, 1811.2.28~1864.7.11을 들 수 있다. 사쿠마 쇼잔은 유학자이면서도 당면한 대외적 위기를 해결하기 위해 서양의 병학, 과학 기술 등을 적극적으로 받아들였던 사무라이 출신 양학자다. 미토의 유학자들에 관해서는 이 책 제2장 제3절 미토학과 유신혁명에서 자세히 살펴보았기 때문에 여기에서는 사쿠마 쇼잔의 해방론을 중심으로 이 시기의 대외적 위기의식을 살펴보자.

19세기 초까지 양학은 주로 부유한 의사, 상인 출신 양학자들에 의해 활발

사쿠마 쇼잔   사쿠마 쇼잔 조난비(교토시)

하게 연구되었다. 그러나 대외적 위기가 고조되자 사무라이 출신 유학자들도 양학을 받아들이기 시작한다. 이들은 해방 정책뿐만 아니라 경세론적 관점에서 경제 정책, 국방 정책에도 큰 관심을 가졌다. 다만 막번 체제의 정치, 사회 질서를 지키고, 유교 도덕을 유지하기 위한 수단으로 서양의 과학 기술과 군사 기술을 연구했다. 일본의 대외적 위기를 먼저 인식하고 그 대책수립을 앞서 촉구했음에도 불구하고 우국지사로 불리는 이유도 이러한 한계 때문이다. 다른 시각에서 보면 이 시기까지만 해도 도쿠가와 쇼군가의 권위는 아직 높았고 막번 체제도 여전히 건고했다고 말할 수 있다. 이 점에서 이 시기의 대외적 위기의식은 1853년 페리 함대가 에도 만 연안에 등장한 이후의 대외적 위기의식과는 근본적으로 다르다.

사쿠마 쇼잔은 마쓰시로의 사무라이였다. 번주 사나다 유키쓰라眞田幸貫가 1842년 막부의 로쥬老中에 임명되어 해방 업무를 담당海防掛하게 되었을 때, 그를 따라 에도에 갔다. 쇼잔은 그 전에도 여러 차례 에도를 다녀간 경험이 있었다. 1833년 11월에 에도로 가 당시 최고의 유학자로 불리던 사토 잇사이[20]에게 주자학과 시문을 배웠고 1839년에는 에도에서 쇼잔서원을 열어 유

다카시마 슈한 옛 집터
(나가사키 원폭피해로 파괴됨)

다카시마 슈한 집터에 있는 포탄 자국 바위(나가사키시)

학을 가르치기도 했다. 그때까지만 해도 쇼잔은 전통적 지식인이었다.

그러나 1842년 에도행 이후 쇼잔은 이전과 완전히 달라진다. 이때 그는 번

주의 해방 업무를 지원해야 했기 때문에 에가와 히데타쓰(江川英龍)[21] 문하에서

20 사토 잇사이(佐藤一齊, 1772.10.20~1859.9.24)는 미노(현재 기후현 남부)에서 태어난 유
학자로 일본 유학의 대성자로 일컬어지는 인물이다. 1793년 번주의 3남 마쓰다이라 노리
히라가 하야시가의 양자로 입양할 때 따라가 에도 시대 최고의 관립 학교였던 쇼헤이코
에 입학한다. 주자학자이면서 양명학에도 큰 관심을 가지고 연구를 했기 때문에 낮에는
주자학자, 밤에는 양명학자(陽朱陰王)라고도 불렸다. 1841년 에도 시대 최고의 학문기관
인 쇼헤이코(昌平橫)의 책임자가 되었다. 그의 제자 중에는 사쿠마 쇼잔, 와타나베 가잔,
요코이 쇼난 등 막부 말기의 뛰어난 인물들이 많았다. 제자인 와타나베 가잔 등이 반샤
의 옥으로 고초를 겪을 때 이들을 옹호하지 않았기 때문에, 언행이 일치하지 않은 행동
이었다고 비판하는 사람도 있다. 와타나베 가잔이 남긴 인물화 중에 사토 잇사이의 인물
화가 한 점 있다. 그의 책 『언지록』은 우리나라에도 번역되어 있다. 사토 잇사이, 노만수
역, 『언지록─큰 뜻, 짧은 말로 천고의 심금을 울리다』, 알렙, 2012; 사토 잇사이, 노만수
역, 『불혹의 문장들』, 알렙, 2013.

21 에가와 다로자에몬(江川太郎左衛門)라고도 부른다. 막신으로 양학 중에서 특히 근대적
인 연안 방비 기술에 큰 관심을 가져, 반사로를 구축하고 서양포술을 보급하는 등 맹활
약을 했다. 지방 관리에서 출발하였지만 해방 정책에 관한 실력을 인정받아 승진을 거듭
하다가 막부의 고위직인 간조부교 임명을 앞두고 병사하였다. 와타나베 가잔과 다카노
조에이를 죽음으로 몰고 간 반샤의 탄압사건은 에가와 다로자에몬을 시기한 하야시가
의 도리이 요조(鳥居躍藏, 1796~1873)가 꾸민 음모에서 시작되었다. 도리이 요조는 대학

사쿠마 쇼잔의 전신기(1849)   일본 전신 발상지 비석(나가노현 나가노시)

서양 포술을 배우고 서양 원서를 읽기 위해 양학에도 입문한다. 그 뒤 밤잠을
자지 않고 노력한 결과 몇 달 지나지 않아 서양 원서로 과학 서적과 군사 서적
을 읽을 수 있게 되었고 에가와 다로자에몬과 다카시마 슈한高島秋帆의 기술
을 전수받아 대포 주조에도 성공[22]하였다. 그는 병학뿐만 아니라 서양의 과
학 기술에도 관심이 많아, 일본 최초로 지시전신기指示電信機를 만들어 시험
전신에 성공하였고, 유리의 제조나 지진예보기의 개발에도 성공하였으며, 우
두종 도입을 시도하기도 했다.[23]

　1853년 페리가 우라가에 왔을 때에는 제자들을 데리고 가 군함들을 관찰
하고 방비책을 토론[24]하기도 했다. 1854년 페리가 다시 왔을 때, 제자였던 요

두를 역임한 하야시 쥬사이(林述齋)의 친아들이다. 막부의 대표적인 보수파로 특히 난학
자들을 싫어하였다. 도쿠가와 쇼군가의 이데올로기를 대변하는 인물로 당시 오늘날의
검찰이나 감사원과 같은 메쓰케를 맡고 있었다. 한글로도 번역되어 있는 미야베 미유키
의 소설『외딴집』(미야베 미유키, 김소연 역,『외딴집』, 북스피어, 2007)은 도리이 요조를
실존 모델로 하고 있다.
22　奈良本辰也,『佐久間象山』, 淸水書院, 1975, 38~40쪽; 미나모토 료엔, 박규태 외역,『도쿠
　　가와 시대의 철학사상』, 예문서원, 2000, 230~231쪽.
23　奈良本辰也, 위의 책, 42~60쪽.

시다 쇼인[25]이 미국 군함에 몰래 승선하여 밀항을 기도하다가 실패한 사건에 연루[26]되어 에도의 덴마초 감옥에 투옥되었다. 약 6개월에 걸친 심문이 끝난 뒤 쇼잔은 마쓰시로로, 쇼인은 조슈 하기로 이송되었고, 두 사람은 그 뒤 다시 만나지 못했다.[27] 안세이대탄압으로 다시 투옥되었을 때, 요시다 쇼인은 스승 쇼잔에게 국내외 정세에 관한 자문을 구하는 편지를 써 다카스기 신사쿠에게 부탁했다. 그러나 이 편지는 쇼인이 처형당하고 난 뒤에야 쇼잔에게 전달되었다.

사쿠마 쇼잔의 문인이나 제자 중에는 요시다 쇼인 외에도 막부 말기의 뛰어난 개혁가, 지사들이 많이 있다. 하시모토 사나이橋本左内, 가쓰 가이슈勝海舟,[28] 사카모토 료마, 고바야시 헤이분小林炳文, 쓰다 마미치津田真道, 가토 히로유키加藤弘之 등 막부 말기의 격변기와 유신 정부에서 중요한 역할을 하였던 많은 인물들이 사쿠마 쇼잔에게 배웠다.

한편 쇼잔은 제자 요시다 쇼인과 달리 존왕론자이면서도 막부 타도에는 반대한 공무합체론자였다. 다만 단순한 막부지지론자(좌막론자)는 아니었으

24 岩下哲典, 『幕末日本の情報活動 : 開國の情報史』, 雄山閣, 2008.
25 요시다 쇼인은 에도에서 쇼잔의 학교를 다녔다.
26 요시다 쇼인은 제자와 함께 작은 어선을 타고 미국 군함에 접근하여 승선했는데 그때 다시는 일본으로 돌아오지 않을 것으로 생각하고 배에 소지품을 그냥 두었다. 그런데 이 배가 해안으로 밀려가 소지품에 넣어두었던 쇼잔의 격려 편지가 발각되는 바람에 쇼잔도 연루되고 말았다. 大平喜間多, 『佐久間象山伝』, 宮帯出版社, 2013, 119~127쪽. 쇼잔의 이 편지는 도쿠토미 소호의 요시다 쇼인 전기에 전문이 실려 있다. 德富蘇峰, 『吉田松陰』, 岩波書店, 1981, 103~105쪽.
27 大平喜間多, 위의 책, 129쪽.
28 사쿠마 쇼잔은 42세 때 가쓰 가이슈의 누이 준코(順子)와 결혼했다. 쇼잔에게는 두 명의 측실이 있었지만 그때까지 정실은 두지 않았었다. 결혼 당시 준코의 나이는 17세로 쇼잔과는 25살이나 차이가 났지만 쇼잔은 이를 개의치 않았다. 준코 부인은 쇼잔이 암살당한 뒤 이름을 미즈에(瑞枝)로 바꾸고 1908년 1월 3일까지 살았다. 위의 책, 163~165쪽.

며 국난을 극복하기 위해서는 국론을 통일하여 거국일치해야 한다[29]는 생각을 가지고 있었다. 쇼잔의 능력이 필요했던 조슈와 도사의 번주는 쇼잔이 사면될 수 있도록 노력하면서, 사면되기 전부터 앞을 다투어 사람을 보내 초빙하려고 노력했다. 도사에서는 나카오카 신타로 등 3명이, 조슈에서는 다카스기 신사쿠 등 3명이 방문했지만 쇼잔은 이들의 요청을 모두 거절했다.[30] 대신 1864년 도쿠가와 요시노부의 초빙을 받아 교토로 갔다. 교토에서 그는 공무합체론과 개국론을 설파하였고 막부와 조정의 공경들 사이를 오가면서 이를 실현하기 위한 활동을 했다.

당시 교토는 존왕양이파 지사들의 소굴이었고 조슈가 주도하는 존왕양이운동이 정점에 달해 있었다. 개국론을 주장하거나 공무합체를 주장하는 자들은 무차별적 테러를 당하는 등 치안이 매우 불안정한 상태였다. 그의 친척이나 제자들은 개국론자인 그가 교토에 가는 것은 마치 풀섶을 지고 불에 뛰어드는 것과 똑같다고 말하면서 교토행을 말렸다. 그러나 그는 자신 외에는 난국을 구할 인물도, 나라를 이끌 책무를 감당해낼 자도 없으며, 지금은 일신의 안전을 돌볼 때가 아니라고 큰소리치면서 이들의 충고를 받아들이지 않았다. 교토에서도 서양식 말안장을 하고 다니는 등 거침없는 행동으로 존왕양이파의 표적이 된 데다가, 황궁을 히코네로 옮기려는 계획을 추진[31]한 것 때문에, 1864년 7월 11일 교토에서 존왕양이파 인물(가와카미 겐사이河上彦齋)[32]의 습격을 받아 세상을 떠났다. 이때 쇼잔의 나이는 54세였고, 9년 동안의 칩거 생활

---

29   위의 책, 202쪽.
30   위의 책, 170~176쪽.
31   위의 책, 204~210쪽.
32   가와카미 겐사이는 영화로도 만들어진 일본의 유명한 애니메이션 〈바람의 검심〉에 나오는 주인공 히무라 켄신의 실제 모델이다.

을 마치고 교토에 온 지 불과 4개월 만이었다.

사쿠마 쇼잔의 해방론(海防論)

사쿠마 쇼잔의 해방론은 1842년 11월 해안 방비海防에 관해 번주 사나다 유키쓰라眞田幸貫에게 제출한 의견서(「해방팔책海防八策」)[33]에 잘 나타나 있다. 그는 이 의견서에서 당시의 대외적 위기는 도쿠가와가德川家의 영욕뿐만 아니라, 황통의 안위와도 관계있는 심각한 위기라고 주장하면서, 일본이 살기 위해서는 귀천존비貴賤尊卑를 불문하고 어떻게든 애국심愛心을 가져야 한다고 주장하고 있다. 「해방팔책」의 이러한 인식은 그전까지의 대외위기론과는 다른 것이었다. 여기에는 막부 정권 아래 형식적 존재에 불과하던 천황에 대한 새로운 인식뿐 아니라, 근대적 국가의식마저 자라고 있음을 알 수 있다. 이전까지 서양 함선의 등장은 막부의 위기이거나 아니면 이와 직접 접촉한 번의 위기였다. 하지만 쇼잔은 이러한 위기를 막부뿐만 아니라 천황의 안위와도 관계가 있고, 신분과 계급을 떠나 모든 일본인의 안위에도 관계있는 것으로 인식하고 있었던 것이다. 도쿠가와 막부의 한계를 뛰어넘어 일본에 살고 있는 '모든 사람'이 애국심愛心을 가져야 한다고 본 쇼잔의 이러한 인식은 '내셔널리즘의 싹'이라고도 말할 수 있다.

또한 쇼잔은 중국이 아편전쟁에서 패배한 이유로, 서양 학문은 합리적인 반면 중국 학문은 그렇지 않기 때문이라고 보았다. 따라서 일본이 중국과 같

---

33 佐久間象山, 「海防に關する藩主宛上書(天保 13年 11月 24日)」, 『日本思想大系』 55, 岩波書店, 1971, 262~283쪽. 「해방팔책」은 해방을 위한 여덟 가지의 정책을 의미한다. 포대의 구축, 서양식 대포의 주조, 서양식 군함의 제조, 해운의 감시 강화, 해군 연습, 학교의 제도화, 상벌엄명, 인재 등용 등을 말한다. 또한 1850년 4월에는 에도 해안 방비의 약점을 지적하고, 철제 군함을 보유하는 해군 창설을 주장했다.

막부가 제작해 시나가와 포대에 설치했던 대포의 모형
(가나가와 현립 역사박물관. 실물은 야스쿠니 신사에 있다.)

은 운명을 피하기 위해서는 전쟁에 직접 활용할 수 있는 병학뿐만 아니라 서양의 다른 여러 학문도 배워야 하며, 서양의 강함은 탁월한 기술력에서 나오는 것이므로 진정한 해방海防을 이루기 위해서는 서양 기술의 장점과 단점, 득과 실을 알아야 한다고 주장했다.[34] 이러한 관점에서 그는 청 왕조의 전철을 밟지 말고 지피지기知彼知己해야 하며, 서양의 책을 원서로 널리 읽고 좋은 번역서를 많이 출판해야 한다고도 주장했다. 이를 위해 자신이 번역한 네덜란드어사전의 출간과 난서의 번역에 필요한 지원을 번과 막부에 요청하기도 했다.

지금까지 살펴 본 것처럼 쇼잔은 사무라이 출신 유학자이면서도 아편전쟁 이후의 대외적 위기를 극복할 수 있는 방법을 찾기 위해 양학을 연구하고, 서

---

[34] 사쿠마 쇼잔의 '동양의 도덕, 서양의 과학(東洋道德, 西洋藝術)'이라는 격언은 단지 일본의 전통적 가치를 보유하면서 기술 혁신을 도입하자는 문화적 방어의 의미를 넘어서 국가 방위의 의미도 가지고 있었다. 그는 러시아 피터 대제의 정책을 모델로 삼아 정치적 통합을 이룩하고, 서양의 기술을 도입하여 함대를 건조하고 이를 토대로 국제적 승인을 얻을 필요가 있다고 보았다. W. G. 비즐리, 장인성 역, 『일본근현대정치사』(개정 3판), 을유문화사, 2010, 53~54쪽.

양의 과학과 기술을 적극적으로 받아들인 근대적 지식인이었다. 그러나 그 역시 시대적 한계를 벗어날 수는 없었다. 그가 주장한 개국론은 봉건 막번 체제의 한계를 극복하고, 근대적 국가로 나아가기 위한 개국은 아니었다. 쇼잔이 도쿠가와 요시노부에게 설파했던 개국론도 봉건 막번 체제를 강화하기 위한 것이었다. 근대인이면서도 봉건 시대의 한계를 완전히 벗어날 수 없었던 이러한 한계 때문에 쇼잔은, "화이관적 세계에서 근대적 국가평등관으로 이행하는 과도기"[35]에 있었으며, 그의 개국론은 양이를 위한 수단[36]이었다고 평가받기도 한다. 한마디로 말해 쇼잔은 근대적 지식으로 봉건 막번 체제를 지키려고 고뇌했던 우국지사였다.

3) 막부 말기의 부국강병 노력

막부의 부국강병 정책[37]

막부는 1854년 해방담당 로쥬에 미토의 영주 도쿠가와 나리아키를 임명하고, 부국강병 정책을 본격적으로 추진한다. 도쿠가와 나리아키는 연안의 방어 태세 강화에 역점을 두고 강병 정책을 추진해 나갔다. 처음에는 막부 자체의 힘으로 군사 기술 및 제도를 개혁해 나갔지만 곧 서구 군사 기술의 우월함을

---

35 송석원은 이를 서양 대 일본이라는 축과 근대성과 전근대성이라는 대립축으로 표현하고 있다. 송석원, 「사쿠마 쇼잔의 해방론과 대서양관 – 막말에 있어서의 '양이를 위한 개국'의 정치사상」, 『한국정치학회보』 37-5, 2003, 27~47쪽.
36 김정호, 『근세 동아시아의 개혁사상』, 논형, 2003.
37 막부 말기 일본의 부국강병 노력은 박영준의 책에 잘 소개되어 있다. 박영준, 『해군의 탄생과 근대일본』, 그물, 2014. 이 책은 1853년에서 메이지 초기까지 해군을 중심으로 한 일본의 부국강병 노력을, '해군 혁명'이라는 개념으로 설명하고 있다.

슴빙호(1854)　　　　　　　　　나가사키 해군훈련소(1855~1859)

깨닫고 네덜란드에 도움을 요청했다. 페리 내항 이전에도 나가사키의 네덜란드상관을 통해 비공식적으로 서양의 무기와 서적들이 일본에 수입되고 있었지만 이번에는 나가사키의 네덜란드상관장 돈켈 쿠르티스*Donker Curtis*에게 군함 구입과 서양식 해군 창설에 관한 조언을 요청했다. 네덜란드상관 측은 일본의 기술 수준과 원양항해술로 볼 때 군함의 수입보다도 현대 함선에 대한 기초지식을 익히는 것이 더 중요하므로, 네덜란드기술자들을 초빙해 일본 청년들에게 과학 지식을 가르칠 것을 권하면서 다음과 같이 충고하였다.

> 네덜란드의 사관 및 전문가들을 초빙하여 유럽의 지도, 해도를 사용한 지리학 연구, 천문학, 산술, 대수, 기하, 운전술, 제범법, 제강법, 포술, 주포, 선상에서의 총포 취급, 증기일반론, 조선, 군사법규 등과 같은 학과를 일본 청년에게 교육하는 것이 더 필요하다. 이러한 과목의 교습에는 많은 시일이 걸리지만 군함의 위력은 사관 및 승조원이 이러한 학술에 정통하느냐, 그렇지 않느냐에 달려있다.[38]

네덜란드상관과의 교섭 끝에 막부는 1854년 네덜란드에 군함과 장비를 발주했다. 그러나 크리미아전쟁의 발발로 다른 나라에 군함 및 병기를 양도하는

---

[38]　水田稲葉, 『幕末 我海軍と和蘭』, 有終會, 1929, 9~11쪽; 박영준, 앞의 책, 105쪽.

나가사키 제철소(1860)

고베 해군 훈련소(1864~1865) 유적.
가쓰 가이슈의 건의로 설립되었다.

것이 금지되어, 막부의 주문을 제때에 이행할 수 없게 되자, 네덜란드는 1854
년 7월 28일 파비우스*G. Fabius* 중위가 지휘하는 소형 증기선 슴빙*Soembing*호[39]
를 나가사키에 대신 보내 200여 명이 넘는 일본 청년들에게 선박 건조 기술과
항해술을 가르쳤다.

이어 막부는 나가사키 부교 나가이 나오유키永井尙志, *1816~1891*를 소장으로
하는 해군훈련소海軍傳習所를 나가사키[40]에 설립하고 1855년 10월 막부가 고용
한 최초의 외국인 군사 교관 리켄*Pels Rijcken* 중위가 지휘하는 21명의 네덜란드
군사교관단을 초빙하여 서양의 조선 기술과 항해술을 가르쳤다. 이때 교육받
은 최초의 훈련생은 모두 41명이다. 1860년 군함 간닌마루咸臨丸호의 선장이
되어 태평양을 처음 횡단한 가쓰 린타로勝麟太郞(후에 가쓰 가이슈)도 이때 훈련생
으로 입소했다. 1857년 9월에는 제2차 군사교관단 37명이, 막부가 건조를 의
뢰한 군함 간닌마루호를 몰고 왔다. 이들은 지문학地文學,[41] 함포술, 조선술, 함
포연습, 운전술, 돛의 조정법, 해도법, 관측술, 산술, 대수학, 물리학, 화학, 분

---

39   네덜란드는 뒤에 슴빙호를 간코마루(觀光丸)로 개칭하여 막부에 기증하였다. 슴빙은 인
　　도네시아에 있는 화산이다.
40   나가사키 해군 훈련소는 지금의 나가사키현청 자리에 있었다. 고베 해군 훈련소는 후쿠
　　이의 마쓰다이라 슌가쿠가 자금을 지원해 설립되었다.
41   지구와 지표 근처의 자연 현상을 연구하는 학문을 말한다. 지구의 형상, 지형, 기후 등을
　　연구한다. 자연지리학이라고도 하며 영어로는 Phsiography이다.

석학, 증기발전기관학, 보병조련술, 선상조련술, 군고軍敎 연습, 네덜란드어 등을 가르쳤다. 네덜란드 교관단의 해군 교육은 1859년 3월 막부가 재정 문제로 나가사키 해군훈련소를 에도에 있는 군함훈련소로 통합할 때까지 계속되었다. 이로써 약 5년 동안 지속된 네덜란드 교관단의 해군 훈련은 끝이 났다.[42]

이 밖에도 막부는 서구로부터의 군사 기술 수용을 장려하기 위해 에도에 양학소를 창설하였고, 1856년에는 번서조소蕃書調所로 개칭하여 서양 서적 특히 군사 서적을 번역하고 서양식 훈련소인 강무장을 설치해 포술 병학, 승마, 검술, 창술, 수영 등을 가르쳤다. 포술 훈련에는 24파운드 가린포, 12파운드 헤로도가농포 등이 사용되었다. 1857년 7월에는 나가이 나오유키의 건의로 네덜란드 해군 기관 장교 헨드릭 하르데스Hendrick Hardes의 도움을 받아 제철소도 기공했다. 이 제철소는 나가사키 조선소의 전신으로 일본 중공업의 발상이 되었다. 1861년 3월 28일 완성되었다.[43]

유력 번의 부국강병 정책

1860년대 일본에서 막부의 패권에 직접적인 정치적·군사적 위협을 줄 만한 세력은 오직 두 다이묘밖에 없었다. 그 전부터 부국강병에 힘써 군비의 근대화를 이룬 서남 지역의 사쓰마와 조슈[44] 다이묘다. 이들은 막부 말기뿐만

---

42 박영준, 『해군의 탄생과 근대일본』, 그물, 2014, 277~278쪽.

43 미쓰비시 중공업 나가사키 조선소 사료관(長崎造船所史料館)(www.mhi.co.jp/company/facilities/history/corner_03.html 최종검색일 : 2014.4.30). 2015년 7월 5일 일본 정부가 유네스코 산하 국제 기념물 유적 협의회(ICOMOS)가 '메이지 일본 산업혁명 유산(부제 – 제철, 제강, 조선, 석탄 산업)으로 세계유산 등재 결정을 한 23곳의 유산 중 4곳이 나가사키 조선소에 있다. 그밖에 이 책에 소개되어 있는 조슈의 반사로, 쇼카손주쿠, 사쓰마의 집성관, 시즈오카의 니라야마 대포 제조시설, 나가사키의 영국 상인 글로버의 저택 등도 함께 등록되었다. 『조선일보』 2015.5.23 A1, A2면. 2015년 7월 6일자 일간신문 참조.

44 조슈(長州)에 대해서는 좀 더 자세하게 설명해 둘 필요가 있다. 막부 말기 조슈의 번 내

아니라 전국 시대부터 막강한 군사력과 경제력을 보유하고 있었던 큰 번으로 일본의 역사적 변동기에 자주 등장한다. 임진왜란 때에는 사쓰마의 시마즈 요시히로島津義弘가 제4군(병력 1만 5,000명) 대장, 조슈의 모리 데루모토가 제7군(병력 3만 명) 대장으로, 조선 침략의 최선봉군을 맡았다.

특히 사쓰마의 군대는 전통적으로 무예를 중요시하여 일본에서도 용맹하기로 이름났다. 1598년 10월 1일, 조선과 명나라가 정유재란의 사천 전투四川戰鬪에서 맞섰던 일본군이 바로 사쓰마군이다. 이 전투에서 약 6,300명의 사쓰마군은 명明의 중로군 대장 동일원中路軍 董一元이 지휘하던 조선과 명나라의 연합군 3만 6,000명을 대파했다. 또한 조선의 위대한 군인, 이순신 장군이 노량해전에서 맞서 싸웠던 일본군도 사쓰마군이었다.

1598년 8월 도요토미 히데요시가 병사하자 일본군은 철수를 서둘렀다. 이때 제1군 대장 고니시 유키나가小西行長는 순천 왜성에서 농성하면서 탈출을 기도했지만, 이순신 장군에 의해 퇴로를 봉쇄당했다. 이에 고니시 유키나가는 사천왜성에 주둔하고 있던 시마즈 요시히로에게 급하게 구원을 요청했고, 시마즈는 고니시군을 구원하기 위해 500척의 대함대를 거느리고 순천 방면으로 출진했다. 시마즈 함대가 진격해 오자 이순신 장군은 지금의 남해대교

정치는 매우 격렬했다. 종가와 4개의 지번으로 구성되어 있는 복잡한 내부 사정 때문이었다. 조슈는 하기(萩)를 종가(宗家)로 조후(長府), 기요스에(淸末), 도쿠야마(德山), 이와쿠니령(岩國領) 등 모두 4개의 지번(支藩)으로 구성되어 있었다. 조슈는 보통 이들을 모두 합쳐 부르는 명칭이다. 조슈는 현재의 야마구치(山口縣) 일대를 영지로 하여 에도 시대 초기에는 36만 9,411석의 고쿠타카(石高)를 보유했고, 메이지 시대 초기에는 98만 8,000석에 달했다. 원래는 전국 다이묘(戰國大名) 중 하나로 주고쿠(中國) 지방의 8개국 120만 석을 영유하고 있었는데, 세키가하라 전투에서 서군에 참여하여 패한 뒤 수오(周防), 나가토(長門) 등의 영지를 제외하고는 모두 빼앗기는 삭봉(削封) 처분을 받아 영지의 규모가 대폭 줄어들었다. 막말 조슈의 잦은 정변과 군사적 충돌, 기병대 같은 제대의 난립, 내란 등은 이러한 복잡한 내부 사정과 많이 얽혀 있었다.

앞바다에서 이들과 맞섰다. 이 전투가 바로 1598년 11월 18일에서 19일 새벽까지 치러졌던 정유재란의 마지막 전투, 노량해전이다. 잘 알려져 있듯이 이순신 장군은 노량해전에서 450척의 일본 전함을 격파하는 등 역사에 길이 남은 승리를 거두었지만, 전투 중 왜적의 유탄에 맞아 전사하고 말았다. 고니시군은 이순신 함대와 시마즈 함대가 격돌하는 틈을 타 도주에 성공했다.[45]

그 뒤 유명한 세키가하라 전투에서 두 다이묘는 반(反)도쿠가와 진영(서군)에 가담해 도쿠가와 이에야스의 동군과 싸웠다. 도쿠가와 이에야스는 전투가 끝난 뒤, 서군에 가담한 적군이었음에도 불구하고 사쓰마 무사들의 용맹함을 높이 평가해 사쓰마에는 고쿠다카 삭감 등의 불명예처분을 내리지 않았다.[46] 반면 조슈는 대규모의 불명예처분을 받았다.[47] 막부 말기의 정치적 격변기에 사쓰마와 조슈 두 번은 다시 역사의 중심으로 등장하여 유신과 건국을 주도

---

45 박기봉 편역, 『충무공 이순신 전서』 1~4, 비봉출판사, 2006; 류성룡, 김홍식 역, 『징비록』, 서해문집, 2003.

46 세키가하라 전투는 동군 12만 명과 서군 8만 명이 충돌한 일본사상 최대 규모의 전투였다. 임진왜란에 참전한 장수들 대부분은 반(反)도쿠가와 연합군인 서군에 가담했다. 시마즈 요시히로와 모리 데루모토 역시 서군에 가담했다. 시마즈군은 전투 중 고바야카와의 배반에 의해 좌우, 북방의 3면으로부터 공격을 받게 되었다. 그러나 시마즈군은 대담하게 이에야스의 본진이 설치된 동군의 중앙부를 기습적으로 돌파하여 탈출에 성공한다. '시마즈의 적중돌파'라고 알려져 있는 이 전투는 일본의 전사에서 매우 유명하다. 이것은 죽음을 각오한 병사 수명이 복병으로 남아 화승총을 발사하면서 적병의 추격을 막는 사이에 본진이 퇴각하고, 그 복병이 전멸하면 또 수 명이 후방으로 뛰어나가 사석(捨石)이 되는 처절한 퇴각 전술을 핵심 전술로 채택한 전투였다. 이 처절한 전술로 요시히로는 이틀 후인 17일 밤 구사일생으로 서군의 본거지인 오사카에 입성한다. 그때까지 요시히로와 함께 살아남은 병사는 1,500명 중 겨우 80명으로 생존율은 5.3%밖에 되지 않았다. 당시 요시히로의 형 요시히사(義久)와 요시히로의 아들 이에히사(家久)는 3만 명의 병력과 함께 사쓰마에 남아 유사시에 대비하고 있었다. 이 전투에서 사쓰마군 1,500명의 용맹함을 직접 경험한 이에야스는, 본국에 대기하고 있는 3만 명의 사쓰마 군사력 때문에 사쓰마에 대한 불명예처분을 쉽게 내릴 수 없었다.

47 조슈번은 영지가 대폭 삭감되어, 고쿠타카(石高)가 120만 석에서 36만 9,411석으로 깎였다.

시마즈 나리아키라 사진
(일본인이 촬영한 사진으로 최고
오래된 것이다. 가고시마 집성관)

시마즈 나리아키라 동상

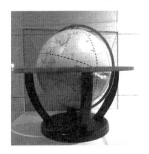

시마즈 나리아키라가 소장하던
지구의

해나간다. 두 번이 이렇게 할 수 있었던 것은 1800년
대 초부터 번의 정치를 개혁하고 재정과 군사 제도를
혁신했기 때문이었다.

우선 사쓰마는[48] 가가번에 이어 전국에서 두 번째
로 높은 77만 석의 석고를 보유하고 있었고, 막부 몰
래 류큐, 중국 등과의 밀무역을 통해 막대한 이익을
얻고 있었다. 사쓰마가 서구식 군사 기술과 제도의 도
입 등 개혁을 단행할 수 있었던 것은 이 같은 경제력
이 뒷받침되어 있었기 때문이다.[49] 이로 인해 조슈,
사가, 후쿠이, 미토, 기이, 오와리 등 다른 번보다 비
교적 앞서 서구식 군제 개혁을 이룰 수 있었다.

거기에 사쓰마에는 시마즈 나리아키라라는 탁월
한 개명군주가 있었다. 사쓰마의 제11대 번주로 개혁
적인 성향에 난학에도 조예가 깊었다. 또한 봉건적
신분을 떠나 능력 있는 인재를 골고루 등용했다. 특
히 사이고 다카모리를 총애하여 에도 등 중앙 정치 무
대에서 활동할 수 있는 기회를 만들어 주었다.

사쓰마가 군사 개혁을 단행하게 된 직접적 계기는

48 1862년(분큐(文久) 2년)의 인구통계에 의하면, 사쓰마 인구 61만 명 중 무사 비율이 40%
    에 달할 정도로 무사의 수가 많았다. 대부분 낮은 봉록의 성읍무사나 농촌에 거주하는
    향사무사였다. 이들로 편성된 신군은 숫자도 많을 뿐만 아니라, 막부의 용병과 같은,
    농노나 무뢰한들을 강제로 끌어 모은 군대보다 훨씬 용맹했다. 후지와라 아키라, 엄수현
    역, 『일본군사사』, 시사일본어사, 1987, 28~29쪽.
49 1609년 2월 시마즈 이에히사는 막부의 명령으로 오키나와(琉球)로 출병해 7월 오키나와
    를 시마즈에 편입시켰다. 이로써 사쓰마의 고쿠다카는 77만 석으로 늘어났다. 그러나 사

모리슨호 사건이다. 1837년 7월 10일 사쓰마 남부 지방인 야마가와에 미국의 모리슨호가 접근했다. 사쓰마는 막부의 방침(이국선타불령)에 따라 수백 발의 대포를 발사했다. 그러나 그중 겨우 1발만 명중하였고, 그것도 별 타격을 주지는 못했다. 모리슨호는 사쓰마의 포격으로 인해 야마가와에 입항하지 못하자 중국으로 귀항했다. 이 사건을 계기로 사쓰마는 나가사키의 다카시마 슈한[50]에게 사람을 보내 나폴레옹식 화포를 구입하는 등 군제 개혁에 힘썼다. 1843년 서구식 총대를 조직하고, 1852년에는 프랑스식 기병대도 조직하였다. 페리 내항 이후에는 군수 기계 등의 제조를 위해 정련소를 건설했고, 기계식 방적 공장 등도 설립[51]했다. 또한 사쓰에이전쟁을 교훈 삼아 1866년 해군방, 육군방을 설치하고 대대, 소대의 서양식 편제를 도입하여 신군을 창설하였다. 해군은 일본에서 사쓰마가 가장 먼저 창설하였으며 일본 최초의 군함 쇼헤이마루호[52]도 사쓰마에서 건조한 것이다.

쓰마의 재정이 점점 어려워져, 10대 번주 나리오키(齊興)가 통치하던 1820년대 말에는 누적 적자가 500만 량에 달해 파산 위기에 봉착했다. 이에 나리오키의 조부 시게히데(重濠)는 즈쇼 히로사토(調所廣鄕)를 측근으로 기용하여 재정 개혁을 단행했다. 즈쇼는 오키나와 특산품인 흑사탕의 전매 제도를 시행하고, 번의 부채를 250년에 걸쳐 분할 상환하는 묘책을 짜내 적자로 허덕이던 번의 재정을 흑자로 전환시켰다. 그 결과, 10년 뒤 사쓰마는 거금 100만 량을 비축하게 되었다. 바로 이 재력을 기반으로 사쓰마는 막말 정국에서 막강한 정치적 영향력을 행사할 수 있었다. 즈쇼는 사쓰마를 일본 제1의 풍요로운 번으로 만들기 위해 막부의 감시를 피해 청나라와의 밀무역도 감행했다. 뒷날 이 사실을 간파한 막부로부터 압력이 들어오자 모든 책임을 혼자 떠안고 자결했다.

50 다카시마 슈한(高島秋帆, 1798.8.15~1866.1.14)은 나가사키 출신으로, 일본 포술과 서양 포술의 격차를 깨닫고 네덜란드인으로부터 어학과 서양포술을 배워 다카시마류라고 하는 독자적인 포술학을 창시하였다.

51 1851년에 영주로 즉위한 나리아키라는 이듬해 가고시마에 이소(磯)공업단지를 건설하고 집성관(集成館)이라고 명명했다. 집성관에는 반사로(反射爐), 용광로, 찬개대(鑽開臺, 포신에 구멍을 뚫는 공장) 등 군수 시설과 유리 공장, 단조 시설(鍛冶場), 증기 금세공 공장(蒸氣金物細工場) 등을 설립했다.

52 쇼헤이마루(昇平丸). 370톤, 길이 약 30m에 10문의 대포를 갖춘 최초의 서양식 군함이었다.

오늘날 산업단지와 비슷한 사쓰마의 집성관 　　　　　　쇼헤이마루호(1854~1870)

　　반면 조슈는 1857년까지 군사 개혁에 큰 관심을 보이지 않았다. 사쓰마가
시마즈 나리아키라의 주도 아래 비교적 일찍 서구식 군사 개혁을 단행했던
것에 비해 조슈는 1858년 스후 마사노스케[53]가 번주를 대리하여 번의 행정을
관장하고 군사 담당으로 야마다 우에몬이 임명되면서부터 군사 개혁에 관심
을 보이기 시작했다. 야마다 우에몬은 난학을 공부하였고 서구식 군대 조직
을 잘 알고 있는 인물이었다. 그는 번 내에서 학생 30명을 선발해 나가사키의
다카시마 슈한과 해군훈련소에 파견하였고, 그곳에서 해군 기술과 군사 기술
을 익히게 하였다. 1년 후 복귀하자 이들을 주축으로 소규모의 소총부대를
편성할 것을 번에 제안해, 1859년 말부터 사무라이로 구성된 소총부대를 편
성하였다. 이들은 보병, 포병, 기병으로 나누어 훈련을 받았고, 최신서양식
총인 게베르*Gebere* 소총[54]을 지급받았다. 1860년에는 네덜란드로부터 군함을
구입하기 시작했다. 서구식 소총부대의 편성, 훈련과 함께 번교 메린칸明倫館,

53　스후 마사노스케(周布政之助, 1823.3.23~1864.9.26)은 조슈번의 번사로 덴포 개혁기에
　　가로에 의해 발탁되어 재정 재건, 군제 개혁, 식산흥업 등 번정 개혁을 위해 노력했다.
　　1862년 번의 주류노선으로 된 나가이 우타의 항해원략책에 동의하였지만 기도 다카요
　　시, 다카스기 신사쿠 등 쇼카손주쿠 그룹의 양이론으로 다시 돌아섰다. 1864년 금문의 전
　　투와 막부의 제1차 조슈 정벌을 수습하기 위해 노력하였지만 번이 수구파에게 장악된
　　뒤 사태 수습을 위해 책임지고 자결했다.
54　이 책 제5장 제2절의 제4항 중 제2차 조슈정벌전쟁 참조.

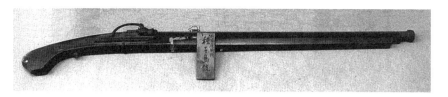

조총(種子島銃, 다네가시마총)

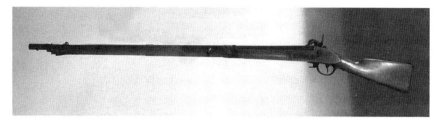

게베르 소총

명륜관에서는 군사학을 가르쳤다. 한편 조슈는 1855년 서양학소를 설립하여 네덜란드, 영국, 프랑스 등 서구의 군사 서적들을 번역하는 등 서구의 군사기술과 제도에 관심을 가지고 있었다. 이곳에서 번역된 서양 군사학은 야전축성술, 부대 내규, 행군 수칙, 선봉대 근무, 소전술, 전투술, 위장술 등으로 당시로서 매우 높은 수준이었다고 한다.

　조슈의 군제 개혁 중 가장 중요한 것은 제대諸隊라고 하는 새로운 형태의 부대다. 1860년대 초 조슈의 존왕양이파는 금문의 전투, 시모노세키전쟁 등에서 연속적으로 패배해 위기에 빠졌다. 이에 번주 모리 다카치카毛利敬親가 다카스기 신사쿠에게 난국을 헤쳐 나갈 임무를 맡겼다. 다카스기 신사쿠는, 1%도 되지 않는 극소수의 사무라이 병력만으로는 서구열강과의 전투에서 이길 가능성이 없으며 농민, 상인 등 다른 계층들을 군사력으로 보강하지 않으면 안 된다고 판단해 기존의 정규군과는 다른 새로운 형태의 부대를 결성할 것을 제안했다. 이에 따라 봉건적 신분의 구별 없이 사무라이와 농민, 상인을 함께 같은 부대원으로 편성한 부대인 제대가 결성되기 시작했다.

기병대 결성 장소(시로이 쇼이치로의 유적, 시모노세키시)

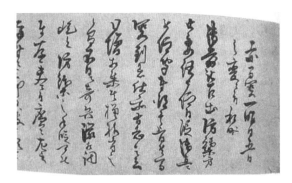

기병대결성강령(모리박물관 소장)

　　최초로 결성된 제대는 다카스기 신사쿠의 기병대[55]다. 총독 아래 참모와 군감, 서기 등을 두고 창대 26인, 총대 99인, 포대 44인, 보병소대 65인 등이 배치되었다. 그 뒤 조슈에서는 유격대, 의용대, 하치만대 등 기병대와 비슷한 형태의 제대가 계속 조직되었다. 제대는 조슈번 개혁파의 무력 기반으로 메이지유신 과정에서 매우 중요한 역할을 담당하게 된다. 야마가타 아리토모, 이토 히로부미 등 근대 일본의 주요 인물들 중 다수가 제대의 지휘관을 거쳐

55　기병대(奇兵隊)는 신분제를 벗어나 구성된 최초의 군사 조직으로, 제대(諸隊)라고 불렸다. 제대는 사무라이만으로 편성되는 봉건 군대와 달리 사무라이와 평민이 함께 편성된 혼성 부대였다. 기병대는 일반 농민까지 병사로 편성해 근대적 군사 조직의 원형이 되었다고 말해진다.

정치지도자로 부상했다. 이에 대항해 보수적 성향의 상급사무라이들은 선봉대라고 하는 별도의 부대를 구성하여 제대에 맞섰다.

1865년 4월 막부가 제2차 조슈 정벌을 위한 준비를 전국의 다이묘들에게 지시하고 5월에 제2차 조슈 원정대 구성을 공표한 시점에 조슈에서는 개혁파 지도자 기도 다카요시가 정권을 장악하고 있었다. 기도는 8·18정변, 금문의 전투, 이케다야 사건 등에서도 살아남아 도피 생활을 하다가 다카스기 신사쿠가 번정을 다시 장악한 뒤 조슈로 귀환했다. 그는 보수파와 화해를 이루는 한편 서양에 대해 해박하면서도 그때까지 번 정부의 주요 직책을 맡지 못하고 있던 마에바라 잇세이, 다카스기 신사쿠, 이토 히로부미, 이노우에 가오루 등을 발탁하였다. 이들은 제대의 지휘관 출신으로서 급진파 인물들이다. 기도 다카요시는 이들과 함께 번정 개혁을 적극적으로 추진해 나갔다.

서양 군사학에 밝은 오무라 마스지로[56]를 군제 개혁의 책임자로 임명해 1865년 5월 서양 진법을 채용하고 조슈군을 전번일치 군제로 정비하였다. 전번일치 군제는 번 내의 모든 군사 조직을 중앙에서 통합하여 하나로 지휘하는 체제를 말한다. 그 전에는 제대와 농병대 등 개별 부대들이 번의 방침과 상관없이 독립적으로 활동했다. 전번일치제로 인해 제대를 비롯한 각 부대는 모두 번의 단일한 지휘 체제 아래로 편입되었다. 뿐만 아니라 사병私兵이 철폐되고, 지번이나 실세 가신의 군대도 모두 본 번의 지휘 아래로 편입되었다. 전번일치제는 독립적으로 활동하는 봉건제 군대를 해체하고 절대주의적 상

---

56   오무라 마스지로는 일본 육군의 아버지로 불리는 인물이다. 1861년 조슈의 군제 개혁을 지휘했고, 유신 정부에서는 병부대보로 있으면서 프랑스육군을 모델로 징병제의 도입을 추진했다. 또한 유신 과정에서 숨진 자들을 기리기 위해 야스쿠니신사의 전신인 도쿄 초혼사를 설립하기 위해 노력했다. 1893년 야스쿠니신사 앞에 그의 동상이 건립되었다. 일본 육군의 군신이라고 불린다.

오무라 마스지로(1824~1869)　　　오무라 마스지로 추모비(교토시)

비군常備軍의 탄생으로 나아가는 길을 연 혁신적 개혁 조치였다.

　오무라는 또한 화승총과 갑옷 등 구시대의 무기와 장비는 매각처분하고, 신식 시조총旋條銃(라이플총)을 구입하여 개별 병사에게 지급하는 등 군비의 근대화도 추진했다. 거기에 서구의 군사 편제를 본 떠 조슈의 모든 군대를 150명 단위의 전술 부대로 편성하였다. 이러한 군제 개혁의 토대 위에 봉건적 군제인 군역 제도를 폐지하고 사농공상의 모든 신분을 대상으로 병력을 충원하였다. 제2차 조슈정벌전쟁 당시 막부군은 여전히 봉건적 군역제에 기초한 무사 집단으로 편성되어 있었다. 무기의 성능도 조슈군에 뒤떨어졌고, 각 번에서 차출한 15만 연합군은 자신들이 왜 조슈를 정벌해야 하는지에 대해서도 납득할 만한 이유를 갖지 못했다. 반면 조슈군은 죽음을 각오하고 싸울 수밖에 없었다. 이처럼 막부연합군은 병사들의 정신무장도, 무기도, 군사 편제도 조슈에 뒤졌기 때문에 수적으로는 3배나 많았음에도 불구하고 조슈군을 이길 수 없었다.[57] 제2차 조슈 정벌이 실패로 끝나자 뒤늦게나마 막부도 군제 개혁에 본격적으로 나서지만 때는 이미 늦었다.

57　후지와라 아키라, 엄수현 역, 『일본군사사』, 시사일본어사, 1987, 27~28쪽.

2. 혁명전야

1) 불가피한, 그러나 치명적인 개국開國[58]과 개방

페리(Matthew Calbraith Perry, 1794~1858)**와 일미화친조약 체결**

막부 말기 일본의 정치적 대변동은 내부적 요인이 아니라 외부적 요인에 의해 촉발되었다. 미국의 태평양 함대 사령관 해군 제독 페리가 그 방아쇠를 당겼다. 페리는 1852년 11월 24일 군함 미시시피호를 이끌고 미국 동부의 해군 기지를 떠난다. 대서양을 횡단한 뒤, 아프리카 서안을 따라 내려가 희망봉을 지나, 홍콩에 도착하여 다른 3척의 군함과 합류한 뒤 마카오, 상해, 류큐를 거쳐 1853년 6월 3일 에도 만 우라가에 도착했다.[59]

에도 막부는 페리가 오기 전에 이미 그가 함대를 몰고 올 거라는 정보를 알고 있었다. 아편전쟁 이후 서양의 함대가 일본에 와서 무력시위를 할 것이라는 네덜란드 상관의 정보 보고[60]도 있었고, 네덜란드 국왕으로부터 서양 국가

---

58 '개국'에 관한 정의는 다양하다. 마루야마 마사오는 개국을, 닫힌 사회로부터 열린 사회로의 상대적 추이를 의미하며, 역사적 현실로서는 말할 것도 없이, 19세기 중엽 이후에, 극동 지역의 제 민족, 특히 일본과 중국과 조선이 '국제 사회'에 다소간 강제적으로 편입되는 일련의 과정이라고 정의하고 있다. 마루야마 마사오, 김석근・박충석 역, 『충성과 반역』, 나남, 1998, 173쪽.

59 Matthew Calbraith Perry, *Narrative of the Expedition of an American squadron to the China Seas and Japan, 1852~1854*, Ulan Press, 2012; William Elliot Griffis, *Matthew Calbraith Perry : a typical naval officer, reprint*, University of California Libraries, 1887; M. C. ペリ, 『ペリ艦隊日本遠征記』上・下, 万來舍, 2009. 페리 함대 일본원정기는 페리가 자신의 일기, 해군사관의 항해일지, 조사보고서 등을 제3자에게 제공하고 집필을 의뢰하여 저술된 책이다.

60 다만 페리 함대의 일본 원정에 관한 풍설서가 실제 도착한 것은 페리 함대가 물러간 뒤 1개월이 지난 시점이었다. 이 당시 일본은 풍설서를 통해 꽤 상세한 해외 정보를 수집하

페리 얼굴
(가와라반 瓦版, 1854년경)[61]

페리 함대 관련 런던뉴스 기사(1853.5.7)

페리 함대의 포탄
(시모노세키시립 조후박물관 소장)

에 개항하는 것이 일본에 좋을 것이라고 하는 권유도 있었다. 그러나 막상 페리가 군함 4척을 이끌고 에도 앞바다에 나타나, 일미화친조약의 체결과 개항

고 있었다. 나가사키에 교역을 위해 입항하는 상인들은 당풍설서(중국), 네덜란드풍설서 등의 정보보고서를 의무적으로 나가사키부교에 제출했다. 바타이아에 있던 네덜란드 식민국장관이 직접 정보를 수집해 나가사키 상관장에게 보낸 별단(특별)풍설서도 있다. 별단풍설서는 1840년부터 작성되었다. 막부는 교역 허가라는 은혜를 베풀어준 데 대한 봉사(奉公)로 정보 제공을 요구했다. 이 보고서들은 극비문서로 분류되어 밀봉된 채 막부에 전달되었고 막부의 고위 관리 일부만이 열람했다. 하지만 이 보고서를 번역하는 관리들에 의해 별도로 복사되거나 정리되어 해외의 최신 소식을 담은 책자로 발간되어 유행했다. 막부가 정보 제공의 의무를 부과한 것은 1641년 5월 11일 네덜란드 상관장 막시밀리언 루메르가 에도에서 쇼군을 배알했을 때였다. 이후 1857년까지 제출되었다. 松方冬子, 『風説書: '鎖國'日本に語られた'世界'』, 中公新書, 2011, 38~44쪽.

61   에도 시대에 찰흙(점토)에 글씨나 그림을 새겨 구운 판으로 인쇄한 소식지.

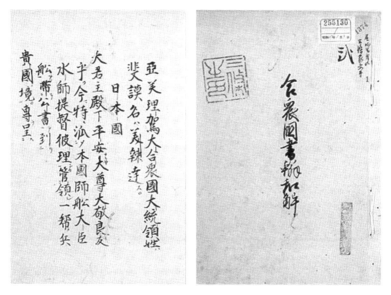

페리가 가져온 미국 대통령 필모어의 편지(일본어본)

및 통상을 요구하자 에도 사회가 받은 충격은 상상 이상이었다. 페리는 미합
중국 대통령인 밀러드 필모어*Millard Fillmore*[62]의 친서[63]를 소지하고, 만약 일본
이 거절할 경우 무력행동을 할 수도 있다고 위협했다. 페리가 타고 온 흑선은
일본이 전혀 보지 못했던 철제증기선[64]이었고 대포로 중무장되어 있었다. 서
양 함선이 일본 연안에 나타난 적은 이전에도 종종 있었지만 대부분 단순한
교역 요구였기 때문에 막부로서도 크게 신경 쓰지 않았다. 반면 페리는 중무
장한 함대로 시위를 하면서 화친조약의 체결과 개항 및 통상을 요구했다. 이
때문에 페리 함대의 출현은 이전과는 전혀 다른 국가적 위기 상황을 불러 일
으켰다.[65] 이 시기 아시아를 바라보는 서양세계의 시각을 월트 휘트만만큼 시

---

62 1850년에서 1853년까지 재임했다. 1854년 대통령선거에서 재선에 실패했다.

63 「合衆國書翰和解」, 『三條家文書 2~22』, 嘉永 16年, 國立國會図書館, 1853.

64 2척은 증기선이고 2척은 범선이었다. 증기선인 기함 서스캐나호는 2,450톤, 미시시피호
는 1,692톤이었는데 당시 일본의 함선은 에도 막부의 통제 정책으로 인해 100톤을 넘는
것이 거의 없었다.

65 미국은 1846년에서 1848년까지 멕시코와 전쟁을 벌였다. 이 전쟁에서 승리한 이후 미국

페리 함대 소식 판화(가와라반)

적으로 표현할 수 있는 사람은 아마 없을 것이다.

페리 함대가 1년 뒤 다시 오기로 하고 물러간 지 며칠 지나지 않아 엎친 데 겹친 격으로 12대 쇼군 이에요시가 갑자기 사망했다.[66] 뒤를 이은 13대 쇼군 이에사다는 병약한데다 정신적으로도 문제가 있어 이러한 위기 상황에 대처해 나갈 능력이 없었다. 이에 막부는 현실적으로 페리의 요구를 받아들일지 아니면 교전을 각오하고 거절할지 둘 중 하나를 선택[67]해야만 했다. 하지만 어느 쪽도 선택하기가 쉽지 않았다.

은 일본에 대해 대외강경책을 취하기 시작했다. 또한 1837년 미국상선 모리슨호가 에도 만 앞에 왔다가 포격을 당해 돌아간 모리슨호사건이 일어나자 당시 미국 언론에서 이 사건을 대서특필함으로써 무력으로 일본을 개항해야 한다는 강경론이 대두되었다. 중국에 미국의 외교관이 이미 상주하고 있었음에도 불구하고 군인이었던 페리 제독을 특명전권대사에 임명하여 일본으로 함대를 파견한 데에는 이런 배경이 있었다.

66 1853년 6월 22일. 페리 함대가 물러간 지 10일밖에 지나지 않은 시점이었다.

67 나카노 다케시(中野剛志)는 페리 등장 이후 대두된 개항 관련 논의는 쇄국과 개국 중 하나를 대외 정책으로 선택해야 하는 문제가 아니었다고 보고 있다. 그는 쇄국과 개국 중 하나를 선택하는 문제가 아니었으며, 근본적으로는 서양과 전쟁을 할 것이나 아니면 전쟁을 피할 것이냐는 양이(攘夷)와 피이(避夷) 중 하나를 선택하는 문제였다고 주장한다. 따라서 그는 양이와 피이 중 하나로 방향이 정해지면 그것에 따라 개국도 쇄국도 할 수 있었던 것이었다고 본다. 中野剛志, 『プラグマティズムからナショナリズムへ』, ちくま新書, 2012.

이에 수석로쥬首席老中 아베 마사히로[68]는 전
국의 다이묘와 고위관리 등에게 미국 대통령의
서한을 열람한 뒤 그 대응 방법에 관한 의견을
제출할 것을 명령했다. 또한 쇼군이 없는 것과
다름없는 리더십의 위기 상황에서 막부의 능력
만으로는 대처하기가 어렵다고 판단하고 경제
적·군사적 능력이 있는 몇몇 번에 도움을 요
청한다. 아베 마사히로와 오랫동안 친분이 있
던 사쓰마의 시마즈 나리아키라와 미토의 도쿠
가와 나리아키는 이를 계기로 신판親藩, 친번과

아베 마사히로
(고세다 호류 2세 그림, 1897년경)

도자마 다이묘를 배제해온 관례를 깨고 막정幕政에 참여하게 된다.[69]

그런데 아베 마사히로의 이 조치들은 전혀 예기치 못했던 결과를 초래한
다. 막부가 전국의 다이묘들에게 의견을 요청한 것은 에도 막부 설립 이래 처
음 있는 일[70]로써 막부의 권위를 떨어뜨리고 막부와 번의 관계를 변화시키는

---

68 아베 마사히로(阿部正弘, 1819.10.16~1857.6.17)는 히고(備後, 현재의 히로시마현) 후쿠
    야마(福山)의 다이묘였다. 원래 6번째 아들로 태어났지만 형들이 모두 요절하는 바람에
    19세에 당주가 되었고, 1843년 로쥬에 전격적으로 발탁되었다. 그는 기존의 막번 체제 시
    스템을 파격적으로 바꾸어 전국의 다이묘와 막부 관료들에게 페리의 요구에 대한 의견
    을 제출하도록 요청했다. 이에 따라 전국에서 약 700통의 의견서가 접수되었다. 아베 마
    사히로의 전기에 관해서는 土居良三, 『開國の布石』, 未來社, 2000; 福地 櫻痴, 『幕末政治
    家』, 2011, 13~33쪽 참고.
69 1845년 6월 로쥬 아베 마사히로가 해안방어에 관한 직책인 해방괘(海防掛)를 맡은 뒤 도
    쿠가와 나리아키에게 의견을 요청하였는데, 이때 도쿠가와 나리아키는 막부가 대선 건
    조를 독점하는 것에 반대하면서 막부와 여러 번의 연합에 의한 대선건조 즉 '막번연합대
    선건조론'을 주장했다. 이 안은 유력 다이묘들의 군사적 성장을 꺼리는 막부에 받아들여
    지지 않았지만 아베 마사히로에게 많은 영향을 미쳤다. 한편 도쿠가와 나리아키는 '막번
    연합대선건조론'을 시마즈 나리아키라, 다테 무네나리 등의 다이묘들과 협의하면서 긴
    밀한 관계를 유지해갔다. 박영준, 『해군의 탄생과 근대일본』, 그물, 2014, 160~174쪽.

시모다 공원의 지미 카터 미국대통령 방문 기념비

페리상륙기념탑(시모다시)

계기가 된다. 중앙 정치에서 완전히 소외되어 있던 서남 지역의 도자마 다이
묘들과 미토의 도쿠가와 나리아키 등 신판親藩 다이묘들은 자신의 정치적 영
향력을 높일 수 있는 절호의 기회가 왔다고 판단하고 발빠르게 움직였다. 정
치적 야심을 감추고 200여 년 동안 숨죽이고 있던 몇몇 번들이 드디어 기지
개를 켜기 시작한 것이다.

한편 막부의 요청에 대해 각 다이묘는 개전론, 개국론, 절충론 등의 다양한
의견을 제출했다.[71] 신판인 미토의 다이묘 도쿠가와 나리아키[72]는 개전론을

---

70 이전에도 막부가 다이묘의 의견을 구한 사례는 몇 번 있었다. 하지만 그 범위와 내용에
    서 이때와는 비교가 되지 않는다.

71 연구자들마다 다이묘들의 응답에 대한 통계가 다르게 인용되어 있다. Marius B. Janson은
    59통의 답변이 제출되었다고 한다. 존 W. 홀은 50통의 회답이 제출되었다고 한다. 이 중
    34통이 페리 요구를 거절할 것, 14통은 회유를 권고할 것, 2통만이 개국을 주장했다고 한
    다. 존 B. 홀, 박영재 역, 『일본사』, 역민사, 1986. 피터 듀스는 61통의 회답이 남아 있다고
    한다. 피터 듀스, 김용덕 역, 『일본 근대사』, 지식사업사, 1998, 70쪽.

72 도쿠가와 나리아키(德川齊昭, 1800~1860)는 제9대 미토 번주이며, 제15대 쇼군 도쿠가
    와 요시노부(德川慶喜)의 친아버지이다.

료선사(了仙寺)). 1854년 5월 22일 이곳에서 미일화친조약(시모다조약, 총 13개조)이 체결되었다.

요코하마 개항자료관. 1854년 3월 3일 약 한 달간의 협상 끝에 미일화친조약(12개조)이 체결되었다

대변하면서, 즉각 전쟁 준비를 갖추어 미국의 요구를 거절하고 일본 연안에서 외국인을 쫓아내자고 주장했다. 반면 히코네의 다이묘 이이 나오스케는 개국론을 대변하여, 개국과 교역을 통해 방어를 강화하자고 주장하였다. 사쓰마의 다이묘는 조약 체결을 지연하면서 쇼군과 번주들이 함께 방어 계획을 작성하자고 주장했고, 도사번의 다이묘 야마우치 요도는 네덜란드의 도움을 받아 해안 방위를 강화하자고 주장했다.

다이묘들의 다양한 의견을 청취한 뒤 아베 마사히로는 전쟁만은 피해야 한다는 전제 아래 미국 측의 통상 요구는 거절하되 화친조약의 체결과 개항 요구는 받아들이기로 결론을 내렸다. 그리고 장기적으로는 유력 번의 도움을 받아 군비 강화 정책을 적극적으로 추진하기로 했다. 이에 따라 1854년 3월 막부는 미국과 일미화친조약[73]을 체결했다.[74] 이어 영국과 프랑스, 러시아와

---

73 「日米和親條約」, 『三條家文書 3~49』, 國立國會図書館, 安政元年 12月, 1854.
74 막부에서는 대학두(大學頭) 하야시 후쿠사이(林復齊)가 교섭을 담당했다. 그는 『통항일람(通航一覽)』이라는 대외 교섭 자료집(전체 345권)을 편찬했다. 일미화친조약은 일미화친조약(日米和親條約) 12개 조항과 일미화친조약부록(日米和親條約附錄) 13개 조항으로 구성되어 있다. 비준서 교환을 거쳐, 1855년 1월 5일 발효되었다. 미토의 나리아키는 개전론을 주장했는데도 불구하고 화친조약이 체결되자 해방참여직에서 사퇴했다.

도 화친조약을 체결했다. 영국과 프랑스는 이때 러시아와 크림전쟁을 치르고 있는 중이었다. 영국의 제독 제임스 스털링*James Sterling*은 러시아 함대를 추격하던 중 나가사키항에 입항했다가 1854년 8월 나가사키와 하코다테의 개항을 약속하는 일영화친조약을 체결했다. 추격당하는 측이던 러시아 함대도 1854년 12월 시모다에 입항해 일러화친조약을 체결했다. 네덜란드는 최후의 상관장이 된 얀 돈켈 쿠르티우스를 1855년 7월 전권영사에 임명하여 1855년 12월 일본과 화친조약을 체결했다.[75]

영국 등 유럽 국가들은 당시 일본보다 중국시장을 더 중요시했다. 다만 미국은 포경업이 전성기를 맞으면서 포경선의 표류, 선원의 송환 문제가 현안으로 대두하였고, 태평양 횡단 항로의 개설로 해운·조선업이 발달하면서 영국과의 경쟁에 대비할 필요도 있었다. 이에 따라 미국은 일본 시장을 개방하려는 목적보다 중국까지의 항로를 유지하기 위한 보급 기지의 확보 차원에서 일본과 화친조약을 체결하려고 했다.[76]

따라서 일미화친조약의 주요 내용은 막부의 기존 방침과 크게 충돌되는 것은 아니었다. 시모다는 즉시 개항하여 땔감,[77] 물, 음료, 석탄을 제공하고 하코다테는 1년 뒤 개항하되 포경선의 입항(제2조)만 허용하였다. 또한 하코다테에서는 표류선의 입항을 허락하되 석탄은 제공하지 않는 것으로 정해졌다. 다만 제9조의 일방적인 최혜국 대우조항은 전형적인 불평등 조항으로 문제가 있었지만 막부 관리들은 이를 전혀 인식하지 못했다. 막부 말기 일본정

---

75 일미화친조약은 1854년 3월 3일 가나자와에서, 일영화친조약은 1854년 8월 23일 나가사키에서, 일러화친조약은 1854년 12월 21일 시모다에서, 일란화친조약은 1855년 12월 23일 나가사키에서 체결되었다.

76 松方冬子, 『風說書 : 鎖國'日本に語られた'世界'』, 中公新書, 2011, 164쪽.

77 포경선은 배 위에서 고래 기름을 짤 때 땔감을 사용하였다.

초대주일미합중국총영사·초대주일미합중국변리공사 타운젠트 해리스

국을 뒤흔드는 심각한 사태는 전혀 예기치 못한 데에서 시작된다.[78] 제11조 미국영사관의 설치에 관한 규정을 들어 타운젠트 해리스*Townsend Harris, 1804〜1878*가 시모다에 부임하여 통상조약의 체결을 강요하면서 부터다.

한편 막부는 페리가 물러간 직후 해안 방어 능력을 강화하기 위해 미토의 도쿠가와 나리아키를 해안방어참여参與[79]에 임명하고 이어 1853년 9월에는 막부가 대외통제 정책을 시행할 때 금지했던 대형선박의 건조를 허용하였다. 11월에는 대선제조용괘大船製造用掛를 임명해 미토에는 대형선박의 제조를, 사쓰마에는 증기선의 시험 제작을 명령하였다. 이에 따라 미토는 12월에 이시카와지마石川島에 조선소를 설립하고, 서양식 군함旭日丸을 건조하여 헌상하였다. 또한 74문의 대포와 포탄도 제조하여 헌상했다. 이 밖에 사가佐賀(현재의 사가현) 등 여러 번에서도 함선과 대포 등을 제조하여 막부에 헌납하는 등 군비를 강화시켜 나갔다.[80] 아베 마사히로는 국방 정책의 효율적 추진을 위해 그동안 막부의 주요 직책을 맡을 수 없었던 신판 다이묘 에치젠의 마쓰다이라 요시나가, 도자마 다이묘 사쓰마의 시마즈 나리아키라 등에게도 정치적 배려를 아끼지 않았다. 아베 마사히로의 이러한 정책을 막번 협조주의 노선이라고 부른다.

---

78 青山忠正, 『明治維新と國家形成』, 吉川弘文館, 2000, 34〜46쪽; 石井 孝, 『日本開國史』, 吉川弘文館, 2010, 100〜110쪽.

79 막부는 1845년부터 해안 방어 참여(海岸防禦御用掛, 海防掛)를 설치하여 외교, 국방 문제를 담당하게 하였다. 도쿠가와 나리아키는 1854년 7월 3일 임명되었다.

80 이 시기 막부와 번들의 군비강화노력에 관해서는 박영준, 『해군의 탄생과 근대일본』, 그물, 2014, 제2장 막말기 해군혁명의 전개 참고.

일본이 서양 5개국과 체결한 수호통상조약

일미수호통상조약(1858.7.29)

그는 서양 국가들과 화친조약을 체결한 뒤에도 해방 정책을 적극적으로 추진해 나갔다. 1855년 아베 마사히로는 미토의 도쿠가와 나리아키를 다시 군제 개혁 담당 참여参與에 임명했다. 나리아키는 이후 아베와 함께 군제 개혁 등 막부의 군사 개혁 정책을 주도해 나갔다. 1857년 6월 17일 아베 마사히로가 39세로 급사하자 뒤를 이은 홋타 마사요시堀田正睦, 1810～1864 역시 아베의 정책을 계승하여 적극적인 군제 개혁과 연안 방어에 힘썼다. 어떤 측면에서 보면 제12대 쇼군 이에요시의 급사에 이어 병약한 도쿠가와 이에사다가 제13대 쇼군에 취임함으로써 쇼군의 리더십에 심각한 문제가 발생했음에도 불구하고 막부는 아베 마사히로와 홋타 마사요시의 주도 아래 내외의 혼란과 불안을 수습하고 잘 견뎌왔다고 말할 수 있다.

이러한 상황은 오래가지 못한다. 1858년 다이로大老[81]에 취임한 이이 나오스케는 천황의 칙허를 무시하고 전격적으로 일미수호통상조약(이하 일미통상조약) 등 서양 5개국과의 통상조약을 체결한다. 그리고 그동안 막부의 정책에 사사건건 반대하던 존왕양이파들을 대대적으로 탄압(안세이대탄압)하면서 정국은 한 치 앞도 내다볼 수 없는 소용돌이 속으로 빠져 들어간다. 이이 나오

---

81 다이로(大老)는 쇼군의 보좌역으로 중요 정책 결정에만 참여(大政參與)하는 직책이다. 일시적이긴 하지만 로쥬 위에 해당하는 최고위직이다. 사카이가(酒家), 홋타가(堀田家),

스케는 아베 마사히로와 홋타 마사요시의 막번 협조주의 대신 막부 절대 권력체제의 부활을 꿈꿨다. 이를 위해 조정의 공경에 대한 탄압도 서슴지 않았다. 그러나 막부는 오히려 이이 나오스케의 막부절대주의 노선 때문에 무너지기 시작한다. 일본 역사의 대표적인 아이러니 중 하나다.

일미수호통상조약의 체결과 안세이대탄압

영국과 프랑스 등 서구열강들은 아편전쟁과 남경조약으로 중국시장을 강제로 개방했음에도 불구하고 태평천국의 난(1851~1864), 애로우호 사건, 제2차 아편전쟁(1856~1860) 등의 전란으로 인해 기대했던 만큼 통상이 확대되지 않자 일본 시장을 개방함으로써 이를 만회하려고 했다. 다만 영국, 프랑스는 중국에서 쉽게 발을 뺄 수 없는 상황이었기 때문에 미국이 한발 앞서 일본에 통상조약의 체결을 요구했다. 1858년 1월 로쥬 홋타 마사요시와 미국 총영사 타운젠트 해리스*Townsend Harris*는 14개조로 구성된 일미통상조약 교섭을 타결하였다. 주요 내용은 효고항 등 5개 항구의 추가 개항, 오사카와 에도에 외국인의 거주 허가, 영사재판권 및 협정세율 인정 등이었다. 이 교섭안에 대해 후다이 다이묘들은 다수가 찬성했으나 도자마 다이묘들과 신판의 도쿠가와 나리아키 등은 반대하였다. 이에 외교 담당 로쥬 홋타 마사요시는 통상조약 체결에 대한 반대 여론을 잠재우고 조약 체결의 정치적 정당성을 확보하기 위해 고메이 천황의 칙허를 얻으려고 시도했다.

그러나 막부의 낙관적 기대에도 불구하고 고메이 천황은 역대 어느 천황

도이가(土井家), 이이가(伊井家) 등 네 가문이 다이로에 취임할 수 있었지만 주로 이이가에서 맡았다. 로쥬가 4~5명으로 월별로 순환 근무를 하면서 서정(庶政, 일반적인 정치·행정 업무)을 책임진 반면, 다이로는 특별한 경우에 1명만 임명되었다. 和田英松, 『官職要解』, 講談社, 2012, 331~332쪽.

보다도 배외적 성향이 강했다. 그는 황궁과 가까운 효고(고베)가 항구로 개방되고 오사카에 외국인이 거주하려는 것에 대해 어느 누구보다도 강경하게 반대했다. 이에 따라 천황의 권위를 이용해 국내의 반대 여론을 잠재우고, 조정과의 관계도 원만하게 풀어나가려던 홋타 마사요시의 계획은 수포로 돌아가고 말았다. 홋타 마사요시는 이에 책임지고 로쥬직에서 사임했다.

한편 통상조약의 체결을 둘러싸고 정국이 악화되고 있을 때 쇼군 도쿠가와 이에사다가 후계자에 대한 아무런 언급도 없이 급사했다. 이에 따라 쇼군의 후계 문제, 즉 차기 쇼군을 결정하는 문제가 정국의 첨예한 현안으로 떠올랐다. 홋타 마사요시와 이이 나오스케 등 후다이 다이묘들은 도쿠가와 이에사다의 가장 가까운 혈연인 기이紀伊번주 도쿠가와 요시토미德川慶福(뒤에 이에모치家茂로 개명)를 지지하였고, 미토와 에치젠, 시마즈 등 도자마 다이묘들은 혈연보다는 혼란한 정국을 헤쳐 나갈 수 있는 정치적 능력이 더 중요하다는 주장을 내세워 도쿠가와 요시노부를 지지하였다. 요시노부는 미토번주 나리아키의 7번째 아들로 고산쿄 가문인 히토쓰바시가의 당주로 있었다.

천황의 칙허 문제에 쇼군의 후계 문제를 둘러싼 정치적 대립이 겹치면서 정국은 더욱더 악화되었다. 이는 막부 권력을 독점하고 있던 후다이 다이묘와 거기서 소외되어 있던 도자마 다이묘·신판 다이묘의 대립이면서 동시에 전통적으로 강한 막부를 지향하던 막부절대주의 정치 노선과 1854년 아베 마사요시가 대외적 위기를 극복하기 위해 추진했던 막번 협조주의 정치 노선의 대립이기도

이이 나오스케(가노 에이가쿠 그림. 1860)

했다.

1858년 4월 23일 강한 막부를 지향하는 막부절대주의 노선의 중심 인물인, 히코네의 15대 영주 이이 나오스케(1815~1860)[82]가 다이로에 임명되었다. 쇼군이 이이 나오스케를 다이로에 임명했다는 것은 막부 절대주의 노선으로의 복귀를 통해 정국의 혼란을 돌파하겠다는 의미였다. 예상대로 그는 다이로에 취임하자마자 아베 마사히로의 막번 협조주의 노선을 따르고 있던 홋타 마사요시에게 에도성 출입금지 조치를 내린 뒤 곧바로 파면해 버렸다. 그리고 미국 영사 타운젠트 해리스의 조언을 받아들여 1858년 6월 19일 전격적으로 일미통상조약을 체결하고 네덜란드, 러시아, 영국, 프랑스와의 통상조약도 신속하게 마무리해버렸다.

이이 나오스케 글씨

뿐만 아니라 1858년 6월 25일 도쿠가와 요시토미를 도쿠가와 종가의 후계자로 옹립한 뒤 그동안 통상조약 체결과 쇼군 후계 문제 등 막부의 주요한 정책에 반대하던 인물들을 대대적으로 탄압한다. 이것이 바로 안세이대탄압이다. 이이 나오스케가 전광석화처럼 정치적 현안을 처리한 배경에는 독단적이고 강경한 정책을 강행해서라도 전통적인 막부 절대 지배 체제, 즉 강한 막부로 돌아가려고 했던 후다이 다이묘들의 열망이 숨어 있었다.

안세이대탄압으로 인해 미토의 도쿠가와 나리아키, 히토

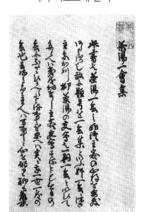

이이 나오스케 『차유일회집』

82   이이 나오스케에 관해서는 母利美知, 『井伊直弼』, 吉川弘文館, 2006; 福地 櫻痴, 『幕末政治家』, 岩波書店, 2011, 86~156쪽 참고.

쓰바시의 도쿠가와 요시노부, 도사의 야마우치 요도는 근신 처분을 받았고, 에치젠의 마쓰다이라 요시나가, 오와리의 도쿠가와 요시카쓰는 양위를 요구 받았다. 사쓰마의 시마즈 나리아키라는 안세이대탄압이 시작되기 직전인 7 월 8일 사쓰마에서 군사 훈련을 지휘하던 중 쓰러져 7월 16일 사망했다. 조슈 의 요시다 쇼인, 마쓰다이라 요시나가의 가신 하시모토 사나이 등 존왕양이 지사들도 이때 처형당한다. 막부는 또한 공경에 대한 처벌은 조정에 맡기는 관례를 깨고, 고노에가의 고노에 다다히로 등 조정의 공경까지도 처벌했다.

이런 강경한 탄압정책은 1860년 봄 이이 나오스케가 급진파 존왕양이 지 사들의 칼에 비참하게 살해당함으로써 끝난다. 막부 중심의 전통적인 절대주 의 지배 체제로 다시 돌아가려던 이이 나오스케의 꿈도 함께 산산조각 나고 만다.

2) 정치적 행동가Activist ─ 요시다 쇼인

죽어서 세상에서의 역할을 다하고
이름을 남길 수 있다면
언제든지 죽어야 할 것이고,
살아서 이루어야 할
큰 뜻이 있다면
그때까지 반드시 살아남아야 할 것이다
─ 요시다 쇼인, 「다카스기 신사쿠에게 보낸 편지」[83]

---

83 안세이 6년(1859) 7월 중순에 다카스기 신사쿠에게 보낸 편지. 吉田松陰, 廣瀬豊 編, 『吉田 松陰書簡集』, 岩波文庫, 1993, 226~228쪽.

요시다 쇼인

요시다 쇼인은 우리나라에 정한론[84]을 주장한 인물, 혹은 천황제 이데올로기의 원조로 많이 알려져 있다.[85] 그러나 일본에서 요시다 쇼인은 이데올로기를 떠나 공통적으로 존경받는 몇 안 되는 인물 중 한 명이다. 우파들은 천황제 이데올로기의 주창자이기 때문에, 좌파들은 봉건 막번 체제를 타도하고 근대적 통일 국가로 가는 정치 변혁의 밑돌을 놓았다는 이유로 그를 칭송한다. 여기에서 단적으로 알 수 있듯이, 근대 일본의 유신과 건국을 이끈 인물에 대한 평가에는 일본과 그 주변 나라 사이에 깊은 골이 있다. 이 책에 소개되어 있는 인물 중 그 골이 가장 깊고 넓은 인물은 아마 요시다 쇼인과 이토 히로부미일 것이다. 그런데 근대 일본의 유신과 건국이 가지는 의미를 제대로 알기 위해서는, 우선 이런 인물들을 우리의 시각이 아니라 일본의 시각에서 볼 수 있어야 한다. 선입견을 내려놓고 요시다 쇼인에 대해

요시다 쇼인의 초상과 글(1859년 5월 중순 쇼인이 하기감옥에서 에도 덴마초로 이송되기 직전에 제자 마쓰우라 쇼도가 그린 초상화. 위쪽의 글은 제자들의 요청에 따라 쇼인이 직접 적은 것이다.)

---

84 요시다 쇼인이 1854년 옥중에서 집필한 『유슈록(幽囚錄)』에 정한론과 관련한 내용이 나온다. 그러나 정한론은 국학자나 대외팽창주의자들이 『일본서기』의 삼한정벌론에 근거하여 오래전부터 주장해왔던 것이다. 요시다 쇼인을 정한론의 원조라고 보는 주장은 무리가 있다. 日本の思想 19,『吉田松陰』, 筑摩書房, 1969.

85 천황제 이데올로기를 주장했다는 측면에서 일본의 특정 인물을 비난할 거라면 요시다 쇼인보다는 에도 시대 국학자들이나 쇼와파시즘 시기의 우익 이데올로그들이나 신관 출신 이데올로그들을 비난해야 할 것이다. 예를 들자면 모토오리 노리나가나 히라이즈미 기요시가 대표적 인물들이다. 요시다 쇼인이 천황숭배론자인 것은 맞지만 천황제 이데올로기의 원조라거나 극우이데올로기의 원조라고 하는 비난은 무리가 있다. 이 시기 일본의 지배 계층 중 천황숭배론자가 아닌 사람도 거의 없었다.

| 요시다 쇼인과 가네코 주노스케의 동상 (하기시 요시다가 가족묘 옆) | 쇼카손주쿠 뒷편에 있는 유실 |

좀 더 자세히 알아보도록 하자.

요시다 쇼인은 1830년 8월 4일 조슈(현재 야마구치현)의 하기에서 태어났다. 어릴 때에는 도라노스케, 도라지로라는 이름을 사용했다. 6세 때 병학사범인 숙부의 양자가 되어 요시다가를 이어 받았다. 숙부는 얼마 지나지 않아 사망했고 성인이 될 때까지 후견인으로부터 병학을 전수받았다. 11세 때 번교인 메린칸에 출근하여 가학인 병학을 강의하였고, 번주 앞에서 무교전서武教全書 전법편戰法篇을 강의[86]했다. 그 뒤에도 여러 명의 후견인으로부터 지도를 받았고, 19세 때 독립 사범이 되었다. 독립 사범이 된 이듬해 1850년 규슈로 가 병학을 연구하였고 그 뒤 에도에서 사쿠마 쇼잔으로부터 서양 학문을 배웠다.

1854년 페리 함대가 시모다에 두 번째로 내항했을 때 제자 가네코 주노스케金子重之助와 함께 밀항을 시도하다 실패하자 스스로 관가에 자수하고 투옥[87]되었다. 에도의 덴마초 감옥에 투옥되었다가 6개월 뒤 조슈의 하기로 옮

---

86 이때 번주에게 강의한 것은 실제로는 강의를 했다기보다는 쇼인이 가학인 병학을 제대로 전수받고 있는지에 대한 테스트를 받았다고 보는 것이 더 정확할 것이다. 쇼인은 그 뒤에도 여러 차례 번주 앞에서 강론했다. 이처럼 가학을 대대로 가지고 있는 집안은 그 가학이 제대로 전수되고 있는지에 대해 정기적으로 점검을 받았다.

쇼카 손주쿠 전경

쇼카 손주쿠 강의실

거져 다시 1년을 더 복역했다. 쇼인은 감옥에서도 11명의 수감자들을 모아 연구회를 결성해 하이쿠나 문학 등을 가르쳤다. 가네코는 이듬해 이와쿠라 감옥에서 옥사하고, 쇼인은 1855년 12월 하기의 노야마 감옥에서 스기가[88] 의 유실[89]로 이송되었다. 1856년 6월 이 유실에서 맹자강의를 시작했고 제자 들이 늘어나자 이듬해 작은 창고를 개조해 교실로 사용했다. 쇼인은 이 교실 을 쇼카손주쿠松下村塾라고 이름 붙였다. 쇼카손주쿠는 1842년 쇼인이 13세 되던 해에 쇼인의 숙부이자 후견인[90]인 다마키 분노신玉木文之進이 마을 위쪽 에 세운 학교였는데 운영이 어려워 문을 닫은 상태였다.

그 뒤 막부가 천황의 칙허도 없이 무단으로 서구열강들과 통상조약을 체 결하고 존왕양이 지사들에 대한 대대적 탄압을 자행하자, 도쿠가와 막부로는 대외적 위기를 극복할 수 없다고 생각해, 1858년 11월 통상조약 체결을 주도

---

87 이때가 두 번째 밀항시도였다. 이들은 1853년 러시아 함대가 정박하고 있을 때에도 밀항 을 시도했으나 실패했다. 두 번째 밀항시도가 실패하자 스스로 막부에 자수하였다. 스승 인 사쿠마 쇼잔도 이 사건에 연루되어 오랜 기간 동안 칩거해야 했다.

88 스기(杉)는 친부의 성이다. 따라서 스기가의 유실은 고향의 친부 집을 말한다. 쇼인은 특 히 형과 친했는데 그의 옥중서신 중 형과의 서신이 가장 많은 분량을 차지하고 있다.

89 유실은(幽室) 죄인이 감옥이 아니라 민가에서 가택 제한을 받으면서 머무는 집을 말한다.

90 요시다 쇼인이 아직 어릴 때 숙부가 사망했기 때문에 번에서 후견인을 번갈아 지정해 쇼 인의 병학 교육을 담당했다. 이 때문에 쇼인은 여러 명의 후견인으로부터 지도를 받았다.

다마키 분노신이 처음 쇼카손주쿠를 열었던 집

한 로쥬 마나베 아키카쓰間部詮勝 암살 계획을 세웠고 동조자를 모은 뒤 조슈 번청에 무기와 탄약의 지원을 요청했다. 당시 에도에 유학 중이던 수제자 구사카 겐즈이, 다카스기 신사쿠 등은 시기상조론을 내세워 이에 동조하지 않았다.[91] 조슈 정부도 쇼인의 과격한 행동을 제지하기 위해 그를 하기 감옥에 수감해버림으로써 이 계획은 무산되고 만다. 하기 감옥에 수감 중 우메다 운빈 사건[92]과의 관련성을 조사받기 위하여 에도의 덴마초 감옥으로 이송되었고, 그곳에서 신문 도중 마나베 아키카쓰 암살 계획을 스스로 밝혀[93] 사형 선고를 받았다. 1859년 10월 27일, 29세의 나이로 에도 덴마초 감옥에서 참수되었다. 안세이대탄압의 마지막 희생자였다.

쇼인은 쇼카손주쿠에서 1856년 3월 18일부터 1858년 9월까지 2년여 동안 모두 92명의 제자[94]를 길러냈다. 신분이나 남녀의 차별 없이 제자로 받아들

---

91 「子遠に語ぐ」(1859년 1월 쇼인이 이리에 구이치(入江九一)에게 보낸 편지)에는 구사카 겐즈이, 다카스기 신사쿠 등 쇼인이 총애하던 제자들이 혈판 위에 연명으로 편지를 작성하여, '아키카쓰 한 사람을 암살하는 것으로 세상을 변화시킬 수 없다'고 주장하면서 지금 움직이는 것은 시기상조라고 쇼인을 설득했다고 적고 있다. 쇼인은 이 편지에서 자신의 계획에 동조해주지 않는 제자들에 대한 섭섭함을 강하게 표시하고 있다.

92 우메다 운빈(梅田雲浜, 1815.6.7~1859.10.9)이 1856년 겨울 하기에 와 요시다 쇼인을 만난 적이 있었다. 운빈은 체포되어 신문을 받는 도중 쇼인을 만났다는 사실만을 진술하고 사망해버렸다. 이에 막부는 두 사람이 당시 무슨 대화를 나눴는지 확인해 보려고 쇼인을 에도로 소환한 것이었다. 따라서 쇼인의 에도 소환은 간단한 사건으로 끝날 수도 있었다. 한편 쇼인은 운빈에 대해, 간계한 사람으로 밀담을 나눌 상대가 아니었다고 평가했다.

93 吉田松陰, 『留魂錄』, 講談社, 2002, 78~84쪽.

94 海原 徹, 『松下村塾の明治維新』, ミネルヴァ書房, 1999, 497~500쪽. 여기에는 쇼카손주쿠에 다녔던 제자 92명의 신분, 출신지, 나이, 주요 이력, 입학 일자 등이 상세하게 나와 있다.

였고 구사카 겐즈이, 다카스기 신사쿠, 요시다 도시마루, 이리에 구이치,[95] 기도 다카요시, 야마가타 아리토모, 이토 히로부미, 이노우에 가오루 등 근대 일본의 걸출한 인물들을 배출하였다. 이들은 그 뒤 존왕양이 운동의 지도자가 되어 메이지유신을 성공시키고 건국의 주체 세력이 된다.

일본에서 요시다 쇼인에 대한 관심은 예나 지금이나 매우 높다. 지금까지 발간된 그의 전기만 200권 정도 되며, 범위를 조금 넓혀 그에 관한 이야기가 나오는 전기까지 합하면 250권[96]이나 된다. 『보물섬』을 쓴 영국 소설가 로버트 루이스 스티븐슨[97]도 1880년 『요시다 도라지로』[98]라는 제목의 영문 전기를 썼다.

우리나라에는 요시다 쇼인을 직접 소개하고 있는 책이 아직 없다. 그럼에도 불구하고 그는 일본 극우이데올로기 사상의 원조로 많이 알려져 있다. 이것은 아마 쇼와파시즘 시기에 형성된 쇼인의 이미지가 많이 남아 있기 때문으로 보인다.

쇼인은 1933년부터 소학교 교과서에 충군애국자로 실리기 시작해, 1941년 이후로는 수신교과서에 충군애국의 이상적 인물상으로 강조되었다. 그의 전기 역시 이 시기에 가장 많이 발간[99]되었다. 잘 알려져 있듯이, 1941년은

---

95   이 네 명을 요시다 쇼인의 4천왕이라고 부른다.

96   田中 彰, 『吉田松陰 : 変轉する人物像』, 中公新書, 2001, 서문 참조.

97   Robert Louis Stevenson, 1850년 스코틀랜드에서 태어나 1894년 사모아에서 사망했다. 스티븐슨이 요시다 쇼인의 전기를 쓰게 된 과정은 최근의 연구에 의해 밝혀졌다. 스티븐슨은 당시 런던대학에서 화학을 전공하고 있던 마사키 다이조(正木退藏, 동경공업대 초대 총장 역임)에게서 쇼인에 관한 이야기를 듣고 쇼인의 전기를 썼다고 한다. 吉田みどり, 『知られざる吉田松陰伝 : 『宝島』のスティーヴンスンがなぜ?』, 祥伝社, 2009; Stanley Lane-Poole, *The Life Of Sir Harry Parkes, K. C. B., G. C. M. G., Sometime Her Majesty's Minister To China & Japan*, Nabu Press, 2012.

98   도라지로는 요시다 쇼인의 어릴 적 이름이다. 이 책은 요시다 쇼인에 관한 최초의 전기다.

99   德富蘇峰, 『吉田松陰』, 岩波書店, 1981, 58쪽.

일본 해군이 진주만을 기습공격해 태평양전쟁이 시작되고, 전시동원 체제가 본격화되던 때다. 일본이 아시아 국가들뿐만 아니라 미국을 상대로 침략전쟁을 벌이던 이 시기, 요시다 쇼인은 기타바타케 다카치카, 구스노키 마사시게[100]와 함께, 일본 국민을 절망적인 전쟁으로 내모는 충군애국 이데올로기의 상징적 인물로 부각되었다.

하지만 요시다 쇼인을 단순히 극우이데올로기의 사상적 원조로만 보는 시각은 문제가 있다. 일본 안에서도 쇼인을 보는 시각은 매우 다양하다. 역설적이지만 메이지 시기 쇼인은 혁명적 인물로 묘사되었다. 쇼인의 전기를 최초로 쓴 사람도 극우적 인물이 아니라 자유민권운동가로 유명했던 도쿠토미 소호[101]였다. 소호는 절대 권력에 맞서 싸우는 이미지를 강조하기 위해 쇼인을 혁명가로 묘사했다. 다만 청일전쟁 뒤 일본의 우경화가 본격적으로 시작되고, 도쿠토미 소호가 사상적으로 전향한 뒤 발간된 1908년의 개정판에는 혁명가로 묘사한 부분은 삭제되고 대신 개혁가의 이미지가 추가되었다.

태평양전쟁에서 일본이 패전하자 쇼인에 관한 언급은 한동안 자취를 감추었다. 1951년 미군정이 끝난 뒤 나라모토 다쓰야[102]가 전후 처음으로 쇼인의

---

100 태평양전쟁기 충군애국의 인물로 가장 부각됐던 인물은 구스노키 마사시게다. 1336년 미나토가와 전투에서 패배하자 동생과 함께 칠생보국(七生報國)을 맹세한 뒤 서로의 가슴을 찔러 자결한다. 그의 가족 16명과 부하 60여 명도 함께 자결한다. '칠생보국'과 구스노키가의 문양은 태평양전쟁기에 자살특공대의 머리띠나 옷, 무기에 많이 사용되었다.

101 德富蘇峰, 『吉田松陰』, 岩波書店, 1981, 183~190쪽. 도쿠토미 소호는 이 책 제15장에서 혁명의 대비극을 연출하는 데에는 세 단계에 걸쳐 인물들이 나타난다고 한다. 1단계는 서막으로 예언자적 인물이, 2단계는 본막으로서 혁명가적 인물이, 3단계는 건설적 혁명가가 필요하다고 보고 있다.

102 나라모토 다쓰야(奈良本辰也, 1913.12.11~2001.3.22)는 야마구치 오이시마 출신으로 리츠메이칸대 교수로 활동했다. 일본 중세사, 바쿠 말기 역사 특히 조슈에 관한 저술을 많이 남겼다. 奈良本辰也, 『吉田松陰』, 岩波書店, 1951.

구스노키 마사시게 동상(도쿄 황궁 앞)

구스노키 마사시게
(뒷편에 구스노키가의 문양이 보인다.)

스노키가 문양(태평양전쟁 당시 인간어뢰로 사용된 회천 등 자살
기에 이 문양이 새겨져 있다.)

구스노키 마사시게 전사지 표지석(미나토가와 신사 안)
(그의 일족 16명과 부하 60여 명도 함께 자결했다.)

구스노키 마사시게를 주신으로 하는 미나토가와 신사(고베시)

전기를 발간했다. 이 책에서 쇼인은 민주주의 시대에 맞춰 충군애국자보다는 교육자로서 재조명되었다. 그 뒤 최근까지 쇼인은 교육가, 사상가, 혁명가, 정치적 행동가 등 다양한 이미지로 묘사되고 있다.[103]

그럼 요시다 쇼인의 진짜 모습은 무엇일까? 쇼인은 우선 막말 일본의 대표적 존왕론자이다. 이 때문에 그를 극우적 인물로 보는 사람이 많다. 그러나 막말 일본에서 존왕론자가 아니었던 사람은 거의 없다. 정치적으로 천황을 지지하건 막부를 지지하건 대부분의 사람은 존왕론자였다. 따라서 쇼인을 존왕론자라고 말하는 것은 큰 의미가 없다. 그렇다고 도쿠토미 소호처럼 쇼인을 혁명가로 보는 것은 좀 무리가 있다. 쇼인의 제자들과 지인들 역시 쇼인을 혁명가로 묘사한 도쿠토미 소호의 쇼인 전기 초판보다 개혁가로 묘사한 개정판에 더 호의적이었다. 그가 천황제 국가를 넘어 근대적 국가 체제를 꿈꾸고 있었다고도 보기 어렵다.

따라서 그는 존왕양이사상가이면서 존왕양이를 직접 행동으로 실천해 유신혁명의 돌다리를 놓은 존왕양이 지사, 존왕양이 행동가로 보는 것이 옳을 것이다. 도쿠토미 소호는 그의 책에서 혁명의 단계에 따라 혁명의 예언자, 혁명가, 건설적 혁명가가 필요[104]하다고 보았다. 소호의 이 3단계 혁명 인물론에 비춰 보면 요시다 쇼인은 1.5단계의 인물 즉 혁명의 예언자[105]와 혁명가의

103　다나카 아키라는 다음 책에서 메이지 시기, 다이쇼 시기, 전전과 전후에 걸쳐 쇼인의 이미지 변천에 대해 설명하고 있다. 田中 彰, 『吉田松陰 : 変轉する人物像』, 中公新書, 2001.
104　德富蘇峰, 『吉田松陰』, 岩波書店, 1981.
105　도쿠토미 소호는 혁명의 예언자에 해당하는 인물로 종교혁명에서는 에라스무스를, 영국혁명에서는 밀턴을, 프랑스대혁명에서는 볼테르와 몽테스키외를 들고 있다. 德富蘇峰, 『吉田松陰』, 岩波書店, 1981, 183~184쪽. 그러나 요시다 쇼인은 이들처럼 단순히 사상가에 머문 것이 아니라 정치적 실천 행동에 적극적으로 나섰던 행동가(Activist)였다. 다만 그의 정치적 실천 행동은 개인적 저항에 머물렀기 때문에 혁명적 행동이라고는 볼 수 없다. 이 점에서 그는 1.5단계의 인물에 해당한다.

중간에 속하는 인물로 볼 수 있을 것이다.

요시다 쇼인의 두 얼굴–병학자와 존왕양이론자

요시다 쇼인은 병학자이면서 존왕양이론자였
다. 어릴 적부터 가학으로 병학을 배웠다. 병학은
요즘으로 말하면 군사학, 즉 국가안보와 전쟁에 관
한 학문이다. 그가 병학자, 즉 군사학자였다는 사
실은 그의 사상과 행동의 배경을 이해하는 데에 매
우 중요하다. 1853년 페리 함대가 처음 에도 만에
나타났을 때 쇼인은 함선들의 이동과정을 추적하

쇼카손주쿠 앞 메이지유신 태동지 비석
(하기시 요시다 쇼인 신사 앞)

면서 관찰해, 제원과 무장 상태 등을 실제와 거의 비슷할 정도로 세밀하게 기
록[106]하였다. 1854년 페리 함대가 일미화친조약을 체결하러 다시 왔을 때에
는 제자와 함께 페리 함대에 올라가 밀항을 시도했다. 1858년 막부가 천황의
칙허를 무시하고 일미통상조약을 체결했을 때에는 조약 체결을 담당했던 막
부 로쥬 마나베 아키카쓰를 암살하려고 했다.

어떻게 보면 돌출적이라고도 볼 수 있는 이러한 정치행동은 그가 병학자
였다는 배경을 알면 이해가 된다. 병학자 쇼인에게는 다른 무엇보다도 서양
국가들의 군사적 위협을 극복하는 것이 가장 중요한 과업이었고, 천하를 위
한 큰 충[忠][107]이었다. 서양의 군함과 무기가 일본의 것보다 월등하게 우수하

---

106 岩下哲典,『幕末日本の情報活動:「開國」の情報史』, 雄山閣, 2008, 5～13쪽.
107 "일본에는 아직 서양 병학에 관해 1/100도 알려지지 않았다. 부디 뜻이 있는 무사는 힘을
     쏟아 이것을 알도록 노력해야 한다. 이것이 국가천하의 큰 충(忠)이다." "부디 천하의 걱
     정은 외환에 있다는 것을 명심하여 서양을 알고 서양의 병법을 알았으면 한다." 1853년 9
     월 15일 형 우메타로(梅太郎)에게 보낸 편지. 吉田松陰,『日本思想大系』54, 岩波書店, 1978,

다는 것을 안 순간, 페리 함대에 밀항을 해서라도 서양 병학을 배우려고 시도한 것이나, 감옥에 있으면서도 무기의 성능이나 과학기술의 수준은 전쟁의 승패를 좌우하는 중요한 요소이기 때문에 "천하의 걱정인 외환外患 문제를 해결하기 위해서는 서양과 서양 병학을 연구해야 한다"고 강조했던 것은 모두 그가 현실적인 정세의 판단을 더 중요하게 생각하는 병학자였기 때문이다.

반면 그의 대표적인 정치사상인 일군만민론一君萬民論과 초망굴기론草莽崛起論은 그가 존왕양이론의 지도자였다는 배경을 알면 잘 이해된다. 쇼인은 체계적 저서보다는 강의록, 편지, 옥중수기 등을 많이 남겼는데 일군만민론과 초망굴기론 역시 그가 쓴 편지에 담겨 있다. 일군만민론은 천황 아래 모든 사람은 평등하다는 생각을 말한다. 에도 시대 일본에서는 천황이 아니라 쇼군을 임금主 혹은 대군大君으로 불렀다. 쇼군이 아니라 천황을 일본의 임금으로 보는 것이나, 엄격한 신분 사회임에도 불구하고 천황을 제외하고는 쇼군이든 제후든 백성들이든 모두 신분 구별 없이 평등하다는 쇼인의 생각은 당시로서는 매우 혁신적인 것이었다.

초망굴기론은 이러한 일군만민론을 바탕으로 제시된 일종의 사회변혁론이라고 할 수 있다. 초망[108]의 원래 뜻은 산과 들에 풀이 무리를 이루고 있는 모습을 말하는데, 비유하자면 벼슬을 하지 않고 사는 선비나 평범한 백성들을 말한다. 따라서 초망굴기론은 일본이 심각한 대외위기에 빠져 있음에도 불구하고 막부나 봉건영주 같은 제후들에게는 더 이상 기대할 것이 없으므로, 이제는 평범한 백성들이 들고 일어나 일본을 대외적 위기에서 구해야 한

119~120쪽.

108 초망은 『맹자』 「만장」편에 있는 다음 구절에 나온다. "在國曰市井之臣, 在野曰草莽之臣." 성백효 역주, 『맹자집주』, 전통문화연구회, 2010, 435쪽.

다는 주장이다. 이는 1859년 4월 쇼인이 감옥에 갇혀 있을 때 하기를 방문했던 기타야마 안세[109]에게 보낸 편지에 언급되어 있다.

> 지금의 막부나 제후는 모두 술에 취한 상태이므로 도와도 아무런 소용이 없다. 초망굴기의 사람을 기대할 수밖에 없다. 그러나 우리 번의 은혜와 천황가의 덕은 어떻게 해도 잊을 수가 없다. 초망굴기의 힘으로 가깝게는 우리 번을 유지하고 멀리는 천황가의 중흥을 보좌해 드린다면 한갓 사나이의 의리(諒)에는 위배되지만 일본(神州)에 큰 공로가 있는 사람이라고 부를 만하다.[110]

이 편지에 나타나 있듯이 쇼인은 막부와의 의리는 한갓 사나이의 작은 의리에 불과하지만 천황가와의 의리는 큰 의리라고 보고 있다. 여기서 쇼인은 일본의 독립을 유지하고 천황가를 중흥시키기 위해서는, 막부나 영주와의 봉건적인 작은 의리를 넘어 신분을 초월하여 양이를 실천해야 한다고 주장하고 있다. 쇼인의 존왕양이론은 이처럼 고대 일본의 신화 세계에서 출발하는 국학자들의 비합리주의적 천황존숭론과는 달리 서양 국가들의 군사적 위협이라는 현실의 국가 위기를 극복하기 위한 방안에서 나온 것이었다.

그의 병학자적 존왕양이론은 1854년 체결된 일미화친조약에 대한 비판에서 출발한다. 당시 지식인 사회는 막부의 외교적 능력과 교섭 태도에 대해서는 비판했지만 막부가 외교 교섭을 담당하는 것 그 자체를 문제 삼지는 않았

---

109 기타야마 안세이(北山安世)는 마쓰시로의 번사로 사쿠마 쇼잔의 조카다. 쇼인과는 1853년 에도유학 때 만났고 그 뒤 줄곧 친분을 유지하고 있었다. 1859년 난학 연구를 위해 나가사키로 유학 가다가 돌아가는 길에 아키에서 옥중에 있는 요시다 쇼인을 방문해 면담했다.
110 1859년(안세이(安政) 6) 4월 7일 기타야마 안세(北山安世)에게 보낸 편지. 吉田松陰, 『日本思想大系』 54, 岩波書店, 1978, 337~338쪽.

다. 반면 쇼인은 막부가 외국과 외교 교섭을 담당하는 것 그 자체를 비판하면서, '제국' 일본의 외교 권한은 천황에게 있다고 주장하였다.

동아시아 세계는 서구열강들과 강제적으로 화친조약과 통상조약 등을 체결하기 전까지 독립된 국가 대 국가의 조약이라는 것을 체결해 본 적이 없었다. 중국과의 책봉 체제를 바탕으로 외교 관계를 맺고는 있었지만 이것은 엄격히 말해 독립된 국가 사이의 외교 관계는 아니었다. 일본은 임진왜란으로 명 왕조와 국교를 단절한 이래 중국과 공식적 외교 관계를 재개하지 않았고 조선, 류큐 등과 제한적 외교 관계(통신 관계)를 맺고 있을 뿐이었다. 그러다 보니 막말 일본이 서구열강과 조약을 체결할 때 일본을 대표하는 원수인 '황제'가 천황과 쇼군 중 과연 누구인지 명확하지 않았다. 이 상태에서 막부는 당연히 자신이 외교권한을 가지고 있다고 생각했고 서구열강들도 대부분 그렇게 생각했다. 막부 정권이 등장한 이래 천황은 정치에 일체 관여할 수도 없었다. 이처럼 대외적 위기가 고양되기 전까지는 막부도 천황도 외교 권한의 소재가 막부에 있다는 것을 전혀 의심하지 않았다.

그런데 막부 말기 사회 경제적 혼란이 지속되고 대외적 위기로 막부의 권위가 조금씩 무너지면서 외교 권한이 누구에게 있는가 하는 문제, 즉 대외 관계에서 일본을 공식적으로 대표하는 원수는 과연 누구인가라는 문제가 수면 위로 떠올랐다. 외교 권한의 문제는 이처럼 당면한 정치 현안뿐만 아니라 천황과 조정의 관계, 막번 체제의 근본 구조에까지 영향을 미칠 수 있는 것이었다.

화친조약 체결을 주장하는 미국과의 교섭 과정에서 대일본 황제 폐하라고 수신인이 적혀 있는 미국 대통령의 국서는 당연히 천황이 아닌 쇼군에게 전달되었다. 당시 서양 국가들 역시 쇼군을 황제로 인식하고 있었으며 천황과 조정도 화친조약에 대해 반대하지 않았다. 막부 역시 아무런 문제의식 없이 외교 교섭을 진행했다. 화친조약의 내용도 일본의 권익을 침범할 만한 것은 없었다.

그러나 1858년 불평등한 통상조약이 체결되자 존왕양이 지사들은 막부가 서구열강의 위협에 비겁하게 굴복했다고 보았다. 거기에다가 천황의 칙허도 없이 막부가 독단적으로 조약을 체결했다는 사실이 알려지자 이들은 비분강개하여 교토로 몰려들었다. 특히 요시다 쇼인은 막부가 페리와 교섭할 때 쇼군을 일본 제국 황제 폐하라고 지칭하고 천황의 칙허도 없이 독자적으로 통상조약 체결을 강행한 사실을 인신人臣외교, 즉 황제라고 불릴 수 없는 신하에 불과한 쇼군이 스스로를 황제라고 참칭하는 행위라고 보았다. 인신외교는 아래의 인용문에서 알 수 있듯이 국내적으로 원수를 참칭하는 행위일 뿐만 아니라 대외적으로는 일본을 제국이 아니라 제국 아래에 있는 왕국으로 낮추는 행위로 국체에 합치되지 않는 비굴한 행위가 된다.

> 오랫동안 존재해 온 이 팔대주(大八州)에서 천황이 나라를 다스리고 있음에도 불구하고, 쇼군이 국왕을 자칭한다면 우선 국내에서는 당연히 분수를 넘었다는 비난을 면할 수 없으며, 또 외국에 ('왕'으로 부른다는 점에서 − 인용자) 비굴하다는 점도 있어 모두 일본의 국체에 합치되지 않는다. (…중략…) 한번 해외 각국이 천황이 다스리는 팔대주를 가리켜 왕국 일본이라고 부르게 된다면, 막부는 일본 국내에 이를 어떻게 설명하고, 천조에 어떻게 사죄할 것인가.[111]

인용문을 보면 알 수 있듯이 요시다 쇼인은 쇼군이 아니라 천황이야말로 일본을 대표하는 국가원수라는 믿음 아래, 통상조약체결 과정에서 쇼군을 일

---

111   吉田松陰, 「外蕃通略 朝鮮國條」(1857), 『松陰全集 10卷』, 264項.(保阪祐仁, 같은 논문, 19쪽)

본의 황제라고 부르는 행위는 도저히 용서받을 수 없는 죄라고 보았다.

그렇다면 쇼인은 어떻게 해서 일본은 제국이라는 생각을 하게 되었을까? 에도 시대 중반 이후 일본에는 신분과 지역을 뛰어넘는 정보교환망, 편지를 교환하고 정보와 책을 교환하는 지적 네트워크가 광범위하게 형성되어 있었다.[112] 스기타 겐파쿠가 아라이 하쿠세키와 오규 소라이의 사상을 알고 있었듯이 쇼인 역시 앞 세대 사상가들을 잘 알고 있었다. 쇼인은 야마무라 사이스케의 『정정증역채람이언』을 통해, 일본은 '만고불변 신령전통의 제국'이라는 주장을 알게 되었다. 야마무라 사이스케는 에도 시대 최고의 난학자였던 스기타 겐파쿠도 『난학사시』에서 언급한 적이 있는 지리학자다. 쇼인은 사이스케를 통해 '만고불변'에 '신령전통'을 가지고 있는 천황이야말로 '제국' 일본을 통치하는 존재이며, 그것이 일본의 국체에도 합치된다고 보고 있었다.

지금까지 살펴보았듯이 요시다 쇼인은 서양 국가의 군사적 위협으로 인해 초래된 국가적 위기에 맞서 천황가를 지키기 위해서는, 비굴한 도쿠가와 막부에 더 이상 기대할 것이 아니라, 신분 차별 의식과 번 의식을 넘어, 일본 전체가 양이에 나서야 한다고 촉구했다. 쇼인의 이러한 병학자적 존왕양이론은 봉건 체제의 한계를 넘어서, 양이론과 존왕론 등 다양하게 분리되어 있던 막말의 정치적 흐름을 단일한 정치적 전술 아래 통합시킬 수 있는 계기를 마련해 주었다.

---

112 미타니 히로시 외, 강진아 역, 『다시 보는 동아시아 근대사』, 까치, 2011, 48쪽.

에도성 사쿠라다문

히코네성

3) 혁명의 스타팅 피스톨Starting Pistol – 사쿠라다문밖의 사건

혁명의 총성은 전혀 예기치 못한 곳에서 울렸다. 전국의 존왕양이파 지사들이 몰려있던 교토가 아니라 에도 막부의 심장부인 에도성 사쿠라다문 앞이었다. 사쿠라다문[113]은 지금의 황궁 근처 도쿄 지요타 구에 있던 에도성 출입문 중 하나였다. 당시 이곳에서 600미터 정도 떨어진 곳에 히코네 다이묘 이이 나오스케[114]의 에도 번청藩廳이 있었다. 에도 시대 다이묘들은 산킨교다이 제도로 인해 영지와 에도를 번갈아가며 생활해야만 했다. 이에 따라 에도에는 각 번의 번청이 몰려 있었다.

1860년 3월 3일, 이이 나오스케는 복숭아절[115]을 축하하기 위해 번 저택을 나와 사쿠라다문을 통해 에도성으로 들어가기로 되어 있었다. 봄날에 어울리지 않는 흰 눈이 어지럽게 흩날리고 있었다. 사쿠라다문 주위에는 18명의 사무라이들이 꽁꽁 얼어붙은 손을 비비면서 먼 곳을 힐끔힐끔 쳐다보고 있었다. 이들 대부분은 미토의 사무라이들이었지만 사쓰마 출신도 한 명 끼어 있었다. 바로 이이 나오스케의 목을 직접 벤 아리무라 지자에몬[116]이다. 얼마 뒤 사쿠

---

[113] 1932년 1월 8일 이봉창 의사가 천황을 암살하려고 시도했던 곳도 이곳이다. 현재 사쿠라다문 정면 건너편에 일본 경시청이 있다.

[114] 이이 나오스케는 히코네의 제11대 번주다. 이이 나오나카(直中)의 11번째 아들로 태어났지만 형들이 모두 죽거나 양자로 간 상태에서 번주인 맏형의 상속자로 지정된 둘째 형이 요절하자 맏형의 양자가 되어 세자에 책봉되었고, 그 뒤 번주로 취임했다. 신념이 강하고 결단력이 뛰어났던 입지전적 인물로 근래에는 그를 긍정적으로 평가하려는 견해가 많다.

[115] 복숭아절(桃の節, ひな祭り)(3월 3일)은 여자 아이들의 건강을 기원하는 날이다. 집 안에 여러 개의 단을 설치하고 하나닝교라고 부르는 인형을 장식해 둔다. 남자 아이들을 위한 날은 고이노보리(鯉のぼり)(5월 5일)라고 부른다. 여자 아이들과 달리 갑옷과 투구를 장식해 건강과 출세를 기원한다.

[116] 아리무라 지자에몬(有村次左衛門)은 당시 22세로 형과 함께 존왕양이 운동에 참여했다. 형

라다문으로부터 얼마 떨어지지 않은 저택에서 붉은 색[117]의 장중한 대문이 열리고 붉은색 가마 한 대가 모습을 드러냈다. 가마는 60여 명의 수행원과 경호원에 에워 쌓여 있었다. 번청 저택에서 사쿠라다문까지는 600미터 정도밖에 되지 않았지만, 이이 나오스케는 이 짧은 거리를 다 건널 수가 없었다.

"잠깐 멈추시오, 번주님께 드릴 말씀이 있소이다." 갑자기 이이 나오스케의 행렬 맨 앞부분을 한 사무라이가 가로막고 꿇어앉으면서 소리쳤다. 다이묘의 행렬을 가로막는 행위는 죽임을 당할 수도 있는 중죄에 해당한다. 더구나 이 행렬은 막부의 실질적인 최고 권력자 이이 나오스케의 행렬이다. 놀란 수행원 한 명이 행렬 앞으로 뛰어 나오면서 비켜! 라고 소리치는 순간 번쩍하고 칼날이 위로 솟구쳐 올랐다. 그가 앞으로 고꾸라지자 이를 지켜보고 있던 뒷줄의 사무라이들이 칼을 빼려고 안간힘을 쓰면서 행렬 앞으로 뛰어나왔지만 추운 날씨로 얼어붙은 칼은 칼집에서 좀처럼 빠져나오지 않았다. 사쿠라다문밖의 사건은 이렇게 시작되었다. 이 사건이 그 뒤 메이지유신까지 이어지는 역사적인 대변동을 알리는 서곡이 될 줄은, 이 사건을 주도한 18명의 사무라이들도, 이이 나오스케도, 막부도 몰랐다.

『언덕위의 구름』, 『료마는 간다』, 『신센조혈풍록』 등 메이지유신 이후 일본 근대사를 소재로 많은 소설로 썼던 시바 료타로는 『막말의 암살자들』[118]이

은 사쿠라다문밖의 습격에는 직접 참여하지 않고 사쓰마와의 연락을 담당했다. 사건 당시 아리무라 지자에몬은 이이 나오스케의 가마를 습격해 직접 목을 베었다. 이이 나오스케의 목을 가지고 가는 도중 히코네 무사의 칼에 중상을 입고 자결했다. 형은 나중에 후시미 사쓰마 번저에서 자결했다. 아리무라 지자에몬과 히코네의 악연은 여러 형태로 내려오고 있다. 2013년 4월 히코네시장 선거에서 아리무라 지자에몬이 선거이슈로 떠올랐다. 당시 현직 시장 측에서 상대후보가 아리마라 지자에몬의 동생의 자손인데 이런 사람이 시장선거에 출마한다는 것은 있을 수 없는 일이라고 주장하면서 선거의 쟁점으로 부각시켰다.
117 히코네는 붉은 색 갑옷과 깃발로 유명하다. 전국 시대 이후 용맹하기로 이름이 나 있었으며 전투에 참가할 때 병사들은 붉은 색 갑옷과 깃발을 사용했다.

라는 책을 썼다. 그는 이 책에서, "암살은 역사의 기형적 산물이며, 암살자는 인간 축에도 끼지 못하고, 역사에 기여하는 것도 없다"라고 암살이라는 행위를 냉혹하게 비판하면서도, "다만 사쿠라다문밖의 사건만은 역사를 진보시켰다"고 평가했다. 시바 료타로의 평가처럼 대부분의 정치적 암살은 암살자의 의도와는 다르게 단지 하나의 광적인 살인 사건으로 끝날 뿐이다. 그럼에도 불구하고 사쿠라다문밖의 사건이 단순한 암살 사건을 넘어 역사의 진보에 기여한 것으로 평가받는 이유는, 막부 말기 안개처럼 혼란스러운 정국에 막부 타도라는 뚜렷한 목표를 제시해준 스타팅 피스톨, 즉 신호탄이 되었기 때문이다. 이 사건을 신호로 막부의 권위는 급격히 떨어지고, 막말 일본의 정국은 막부 타도와 천황제 통일 정부의 수립이라는 유신 변혁을 향해 본격적으로 움직이기 시작한다. 그리고 8년 뒤 260여 년 동안 유지되었던 도쿠가와 막부는 결국 해체되고, 약 700년 동안 유지되었던 무사들의 권력도 막을 내린다.

사쿠라다문밖의 사건의 표적은 이이 나오스케였다. 이이 나오스케는 1858년 4월 23일 다이로에 취임[119]하였다. 당시 정국의 최대 현안은 일미통상조약의 체결 문제와 제13대 쇼군의 세자 선정 문제였다. 이이 나오스케를 중심으로 하는 남기파는 전임 다이로였던 아베 마사히로가 추구했던 유력 번과의 협조노선을 폐기하고 강경한 수단을 동원해서라도 막부절대주의 체제의 전통을 부활시키려고 하였다. 그들은 이 목표에 방해가 된다면 공경의 처벌은 조정에 맡겼던 오랜 관례를 깨서라도 조정의 정치 개입을 저지하려고 했다.

이에 따라 이이 나오스케는 취임한 지 2개월이 채 되지 않은 1858년 6월

118 시바 료타로, 이길진 역, 『막말의 암살자들』, 창해, 2005.
119 수석 로쥬 홋타 마사요시는 미국과의 통상조약 체결을 조정이 거부하자(1858.3.20) 책임을 지고 물러났다.

제13대 쇼군 도쿠가와 이에사다 초상
(1853.7.27~1858.8.14 재위)

제14대 쇼군 도쿠가와 이에모치 초상
(1858.7.17~1866.8.29 재위)

19일, 고메이 천황의 강경한 반대로 교착 상태에 빠져 있던 일미통상조약을 천황의 칙허도 없이 독단적으로 체결해버렸다. 며칠 뒤인 6월 24일 미토의 도쿠가와 나리아키와 오와리 도쿠가와가의 도쿠가와 요시쿠미慶恕[120] 등이 무단으로 에도성에 출두하여[121] 이를 힐책하고, 13대 쇼군의 세자에 히토쓰바시가의 도쿠가와 요시노부[122]를 옹립할 것을 요구했다. 그러자 이이 나오스케는 바로 다음 날 자신이 추천한 기이 와카야마[123]의 영주 도쿠가와 요시토미(이에모치)를 제14대 쇼군에 옹립한다고 발표해 버렸다.

---

120 도쿠가와 요시쿠미(1824.3.15~1883.8.1)는 오와리 도쿠가와가의 제14대 영주다. 막말 유력 번의 하나로 활발한 활동을 전개했다. 제1차 조슈토벌전쟁 때에는 조슈토벌군의 총독을 맡았지만 제2차 조슈토벌전쟁에는 반대했다. 참예회의에 참가했던 도쿠가와 요시카쓰와 같은 인물이다. 메이지유신 직후에는 의정에 임명되었고 나고야번의 초대 지사를 역임했고 1875년에는 오와리 도쿠가와가의 17대 당주로 다시 취임했다.
121 에도 시대 쇼군이 있는 에도성에는 정해진 날짜 이외에는 다이묘들도 마음대로 출입할 수 없었다. 이 때문에 이들은 그 뒤 에도성 무단출입을 이유로 막부로부터 처벌을 받게 된다.
122 도쿠가와 요시노부는 미토 도쿠가와 나리아키의 7번째 아들이다.
123 와카야마번은 폐번치현 후 정식명칭이다. 그 전에는 기슈라고 불렸다. 기슈는 기이국의 일부와 이세국의 일부(현재 와카야마현과 미에현의 남쪽)을 합쳐 부르던 명칭이다. 이 때문에 기이라고도 불렸다.

그럼 여기서 제13대 쇼군 도쿠가와 이에사다의 후계 문제로 인해 형성된 이이 나오스케파와 반이이 나오스케파 사이의 대립 구도에 대해 좀 더 상세하게 알아보자. 제13대 쇼군 이에사다는 제12대 쇼군 이에요시의 급사로 쇼군에 취임했지만 병약한 데다 정신적으로도 문제가 많이 있었다. 이 때문에 재임 중에 벌써 후계 문제를 둘러싼 다툼이 물밑에서 시작되었다. 1857년 이에사다의 병이 심해지자 후계 문제를 둘러싼 논의가 본격화되었다. 1857년 10월 16일 후쿠이 영주 도쿠가와 요시나가와 도쿠시마 영주가 도쿠가와 요시노부를 후계자로 삼을 것을 건의했다. 이들은 제14대 쇼군은 서양 국가와의 외교 문제에 대처할 능력이 있어야 한다는 명분을 내세웠다. 도쿠가와 나리아키의 7남 요시노부는 고산쿄[124] 세 가문 중 하나인 히토쓰바시가에 입양해 가독을 상속하고 당주로 있었다.

이들 외에도 사쓰마의 시마즈 나리아키라, 도사 전 번주 야마우치 요도(도 요시게), 우와지마 전 번주 다테 무네나리 등 히토쓰바시파 다이묘[125]들은 도쿠가와 요시노부를 쇼군에 옹립하기 위해 움직였다. 이들은 신판 다이묘와 유력 번의 도자마 다이묘로 요시노부를 쇼군에 옹립한 뒤, 후다이 다이묘들이 장악하고 있는 막부의 전통적 지배 체제를 개혁하여 그 동안 중앙정치에

---

124 고산쿄(御三卿)는 에도 시대 중기에 도쿠가와 가문에서 분가한 다야스가(田安家), 히토쓰바시가(一橋家), 기요미즈가(清水家) 등 세 가문을 말하며 쇼군의 후사가 없을 경우 후계자를 배출했다. 이 중 다야스가의 시조는 도쿠가와 무네타케(德川宗武)로 제8대 쇼군 도쿠가와 요시무네(德川吉宗)의 차남이었고 히토쓰바시가의 시조는 8대 쇼군의 4남 도쿠가와 무네타다(德川宗尹)였다. 기요미즈가는 9대 쇼군 이에시게의 차남인 도쿠가와 시게요시(德川重好)이다. 제11대 쇼군 도쿠가와 이에나리(德川家齊, 1773~1841)와 제15대 쇼군 도쿠가와 요시노부는 히토쓰바시가 고산쿄였으며 제16대쇼군 도쿠가와 이에사토는 다야스가 고산쿄였다.

125 이 네 명의 제후는 막부 말기 정국을 이끌어가는 주요 인물로 계속 등장한다. 참예회의, 4제후회의도 이 네 명이 주도한다.

서 소외되었던 자신들이 막부정치를 주도하려고 구상하고 있었다.

그러나 이이 나오스케 등 후다이 다이묘들을 중심으로 한 남기파南紀派는 이에 맞서 기이 와카야마의 도쿠가와 요시토미를 혈연이 가깝다는 것을 명분으로 내세워 쇼군에 옹립하려고 했다. 이들은 도쿠가와 나리아키가 천황을 움직여 요시노부를 세자로 옹립하려는 움직임을 눈치 채고, 1858년 4월 히코네의 영주 이이 나오스케를 다이로에 취임시킨 뒤 통상조약의 체결 문제와 세자 책봉 문제를 전광석화처럼 처리해버렸다. 그 뒤 1858년 7월 6일 이에사다가 사망하고 도쿠가와 요시토미가 14대 쇼군에 취임하자 이이 나오스케는 그동안 자신과 대립하였던 히토쓰바시파에 대한 대대적인 정치 탄압에 나섰다. 도쿠가와 나리아키 등 반대파 다이묘와 공경을 포함하여 요시다 쇼인과 같은 존왕양이파 지사 100여 명이 처형되거나 유배되었다.

이로써 이이 나오스케의 남기파가 완승을 거둔 것처럼 보였다. 그러나 남기파와 히토쓰바시파의 대립은 사쿠라다문밖의 사건이 일어나면서 이이 나오스케의 기대와는 전혀 다른 방향으로 흘러간다. 사실 1854년 일미화친조약의 체결 이후 일본 국내의 상황은 이미 이이 나오스케의 희망대로 반대파를 탄압한다고 해서 막부절대주의 체제로 되돌아 갈 수 있는 상황은 아니었다.

일미화친조약의 체결 이후 안세이대지진과 전염병 등 자연재해[126]가 잇달

---

[126] 1854년 11월 4일 이즈 지역에 마그니튜드 8.4의 동해대지진이 발생해 가옥 8,300호가 파괴되고 1만 명이 희생되었다. 이어 그 이튿날인 11월 5일에는 이세 만에서 규슈 동부 지역에 걸쳐 마그니튜드 8.4의 남해대지진이 발생해 1만 호의 가옥이 파괴되고 수만 명의 희생자가 발생했다. 그 이듬해인 1855년에 마그니튜드 6.9의 직하형 에도대지진이 일어나 7,000여 명의 희생자가 발생하였고 가옥 1만여 채가 파괴되었다. 여기에다가 새로운 전염병이 1854년 여름부터 유행하기 시작했다. 연이은 대지진으로 인한 참극이 마무리될 즈음인 1858년 6월에 일본에서는 코로리라고 불렸던 무서운 전염병인 콜레라가 일본 전역으로 퍼져나갔다. 콜레라는 미국 군함이 나가사키에 기항했을 때 중국으로부터 일본에 전해졌다고 한다. 콜레라로 인해 에도에서만 사망자가 3만에서 4만 명 정도 발생했

아 일어나 막대한 인명과 재산 피해가 발생했고, 쌀값을 비롯한 물가가 급등해 백성들의 민심은 폭발 직전이었다. 이런 상황에서 이이 나오스케가 일미통상조약을 독단적으로 체결해 버리자 고메이 천황은 직접 양위를 거론할 정도로 격노했고 존왕양이파 사무라이들은 이를 천황을 무시하는 행위로 간주했다. 하지만 이이 나오스케는 이에 아랑곳하지 않고 강경한 수단을 동원해서라도 막부 절대주의 체제를 강화시키려고 했다.

이런 상황에서 쇼군을 배출하는 고산케 가문인 미토 출신 무사들이 막부 정권의 최고 책임자인 다이로를 대낮에 에도성의 출입문 바로 코앞에서 암살한 사건은 그 행위의 옳고 그름을 떠나 엄청난 충격을 던져주었다. 이 사건으로 막부는 다이로의 생명조차 보호할 수 없는 허약하고 무능한 집단으로 인식되어 권위가 땅에 떨어졌고 그에 반비례하여 천황의 권위는 급상승했다. 천황의 권위가 상승하자 존왕양이 운동은 더욱더 가속화되었다.

사쿠라다문밖의 사건 이전까지 대부분의 존왕론자나 양이론자들은 천황과 함께 막부도 존중했다. 이들은 대외 문제에 관해서도 대부분 천황과 막부가 서로 손을 잡고 협력하면서 서양오랑캐를 물리쳐야 한다고 생각하고 있었다. 그러나 사쿠라다문밖의 사건으로 이러한 생각이 바뀌기 시작했다. 정이대장군 즉 쇼군은 오랑캐 정벌을 위해 조정으로부터 임명되었는데, 오랑캐 정벌은 하지 않고 통상조약을 체결한 것은 무능력하거나 자신의 공적公的인 직무를 버린 것이라는 주장이 제기되었다. 여기저기서 막부를 타도해야 한다는 웅성거림이 들리기 시작했다.

다. 일본의 개국은 서양 사람과 서양 상품의 개국일뿐만 아니라 서양 세균의 개국이기도 했다. 대지진, 콜레라 등의 자연재해에 겹쳐 쌀 가격까지 폭등하자 민심은 폭발 직전의 상황으로 치달았다.

4) 조슈의 지독한 투혼―8·18정변에서 제2차 조슈정벌전쟁까지

한 번의 채찍질로 세상을 뒤집고, 메이지유신을 이루다.

一鞭回天, 明治維新.

―다카스기 신사쿠[127]

1860년대 초 조슈의 교토 진출

조슈는 1600년 세키가하라 전투에서 도쿠가와 이에야스의 동군東軍에 맞서 서군西軍에 참여했다. 이 때문에 조슈는 에도 막부 내내 도쿠가와가에 반기를 든 도자마번으로 분류되어 막부의 요직을 맡을 수 없었다.

250여 년의 설움을 극복하고 조슈가 중앙 정치 무대에 다시 등장하는 것은 1860대에 들어서면서다. 일미통상조약의 체결과 존왕양이파의 반발, 막부의 강경한 탄압과 사쿠라다문밖의 사건, 그 2년 뒤 일어난 사카시타문밖의 사건[128] 등으로 막부의 정치적 권위와 통치력은 급속히 떨어지고, 대신 천황의 권위가 상승하면서 조정이 중앙 정치의 한 축으로 떠오르고 있었다. 에도 시

---

127 다카스기 신사쿠가 거병한 시모노세키 고잔지(功山寺)에 세워져 있는 다카스기 신사쿠 동상의 글귀. 한 차례의 채찍질로 전세를 역전시키고 메이지유신을 이루었다는 의미.

128 사카시타문밖의 사건(坂下門外の変)은 사쿠라다문밖의 사건이 일어난 지 2년도 채 되지 않은 1862년 1월 15일 에도성 사카시타문밖에서 미토의 존왕양이파 사무라이 6명이 로쥬 안도 노부마사를 습격하여 중상을 입힌 사건이다. 사쿠라다문밖의 사건 뒤 막부의 정책을 이끌어간 안도 노부마사와 구제 히로치카(久世廣周)는 이이 나오스케의 개국노선을 이어받고, 막부의 권위를 회복하기 위해 천황의 누이 가즈노미야와 쇼군을 혼인시킴으로써 공무합체 노선을 적극적으로 추진하려고 했다. 급진파 존왕양이파 지사들은 이에 반발하여 사카시타문밖의 사건을 일으켰다. 안도 노부마사는 이 사건에서 목숨은 건졌지만, 부상을 입은 채 성문 안으로 도망친 행위로 인해 무사답지 못하다는 비난을 받아야 했다. 이로 인해 1862년 4월 로쥬에서 파면되고, 8월에는 은거, 칩거 명령을 받았으며, 이와키타이라(磐城平)번은 2만 석 감봉되었다. 가즈노미야와 쇼군 이에모치의 혼례는 1862년 2월 11일 에도성에서 거행되었다.

제121대 고메이 천황(孝明, 1831~1866) 초상

대 내내 야심을 감추고 숨죽이며 살던, 조슈와 사쓰마는 정치 활동이 금지되어 있었음에도 불구하고 친분이 있는 공경들을 통해 조정과 우호적 관계를 맺으려고 나섰다.

천황과 조정을 우호 세력으로 확보하려는 유력 다이묘들의 경쟁은 마치 전국 시대 말기에 전국의 무장들이 지방을 통일한 뒤, 교토에 먼저 입성하기 위해 사활을 걸고 싸웠던 것과 비슷하다. 전국 시대나 이때나 천황을 자기편으로 끌어오는 것은 곧 정치권력의 정당성을 확보한다는 것을 의미했다. 260여 년 만에 열린 기회의 문을 향해 가장 빠르게 움직인 곳은 조슈였다. 1860년대 초 조슈 존왕양이파의 시대는 이렇게 해서 열렸다. 그럼 조슈가 교토의 중앙 정치 무대에 등장하는 것에서부터 8·18정변을 거쳐 제1·2차 조슈정벌전쟁까지의 전개 과정[129]을 한번 살펴보자.

그전에 먼저 조슈 모리가와 천황가의 특별한 관계를 짚지 않을 수 없다. 사실 모리가는 다른 다이묘 가문과 달리 천황가와 매우 가까운 관계였다. 쇼군가나 무사 가문 출신의 다른 다이묘 가문들과는 달리 모리가는 천황가와 혈통이 연결되어 있었다.[130] 이 때문에 에도 시대에는 다이묘가 직접 조정과 접촉하는 것이 금지되어 있었음에도 불구하고 모리가는 예외적으로 교토 출입

---

129 이광훈, 『상투를 자른 사무라이』, 따뜻한 손, 2011. 이 시기 조슈의 정치활동에 관해 한글로 된 책은 거의 없다. 이 책에는 다카스기 신사쿠, 구사카 겐즈이 등 1860년대 조슈 청년 사무라이들의 정치 활동이 간략하게 소개되어 있다.

130 모리가의 선조는 나라의 황제라고 불리는 제51대 헤이제이 천황(平城, 774~824)의 아들인 아보(阿保) 친왕이다.

이 허용되었고, 교토 번저도 가지고 있었다. 연말
연시에는 부케텐소武家傳奏[131]를 통해 정기적으로
조정에 물품을 헌상하였고, 조정이 어려울 때에는
경제적 지원도 아끼지 않았다. 모리가에 대한 조정
의 신뢰도 매우 두터웠다. 막부 말기 조슈의 존왕
양이론과 일관된 반막부 노선에는 천황가와의 이
같은 특별한 관계가 배경에 있었다.

모리 다카치카(조슈 제14대
(1837~1869 재위) 다이묘)

조슈가 중앙 정치 무대에 등장하는 직접적인 계기는 1861년 번의 정치 노
선으로 나가이 우타의 항해원략책航海遠略策을 채택하면서부터다. 항해원략
책은 서양 5개국과의 통상조약 체결로 새롭게 바뀐 국제적 환경 아래에서는
지금처럼 소극적으로 대처할 것이 아니라 오히려 적극적인 무역 활동을 펼쳐
일본의 국익을 추구해야 한다는 정책이다. 기본적으로는 막부의 개국 노선을
지지하는 것이었고 세부 정책으로는 쇄국 정책의 포기, 개항의 정통성 인정,
개국양이 정책 등이 포함되어 있었다. 조슈의 보수파들은 이를 통해 에도의
목구멍이라고 불리던 우라가浦賀[132]에 경제적 교두보를 확보하여 교역증대를
꾀하려고 했다. 이 당시만 해도 조슈의 번정은 보수파들이 장악하고 있었다.
이들은 무모한 양이보다는 무역을 통해 이익을 내어 번의 재정을 확충하는
것이 더 중요하다고 생각했다.[133] 막부의 입장에서는 개국 노선을 유지하면

---

131 무로마치시대에서 에도 시대까지 존재했던 조정의 직책으로 조정과 막부의 연락을 담
당했다. 에도 시대 초기에는 막부에 의해 임명되었기 때문에 막부가 조정을 통제하는 창
구역할을 했다. 다이나곤 급의 공경에서 선임했으며 정원은 2명이었다. 취임할 때 교토
쇼시다이에게 혈서를 제출해야 했다.
132 지금의 가나가와현 요코스카시 우라가를 말한다.
133 井上勝生,『幕末維新政治史硏究』, 搞書房, 1994, 112쪽.

구사카 겐즈이(1840~1864)

서, 천황과 조정을 설득하여 통상조약에 대한 천황의 칙허를 얻어낼 수도 있는 항해원략책을 당연히 지지했다.

문제는 항해원략책은, 서양 5개국과 통상조약을 체결한 뒤 이에 격노한 고메이 천황을 설득하기 위해 막부가 천황에게 제시했던 약속에 위배된다는 사실이었다. 당시 이이 나오스케는 대외관계 담당 로쥬를 천황에게 보내 통상조약을 체결하게 된 사정을 해명하였고, 이에 고메이 천황은 1858년 12월 선달서高達書를 통해, 통상조약을 파기하고 쇄국의 좋은 법良法으로 되돌아가는 조건으로 가조약의 조인을 양해하였다.[134] 그럼에도 불구하고 막부는 그 뒤 통상조약을 파기하지 않고 개방 정책을 지속하였고, 그 와중에 이이 나오스케 암살 사건이 발생하면서 정국이 소용돌이 속으로 빠져들어갔던 것이다.

조슈 존왕양이파의 중심인물인 구사카 겐즈이[135] 등이 항해원략책은 아직 시기상조라고 반대[136]하며 나선 것은 이 때문이었다. 이들은 항해원략책은 결국 조정을 억압하고 막부를 돕는 정책에 지나지 않는다고 주장하면서 강경하게 반대했다. 이에 따라 항해원략책은 막부의 지원에도 불구하고 조슈의 존왕양이파가 번 정부를 장악한 뒤 이를 폐기함에 따라 제대로 실행에 옮겨

---

134 이 책 시작하면서 제2절 주요 용어 중 개국과 개방, 주9 참조.

135 구사카 겐즈이(久坂玄瑞)는 요시다 쇼인이 총애하던 수제자로 요시다 쇼인의 누이와 결혼했다. 1864년 7월 금문의 전투(禁門の変)가 실패하자 책임지고 자결했다.

136 大嶽靖之,「長州藩の公務合體運動」,『學習院史學』25, 1987, 54~63쪽; 오병한,「元治內亂 以後 長州藩의 內政과 諸隊」,『숭실사학』21, 290쪽.

가스가 대사업구 도리이(나라현 나라시)　　　　　　가스가 대사 신전 입구

보지도 못하고 결국 무산되고 만다.

　1862년 7월 6일, 조슈는 번의 정치 노선으로 존왕양이론을 채택하고, 교토에서 막부가 양이를 실행하도록 압박하는 정치 활동을 펼쳐 나갔다. 그리고 기소議奏를 맡고 있던 산죠 사네토미 등 친 조슈 공경들의 지원 아래 통상조약의 파기와 막부의 양이 실행, 즉 파약양이破約攘夷 노선을 강경하게 밀어붙이면서 교토 정국을 주도한다. 그 결과 조정은 양이를 기원하는 행사로 고메이 천황의 진무천황릉 참배와 가스가 대사[137]로의 행행行幸(천황의 행차)을 결정하였다.

　한편 1862년 4월 16일 조슈가 교토 정국을 주도하는 것에 불안감을 가지고 있던 사쓰마의 시마즈 히사미쓰가 교토의 치안 확보와 황궁의 경호를 자처하면서 병력 2,000명을 이끌고 교토로 진입한다. 그는 천황을 알현해 혼란한 정국을 타개하기 위해서는, 존왕양이파의 급진적 행동을 막고 천황과 막부의 협력 아래 국가를 개조해야 한다고 건의했다. 히사미쓰는 공무합체 즉 조정과 막부의 협력이라는 대원칙 위에서 새로운 국시國是(국가개조계획)를 정해 막부를 운영하고, 시대에 맞지 않는 막부와 조정의 낡은 시스템도 개혁하

137　가스가 대사(春日大社, 카스가 타이샤)는 나라현에 있는 유명한 신사다. 768년 후지와라 가의 씨족신을 모시는 신사로 설립되었다. 1998년 유네스코에 세계문화유산으로 등록되었다.

양이기원 사태서(沙汰書)

려고 했다. 이에 조정은 칙사에 오하라 시게토미大原重德를 임명하고 시마즈 히사미쓰와 함께 에도로 가 막부 개혁을 요구하는 칙명을 전달할 것을 지시했다. 1863년 막부의 분큐 개혁[138]은 이렇게 해서 시작된다.

에도 시대에 들어와 천황과 조정은 정치적 사안에 일체 관여할 수 없고, 오직 학문・예술과 조상의 제례에만 전념하도록 통제받고 있었다. 그런 조정에서 칙사를 보내 막부의 개혁을 요구했다는 사실은 200여 년 동안 지켜져 왔던 관례가 무너지고 이미 막부와 조정의 정치적 관계에 큰 변화가 왔음을 의미했다. 사쓰마의 개명군주 시마즈 히사미쓰는 이처럼 막부 말기 조정과 막부의 권력 관계를 역전시키는 데 결정적 역할을 했다.

1863년 3월 제14대 쇼군 도쿠가와 이에모치가 229년 만에 교토로 왔다.[139] 쇼군의 교토행上洛 상락은 그 전해 오하라 시게토미가 천황의 칙사 자격으로 에도에 갔을 때, 막부가 천황의 양이 실행 요청에 따르겠다는 의사 표시로 받아들인 것이었다. 사실 고메이 천황은 뼛속까지 철저한 양이론자였다. 자신의 의사를 무시하고 개국 정책을 추진하는 막부에 일관되게 양이 실

---

138 제6장 제1절의 제1항 유신혁명의 주력, 사쓰마 참조.
139 제3대 쇼군 도쿠가와 이에미쓰가 교토를 방문한 뒤 이때까지 역대 쇼군은 아무도 교토를 방문하지 않았다. 이에모치는 병사 3,000명과 함께 교토로 와 3월 7일 황궁에서 천황을 배알했지만 병이 나 6월까지 머물렀다.

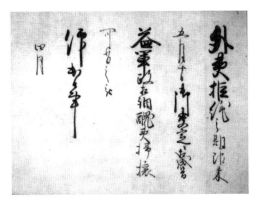

양이기한을 5월 10일로 정한 전주서

행을 요구했고, 만약 10년 이내에 막부가 양이를 결행하지 않을 경우에는 자신이 직접 나서서 진무 천황이 한 것처럼 양이를 위한 전쟁(친정親征)을 결행하겠다고까지 선언했다.

이 때문에 쇼군의 상락은 그동안의 조정－막부 관계가 완전히 역전되었음을 상징하는 큰 사건이었다. 그것은 고메이 천황이 일미통상조약 체결에 대한 칙허를 거부[140]하면서 야기된 조정과 막부의 정치적 대립이 고메이 천황의 승리로 일단락되었다는 것을 의미했다.

당시 교토에는 존왕양이파 무사와 낭인들이 대거 상경해 있었다. 이들은 쇼군의 상락 소식을 듣고 막부가 양이를 결행할 것이라는 기대에 부풀어 있었다. 고메이 천황도 양이를 기원하는 행사를 잇달아 개최하면서 쇼군를 압박하였다. 1863년 3월 11일 천황이 양이 기원을 위해 가모사賀茂社 신사를 참배할 때에는 쇼군 이에모치와 도쿠가와 요시노부가 천황 뒤를 따라가면서 수행했다. 교토는 이미 천황의 도시로 변해있었다. 이런 상황에서 쇼군은 사실상 양이 결행을 위한 볼모로 교토에 감금된 것과 다름없었다. 쇼군 이에모치는 존

---

140 고메이 천황의 칙허는 1865년 3월 내려졌다. 이때 서양 4개국의 연합 함대가 효고항에 군함을 끌고 와 무력시위를 하면서 칙허를 요청하였다. 이에 조정은 막부의 요청을 받아들이는 형식으로 칙허를 내렸다.

왕양이파의 압력을 피할 방법이 없어 결국 1863년 5월 10일을 양이 결행의 날로 약속했다. 그러나 막상 1863년 5월 10일이 되자 막부는 전혀 양이 실행의 움직임을 보이지 않았다. 이에 조슈의 존왕양이파 지도자 구사카 겐즈이는 조슈라도 먼저 양이를 실행하여 막부를 끌어들일 필요가 있다고 판단하고 무력행동에 나섰다. 1863년 5월 10일 군함 두 척을 동원하여, 시모노세키 해협에서 폭풍우를 피해 피난 중이던 미국 상선을 기습적으로 포격했다. 조슈 번청에서는 이 상선이 가나가와 부교가 나가사키 부교에게 보내는 편지를 소지하고 있었기 때문에 포격을 제지했다. 그러나 구사카 겐즈이는 이를 무시했고 그 뒤에도 프랑스, 네덜란드의 군함에 포격하는 등[141] 양이 무력행동을 계속했다.

8 · 18정변(1863)

조슈가 주도하는 교토 정국은 얼마 지나지 않아 큰 변화를 겪는다. 고메이 천황은 완고한 양이론자였지만 점점 과격해지고 있는 조슈의 정치, 군사적 행동에 내심 부담을 느끼고 있었다. 그 틈을 타 아이즈와 사쓰마가 연대하여 조슈를 교토에서 몰아낸다. 이 사건이 8 · 18정변이다. 당시 조슈군은 사카이초문을 경비하고 있었기 때문에 사카이초문堺町門의 정변으로도 불린다. 8 · 18정변으로 인해 교토 정국의 주도권은 조슈의 존왕양이파에서 공무합체파로 넘어간다.

고메이 천황은 원래 공무합체를 바탕으로 양이를 실행해야 한다고 생각하고 있었다. 막부가 10년 이내에 양이를 결행하지 않으면, 직접 친정에 나서겠

---

141 그러나 6월 1일 미국과 프랑스의 보복 포격으로 인해 조슈는 큰 피해를 입는다. 미국 군함의 보복으로 시모노세키의 가메야마 포대가 파괴되고 군함도 3척이나 파괴되었다. 프랑스는 함대 2척을 동원하여 단노우라 포대를 파괴한 뒤 이를 점령하였다.

8·18정변 그림

다고 선언할 정도로 강경한 양이론자였지만 막부와의 관계는 원만하게 유지하려고 했다. 조정의 공경 24명이 연명으로, 거국일치 체제를 만들어 양이를 실행하고 종래처럼 궁궐 속에서 소리 없이 지내는 군주가 아니라 뜻있는 신하들을 이끌고 행동하는 정치군주가 될 것을 요청했을 때에도, 그는 "도쿠가와가를 배제할 생각은 털끝만큼도 없으며 자신은 관동(에도 막부)과 함께 오랑캐를 물리치려는 의도를 가지고 있을 뿐"[142]이라고 잘라 말했다. 조슈의 과격한 존왕양이파들이 자신의 허용 범위를 넘는 군사 행동을 실행하고, 막부를 대신하는 새로운 체제를 거론하는 등 급진적 주장을 펼치자 미련 없이 버렸던 것은 이 때문이었다.

아이즈와 사쓰마는 8·18정변을 일으키기 하루 전인 1863년 8월 17일, 양이기원을 위해 예정되어 있던 천황의 진무천황릉과 가스가春日大社 대사 행행[143]을 연기하고, 황궁 경비에서 조슈를 배제하는 조치[144]를 얻어냈다. 그리

---

142 家近良樹, 『孝明天皇と'一會桑': 幕末・維新の新視点』, 文藝春秋, 2002, 76~78쪽; 家近良樹, 『幕末の朝廷』, 中央公論新社, 2007.
143 천황의 야마토(大和), 나라시 행행은 8월 13일 포고되었다.
144 8월 17일 천황의 조(詔)를 얻어냈다.

교토를 떠나는 7명의 친조슈 공경

고 8월 18일 황궁의 9개 출입문을 모두 봉쇄한 뒤 조슈 병사들을 쫓아냈다. 산죠 사네토미 등 존왕양이파 공경 7명은 인근에 있는 묘법원에 피신한 뒤 다음 날 비가 내리는 가운데 조슈 병사들의 호위를 받으면서 떠났다. 눈물 속의 퇴각이었다. 8·18정변의 결과 번주 모리 다카치카와 아들 모리 사다히로는 교토 출입이 금지되고 조슈에서 근신할 것을 명령받는다. 이로 인해 조슈는 교토에서의 정치적 주도권을 완전히 잃는다. 아이즈의 세상이 시작되었다.

금문의 전투(禁門の変, 긴몬노헨)[145]

금문의 전투는 8·18정변으로 교토에서 추방된 조슈의 과격한 존왕양이파들이 1년 뒤 교토정국의 주도권을 되찾기 위해 병사를 이끌고 교토로 쳐들어갔다가 사쓰마·아이즈·에치젠·구아나 연합군에게 패배한 사건이다. 교토 시내에서 다이묘들끼리 황궁문을 둘러싸고 전투를 벌인 경우는 1615년 이후 단 한 번도 없었다. 따라서 황궁 앞에서 총격전까지 벌였던 금문의 전투

---

[145] 교토의 황궁은 모두 9개의 출입문이 있다. 이를 보통 금문이라고 부른다. 금문은 유력한 다이묘가들이 돌아가면서 경비를 담당하고 있었다. 금문의 전투 당시 치열한 전투가 벌어졌던 출입문은 조슈가 경비하던 사카이초문과 아이즈가 경비하던 하마구리문이었다. 그밖에도 치열한 전투가 있었던 이누이문(乾門)과 나카다치우리문(中立売門)은 각각 사쓰마와 지쿠젠이 경비를 맡고 있었다.

구리문에 아직도 남아 있는
총탄자국

교토 황궁의 하마구리문

는 매우 큰 사건이었다. 이 전투는 1864년 6월 5일 교토에서 비밀활동을 하던 조슈와 도사 등의 존왕양이파 지사들이 교토의 이케다야 여관에서 신센조 대원들에게 무참히 살해당하는 사건[146]에서 시작되었다. 이 사실이 알려지자 조슈의 존왕양이파들은 격분하여 가로 3명과 마키 이즈미, 구사카 겐즈이가 천 수백 명의 병사를 이끌고, 영주의 억울한 죄를 천황에게 호소한다는 명분을 내세워 교토로 출동했다.

도쿠가와 요시노부는 1864년 7월 18일 심야에 조정으로부터 조슈 토벌에 관한 천황의 칙허를 받아낸 뒤 19일 아침 아이즈, 구아나, 히코네에 출동명령을 내렸다. 난생 처음 전투를 지휘하게 된 도쿠가와 요시노부는 직접 말을 타고 다니면서 병사들을 독려했다. 조슈는 7월 18일 3,000명의 병력을 세 방면으로 나누어 황궁 쪽으로 진군한다. 구사카 겐즈이는 황궁 남쪽에 있는 사카이초문으로 진입하려고 시도했지만 사쓰마군이 합세하는 바람에 이를 돌파

---

[146] 이케다야 사건(池田屋事件)은 조슈, 도사 등의 존왕양이파 지사들이 교토 슈고직의 지휘 아래에 있던 신센조의 습격을 받아 살해당한 사건이다. 자세한 내용은 中村武生, 『池田屋事件の研究』, 講談社, 2011.

해산물 요리 가게로 바뀐 이케다야(교토시)

금문의 전투(왼쪽 위에 있는 문양은 사쓰마, 오른쪽 중앙에 있는 문양은 조슈를 의미한다.)

금문의 전투로 발생한 대화재 그림(교토국립박물관)

하지 못하고 조슈 관백이라고 불리던 다카쓰카사의 저택에 들어갔다. 원래
계획은 전투에서 이긴 뒤 다카쓰카사와 함께 조정에 들어가(참내參內, 참입參
入), 천황을 알현할 계획이었지만 전황이 불리해지자 다카쓰카사는 도망가 버
렸고 그의 저택은 아이즈, 사쓰마의 포격으로 불타버리고 만다.[147] 전투가 끝
난 뒤 구사카 겐즈이는 작전 실패에 책임지고 자결했다. 마키 이즈미는 부하
들을 조슈로 철군시킨 뒤 천왕사에서 자결했다. 그밖에도 이리에 구이치江
九一, 기시마 마타베來島又兵衛, 데라시마 주사부로寺島忠三郞가 자결했다. 조슈
는 이때 유능한 지휘관을 많이 잃는다.

　설상가상으로 조슈군이 패배하여 도주하면서 조슈 번저에 불을 지른 데다
전투 중 아이즈의 발포로 황궁 근처 가옥이 타면서 큰 불이 일어났다. 교토
시내의 반 이상이 타 버리는 대화재[148]였다. 격노한 천황은 며칠 뒤 도쿠가와
요시노부에게 조슈를 토벌하라는 칙지[149]를 내린다. 1년 전까지만 해도 천황
과 조정의 전폭적인 지원 아래 교토 정국을 주도하던 조슈가 '조적朝敵'(조정의
적)으로 전락하고 만 것이다. 8·18정변으로 모리 부자의 교토 출입이 금

147　野口武彦, 『長州戰爭 : 幕府瓦解への岐路』, 中央公論新社, 2006, 67쪽.
148　21일까지 계속된 이 화재로 약 3만 호의 가옥이 불타버렸다.
149　『孝明天皇紀』 191권. 野口武彦, 앞의 책, 2006, 68쪽. 칙지는 7월 23일 내려졌다.

지[150]된 데다가, 금문의 전투 결과 조적으로 낙인찍히는 가혹한 처분을 받으면서 조슈는 최악의 위기에 빠진다. 1864년 7월 26일 조슈의 에도 번저가 몰수되었다. 8월 22일 모리 부자는 관위를 박탈당하고, 이름도 바꿔야 했다. 그뿐만 아니라 8월 5일부터, 1863년 5월 10일 이후 구사카 겐즈이가 감행했던 경솔한 양이 행동으로 인해 포격을 받았던 서양 4개국 연합 함대가 시모노세키를 보복 공격한다. 조적 낙인, 서양 4개국 연합 함대의 보복 공격, 막부 연합군의 토벌전쟁 등 3중의 위기에 몰리면서 조슈 존왕양이파는 궤멸 직전의 위기에 빠진다. 반면 천황은 도쿠가와 요시노부가 주도하는 잇카이소 정권의 호위 아래 평온한 나날을 보낸다.

잇카이소 연합 정권[151]

교토는 조용한 도시였다. 그러나 1860년대 초반 천황의 권위가 높아지자 가장 중요한 정치적 도시로 떠오른다. 전국의 유력 번들이 교토에 번저를 설치하고 경쟁적으로 정치 활동에 나섰다. 거기에 존왕양이를 외치는 낭인들이 전국에서 몰려들어 테러와 방화를 일삼는 등 치안이 불안정해지자 황궁을 경호하는 문제가 부각되었다.

이에 막부는 교토의 행정과 치안을 담당하던 교토 쇼시다이 외에 교토 슈고직을 신설했다. 1862년 윤8월 1일 교토 슈고에 임명된 아이즈 영주 마쓰다

---

150 조슈 번주 모리가와 천황가의 특별한 관계를 고려할 때 모리 부자의 황궁 출입 금지와 관위 박탈 등은 매우 가혹한 조치였다. 이는 몇 백 년간 내려온 모리가의 자부심과 명예를 박탈한 것이었다. 이 때문에 몇 년 뒤 사쓰마와 조슈가 비밀동맹을 맺을 때에도 다른 것보다 이 문제의 해결을 위해 사쓰마가 노력한다는 조항이 가장 핵심적인 의제가 되었다.

151 잇카이소(一會桑)는 히토쓰바시 요시노부의 一, 아이즈의 會, 구아나의 桑 등 세 글자를 합친 것으로 도쿠가와 요시노부의 주도 아래 아이즈, 구아나가 연합한 정권을 의미한다.

교토 슈고 당시
마쓰다이라 가타모리
(1862, 아이즈시 소장)

다카스가 4형제
(1878, 왼쪽부터 마쓰다이라 사다아키, 가타모리, 도
쿠가와 모치노리, 도쿠가와 요시카쓰)

이라 가타모리는 이해 12월 교토로 왔다. 1864년 초에는 교토와 황궁을 수호
하는 특별 기관으로 금리수위총독[152]도 신설하고 도쿠가와 요시노부를 임명
했다. 이로써 교토에는 치안과 행정, 황궁 수호를 담당하는 기관으로 교토 쇼
시다이 외에 교토 슈고와 금리수위총독이라는 세 기관이 병존하게 되었다.

그런데 8·18정변 뒤, 교토 쇼시다이에 취임한 마쓰다이라 사다아키와 마
쓰다이라 가타모리 두 사람은 미노美濃(현재의 기후현 남부) 다카스의 제10대 영
주 마쓰다이라 요시타쓰松平義建의 7번째와 8번째 아들로 친형제[153]였다. 이
들은 마쓰다이라 요시타쓰의 다른 두 아들과 함께 막말 정국에 중요한 인물
로 등장한다. 다른 두 아들과 합쳐 다카스의 4형제[154]라고도 부른다.

---

152 정식 명칙은 금리어수위총독·섭해방어지휘(禁裏御守衛總督·攝海防禦指揮)이다. 쇼
군 이에모치가 19세가 되어 후견인이 필요 없게 되자 1864년 3월 25일 쇼군후견직에서 물
러난 도쿠가와 요시노부를 위해 새로 만든 자리다.
153 교토 슈고직(京都守護職)은 아이즈의 9대 번주 마쓰다이라 가타모리(松平容保), 교토 쇼
시다이(京都所司代)에는 가타모리의 친동생인 구아나 영주 마쓰다이라 사다아키(松平
定敬)가 1864년 4월 11일부터 임명되어 있었다. 두 사람과 도쿠가와 모치나가 등 세 명은
메이지유신 뒤 모두 조적으로 낙인찍힌다.

한편 쇼군 후견직에서 물러나 금리수위 총독에 취임한 도쿠가와 요시노부는 히토쓰바시가의 당주로 고산쿄[155]이자 유력한 차기 쇼군이었다. 하지만 고산쿄 가문은 순수하게 쇼군가의 혈통이 단절될 때를 대비하여 만든 가문이기 때문에 별도의 가신단과 군사력을 보유하고 있지 않았다. 이에 요시노부는 교토 쇼시다이와 교토 슈고로부터 군사적, 행정적 지원을 받는 대신 이들에게 정치적 자문을 하면서 서로 긴밀하게 협력하고 있었다.

요시노부는 이들과 함께 천황을 보좌하면서 불안정한 교토 정국을 수습해나갔고 금문의 전투가 끝난 뒤에는 고메이 천황의 전폭적 지지를 바탕으로 강력한 연대를 형성하여 에도 막부와 별도로 독자적인 정치적 영향력을 확보한다. 이를 잇카이소 会桑(히토쓰바시 요시노부·아이즈·구아나의 첫 글자)연합 정권이라고 부른다.[156] 이들은 막부로부터 거의 독립하여 천황과 조정을 보좌하면서 일종의 교토 정부와 같은 역할을 맡게 된다. 이로써 이 시기 일본에는 에도 막부와 천황을 중심으로 하는 교토 정부가 권력을 나누면서 공존하게 된다.

서양 4개국 연합 함대의 조슈 공격

1864년 8월 5일 영국, 프랑스, 미국, 네덜란드 4개국 연합 함대가 조슈의

---

154 다른 두 명 중 한 명은 오와리 도쿠가와가 제14대 영주를 계승한 도쿠가와 요시카쓰(요시쿠미)이고 나머지 한 명은 다카스가 제11대 영주, 히토쓰바시가 제10대 당주, 오와리 도쿠가와가 제15대 영주를 승계한 도쿠가와 모치나가(德川茂德)다.

155 고산쿄(御三卿)는 쇼군에게 후사가 없을 경우 상속자를 배출하기 위해 창설된 가문으로 10만 석의 석고가 정해져 있었다. 하지만 일반적인 다이묘가와 고산케가 별도의 번을 구성하여 영지와 가신단을 보유하고 있었던 반면, 고산쿄는 에도성 안에 거주했다. 또 전국에 분산된 영지 관리나 필요한 가신과 인력, 가옥 등은 모두 막부로부터 지원받았다. 다만 형식상의 지위는 로쥬나 다이로보다 높았기 때문에 막부 정치에 개입하는 경우가 많았다.

156 家近良樹, 『孝明天皇と'一會桑': 幕末·維新の新視点』, 文藝春秋, 2002.

마에다포대를 점령한 영국군

시모노세키 포대를 공격[157]했다. 포격은 한 시간 만에 끝나고 시모노세키 해협 동부의 단노우라와 구시자키에 있는 여러 포대가 크게 파괴되었다. 다음날 연합 함대의 병사들이 상륙하여 며칠 동안 조슈의 모든 포대를 완전히 파괴하였다. 조슈는 이에 전의를 상실하고 8월 8일 연합 함대 총지휘관 쿠퍼제독*Sir Augustus Kuper, 1809~1885*에게 다카스기 신사쿠[158]를 보내 강화 교섭을 시작했다. 영국의 배상 요구에 대해 다카스기 신사쿠는 그 전해에 조슈가 서양 함선을 포격한 것은 막부의 양이 결정에 따른 것으로 막부에게 책임이 있으므로 배상금도 막부에 청구해야 한다고 주장하면서 당당하게 협상을 주도했다. 8월 14일 시모노세키조약을 맺고 외국 선박들의 자유로운 시모노세키 해협 통과 보장, 석탄·물·식량 등 필수적인 물품의 보급, 서양 선박이 태풍 등으로 조난당할 경우 상륙 허가, 이후 해안에 포대를 설치하지 않을 것 등을

---

157 연합 함대가 보유한 군함은 총 17척(영국 9척, 프랑스 3척, 네덜란드 4척, 미국 1척), 포는 288문, 승선 병력은 5,000명이었다. 조슈에서는 군함 4척에 약 2,000명의 병력이 참전했다.
158 조슈를 떠나 은거하고 있던 다카스기 신사쿠는 이 협상을 계기로 다시 조슈로 복귀한다. 신사쿠의 통역은 이토 히로부미가 맡았다. 奈良本辰也, 『高杉晋作 : 維新前夜の群像 1』, 中央公論新社, 1965, 167~168쪽.

시모노세키 마에다포대 유적

막부말기 조슈 포대의 현황

시모노세키 미모수소가와 포대(복원)

약속했다. 이때 영국은 토지의 할양도 요구했다. 그러나 중국 상해조계를 이미 다녀온 경험이 있는 다카스기 신사쿠는 그때 상해조계에서 중국인이 영국인으로부터 노예 취급을 받고 있던 현실을 직접 목격하고, 토지할양의 문제점을 잘 알고 있었기 때문에 단연코 거절하였다.

조슈는 그날 바로 외국 선박에 대한 물자 판매 장소를 지정하고 시모노세키 항을 개방해 무역이 시작되었다. 이 조치들은 사실상 시모노세키 항을 자유무역항으로 인정하는 것과 다름없는 것이었다. 이러한 상황은 막부를 당황하게 만들었다. 조슈 정벌을 앞두고 있는 상황에서 존왕양이를 앞장서서 실천하던 조슈가 180도 바뀌어 서양 세력과 친밀한 관계를 형성했다는 것은 큰 충격이었다.[159]

159 野口武彦, 『長州戰爭 : 幕府瓦解への岐路』, 中央公論新社, 2006, 77~78쪽.

조슈는 서양 4개국 연합 함대의 공격으로 굴욕적 패배를 당했지만 이를 계기로 군사력으로는 서양 국가들을 이길 수 없다는 냉정한 판단을 내릴 수 있게 되었다. 조슈의 존왕양이론자들은 그동안 자신들이 추진했던 군제 개혁으로도 서양의 화력에 대적할 수는 없으며, 양이론은 현실적으로 불가능하다는 사실을 뼛속 깊이 깨달았다.[160] 양이론의 본거지이던 조슈를 대외 무역과 근대적 정치 변혁의 거점으로 바꿔 준 의미 있는 패배였다.

제1차 조슈 정벌

1864년 7월 23일 조정은 금문의 전투의 책임을 물어 조슈 정벌 칙지를 내렸다. 처음에 조정은 이 칙지를 막부가 아니라 도쿠가와 요시노부에게 내렸고 요시노부는 이를 받들어 다음날 서쪽 지역의 21개 번에 출진 명령을 내렸다. 그런데 원래 제후에 대한 출진 명령은 쇼군의 권한이었다. 이 때문에 쇼군의 권한을 침해당하는 심각한 상태가 발생했다고 판단한 막부는 요시노부를 격렬하게 비판하면서 요시노부의 출진 명령을 고쳐 오와리, 에치젠을 포함한 36개 번에 다시 출진 명령을 내렸다. 8월 2일 쇼군 도쿠가와 이에모치가 직접 출전하겠다고 발표했다. 정벌군 총독에는 전 오와리 번주 도쿠가와 요시카쓰가, 부총독에는 후쿠이 번주 마쓰다이라 모치아키가 임명되었다.[161] 막부는 15만 대군을 동원해 조슈 토벌 연합군을 편성하고 11월 18일 5개 방면에서 야마구치를 공격하기로 결정했다.

사이고 다카모리는 이때 막부연합군의 참모參謀라는 중요한 직책을 맡고

160 이시이 다카시, 김영작 역, 『메이지유신의 무대 뒤』, 일조각, 2008, 58쪽.
161 野口武彦, 앞의 책, 2006, 69~73쪽; 井上勳, 『王政復古 : 慶応3年12月9日の政変』, 中央公論新社, 1991, 48~50쪽.

있었다. 그도 처음에는 조슈에 굴욕을 안겨주겠다는 결의를 가지고 조슈 정벌에 참여했다. 그러나 시간이 흐를수록 군사적 해결책보다는 정치적 해결책을 찾는 쪽으로 기울어갔다. 조슈라는 강력한 경쟁 상대가 완전히 파괴될 경우, 친막부 측과의 힘의 균형이 무너져 사쓰마도 언젠가는 위협을 맞을 수 있다[162]는 사실을 알아챘기 때문이었다. 그는 막부 연합군의 공격 개시 3주 전 10월 24일 오사카에서 정벌군 총독 도쿠가와 요시카쓰와 조슈의 항복 절차에 관해 논의한 뒤 전권을 위임받았다. 이어 11월 3일 조슈 번주로부터 대외적 협상을 위임받은 요시카와 쓰네마사[163]와 조슈의 지번支藩인 이와쿠니岩國에서 회담을 가졌다. 사이고 다카모리는 이 자리에서 금문의 전투 때 조슈군을 이끌고 상경했던 세 가로[164]의 머리를 보낼 것과 당시 현장을 지휘했던 참모 4명의 참수, 친조슈 공경 5명의 추방 등을 조건으로 제시하면서 이를 실행하면 공격을 유예하겠다고 약속했다. 내우외환으로 국력이 피폐해질 대로 피폐해진 조슈로서는 받아들이지 않을 수 없는 좋은 조건이었다. 이에 따라 11월 11일에서 12일에 걸쳐 세 명의 가로가 자결하고, 그 머리는 히로시마의 총

---

162 마리우스 B. 잰슨, 손일·이동민 역, 『사카모토 료마와 메이지유신』, 푸른길, 2014, 300~302쪽.

163 요시카와 쓰네마사(吉川経幹, 1829.9.30~1867.4.24)는 스오 이와쿠니령(周防岩國領)의 제12대 영주. 메이지유신 이후에 이와쿠니번의 초대영주가 되었다. 본가인 조슈 모리가와의 화합을 위해 노력하였으며, 제1차 조슈 정벌 때 본가와 막부의 협상을 맡아 열심히 뛰어다녔다. 1866년 제2차 조슈 정벌 때에는 게슈와의 전투에서 막부군을 무찌르는 공적을 올렸다. 1867년 3월 39세로 사망했지만 조슈 영주의 명령에 의해 사망사실은 비밀에 부쳐졌다. 1868년 신정부가 들어선 뒤에도 쓰네마사가 생존해 있는 것으로 속여 독립된 제후로 인정받았다. 이로써 6만 석의 고쿠다카에도 불구하고 에도 시대에 독립된 번으로 인정받지 못하고 배신(陪臣)으로만 취급당하던 이와쿠니의 숙원을 해결할 수 있었다. 요시카와 쓰네마사는 조슈와 막부의 교섭을 상세하게 기록한 주선기(吉川経幹周旋記)를 남겼다.

164 세 가로는 구니시 지카스케(國司親相), 마쓰다 지카노부(益田親施), 후지하라 모토타케(福原元僩)였다.

오경유적(규슈 다자이후)

독부 본영으로 보내졌다. 네 명의 참모도 바로 참수되었다.[165]

　11월 18일 정벌군 측은 요시카와 쓰네마사에게 영주 모리 부자의 사죄문 제출, 공경 5명의 뒤처리, 야마구치 성의 파괴를 명령했다. 이 항복 조건에 대해 부총독과 다른 번들이, 처벌이 너무 가볍다고 불만을 토로하자 사이고 다카모리가 고쿠라小倉에 가 이들을 설득했다. 12월 5일 조슈는 모리 부자의 사죄문을 막부에 제출했다. 야마구치 성은 성이라기보다는 큰 저택에 불과했으므로 남은 문제는 조슈에 망명해 있는 존양파 공경 5명에 대한 처리밖에 없었다. 이들도 조정과 막부의 명령으로 규슈에 있는 5개 영지에서 분리하여 보호하는 것으로 결론이 났다.[166] 1864년 12월 27일 조슈 토벌 총독 도쿠가와

165　野口武彦, 앞의 책, 2006, 90~91쪽.
166　5명의 공경들은 조슈에서 후쿠오카의 다자이후로 옮겨갔다. 그런데 다카스기 신사쿠의 궐기로 내전이 일어나자, 후쿠오카에서는 거꾸로 보수파들이 존왕양이파 가로 가토 시

요시카쓰는 철군명령을 내렸다.

이로써 제1차 조슈정벌전쟁은 막부의 완전한 승리로 끝났다. 전쟁 종결에 대한 불복의 목소리가 많았지만 한 명의 병사도 다치지 않고 모리 부자의 사죄문을 받는 등 사실상의 항복을 받아내자 쇼군가는 오랜만에 옛날의 위상을 되찾은 듯했다. 연합군에 참가한 다이묘들도 더 이상의 재정 지출 없이 전쟁이 종결되자 안도했다. 이에 보수파 인물들은 몇 년 동안 조정과 유력 다이묘들에게 당했던 굴욕을 떨쳐버리고 다시 전통적인 쇼군독재 체제로 돌아가는 꿈을 꾸기 시작했다. 1865년 1월 쇼군가는 희망의 봄바람에 들떠 있었다.

겐지(元治)내란과 기도 다카요시의 귀환

금문의 전투와 4개국 연합 함대의 시모노세키 포대 점령 등으로 조슈에서는 존왕양이파 대신 상층 문벌사족들이 다시 번정을 장악했다. 이들은 조정과 쇼군가에 영주 모리 부자의 사죄서를 제출하는 것으로 번의 존속을 유지하려고 했다. 제대에는 해산 명령을 내렸다.

그러나 조슈의 존왕양이파들은 이들의 명령을 순순히 받아들이지 않았다. 1864년 12월 16일 다카스기 신사쿠가 역사대(대장 이토 히로부미), 유격대(대장 이시카와 고고로)를 이끌고 시모노세키에 있는 고잔지(加山寺)라는 절에서 쿠데타를 일으킨다. 다카스기 신사쿠의 이 쿠데타를 회천(回天)궐기라고 부른다. 회천은 천하의 형세를 바꾼다는 의미다. 당시 26세의 신사쿠는 단 80명의 병사를

쇼를 축출하는 운동을 벌여 가토 시쇼가 할복을 명령 받고 존왕양이파들도 공직에서 추방당하는 사태가 발생했다. 이에 5명의 공경들의 신변이 매우 불안정해졌다. 이때 사이고 다카모리가 사쓰마 병사들을 이끌고 후쿠오카로 가 공경들의 신변을 보장받았다. 이로 인해 사이고 다카모리의 명성은 더욱 높아졌고, 5명의 공경들도 정국의 중심인물로 부상한다. 마리우스 B. 잰슨, 앞의 책, 2014, 300~302쪽.

다카스기 신사쿠의 회천궐기
동상(시모노세키시 고잔지)

이끌고 쿠데타를 일으켜 막부의 조슈정벌전쟁, 서양 4개국 연합 함대의 공격,
보수파의 번 정부 장악이라는 내우외환의 위기에서 전세를 역전시키고 마침
내 조슈의 존왕양이파가 유신의 주역으로 등장할 수 있는 길을 열었다. 다카
스기 신사쿠의 회천궐기는 그만큼 중요하다.

신사쿠는는 먼저 신지회소新地會所[167]를 습격하여 식량과 금을 탈취하고 군
함 한 척을 뺏은 뒤 이를 토대로 해상진지를 만들었다. 8·18정변으로 피신
와 있던 5명의 공경을 보호하면서 시모노세키 인근의 조후長府 지역에 집결해
있던 급진파 제대들은 이에 자극받아 12월 18일 시모노세키로 진격해 들어
갔다. 가장 규모가 컸던 기병대는, 번 정부와의 협조를 주장하던 총독[168]이

---

167 신지(新地)는 시모노세키 해협 남쪽에 있는 매립지이다. 회소(會所)는 이 지역을 관리하
   는 행정 기관을 말하다. 이 지역은 현재 시모노세키시에 속해 있으며 지금도 신지라는
   지명을 그대로 사용하고 있다.
168 아카네 다카토(赤根武人)를 말한다. 다카토는 이 당시 속론당(보수파) 정권과 타협하여

고잔지 불전(시모노세키시)

다카스기 신사쿠(중앙)와
이토 히로부미(오른쪽)(나가사키, 1865)

신지회소 표지판(시모노세키시)

쫓겨나고 야마가타 아리토모[169]가 실권을 장악하고 난 뒤에야 쿠데타에 참여

했다. 신사쿠의 회천궐기는 쇼군가에 대한 군사적인 도전임과 동시에 조슈의

기병대를 존속시키려고 기도했다. 쇼카손주쿠 출신 중에 유일하게 반혁명 진영에 가담
하여 참수된 인물이다.

169 야마가타 아리토모는 다카스기 신사쿠가 쿠데타에 참여할 것을 요청했을 때 처음에는

보수파 정부에 대한 반란이었다. 이에 번 정부를 장악하고 있던 보수파들은 존왕양이파 번사 7명을 참수하고 보수파의 자제들로 구성된 선봉대를 동원하여 쿠데타군에 맞섰다. 존왕양이파(개혁파, 정의당)와 보수파(속론당) 사이에 전투가 벌어지면서 조슈는 내란 상태에 빠졌다. 이때의 원호가 겐지(1864.2.20~1865.4.6)였기 때문에 이를 겐지내란이라고 부른다.

다카스기 신사쿠가 지휘하는 제대들의 맹활약에 힘입어 내란에서 승리한 존양왕이파는 1865년 1월 말 다시 번 정부를 장악한다. 1865년 3월 17일 이들은 번의 정치노선으로, "안으로는 군비확장에 힘쓰면서, 겉으로는 막부에 거스르지 않고 따른다"는 내용의 무비공순론武備恭順論을 발표하였다.[170] 얼마 뒤 다카스기 신사쿠의 노력으로 이케다야 사건에서 구사일생으로 살아남은 뒤 계속 도피생활을 하고 있던 기도 다카요시가 귀환했다. 다카스기 신사쿠 등 조슈의 존왕양이파 지도자들은 기도 다카요시를 중심으로 번 내 화합, 서양식 병제 개혁의 시행, 사쓰마와의 화해를 추진하면서 막부와의 전쟁에 대비한다.

제2차 조슈정벌전쟁(4경전쟁(四境戰爭))[171]

1865년 5월 16일 쇼군 도쿠가와 이에모치가 직접 지휘하는 제2차 조슈 정벌 부대가 에도를 출발해 서쪽으로 향했다. 화려한 행렬을 지켜보던 에도사

시기가 이르다면서 이를 거절했다가 나중에 참여하였다. 반면 이토 히로부미는 다카스기 신사쿠의 요청에 즉각적으로 부대를 이끌고 쿠데타에 참여했다. 야마가타 아리토모는 이때의 미온적 태도로 인해 그 뒤에도 줄곧 이토 히로부미에게 밀리게 된다.

170 野口武彦, 앞의 책, 2006, 113~121쪽.

171 야마구치현(옛날 조슈)에서는 이 전쟁을 4경전쟁이라고 부른다. 조슈 국경 4곳에서 막부 연합군과 전투를 벌였기 때문이기도 하고 천황의 칙허를 받아 조슈를 정벌하려고 했던 전쟁이었다는 명분도 부정하고 싶기 때문인 것으로 보인다.

람들 중 쇼군의 승리를 의심한 사람은 아무도 없었지만, 이에모치는 두 번 다시 이 길을 밟지 못했다. 쇼군이 제1차 조슈정벌전쟁의 군사적, 정치적 성과를 바탕으로 조정과 유력 번 등 신흥 정치세력과의 협조노선을 유지했다면 일본의 역사가 또 어떻게 변했을지 알 수 없다.[172] 그러나 막부는 제1차 조슈정벌전쟁의 승리에 도취한 나머지 균형감각을 잃고 전통적인 쇼군독재 체제로 복귀하려고 시도한다. 조슈의 모리 부자와 친조슈 공경들의 에도 압송을 계속 요구하고, 1863년의 분큐 개혁으로 완화되었던 참근 교대 제도도 부활시켰다. 기고만장해진 로쥬 두 명이 병력 3,000명을 이끌고 교토로 진입해 그동안 쇼군가를 무시하던 잇카이소 정권을 와해시키려고 시도하다가 조정의 반발만 산 채 철수하는 사태도 일어났다.

제2차 조슈정벌전쟁은 연속적인 무리수의 절정이었다. 막부는 제1차 조슈정벌전쟁 때처럼 대규모 군사를 동원해 조슈 국경까지 진격하면 조슈가 항복할 것으로 생각하고 정벌을 강행했다. 그러나 몇 차례에 걸친 최후통첩에도 불구하고 조슈는 항복할 의사를 전혀 보이지 않았다. 도쿠가와 요시노부와 교토 쇼시다이 마쓰다이라 가타모리 등 소수를 제외한 다른 다이묘들은 이 전쟁의 승리가 쇼군가에는 기회가 될지 몰라도 자신들에게는 오히려 위협이 될 수 있다고 판단했고, 전투 의지도 별로 가지고 있지 않았다. 거기에 전쟁을 강행해 자신의 지도력을 과시하려고 했던 젊은 쇼군 이에모치가 1866년 7월 20일 오사카성에서 급사해버리고, 막부 연합군이 주요 전투에서 조슈군에 패배하는 사태가 발생하면서 정국은 전혀 예기치 못했던 방향으로 흘러간다.

제2차 조슈정벌전쟁의 계기는 제1차 조슈정벌전쟁이 끝난 직후부터 시작

---

172 野口武彦, 앞의 책, 2006, 101쪽.

되었다. 1864년 12월 27일 제1차 조슈정벌군이 해산되고 난 다음 해 1월 5일 철군 중인 도쿠가와 요시카쓰에게 그 전해 12월 24일 막부의 로쥬 5명이 서명하여 발급한 명령서가 도착했다. 현지 상황을 잘 모르는 막부의 명령서에는 조슈 모리 부자와 산죠 사네토미 등 7명의 공경을 에도로 압송해 오라는 등 과도한 요구가 담겨 있었다. 그러나 정벌군을 이미 해산해 버렸기 때문에 이 명령을 실행하는 것은 불가능했다. 요시카쓰는 고육지책으로 조슈에 대한 관대한 해결책을 제안했지만 막부는 요시카쓰에게 조정에 보고도 하지 말고 곧바로 에도로 오라는 명령을 내렸다. 1월 16일 오사카에 도착한 요시카쓰에게 이번에는 조정으로부터 빨리 들어오라는 명령이 내려왔다. 진퇴양난에 빠진 요시카쓰는 병을 핑계로 며칠간 오사카에 주저앉아 버렸다. 이후 조슈에 대한 처벌을 놓고 막부와 조슈 그리고 조정 사이에 지루한 신경전이 이어진다.

1865년 4월 1일 조슈에 대한 처벌 문제로 더욱 강경해진 쇼군은 조슈 모리 부자의 에도압송이 이뤄지지 않을 경우 직접 조슈 정벌에 나서겠다고 선포했다. 제1차 조슈정벌전쟁에 참가했던 많은 다이묘들이 반대했음에도 불구하고 아이즈, 구아나 등 막부 강경파는 제2차 조슈정벌전쟁을 밀어붙였다. 4월 12일 오와리 전 번주 도쿠가와 모치나가[173]가 제2차 조슈정벌군 총독에, 기슈 번주 도쿠가와 모치츠구[174]가 부총독에 임명되었다. 쇼군은 윤5월 16일 에도를 출발하여 윤5월 25일 오사카성에 도착했다.

그런데 쇼군이 오사카성에 도착한 몇 달 뒤 영국, 프랑스, 네덜란드, 미국

---

173   도쿠가와 모치나가(德川茂德, 1831.6.11~1884.3.6). 다카스기번 제11대 영주, 오와리번 제15대 영주, 히토쓰바시 제10대 당주.
174   도쿠가와 모치츠구(德川茂承, 1844.3.1~1906.8.20). 기슈번 제14대(최후) 영주.

등 4개국이 연합하여 함대들 이끌고 효고 앞 바다로 진입해 통상조약의 칙허와 효고항의 선개항을 요구하면서 무력시위를 시작했다. 이 때문에 쇼군은 몇 달 동안 이 문제에 대처해야만 했다.[175] 고메이 천황은 이때도 이전과 마찬가지로 효고의 개항에 강경하게 반대했다. 급기야 쇼군 이에모치가 10월 1일 쇼군직 사퇴서를 관백에게 제출하는 사태까지 간 뒤 1865년 10월 5일(서력 1865.11.22) 효고항 개항 등 몇 가지 요구들을 유예하는 조건 아래 통상조약비준 칙허가 내려왔고 쇼군은 그제서야 조슈 정벌 계획을 다시 추진할 수 있었다.

한편 번론을 무비공순론으로 통일한 조슈는 막부에 탄원서를 제출했다. 1865년 6월 23일 모리 모토쓰미,[176] 깃카와 쓰네마사를 오사카로 소환한다는 명령이 내려왔다. 조슈 측이 병을 핑계로 이를 연기해 달라고 회답하자 병 때문에 무리가 된다면 모리 모토치카,[177] 모리 모토즈미[178]를 9월 29일까지 오사카로 소환한다는 명령이 다시 내려왔지만 조슈는 이것도 병을 핑계로 거부했다.

조슈에 대한 처분이 지지부진한 가운데 제1차 조슈정벌전쟁에 이어 다시 동원된 사병과 지휘관들의 사기는 점점 떨어져갔다. 에도 막부 내내 평화가 이어지면서 이들 대부분은 전쟁 경험도 없었고 조슈 정벌에 대한 정당한 동기도 가지고 있지 않았다. 쇼군은 전쟁에 필요한 자금을 프랑스[179]의 지원을 받

---

[175] 4개국 연합함대가 효고항에 들어온 것은 1865년 9월 16일이다. 5일 뒤 쇼군 이에모치가 조정에 들어가 제2차 조슈정벌에 관한 칙허를 받지만, 효고항 개항을 요구하는 4개국 함대로 인해 조슈정벌은 다음 해로 넘어간다.

[176] 모리 모토쓰미(毛利元蕃, 1816.8.18~1884.7.22). 수오 도쿠야마번의 제9대(마지막) 영주.

[177] 모리 모토치카(毛利元周, 1827.12.26~1868.6.26). 나가토 조슈의 제13대 영주.

[178] 모리 모토즈미(毛利元純, 1832.11.27~). 나가토 기요스에번의 제8대(마지막) 영주.

[179] 1865년 3월 10일 *London & China Express*지는 프랑스 견직물로 소비되는 중국, 일본산 생

토마스 글로버　　　　토마스 글로버 동상
　　　　　　　　　　　　(글로버 정원)

글로버 정원(나가사키시, 1863). 일본정부가 2014년 신청한 유네스코
문화유산 중 구미쓰비시 제2도크 하우스는 글로버 정원을 말한다.

아 해결하려고 했지만 제대로 진척이 되지 않아 재정 상황도 많이 악화되었다.

반면 조슈는 막부의 제2차 조슈 정벌이 시작되기 전부터 서양식 총포와 대

사(生絲) 중 1/5만이 직접 마르세유로 수송되고 나머지 4/5는 런던을 경유해 보내지므로
그 수수료와 손실을 줄이기 위해서 프랑스 정부 관계자들은 생사무역의 거점을 마르세
유로 옮기려고 한다고 보도했다. 로슈는 본국 정부의 이러한 방침을 실현하기 위해 막부
에 대한 군사적 원조를 대가로 생사의 독점적, 직접적 획득이라고 하는 대일본 경제 관
계의 특수성을 설정하고 추진했다고 한다. 이시이 다카시, 김영작 역, 『메이지유신의 무
대 뒤』, 일조각, 2008, 55쪽.

미니에 총(Springfield Model 1863 - 58_caliber minie ball)

게베르 총알(왼쪽)과 미니에 총알(오른쪽)

미니에 총알

포 등 신식 무기를 영국으로부터 구입하여 군비를 확충하였다.

　사쓰마의 중개로 스코틀랜드 출신 상인 토마스 글로버*Thomas Glover*[180]로부터 증기군함*잇츄마루* 한 척을 구매했으며, 총구로 총알을 장전하는 게베르*gew-er*식 소총 3,000정과 미니에*minie*라고 하는 원추형의 총알이 지나가는 총열 안쪽 면에 나선형의 홈이 파여 있어 성능이 훨씬 개량된 미니에식 소총 4,300정도 구입했다.[181] 미니에식 소총은 오늘날의 라이플총으로 당시 일본에서는 가장 성능이 뛰어난 최신식 총이었다. 사쓰마의 군사적 지원을 계기로 두 번은 반막부 비밀동맹까지 체결했다.

　1866년 6월 7일 막부 함대가 즈후 오시마 섬을 포격하면서 제2차 조슈정 벌전쟁이 시작되었다. 이어 막부 연합군은 10만 대군을 동원하여 조슈의 국

180　글러버는 1863년 나가사키항이 잘 내려다보이는 미나미야마테 지역에 대저택을 지어 살았다. 현재 나가사키시에서 글로버공원 및 기념관으로 조성하여 운영하고 있다.
181　1865년 7월 21일 이토 히로부미와 이노우에 카오루가 사카모토 료마의 중개로 고마쓰 다테와키와 협의하여 사쓰마의 명의를 빌려 구입했다. 박영준, 앞의 책, 408~409쪽.

경 4곳(芸州, 小瀬川, 石州, 小倉口)에서 전투를 벌이면서 조슈 진입을 시도했다. 조슈는 전투 초반에 열세를 보였지만 6월 15일 다카스기 신사쿠가 기병대를 이끌고 오시마 섬에 상륙하여 섬을 탈환한 뒤 전세를 역전시킨다.

그런데 막부연합군이 주요 전투에서 패배를 거듭하던 중 쇼군 이에모치가 7월 20일 오사카성에서 21세의 젊은 나이로 급사한다. 8월 4일 쇼군의 죽음을 비밀로 한 뒤 열린 조정회의에서 고메이 천황은 전쟁을 강행해야 한다는 의사를 밝혔다. 이에 8월 8일 도쿠가와 요시노부는 이에모치 대신 자신이 출정하여 전쟁을 승리로 이끌겠다고 호언장담했다. 요시노부는 전쟁에서 승리를 거둔 뒤 자신이 정국을 주도해 나가려는 속셈을 가지고 있었다. 하지만 8월 11일 고쿠라 등 규슈 지역에서 막부연합군이 대패했다는 소식이 전해지자 곧바로 출정을 포기한다. 8월 20일 요시노부가 천황에게 전황을 상세하게 보고하고 난 뒤, 쇼군 이에모치의 죽음을 핑계로 전쟁을 중단한다는 칙명이 내려왔다. 동시에 다이묘들을 소집하여 천하의 공론으로 국사를 결정하겠다고 공포했다. 그러나 소집령을 내린 24개 번 중 교토로 상경한 번은 9개에 지나지 않았다. 조슈정벌전쟁에서 막부연합군이 패배했다는 것은 동시에 조슈 정벌을 강경하게 요구했던 고메이 천황의 패배를 의미하는 것이기도 했다.

한편 유일한 쇼군 후계자인 도쿠가와 요시노부는 이때 도쿠가와 종가宗家만 상속하고 쇼군직은 승계하지 않는다. 조슈정벌전쟁에서 패배한 상태로 쇼군직을 승계하는 것보다는 시간이 지나 좀 더 유리한 국면이 오면 그때 승계하려는 의도였다. 현실적으로 쇼군직을 상속할 수 있는 후보자도 요시노부밖에 없었다. 이로 인해 7월 20일부터 12월 5일까지 약 3개월 동안 쇼군이 없는 사태가 이어졌다. 거기에 12월 25일 고메이 천황마저 천연두로 급사하자, 막부는 물론이고 조정도 아노미 상태에 빠진다. 고메이 천황의 갑작스러운 죽

고쿠라성(후쿠오카현 기타규슈시)

음에 독살설마저 나돌아 정국은 더욱더 혼란스러웠다. 도쿠가와 종가와 혈연관계가 엷은 도쿠가와 요시노부와 아직 성년이 되지 않은 메이지 천황이 이 복잡하고 험난한 정국을 이끌어가기는 무리였다. 이 틈을 타 제2차 조슈정벌전쟁에서 승리한 조슈와 사쓰마가 중앙 정국을 신속하게 장악해 간다.

그런데 만약 고메이 천황이 죽지 않고 계속 살아있었다면 유신혁명의 운명은 어떻게 변했을까? 막부 타도를 주장하는 조슈는 조적으로 낙인찍혀 있고, 천황은 계속 도쿠가와 요시노부와 아이즈, 구아나의 지원을 바탕으로 공무합체의 틀 안에 안주하고 있었다면 사쓰마, 조슈가 과연 왕정복고 쿠데타를 통해 천황 중심의 통일 국가를 건설할 수 있었을까? 이런 의문을 제기하다 보면 사실 유신변혁의 최대의 장애물은 바로 고메이 천황이었다. 이 때문에 일본에서는 최근까지 고메이 천황의 독살설을 둘러싸고 의학자들까지 참여하는 논쟁[182]이 벌어졌다.

제2차 조슈정벌전쟁이 막부연합군의 실패로 끝나자 교토의 정국은 완전히 바뀌게 된다. 쇼군가의 정치적 영향력은 회복하기 어려울 정도로 추락했다.

---

182 독살설을 주장하는 사람들은 그 주모자로 이와쿠라 도모미를 지목한다. 이와 관련하여 하라구치 기요시는 자신의 논문에서 독살설을 부정하고 병사설을 주장했다. 하라구치 기요시의 논문과 저서는 다음과 같다. 「孝明天皇と岩倉具視」, 『名城商學』 第39卷 別冊, 名城大學商學會, 1990. 2; 「孝明天皇の死因について」, 『明治維新史學會報』 第15号, 明治維新史學會, 1989. 10; 「医學と歷史學」, 『東海近代史研究』 第11号, 東海近代史研究會, 1989. 12; 「原口淸」, 『王政復古への道』(原口淸著作集 2), 岩田書院, 2007.

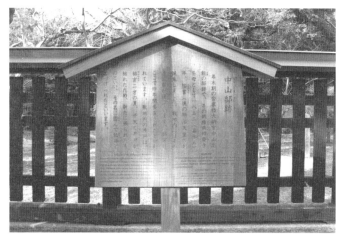

메이지 천황의 외조부 나카야마 다다야스저택 유적
이곳에서 메이지 천황이 태어났다.(교토 황궁 안)

메이지 천황이 탄생했을 때 목욕물로 사용했던 우물(교토 황궁 안)

고메이 천황이 없는 조정 역시 이전과 같은 정치적, 정신적 권위를 가지기는 힘들었다. 메이지 천황은 아직 어린데다 상중이었고, 천황의 외조부 나카야마 다다야스中山忠能는 친 조슈 공경의 핵심인물이었다. 1867년 새아침의 태양이 떠오르자 조슈와 사쓰마의 시대가 이미 시작되고 있었다.

6장

유신

왕정복고 쿠데타

> 그 후로 절대권력을 타파하려는 시도가 계속되었지만 그때마다
> 노예의 몸 위에 자유의 머리를 얹었을 뿐이다.
>
> ─알렉시 드 토크빌, 『앙시앙 레짐과 프랑스혁명(De L'Ancien Regime et la Revolution)』[1]

1. 왕정복고 쿠데타

1) 유신혁명의 주력, 사쓰마

시마즈가의 명(名) 군주들─나리아키라와 히사미쓰

왕정복고 쿠데타가 성공할 수 있었던 가장 큰 힘은 사쓰마의 군사력이었다. 조슈는 왕정복고 쿠데타 당일 오전까지 조적이라는 낙인이 풀리지 않아 교토로 들어올 수 없었다. 따라서 왕정복고 쿠데타는 사실상 사쓰마의 군사력을 믿고 감행된 것이었다. 사쓰마의 군사력은 그 뒤 일어난 내란과 반란을 진압하고 폐번치현을 통해 통일 정부를 수립할 때까지 유신 정부를 지켜준 가장 큰 힘이 되었다.

---

1   알렉시 드 토크빌, 『앙시앙 레짐과 프랑스혁명(De L'Ancien Regime et la Revolution)』, 지식을만드는지식, 2013, 359쪽.

사쓰마가 막부 말기 중앙 정치 무대에 본격적으로 등장하는 것은 1850년대 초반이다. 1851년 사쓰마의 제10대 영주 시마즈 나리오키가 물러나고 시마즈 나리아키라가 제11대 영주에 취임한다. 나리아키라는 1809년 나리오키의 장남으로 태어났지만 40세기 넘도록 기독을 상속받지 못하고 있었다. 나리아키라는 난벽 다이묘蘭癖大名라고 불렸던 증조부 시마즈 시게히데島津重豪의 영향을 받아 양학에도 조예가 깊었다. 그러나 시게히데가 난학에

시마즈 나리아키라 사진(사쓰마 제11대 다이묘 1851~1858 재임)

빠져 번의 재정을 탕진하고 사쓰마번이 양분되는 등 문제점이 많았기 때문에 나리오키는 그를 닮은 나리아키라를 못마땅하게 여기고 있었다. 우여곡절 끝에 나리아키라는 에도에서 친분을 쌓은 로쥬 아베 마사히로의 도움을 받아 부친이 은거당한 뒤 영주에 취임할 수 있었다.

시마즈 나리아키라는 영주에 취임하자마자 부국강병에 힘썼다. 오늘날의 공업 공단과 유사한 집성관을 설치해 서양의 과학 기술을 도입하고 반사로, 용광로 등을 건설하였으며 목면방적, 유리공예, 가스등의 제조 등 산업 육성에 힘썼다. 또 서양식 함선, 증기기관의 국산화를 시도하여 일본 최초의 증기선인 운코마루雲行丸를 건조하였다. 페리가 온 뒤에는 서양식 범선 이로하마루와 서양식 군함 쇼헤이마루를 건조하여 막부에 헌상했다. 신분과 상관없이 재능 있는 하급무사 출신을 측근에 등용해, 사이고 다카모리, 고마쓰 다테와키 등 막말 유신기에 사쓰마를 대표하는 인물들이 이때 발탁되었다.

그러나 시마즈 나리아키라는 1858년 7월 사쓰마에서 군사훈련을 독려하던 도중 급사하고 만다. 그가 죽기 얼마 전, 1858년 4월 다이로에 취임한 이

사쓰마대포(복제품, 가고시마 센겐엔)

이 나오스케는 차기 쇼군의 후계자로 도쿠가와 요시토미를 옹립한 뒤, 천황의 반대를 무시하고 서양 5개국과 통상조약을 체결하였다. 이에 격분한 시마즈 나리아키라는 사쓰마로 돌아와 군사 훈련에 집중하면서 때가 되면 군대를 이끌고 교토로 상경할 계획을 갖고 있었다.

나리아키라의 죽음으로 인해 막부 말기 정치 변혁의 주요 인물이면서, 그동안 별로 알려져 있지 않았던 시마즈 히사미쓰가 교토의 정치 무대에 혜성처럼 등장한다. 시마즈 히사미쓰는 나리아키라의 의붓동생이면서 유언에 따라 사쓰마의 제12대 영주가 된 시마즈 다다요시島津忠義, 1840~1897의 친부였다. 그는 이 지위를 활용하여 사쓰마의 국부國父로 자처하면서 신속하게 권력을 장악하였다.

또한 시마즈 나리아키라의 유지를 받들기로 하고, 개혁적인 하급무사들의 리더인 오쿠보 도시미치를 측근으로 발탁하였다. 당시 오쿠보 도시미치는 하급무사들로 구성된 정충조精忠組라는 조직을 이끌고 있었다. 오쿠보 도시미치와 정충조 출신 하급무사들은 시마즈 히사미쓰를 보좌하면서 뒷날 유신과 건국의 과정에서 핵심적 역할을 맡는다.

이때만 해도 사쓰마가 존왕양이의 깃발을 내걸고 막부와의 전쟁에 나설

것으로 생각한 사람은 아무도 없었다. 8·18정변
과 금문의 전투가 일어났을 때 사쓰마는 아이즈, 에
치젠과 함께 막부 편에 서서 조슈를 상대로 전투를
벌였다. 시마즈 히사미쓰는 공무합체노선을 들고
교토에 등장했기 때문에 존왕양이노선을 내세우며
조정 공작을 펴고 있던 조슈와는 정치적으로 경생
관계에 있었다.

시마즈 히사미쓰 사진
(島津久光, 1817~1888)

1862년 4월 16일, 시마즈 히사미쓰는 1,000명의
무장병력을 이끌고 교토로 상경한다. 도자마 다이
묘가 막부의 허락도 없이 대규모의 병력을 이끌고 교토 시내에 진입하는 것
은 있을 수 없는 일이었다. 그것은 사실상 막부에 대한 군사쿠데타와 다름없
는 행동이었기 때문이다. 막부의 통치력은 그만큼 약화되어 있었다. 교토의
치안 확보와 황궁의 경호를 자처하면서 교토에 진입한 히사미쓰는 고메이 천
황을 알현한 뒤 존양파의 급진적 행동을 막고 천황과 막부가 협력하여 국사
를 이끌어갈 것 등 국가 개조 계획을 건의했다.

그런데 그 다음주 교토 후시미의 데라다야 여관에서 큰 사건이 발생한다.
당시 교토에는 전국 각지에서 존왕양이파 사무라이들이 대거 상경하여 친막
부파 인물과 서양과의 통상조약 체결에 협력한 인물들을 대상으로 테러를 자
행하고 있었다. 사쓰마 출신 중에도 공식 노선인 공무합체 노선에 따르지 않
고 탈번하여 교토에서 존왕양이파로 활동하는 인물들이 많이 있었다. 이들
중 일부가 이때 데라다야에 모여 교토 쇼시다이와 친막부파 공경을 암살하려
고 모의하고 있었던 것이다. 이에 히사미쓰는 자신의 경고에 따르지 않는 사
쓰마의 존왕양이파 사무라이들을 습격하여 모조리 살해해버렸다. 이 사건으

가고시마시 성산에서 바라본 사쓰마의 상징, 사쿠라지마

로 히사미쓰는 자기 번의 사무라이들을 희생하면서까지 교토의 치안을 지켰다는 평판을 듣고 조정의 신뢰도 얻게 된다.

그 뒤 1862년 6월 10일 시마즈 히사미쓰는 천황의 칙사 오하라 시게토미와 함께 에도성에서 제14대 쇼군 도쿠가와 이에모치에게 막부 개혁에 관한 천황의 칙명을 전달했다. 사쿠라다문밖의 사건으로 다이로 이이 나오스케가 암살당한 뒤 막부의 권위가 많이 떨어지긴 했지만, 조정에서 대규모 병력을 대동한 칙사를 보내 막부 개혁을 요구했다는 사실은 이전까지는 상상조차 할 수 없는 일이었다. 이는 막부와 조정의 권력 관계에 큰 변화가 오고 있음을 상징하는 사건이었다. 시마즈 히사미쓰가 무장병력을 이끌고 교토에 상경한 뒤 벌어지는 일련의 사건들은 모두 에도 막부 250여 년 역사에서 처음 벌어지는 일들이었다.

이때 천황의 칙사가 전달한 칙명의 주요 내용은 다음과 같다.

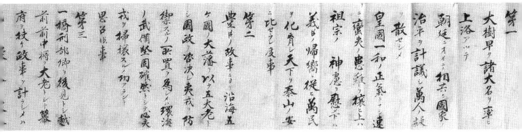

천황의 칙명 3개조(1862)

1. 쇼군 이에모치가 상락하여 양이에 관한 막부의 계획을 밝힐 것.

2. 사쓰마를 포함하여 유력 번을 국정에 참여시킬 것.

3. 도쿠가와 요시노부를 쇼군후견직에, 마쓰다이라 요시나가를 다이로격의 정사총재직에 등용할 것.

시마즈 히사미쓰가 요구한 막부 개혁의 핵심은 도쿠가와 쇼군가의 독재체제를 완화하고, 사쓰마를 비롯한 몇 개의 유력 번이 연합하여 막부의 정치에 참여하는 것이었다. 이것은 시마즈 나리아키라의 유지를 받들어, 로쥬 아베 마사히로가 유력 번의 다이묘들과 함께 막정을 운영하던 막번 협조주의 노선으로 돌아가려는 것이었고 칙명의 핵심도 도쿠가와 요시노부와 마쓰다이라 요시나가[2]의 등용에 있었다. 그러나 막부의 입장에서 두 사람은 안세이 대탄압 때 반막부적 행동을 한 혐의로 처벌받은 뒤 아직 사면도 받지 못한 상태였기 때문에 받아들이기가 어려웠다.

그 몇 달 전 로쥬 안도 노부마사가 존왕양이파의 습격을 받아 중상을 입는 사카시타문밖의 사건坂下門外の変[3]이 일어났었다. 이 사건에서 안도 노부마사[4]

---

2 松平春嶽(慶永, 1828~1871). 에치젠후쿠이 제18대 영주.

3 1862년 1월 15일 미토의 존왕양이파 낭인 등 6명이 로쥬 안도 노부마사를 습격하여 상해를 입힌 사건이다. 이이 나오스케가 암살당한 뒤 막정을 주도하게 된 안도 노부마사는 이이 나오스케의 개방노선을 계승하면서 막부의 권위를 회복하기 위해 천황의 동생 가즈노미야와 쇼군 이에모치의 혼인을 추진했다. 사카시타문밖의 사건은 이에 존왕양이

나마무기 사건 현장(요코하마시 나마무기역 근처)

는 무사답게 대응하지 않고 부상당한 채 혼자 에도성 안으로 도망쳐 버렸다는 비난을 받아 실각하고 만다. 사쿠라다문밖의 사건이 발생한 지 2년도 채 지나지 않아 사카시타문밖의 사건이 또 발생하자 막부의 고위직에 있는 관리들은 모두 몸을 사릴 수밖에 없었다. 이이 나오스케처럼 비난을 무릅쓰고서라도 난국을 적극적으로 타개해 나갈 만한 강력한 리더십을 가진 인물도 없었다. 이에 천황의 칙명을 받드는 것 이외에 다른 대안을 찾을 수 없었던 막부는 마지못해 칙명을 받아들이고 막부 개혁을 단행한다. 이것이 분큐⁴ 개혁이다.

시마즈 히사미쓰는 이렇게 군사쿠데타와 다름없는 정치적 모험을 감행해, 막부와 유력 다이묘의 협조 체제를 실현시킴으로써 단숨에 막말의 정치지도자로 떠오른다. 당시 46세였던 히사미쓰는 이때 처음 에도를 방문했을 만큼 정치적으로는 무명이었다.

그런데 에도에서의 임무가 끝난 뒤 귀향길에 오른 시마즈 히사미쓰 일행

파 지사들이 격분하여 그를 암살하려고 했던 사건이다. 습격자들은 뜻을 이루지 못하고 격투 끝에 현장에서 모두 사망하였다.
4   安藤信正(1819~1871), 지금 후쿠시마현 동부에 해당하는 이와키타이라의 제5대 영주로 사쿠라다문밖의 사건 뒤 조정과 막부의 협조 노선을 추진했다. 나가이 우타의 항해원략책이나 가즈노미야와 쇼군 이에모치의 혼인은 모두 안도 노부마사가 추진한 정책이다.

사쓰에이 전쟁 그림   사쓰에이 전쟁 당시 포대유적

이 1862년 8월 21일 요코하마 교외 나마무기生麥에서 행렬을 가로질러 지나
가던 영국인 관광객들을 무례하다는 이유로 1명을 살해하고 2명에게 상해를
입히는 사건이 일어난다.[5] 나마무기사건으로 불리는 이 불상사에 대해 영국
은 막부에는 10만 파운드의 배상금을, 사쓰마에는 범인 처벌과 배상금 2만
5,000파운드의 지급을 요구했다. 막부는 이에 굴복하여 배상금 10만 파운드
를 지급한 반면 사쓰마는 거부하였다.

　이에 영국은 1863년 6월 27일 막부로부터 받은 배상금을 잔뜩 실은[6] 함대
를 이끌고 사쓰마의 가고시마 앞바다로 진입한다. 3일 동안 진행된 양측의
협상이 결렬되자마자, 7월 2일 정오 사쓰마 측에서 선제 포격을 감행하여 전
쟁이 시작되었다.[7] 이를 사쓰에이전쟁이라고 부른다. 이 전쟁으로 사쓰마의

5　교토의 존왕양이파 무사들은 이 사건과 그 뒤의 일련의 사건들을 시마즈 히사미쓰와 사
　쓰마가 양이를 직접 실행한 사건으로 오해했다.
6　영국 함대는 막부로부터 10만 파운드라는 막대한 보상금을 너무 쉽게 획득하자 사쓰마
　도 당연히 보상금을 지급할 것으로 생각하고 방심했다. 이로 인해 사쓰에이전쟁 당시 영
　국 함대는 배상금을 담은 상자로 가득 찼고, 포탄 상자와 각종 무기마저 배상금 상자로
　뒤덮여 있었기 때문에 사쓰마의 기습공격에 즉각적으로 대응할 수 없었다고 한다.
7　영국 함대는 기함(旗艦) 유리아라스(배수톤수 2,371t, 승무원 515명)를 포함 7척의 군함을
　가진 반면 사쓰마는 3척의 함선뿐이었다. 사쓰마의 배수량은 3척을 모두 합쳐도 1,770t에
　불과해 유리아라스 1척의 배수량에도 미치지 못했다. 이에 사쓰마번은 사쿠라지마를 중
　심으로 5개의 포대에 5,100여 명을 배치하고, 이 밖에도 8,000여 명을 동원하여 방어전에

포대는 대부분 파괴되었고, 가고시마 시가지도 일부 불에 타버렸다. 영국 함대 역시 사쓰마 측의 기습적인 선제공격과 마침 불어 닥친 태풍으로 인해 많은 피해를 입은 데다, 탄약과 연료가 부족하여 더 버티지 못하고 7월 4일 퇴각했다. 3일 동안의 짧은 전투였지만 사쓰마는 영국 함대가 보유하고 있던 암스트롱포 등 서양 무기의 월등한 성능에 놀라 양이의 무모함을 깨닫고, 2만 5,000파운드의 배상금[8]과 범인 처벌을 약속한다. 대신 군사력을 증강하고 서양식 군함을 구입하기 위해 영국과 긴밀하게 협력하기 시작하였다.

유력 다이묘(웅번(雄藩))연합론과 삿초동맹

1864년 3월 사이고 다카모리가 남양군도에서의 오랜 귀양 생활을 끝내고 마침내 교토로 돌아온다. 그는 나리아키라가 살아있을 동안에는 그의 총애를 받아 교토와 에도에서 다른 번과 조정을 상대로 활동했었다. 그러나 나리아키라가 군사훈련 도중 갑자기 사망하고, 안세이대탄압이 시작되자 고난의 길을 걷게 된다. 1858년 11월 예부터 사쓰마가와 인연이 깊은 고노에가[9]에서 신변보호를 부탁한 게쇼月照 월조[10] 스님과 전부터 친분이 깊은 히라노 구니오

<hr />

나섰다.

8 사쓰마번은 이 금액을 막부로부터 빌려 영국에 지급하였다.
9 시마즈가는 원래 고노에가의 장원을 경비하던 무사 가문에서 출발하여 가마쿠라 시대에 사쓰마, 오스미, 휴가 3개국을 지배하는 슈고에 임명되었다. 그 뒤 이 지역을 기반으로 슈고 다이묘(守護大名), 전국 다이묘(戰國大名)로 성장했고 에도 막부로부터도 지배권을 인정받았다. 제8대 영주 시마즈 시게히데는 막부와의 관계를 강화하기 위해 3녀와 제11대 쇼군 이에나리의 혼인을 성사시켰다. 이때 도자마 다이묘 가문으로는 격이 맞지 않아 고노에가의 양녀를 거쳐 혼인한다. 나리아키라의 양녀로 제13대 쇼군 이에사다와 혼인한 아쓰히메 역시 고노에가의 양녀라는 형식을 거쳤다. 도자마 다이묘가에서 쇼군가와 혼인 관계를 맺은 곳은 시마즈가뿐이다.
10 게쇼(1813~1858)는 존왕양이파 승려로 사쓰마와 긴밀한 관계를 가지고 있었다. 고노에가 등 친사쓰마 공가와 친해 이이 나오스케로부터 탄압을 받게 되었다. 사이고 다카모리

미下野国臣가 막부의 탄압을 피해 사쓰마로 와 도움을 청했다. 하지만 당시 나리아키라의 부친 나리오키가 장악하고 있던 번 정부는 막부의 책임 추궁이 두려워 이를 거절하고 사이고 다카모리에게 두 사람을 추방시킬 것을 명령했다. 절망한 사이고 다카모리는 두 사람을 데리고 배를 타고 가던 중 게쇼와 함께 바다에 뛰어들었다. 하지만 게쇼만 익사하고 사이고 다카모리는 히라노 구니오미에 의해 구조되어 목숨을 건질 수 있었다. 이에 사쓰마번 정부는 사이고가 바다에 빠져 게쇼와 함께 사망한 것으로 위장한 뒤 남양군도 아마미의 오시마 섬으로 보내 숨어 지내게 했다. 시마즈 히사미쓰가 번의 실권을 장악한 뒤 1862년 2월 사쓰마로 복귀했지만, 데라다야 사건 직전에 히사미쓰의 미움을 받아 또 다시 남양군도 아마미의 오키노에라부 섬에서 귀양살이를 했다. 그런 사이고 다카모리가 히사미쓰의 부름을 받아 다시 교토로 돌아온 것이다. 8·18정변 뒤 교토의 정세가 긴박하게 돌아가자 교토의 중앙 정치 무대에서 사이고만큼 사쓰마를 대변할 수 있는 인물은 없었기 때문이었다.

1864년 7월 초 조정에서 조슈의 교토 입경 요구를 허락했다. 이어 조슈는 3,000명의 병력을 이끌고 교토로 진격해오고 있었다. 금문의 전투가 시작되기 전까지만 해도 사이고는 고마쓰 다테와키와 협의 아래 중립을 지키기로 정해 놓고 있었다. 그러나 막상 조슈군이 황궁 진입을 시도하면서 전투가 벌어지자 사쓰마군은 적극적으로 전투에 참가하여 조슈군을 물리쳤다. 그 뒤 조슈는 사쓰마를 간적奸賊(간교한 적)이라고 부르면서 적대시했다. 제1차 조슈 정벌전쟁을 앞두고 사쓰마도 강경한 태도를 취하면서 두 번의 관계는 최악의 상황에 빠지게 되었다.

가 시마즈 나리아키라를 따라 순사하려는 것을 저지한 사람도 게쇼다.

사카모토 료마

료마의 구두(나가사키시)

유신백주년 기념으로 설립된
사카모토 료마 탄생지비(고치시)

이때 조슈에 대한 사이고 다카모리의 강경한 방침을 바꾼 사람이 바로 가 쓰 가이슈였다. 막부의 신하였던 가쓰 가이슈는 사이고에게 구미열강의 침략 에 맞서 독립을 지킬 수 있는 최선의 방법은, 유력 다이묘들의 연합을 통해 신 정부를 수립하는 길밖에 없다고 역설하면서 조슈에 대해 온건한 정책을 취하 도록 조언했다. 오쿠보 도시미치도 사이고의 유력 다이묘 연합론을 적극 지 원했다. 사쓰마가 유력 다이묘 연합을 실현하기 위해 동맹을 맺을 만한 세력 도 조슈 외에는 없었다. 이에 조슈정벌군의 총참모로 지휘권을 위임받은 사 이고는 조슈를 무력으로 정벌하는 대신 8·18정변과 금문의 전투를 주도했 던 가로 세 명의 자결과 그밖에 주도적 역할을 맡았던 인물들에 대한 처형을 조건으로 1864년 12월 27일 철군 명령을 내린다.

그 뒤 도사의 탈번 무사 사카모토 료마坂本龍馬, 1835.11.15~1867.11.15와 나카 오카 신타로中岡慎太郎, 1838.4.13~1867.11.17가 나서서 사쓰마와 조슈의 동맹을 주선하였다. 사카모토 료마는 1865년 5월 시모노세키를 방문하여 조슈의 기 도 다카요시와 회담하고, 사쓰마가 공무합체노선을 이탈하고 있는 정보를 전

사카모토 료마와 나카오카 신타로 동상
(교토시 마루야마 공원)

사카모토 료마, 나카오카 신타로가 함께
암살당한 오미야 여관 유적(교토시)

달했다. 당시 조슈는 쇼군가의 제2차 조슈 정벌에 대비해 무기와 군함을 영국으로부터 구입하려고 노력하고 있었다. 료마와 나카오카는 나가사키의 무기상인 토마스 글로버를 소개했고, 사쓰마도 이에 협력하여 미니에소총 4,300정과 게베르소총 3,000정을 대신 구입하여 조슈에 보냈다. 조슈는 대신 교토에서 황궁을 경호하는 사쓰마 병사에게 필요한 군량미를 제공했다. 만약 영국이 사쓰마와 적대적인 관계였다면 글로버도 이런 비즈니스를 추진하지 않았겠지만 사쓰에이전쟁 이후 영국과 사쓰마는 밀월 관계를 유지하고 있었다. 여기에는 막부와 프랑스의 관계가 깊어지고 있는 데 대한 영국 측의 견제 심리도 작용했다.

한편 일본의 내전만은 막아야 한다는 사카모토 료마의 설득으로 마침내 사쓰마와 조슈의 비밀동맹이 성립되었다. 이 사실을 알 리 없는 막부는 1866년 4월 사쓰마에게 제2차 조슈정벌전쟁에서 선봉을 맡아 달라고 요청했지만, 사쓰마는 황궁 경호를 이유로 이 요청을 거절했다. 교토 슈고를 맡고 있으면서 동북 지역 최강의 군사력을 보유하고 있던 아이즈는 막부에 대한 충성심이 매우 높은 번이었지만 제2차 조슈정벌전쟁에 참전할 수 없었다. 제1차 조슈정벌전쟁 때부터 이 전쟁은 조슈와 아이즈 사이의 원한 때문에 벌어진 사적 전쟁이며, 정의롭지 못한 전쟁이라고 비난하는 여론이 많았기 때문이다.

사쓰마, 아이즈와 같은 핵심적 군사력이 빠진 제2차 조슈정벌에서 막부 연합군은 병력 수는 많았지만 실질적 군사력은 그렇지 못했다. 개전 초기의 전세는 막부 연합군에 유리했지만 시간이 갈수록 불리해졌다. 1866년 7월 20일 설상가상으로 쇼군 이에모치가 만 21세의 젊은 나이로 오사카성에서 급사한다. 250여 년 만에 쇼군이 직접 출전한 전쟁에서 막부 연합군은 몇 배나 많은 병력을 동원했음에도 불구하고 사실상 패배하고 만다. 이 사실은 역으로 사쓰마와 조슈의 군사력이 얼마나 강력했는지를 반증해준다.

2) 쇼군의 승부수 – 대정봉환[11]

막말 권력 재편의 세 가지 가능성

1867년 10월 13일, 제15대 쇼군 도쿠가와 요시노부가 막부 정권을 반환하겠다는 상주를 조정에 올렸다. 그 유명한 대정봉환이다. 대정봉환은 도쿠가와 쇼군가와 서남 지역 유력 번, 천황가 등의 신흥 정치 세력이 오랜 기간 동안 벌여왔던 권력 투쟁이 종착역에 거의 다다랐다는 것을 예고하는 사건이었다. 대정봉환으로 인해 다이로 이이 나오스케나 쇼군 도쿠가와 요시노부가

11 　일본국립국회도서관, 「征夷大將軍德川內大臣上表シテ政權ヲ奉還セント請フ」, 太政類典・第一編・慶応三年~明治四年・第二百六卷; 일본국립국회도서관, 「復古始末 政權返上」, 公文類聚 第一編 卷之內事 17, 復古始末, 慶應 3年 10月 14日.

한때 꿈꿨던 쇼군절대주의 체제의 가능
성은 사라졌다. 그럼 막부 말기 내우외
환을 거치면서 이 시점에 일본이 선택할
수 있었던 권력 재편의 가능성에는 어떤
것이 있었을까? 대정봉환 직전, 일본이
선택할 수 있는 권력 구조로는 다음과
같은 세 가지[12]가 있었다.

대정봉환 그림

> 1. 천황제 통일 정부를 수립하는 것.
> 2. 모든 번(혹은 유력 번 중심)이 연합하여 공동 정권을 구성하는 것.
> 3. 막부독재 체제를 그대로 유지하는 것.

　막부 말기 일본의 국내 정치적 혼란은 개국과 통상조약의 체결로 국제적
환경이 근본적으로 바뀌었음에도 불구하고 기존의 막부독재 체제를 유지하
려는 막부 정권과 여기에 반대하는 서남 지역의 유력 번과 천황가 등 신흥 정
치 세력이 위의 세 가지 길을 놓고 벌인 권력 투쟁이었다고도 말할 수 있다.
이런 상황에서 대정봉환은 결국 도쿠가와 막부가 세 번째의 길, 막부독재 체
제를 포기했음을 의미한다. 동시에 막번 체제의 틀을 그대로 유지하면서 부
분적으로 막부를 개혁하려던 다양한 정치적 실험들도 모두 실패로 끝났다.
즉 1862년의 분큐개혁과 그 다음해 말부터 1864년 초까지 개최되었던 참예
회의, 그리고 1867년의 4제후회의처럼 서남 지역의 유력 다이묘와 신판이 막
정에 참여하려고 했던 시도나, 공무합체노선의 틀 안에서 충성스러운 잇카이

12　佐々木克, 『戊辰戦争 : 敗者の明治維新』, 中央公論新社, 1977, 11쪽.

소 연합 정권(사실상의 교토 정부)을 발판으로 고메이 천황이 쇼군가를 이끌어 가려고 했던 시도는 모두 무산되고 말았다.

이런 측면에서 대정봉환은 지금까지 막부나 고메이 천황이 시도했던 여러 가지 대안적 권력 구조에 대한 정치 실험이 모두 실패하면서 요시노부가 선택할 수밖에 없었던 소극적 차원의 승부수였다. 요시노부로서는 막번체제를 유지할 수 있는 길이 없다면, 최소한 급진적 존왕양이파들이 추진하고 있던 천황제 통일 정부만은 피하고 싶었을 것이다. 천황제 통일 정부는 최악의 선택이고, 모든 다이묘가 참여하는 연합 정권을 구성하여 자신이 의장에 취임할 수 있다면, 막부와 쇼군은 사라져도 쇼군가와 요시노부 개인의 권력은 연장될 수 있었다.

이 때문에 대정봉환에 대해서는 요시노부의 결단을 높이 평가하는 입장이 있는 반면 자신의 사적인 권력을 유지하기 위한 임기응변에 불과했다고 비판하는 입장도 있다.

어찌됐건 대정봉환은 천황에 대한 존경심이나 통일 정부를 구성하여 내우외환의 위기를 극복해 보겠다는 순수한 애국심에서 나온 것은 아니다. 대정봉환을 발표한 그날 저녁 토막파討幕派는 조정으로부터 막부 타도를 허락한다는 비밀 칙허[13]를 받았다. 이 사실을 감안하면 당시 상황이 얼마나 긴박하게 돌아가고 있었는지 짐작할 수 있다. 대정봉환은 조슈 등 강경한 토막파 세력의 군사적인 움직임 앞에 몰릴 대로 몰린 요시노부가 자신의 권력을 연장하기 위해 던진 정치적 승부수였다. 반나절만 늦었더라면 요시노부는, 조슈가 옛날에 그랬듯이 하루아침에 조적으로 전락할 수도 있었다. 대정봉환으로 요시노부는

---

13 토막의 밀칙으로 알려져 있는 이 문서에는 관련자의 서명이 없기 때문에 위조되었다는 의혹이 강하게 제기되었다. 이 문서에는 요시노부를 죽이라고(誅戮賊臣) 적혀 있다.

토막 밀칙(1867.10.14)

토막파 세력의 군사적 압박에서 벗어나 한숨 돌릴 수 있게 되었다. 반면 토막파 세력은 군사력을 동원할 수 있는 명분과 목표를 한 순간에 잃어버린다. 이러한 상황은 토막파 세력이 새로운 전략을 수립할 때까지 지속된다.

4제후회의 – 효고 개항과 조슈의 명예회복

그럼 14대 쇼군 도쿠가와 이에모치와 고메이 천황의 갑작스러운 죽음 등으로 불안하게 시작된 1867년의 정치적 상황을 한번 알아보자. 1867년 정국의 최대 현안은 효고(고베)의 개항 문제와 다시 중앙 무대에 등장한 조슈의 명예회복 문제였다. 이 두 문제는 1867년 5월 4일 소집된 4제후회의[14]에서 주요 의제로 제기되었다.

4제후회의는, 1863년 말에서 1864년 초까지 개최되었던 참예회의参預会議와 마찬가지로 막부가 유력 다이묘들과 함께 주요 국가 현안을 협의하기 위해 소집된 것이었다. 의제와 구성원도 참예회의 때와 거의 같았다. 효고 개항

---

14   4제후는 당시 현공(賢公)으로 불리던 4명의 다이묘로 시마즈 히사미쓰 외에 후쿠이의 전 영주 마쓰다이라 슌가쿠(松平春嶽, 마쓰다이라 요시나가), 도사의 전 영주 야마우치 요도(山内容堂), 우와지마의 전 영주 다테 무네나리(伊達宗城) 등을 말한다. 이들은 모두 영주가 아니면서 번의 실권을 장악하고 있었다.

효고현 인근 구글 지도(고베, 오사카, 교토 세 도시는 인접해 있다.)

과 조슈의 명예회복 문제는, 1864년 금문의 전투 이후 주요 현안으로 계속 남아 있었는데 1867년 도쿠가와 요시노부가 쇼군직을 승계하자 다시 떠오른 것이다. 아이러니한 사실은 시마즈 히사미쓰와 도쿠가와 요시노부는 두 회의에서 자신의 입장을 정반대로 바꾸면서 계속 대립했다는 점[15]이다.

우선 효고 개항 문제에 대해 알아보자. 효고는 1858년 체결된 일미수호통상조약 등 안세이5조약에 의해 1863년 개항이 예정되어 있었다. 하지만 고메이 천황의 반대로 실현되지 못하고 있다가, 런던조약에 의해 다시 5년이 연기되어 1867년 12월 7일(1868.1.1) 개항하기로 정해져 있었다. 또한 런던조약에 따르면 막부는 개항 6개월 전인 1867년 6월 7일(1867.7.1)까지 개항 일정을 확정해 조약 상대 국가에 통보해 줘야 하는 의무를 지고 있었다. 4제후회의가 개최되었을 때에는 개항 일정을 통보해 주기로 정해져 있는 기한이 불과 한 달 정도밖에 남아 있지 않았다. 효고 개항 문제는 서구열강들에게는 경제적 이권이 걸려 있는 매우 중요한 문제였다. 반면 고메이 천황은 효고항이 황궁과

---

15 조슈의 명예회복 문제를 예로 든다면 사쓰마는 참예회의에서 조슈의 강경한 처벌을 주장했지만, 4제후회의에서는 조슈 편에 서서 조슈의 명예회복을 최우선적으로 해결해야 한다고 주장했다.

매우 가까웠기 때문에 극도로 예민하게 반대했다.

조슈의 명예회복 문제는 금문의 전투에서 조정의
적으로 낙인찍힌 뒤 풀리지 않고 있던 조슈의 숙원이
었다. 1866년 1월 21일 사쓰마와 비밀동맹[16]을 체결
할 때 사쓰마는 이 문제의 해결에 적극적으로 나서겠
다고 약속했다. 하지만 그동안 제2차 조슈정벌전쟁,
천황과 쇼군의 급작스러운 죽음 등 더 긴급한 상황들
이 많이 있었기 때문에 공개적으로 거론되고 있지 않
다가 도쿠가와 요시노부가 쇼군에 취임하자 수면 위
로 떠오른 것이었다.

프랑스 공사 레온 로슈(Leon Roches,
1809~1900, 1863년에서 1868년 5월
까지 제2대 프랑스 주일공사로 근무했다.)

도쿠가와 요시노부는 쇼군에 취임한 직후 프랑스 공사 로슈를 만나 조언을
구한 뒤 3월 하순에서 4월 초순까지 영국, 네덜란드, 프랑스, 미국 대표의 알현
을 받는 등 적극적인 외교 활동을 펼치고 있었다. 요시노부는 영국 등 서구열강
들로부터 막부의 지원을 얻어내 국내의 정치적 혼란을 극복하려고 했다. 효고
개항을 끝까지 허락하지 않았던 고메이 천황과 달리 효고 개항문제를 공개적으

---

16   삿초동맹을 체결한 그 날의 회담 내용은 기록되어 있는 것이 없다. 정식 문서가 남아 있
는 것도 아니다. 삿초동맹의 내용은 기도가 그 내용을 6개조로 정리하여 확인받기 위해
사카모토 료마에게 보낸 편지(게이오 2년 1월 23일자)에 남아 있을 뿐이다. 松浦玲, 『坂本
龍馬』, 岩波新書, 2008, 100~101쪽. 사카모토는 2월 5일자 편지에 기도의 편지 겉면에, 내
용에 이상한 점이 없다는 것을 붉은 색으로 표시하여 답신했다. 삿초동맹 6개조는 주로
제2차 조슈정벌시 사쓰마가 조슈에 대해 물심양면의 원조를 약속한 것으로 구체적 내용
은 다음과 같다. 제1조 조슈에서 전쟁이 일어날 경우 교토, 오사카에 출병하여 막부에 압
력을 가할 것. 제2~4조 전쟁의 결과와 상관없이 조슈의 정치적 복권을 위해 조정 공작을
할 것 제5조 사쓰마가 제1조에 의해 출병하여 압력을 가해도 히토쓰바시, 아이즈, 구아
나 정권(一會桑政權)이 조정을 좌지우지하면서 사쓰마의 요구를 거부한다면, 그들과의
군사적 대결도 각오할 것을 조슈에 표명할 것 등이다.

해리 파크스(Harry Parkes, 1828~1885. 제2대 주일 영국대사로 1865년에서 1883년까지 근무했으며 그 뒤 주청 영국대사, 초대 주조선 영국대사를 역임했다.)

로 들고 나온 것은 이 때문이었다.[17]

한편 도쿠가와 요시노부는 몇 달 전인 2월 19일 히고 등 모두 10개 번에 3월 20일까지 효고 개항 문제에 관한 의견을 제출하고, 다이묘들은 상락하라는 명령을 내렸다. 그런데 이 명령을 내린 뒤 며칠 지나지 않아 영국 공사 파크스가 효고 개항 기일이 촉박하기 때문에 오사카에서 요시노부와 담판하고 싶다고 통고해 왔다. 이에 요시노부는 이미 의견서를 제출하라고 명령한 10개 번으로부터의 답신도 기다리지 않고 3월 5일과 그 뒤 여러 차례에 걸쳐 효고개항에 관한 칙허를 조정에 상주한다. 요시노부의 이러한 행동은 효고 개항 칙허를 얻어냄으로써, 대외적으로 막부가 일본을 대표하는 정부라는 것을 천명함과 동시에 국내적으로는 반막부 세력을 견제하기 위한 것이었다. 천황의 칙허를 얻어내지는 못했지만 요시노부의 의도를 간파한 유력 번들은 크게 반발했다. 특히 교토에 있던 사쓰마 지도부는, 이것을 용납할 경우 이전의 막부독재 체제로 다시 돌아갈 수도 있다고 우려하면서 강경하게 맞섰다. 이리하여 5월 말까지 효고 개항 문제를 둘러싸고 요시노부와 사쓰마가 충돌하게 된다.[18]

한편 사이고 다카모리, 오쿠보 도시미치, 고마쓰 다테와키[19] 등 사쓰마 측

---

17 프랑스 공사 레온 로슈는, 효고의 개항과 오사카의 개방을 조약에 따라 1월 1일까지는 반드시 실현해야 한다고 조언했다. 만일 이것이 이루어지지 않을 경우, 영국을 비롯한 열강들은 자신들의 요구를 보다 책임 있게 들어줄 정부의 수립을 지원할 것이라고 경고했다. 마리우스 B. 잰슨, 손일·이동민 역, 『사카모토 료마와 메이지유신』, 푸른길, 2014, 440쪽.
18 家近良樹, 『孝明天皇と'一會桑' : 幕末·維新の新視点』, 文藝春秋, 2002, 159~165쪽.
19 고마쓰 기요카도(小松淸廉)라고도 부른다.

은 도쿠가와 요시노부의 독주를 견제하고 조슈의 명예회복문제를 해결하기 위해, 막부, 조정, 유력 번이 함께 국사를 협의하는 회의체를 만들기로 한다. 1867년 2월 1일 사이고 다카모리는 가고시마로 가 시마즈 히사미쓰에게 이 계획을 설명한 뒤 동의를 얻었고, 그 뒤 곧바로 우와지마의 다테 무네나리[20]와 도사의 야마우치 요도의 동의도 얻어냈다. 교토에서는 고마쓰 다테와키가 에치젠의 미쓰다이라 슌가쿠를 설득하는 데 성공했다. 1867년 3월 25일 히사미쓰가 7,000명의 병사를 이끌고 교토로 입경했다. 4월 15일에는 다테 무네나리가, 5월 1일에는 야마우치 요도가 교토로 들어왔다. 이로써 4제후가 모두 교토에 집결하였다.

4제후회의는 1867년 5월 4일 첫 회의를 시작으로 수차례에 걸쳐 개최되었다. 하지만 조슈의 명예회복 문제[21]를 먼저 논의하자는 시마즈 히사미쓰와 효고 개항 문제를 먼저 논의하자는 도쿠가와 요시노부의 견해가 계속 대립하면서 회의는 난항을 거듭했다. 두 사람은 정국의 주도권을 상대방에게 빼앗기지 않기 위해 서로 한 치도 양보하지 않았다. 도사의 야마우치 요도는 병을 핑계로 회의에 불참하면서 사쓰마와 거리를 유지하다가 쇼군가를 옹호하는 입장을 취했다.[22] 이 때문에 4제후회의는 몇 차례의 회의에도 불구하고 결국

---

20 伊達宗城(伊了, 1818~1892). 우와지마 8대 영주.
21 시마즈 히사미쓰는 조슈영주 모리 다카치카가 세자에게 가독을 넘길 것, 10만 석의 봉록 삭감을 철회하고 영주 부자의 관위를 복구할 것 등을 요구했다.
22 야마우치 요도(1827~2872, 재임 1848~1859)의 태도와 도사의 정치적 입장을 이해하기 위해서는 야마우치 가문이 도사에 입봉(入封 : 막부로부터 영지를 받아 영주로 처음 취임하는 것)하게 된 과정을 알 필요가 있다. 전국(戰國) 시대 도사 지역을 지배하고 있던 가문은 조소카베 모토치카(長宗我部元親)였다. 세키가하라 전투 때 조소카베 모토치카의 아들 모리치카는 반(反)도쿠가와 진영인 서군에 4,000명의 병사를 이끌고 참전했다가 대패하여 몰락하고 만다. 이후 도쿠가와 진영의 무장인 야마우치(山內)가가 도사 지역에 입봉해 새로운 지배자가 된다. 이에 따라 조소카베 가문의 가신으로 있던 사무라이

아무런 소득도 없이 결렬[23]되고 말았다.

그런데 4제후회의가 사실상 결렬된 뒤, 5월 23일 소집된 조정의 철야회의[24]에서 요시노부는 회의를 다시 연기하려는 주장에 강경하게 맞서, 효고 개항과 조슈의 명예회복 문제를 동시에 천황에게 상주하고 칙허를 얻어내기로 하는 결정을 이끌어냈다. 노련한 요시노부의 정치적 승리이자, 4제후의 완벽한 패배였다. 조정회의의 결과를 전해들은 사이고 다카모리, 오쿠보 도시미치 등 사쓰마의 지도부는 제후회의와 같은 방식을 통해서는 도쿠가와 요

들은 모두 하급무사로 전락하고 야마우치 가문의 가신들이 상급무사 자리를 차지하게 된다. 야마우치가는 조슈나 사쓰마처럼 세키가하라 전투에서 패배한 가문이 아니었다. 오히려 5만 석 영지를 보유한 작은 가문에서 도쿠가와 이에야스의 특별한 배려로 24만 석의 큰 영지를 얻어 벼락출세한 가문이었다. 때문에 도사번은 상급무사의 하급무사에 대한 차별이 심해 대립과 갈등이 많았다. 도사 하급무사들의 존왕양이 운동 조직인 도사 근왕당을 모조리 살해해 버린 것도, 야마우치가 근왕주의를 부르짖으면서도 4제후회의를 배신하고 도쿠가와 요시노부 편에 서는 것도 모두 이러한 가문의 배경에서 유래하는 측면이 크다. 사카모토 료마와 도사에 관한 자세한 내용은 마리우스 잰슨의 책에 잘 정리되어 있다. 마리우스 B. 잰슨, 앞의 책, 2014.

23 5월 14일 도쿠가와 요시노부와 4제후가 국사를 논의하기 위해 한자리에 모였다. 시마즈 히사미쓰는 조슈의 명예회복 문제를 먼저 논의하자고 주장했고, 다테 무네나리가 이에 동조했다. 그러나 도쿠가와 요시노부는 시간이 촉박하므로 효고 개항 문제를 먼저 처리하자고 고집해 결국 결렬되고 말았다. 요시노부는 특히 조슈의 명예를 회복해 주자는 주장은 막부의 잘못을 인정하는 것이 되기 때문에 받아들일 수 없다고 맞섰다. 참고로 3년 전의 참예회의 때에는 사쓰마가 조슈 처벌을 주장하였고, 요시노부는 요코하마의 쇄항을 주장하는 등 서로 정반대의 입장에 있었다.

24 이 조정회의에 시마즈 히사미쓰와 야마우치 요도는 불참했다. 참석자는 다음과 같다. 조정에서는 섭정 니죠 나리유키(二條齊敬), 나카가와노미야아사히코 친왕(中川宮朝彦親王), 야마시나노미야아키라 친왕(山階宮晃親王), 전 간파쿠(관백) 다카쓰카사 스케히로(鷹司輔熙), 나이다이진(내대신) 고노에 다다후사(近衛忠房), 곤다이나곤(권대납언) 이치죠 사네요시(一條實良), 구죠 미치타카(九條道孝), 다카쓰카사 스케마사(鷹司輔政), 기소(의주) 오오기마치산죠사네나루(正親町三條實愛), 나가타니 노부아쓰(長谷信篤) 등이 참석했으며 막부에서는 쇼군 도쿠가와 요시노부, 교토소시다이 마쓰다이라 사다아키(松平定敬, 구아나 번주), 로쥬 이타쿠라 가쓰키요(板倉勝靜), 이나다 마사쿠니(稻葉正邦), 와카토시요리 오코치 마사타다(大河內正質, 오다키 번주), 마쓰다이라 슌가쿠, 다테 무네나리 등이 참석했다.

시노부의 독주를 견제하는 것이 불가능하다는 것을 깨달았다. 이에 따라 군사력으로 막부를 타도할 수밖에 없다는 토막론이 다시 부상했다. 1867년 에도 시대의 마지막 봄이 끝나갈 무렵이었다.

사쓰마의 두 개의 정치노선 – 평화적 정권교체(삿도동맹(薩土同盟))와 무력을 통한 정권타도(도막노선(討幕路線))

4제후회의가 무산되고, 사쓰마 지도부 사이에 토막론이 논의되고 있을 때 도사 출신의 탈번 무사 사카모토 료마가 움직이기 시작한다. 료마는 1866년 1월 21일 사쓰마와 조슈 사이에 비밀동맹 체결을 주선한 뒤 존왕양이파 지사들 사이에 두터운 신망을 얻고 있었다. 하지만 료마는 군사력에 의한 정권교체 대신 평화적 방법에 의한 정권교체를 바람직하다고 생각하고 있었다. 이타가키 다이스케나 나카오카 신타로 같은 도사의 열혈 존양파들은 사쓰마와 조슈의 무력토막 계획에 동조하여 전투 준비에 나섰지만 료마는 이들과는 다른 길을 찾았다.

료마는 쇼군이 자발적으로 권력을 천황에게 반환한다면 그동안 누렸던 특권과 혜택을 어느 정도 보장해주는 안을 생각해 냈고, 이 안을 가지고 도사의 실질적 지도자였던 고토 쇼지로*1838~1897*를 설득했다. 이것이 바로 대정봉환을 전제로 구상된 료마의 선중팔책과 신정부8개강령[25]이다. 이 구상들은 료마가 가쓰 가이슈의 문하에 있을 때 형성된 것이었다. 대정봉환에 관한 아이디어는 이전부터 여러 곳에서 논의되고 있었다.[26] 다만 현실적인 정치적

---

25 이 책 제8장 제3절의 제2항 이와쿠라사절단과 유신 정부의 건국구상 참조.
26 쇼군에서 천황으로 평화적인 정권 이양을 의미하는 대정봉환의 아이디어는 마쓰다이라 슌가쿠의 가신이었던 하시모토 사나이, 진보적 성향의 막부 관리였던 오쿠보 이치오, 가쓰 가이슈와 같은 인물들 사이에서 이미 그 전부터 거론되고 있었다. 대정봉환을 선구적

도사 제15대 다이묘 야마우치 요도 　　　　고치성(고치시)

고토 쇼지로 　　　　　　　　　고토 쇼지로 탄생지(고치시)

으로 주장했던 인물들 중에는 후쿠이(에치젠)의 영주였던 마쓰다이라 슌가쿠와 가까운 사람이 많았다. 요코이 쇼난도 마쓰다이라 슌가쿠의 초빙을 받아 후쿠이의 고문으로 가 있었다. 1863년 3월 7일 사카모토 료마의 일기에 따르면, 가쓰 가이슈가 에도성 오히로마에서 쇼군 스스로 관직과 직함을 포기해야 한다고 역설해 보수파들을 경악하게 만들었다고 한다. 사카모토 료마가 유신 직전에 평화적인 권력 이양 즉 대정봉환을 주장했던 것은 가쓰 가이슈와 마쓰다이라 슌가쿠 주변 인물들과의 친분에서 많은 영향을 받았기 때문이다. 마리우스 B. 잰슨, 앞의 책, 2014, 259~260쪽.

제안으로는 이때 처음 제시되었다. 4제후회의가 끝난 뒤 고치로 돌아온 야마우치 요도山内容堂, 1827~1872도 사쓰마와 조슈의 토막전쟁에 참여할 의사는 없었다. 그는 자신의 선조들이 도쿠가와가로부터 받은 은혜 때문에 쇼군가와의 봉건적 의무를 저버릴 수는 없었다. 더욱이 이 안은 야마우치 요도뿐만 아니라 새로운 정치질서에서 도태될 것을 우려하는 쇼군과 많은 다이묘들로부터도 공감을 얻을 수 있는 것이었다.[27]

1867년 6월 사카모토 료마로부터 대정봉환을 포함하여 선중팔책 내용을 들은 고토 쇼지로[28]는 야마우치 요도에게 이 안을 설명하기 전에 먼저 교토에서 도사 번사들을 만나, 이제는 도사가 중앙정치 무대에 새롭게 뛰어들어야 한다고 설득했다. 무력토막론에 빠져 있던 나카오카 신타로도 설득해 동의를 얻어냈다. 도사의 주요 지도자들을 설득하는 데 성공한 료마와 고토 쇼지로는 이어 사쓰마 지도자들을 설득하는 데에도 성공한다. 이리하여 1867년 6월 22일 사쓰마와 도사 사이에 삿도맹약이 체결된다. 삿도맹약[29]은 료마의 선중팔책에 기초하여 고토 쇼지로가 작성하였다. 전문에 쇼군은 제후의 신분으로 돌아가 천황을 보필하는 의무를 다해야 한다고 밝힌 뒤 본문과 일곱 가지 원칙을 정해놓고 있다. 일곱 가지 원칙에는 막부의 폐지와 대정봉환,

---

27   위의 책, 450쪽.

28   고토 쇼지로(1838.3.19~1897.8.4)는 막부 말기 도사의 번사로 메이지 시대 오사카 지사, 참여, 좌원의장, 참의, 공부대보 등의 요직을 역임하였다. 1873년 정한론 정변에서 패배한 뒤 이타가키 다이스케 등과 함께 정부에서 물러나 「민선의원설립건백서」를 제출했다. 1874년에 실업계에 투신해 회사를 설립하였고 정부로부터 탄광을 불하받아 경영하였으나 실패하였다. 1881년 이타가키 다이스케가 자유당을 결성할 때 참여했다. 1887년 백작 작위를 수여받았고 구로다 내각과 제1차 마쓰카타 내각에서 체신대신, 제1차 이토 내각에서 농상무대신을 역임하였다.

29   삿도맹약의 전문은 마리우스 B. 잰슨의 책에 실려 있다. 마리우스 B. 잰슨, 앞의 책, 2014, 454~457쪽.

의회의 설치, 양원제, 조정의 개혁 등이 포함되어 있다.

그런데 삿도맹약에는 료마와 고토 쇼지로가 정해놓은 중요한 조건이 명문화되어 있지 않다. 고토 쇼지로가 야마우치 요도를 설득하여 대정봉환을 상주하기 전에는 사쓰마 측에서 군사력을 동원하지 않는다는 조건이었다. 고토 쇼지로는 만약 요시노부가 대정봉환을 거부할 경우를 대비해 2개 부대를 이끌고 오겠다는 약속도 했다. 이로써 사카모토 료마와 고토 쇼지로는 사쓰마의 무력토막노선을 유예하는 데 성공했다.

야마우치 요도는 고토 쇼지로로부터 이 계획을 들은 뒤 도쿠가와가를 존속시킬 수 있는 묘책의 하나임을 깨닫고 이를 받아들였다. 다만 요시노부가 대정봉환을 거부할 경우를 대비해 고토 쇼지로가 병사를 이끌고 교토로 출병하는 안에 대해서는 주저했다. 혼란스러운 정국에 도사의 최정예 병력이 자신의 통제에서 벗어나는 것을 원하지 않았던 것이다. 결국 고토 쇼지로는 사쓰마 측에 약속한 병력 동원 계획을 승인받지 못한 채 교토로 돌아올 수밖에 없었다. 그 사이 사쓰마는 도사가 토막 계획에 참여할 가능성이 없다고 판단하고 삿도동맹에서 벗어나려는 태도를 취하고 있었다.

한편 사쓰마의 애매한 태도에 대해 조슈는 의혹의 눈길로 주시하고 있었다. 사쓰마 측에서 삿도동맹의 세부적인 내용과 배경을 설명했음에도 불구하고, 구체적인 군사 작전 계획을 준비하고 있던 조슈의 지도자들은 료마의 대정봉환 계획을 놓고 이중적인 태도를 보이고 있는 사쓰마를 의심하지 않을 수 없었다.

고토 쇼지로가 약속을 지키지 못하자 사쓰마 지도부는 다시 무력토막 노선을 추진한다. 고토 쇼지로는 사쓰마 지도자들의 계획을 되돌리기 위해 있는 힘을 다해 노력했지만 계획을 바꾸는 것도, 기일을 연기하는 것도 모두 실패하고 만다. 언제 전쟁이 시작될지 모르는 긴박한 상황에서, 사이고 다카모리와 오쿠보 도시미치에 비해 온건한 노선을 취해온 사쓰마의 가로 고마쓰 다테와키가 고토 쇼지로에게 도사에서 독자적으로라도 막부에 대정봉환 건의서를 제출하라고 조언했다. 이에 따라 초를 다투는 두 개의 계획이 동시에 매우 빠른 속도로 움직이기 시작했다.

10월 3일 고토 쇼지로는 야마우치 도요노리山内豊範[30]의 명의로 작성된 대정봉환 건의서를 쇼군에게 제출했다. 3일 뒤 조슈에 파병하기로 약속했던 사쓰마의 추가병력이 미타지리三田尻에 도착하자 사쓰마와 조슈의 무력토막계획도 속도를 내기 시작했다. 히로시마는 막부에 요시노부의 퇴진을 건의했다가 다시 삿초군사동맹에 가담하는 등 오락가락하면서 시세를 따라갔다.

결국 무력토막노선으로

우여곡절 끝에 최종적으로 사쓰마는 평화적 방법을 통한 정권이양이 아니라 무력을 통한 막부 타도 노선으로 방향을 바꾼다. 그리고 이와쿠라 도모미와 함께 메이지 천황의 외조부인 나카야마 다다야스中山忠能[31] 등 토막파 공경 3인[32]과 협의하여 토막의 밀칙을 얻기 위한 조정 공작에 나섰다

---

30 야무우치 요도의 아들로 도사의 제16대 다이묘(재위 1859~1871)다.
31 나카야마 다다야스(中山忠能, 1809.11.11~1888.6.12). 메이지 천황의 외조부로 원래는 공무합체파 공경으로 활동했다. 고메이 천황으로부터 가즈노미야와 제14대 쇼군 도쿠가와 이에모치의 혼인식을 맡아 처리했다. 이 일로 과격한 존왕양이파로부터 공격을 받아 관직을 내놓고 조정을 떠났다. 조슈가 1864년 금문의 전투를 일으켰을 때 이를 옹호하다가 고메이 천황의 분노를 받아 처벌받았다. 1866년 고메이 천황이 사망한 뒤 정계로 복귀해 활발한 활동을 전개했다. 메이지 천황으로부터 도쿠가와 요시노부 토벌의 칙서인 토막의 밀칙을 받아내고 이와쿠라 도모미와 함께 왕정복고 대호령을 성공시켰다. 쿠데타 당일 밤에 개최된 심야회의에서 사회를 보았다.
32 나카야마 다다야스 외에 나카노미카토쓰네유키(中御門経之, 1820.12.7~1891.8.27), 오

그 사이 사쓰마는 조슈에 약속한 무장 병력 3,000명을 추가로 오사카로 동원한다. 사쓰마, 조슈 두 유력 번은 대규모의 병력을 교토 인근에 대기시켜 두고 천황의 칙허를 기다렸다. 이 같은 일촉즉발의 상황에서 천황의 토막밀칙이 내려오기 바로 몇 시간 전 1867년 10월 13일 오전 도쿠가와 요시노부는 토막파보다 한 발 빠르게 대정봉환을 단행[33]한다.

그러나 도쿠가와 요시노부의 대정봉환과 열번회의 구상은 토막파의 국가구상과 많은 차이가 있었다. 토막파는 쇼군의 직위를 박탈하고 영지도 반납하는 것으로 생각했지만 요시노부는 기존의 영지도 그대로 유지하고, 모든 다이묘가 참여하는 제후회의에 자신이 의장으로 취임할 생각을 가지고 있었다. 요시노부는 토막파의 무력공격을 일단 피한 뒤, 제후회의의 의장이 되어 자신의 권력을 이전처럼 유지할 속셈이었다.

물론 토막파가 그의 의도를 모를 리 없었다. 이들은 도쿠가와 요시노부에게 점점 유리하게 흘러가는 정국을 관망하면서 가만히 지켜보다가 전격적으로 군사작전을 개시한다.

오기마치산죠 사네나루(正親町三條實愛, 1820.10.30~1909.10.20) 2인을 말한다. 나카노미카토 쓰네유키는 이와쿠라 도모미의 친여동생과 혼인했다.

33 사카모토 료마는 요시노부가 실제로 대정봉환을 단행하자 감격하여 고토 쇼지로에게 이는 1,000년의 대사건이라고 편지를 써, 이처럼 위대한 인물을 위해서라면 죽음도 각오할 수 있다고 말했다. 사쓰마의 고마쓰 다테와키 등 온건파들도 요시노부의 희생과 용기에 찬사를 표시했다. 마리우스 B. 잰슨, 앞의 책, 2014, 504~505쪽.

3) 혁명세력의 반격 – 왕정복고 쿠데타

인류의 역사를 보면 역사적 대변동을 초래한 대변혁 즉 혁명의 성공 여부는 군사력에 좌우된다. 메이지유신도 결정적 순간에는 군사력이 방향을 결정했다.

1867년 12월 8일(양력 1868.1.2) 밤 공경 이와쿠라 도모미는 자신의 저택으로 사쓰마, 도사, 아키, 에치젠, 오와리 등 5개 번의 중신들을 불러 모은 뒤 왕정복고 쿠데타의 결행을 밝히고 협조를 요청했다. 그는 1863년 이후 교토 북쪽의 한적한 마을에서 침거했지만 사쓰마의 핵심 인물들과는 비밀리에 접촉하면서 왕정복고 쿠데타를 협의해 왔었다. 이날 밤 조정에서는 철야로 섭정 니죠 나리유키[34]가 주최하는 조정회의가 열렸다. 쇼군 도쿠가와 요시노부와 아이즈 영주 마쓰다이라 다카모리가 불참한 이 회의는 구체제의 마지막 조정회의가 되었다. 이 자리에서 조슈 영주 모리 다카치카와 아들 사다히로의 관위가 복원되고 교토 출입도 다시 허용되었다.

다음날[35] 오전 조정회의가 끝나고 공경들이 모두 돌아가자 사이고 다카모리는 5개 번의 군대를 동원하여 기습적으로 황궁의 9개 출입문을 모두 봉쇄했다. 황궁 봉쇄에는 사쓰마에서 1만 명, 조슈에서 2,000여 명, 아키에서 200명 등 무장병력이 동원되었다. 병사 수에서 알 수 있듯이 왕정복고 쿠데타의 성공에는 사쓰마의 군사력이 큰 기여를 하였다. 도사, 오와리, 에치젠이 공무

---

34 니죠 나리유키(二條齊敬, 1816.11.1~1878.12.5)는 니죠가의 당주로 메이지 천황이 아직 미성년(고메이 천황이 사망했을 때 만 14세 3개월)이었기 때문에 섭정을 맡고 있었다. 일본역사상 마지막 관백, 마지막 섭정이다.
35 1867년 12월 9일, 양력으로는 1868년 1월 3일이다. 효고를 개항하기로 한 날은 이틀 전인 1867년 12월 7일, 양력으로는 1868년 1월 1일이었다.

왕정복고쿠데타 당일의 심야회의 그림(1867.12.9)

합체 노선을 취하면서도 쿠데타에 참여한 것은 왕정복고 쿠데타에 대한 정확한 인식이 없었던 탓도 있었지만 사쓰마의 막강한 군사력에 압도되었기 때문이었다. 조슈는 그 전날 밤에서야 명예회복과 교토입경이 허락되어 황궁봉쇄 당일에는 병사를 동원할 수 없었기 때문에, 조슈군은 교토 입구에서 대기하고 있었다.

친막부 친왕과 공경의 출입을 막은 뒤 이와쿠라 도모미는 미리 소집해 두었던 토막파 황족, 공경, 다이묘만으로 조정회의를 개최했다. 이와쿠라는 황궁 안의 학문소에서 15세의 메이지 천황을 앞에 두고 「왕정복고의 대호령」[36]을 읽었다. 이 포고문은 이와쿠라 도모미와 오쿠보 도시미치가 국학자 다마

---

36   多田好問 編, 『岩倉公實記』 中卷, 皇后宮職, 1906, 147~156쪽.

마쓰 미사오의 도움을 받아 작성하였다.[37] 포고문을 읽은 뒤 막부와 섭정·관백 등 조정의 직제가 폐지되고 대신 총재·의정·참여 등 3직[38]이 새로 설치된다는 명령이 하달되었다. 잠시 휴식을 한 뒤 국사용괘, 부케텐소, 기소, 교토 쇼시다이, 교토 슈고 등의 조정 직제와 5셋칸가와 문류門流를 폐지한다는 선언과 조정 신하 21명에 대한 조정 출입 금지 처분이 내려졌다. 또다시 휴식을 한 뒤 재소집된 회의에서는 3직에 선임된 인물을 발표하였다. 총재[39]에는 아리스가와다루히토 친왕, 의정[40]에는 공가와 쿠데타에 참가한 5개 번의 영주 또는 전 영주, 참여[41]에는 공가와 5개 번 출신 번사가 각각 3명씩 임

---

37   佐々木克, 『戊辰戰爭: 敗者の明治維新』, 中央公論新社, 1977, 13~14쪽.

38   3직 제도는 궁중쿠데타 직후 성립된 최초의 권력기구다. 이 제도는 그다음 해 윤4월에 발표된 정체서(政体書)에 의해 폐지되고 새로운 권력기구로 태정관 제도가 시행되었다.

39   아리스가와노미야 다루히토 친왕(有栖川宮熾仁親王, 1835.2.19~1895.1.15). 아리스가와노미야다카히토 친왕의 첫 번째 왕자로 정사총재, 동정대총독, 병부경, 후쿠오카 지사, 가고시마역도정토총독, 좌대신, 육군참모본부장, 참모총장, 신궁제주 등을 역임했다. 원래 가즈노미야와 혼인 약속이 되어 있었지만 막부가 공무합체 노선을 성사시키기 위해 제14대 쇼군 도쿠가와 이에모치와 가즈노미야와 혼인을 추진하는 바람에 파혼했다. 유신 뒤 도쿠가와 나리아키의 딸(德川貞子)과 혼인했다.

40   공가 출신으로는 고마쓰노미야아키히토 친왕(小松宮彰仁親王 혹은 仁和寺宮嘉彰親王), 야마시나노미야아키라 친왕(山階宮晃親王), 나카야마 다다야스(中山忠能), 오오기마치산죠사네나루(正親町三條實愛), 나카노미카토쓰네유키(中御門経之)이 임명되었고 전 영주로는 시마즈 다다요시(島津忠義, 薩摩藩), 도쿠가와 요시카쓰(德川慶勝, 尾張藩), 아사노 나가코토(淺野長勳, 芸州藩), 마쓰다이라 요시나가(松平慶永, 春嶽, 越前藩), 야마우치 요도(山內豊信, 容堂, 土佐藩) 등이 임명되었다.

41   공가 출신으로는 이와쿠라 도모미(岩倉具視), 오하라 시게토미(大原重德), 마데노코지히로후사(万里小路博房), 나가타니 노부아츠(長谷信篤), 하시모토 사네아나(橋本實梁) 등이 임명되었고 번사 출신으로는 오와리에서 니와 마사루(丹羽賢), 다나카 후지마로(田中不二麿), 아라카와 진사쿠(荒川甚作) 에치젠에서 나카네 유키에(中根雪江), 사카이 주노조(酒井十之丞), 멘쥬 히로시(毛受洪) 게슈에서는 쓰지 이가쿠(辻將曹), 사쿠라이 요시로(櫻井与四郎), 구보타 히라시(久保田平司) 도사에서는 고토 쇼지로(後藤象二郎), 고야마 구니키요(神山郡廉 혹은 神山左多衛), 후쿠오카 다카치카(福岡孝弟) 사쓰마에서는 사이고 다카모리(西鄕隆盛), 오쿠보 도시미치(大久保利通), 이와시타 미치히로(岩下方平) 등이 임명되었다.

명되었다. 이로써 천황을 정점으로 하는 새로운 통일 정부가 탄생되었다.[42]

그러나 천황 정부의 수립 선포가 막번 체제를 대체하는 새로운 국가 권력의 탄생을 의미하는 것은 아니었다. 정확하게 말하면 천황 정부와 막부, 두 개의 정부가 공존하는 사실상의 내란 상태가 시작된 것이었다. 쿠데타 세력 안에서도 천황제 정부의 방향을 놓고 의견이 통일된 것은 아니었다. 당장 그날 밤 열린 3직회의에서 쿠데타 주체세력과 공의정체파 다이묘들은 유신 정부의 형태와 도쿠가와 요시노부에 대한 처분을 놓고 치열하게 대립했다.

사쓰마, 조슈 등 쿠데타 주체 세력은 정권의 형태와 관련하여 천황이 중요 사항을 직접 결정하는 천황 친정 정부를 주장했다. 반면 도사·에치젠·오와리 등 공의정체파 다이묘들은 유력 다이묘 중심의 연합 정권 수립을 주장했다. 도쿠가와 요시노부에 대한 처분을 놓고도 쿠데타 주체 세력은 도쿠가와가의 폐문 즉 관위의 박탈과 영지의 반납을 주장하였고, 공의정체파는 대정봉환 등의 공적을 감안해 관대한 처분을 내릴 것을 주장했다.

특히 의정 야마우치 요도는 쇼군을 중심으로 공의로 중요사항을 결정하자고 주장한 반면, 이와쿠라 도모미, 오쿠보 도시미치 등은 쇼군이 모든 권한을 내놓고, 영지도 모두 반납하는 것이 먼저라고 주장했다. 심야회의가 결론을 내지 못한 채 길어지자 옆방에서 대기하고 있던 쿠데타군의 총지휘자 사이고 다카모리는 오쿠보 도시미치 등에게, '단칼 한 자루면 해결될 일'이라고 단호하게 말했다. 이에 토막파의 강경한 입장을 확인한 공의정체파들은 한 발 물러섰고, 회의는 명확한 결론을 내리지 못한 채 끝났다.

이처럼 왕정복고 쿠데타는 성공했지만 쿠데타 세력의 정치적 기반은 미약

---

42   井上勳, 『王政復古 : 慶応3年12月9日の政変』, 中央公論新社, 1991, 329~332쪽.

도바·후시미 전투 그림

보신전쟁 격전지비(교토시 후시미)

했다. 대부분의 다이묘들은 이를 쇼군가와 서남 유력 번 사이의 내전으로 보고 중립적 태도를 취했다. 오사카와 교토의 상인들도 내전의 추이를 관망하면서 눈치를 보고 있을 뿐이었다. 더욱이 도쿠가와 요시노부는 일본 주재 외교관들을 불러 막부가 여전히 일본을 대표하는 유일한 정부라고 호언장담하고 있었다. 내란 상태는 해가 바뀌자마자 발생한 도바·후시미 전투에서 쿠데타군이 승리함으로써 정리되기 시작했다.

막부연합군은 쿠데타군보다 3배 정도 많은 병력을 투입했지만,[43] 군대의 편제와 장비의 수준은 서양 군사기술과 군사 제도를 채택하고 있던 쿠데타군이 훨씬 더 우세했다. 막부연합군의 결정적 약점은 무엇보다 전투 의지의 부족에 있었다. 막부연합군은 하타모토와 고케닌에게 할당되어 차출된 병사들로, 에도의 불량배나 농민 출신들도 많이 있었다. 이들은 전투의 목적을 이해

---

43 도바 후시미 전투에 참여한 병력 수를 보면, 도바 지역은 사쓰마군 2,000명, 후시미 지역은 조슈군 1,800명, 도사군 300명, 예비대로 사쓰마군 400명이 투입되었다. 막부 측에서는 도바 지역에 구와나번, 막부직할 3군, 신세조, 미마와리구미 후시미 지역에는 아이즈군, 막부직할 3군, 기타 제 번군 등 약 1만 5,000명이 투입되었다.

쿠데타군이 보신전쟁에서
사용한 금기
(아마테라스 신을 의미)

하거나 자발적 의지를 가지고 전투에 참여했던 것이 아니었다. 구식 총을 보유하고 있긴 해도 막부연합군은 여전히 봉건적인 신분제 군대였고 주된 전술 역시 칼을 빼들고 용감하게 돌격하는 것이었다. 반면 사쓰마와 조슈의 군대는 근대적인 편제와 신식 장비를 보유하고 있을 뿐 아니라 국민군적 성격을 가지고 있었기 때문에 사기도 높았다. 이들은 전투의 승패가 자신들의 미래와 직결된다고 자각하고 있었다.

군대의 지휘 체계와 장교들의 지휘 능력 역시 많은 차이가 있었다. 쿠데타군은 아키히토 친왕이 총토벌대장을 맡고 그 아래 사이고 다카모리가 실질적인 총지휘관이 되어 각 방면의 전투를 지휘하였기 때문에 지휘 체계가 잘 유지되었다. 반면 막부연합군은 막부 직할군과 각 번군 간의 지휘에 통일성이 없었고 지휘관들의 신분은 높았지만 군사적 지휘 능력은 떨어졌다. 거기에 마지막 날 쿠데타군은 가는 곳마다 의도적으로 천황의 군대를 상징하는 깃발인 금기錦旗를 내걸었다. 쿠데타군이 천황의 금기를 내걸자 막부연합군 병사들은 큰 충격을 받았다. 천황군에 대항하여 싸운다는 것은 자신뿐만 아니라 자손 대대로 역적의 불명예를 안게 되기 때문이었다. 이처럼 쿠데타군은 심리전에서도 대성공을 거두었다. 4일 동안의 국지전이었지만 도바·후시미 전투는 일본 근대사의 방향을 결정한 전투였다.

막부연합군이 패배하리라고는 상상도 하지 못했던 도쿠가와 요시노부는 오사카성에서 열린 마지막 대책회의에서 내일부터는 자신이 직접 전투를 지휘하겠다고 큰소리쳤지만 그 뒤 바로 오사카성을 빠져나와 미국 함정에서 대기하고 있다가 밤이 되자 교토 쇼시다이, 교토 슈고 등 측근들과 함께 막부의

오사카성을 탈출하는 쇼군 도쿠가와 요시노부를 묘사한 우키요에

해군 함정으로 옮겨 탄 뒤 도망쳐 버렸다. 다음 날 쇼군이 도망가 버린 것을 알게 된 막부연합군은 뿔뿔이 흩어져 버리고 만다.

이에 그동안 추이를 관망하며 눈치를 살피던 서일본 지역 다이묘들이 먼저 쿠데타군 지지로 돌아섰다. 뒤를 이어 오사카와 교토의 호상豪商들도 쿠데타군 측에 붙기 시작했다. 이로써 유신 정부는 서일본 지역에서 먼저 정치적·재정적 안정을 확보할 수 있었다. 쿠데타는 성공한 혁명으로, 유신 정부는 내전 중인 교전 단체에서 일본을 대표하는 유일한 합법 정부로 인정받게 되었다.

그러나 대세가 이미 쿠데타군 쪽으로 기울었음에도 불구하고 동북 지방의 대다수 다이묘들은 여전히 유신 정부를 인정하지 않았다. 이들은 급기야 무쓰陸奥, 데와出羽, 에치고越後 등 동북 지역의 주요 다이묘들을 중심으로 오우에쓰奥羽越 열번동맹列藩同盟[44]을 결성하여 신정부에 저항했다. 약 1년에 걸쳐

---

44 1868년 5월 3일 동북 지역의 25개 번이 신정부(태정관)에 '조적'이 된 아이즈와 쇼나이의 관대한 처분을 바라는 건의서를 작성하였다. 이것이 오우에쓰 열번동맹의 시초다. 그 뒤 6개 번이 더 참여하여 모두 31개 번으로 증가했다.

막부 말기의 에도성

동북 지방과 에조치(삿포로)에서는 유신 정부의 동정군東征軍과 오우에쓰 동맹군 사이에 전투가 계속 이어졌다. 도바・후시미 전투와 동북 지방의 크고 작은 전투를 합쳐 보신전쟁戊辰戰爭. 무진전쟁이라고 부르기도 한다.

4) 에도성 무혈개성 - 가쓰 가이슈의 마지막 담판

도쿠가와 요시노부는 오사카를 탈출한 뒤 에도로 갔다. 에도의 동쪽과 북쪽 방면에는 도쿠가와가에 충성스러운 다이묘들이 포진해 있었다. 이리하여 막부연합군과 쿠데타군은 세키가하라 전투(1600) 때와 비슷하게 다시 동서로 나뉘어 대립하게 되었다. 다만 세키가하라 전투에서는 도쿠가와 이에야스가 동쪽을 먼저 통일한 뒤 서쪽으로 진격해갔지만 이번에는 거꾸로 쿠데타군이 서쪽을 통일한 뒤 동쪽으로 진격해 들어갔다는 점이 달랐다.

쿠데타군의 주력 부대는 3월 15일 에도성을 공격하기로 되어 있었다. 하지만 그 직전에 쿠데타군과 막부 사이의 담판이 시작되었다. 쿠데타군의 대표는 동정군의 참모로 실제 군사 지휘를 맡고 있던 사이고 다카모리였고 막

에도성 개성 담판 그림
(사이고 다카모리와 가쓰 가이슈)

에도성 담판 기념비(도쿄시)

부 측의 대표는 군사 취급[45]으로 있던 가쓰 가이슈였다. 가쓰 가이슈는 막부가 제2차 조슈 정벌에서 사실상 패배한 뒤 조슈와 정전협상을 할 때에도 막부의 협상 대표를 맡았었다.

사이고 측의 항복 조건은 3월 12일 전달되었고 13일부터 이틀 동안 두 사람은 에도 가고시마 번청에서 만나 협상을 벌였다. 사이고 다카모리는 12일 제출한 항복 조건에 에도성과 모든 무기, 탄약, 군함 등을 반납하면 총공격을 하지 않겠다는 조건을 제시했다. 이에 가쓰 가이슈는 14일 도쿠가와 요시노부에 대한 처분이 결정될 때까지 모든 것을 그대로 보유하고 있다가 처분이 결정되면 그에 따라 반납하겠다고 대답했다. 도쿠가와 요시노부의 석고를 반으로 줄이는 조치가 내려지면 그때 무기 등도 반을 반납하고 다이묘로서의 지위도 당분간 그대로 유지하겠다는 것을 의미했다.[46] 그리고 관군이라고 하

---

45 에도성의 실질적인 최고 결정자는 와카토시요리(若年寄)집단인 참정중(參政衆)이었다. 가쓰 가이슈는 그 아래 직책인 군사 취급(軍事取扱)으로 이들의 의뢰를 받아 협상을 하였다. 협상 이후 에도성 인도식과 같은 공식행사에는 와카토시요리 중 누군가가 참석하였고, 협상문서의 서명란에도 가쓰 가이슈의 이름은 나오지 않는다.

46 松浦玲, 『勝海舟と西鄕隆盛』, 岩波書店, 2011, 43~50쪽.

고도칸 지선당(도쿠가와 요시노부가 에도성을 반납한 뒤 이곳에서 근신하였다.)

더라도 무고한 백성을 괴롭히는 것은 적과 마찬가지라는 이야기를 반복했다. 이 제안에 대해 사이고는 수정안을 다시 제시하였다. 수정안은 일단 모두 제출한 뒤 석고가 정해지면 그 차이에 해당하는 것만큼 다시 돌려주겠다는 것이었다. 이로써 협상은 마무리되었고 에도성은 아무런 희생 없이 평화적으로 반납되었다. 두 사람의 담판은 백성들의 희생과 일본의 분열을 막은 역사적인 담판이라고도 불린다. 도쿠가와 막부는 이날 공식적으로 막을 내렸다. 이날 교토의 황궁에서는 천황과 공경 및 전국의 다이묘들이 모두 모여, 신정부의 국시를 선포하는 「5개조서약문」의 포고의례가 열렸다.

가쓰 가이슈

가쓰 가이슈*1823 ~ 1899*는 유신혁명기에 막부의 개화파 고위관료를 지냈지만, 서쪽 지방에서 태어났더라면 유신혁명의 지도자가 되고도 남을 인물이었다. 가쓰 가이슈의 원래 이름은 좀 긴 편이다. 처음 관리로 임명되기 전까지는 자신의 이름을 가쓰린타로모노노베요시쿠니勝海舟麟太郎物部義邦라고 썼으며 부친의 이름은 가쓰자에몬타로모노노베코레토라勝左衛門太郎物部惟寅였다.

두 사람의 긴 이름 중간에 모노노베라는 글자가 있는데 이는 이들이 고대 아스카 시대의 귀족인 모노노베 物部 가문 출신[47]임을 말해준다.

1823년 에도에서 태어나 매우 가난한 어린시절을 보냈다. 7세부터 9세까지 제11대 쇼군 도쿠가와 이에나리의 어린 시절 놀이동무로 에도성에 출사했다. 16 가쓰 가이슈(샌프란시스코, 1860)

세부터 19세까지 검술 수련을 해 면허까지 얻었지만, 길을 바꿔 20세부터 난학 연구에 몰두했다. 26세 때 당시 사쓰마의 세자로 있던 시마즈 나리아키라로부터 난학 서적의 필경을 의뢰받았고, 28세 때에는 개혁적 난학자인 다카노 조에이가 자살하기 직전에 찾아와 오규 소라이에 관한 필사 원고를 두고 갔다. 난학 연구를 하면서 유학자 출신 난학자인 사쿠마 쇼잔과 교류하였는데 이 인연으로 그의 여동생은 쇼잔과 혼인하였다. 가이슈라는 호는 사쿠마 쇼잔의 사숙에 걸려있던 '해주서옥海舟書屋'이란 현판에서 따온 것이다.[48]

1855년 난학 전문가로 나가사키 해군훈련소의 함장후보 양성과정에 들어갔다. 과정을 마친 뒤 간닌마루호의 훈련 항해 때 가고시마로 가 사망 직전의 시마즈 나리아키라를 만났다. 이때 나리아키라로부터 사이고 다카모리에 관한 이야기를 들었다. 도사의 사카모토 료마가 암살하러 갔다가 오히려 그의 식견에 감화받아 제자가 되었다는 유명한 일화도 있다. 이처럼 그는 존왕양이 지사들과도 폭넓게 교류하면서 그들에게 많은 영향을 미쳤다.

47 　모노노베 가문은 고대 아스카 시대의 귀족으로 소가씨(蘇我氏) 가문과 함께 권력을 장악하고 있었다. 모노노베 가문은 일본의 전통 신앙인 신도를 숭배했는데 불교를 받아들인 소가씨(蘇我氏) 가문과의 대결에서 져 권력에서 밀려났다. 당시 쇼토쿠 태자는 소가씨와 연합하여 불교를 받아들였고 고대 천황제 국가의 기반을 닦았다.
48 　勝海舟, 『氷川淸話』, 角川文庫, 2012, 15쪽.

간넌마루호의 부함장이 되어 일본인 최초로 태평양을 건너 미국을 방문하고 돌아온 뒤 막부와 유신 정부에서 해군의 기초를 닦는 일에 기여하였다. 에도 막부에서는 해군훈련소, 강무소 포술 사범, 군함 부교, 해군 부교, 해군 총재, 육군 총재 등의 요직을 거쳤고 유신혁명 이후에는 신정부에서 참의 겸 해군경, 원로원의관, 추밀원고문 등을 역임하였다.

이처럼 가쓰 가이슈는 막부와 유신 정부의 고위관료이자 난학에 조예가 깊었던 개혁가였다. 유신 정부에서도 고위직을 지냈지만 도쿠가와가에 대한 의리도 잊지 않았다. 1882년 장남 고로쿠가 세상을 떠나자 요시노부의 10남 구와시를 양자로 받아들여 가이슈 백작가를 승계시키기로 결정하였다. 이를 통해 도쿠가와가로 부터 받은 은혜를 다시 돌려주려고 했던 것이다.[49] 1899년 1월 19일 구와시는 가이슈 백작가의 당주가 되었다. 그의 생애를 보면 알 수 있듯이 가쓰 가이슈는 막부와 유신 정부 양쪽으로부터 깊은 신뢰를 받으면서도 인간적인 의리를 잃지 않았던 보기 드문 인물이었다. 다만 후쿠자와 유키치는 죽을 때까지 그를 좋게 평가하지 않았다.[50]

49 松浦玲, 『德川慶喜 增補版』, 中公新書, 1998, 213~214쪽.
50 후쿠자와 유키치와 가쓰 가이슈는 간넌마루호를 타고 함께 미국으로 갈 때 처음 만났다. 하지만 이때부터 두 사람의 관계는 좋지 않았다. 후쿠자와 유키치는 그의 자서전에서 당시 가쓰 가이슈는 부함장이었지만 배에 약해 항해 중에는 환자와 다름없이 자기 방에서 거의 나오지도 않다가 미국에 도착하고 난 뒤에야 지휘관으로서 모든 일을 지시했다고 혹평하고 있다. 후쿠자와 유키치, 허호 역, 『후쿠자와 유키치 자서전』, 이산, 137쪽. 반면 가쓰 가이슈는 자서전에서 당시 열병을 심하게 앓고 있었는데 죽더라도 배에서 죽겠다는 심정으로 배에 올랐다고 적고 있다. 勝海舟, 『永川淸話』, 角川文庫, 2012, 27~29쪽. 한편 후쿠자와 유키치는 말년에 「야세가만 이야기」라는 글에서 가쓰 가이슈를 혹독하게 비판한다. 마리우스 B. 잰슨, 『사카모토 료마와 메이지유신』, 푸른길, 2014, 245~246쪽. 福澤諭吉, 『丁丑公論・瘠我慢の說 福澤諭吉著作集 第9卷』, 慶應義塾大學出版會, 2003, 109~129쪽.

사이고 다카모리 동상   사이고 다카모리의 묘(가고시마시 난슈 공원)
(도쿄 우에노 공원)

가쓰 가이슈와 사이고 다카모리

가쓰 가이슈가 교류했던 많은 사람 중 사이고 다카모리와의 인연은 남달리 각별하다. 사실 두 사람이 유신 전에 직접 만난 횟수는 몇 번 되지 않는다. 두 사람이 처음 만난 것은 금문의 전투(1864.8.18) 직후인 1864년 9월 11일이다.[51] 이때 가쓰 가이슈는 조슈를 무력으로 정벌할 계획을 가지고 있던 사이고 다카모리에게, 막부는 인재도 없고 가망도 없으니 아예 상대하지 말것과 서양 국가들의 압력에 대항하기 위해서는 4~5명의 현명한 제후들이 연맹을 결성하여 강력한 군사력을 먼저 갖춘 뒤 서양 국가들과 외교 교섭을 당당히 하는 것이 좋겠다고 조언하였다. 사이고는 이 조언에 감명받아 9월 16일 오쿠보 도시미치에게 보낸 편지[52]에 이를 설명하고 있다.[53]

두 사람이 다시 만난 것은 3년 반이 지난 뒤인 1868년 3월 13일이다. 반란

---

51   두 사람은 1863년 8 · 18정변으로 조슈가 교토에서 쫓겨나고, 공무합체파가 다시 교토의 정국을 장악한 때인 1864년 9월 11일 오사카에서 처음으로 만나 시국에 관한 의견을 교환했다. 이시이 다카시, 김영작 역, 『메이지유신의 무대 뒤』, 일조각, 2008, 22~24쪽; 松浦玲, 『勝海舟と西郷隆盛』, 岩波新書, 2011, 22쪽.
52   松浦玲, 위의 책, 23쪽.
53   勝海舟, 『氷川淸話』, 角川文庫, 2012, 337~338쪽.

군을 추격하던 동정군은 시즈오카의 순푸 지역에 집결해 있었고 협상이 실패할 경우 다음 날 에도성을 공격하기로 되어 있었다. 오래전부터 서로에 대해 깊은 신뢰를 가지고 있던 두 사람은 에도성을 평화적으로 비워주는 것으로 협상을 마무리 지었다.

두 사람의 인연은 유신 이후에도 계속 이어졌다. 폐번치현 직후인 1872년 가쓰 가이슈는 사이고 다카모리의 추천에 의해 해군대보에 임명되었고 1873년에는 참의 겸 해군경에 임명되었다. 가쓰 가이슈도 사이고 다카모리의 호의를 잊지 않고 나중에 갚아준다. 서남전쟁이 끝난 뒤 사이고 다카모리는 반란군의 수괴로 전락했다. 아무도 그를 기억하려고 하지 않았지만 가쓰 가이슈는 혼자 사이고를 추도하는 비석(유혼비留魂碑)을 세우고 매년 추도식을 거행했다. 유족을 보살피는 것도 잊지 않았다. 사이고의 명예회복을 위해서도 동분서주 뛰어다녔다. 가쓰 가이슈와 사쓰마 출신 동료들의 끈질긴 명예회복 운동 끝에 사이고 다카모리는 제국헌법이 공포될 때 복권되고 정3위에 추서되었다. 1898년 12월 18일 우에노 공원에서 열린 사이고 다카모리 동상제막식에 참석한 지 한 달 뒤 1899년 1월 21일 가이슈도 세상을 떠났다. 그의 가독은 장남 고로쿠가 1892년 사망하는 바람에, 고로쿠의 장녀와 결혼한 도쿠가와 요시노부의 10남 구와시가 양자로서 이어받았다. 1902년 사이고 다카모리의 아들 린타로寅太郎는 후작 작위를, 도쿠가와 요시노부는 공작 작위를 받았다.

사이고 다카모리와 가쓰 가이슈의 인연은 이처럼 남다르다. 가쓰 가이슈는 유신혁명의 최대공로자이면서도 사쓰마 사무라이의 지도자로서 이들과 결별할 수 없었던 사이고 다카모리를 이해했고, 사이고 다카모리는 막부가 가망이 없다는 사실을 잘 알고 있으면서도 도쿠가와 요시노부를 옹호할 수밖에 없었던 가쓰 가이슈를 이해했다. [54] 두 사람의 인연은, 잘 알면서도 피할 수 없는 인간의 모순적인 운명에 대한 깊은 이해와 인간적 존중에서 나오는 것이었다.

2. 유신의 또 다른 행위자들

1) 천황가와 조정

유신의 성공 요인으로 대부분의 사람들은 사쓰마와 조슈 두 유력 번을 손꼽는다. 도쿠가와 쇼군가에 맞설 수 있는 군사력과 경제력을 보유하고 있었던 두 유력 번이 없었더라면 유신은 불가능했기 때문에 당연한 일이다.

그러나 유신이 성공하기까지 다른 행위자들의 기여도 무시할 수는 없다. 그중 가장 중요한 행위자로 천황가를 들 수 있다. 천황과 조정의 힘은 천황가의 정통성에 근거한 정신적·정치적 권위에서 나오는 것이었다.

이 책의 제2장 정통성에서 살펴보았듯이 막부 말기가 되자 천황은 다양한 정치세력을 존왕양이의 깃발 아래 하나로 결집시키는 강력한 힘을 발휘한다. 도쿠가와 요시노부가 대정봉환의 결단을 내린 것도 천황의 권위 때문이었다. 만약 도쿠가와 요시노부가 권력을 순순히 내려놓지 않고 반막부 세력과의 전면적 대결을 시도했다면 일본은 세키가하라 전투(1600년)보다 더 격렬한 내전

---

54   위의 책, 서문.

을 치렀을지도 모른다. 그 권위가 아무리 땅에 떨어졌다 해도 막부는 여전히 가장 강한 군사력과 경제력을 보유하고 있었고, 아이즈를 위시하여 쇼군에 충성을 다하려는 다이묘도 많았다. 따라서 막부 말기 변혁 과정과 유신을 종합적으로 이해하기 위해서는 수백 년 동안 세속적 영역에는 전혀 관여하지 않고 있던 천황이 어떻게 막부를 압도하는 정신적·정치적 권위를 가지게 되는지를 이해할 필요가 있다.

유신변혁과 천황

유신과 건국의 과정에서 천황과 조정이 맡았던 역할을 낮게 평가하는 견해가 많다. 이러한 견해들은 유신과 건국은 사쓰마, 조슈를 중심으로 뭉친 사무라이 출신 혁명가들이 주도했으며 천황과 조정은 이들의 필요에 이용당했을 뿐이라고 주장한다. 그 근거로 유신 주체 세력이 메이지 천황을 다마라고 지칭한 것 등을 제시한다.

그러나 1854년 일미화친조약의 체결 이후 고메이 천황이 차지했던 정치적 역할은 결코 가볍게 평가할 수 없다. 그는 완고한 배외주의자로 1858년 체결된 통상조약의 칙허를 거부해 존왕양이 지사들을 결집시켰고 이를 바탕으로 때로는 막부를 능가하는 강력한 정치적 힘을 발휘했다. 사쿠라다문밖의 사건을 시점으로 존왕양이 운동이 급격하게 과격해지는 것도 고메이 천황의 무오밀칙 사건[55]에서 시작한다. 고메이 천황은 무오밀칙에서, 미국과 통상조약을 체결한 것은 경솔한 조치라고 막부를 질책하면서 국론의 통일과 거국일치 체제의 확립을 요구[56]하였고, 이것이 이이 나오스케의 분노를 사 안세이대탄압

---

55   고메이 천황이 조정의 정책 결정 과정을 무시하고 천황의 의견서(御趣意書, 어취의서)를 미토 등에 비밀리에 보낸 사건이다.

이 벌어지면서 유신 변혁 과정도 급물살을 타게 되었다. 이 때문에 천황과 조정 역시 유신 변혁의 중요한 행위자 중 하나로 고려하지 않으면 안 된다. 그럼에도 불구하고 지금까지 유신변혁기 천황과 조정의 역할에 관한 연구는 의외로 적은 편이다. 그 이유는 무엇일까?

가장 큰 이유로는 유신을 토막파의 역사로 설명하려는 경향을 들 수 있다. 유신을 사쓰마·조슈의 토막파를 중심으로 서술하다 보면 천황과 조정의 역할은 자연히 평가절하될 수밖에 없다. 또 다른 이유로는 존왕양이파 지사들의 극단적 배외주의를 들 수 있다. 막부 말기 존왕양이파 지사들 중 다수는 시대의 흐름을 읽지 못하고 극단적인 배외주의에 빠져 있었다. 이들은 개국과 개항을 주도한 관료나 개화파 지사를 습격하는 등 광적인 테러 행위를 서슴지 않았다. 자칭 존왕양이 지사들의 이러한 극단적이고 시대역행적인 행동들은 천황의 이미지마저 부정적인 것으로 덧칠해버렸다.

하지만 조정의 공경들까지 이러한 극단적이고 비현실적인 양이론에 빠져 있었던 것[57]은 아니었다. 에도 시대 공경들은 대부분 막부와 우호적 관계를 유지하고 있었으며, 일미수호통상조약의 체결을 앞두고 천황이 공경들에게 자문을 구했을 때에도 대부분은 조건부로 찬성[58]했다. 공경들은 대개 정치적으로는 무능했으며, 막부 말기에 뚜렷한 정치적 소신을 가지고 있던 사람은 몇 명 되지 않았다. 강경한 양이론을 초지일관 밀고 나간 사람은 오히려 고메이 천황[59]이었다.

---

56   藤田覺, 『幕末の天皇』, 講談社, 2013, 206~208쪽.
57   遠山茂樹, 『明治維新』, 岩波書店, 1981, 81쪽.
58   井上勝生, 『幕末維新政治史研究』, 塙書房, 1994, 278~279쪽.
59   고메이 천황은 시종일관 강경한 양이론을 가지고 있었지만 조정과 막부와의 관계에서는 협조적 관계를 유지하려고 했던 공무합체론자였다. 자신의 여동생 가즈노미야가 쇼

막부 말기 천황과 조정의 정치 활동은 일반적으로 알려져 있는 것 보다 훨씬 더 복잡하다. 이에 관해 좀 더 자세하게 알아보자.

이중권력 체제

사람들은 일본 역사에서 천황이 오랜 기간 동안 절대군주로 군림했을 거라고 생각할지 모른다. 그러나 천황이 실제로 국가권력을 직접 행사했던 기간은 그리 길지 않다. 국가 운영에 필요한 법령(율령(律令)을 처음 만들어 고대 국가 체제를 정비하던 시기 약 100여 년 정도를 제외하면 일본 역사에서 실제 통치권을 행사한 것은 천황이 아니라 귀족과 무사였다. 고대 헤이안 시기에는 귀족이, 가마쿠라 막부가 성립한 뒤에는 막부가 통치권을 행사했다. 천황은 천황가의 제사와 의례를 책임지는 제사장으로서의 종교적·정신적 권위를 가지고 있었을 뿐이다.

서양에서는 오랜 기간 동안 정치적 권력과 종교적·정신적 권위가 한 사람에게 집중되어 있었다. 종교개혁이 일어난 뒤 비로소 정치권력과 종교적·정신적 권위가 분리되기 시작했다. 반면 일본에서는 정치권력과 종교적·정신적 권위가 고대부터 메이지유신까지 1,000년 가까이 분리되어 있었다. 일본에서는 이를 이중권력 체제[60]라고 부른다. 이중권력 체제 아래에서 귀족이나 무사 집단은 실질적으로 국가 권력을 장악하고 있기 때문에 굳이

군 이에모치와 혼인한 뒤 고메이 천황의 이러한 입장은 더 강화되었다. 대외적으로는 강경한 양이론을, 대내적으로는 공무합체론을 지지하고 있었기 때문에 막부가 양이를 실천할 경우에는 문제가 되지 않지만 막부가 양이를 실행할 능력이 없을 경우 천황의 이러한 태도는 양립할 수 없게 된다. 사쓰마·조슈 등 반막부 정치세력과의 관계에서 고메이 천황이 일관성 없이 왔다갔다했던 것은 이 때문이었다.

60 다카시로 고이치, 『일본의 이중권력, 쇼군과 천황』, 살림, 2006.

천황에게 반란을 일으킬 필요가 없었다. 대신 천황은 왕조 교체를 꿈꾸는 세력들로부터 살해당하거나 반란과 혁명으로 천황제가 폐지되는 두려움에서 벗어날 수 있었다. 이처럼 이중권력 체제 아래에서는 정치권력과 종교적·정신적 권위가 절묘하게 균형을 이루면서 평화적으로 공존할 수 있었다.

이 평화를 깨고 고대 국가의 제정일치 체제로 돌아가려고 했던 천황도 있었다. 바로 고다이고 천황이다. 그는 아시카가 다카우지[61]의 힘을 빌려 가마쿠라 막부를 타도하고 고대 제정일치 시대의 천황친정 체제를 복원[62]했다. 하지만 천황 중심의 급진적 정치 개혁에 불만을 품은 아시카가 다카우지에게 2년 반 만에 다시 정권을 내줘야 했다. 고다이고 천황의 사례를 보면 잘 알 수 있듯이 메이지유신 이전까지의 천황은 천황가의 조상신을 모시는 제사장으로서 종교적·정신적 권위밖에 없었기 때문에 다른 정치 세력의 힘을 빌리지

---

61 아시카가 다카우지는 가마쿠라 막부의 권력자인 싯켄(執權) 호조 다카토키의 총애를 받아 다카우지(高氏)라는 이름을 얻었다. 고다이고 천황(後醍醐天皇)이 가마쿠라 막부에 대항하여 반란을 일으키자 처음에는 가마쿠라 막부 편에 섰지만 곧 고다이고 천황 편으로 돌아서서 가마쿠라 막부 타도의 1등 공신이 되었다. 이에 고다이고 천황으로부터 다카우지(尊氏)라는 이름을 얻었다. 그러나 고다이고 천황이 자신을 정이대장군에 임명해주지 않고 무사들을 홀대하자 반란을 일으켰다. 이에 고다이고 천황은 교토 남쪽의 요시노(吉野)로 피난가고, 다카우지는 고묘 천황(光明天皇)을 새로운 천황으로 옹립해 북조를 열었다. 그리고 고묘 천황으로부터 정이대장군(征夷大將軍)의 직책을 받아 무로마치 막부를 열었다. 이로 인해 두 명의 천황이 존재하는 사태가 벌어졌다. 북쪽인 교토와 남쪽인 요시노에 각각 천황이 존재하였기 때문에 두 명의 천황이 공존한 약 60년 동안을 남북조 시대(南北朝時代)라고 부른다. 『신황정통기』 등 후세의 역사서는 다카우지를 천황을 배신한 대표적 역적으로 묘사하는 반면 당시 고다이고 천황과 함께 생사를 같이 했던 구스노키 마사시게, 닛타 요시사다, 기타바타케 지카후사를 대표적 충신으로 묘사한다.

62 고다이고 천황은 가마쿠라 막부를 멸망시킨 뒤 1333년 6월부터 1335년 11월까지의 2년 반 동안 고대의 율령 체제의 국가 기구를 복구하고 천황의 친정을 선포했다. 1334년 1월 연호를 겐무로 하였기 때문에 .이를 겐무신정(建武新政)이라고 한다. 겐무신정은 인세이(院政)·셋쇼(攝政)·간파쿠(關白)를 폐지하고 천황 친정 체제를 부활하였다. 또한 막부의 재설치를 금지하고 조정을 중심으로 정치를 했다.

않는 한 스스로는 새로운 정치 체제를 수립할 수도, 유지할 수도 없는 허약한 존재였다.

참고로 일본 역사에서 천황과 조정이 가장 힘들었던 시기는 전국 시대의 혼란기였다. 이때는 전국의 다이묘들이 영토 확장에 혈안이 되어 있던 혼란기였다. 일본 전체를 통치하는 중앙 권력도, 천황이 의지할 수 있는 정치 세력도 없었다. 따라서 천황과 조정의 공경들은 극심한 궁핍에 시달렸고, 수리할 비용조차 구할 수 없어 쓰러져가는 황궁에서 생활하던 때도 있었다. 전국 시대의 혼란이 수습되고 에도 시대의 평화가 시작되자 천황과 조정은 다시 경제적 안정을 찾고 종교적·정신적 권위도 회복할 수 있었다.

도쿠가와 이에야스는 천황을 존중하고 조정에 대한 경제적 지원을 아끼지 않는 대신 천황의 정신적 권위를 활용해 도쿠가와 막부의 정치적 정당성을 확보하려고 했다. 가마쿠라 막부 이래 조정에서 무사들에게 직접 관위와 관직을 수여하던 관행도 폐지했다. 무가와 조정이 지켜야 할 법도 등을 법령으로 제정하고 천황과 조정의 공경들이 정치에 개입하거나 막부 관료나 다이묘들과 사적으로 접촉하는 것도 철저하게 통제했다. 이처럼 도쿠가와 막부 시대의 천황과 조정은 경제적 안정과 종교적·정신적 권위를 유지하는 대가로 정치적 자유를 내놓아야 했다.

에도 시대 조정과 막부의 권력 관계

조정과 막부의 정치적 관계를 조막(朝幕) 관계라고 한다. 에도 시대의 조막 관계는 형식적 측면과 실질적 측면으로 나눌 수 있다. 에도 시대 천황은 형식적 측면에서 보면 쇼군 위에 있었다. 쇼군은 천황에 의해 정이대장군에 임명됨으로써 쇼군에 취임할 수 있었다. 고대 율령제 시대부터 이어지고 있던 조정의 위계는 공경들이 다이묘나 막부 신하들보다 훨씬 높았다.

그러나 실질적 측면에서 조막 관계는 전혀 달랐다. 조정 신하와 공경들은 관직과 위계에서는 막부의 고위 관리나 다이묘들보다 훨씬 높았지만 정치적 권한이나 경제적 생활수준은 이들과 비교가 되지 않을 정도로 낮았다. 천황의 총 석고는 조정 신하의 영지를 포함해도 10만 석 정도밖에 되지 않았다. 이는 중간 정도 다이묘의 영지 수준[63]에 불과했다. 당연히 천황의 생활수준은 풍족하지 않았고 조정 신하들의 생활수준은 더 어려웠다. 조정에 큰 행사가 있거나 화재 같은 재난이 발생할 경우에는 막부에 요청해 별도로 재정지원을 받아야만 했다. 때문에 천황은 도쿠가와의 연금수령자였으며 궁전 안의 죄수囚人에 지나지 않았다고 말하는 학자[64]도 있다.

에도 막부의 이러한 조정 지배 구조는 대략 간에이기寬永期, 1624~1644에 완성되었다. 막부는 「금중병공가제법도禁中並公家諸法度」(1616)를 제정하여 천황과 조정의 의복, 결혼, 의례, 심지어 교양이나 오락에 이르기까지 철저하게 통제했다. 천황과 조정의 공경들은 천황가의 제사와 예술과 문학 활동에 전념하는 것 외에는 일체의 정치적 활동을 할 수 없었으며 막부가 정해놓은 울타리 안에서 벗어날 수가 없었다. 그렇다면 에도 시대 조정과 막부의 의사소통은 어떻게 이루어졌을까? 에도 시대에 쇼군의 의사가 천황에게 전달되는 계통은 다음과 같았다.

쇼군 → 로쥬 → 교토쇼시다이 → 긴리부(禁裏付, 금리부) → 부케텐소(武家伝奏, 무가전주) → 기소(議奏, 의주) → 관백 → 천황

63 　미타니 히로시 외, 강진아 역, 『다시 보는 동아시아 근대사』, 2011, 까치, 45쪽.
64 　W. G. 비즐리, 장인성 역, 『일본근현대정치사』(개정 3판), 을유문화사, 2010, 21쪽.

긴리부는 교토쇼시다이의 지휘를 받아 일상적으로 조정을 감독, 운영하고 조막교섭을 담당하는 막부의 창구였다. 여기에 대해 조정에서 관백의 지휘를 받아 막부와의 교섭을 담당하는 창구는 부케텐소였다. 막부의 입장에서 보면 조정과의 교섭과 연락을 담당하는 부케텐소는 매우 중요한 자리였기 때문에 에도 시대 초기에는 막부에서 부케텐소를 2명 임명하였다. 나중에는 조정에서 추천하는 자를 막부에서 승인하는 방식으로 바뀌었다.

조정의 최고위직인 관백의 임면은 막부의 동의를 받아야 했다. 정무에 관해 관백을 보좌하는 역할은 5명으로 구성되는 기소가 맡았다. 부케텐소와 기소를 합쳐 양역兩役이라고 불렀다. 조정 안에서의 정무적인 일과 조막 관계는 관백과 양역이 맡아서 처리했다.[65] 이 때문에 막부는 관백과 부케텐소에 자신의 의도에 충실한 인물을 임명해 조정과 조막 관계를 통제했다.

막부 말기 조정-막부 관계의 변화 - 천황가의 정치적 부상

에도 시대의 조막 관계는 막부 말기에 이르러 변화되기 시작한다. 막부 말기의 대외적 위협과 정치, 경제적 혼란을 계기로 조정은 천황가의 권위를 다시 세워 나간다. 그 중심은 제119대 고가쿠光格 천황[66]이었다. 그는 1779년 제118대 고모모조노後桃園, 1758~1779: 재위 1771~1779 천황이 22세로 후계자를 정해놓지 않은 상태에서 아들도 없이 급서함에 따라 갑자기 황위를 물려받았다. 이때 고가쿠 천황의 나이는 9세에 불과했다. 그러나 그 뒤 39년 동안 천

---

65 藤田覺, 『幕末の天皇』, 講談社, 2013, 21~24쪽.
66 고가쿠 천황(1771.8.15~1840.11.18)은 제108대 고미즈노오 천황(1611~1629 재위)의 손자인 제113대 히가시야마 천황의 방계인 간인노미야스케히토 친왕의 6번째 아들로 태어났다. 1779년에서 1817년까지 재위했다. 에도막부 제10대 쇼군 도쿠가와 이에나리의 정실이었던 도모코(倫子)는 고가쿠 천황의 고모다.

황으로, 양위하고 물러난 뒤 23년 동안은 또 상황上皇으로 있으면서 강렬한 군주의식과 황통의식[67]을 가지고 천황과 조정의 권위를 높여나갔다.

조막 관계의 변화는 덴메이대기근에서 시작된다. 대기근으로 인해 서민들의 생활이 극도로 어려워지고 전국에서 굶어죽는 자가 속출[68]하자 민심이 크게 동요했다. 1787년에는 에도 막부가 생긴 이래 처음으로 에도에서 쌀 폭동이 일어났다. 이 사건은 막부 정권의 본거지도 흔들릴 수 있다는 것을 말해주는 상징적인 일이었다. 대기근을 막부의 실정 때문이라고 보는 비판적 의식이 높아짐에 따라 민심의 기대는 자연스럽게 천황에게 향하고 있었다.

1787년 6월 7일부터 9월 초까지 덴메이 대기근으로 살기가 어려워진 남녀노소가 황궁 주위를 계속 도는 황궁 1,000바퀴 돌기御所千度回[69]를 시작했다. 처음에는 몇십 명으로 시작되었지만 얼마 지나지 않아 금방 만 명 단위로 불어났고, 교토뿐만 아니라 오사카까지 소문이 퍼져 인근 지역에서도 참가하였다. 최고조에 이르렀을 때에는 약 7만 명이나 되었다고 한다.[70] 황궁 1,000바퀴 돌기는 마치 1771년 약 100만 명이 참가했던 이세 신궁 참배 열기와 비슷하게, 생활고에 빠진 백성들이 기근으로부터의 구제와 풍년을 천황에게 기원하는 종교적 성격을 가지고 있었다. 그러나 이들은 단지 다른 신사나 절에서

---

67 藤田覺, 앞의 책, 2013, 85쪽.
68 덴메이 대기근은 에도 시대 최대의 기근이다. 1782년에서 1788년까지 지속되었고 이로 인해 30~50만 명의 사망자가 나왔다고 한다. 막부가 6년마다 시행한 인구 조사 자료에 따르면 1774년 2,599만 명, 1780년 2,601만 명이었지만 덴메이 대기근이 시작된 뒤의 조사 자료에는 1786년 2,509만 명, 1792년 2,489만 명으로 줄어들고 있음이 잘 나타나 있다. 덴메이 대기근이 끝난 뒤의 인구조사에서는 1798년 2,547만 명으로 다시 인구가 늘어나고 있다.
69 황궁을 한 바퀴 돌면 약 1.3km였다고 한다. 藤田覺, 앞의 책, 2013. 에도 시대 교토의 황궁은 쇼군이나 다이묘의 성에 비해 작은 편이었다.
70 위의 책, 60~63쪽.

기도하는 것이 효험이 없어서 황궁을 찾아 온 것이 아니었다. 황궁 1,000바퀴 돌기는 순수한 종교적인 동기만으로 시작된 것은 아니었다.

황궁 1,000바퀴 돌기에 나서기 전 이들은 기근과 쌀 가격의 폭등으로 굶어 죽는 자가 속출하자 교토의 행정을 담당하는 막부의 교토 부교소에 수차례에 걸쳐 대책을 세워 줄 것을 탄원했다. 하지만 아무런 도움을 받지 못했다. 그러자 막부에 탄원해도 아무 소용이 없다는 것을 깨달은 백성들이 천황과 조정에 대한 막연한 기대감을 가지고 '황궁 1,000바퀴 돌기'라는 정치적 행동에 나선 것이었다. 이런 측면에서 '황궁 1,000바퀴 돌기'는 종교적 외피를 쓴 정치행동[71]이었다. 에도 시대에 백성들이 천황에게 호소하는 집단 행동을 한 것은 이때가 처음이었다.

그 결과 조정의 요청에 따라 막부는 1787년 7월 8일 쌀 500석을 구휼미로 방출할 것을 교토 쇼시다이에게 지시했고, 8월 5일 추가로 쌀 1,000석(15톤)을 더 방출할 것을 지시했다.[72] 이로 인해 천황과 조정의 권위가 급상승했다. 또한 막부 정권과 달리 백성들의 평안과 안녕을 보살피는 존재라는 이미지가 만들어지기 시작했다.

이 사건은 그 뒤 조막 관계에 계속 영향을 미친다. 조정이나 막부의 정치는 기존의 관례에 따라 결정되는 선례先例주의를 취하고 있었기 때문이다. 비슷한 사건이 또 발생할 경우 천황이 막부에 구휼미의 방출을 요청할 수 있는 선례를 쌓았다는 점에서 의미가 깊은 사건이었다.

고가쿠 천황의 재임 시절에 대외 관계 분야에서도 뒷날 조정과 막부의 관계에 큰 영향을 미치는 매우 중요한 관례[73]가 하나 형성된다. 1807년 6월 29

---

71   위의 책, 67~68쪽.
72   위의 책, 75쪽.

아담 락스만　　　　　　　니콜라이 레자노프 초상(1764~
(1792, 작자미상, 일본인)　　　1807, 모스크바 국립역사박물관)

레자노프의 나가사키 방문(국립공문서관 디지털 아카이브 시청초)

일 긴리부의 이케다 마사사다가 부케텐소에게 와서, 교토 쇼시다이로부터 에

조치(삿포로)에 소동이 일어났는데 큰일은 아니지만 이런저런 좋지 않은 소문

이 돌고 있다는 보고가 있었다고 전달했다. 이 사건은 막부가 1792년 일본인

표류선원 3명을 데리고 나가사키에 도착한 러시아의 공식 외교사절 락스만

73　　위의 책, 81~82쪽.

센뉴지(泉涌寺) 월륜릉(月輪陵) 입구
(고미즈노오 천황부터 고메이 천황까지 25명의 천황릉이 있다.)

센뉴지 월륜릉 내부

에게 통상 허가를 내주었다가, 1804년 9월 락스만과의 약속을 믿고 나가사키를 다시 방문한 레자노프에게는 거꾸로 통상 허가를 거부한 것이 발단이 되어 일어났다.[74] 통상 허가를 거절당한 레자노프는 일단 귀국하였고, 그 뒤 그의 부하들이 독단적으로 1806년 가라후토(사할린), 1807년 가라후토와 에토로프摝捉[75] 등을 공격했다. 이로 인해 막부와 러시아 사이에 군사적 긴장이 매우 높아졌다.

당시에는 조정도 막부도 주의를 기울이지 않았지만 이 보고는 뒷날 대외적 위기가 고조되면서 조정이 막부의 대외 정책에 개입할 수 있는 근거가 되었다. 조정은 이때의 보고를 근거로, 조정이 막부에 국가대사를 대정위임했다고 하더라도 국가의 존망과 관련된 중대한 사항은 별개로 조정이 그 권한을 가진다는 인식을 하게 된다.[76] 실제로 조정은 막부 말기에 대외적 위기가

---

74 막부에서 편찬한『통항일람(通航一覽)』(1853)에 레자노프가 가져온 러시아 황제의 친서 일본어 번역문이 실려있다. 한편 막부는 락스만의 방문 이후 에조치(홋카이도)의 직할화에 착수하여, 하코다테 부교를 신설하고 에조치의 경영 및 방어에 적극적으로 대처하기 시작한다.
75 제2차 세계대전 이후 일본과 러시아 사이에 영토분쟁이 계속 진행 중인 북방4개 섬 중 하나다.
76 위의 책, 131~134쪽.

메이지 천황릉 입구의 도리이와 계단(교토 후시미)

고조되자 막부에 대외정세에 관해 보고할 것을 지시하면서 독자적인 정치 활동 공간을 만들어 갔다.

이 밖에도 고가쿠 천황은 폐지되거나 축소된 궁중의 전통 의례를 부활시켜 조정의 권위를 높여갔다. 대상제大嘗祭를 부활시키고 천황가의 제사와 의례를 고대의 복고풍으로 되돌렸으며 가모사 행행과 신기관 등 고대 율령제 시기의 제도를 복원하기 위해 노력[77]했다. 고가쿠 천황이 천황가의 권위를 회복하는 데 얼마나 큰 역할을 했는지는 고가쿠 천황의 시호를 보면 금방 알수 있다. 고가쿠 천황 전까지 역대 천황의 시호는 천황이 아니라 원院이었다. 고가쿠 천황 사후 천황가는 잃어버린 시호를 954년 만에 비로소 회복한다.[78] 이에 따라 고가쿠 천황 이후의 천황들도 자연스럽게 천황 존호를 다시 사용할 수 있게 되었고, 역대 천황 중 원을 사용하고 있던 천황들의 시호는 메이지 시대에 모두 원에서 천황으로 변경되었다.

<hr>

77 　고대 조정의 제사를 관할하던 신기관의 설립은 고가쿠 천황 때는 실현되지 않았고 메이지 원년에 설치되었다. 가모사 행행은 손자인 고메이 천황에 이르러 실현되었다. 1863년 고메이 천황은 양이기원을 위해 황궁 밖에 있는 가모사 신사에 직접 참배하였다. 고가쿠 천황은 가모사 신사에 어린 시절에 잠깐 다녀간 적이 있었을 뿐이었다.

78 　제62대 천황인 무라카미 천황까지는 천황이라는 존호를 사용했지만 제63대 레이제이 천황 때부터는 존호로 원(院)을 사용했다. 藤田覺, 『幕末の天皇』, 講談社, 2013, 138~144쪽.

끝으로 천황의 장례식 방식과 묘의 크기를 통해서 고가쿠 천황 이후 천황의 위상이 어떻게 변했는지를 한번 알아보자. 역대 천황의 장례식 방식과 천황묘의 크기는 천황의 위상을 말해 줄 수 있는 중요한 지표다. 고대 국가 시기 천황 권력이 확립되자 천황 묘는 거대한 고분 형태로 조성되었다. 그 뒤 불교가 전해지자 그 영향으로 화장을 하기 시작했다. 702년 제41대 지토 천황持統, 645~702이 처음 화장을 한 이래 고분은 쇠퇴하고 석탑 등이 주로 조성되었다. 교토의 센뉴지泉涌寺(현재 교토시 히가시야마구)에는 가마쿠라 시대 천황들을 비롯하여 제108대 고미즈노오 천황後水尾, 1596~1680 이하 에도 막부 말기에 이르까지 24명의 천황을 기리는 석탑이 세워져 있다.

1867년 고메이孝明 천황이 세상을 떠난 뒤 다시 대규모 고분이 만들어지기 시작했다. 지토 천황 이래 거의 1,000년 만의 일이다. 고메이 천황의 치세는 존왕양이 운동이 격화되어 조정의 권위가 막부를 능가했다. 이 때문에 고메이 천황의 능은 센뉴지 뒷산에 고대의 양식을 따라 대규모의 원형 고분으로 조성되었다. 메이지 천황 이후 쇼와 천황까지의 천황릉도 모두 대규모로 조성되었다.

일미통상조약의 체결과 조정의 정치노선

에도 시대 조정과 막부의 관계는 우호적이었다. 이러한 조막 관계에 적대적 기류가 형성되게 되는 계기는 이이 나오스케의 독재 정치였다. 이이 나오스케는 천황의 칙허를 무시하고 독단적으로 서양 5개국과 통상조약을 체결하였을 뿐만 아니라, 안세이대탄압 때에는 조정의 공경[79]과 히토쓰바시파

79　구니노미야아사히코(尊融入道親王, 久邇宮朝彦親王, 일반적으로는 나카가와노미야(中川宮)) 친왕을 비롯하여 이치죠 다다카 내대신, 고노에 다다히로 좌대신, 다카쓰카사 스

다이묘까지도 처벌하였다. 공경이 막부의 처벌을
받는 경우는 극히 드문 일이었다.

이에 고메이 천황은 격노하여 양위의 의사까지
밝히면서 막부와 대립하였다. 사쿠라다문밖의 사
건 뒤 막부의 권위가 추락하고 존왕양이 운동이 거
세지자 조정의 존왕양이파 공경들은 양이 실행을
명분으로 반막부 세력을 결집시켜 조정의 정치적
영향력을 키워 나갔다. 1862년 8월 20일 젊은 존왕

가즈노미야 내친왕 그림

양이파 공경인 좌근위권소장 산죠 사네토미左近衛權少將 三條實美는 다른 공경들
과 같이 연서하여 좌막파 내지 공무합체파 공경을 쫓아내려는 탄핵을 제기했
다. 내대신 고가 다케미치久我 建通, 좌근위권중장 이와쿠라 도모미 등 6명의
공경들이 주요 대상이었다. 이들 대부분의 탄핵 사유는 고메이 천황의 여동
생인 가즈노미야[80]와 쇼군 이에모치의 정략결혼에 찬성했다는 것이었다. 이

케히로 우대신, 다카쓰카사 마사미치 전 관백 등 다수의 조정의 공경과 그 가신들이 은
거, 사관, 영구침거, 근신 등의 탄압을 받았다.

80 가즈노미야(和宮 親子內親王, 1846.7.3~1877.9.2)는 제120대 닌고 천황(仁孝, 1800~1846)
의 여덟 번째 황녀로 고메이 천황의 친동생, 메이지 천황의 고모다. 막부가 공무합체를
위해 추진한 정략결혼의 희생자가 되어 아리스가와노미야다루히토 친왕과의 약혼을 파
기하고 제14대 쇼군 이에모치와 혼인했다. 고메이 천황도, 가즈노미야 본인도 이 결혼에
반대했지만 막부의 집요한 공작 끝에 허락할 수밖에 없었다. 당시 시종으로 있던 이와쿠
라 도모미는 천황에게, 막부가 통상조약을 없는 것으로 되돌리는 파약양이(破約攘夷) 조
건을 받아들인다면, 가즈노미야도 나라를 위해 결혼을 받아들이고 천황도 결혼을 허락
하는 칙허를 내려야 한다는 의견을 제시했다. 원래 막부가 정략결혼의 후보로 생각했던
사람은 가즈노미야가 아니라 1859년에 태어난 고메이 천황의 황녀였지만 일찍 죽는 바
람에 가즈노미야가 대신 선정되었다. 가즈노미야는 1861년 10월 20일 황궁을 떠나 에도
로 출발했다. 당시 교토에는 가즈노미야가 막부의 인질로 결혼하게 되었다는 소문이 나
도는 등 민심이 좋지 않았다. 이에 과격파들의 폭력 행동을 막고 일정을 제때 맞추기 위
해 경호와 경비 등에 총 3만 명이 동원되었다. 행렬의 길이는 약 50km에 달했고 가마 경
호에 12개 번, 연도 경비에 29개 번이 동원되었다.

와쿠라 도모미도 교토 쇼시다이였던 사카이 다다요시[81]와 친하다는 이유로 4간2빈(四侃2嬪) 중 한 명으로 탄핵되어 조정에서 쫓겨났다. 이로써 존왕양이파가 조정을 장악한다.

공경 출신으로 메이지유신의 핵심 인물인 이와쿠라 도모미와 산죠 사네토미가 이때 서로 생사를 걸고 싸우고 있었다는 사실은 유신의 과정에 얼마나 많은 우여곡절이 있었는지를 잘 말해준다. 이와쿠라 도모미는 당시 언제 테러를 당할지도 모르는 위험한 상황 아래 놓여 있었다. 그러나 존왕양이파 공경이 주도하던 조정의 정치적 분위기는 얼마 지나지 않아 다시 급변한다. 양이운동의 주체로 직접 전면에 나서는 것을 부담스러워 하는 고메이 천황과 조슈의 정국 주도에 불안감을 느낀 아이즈와 사쓰마의 반격으로 존왕양이파들이 모두 쫓겨나기 때문이다. 아이즈와 사쓰마가 군사동맹을 맺고 8·18사건을 일으켜 공격에 나서자 조슈의 존왕양이파들과 7명의 존왕양이파 공경들은 교토를 떠난다. 다음해 조슈는 금문의 전투를 일으켜 교토의 정세를 반전시키려고 시도하지만 이마저 실패한다. 이 과정에서 조슈는 고메이 천황의 분노를 사 조적으로 낙인찍히고 막부는 제1차 조슈정벌전쟁을 준비한다.

---

81 사카이 다다요시(酒井忠義, 1813.8.4~1873.12.5). 와카사오바마(若狹小浜, 현재 후쿠이현 오바마시)의 제12대, 제14대 영주로 공무합체 운동에 주력하였다. 안세이(安政) 5년 쇼군 후계 문제가 일어났을 때 남기파를 지지하였다. 안세이대탄압 당시 교토 쇼시다이를 맡고 있었다.

2) 국제적 환경 – 영국과 프랑스

유럽의 전쟁과 미국의 내전

유신혁명의 성공에는 주체 세력의 형성, 천황의 정치적 부상 등과 같은 주체적 요인 외에도 국제 정치·경제적 환경과 외세의 개입 정도 같은 외부적 요인도 무시할 수 없다. 아편전쟁 이후 동아시아 세계는 공통적으로 서양의 군사적·경제적 개입에 직면하지만 개별 국가가 실제로 직면했던 외압의 정도에는 많은 차이가 있었기 때문이다. 단적으로 1850년대 이후 1870년대 중반까지 봉건 체제 일본이 직면했던 외압의 강도는 제1, 2차 아편전쟁 당시 중국의 청 왕조가 직면했던 외압의 강도보다 훨씬 약했다.

다만 주체적 요인과 외부적 요인 중 어느 하나를 결정적인 것으로 보기보다는 상호작용하면서 변화·발전해가는 과정을 구체적으로 살펴볼 필요가 있다. 실제 역사적 현실은 매우 복잡하고 다양한 요인들의 조합으로 진행되며, 아무리 좋은 이론이라도 역사적 현실을 있는 그대로 다 생생하게 묘사해낼 수는 없기 때문이다. 역사를 어느 한 요인만으로 설명하는 것은 체계적이고 명쾌하게 보일 수는 있지만 그만큼 실제 역사와는 멀어질 수밖에 없다.

이 책은 일본의 메이지유신과 근대국가 수립 과정을 주체적 요인을 중심으로 설명하고 있다. 그 이유는 아편전쟁 이후 일본의 근대국가의 수립까지 폭발적으로 분출하여 외압을 극복해가는 일본의 주체적 역량을 좀 더 체계적으로 설명하기 위해서이며, 국제적 환경이나 실제 외압의 강도 같은 외부적 요인을 중요하지 않다고 보기 때문은 결코 아니다.

주체적 요인과 외부적 요인은 서로 상충될 수도 있고 보완될 수도 있다. 다만 일본으로서는 천만다행으로 이 두 요인이 절묘하게 맞아 떨어졌다. 1854

년 개국 이후 일본과 화친조약을 체결했던 서양 5개 국가들은 모두 전쟁과 내란에 휩싸이게 된다. 영국과 프랑스는 동아시아에서 가장 중요한 상품 시장이었던 중국 시장을 확대하기 위해 제2차 아편전쟁(1856~1860)을 일으킨다. 이 때문에 1850년대 영국과 프랑스는 제1차 아편전쟁 당시 청에 한 것처럼 대규모의 군대를 일본에 파견할 수 있는 상황이 아니었다.

또 왕정복고 쿠데타를 전후한 시기 영국과 프랑스는 정치적·경제적 이해 관계가 상충되어 프랑스는 막부를, 영국은 서남 지역의 유력 다이묘들을 군사적·경제적으로 지원하면서 분열했다. 병아리가 알을 깨려고 몸부림칠 때 어미닭이 큰 부리로 한 군데만 쪼아주면 쉽게 나올 수 있듯이, 조슈의 사무라이 혁명가들이 제2차 조슈정벌전쟁에 대비하기 위해 죽을힘을 다 바쳐 뛰어다닐 때, 영국은 신식무기와 함선을 제공해 주었다. 또한 보신전쟁 기간 동안 영국은 서구 열강들이 엄정중립─사실상 프랑스 등 친막부 국가들의 막부 지원 금지─을 지키도록 도와주었다. 이처럼 제1, 2차 아편전쟁 당시 청 왕조가 직면했던 국제적 환경과 1853년 이후 특히 유신변혁기인 1860년대 일본이 직면했던 국제적 환경은 많이 달랐다.

그럼 1853년 이후 봉건 체제 일본이 직면했던 외부적 요인, 즉 국제적 환경과 실제 외세의 개입 정도가 어떠했는지 한번 알아보자.

서구열강들이 연합군을 형성하여 제1차 아편전쟁을 일으키고 이어 중국의 내륙 지방까지 군사적으로 침략하던 1840~1850년대 초 유럽은 나폴레옹전쟁이 종결되고 빈 체제의 성립에 따라 비교적 안정된 국제 관계를 유지하고 있었다. 이때 미국은 영국에 이어 산업혁명을 맞이하고 있었다. 반면 이들이 침략의 눈길을 일본으로 돌려 막부와 통상조약을 체결한 1858년을 전후한 시기 유럽은 강대국 간의 패권전쟁[82]에, 미국은 내란의 소용돌이에 빠

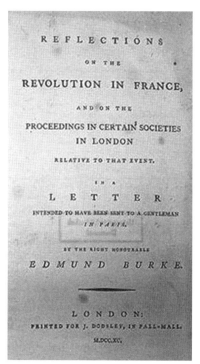

에드먼드 버크(1729~1797)

파리코뮌 직후(1871)의 파리 시가지 사진

에드먼드 버크의 『프랑스혁명에 관한 성찰(Reflections on the Revolution in France)』(1790)

져 있었다.

우선 영국과 프랑스는 1853년 10월부터 1856년 2월까지 크림전쟁을 치렀다. 크림전쟁[83]은 러시아와 유럽 연합국 사이에서 일어난 전쟁으로 영국과 프랑스는 막대한 인명 피해와 물적 피해를 입었다. 이 전쟁의 상대방인 러시

[82] 지난 200년 동안 강대국과 강대국 간에 전쟁이 일어난 것은 모두 일곱 번이었다. 크리미아전쟁(1853~1856), 이탈리아독립전쟁(1859), 보오전쟁(1866), 보불전쟁(1870), 러일전쟁, 러시아 내란(1818~1921), 일소전쟁 등인데 이 중 앞의 네 전쟁이 이 기간 동안에 유럽에서 일어났다. 존 J. 미어세이머, 이춘근 역, 『강대국 국제정치의 비극』, 나남, 2004, 229~230쪽.

[83] 오스만 제국 내의 정교회 교도들에 대한 보호권을 주장한 것이 직접적 원인이 되었으나, 팔레스타인의 성지를 둘러싼 러시아 정교회와 로마 가톨릭 사이의 권한 다툼을 배경으로 프랑스와 영국이 참전하는 등 중동을 둘러싼 열강들의 이권 경쟁에 의해 일어났다.

아는 더 큰 피해를 입고 전쟁에 패했다. 네덜란드는 일본의 개국 이후 유럽에서 힘을 잃고 작은 국가로 전락하였다.

미국은 1861년부터 농업 중심의 남쪽 지역과 공업 중심의 북쪽 지역이 남군과 북군으로 분열되어 미국독립전쟁 이후 최악의 내전을 치렀다. 남북전쟁이 끝날 때쯤에는 독일(프로이센)과 오스트리아 사이에 보오전쟁이 일어났고, 곧 이어 프랑스와 독일 사이에 보불전쟁[84]이 일어났다. 보불전쟁에서 패배한 프랑스 파리에서는 사회주의자들이 바리케이트를 설치하고 인류 최초의 사회주의 자치 정부[85]인 파리코뮌을 선포했다.

참고로 파리코뮌이 끝난 지 1년 정도 지나 일본 정부의 이와쿠라사절단이 파리를 방문했다. 이들은 그때까지 파리 시내의 건물 곳곳에 남아 있던 총탄 자국, 개선문의 파괴된 모습 등 혁명의 상처를 보면서 계급투쟁과 사회주의 사상에 대해 부정적인 생각을 갖게 되었다. 이는 그 뒤 일본의 입헌 제도 수립 과정에도 많은 영향을 미친다. 당시 일본에는 이미 프랑스대혁명에 비판적이었던 에드먼드 버크의『프랑스혁명에 관한 성찰』이 번역[86]되어 있었고,

---

84 남북전쟁은 1861년 4월 12일에서 1865년 4월 9일까지, 보오전쟁은 1866년 6월 17일에서 8월 23일까지, 보불전쟁은 1870년 7월 19일에서 1871년 5월 10일까지 지속되었다.

85 파리코뮌은 1871년 3월 18일 수립되었고 5월 28일 정부군에 의해 진압되었다. 코뮌 정부는 두 달 열흘 정도 지속되었지만 그 뒤 사회주의 운동가들에게 많은 영감을 주었다. 1789년 프랑스대혁명 이후 파리코뮌까지 약 100년 동안 프랑스에서는 크고 작은 혁명의 실험이 여러 차례 있었다. 파리코뮌은 인류 최초의 사회주의 자치 정부에 대한 실험이었지만 찬란한 혁명 이념에도 불구하고 막대한 희생만을 남긴 채 실험으로 끝나고 말았다.

86 가네코 겐타로(金子堅太郎)가 1881년 11월에 에드먼드 버크의『프랑스혁명에 관한 성찰』과 An appeal from the New to the Old Whigs(1792)을 주요 자료로 삼아『정치논략(Outline of political theory)』이란 책을 집필했다. 이 책은 원로원(元老院, council of Elder Statesman)이 루소의 정치사상에 의지하고 있던 자유민권론의 이론적 기초에 대해 논박하기 위해 발간한 것이었다. 이에 대해 자유민권론자인 우에키 에모리가 반박하는 글을 신문지상에 발표하면서 논쟁이 일어났다. 마루야마 마사오, 김석근 역,『일본정치사상사연구』, 통나무, 1995, 459~460쪽.

유신 정부의 지도자들도 이 책을 읽고 있었다.[87]

이처럼 서구 열강들은 1854년 개항 이후 폐번치현 시기까지 20년 동안 자기 나라의 긴급한 사정과 중국에서의 전쟁으로 인해 일본까지 신경을 쓸 군사적·경제적 여유가 별로 없었다. 서구 열강들은 또한 중국이라는 거대한 상품시장에 비해 일본의 가치를 아직 과소평가 하고 있었다. 당시 일본에는 미국과 유럽에서의 전쟁이 끝나자 남아도는 무기를 팔아넘기려는 무기중매상[88]들만 활약하고 있을 뿐이었다. 그 사이 일본은 유신을 성공시키고 폐번치현을 단행하여 전국에 걸쳐 단일한 통치권을 확보한 근대적 통일 정부를 수립할 수 있었다.

영국과 프랑스의 경쟁

다른 한편으로 이 시기 영국과 프랑스 등 서구열강들은 서로 치열하게 경쟁했다. 제1, 2차 아편전쟁에서는 공동으로 군사작전을 펼쳤지만, 일본에서는 이권 확보 경쟁 때문에 서로 분열했다. 막부는 프랑스와 손잡고 조슈를 정벌하고 서남 지역의 유력 번을 견제하려고 하였다. 프랑스 교관을 초청하여 군사 훈련을 시행하고 프랑스식 군제 개편을 단행하였으며, 파리에 유학생도 파견하였다. 그러나 제2차 조슈정벌전쟁을 앞둔 결정적인 시기에 막부는 프

---

[87] 천황친정 체제의 부활을 기도하였던 1880년대 궁정세력들은 자유민권파들이 언젠가는 천황제 폐지를 주장할지 모른다는 의구심을 가지고 있었다. 궁정세력의 대표적인 인물인 사사키 다카유키는 아리스가와노미야에게 『프랑스혁명에 관한 성찰』을 읽어볼 것을 권유하고 있다. 방광석, 『근대일본의 국가체제 성립과정』, 혜안, 2008, 104쪽, 주석 70. 우리나라에서는 2008년 출간되었다. 에드먼드 버크, 이태숙 역, 『프랑스혁명에 관한 성찰』, 한길사, 2008.

[88] 아일랜드계 영국인 글로버는 사쓰마·조슈에, 독일인 무기상 슈넬형제(Henry Schnell, Edward Schnell)는 아이즈에 게베르총, 미니에 총 등 최신 무기를 공급해주었다. 이 무기들은 제2차 조슈정벌전쟁, 보신전쟁 등에서 승패를 결정짓는 주요 요인 중 하나였다.

랑스로부터 도입하기로 예정되어 있었던 대규모의 차관과 무기 구매에 실패하고 만다. 프랑스로부터의 차관 도입 실패는 막부의 재정적, 군사적 능력에 큰 타격을 주었다. 반면 사쓰마, 조슈는 영국의 도움을 받아 신식 총기와 대포로 무장하였고 이에 힘입어 막부의 제2차 조슈토벌전쟁에서 막부에 승리할 수 있었다.

또한 왕정복고 쿠데타가 단행되고 난 뒤 서구열강들은 영국의 제안에 따라 중립을 지켰다. 유신 정부가 수립되었다고 해도 아직 일본을 대표하는 정부로 국제적으로 공인받은 것은 아니었다. 더욱이 도쿠가와 요시노부는 막부가 여전히 일본을 대표하는 정부라고 외교사절들에게 공언하고 있었다. 따라서 국제법적으로는 사실상 두 개의 정부가 공존하는 상태, 즉 교전 단체 사이의 내전상태에 있었다. 유신 정부의 국제적 지위가 이처럼 불안정한 상황에서 영국의 주도로 서구열강들이 일본의 내전에 개입하지 않고 엄정중립을 지키겠다고 공식 선언한 것이다. 이것은 쿠데타로 수립된 천황 정부를 사실상 묵인해 주는 것과 다름없었다. 그동안 막부를 적극적으로 지원하던 프랑스는 이로 인해 도쿠가와 요시노부를 더 이상 지원하지 못하게 된다. 이런 측면에서 유신변혁은 영국과 프랑스의 대리전적인 측면도 분명 있다. 서남 지역의 유력 번의 승리는 이 대리전에서 영국의 승리를 의미하기도 한다.

결론적으로 이 시기 서구열강들은 중국에서처럼 대규모 군사 개입과 같은 방식을 사용하지 않았다. 물론 애당초 일본에서 얻을 수 있는 경제적 이권이 크지 않을 것으로 판단했던 측면도 있다. 그 틈을 타 미국이 개국과 개항을 먼저 강요했지만 미국 역시 단독으로 군사작전을 펼칠 능력은 없었고 그럴 필요도 없었다. 미국의 목적은 처음부터 통상 확대에 있었다. 1860년대 초 사쓰마와 영국의 사쓰에이전쟁, 조슈와 4개국 연합 함대의 시모노세키전쟁 등에서 영국과 프랑스는 서남 지역의 유력 번과 소규모의 전투를 치러 보았다. 이때의 전투 경험으로 조슈나 사쓰마가 서구열강과 대결하는 것은 무리라고 판단했던 것처럼 영국과 프랑스 역시 일본과 장기간에 걸친 전면적인 군사 대결을 벌이는 것은 무리라고 판단했을 수도 있다.

어찌됐건 영국, 프랑스 등 서구열강들은 자국의 사정으로 인해 군사적 개입과 직접적 영토 점령보다는 불평등한 통상조약을 토대로 교역에서 경제적 이권을 챙기는 간접적인 지배 방식을 선택했다. 존왕양이를 명분으로 내건 토막파도 겉으로는 계속 양이론을 내세웠지만 사쓰마도 조슈도 사쓰에이전쟁과 시모노세키전쟁을 치르고 난 뒤 양이가 불가능하다는 것을 잘 알고 있었다. 급진파 존왕양이론자였던 다카스기 신사쿠가 시모노세키전쟁이 끝난 뒤 시모노세키를 자유무역항으로 개방할 것을 주장했을 정도였다. 이 때문에 1860년대 들어 조슈, 사쓰마 등 혁명 주체 세력이 내세웠던 양이론은 막부타도를 위한 정치적 명분에 지나지 않았다. 1860년대 유신 주체 세력들의 실제적 목표는 외세의 군사적 개입에 대한 방어보다는 국내 권력 구조의 재편, 즉 쇼군독재 체제의 변혁에 있었다.

막부 말기 영국과 프랑스의 군사 지원

그러면 영국과 프랑스는 각각 어떤 방식으로 막부 말기 일본의 내정에 개입했을까? 막부는 개국 직후 네덜란드의 도움을 받아 군제 개혁을 추진했지만 1858년 서양 5개국과의 통상조약을 체결한 뒤에는 영국과 프랑스의 지원 아래 군제 개혁을 추진했다. 이 시기에 와서야 네덜란드보다 영국과 프랑스의 국력이 훨씬 강하다는 것을 알게 되었기 때문이다. 그 전까지 네덜란드는 근대적 군사 제도와 군사기술의 전수자로서 많은 역할을 했다. 막부의 해군이

기술적・인적으로 초보적이나마 체계를 갖추게 된 것은 모두 네덜란드 덕분이었다.[89]

1862년 니시 아마메西周, 1829～1897, 에노모토 다케아키本武揚, 1836～1908, 쓰다 마미치津田真道, 1829～1902 등 네덜란드로 유학을 떠났던 사람들이 귀국하면서 막부는 네덜란드가 더 이상 일본이 본받아야 할 군사 강국이 아니라는 사실을 깨달았다. 이 시점에 영국과 프랑스는 막부가 통제하지 못하는 조슈, 사쓰마 등의 급진파 양이 세력을 직접 공격하기 위해 막부의 승인을 얻어 1863년 7월부터 요코하마에 병력을 주둔하고 있었다. 1864년 1월 영국 병력은 1,500여 명에 달했고 프랑스 병력은 250명이었다. 막부는 영국이 대규모의 병력을 주둔하고 있는 것에 대해 의구심을 가지고 있었지만 서남지역의 유력 다이묘들을 견제하기 위해 이를 용납했다. 대신 이들의 도움을 받아 광범위한 분야에 걸쳐 군사 개혁을 추진했다.

1864년 에도 세키구치關口에 대포제작소가 건설되었다. 1853년 유지마湯島에 설치한 대포제작소에서는 주로 소총을 제작하기로 하고 세키구치 대포제작소에서는 프랑스식 대포를 제작했다. 이에 따라 주요 병기가 네덜란드식에서 프랑스식으로 바뀌었다. 1864년 9월 막부 군대가 보병, 기병, 포병의 3병 조직으로 편성되자 어느 나라에 군사 훈련을 의뢰할지가 현안으로 떠올랐다. 막부는 11월 1일 영국 공사 알코크[90]에게 막부군의 군사 훈련을 의뢰하였다. 이에 따라 소규모 병력이긴 하지만 영국식 군사 훈련이 시작되었다.

1865년에는 영국과 프랑스의 지원을 받아 조선소와 제철소를 건설하고 군사 교관을 초빙한다. 막부의 간죠부교勘定奉行(재정 담당) 오쿠리 마사야스小栗

89   박영준, 『메이지 시대 일본군대의 형성과 팽창』, 국방군사연구소, 1997, 108쪽.
90   Sir Rutherford Alcock(1809～1897). 초대 주일 영국총영사, 청 주재 영사. 의사.

政變, 1865~1866 재임는 1864년 11월 프랑스 공사 레온 로슈*Léon Roches*와 프랑스 동양 함대 사령관 조레스*Jaures* 제독을 방문하여 막부 증기선의 수리와 소형 증기선의 건조 등을 담당할 조선소 건설에 관한 자문을 요청했다. 다음해 1월 로쥬 미즈노 다다키요水野忠精는 프랑스 공사 레온 로슈와 요코스카에 제철소를 설립하기로 합의하였다.[91] 1865년 3월에는 레온 로슈에게 외국부교外國奉行(외교 담당) 시바타 다케나카柴田岡中의 유럽 순방 시 프랑스와 영국으로부터의 군사 교관 초빙 지원을 의뢰 했다. 시바타 다케나카는 1865년 8월 초 프랑스의 육군대신과 해군대신을 만났다. 이들은 막부의 조선소 건립 문제와 군사고문단 파견 문제에 대해 긍정적 반응을 보였다. 그러나 영국 외무차관 하몬드는 일본에 파견되어 있는 영국군 지휘관들에게 여유가 있으면 도와주겠다며 소극적이었다. 당시 영국은 이미 서남 지역의 유력 다이묘들에 대한 군사적 지원을 은밀히 추진하고 있었다. 이처럼 영국과 프랑스는 1865년 이후 서로 다른 정치적 판단 아래 막말 일본의 내정에 적극적으로 개입하고 있었다.

프랑스 공사 레온 로슈는 1866년 2월 본국 정부에 사관 및 하사관을 포함한 35명 규모의 군사고문단 파견을 요청했다. 이 계획에 따르면 프랑스 군사교관단은 보병 1만 명, 포병 650명, 기병 357명을 훈련시키기로 되어 있었다. 프랑스 정부는 1866년 6월 최종적으로 19명 규모의 군사고문단 파견을 결정하였다. 이들은 1867년 1월 13일 요코

초대 주일 영국 공사 알코크

91   요코스카 제철소는 1865년 9월 27일 기공식을 하였고, 1871년 2월 제1기 공사가 완료되었다.

하마에 도착한다. 프랑스 정부는 막부에 대한 군사 지원을 통해 반막부 다이묘들을 굴복시키고 양이파의 위협으로부터 일본에 체류 중인 외국인들을 보호해야 한다는 대일본 정책 차원뿐만 아니라, 일본에서의 영국 패권을 저지하겠다는 세력 균형적인 측면도 함께 고려하고 있었다. 그러나 제2차 조슈정벌전쟁에서 막부가 패배하고 난 뒤 일본국내 정세는 프랑스가 막부를 군사적으로 지원한다고 해서 돌이킬 수 있는 상황이 아니었다. 막번 체제 위를 달리던 기차들은 이미 탈선하고 있었다.

이에 앞서 1865년 윤5월 영국 공사 해리 파크스*Harry Parkes*는 요코하마에 부임하려가는 도중에 시모노세키에서 이토 히로부미와 이노우에 카오루를 만난 뒤, 막부가 일본에 대한 통제력을 상실했다고 판단했다. 이에 따라 1864년 약속한 요코하마 주둔 영국군의 막부군 군사 훈련 지원 약속을 이행하지 않았다. 대신 조슈, 사쓰마 등 반막부세력을 지원하기 시작했다. 영국의 속내를 알 수 없었던 막부는 영국 대신 프랑스에 군사 훈련 지원을 요청하였다.

프랑스의 판단은 영국과 달랐다. 로슈 공사의 전임자였던 벨쿠르*Bellecourt*는 본국 정부에 보낸 보고서에서, 영국이 천황과 유력 다이묘들을 지지하려는 움직임을 설명하면서, 천황이 아직 국제 교섭을 하기에는 무력하고 유력 다이묘들 역시 자신들의 봉건적 특권을 포기하지는 않을 것이라는 이유를 근거로 프랑스의 대일 외교방침으로 천황보다는 막부를 지원하는 것이 더 유리하다고 설명했다. 벨쿠르의 이러한 인식은 후임자인 로슈에게도 이어져 프랑스는 막부의 군사 지원 요청에 적극적으로 응했다.

막부 말기 일본 국내 정치 상황에 대한 영국과 프랑스의 서로 다른 분석과 대응을 보면 전 지구에 걸쳐 방대한 식민지를 운영하고 있던 빅토리아 시대 영국 제국의 정보력과 정확한 예측력에 놀라지 않을 수 없다.

유신의 국제적 환경에 관한 논의들

서구열강이 막말의 정치 변동에 미친 영향에 관해서는 일본 학계에서 많은 논쟁이 있었다. 이를 메이지유신의 국제적 환경에 관한 논쟁이라고 하는데 크게는 외부적 요인을 강조하는 입장과 내부적 요인, 즉 일본의 주체적 역량을 강조하는 입장으로 나뉜다. 동아시아의 나라들의 근대화 과정을 설명하는 데 중요한 내용이므로 좀 더 자세히 살펴보도록 하자.

외부적 요인을 강조하는 사람들[92]은 19세기 중반 일본에 대한 서구의 외압은 중국과 조선의 그것에 비해 상대적으로 작았기 때문에 일본의 근대화가 가능했다고 보고 있다. 이들은 영국의 대일 정책은 대중 정책과 불가분의 관계를 가지고 있으며, 중국과 비교할 때 그 강도가 많이 약했다고 본다. 영국은 인도와 중국에 군사적으로 개입하면서 세포이의 반란(1857), 태평천국의 난(1851~1861) 등 인도와 중국 민중의 강력한 저항에 부딪혀 곤혹을 치렀고, 태평천국의 난 이후에는 영국군의 대부분이 중국 대륙의 분쟁 지역에 투입되어 일본에서 대규모 군사 행동을 할 수 없었기 때문이다. 그 틈을 타 일본은 세계 자본주의의 발전에 발맞춰 막말 봉건 체제에서 절대주의 체제로 이행하고 자본주의로 발전할 수 있는 힘을 기를 수 있었다[93]고 본다.

이시이 다카시는 『메이지유신의 국제적 환경』[94] 등에서, 영국과 프랑스는 자국의 일본 주재 외교관을 통해 막말에서 메이지유신 이후까지의 시기에 적극적으로 개입·조종하면서 일본의 근대화에 큰 영향을 미쳤다[95]고 본다. 이

---

[92] 도야마 시게키(遠山茂樹)와 이시이 다카시(石井孝) 등의 학자가 있다.
[93] 遠山茂樹, 『明治維新』, 岩波書店, 2000, 41~47쪽.
[94] 石井 孝, 『明治維新の國際的環境』, 吉川弘文館, 1966(이시이 다카시, 김영작 역, 『메이지유신의 무대 뒤』, 일조각, 2008).
[95] 위의 책, 121~150쪽.

논리에 따르면 메이지유신은 영국의 지원을 받았던 사쓰마-조슈가 프랑스의 지원을 받았던 막부에 승리한 것으로 본다.

반면 외부적 요인이 아니라 내부적 요인이 더 중요하다고 주장하는 사람들도 많이 있다. 이들은 외부적 요인을 중요시하는 입장에 대해, 일본의 민족적 역량을 과소평가하고 있다고 비판한다.[96] 그들은 일본도 러시아의 대마도 침략, 열강의 원조에 의한 막부 권력의 매판화, 열강의 이권 획득 경쟁 등 중국이나 인도와 별로 큰 차이가 없는 위기가 있었지만 주체적 역량으로 이를 극복했다고 주장한다.

이 주장과 비슷하게 '외압의 상대적 차이'보다는 '일본 정치지도자의 능력'을 유신의 결정적 요인으로 보는 사람도 있다. 이들은 상대적 외압의 차이라는 조건은 단지 양적 차이에 불과하며 일본과 중국이 서로 다른 발전 경로를 겪은 가장 중요한 조건은 정치지도자의 능력이라는 질적 차이에 있다고 보았다. 구체적으로 중국의 정치적 주도 세력이었던 양무파는 매판적 성격을 많이 가지고 있었다고 본다. 반면 1870~1880년대의 유신 정부의 지도자는 통일 국가를 건설하기 위해 서구화를, 외압에 대항하기 위해 자본주의화 정책을 헌신적으로 추진했다[97]고 보고 있다.

이 주장에 대해 외부적 요인을 강조하는 사람들이 다시 반론을 제기하면서 논쟁은 더욱 격화되었다. 그들은 1860년대부터 1880년대 전반까지 동아시아에 대한 구미의 압력이 상대적으로 이완되었던 것은 부정할 수 없는 사실이라고 강조하면서 그 이유로 열강 간의 대립 등을 내세웠다. 그리고 이 조건의 차

---

96   이재광, 「19세기 세계 체제의 변동과 한국·일본의 자본주의 편입과정 비교」, 고려대 박
      사논문, 1996, 54쪽.
97   위의 글, 55쪽.

이가 1876년의 강화도조약, 1894년의 청일전쟁으로 이어져 일본은 제국주의 국가가 되고 중국은 반식민지로 전락하는 원인이 되었다고 주장했다.[98]

1860년대부터 1870년대 초기까지의 기간은 유신변혁의 진로에 결정적으로 중요한 시기였다. 일본의 국내 정치 상황은 역사적 격동의 한복판에 있었지만 국제 정치 상황은 10~20년 정도 뒤 시기와 비교할 때 천만다행이라고 해도 좋을 만큼 이완되어 있었다. 영국을 비롯한 서구세계는 자유경쟁 자본주의 시대에 머물고 있었고 제국주의 시대가 본격화되기까지 아직 20년 정도의 시간이 남아 있었다. 이러한 상황은 메이지유신의 국제적 조건으로 매우 중요하다. 영국이 제국주의가 아니라, 자유경쟁 자본주의에 머물러있던 시기의 국제적 조건을 '소小영국주의'[99]라고 이야기하기도 한다.

3. 패자敗者들의 유신혁명

1) 마지막 쇼군, 도쿠가와 요시노부

에도성 담판이 끝난 뒤 도쿠가와 요시노부는 곧바로 고향인 미토水戶(현재 이바라키현)로 은퇴하였다가 다시 시즈오카에서 근신한다. 이로써 쇼군가와 막부는 역사 속으로 사라지고, 천황제 통일 정부가 일본을 통치하는 유일한

---

98   遠山茂樹, 앞의 책, 2000, 25쪽.
99   이재광, 앞의 글, 56쪽.

중앙 정부로 자리 잡게 되었다. 쿠데타군은 혁명군이 되었고 막부군은 반군이 되었다. 공무합체파의 공경, 제후는 발언권을 상실하였고 유력 다이묘 연합 정체 구상도 사라졌다. 대신 왕정복고 쿠데타와 내전을 실질적으로 지휘한 사쓰마, 조슈의 하급무사 출신 지휘관들이 유신 정부의 실질적인 지도자로 떠올랐다.

1869년 근신조치가 풀리자, 요시노부는 정치에 일체 관여하지 않고 사진 촬영, 사냥, 낚시, 바둑, 사이클 등 고상한 취미생활을 즐기면서 유유자적하게 생활했다. 생활비는 도쿠가와가 종가에서 보내주었다.[100] 1897년 도쿄로 옮겨갈 때까지 약 30년을 시즈오카에 살았다. 그때 찍은 많은 사진들은 민속 사료로 남아 있다. 시즈오카는 도쿠가와 이에야스가 어린 시절 이마가와가에 인질로 잡혀있었던 곳이며, 1603년 쇼군직을 아들에게 물려주고 난 뒤 여생을 보냈던 순푸성이 있는 곳이었다.

사이고 다카모리, 기도 다카요시, 오쿠보 도시미치 등 유신혁명의 승자들은 왕정복고 쿠데타 뒤 10년을 못 넘기고 자결, 병사, 암살당한 반면, 도쿠가와 요시노부는 이처럼 가문의 역사가 시작된 유서 깊은 지역인 시즈오카[101]에서 매우 평화롭고 안락한 여생을 보냈다. 도쿠가와 나리아키의 7번째 아들로 태어난 사실에서도 알 수 있듯이 그는 애당초 쇼군의 운명을 타고난 것이 아니었다. 도쿠가와가 안에서도 방계에 속했던 미토 번주의 7번째 아들로 태

---

100 松浦玲, 『德川慶喜 増補版』, 中公新書, 1998.
101 시즈오카는 1873년 폐번치현 뒤의 명칭이며 그 전까지는 스루가번 혹은 순푸번이라고 불렸다. 순푸번은 스루가와 도오토미(遠江國)지역을 합친 것으로 석고는 70만 석이었다. 유신 뒤 막부는 고산케 가문 중 하나인 다야스가의 당주 도쿠가와 이에사토(家達)를 도쿠가와 종가의 상속인으로 정해 제16대 쇼군에 취임하게 했다. 이로써 도쿠가와가는 쇼군가에서 일개 다이묘가로 전락했으며, 쇼군가의 영지는 800만 석에서 70만 석으로 대폭 줄어들었다. 安藤優一郎, 『幕臣たちの明治維新』, 講談社, 2009, 14~16쪽.

도쿠가와 요시노부(1837~1913)의 말년 모습

어난 그가 어찌됐건 제15대 쇼군으로 등극할 수 있었던 것은 대단한 행운이라고 하지 않을 수 없다.

그럼 그가 쇼군이 될 수 있었던 요인은 무엇이었을까? 그것은 미토가의 혈통적 강인함과 도쿠가와 요시노부의 뛰어난 정치적 능력이다. 이 중 혈통적 강인함은 대부분의 사람들에게는 의외로 여겨지겠지만, 사실 혈통문제는 막부 말기 쇼군가 안에서 매우 심각한 상태였다. 제11대 쇼군 이에나리德川家齊에서 제12대 쇼군 이에요시德川家慶에 걸쳐 미토를 제외하고는 고산케 세 가문과 고산쿄 세 가문에 전부 이에나리와 이에요시의 자식들이 당주로 들어갔지만 한군데도 번성하지 못했다. 대가 끊기거나, 이에나리 동생의 자식과 손자까지 다 따져도 쇼군이 될 만한 인물은 없었다. 특히 제8대 쇼군을 배출한 기이의 혈통 중 히토쓰바시가의 혈통은 너무 약해 진절머리가 날 정도였다.[102] 막부 말기의 쇼군들이 리더십을 제대로 발휘할 수 없었던 이면에는 쇼군이 연속적으로 급사하고 어린 쇼군이 뒤를 이어야만 했던 이런 혈통적 문제도 있었다.

---

[102] 松浦玲, 『德川慶喜 增補版』, 中公新書, 1998, 19쪽.

반면 고산케와 고산쿄 가문 중 쇼군과 혈연관계가 가장 옅은 미토의 혈통은 매우 강인했다. 이는 아마 미토가의 강인하고 검소한 가풍에서 기인하는 것이지도 모른다. 미토가에서는 자식이 태어나면 대도시인 에도에서 양육하지 않고 시골인 미토로 보내 궁술弓術, 마술馬術, 수술水術 등의 무술은 물론이고 문무에 걸친 엄격한 교육을 시켰다. 또한 고산케 가문이면서도 매우 검소한 생활을 했다. 식사는 국 하나 야채 하나菜를 원칙으로 하였으며, 백미는 금지되었고 고기와 생선은 한 달에 3회로 제한되었다. 옷도 비단 종류는 일체 금지되어 목면이나 삼베옷을 입어야 했으며, 버선은 겨울에도 홑겹으로 내피가 없는 것을 신어야 했다. 도쿠가와 요시노부도 2세에 미토로 보내져 엄격한 교육을 받았다. 겨울에는 손이 터 피가 나와도 참아야 했으며 맨발로 다닌 적도 많았다고 한다.

어릴 때부터 강인한 교육을 받은 데에다 요시노부는 특히 매우 총명했다. 부친 나리아키가 7남인 그를 굳이 다른 가문에 양자로 보내지 않고 늦게까지 곁에 둔 것도, 세자에게 문제가 생길 경우 요시노부에게 가독을 상속시킬 생각 때문이었다. 제12대 쇼군 이에요시가, 미토의 요시노부에게 히토쓰바시가의 가독을 잇도록 배려한 것은 이처럼 혈통적인 문제와 개인적인 능력 두 가지 측면에서 요시노부만 한 인물이 없었기 때문이었다.

하지만 그의 혈통은 엄격히 따지자면 방계였기 때문에 정통성 측면에서 약점이 있었다. 더욱이 그에게는 쇼군 후계 경쟁이나 정치적 경쟁에서 다른 인물들과 겨룰 만한 경제적·군사적 자산도 없었다. 10만 석을 보유하는 히토쓰바시가의 당주가 되었지만, 고산쿄 가문은 일반적인 다이묘나 고산케 가문과 달리 순수하게 쇼군의 혈통을 잇는 목적으로 창설된 가문이기 때문에 영지는 전국에 걸쳐 분산되어 있었고, 가신단은 물론 독립적인 재정적·군사적 기반도 없었다. 필요한 것은 모두 막부로부터 지원받았고 에도성 안에서 생활했다. 이 때문에 1858년 7월 6일 제13대 쇼군 이에사다의 갑작스러운 죽음으로 쇼군 후계 경쟁이 벌어졌을 때에도 혈통을 우선적 기준으로 내세우는 이이 나오스케에게 패배할 수밖에 없었다.

그럼에도 불구하고 도쿠가와 요시노부의 탁월한 언변과 정치적 능력은 천황가, 쇼군가, 서남지역의 유력 다이묘 모두에게 필요 할 정도로 빼어났다. 그가 중앙 정치 무대에 처음 등장하게 되는 것은 1862년 분큐개혁 때 시마즈 히사미쓰가 어린 쇼군의 후견인에 그를 임명해줄 것 등을 요구하면서부터다. 그 뒤 안세이대탄압 때 시마즈 나리아키, 다테 무네나리, 야마우치 요도, 마쓰다이라 요시나가 등 막말의 개혁적인 제후들과 함께 처벌받았다. 때문에, 이들은 막부와의 협상에서 요시노부가 자신들을 대변해줄 것으로 기대했다. 천황 또한 금문의 전투 때 요시노부가 보여준 활약으로 인해 그에게 많은 기대를 걸고 있었다. 다른 한편 그는 쇼군가로부터 군사적·재정적 지원을 받고 있었기 때문에 후다이 다이묘가 장악하고 있는 막부의 눈치도 살피지 않을 수 없었다. 거기에다가 그는 고산케가문 중에서도 에도에 가장 가까이 위치해 있으면서 유사시 쇼군가를 지키기 위해 가장 먼저 출동해야만 하는 미토가 출신이었다.

존왕양이론의 본산인 미토가에서 태어나, 쇼군가의 혈통에 문제가 생길 경우 쇼군직을 승계할 목적으로 창설된 고산쿄 가문 중 하나인 히토쓰바시가의 당주가 되었고, 이이 나오스케의 탄압으로 정치적 고난을 받다가 사쓰마의 도자마 다이묘 시마즈 히사미쓰의 지원에 힘입어 정치적으로 재기한 도쿠가와 요시노부에겐 눈치를 살펴야 할 것들이 너무 많았다. 정신적으로는 천황가, 혈통적으로는 쇼군가, 정치적으로는 신흥 정치개혁 세력에 연결되어 있었던 것이다. 막말 정치적 동란기에 이 세 요소가 조화롭게 삼위일체를 이룰 수 있었다면 그의 삶은 많이 달라졌을 것이다.

1862년 분큐 개혁기가 그러했다. 이때 그의 정치적 능력은 빛을 발했다. 하지만 그 기간은 너무 짧게 끝나고 말았다. 그 뒤 3자 사이에 분열이 생기자 결국 어느 한쪽을 선택함으로써 다른 쪽을 배신할 수밖에 없는 정치적 딜레마에 빠질 수밖에 없었다. 유신변혁기에 그가 사전 조정이나 협의 없이 독단적으로 정치적 태도를 바꾸면서 좌충우돌했던 것은 이 때문[103]이었다.

한편 요시노부가 훗날 사쓰마, 조슈와의 전면적 전쟁을 회피하고 대정봉환의 결단을 내린 것은 미토의 존왕양이 가풍家風이 어린 시절부터 몸에 배어 있었기 때문이라고 말하는 사람도 있다. 미토의 존왕양이론이 조슈를 거쳐 막말 존왕양이파들에게 많은 영향을 미쳤고, 안세이대탄압으로 요시노부가 처벌받아 근신했던 곳도 미토 존왕양이파의 산실인 고도칸이었던 것을 보면 그런 측면도 있다. 이들은 또한 그 연장선에서 대정봉환을 영국과 프랑스의 대리전쟁을 피하고 일본의 국가적인 대분열과 내란을 막은 결단[104]으로 높게 평가한다. 반면 이와 정반대의 평가를 내리는 사람도 많다. 이들은 그를 인간적으로 믿을 수 없는 사람이며 허풍쟁이에 불과하다고 비난한다.

103　井上勳, 『王政復古 : 慶応3年12月9日の政変』, 中央公論新社, 1991, 44~47쪽.
104　宮田正彦, 「大政奉還と王政復古」, 『第14回 水戶學講座 德川慶喜公 : その歷史上の功績 5』, 常磐神社, 1997.

2) 막신들의 유신혁명

막신들의 세 가지 선택[105]

도쿠가와 요시노부가 유유자적하며 취미생활을 즐기는 등 평화로운 여생을 보내는 동안 쇼군에게 충성을 바치던 막부 신하들은 어떻게 되었을까? 아이즈를 비롯하여 혁명군에 최후까지 저항했던 동북지역 번의 가신들은 또 어떻게 되었을까?

도쿠가와 막부에서 유신 정부로 정권이 바뀐 뒤 도쿠가와 쇼군가는 순푸성駿府城과 그 일대를 지배하는 다이묘로 전락했다. 이렇게 해서 탄생한 것이 시즈오카번[106]이다. 번주에는 도쿠가와 고산쿄 가문 중 하나인 다야스가의 당주 도쿠가와 이에사토가 임명되었다. 막번 체제의 관례대로라면 쇼군가의 가신들은 모두 에도를 떠나 시즈오카로 가는 것이 원칙이다. 그러나 쇼군가의 영지가 800만 석에서 70만 석으로 대폭 축소되어 이전의 1/10도 되지 않는 상태에서 이들을 모두 데려가는 것은 애당초 불가능했다.

쇼군가의 가신단은 전국에서 가장 큰 규모였다. 요즘과 비교하면 이들은 국가공무원 중에서도 입법, 사법, 행정부의 최고 엘리트에 속하는 사람들이다. 1868년 4월의 자료를 보면 가신단의 규모는 하타모토가 6,000명, 고케닌이 2만 6,000명으로 모두 3만 명이 넘었다. 반면 순푸에 최대한 수용 가능한 숫자는 5,000명에 불과했다.[107] 결국 3만 명의 가신 중 2만 5,000명은 새로운

---

105 야마구치 마사오, 오정환 역, 「막부 신하의 시즈오카」, 『패자의 정신사』, 한길사, 2005, 783~836쪽 참조.
106 순푸번은 1869년 6월 시즈오카번으로 명칭이 바뀌었고, 얼마 지나지 않아 폐번치현으로 폐지되고 만다.
107 安藤優一郎, 『幕臣たちの明治維新』, 講談社, 2009, 15~16쪽.

직장을 찾아야만 했다. 더욱이 수도를 에도로 옮기기로 정함에 따라 신정부의 관리에게 줄 가옥이 부족했기 때문에 에도성 주변에 살던 막신들은 가옥마저 강제수용당할 수 있었다. 가혹한 운명 앞에 선 이들에게는 다음과 같은 세 가지의 선택이 놓여 있었다.

1. 신정부에 귀순하여 관리가 된다.
2. 쇼군가를 떠나 새로운 직업을 찾는다.
3. 앞길이 험난해도 쇼군과의 의리를 지키고 함께 행동한다. 즉 에도를 떠나 순푸로 이주한다.[108]

그러면 쇼군가의 가신들은 어떤 선택을 하였을까? 만약 첫 번째를 선택해 신정부의 관리가 된다면 급여와 가옥은 그대로 유지될 수 있었다. 어떤 혁명이나 전쟁도 패배자에게 이 정도로 배려해주는 경우는 드물다. 현실적으로 매우 좋은 조건이었다. 이에 따라 하타모토와 고케닌을 합해 약 5,000명 정도가 신정부에 귀순했다. 그중에서도 1,000석 이상의 하타모토, 다이묘급의 대우를 받았던 하타모토들은 직위도 비교적 높게 유지할 수 있었기 때문에 많이 귀순했다.

농업과 상업에의 길

그러나 일부는 쇼군가를 떠나 신정부에 귀순하는 것은 의롭지 않은 일이라고 생각했다. 그렇다고 의리를 지키며 쇼군가를 따라 순푸로 이주하여 지

---

108 위의 책, 16~17쪽.

금까지의 안락한 생활을 버리고 고난의 길을 함께 갈 자신감도 없었다. 이리하여 약 4,500명이 두 번째 길을 선택했다. 이들은 쇼군가에 제적원을 제출하여 주군과 가신의 관계를 끊고 새로운 일을 선택했다. 자기 영지를 가지고 있는 하타모토는 쇼군가를 떠나 낙향하여 농촌으로 갔고 급여가 많지 않은 고케닌 중 일부는 상업(장사)을 시작했다.

상업을 시작했던 가신 중 대부분은 자본도 경험도 별로 없었기 때문에 대대로 내려오는 가보나 가재도구 등을 내다팔거나[109] 쌀가게, 이자카야, 요릿집, 찻집, 문방구, 담뱃가게 등 쉬워 보이는 자영업을 시도했다. 하지만 새로운 일에 적응하지 못하고 빠르면 6개월 늦어도 1년 이내에 대부분 실패하고 만다. 어떤 사람은 장사를 하는 게 부끄러워 변장을 한 채 상인 흉내를 내어보기도 했지만 태도나 얼굴 표정은 여전히 사무라이의 자존심으로 가득 차있어 손님들을 기분 나쁘게 했다. 이들 대부분은 시중의 세상 물정을 너무 몰랐고 결국 실패에 실패를 거듭하다가 남은 재산마저 다 잃어버리고 다시 가신 신분으로 돌아갔다. 제적원을 제출했던 4,500명 중 거의 70%에 해당하는 3,363명이 복적 신청을 거쳐 쇼군가로 다시 돌아왔다. 이전의 급여와는 비교가 되지 않는 낮은 수준의 급여였지만 다른 방법이 없었다. 이에 따라 순푸의 재정적 부담이 많이 늘어났음은 말할 필요도 없다. 순푸의 가신 수용 능력은 5,000명 정도였지만 1871년 8월 5일을 기준으로 무려 13,764명의 가신이 등록[110]되어 있었다.

---

109 골동품이나 창, 칼, 가구 등 집안 대대로 내려오는 가보를 내다 파는 사람이 많아, 골동품 시세가 폭락했을 정도였다. 위의 책, 26~29쪽.
110 위의 책, 34~35쪽.

밥보다는 의리

첫째, 둘째를 선택했던 막신들을 제외한 나머지 사람들은 모두 고난과 궁핍을 각오하고 쇼군가와의 의리를 선택했다. 이들의 순푸행은 매우 비참했다. 순푸의 영주 도쿠가와 이에사토는 1868년 8월 15일 순푸성에 도착했고 이때를 전후하여 가신단도 순푸로 이주했다. 그 숫자는 만 명이 넘었고 가족을 포함하면 수만 명이 되었다. 순푸는 이들에게 신분에 따라 기본적인 생계에 필요한 쌀만 지급했을 뿐 다른 일체의 급여를 지급할 수 없었다. 가옥 사정 역시 마찬가지로 열악해 작은 농가를 빌려 기거하는 막신도 적지 않았다. 사정은 점차 좋아졌지만 처음 순푸로 이주했을 당시 이들은 신분고하를 떠나 유배지와 다름없는 곳에서 매우 궁핍한 생활을 해야 했다.

왜 이런 고난의 길을 선택했을까? 이들에게는 무엇보다 봉건 막번 체제의 정신적 가치인 주군과 가신의 의리가 더 중요했다. 신정부에 귀순한다는 것은 쇼군가를 배신하고 새로운 주군을 섬기는 행위로 주군에 대한 의리를 중요시하는 사무라이들로서는 받아들일 수가 없었다. 때문에 이들은 신정부에 귀순하여 관리가 된 사람들을 변절자로 경멸하였다. 이러한 분위기는 에도의 일반 백성들 사이에서도 비슷했다. 신정부에 몸을 판 막부 신하의 집에는 생선도 야채도 팔지 않겠다고 말하는 상인도 많았다.[111] 이들에게는 쇼군이 있는 에도에 오랫동안 살면서 형성된 에도 사람만의 독특한 오기, 고난이 닥쳐 몸이 바싹 마를 정도로 힘들어도 의리와 자존심을 버리지 않고 버티는 마음가짐 즉 야세가만瘦我慢이 있었다. 물론 순푸로 가 고난의 길을 택한 막신들이나 에도 상인들이 쇼군가에 대해 가지고 있던 봉건적 의리가 과연 얼마만큼 순수

---

111 위의 책, 23쪽.

한 것인지는 알 수 없다. 순푸로 갔던 하타모토와 고케닌 중에서도 많은 사람들이 나중에 메이지 정부의 관리가 되어 그곳을 떠난다. 하지만 이들은 오랫동안 다양한 모임을 가지면서 당시 자신들의 선택에 대해 자랑스러워했다.

이와 관련하여 막부신하로 있다가 메이지 정부의 관리가 된 인물들에 대한 비판적 시각이 얼마나 오랫동안 지속되었는지를 보여주는 일화가 하나 있다. 1901년 1월 1일 후쿠자와 유키치가 『지지신보』[112]에 「야세가만 이야기瘠我慢の說」[113]를 발표한다. 후쿠자와 유키치는 메이지기 일본을 대표하는 자유주의 사상가로 국가는 필요악이며 충군애국의 정신은 사적私的인 정에 지나지 않는다고 보았던 인물이다. 그러면서도 그는 일본같이 작은 나라에서 충군애국의 정신은 야세가만과 같은 것으로 반드시 필요하다고 이야기했다.

이러한 생각에 기초하여 후쿠자와 유키치는 위의 논문에서 막부가신이었으면서 메이지 정부에서도 고위 관료를 역임한 가쓰 가이슈나 에노모토 다케아키를 혹독하게 비판했다. 특히 가쓰 가이슈에 대해서는, 강화론자로서 에도성을 열어 내란을 피하게 한 공적을 인정하면서도, 막부에 대해 야세가만

---

112 후쿠자와 유키치가 1882년 3월 1일 창간한 일간신문이다. 태평양전쟁이 끝날 때까지 5대 일간지 중의 하나였고 게이오대학 출신들이 운영하였다. 『지지신보』의 사시(社是 : 회사의 방침)("우리 일본국의 독립을 무겁게 여겨, 필생의 목적이 오직 국권 하나에 있다고 선언한다我日本國の獨立を重んじて 畢生の目的, 唯國權の一点に在ると宣言した)"는 후쿠자와의 사상을 본받아 창간 당시부터 일본의 독립을 가장 중요하게 생각했다.

113 옛날부터 에도에 태어나 자란 에도토박이를 에도코(江戸子)라고 불렸다. 야세가만은 에도코의 특질 중 하나로 에도코의 자존심 혹은 품위를 지키기 위해 유행이나 시세에 따라 행동하지 않고 인내하는 것을 말한다. 후쿠자와 유키치는 야세가만에 빗대어 가쓰 가이슈와 에노모토 다케아키가 도쿠가와 막부의 관료로 있으면서 유신정부에서도 고위관료를 지낸 것을 강하게 비판했다. 후쿠자와는 1891년 11월 27일 이 원고를 완성한 뒤 가쓰 가이슈와 에노모토 다케아키에게 보내 사실관계와 두 사람의 의견을 조회했다. 지지신보에는 가쓰 가이슈가 세상을 떠나고 후쿠자와 유키치도 세상을 떠나기 직전인 1901년 1월 1일에 발표되었다. 福澤諭吉, 『丁丑公論·瘠我慢の說 福澤諭吉著作集 第9卷』, 慶應義塾大學出版會, 2003, 106~107쪽.

의 정신, 즉 충군애국의 정신이 없었다고 비판했다. 마찬가지로 사쓰마, 조슈에 항복한 쇼군가도 입국立國의 정신인 야세가만의 정신을 손상시킨 책임은 면할 수 없다고 비판했다.[114]

후쿠자와 유키치의 「야세가만 이야기」가 발표되자 구 막신들 사이에 큰 반향이 일어나 찬반을 둘러싼 논쟁이 벌어졌다. 어느 견해가 옳은지는 중요하지 않다. 다만 이러한 논쟁을 보면 메이지유신이 일어난 지 30여 년이 지난 뒤에도 메이지 정부에 귀순한 막신들을 경멸하는 사회적 분위기가 여전히 많이 남아 있었음을 알 수 있다. 후쿠자와 유키치는 메이지유신 전에 잠깐 막부의 신하로 일한 적도 있지만 게이오 대학을 설립하여 교육자의 길을 걸었다. 메이지유신 이후에도 정부의 입각 요청을 거절하고 평생 언론인, 사상가, 교육자로 살았다.

3) 아이즈의 풀리지 않는 유신 원한

아이즈는 좀 낯선 곳이다. 메이지유신 뒤 후쿠시마현 아이즈와카마쓰시市로 바뀌었다. 후쿠시마현은 일본 안에서도 대표적으로 낙후된 지역 중 하나로 2011년 대지진과 쓰나미에 이어 원자력발전소가 폭발하는 대참사를 겪기도 했다. 하지만 에도 막부 시대 아이즈는 쇼군가와 한 집안인 아이즈 마쓰다이라가의 영지로 정치적 영향력이 큰 지역이었다. 특히 아이즈의 군사력은 옛날부터 유명했다. 서쪽에 사쓰마, 조슈가 있다면 동쪽에는 아이즈가 있다

---

114 福澤諭吉,『丁丑公論・瘠我慢の說 福澤諭吉著作集 第9卷』, 慶應義塾大學出版會, 2003, 109~129쪽.

금계광명사 입구에 남아 있는 교토 슈고직 본부와 아이즈군 희생자묘 유적(교토시)

고 할 수 있을 정도로 강한 군사력을 보유하고 있었다.

1862년 초 교토의 치안이 불안해지고 황궁 경호 문제가 대두되자 아이즈는 아무도 맡으려고 하지 않는 교토 슈고직을 떠맡아 교토의 질서를 회복했다. 영주 마쓰다이라 가타모리[115]는 가로와 번사들의 절절한 반대에도 불구하고 교토 슈고직을 받아들였고, 고메이 천황은 동북 지역에서 지리적으로도 문화적으로도 매우 낯선 교토까지 와 충성을 다하는 가타모리를 누구보다도 신뢰했다.

하지만 1866년 12월 25일 고메이 천황이 급사하자 아이즈는 의지할 곳을 잃어버린다. 쇼군 도쿠가와 요시노부는 대정봉환을 단행하면서 충성을 다해 온 아이즈를 버린다. 에도성 반환을 앞두고 가쓰 가이슈 역시 그때까지 막부의 실책은 아이즈 때문에 생긴 것이라고 주장하면서 모든 책임을 아이즈에게 돌려 버린다. 아이즈로서는 그동안 누구를 위해서, 그리고 무엇을 위해서 온

115 마쓰다이라 가타모리(1836~1893)는 혈통적으로는 미토 쇼군가 출신이다. 지금의 도쿠가와 종가는 마쓰다이라 가타모리의 자손이다.

아이즈성(아이즈시)

갖 희생을 감수하면서 천황과 막부에 충성을 다해 왔는지 알 수 없는 황망한 상황에 빠지게 된 셈이다. 쇼군가는 존속하게 되지만 쇼군가에 충성을 다 바친 아이즈는 해체되고, 유신의 최대 피해자로 비극적인 운명을 맞이하게 된다.

뿐만 아니라 아이즈는 그 뒤 유신 주체 세력에게 철저하게 소외당한다. 유신 정부의 공식적인 역사 편찬에서는 조적으로 낙인찍히고 배제되었다. 일본의 동북 지역이 경제적으로 낙후된 배경에는 메이지유신 과정에서 쌓인 유신 주체 세력과 아이즈 사이의 원한이 해소되지 않고 남아 있었던 탓도 크다.

2013년 일본 NHK의 역사드라마로 〈야에의 벚꽃八重の桜〉이 방영되었다. 이 드라마는 막말 유신변혁기와 건국 시기를 배경으로 아이즈의 이야기를 다루고 있다. NHK 역사드라마에서 아이즈에 관한 이야기가 본격적으로 다뤄진 것은 이때가 처음[116]이다. 이처럼 아이즈는 유신의 패배자로 대중문화에

---

116 NHK 1963년 이후 매년 역사드라마를 방영하고 있는데 2013년까지 모두 52편이 방영되었다. 그중 1980년 NHK 역사드라마로 방영된 〈사자의 시대(獅子の時代)〉도 유신변혁기와 그 이후를 배경으로 아이즈와 아이즈 무사를 주제로 다루고 있다. 하지만 〈사자의 시대〉가 아이즈 무사의 고난에 찬 개인적 삶을 중심으로 다루고 있는 작품인 반면 〈야에의 벚꽃〉은 이 시기 아이즈의 정치적 활동을 본격적으로 다루고 있는 작품이다. 따라서 조슈

아이즈 역대 다이묘가의 문양

서도 소외당해왔다. 아이즈는 단지 유신과 건국의 패배자였을 뿐만 아니라 전후의 역사와 정치, 문화에서도 철저하게 패배자로 취급받았던 것이다.

아이즈의 역사와 문화

아이즈는 에도 막부의 제2대 쇼군인 도쿠가와 히데타다의 하룻밤 순정으로 탄생했다는 말이 있다. 히데타다의 정실부인은 오다 노부나가의 여동생의 딸이었다. 즉 외삼촌과 조카의 관계다. 오다 노부나가 집안의 피를 물려받아서인지 부인의 성격은 격렬하고 질투심도 강했다. 이 때문에 히데타다는 측실을 한 명도 두지 못했다. 에도 막부의 쇼군 중 일생동안 한 명의 정실부인만 두고 살았던 사람은 히데타다가 유일하다. 이런 그가 딱 한 번 다른 여자에 마음을 뺏겨 아들을 얻는다. 훗날 아이즈의 초대 영주가 되는 호시나 마사유키保科正之다.

와 사쓰마 중심의 편협한 역사 해석에서 벗어나 아이즈를 재조명하려는 의도도 있는 작품이다. NHK 역사드라마의 비중을 감안할 때 〈야에의 벚꽃〉의 방영은 1980년대 이후 일본 역사학계의 주류적 해석을 비판해온 일단의 학자들의 성과가 반영된 것으로도 볼 수 있다. 이런 측면에서 〈야에의 벚꽃〉은 유신사 해석에서 적지 않은 변화가 일어나고 있음을 알 수 있는 드라마다.

아이즈의 번교 닛신칸(일신관)(아이즈시)

그가 도쿠가와 이에야스의 손자면서도 도쿠가와가의 성姓을 물려받지 못한 데에는 이런 사정이 있었다. 더욱이 히데타다는 죽을 때까지 아들의 존재를 정실부인뿐 아니라 아버지 도쿠가와 이에야스에게도 알리지 않고 다케다가의 유신遺臣 호시나 마사미쓰(신슈信州 다카토高遠 성주, 3만 석)에게 맡겨 몰래키웠다. 다행히 히데타다가 죽고 난 뒤 제3대 쇼군에 취임한 배다른 형 도쿠가와 이에미쓰가 마사유키를 동생으로 인정하고, 20만 석의 다이묘로 발탁하면서 기존의 3만 석에 더해 23만 석의 아이즈 와카마쓰 영주가 되었다. 이로써 아이즈는 오와리, 기슈, 미토의 고산케 가문 다음으로 높은 가격家格을 가지게 된다. 당시 동북 지역에는 유력한 도자마 다이묘인 센다이가 있었다. 이 때문에 아이즈는 언제 역모를 꾸밀지 모르는 센다이를 견제하고 에도에 만약의 사태가 생길 경우 곧 바로 출동하는 막중한 사명을 부여받았다.[117]

한편 초대 영주 호시나 마사유키는 학문을 좋아하고 법치주의, 문치주의를 제창하면서 도쿠가와 지배 체제를 유지하기 위해서는 법에 충실하지 않으면 안 된다고 생각했던 사람이다. 1668년 가훈家訓 15개조를 정하는데 이 가

117　星亮一, 『會津藩 VS 長州藩 : なぜ"怨念"が消えないのか』, ベストセラーズ, 2004, 12~16쪽.

아이즈 순국 열녀 위령비(아이즈시)　　　　　　백호대 기념관(아이즈시)

훈은 그 뒤 아이즈의 무사라면 상하를 막론하고 누구나 지켜야만 하는 번시藩
足(번의 방침)가 되었다. 그 첫 번째 가훈을 보면 아이즈의 독특한 문화를 이해
할 수 있다.

　　쇼군(大君)과의 의리는 한마음으로 충성을 다 바쳐야 하는 것으로, 다른 번의 사
　례에 비추어 만족하여서는 안 된다. 만약 두 마음을 가진다면 우리 자손이 아니기
　때문에 가신도 그런 주군을 따라서는 안 된다.[118]

이처럼 아이즈는 무엇보다도 쇼군에 대한 절대적 충성을 번시로 삼고 있었
다. 이에 따라 무사의 자제는 5, 6세의 어릴 때부터 동년배들끼리 놀이모임을

---

[118] 「가훈15개조(家訓15カ條)」 제1조의 원문은 다음과 같다. "大君の儀, 一心大切に忠勤に勵

아이즈 소년 무사(14~17세) 위령비　　　백호대 소년 무사 집단 자결 추모비

만들어 함께 생활하면서 규율을 익히고, 10세가 되면 번교 닛신칸(일신관)[119]
에 입학해 문무에 걸친 엄격한 교육을 받았다. 닛신칸의 교육 과정은 사서오
경 등 주자학의 습득 위주로 편성[120]되어 있어 사쓰마, 조슈 등 서남 지역의
유력 번들처럼 막부 말기 서양의 학문과 과학기술을 앞 다투어 도입하던 분위
기와는 많이 달랐다. 수학을 배우려는 자는 한 명도 없었고, 주산 역시 영리를
목적으로 하는 것이기 때문에 무사가 배울 것은 아니라는 분위기가 지배적이
었다. 외국어, 자연과학 등 실용적인 학문은 물론이고 국사와 지리학 교육도

　　み, 他國の例をもって自ら處るべからず. 若し二心を懷かば, すなわち, 我が子孫にあらず
　　面々決して從うべからず."
119　아이즈의 번교 일신관은 1787년 설립되었다. 10세에 입학하면 사서오경을 읽기 시작해
　　상급반에 올라 갈수록 전문 분야로 세분화된 교육을 받았다. 학생들은 신분의 차에 따라
　　다른 내용의 교육을 받았다. 무술은 필수적인 과목으로 궁술, 마술, 창술, 포술 등을 배웠
　　으며 특히 창술교육은 전국적으로 유명하였다.
120　초대 영주 호시나 마사유키는 열렬한 주자학자이면서 야마자키 안사이의 신도에 강하
　　게 영향을 받았다. 이 때문에 그는 주자학 이외의 학문을 탄압하기도 했다. 참고로 에도
　　시대 전기의 유명한 유학자인 야마가 소코(山鹿素行)는 아이즈에서 태어났지만 주자학
　　을 비판한 것 때문에 아코로 유배되었다. 야마가 소코는 뒷날 충신장 사건으로 유명해진
　　아코의 가로 오이시 요시오 등 그곳 사무라이들에게 유학을 가르쳤다.

아이즈전쟁에서 포격으로 파괴된 아이즈성

전혀 없었다.[121] 닛신칸의 교육은 호시나 마사유키가 정한 아이즈의 정신을 익히고, 유사시 도쿠가와 막부를 지킬 수 있는 불굴의 투지를 기르는 데 있었지, 일본의 역사를 배우거나 세계의 최신 흐름을 습득하는 데에는 관심이 없었던 것이다. 아이즈의 독특한 역사와 문화는 막부 말기 아이즈의 활동을 이해하는 데 많은 도움이 된다. 아이즈의 강함도, 약함도 모두 여기에서 나왔다.

아이즈의 풀리지 않는 원한

마쓰다이라 가타모리는 정예 병사 2,000명을 이끌고 1862년 12월 교토로 간다. 그 뒤 강력한 군사력을 바탕으로 교토의 치안과 질서회복에 힘써 교토의 정국을 안정시킨다. 그러나 8·18정변, 이케다야 사건, 금문의 전투 등을 겪으면서 아이즈는 교토의 치안과 질서유지를 넘어 막말 변혁기의 복잡한 정국에 점점 더 말려들어가게 되고 그 과정에서 조슈와 숙적 관계가 된다. 이 때문에 조슈정벌전쟁과 보신전쟁을 조슈와 아이즈의 사적的 전쟁으로 보는

---

121 星亮一, 앞의 책, 2004, 21쪽.

사람도 많다. 제1차 조슈정벌전쟁까지 4차례의 전투에서는 아이즈가 계속 조슈에 승리를 거두었다. 그러나 왕정복고 쿠데타 직후 터진 도바·후시미 전투와 아이즈성전투에서 철저하게 패배 당한다.

보신전쟁의 마지막 전투였던 아이즈성전투에서 아이즈는 어린 10대 소년 들을 비롯하여 노인과 부녀자들까지 나서 용맹하게 싸운다. 아이즈의 용맹함 을 천하에 보여준 아이즈성전투 이야기는 지금도 전해 내려오고 있다. 1868 년 5월 1일부터 9월 22일까지 약 5개월에 걸친 처절한 저항 끝에 식량도 탄환 도 다 떨어지자 결국 더 이상의 희생을 줄이기 위해서 항복한다. 이 전투에서 만 3,000여 명이 희생되었다. 시신을 매장하는 것도 허락되지 않았다. 아이 즈성 안은 시신들로 넘쳐나 눈물과 통곡 없이는 도저히 볼 수 없을 정도로 처 참했다고 한다.

그 뒤 아이즈의 영지는 몰수되어 유신 정부의 직할지로 편입[122]되었다. 가신들 대부분은 일본 열도 최북단의 거칠고 아무런 연고도 없는 두남 지역으 로 강제이주당했다.[123] 번 전체가 유형을 받는 것은 이례가 없는 일이었지만 아이즈 처분을 책임지고 있던 기도 다카요시는 처음에는 북해도로 보내려고 할 정도로 강경했다. 사쓰마의 구로다 기요타카가 남자들은 어린 소년까지 전 쟁터에서 많이 죽고 여자와 노인의 비중이 많은 아이즈 사람들이 북해도를 개 척한다는 것은 불가능하다고 반대해 두남번으로 변경되었지만 이곳 역시 춥 고 거친 땅이기는 마찬가지였다. 영주 마쓰다이라 가타모리는 돗토리현에서 금고형을 받았다. 1869년 마쓰다이라 가타모리의 아들에게 가명家名의 존속

---

122 1871년 7월 14일(양력 8.29) 폐번치현 뒤 아이즈 지역은 와카마츠현이 되었다가 1876년 8 월 21일 주변의 몇 개 현과 병합되어 후쿠시마현으로 편입되었다.
123 1871년 10월까지 4,332가구 17,327명이 두남번으로 이주했고 잔류한 번사들 중 약 2,000 명은 귀농했다. 잔류한 사람들은 평민 신분으로 바뀌었다.

이 허락되어 현재의 아오모리현 무쓰시에 두남번斗南藩[124]을 세울 수 있게 되었다. 하지만 아이즈와 아이즈 출신들은 그 뒤 유신 정부로부터 조정의 적, 반역의 땅으로 낙인찍혀 오랫동안 차별받았다. 유신 정부의 공식적인 유신사 편찬에서도 조적으로 기술되었다. 아이즈는 유신 주체 세력과의 전투에서 졌을 뿐만 아니라 아이즈의 역사 전체가 매도당하는 불명예[125]마저 겪어야 했다.

그러나 고메이 천황이 살아있을 동안 조적으로 낙인 찍혀 있던 번은 아이즈가 아니라 오히려 조슈였다. 천황과 조정에 대한 충성심과 희생정신이 어느 번보다 컸기 때문에 아이즈에 대한 고메이 천황의 신뢰는 남달랐다.

아이즈의 입장에서 보면 메이지유신과 보신전쟁에서의 패배는 단순하게 군사적 패배로만 끝난 것이 아니었다. 아이즈 사람들은 전투에서 최선을 다해 싸우다 패배했으므로 그에 대해서는 더 이상 묻지 않는다. 다만 전후 처리 과정에서 조슈의 정부지도자들이 사적 원한을 가지고 가혹하게 처벌하고 오랫동안 자신들의 자존심과 명예에 상처를 줬다고 생각한다.[126]

이 때문에 아이즈는 아직도 조슈에 대한 역사적 원한을 완전히 털어내지 못하고 있는 것으로 보인다. 양 도시의 공식적인 첫 만남은 메이지유신으로

---

124 아이즈의 석고는 명목상으로는 28만 석이었지만 실제로는 이보다 훨씬 더 많았다고 알려져 있다. 반면 두남번의 석고는 3만 5,000석에 불과했다.

125 보신전쟁 당시 전사한 아이즈군 희생자들은 조적으로 되어 있기 때문에 야스쿠니 신사에서도 이들을 제사 지내지 않는다. 마쓰다이라 가타모리의 손자인 마쓰다이라 가타마사는 2000년대 초 야스쿠니 신사의 궁사에 추천되었지만, "사쓰마, 조슈의 전사자는 제사 지내는 반면 아이즈의 전사자는 제사 지내지 않고 있는데 아이즈 사람으로서 이를 받아들일 수 없다"면서 거절했다.

126 반면 보신전쟁 당시 정부토벌군으로 조슈와 같이 참가했던 사쓰마에 대해서는 또 다르게 생각한다. 정부토벌군의 대표였던 사쓰마의 기리노 도시아키(桐野利秋)는 마쓰다이라 가타모리를 무사로서 대우하고 온정을 베풀어 주었다. 이에 가타모리는 감사의 뜻으로 명검을 선물했다고 한다.

부터 약 130년이 지난 1996년 11월 아이즈 와카마쓰시의 한 극단[127]에서 야마구치현(조슈) 하기 시장을 초청하면서 이루어졌다. 이때 두 도시의 시장은 서로 떨어진 채 연극을 관람하고 난 뒤 20분 정도 어색하게 있다가 식사도 하지 않고 헤어졌다. 2년 뒤 보신전쟁 130주년 기념 토론회가 아키다현에서 개최되었을 때 두 도시의 시장이 다시 만났다. 그러나 아이즈 와카마쓰 시장은 이 자리에서 조슈와의 화해를 거절한다. 뿐만 아니라 그는, "아이즈에서는 당시의 정부군을 관군이라고 부르지 않으며 서군西軍이라고 부른다. 전후 6만이던 인구가 1만 8,000명으로 줄 정도로 사쓰마, 조슈는 잔학했다"[128]며 적대감을 드러냈다.

2000년대 들어 이처럼 냉랭한 분위기는 조금씩 개선되기 시작한다. 2003년 11월 27일 하기시에서, '하기와 아이즈를 말하는 모임'이 열렸다. 여기에 후쿠시마의 각계 인사 14명이 참석해 서로 화해를 추진하기로 선언한다. 이후 두 도시는 서로 화해를 향한 노력을 계속 하고 있는 중이다. 약 150년의 세월이 지난 오늘날에도 두 도시의 전면적인 화해가 이루어지지 않고 있는 것을 보면 아이즈의 원한이 얼마나 깊은지 알 수 있다.

한편 유신 과정에서 조슈와 아이즈 정도는 아니더라도 서로 원한을 가질 수밖에 없었던 도시들이 또 있다. 바로 미토와 히코네. 이들의 원한은 미토의 과격파 사무라이들이 히코네의 다이묘이자 막부의 다이로이던 이이 나오스케를 암살하면서 생겨났다. 두 번은 사쿠라다문밖의 사건이 발생한 지 110

---

127 이 극단에서 〈조춘보(早春譜)〉라는 현대 연극을 제작 발표한다. 사쓰마, 조슈를 싫어하는 아이즈 당주의 손녀가 하기 출신 청년을 약혼자로 데려오면서 생기는 이야기를 연극으로 제작한 것이었다. 星亮一, 『會津藩 VS 長州藩 : なぜ"怨念"が消えないのか』, ベストセラーズ, 2004, 206쪽.
128 위의 책, 210쪽.

년 만에 원한을 푼다. 1968년 10월 9일 메이지유신 100주년을 계기로 미토시와 히코네시(현재의 후쿠이현 히코네시)는 서로 친선협정을 체결하고 화해하는 행사를 가졌다. 이때 미토시에서는 일본 3대 정원 중 하나인 가이라쿠엔에 열린 매실을, 히코네시에서는 히코네를 상징하는 백조를 각각 선물했다. 당시 히코네 시장은 이이 나오스케의 증손이자 이이가의 당주인 이이 나오요시井伊直愛였다. 미토와 히코네를 화해시킨 도시는 쓰루가시였다. 쓰루가는 미토의 급진파 존왕양이론자들이 결성했던 덴구당 소속 사무라이 352명이 봉기에 실패한 뒤 모두 처형당했던 곳이다.

7장
유신혁명

하늘은 사람 위에 사람을 만들지 않고,
사람 아래 사람을 만들지 않는다.
—후쿠자와 유키치, 『학문의 권장』

1. 구체제와 유신 정부

1) 기도 다카요시

기도 다카요시는 1833년 6월 26일 조슈 하기에서 번의사 와다 마사카게^{和田昌景}의 장남으로 태어났다. 장남이었지만 어릴 때 몸이 너무 약해 본가는 큰누이가 양자를 들여 가계를 잇고 본인은 7살 때 가쓰라가의 말기양자로 들어갔다. 하지만 양부모 모두 일찍 세상을 떠나는 바람에 실제로는 친부모 밑에서 자랐다.[1]

1846년 조슈의 사범대리^{師範代} 나이토 사쿠베에^{內藤作兵衛}의 도장에 들어갔다. 1848년 관례(성인식)를 치른 뒤 검술 수련에 정진하여 실력을 인정받았고,

---

[1] 기도의 전기에 관한 내용은 松尾正人, 『木戸孝允』, 吉川弘文館, 2007; 鳥海靖, 『「明治」をつくった男たち : 歴史が明かした指導者の條件』, PHP研究所, 1982 등 참고.

유신 직후의 기도 다카요시
(교토, 1869)　　　　　유신 정부 시절의 기도 다카요시

기도 다카요시 동상(교토시 오쿠라호텔)

1852년 검술 수행을 위해 에도 유학을 결심했다. 마침 조슈에 초빙되어 와 있
던 신도무넨류柳生新陰流 검객 사이토 신타로斎藤新太郎를 따라 번 유학생 5명과
함께 개인 비용으로 에도로 갔다.

　에도 3대 검술도장 중 하나인 연병관練兵館에서 신타로의 지도를 받은 뒤
면허를 받았고, 입문 1년 만에 숙두塾頭(대표)가 되었다. 기도는 같은 시기에
면허를 받은 오무라 출신 와타나베 노보루[2]와 함께 연병관의 쌍벽을 이루었

2　와타나베 노보루(渡辺昇, 1838.5.1~1913.11.10). 뒷날 조슈와 사카모토 료마를 나가사키

기도 다카요시의 옛집

기도 다카요시가 태어났을 때 목욕한 우물

다고 한다. 그 뒤 조슈로 돌아갈 때까지 5년 동안 연병관의 숙두로 있으면서
오무라 등 여러 번의 에도 번저에서 검술을 지도하였고, 당대 최고 수준의 검
객으로 이름을 날렸다. 신센조의 총대장 곤도 이사미도 기도만은 몹시 두려
워했다고 한다.

　1854년 연병관 숙두로 있을 때 페리 함대가 두 번째로 에도 만에 나타났
다. 기도는 이때 병학자이자 막부의 관리인(대관大官) 에가와 히데타쓰를 수행
하여 페리 함대를 관찰했다. 쇼인이 밀항을 시도할 때 적극적으로 도우려고
했지만, 쇼인이 말려 막부의 처벌을 면할 수 있었다. 그 뒤 처남인 구루하라
료조[3]와 함께 해외 유학을 신청하여 조슈 정부를 놀라게 하였다. 당시만 해도

에서 연결해 준 인물이다. 히젠국 오무라의 번사였다. 검술가, 정치가로 에도에서 신도
무넨류의 연병관에 입문하여 기도 다카요시 뒤를 이어 숙두를 지냈다. 존왕양이 지사로
활동하였고 사카모토 료마의 의뢰로 삿초동맹을 주선했다. 유신 정부에서는 오사카 부
지사, 회계감사원장, 귀족원 의원을 지냈다. 일본검도의 발전에 힘을 썼으며 최초의 검
도범사(劍道範士)호를 수여받았다. 범사는 무도에서 최고 높은 호칭을 말한다.

3　구루하라 료조(來原良藏, 1829.12.2~1862.8.29). 1851년 2월 에도에서 주자학자 안사카
곤사이(安積艮齋)에게 사사했다. 에도에 있을 때 요시다 쇼인, 가쓰라 고고로와 교류하
였고 쇼인의 탈번을 도운 이유로 견책받았다. 다음 해 하기로 돌아가 선봉대에 입대하였
고 페리가 에도 만에 나타났을 때 에도에 가 우라가 주변 지역의 정세를 시찰하였다.
1853년 8월에는 포술을 배웠다. 1862년 번론이 나가이 우타의 항해원략책에서 양이론으
로 바뀌자 구사카 겐즈이 등과 함께 나가이 우타를 제거하려고 했지만 실패했다. 이에
책임을 지고 자결하려고 했으나 번에서 거부하자 8월에 에도로 가 요코하마의 영국공사
관 습격을 기도하였지만 실패했다. 그 후 에도의 조슈번저에서 자결했다. 자식들은 기도

조슈에는 반_反막부 분위기가 아직 없었기 때문에 조슈 정부가 에도 막부의 쇄국 방침을 어기면서까지 유학생을 보내줄 가능성은 없었다. 이에 기도는 연병관 숙두를 계속하면서, 에가와 히데타쓰에게 서양병학, 소총술, 포대축조술 등을 배우고 나카지마 사부로스케[4]에게 조선술을 배웠다. 다카자키 덴조高崎伝蔵에게는 서양범선조선술을 배웠다. 또한 조슈 번사 데즈카 리쓰조[5]에게 영어를 배우는 등 최첨단의 지식을 흡수하기 위해 끊임없이 노력했다.

기도 다카요시는 1862년 스후 마사노스케周布政之助, 구사카 겐즈이 등 개혁파들과 함께 나가이 우타의 항해원략론航海遠略論을 폐기하고, 번론을 파약破約 양이로 전환시킨다. 나아가 1862년에서 1863년에 걸쳐 구미 유학과 시찰, 구미 문화의 흡수 위에서 양이를 실행한다는 방침이 정해져, 1863년 5월 12일 유학생 5명이 요코하마에서 비밀리에 영국으로 떠난다. 이 유학생들을 조슈 파이브 혹은 조슈 5걸[6]이라고 부른다. 이노우에 가오루, 이토 히로부미도 이때 함께 떠난다. 이들이 당시 영국 유학을 갈 수 있었던 것은 기도 다카

다카요시의 양자로 되었다. 태평양전쟁 때 내대신을 지내고 전후 동경재판에서 무기징역형을 선고받은 정치가 기도 고이치(木戶幸一)는 구루하라 료조의 장남의 아들 즉 기도 다카요시의 손자다.

4 나카지마 사부로스케(中島三郎助)는 개명한 막신으로서 보신전쟁 때 자신의 위치를 떠나지 않고 하코다테전쟁에서 장렬하게 전사했다. 유신 정부가 수립한 뒤에도 기도는 이때 받은 나카지마의 은혜를 잊지 않고 유족을 보호했다. 1876년 오우, 홋카이도를 순행할 때 기도는 보신전쟁 때의 일을 회고하면서 통곡했다고 한다.

5 데즈카 리쓰조(1822.7.25~1878.11.29). 막부 말기의 양학자, 외교관이다. 17세부터 4년간 나가사키에서 다카시마 슈한에게 포술을 배웠고, 21세부터 4년 동안 에도에서 난학을 배웠다. 1856년 니시 아마네와 영국학을 배웠고 막부 번서조소의 교수가 되었다. 유신 뒤에는 개성학교 교수를 거쳐 외무성 무역사무관으로 근무했다.

6 나머지 3명은 야마오 요조(山尾庸三), 이노우에 마사루(井上勝), 엔도 곤스케(遠藤謹助) 등이다. 이 책 제3장 제2절의 제2항 참조. 이들은 유학을 마치고 일본에 돌아와 일본 근대화에 큰 역할을 한다. 야마오 요조는 일본에서 공업의 아버지, 이노우에 마사루는 철도의 아버지라고 불린다. 엔도 곤스케는 조폐국장을 역임했다. 영국에서는 이들을 조슈 파이브(five)라고 부른다.

요시, 스후 마사노스케, 오무라 마스지로[7] 등 개혁파가 번 정부의 중추를 형성하고 있었기 때문이었다.

그러나 조슈 5걸이 유학을 떠나자마자 조슈와 교토의 정국은 급변한다. 1863년은 존왕양이 운동이 가장 거세게 일어났던 해다. 5월 10일 기도 다카요시와 다카스기 신사쿠의 거듭된 반대에도 불구하고, 구사카 겐즈이가 이끄는 존왕양이 과격파들이 시모노세키 해협을 통과 중이던 외국 선박을 공격한다. 이어 교토에서는 조슈의 정국 주도에 불안감을 느낀 아이즈와 사쓰마가 고메이 천황의 방조 아래 8·18정변을 일으켜 조슈를 교토의 황궁 경비에서 쫓아내고, 아직 교토에 잠복해 있는 조슈 출신 존왕양이 지사들을 찾아다녔다. 기도 다카요시는 친조슈 공경 7명을 효고(현재의 고베시)까지 데려다 준 뒤 다시 교토로 잠입해 도피생활을 이어간다.

1864년 6월 5일 조슈와 도사의 존왕양이 지사들이 이케다야 여관에서 밤늦게 회합을 하다가 신센조의 습격으로 무참히 살해당하는 이케다야 사건이 발생한다. 이때 기도도 사건 현장에 참석하기로 되어 있었지만 다행히 화를 피해 도피한다. 이 소식이 전해지자 구사카 겐즈이 등 조슈의 과격파 존왕양이 지사들이 무장병력을 이끌고 교토로 가 금문의 전투를 일으키지만 아이즈와 사쓰마군에 패배하고 만다.

당시 기도 다카요시는 인슈(현재 돗토리현)의 가와타 가게토모[8]로부터 아리

---

7   오무라 마스지로(大村益次郎, 1824.5.3~1869.11.5)는 막부 말기 조슈번의 의사, 양학자, 병학자이다. 막부의 조슈정벌전쟁과 보신전쟁에서 조슈군을 지휘해 승리로 이끌었다. 태정관제 아래 군사 업무를 총괄해 병부성의 초대 대보(차관)으로 일했기 때문에 사실상 일본 육군의 창시자라고 보는 사람도 많다. 원래 성은 무라타(村田)였다. 1846년 오사카에 있는 오가타 고안의 데키주쿠에 들어가 숙두까지 했으며 나가사키에도 1년 정도 유학을 다녀왔다.

8   가와타 가게토모(河田景与, 1828.10.18~1897.10.12). 막부 말기 돗토리 번사로 존왕양이

이쿠마쓰(기도 다카요시의 부인)　　기도 다카요시가 이쿠마쓰와 함께 숨어살던 집
(현재는 여관 및 일본요리집이다. 교토시)

스가와노미야 친왕을 추대하고 조슈를 돕겠다는 약속을 받았다. 하지만 실제 전투가 시작되자 인슈는 나타나지 않았다. 이에 기도는 다시 교토로 잠복해 걸인 행색을 하면서 도피생활을 한다. 아이즈와 신센조의 검거 활동이 강화되자 다지마 이스지(현재 효고현 도요오카시 이스지)로 옮겨 도피 생활을 계속했다. 이때 신센조의 추격을 받는 기도를 교토의 유명한 게이샤 이쿠마쓰幾松(기공)가 목숨을 걸고 피신시킨 뒤 보호해 주었다. 기도는 메이지유신이 성공하고, 유신 정부 최고 실력자가 된 뒤에도 고난을 함께했던 이쿠마쓰를 잊지 않는다. 1870년 이쿠마쓰를 조슈 번사의 양녀로 입적시킨 뒤 정식으로 결혼했다.[9]

기도 다카요시가 피신생활을 하는 동안 조슈는 서양 5개국 연합군의 공격, 막부의 제1차 조슈정벌전쟁 등 최악의 위기를 맞는다. 이에 속론파가 조슈정부를 장악한 뒤 세 가로와 주요 인물들이 처형당하거나 처벌받는 조건으로

운동가로 활동했다. 유신 뒤에는 초대 돗토리현 권령(지사), 귀족원 의원을 역임했다.
9　　松尾正人,『木戸孝允』, 吉川弘文館, 2007, 8~9쪽.

기도 다카요시(앞 줄 중앙)와 이토 히로부미(뒷줄 맨 오른쪽)(1870)

항복하지만, 다카스기 신사쿠가 기병대 병력을 모아 군사쿠데타를 일으킨 뒤 속론파를 쫓아내고 조슈 정부를 다시 장악한다. 이 덕분에 괴멸 직전의 조슈 존왕양이파는 구사일생으로 살아난다.

존왕양이파가 조슈 정부를 장악한 뒤 기도 다카요시가 귀환한다. 이토 히로부미는 기도가 조슈로 귀환할 때의 모습을 큰 가뭄 끝에 비와 무지개를 만난 것과 같았다고 회상하였다. 기도를 중심으로 정국 안정을 되찾은 조슈는 무비공순의 방침을 정해 대외적으로는 막부에 공순하는 척하면서 대내적으로는 군제 개혁과 번정 개혁을 시행해 군사력을 강화시켜 나갔다. 또한 막부의 제2차 조슈정벌전쟁을 앞두고 사카모토 료마와 나가오카 신타로의 주선으로 사이고 다카모리를 만나 비밀군사동맹을 맺는다.

기도 다카요시는 당대 최고의 검객이면서도, '도망자 고고로'라는 별명이 있을 정도로 신중한 성격이었다. 이 때문에 8·18정변, 이케다야 사건, 금문의 전투 등에서도 살아남을 수 있었는지도 모른다. 그는 아이디어가 비상하고 선견지명이 있어 유신정부가 근대적 입헌 제도를 도입하는 데 많이 기여했다. 사이고 다카모리가 정情의 사람, 오쿠보 도시미치가 의意의 사람으로 불리는 반면, 기도 다카요시는 지知의 사람이라고 불린다.[10] 1877년 5월 26일, 반란을 일으킨 사이고 다카모리를 걱정하면서 오쿠보 도시미치의 손을 꼭 잡은 채 세상을 떠났다.

2) 구체제의 특징과 한계

에도봉건 체제의 두 기둥, 막부와 번

새 시대는 언제나 구 시대 안에서 태어나 부정적 유산을 파괴하고, 긍정적 유산을 살려나가면서 성장한다. 유신과 건국의 일본 근대사 역시 마찬가지이다. 그럼 여기에서는 근대 일본이 유신과 건국의 과정에서 극복하지 않으면 안 되었던 부정적 유산은 무엇이었는지 한번 살펴보자.

1600년 일본 역사상 가장 유명한 전투 중 하나인 세키가하라 전투가 일어난다. 이 전투에서 도쿠가와 이에야스가 이끄는 동군이 승리했다. 그는 어린 시절 이마가와今川가문에서 인질 생활을 하는 등 오랜 세월을 참고 견딘 끝에 마침내 일본 역사상 최고의 승리자가 되었다. 이로써 일본근세 사회는 도쿠가와 이에야스와 그를 따랐던 동쪽 지방의 다이묘들을 중심으로 재편성된다. 도쿠가와 이에야스는 쇼군에 오른 뒤 천황과 조정의 권력을 약화시키고 막부의 권한을 강화시키는 조치들을 발표했다.

천황의 무가에 대한 관직수여권을 무력화시키고, 전국의 다이묘와 무사,

---

10   鳥海靖, 『「明治」をつくった男たち : 歴史が明かした指導者の條件』, PHP研究所, 1982, 1~54쪽.

승려들을 규제하는 법령들을 제정하였다. 무사는 무가제법도武家諸法度로, 천황과 귀족(공경)은 금중병공가제법도禁中並公家諸法度(1616)를 제정하여 엄격히 통제하였다. 전국의 다이묘大名들은 도쿠가와 이에야스와의 친소 관계에 따라 분류되었다. 도쿠가와 이에야스의 직계 친족에 해당하는 다이묘[11]들은 신판親藩(친판)이라고 불렸다. 이들은 관직으로부터 배제되는 대신 막대한 부를 소유했으며 보이지 않는 곳에서 큰 권력을 행사했다. 세키가하라 전투 이전에 도쿠가와 이에야스에 협력한 다이묘들은 후다이 다이묘라 불렸다. 에도 시대 말까지 약 150곳 정도의 후다이譜代 다이묘 가문이 있었다. 후다이 다이묘는 쇼군가의 핵심 가신으로 막부의 주요 관직을 맡았다. 그밖에 약 100명 정도의 도자마外樣 다이묘가 있었다. 이들은 마지막까지 도쿠가와 이에야스에 저항했기 때문에 에도 막부 내내 중앙 정치무대에서 소외되었다. 막부 말기 도자마 다이묘들이 반막부 운동의 핵심 세력으로 등장한 반면 후다이 다이묘들은 막번 체제의 전통적인 질서를 계속 유지하려고 했다.

도쿠가와 막부 시대의 사회 체제는 서양의 봉건제와 매우 유사[12]하였다. 쇼군은 일본의 최고 권력자이면서 한 명의 봉건영주이기도 했다. 쇼군은 자신에게 충성을 바쳐온 영주들에게 막대한 영지를 지급하였다. 우선 쇼군은 일본 전체 토지의 15%에 해당하는 광활한 토지를 자신의 직속 영지로 보유하였고, 쇼군의 직속 가신들 또한 일본 전체 토지의 10% 이상을 영지로 보유

---

11 신판 다이묘(親藩大名)로 통상 마쓰다이라(松平)라는 옛날 성을 사용했다.
12 라이샤워는 자신의 저서 『일본근대화론』에서 일본 봉건제는 다른 아시아 국가들과 달리 유럽의 봉건제와 매우 유사하기 때문에 자발적인 근대화에 성공할 수 있었다고 주장하였다. 초대 주일 영국 공사 Rutherford Alcock 역시 자신의 저서 *The Capital of the Tycoon*에서, "시간도 뒤지고 장소도 다르지만, 모든 주요 특징들이 놀랄 정도로 일치하고 충분한 일체성과 유사성을 가진 봉건제를 일본에서 찾아볼 수 있다"고 말했다. W. G. 비즐리, 장인성 역, 『일본근현대정치사』(개정 3판), 을유문화사, 2010, 19쪽.

에도성에 모이고 있는 다이묘들(교사이 기요미쓰 그림, 1847.7)

하였다. 도쿠가와 이에야스의 방계 가문이 또 다른 10%를 차지했고 후다이 다이묘들이 다시 20%를 차지했다. 이들의 토지는 대부분 국토의 중심 지역과 에도와 교토를 연결하는 핵심 지역을 차지해 막부의 통제력을 확보하는 요새로서의 기능도 맡고 있었다. 이에 반해 세키가하라 전투 이후 도쿠가와 가문에 충성을 맹세한 도자마 다이묘들은 대부분 서부와 남부와 동부의 외곽 지역에 위치하였으며, 국토의 약 40% 정도를 차지했다.[13]

도쿠가와 막번 체제는 봉건 체제면서도 이전의 막부 시대에 비해 중앙집권적 성격을 더 많이 가지고 있었다. 쇼군은 절대적 권력을 가지고 전국의 다이묘들을 통제했다. 특정 다이묘의 영지에서 심각한 문제가 일어나면, 영지를 다른 곳으로 옮기거나(전봉轉封), 영지의 크기를 축소(감봉減封)하거나, 아예 몰수(개역改易)하기도 했다. 에도 시대 초기에는 전봉, 감봉, 개역을 당한 다이묘들이 많았다. 또한 다이묘들을 견제하기 위해 산킨코다이參勤交代 제도와 조후定府 제도도 만들었다. 이런 측면에서 도쿠가와 막번 체제는 서구의 전형적인 봉건 사회와 다른 특징도 많이 가지고 있었다. 서구 봉건 사회의 국왕보다 훨씬 큰 권력을 보유하였고, 에도 초기에는 절대주의 국가의 정부에 가까운 특징도 많았다.

---

13   위의 책, 23쪽.

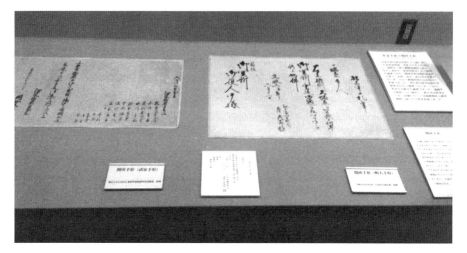

무사와 상인의 관문통과허가증

그러나 1650년 이후 도쿠가와 이에야스의 카리스마에 필적할 만한 권위와 정치적 능력을 가진 쇼군은 나타나지 않았다. 이에 따라 중요한 정책 결정은 막부의 고위 관리들에 의해 집행되었다. 막부의 최고위직인 4~5인의 로쥬^{老中}가 한 달씩 돌아가면서 막부의 정책을 결정하고 전국의 다이묘를 통솔했다. 로쥬 아래에는 신사^{神社}와 절^寺, 재정, 에도와 교토, 오사카와 나가사키 같은 주요 도시, 그리고 도쿠가와가의 영지를 책임지는 고위관리들이 있었다.

분파주의 – 지역과 신분의 분열

도쿠가와 막부는 정치적으로는 전국의 다이묘와 천황가를 철저하게 통제하여 막부에 대한 충성을 확보하고, 사회적으로는 병농분리 정책을 통해 사무라이와 일반 백성들을 분리, 통제함으로써 체제의 질서를 유지하려고 했다. 누구든지 다른 지역으로 갈 경우에는 오늘날 여권같은 통행허가증이 있어야 했다. 특히 에도에 출입할 경우에는 오다와라번^{小田原} 등이 경비를 맡고 있는 관문을 통과해야만 했다. 이리하여 에도 시대 일본은 지역과 신분에 따라 수백 갈래의 분파로 분열되었다.

이런 측면에서 에도 막부체제의 가장 큰 특징이자 한계로 봉건적인 지역할 거地域割據를 들 수 있다. 도쿠가와 시대에는 270명 전후의 다이묘가 있었으며, 이들은 각각 하나의 폐쇄적이고 독립적인 소국가를 이루고 있었다. 사무라이들은 오로지 주군인 다이묘에게 충성을 바칠 뿐이고, 쇼군과는 간접적인 주종 관계에 지나지 않았다. 천황은 관념적으로만 존재했으며 현실적 존재는 아니었다. 어떤 한 다이묘가 안에서 맺어진 영주와 사무라이의 공公적 관계는 엄격히 말해 봉록으로 맺어진 사私적 관계에 지나지 않았다.

에도 막번 체제가 평화롭게 번성하던 시기에는 지역할거도 크게 문제되지 않았다. 그러나 막부 말기 서구열강의 위협이 대두되자 곧바로 한계를 드러냈다. 일본 전체를 통치하는 새로운 통일 국가, 단일한 중앙 정부가 필요하다는 국가의식이 여기서 생겨났다. 막부 말기의 유신 변혁은 이러한 위기의식과 통일 국가에 대한 필요성에서 출발한 것이었다.

막번 체제의 또 다른 한계로는 엄격한 신분 제도와 이에 따른 사회적 분열을 들 수 있다. 에도 막부는 전국 시대와 달리 병농 분리 정책 즉 사무라이와 농민의 엄격한 분리를 바탕으로 신분 제도를 정비했다. 무가 사회는 내부적으로 매우 세분화된 위계질서와 격식이 정해져 있었고, 신분과 직업은 세습되었다. 사무라이 계층은 농촌을 떠나 모두 주군의 성 근처(조카마치城下町)에 모여 살았고, 그 주위에 공인과 상인이 집단거주지를 형성하여 살았다. 농민은 농촌 지역에 거주하면서 농업에만 전념해야 했으며 다른 지역으로 자유롭게 이동할 수도 없었다. 대신 농민들은 일체의 군사적 부담으로부터 면제되었다. 전국 시대 전란을 겪으면서 농민이 소지하고 있던 무기들은 모두 회수하여 녹인 뒤 농기구로 만들어졌다.

그 결과 지배 계층統治者과 피지배 계층被治者이 명확하게 분리되었다. 지배

계층인 사무라이들은 공적 분야를 독점하였고, 사회문화적 생활방식에서도 백성들과 구별되었다. 인구의 90% 이상을 차지하고 있는 백성들은 정치적 통제의 객체로서 주어진 질서에 오로지 수동적으로만 따를 뿐이었다.[14] 병농분리 정책과 엄격한 신분 제도는 또한 개인의 능력과 노력으로 신분상승을 이룰 수 있는 기회를 완전히 차단했다. 중국과 조선에서는 법적으로는 과거 제도를 통해 일반 백성도 관료가 될 수 있었지만, 일본에서는 그런 가능성조차도 없었다. 지배 계층과 피지배 계층이 철저하게 고정되어 있는 사회에서는 자신들과 아무런 상관이 없는 정치 질서를 자발적으로 존중하려는 의식이 없기 때문에, 정치의식이나 공공의식이 생겨날 수 없다. 하나의 국가, 하나의 국민이라는 의식도 당연히 형성될 수 없다.

이러한 봉건적 지역할거와 차별적 신분 제도는 일본 근세 사회 특유의 분파주의sectionalism[15]를 낳았다. 상층사무라이와 하층사무라이 사이는 물론이고, 사무라이의 일반 백성에 대한 불신과 차별의식은 오늘날의 상상을 뛰어넘는 것이었다.

후쿠자와 유키치는 이에 대해, "일본 안의 수천만 인구는 각각 수천만 개의 상자 속에 갇히거나 혹은 수천만 개의 장벽으로 구획되어 있는 것과 같으며, 백만 명의 사람들은 백만의 마음을 품고서 각각 집안에 틀어박혀 있어서, 문 밖은 마치 외국과도 같다"[16]라고 지적했다. 그리고 이러한 분파주의로 인해, "국민 상호 간의 불신과 의심, 군자는 위험한 곳에 가지 않는다는 보신주의, 자신의 이익만을 챙기는 근성이 만연"되는 문제점[17]을 낳아, 길가에 죽어있

14 　마루야마 마사오, 김석근 역, 『일본정치사상사연구』, 통나무, 1995, 473쪽.
15 　위의 책, 473쪽.
16 　후쿠자와 유키치, 임종원 역, 『문명론의 개략』, 제이엔씨, 2012, 152쪽; 마루야마 마사오, 김석근 역, 『문명론의 개략을 읽는다』, 문학동네, 2007, 354~356쪽.

는 시체를 보면 그냥 지나쳐버리고, 개똥을 보면 빙 돌아 피해가면서, 어떤 일에 휘말려드는 것을 꺼려한 나머지 서로 무슨 일을 논의한다거나 할 틈이 없는 습관이 오래되어 풍속을 이루었다[18]고 말했다.

근세 일본의 지역과 신분 통제 정책에 의해 형성된 분파주의의 문제점이 가장 극명하게 드러나는 계기는 된 것은 바로 서양열강의 등장이다. 서양의 군사적 위협은 개별 번 차원의 위기가 아니라 일본 전체의 위기로 인식되었지만 에도 막번 체제로는 제대로 대응할 수 없었고, 농민들은 국가적 위기를 자신들의 위기로 생각하지 않았다.

1853년 페리 함대 에도 앞바다에 등장했을 때 사무라이들은 전쟁을 예상하고 증기선 함대와 함포를 방어하기 위한 대책에 부심했지만 일반 백성은 이를 기린이나 낙타 혹은 불상의 개장 같은 흥밋거리로밖에 보지 않았다. 부유한 서민들은 무사의 양이운동을 곁눈질하면서 개항이라는 국가적 위기를 이용해 부를 쌓는 데에 몰두했다.[19]

영국, 미국, 프랑스, 네덜란드의 연합 함대가 조슈의 시모노세키 포대를 점령했을 때, 농민들은 이들에게 우호적인 태도를 보여주었다. 농민들에게는 지배 계급이 누구인가는 중요하지 않았다. 이는 오랜 봉건적 지배 관계가 가져다 준 참혹한 현실[20]이었다. 요코이 쇼난이 공공公共의 정치를 주장하면서, 도쿠가와 막부는 도쿠가와 가문만을 위해 정권을 사私적으로 운영함으로써 결코 천하를 편안하게 만들지 못했으며, 서민들을 자식처럼 여기는 정치, 교육을 시행해 본 적이 없었다고 비판[21]한 것은 이 때문이었다.

---

17   마루야마 마사오, 앞의 책, 477쪽.
18   후쿠자와 유키치, 앞의 책, 2012, 152쪽.
19   三谷博, 『明治維新 考える』, 岩波書店, 2012, 33~34쪽.
20   마루야마 마사오, 앞의 책, 1995, 483쪽.

메이지유신이 성공한 뒤 유신 정부는 판적봉환과 폐번치현을 단행해 지역 권력을 폐지하고, 이어 신분 제도와 특권과 차별을 철폐하는 조치를 시행한다. 내란이 진정되자마자 이러한 개혁 정책을 과감하게 단행하지 않으면 안 되었던 근본적 이유는, 번의식과 신분차별의식에 찌든 도쿠가와 막번 체제의 부정적 유산을 극복하지 않고는 자주독립의 근대국가를 형성하는 것이 불가능하며, 무엇보다도 하나의 민족, 하나의 국가라는 근대적인 국가의식의 형성이 절실했기 때문이다.

3) 유신 정부의 개혁 정책

유신 직후의 중앙 정부 조직

유신 직후 신정부의 권력 기반은 매우 취약했다. 고대 국가 시기의 중앙정부기관이었던 태정관을 부활시키고, 막부가 외국과 체결한 조약은 그대로 승계한다는 통지문을 각국 대사관에 보냈다. 하지만 신정부가 부활시킨 태정관은 아직 실체가 없었고, 통치력을 확보한 곳은 에도 막부의 직할 통치 지역에 불과했다. 전국의 명목 석고 3,000만여 석 가운데 에도 막부 직할령 800만 석을 제외한 나머지 영토는 각 번이 여전히 조세징수권과 군사지휘권을 가지고 있었다. 막번 체제의 한 축인 막부(중앙 권력)는 해체되었지만 다른 한축인 번(지방 권력)은 그대로 남아 독립적으로 지배권을 행사하고 있었다. 이 때문에 신정부가 봉건 체제를 실질적으로 폐지하고 새로운 국가 체제를 수립하기 위

21   위의 책, 484쪽.

해서는 군사적・재정적・행정적 통치 기반을 마련할 수 있는 개혁 조치를 단행하지 않으면 안 되었다.

1868년 윤4월 21일 관제(7관官 양국兩局제)를 개정하고, 며칠 뒤 윤4월 27일 정체서政体書를 발표하여 국가권력을 입법, 행정, 사법 3권으로 나누어 태정관에 집중시켰다. 다만 이때의 태정관은 독립적 국가기관이 아니라 의정관議政官(입법), 행정관, 신기관神祇官, 회계관, 군무관, 외국관(행정5관), 형법관(사법) 등 7관으로 구성되는 중앙 정부의 통칭이었다. 태정관에는 천황도 매일 정무에 참여하기 위해 출석하였다. 그 뒤 중앙 기관을 정비하여, 신기관과 태정관을 두 축으로 하는 제정일치祭政一致 체제의 국가 기구를 만들었다.

판적봉환[22] 직후인 1869년 7월 8일 직원령職員令을 제정하여 태정관을 정부의 최고 의사 결정 기관으로 삼는 정부 기구 개편(2관官 6성省제)을 단행하였다. 이 개편으로 태정관에는 좌우대신, 대납언大納言, 참의參議 등 3직을 설치하고 태정관 아래에 민부성, 대장성, 병부성, 형부성, 궁내성, 외무성 등 6성을 설치하였다. 또한 공경과 영주들의 권한을 약화시키는 대신 유신 주체 세력인 하급무사 출신 인물들을 정부의 핵심 요직에 임명했다.

그 뒤 유신 정부는 판적봉환, 폐번치현, 지조개정, 징집령 등을 전격적으로 단행하여 중앙 정부로 국가 권력을 집중시키는 중앙 집권 정책을 추진했다. 한편 국내의 반란이 진압되고 정국이 어느 정도 안정을 찾자, 이와쿠라 도모미는 기도 다카요시, 오쿠보 도시미치 등 신정부의 핵심 인물들과 함께 서양

---

22 판적봉환 조치로 봉건영주(번주)들은 자신들이 지배하던 토지와 영민(領民)을 천황이 통치하는 중앙 정부에 반납하고 대신 번지사에 임명되었다. 판적봉환 이후 사쓰마번은 가고시마번으로, 조슈번은 야마구치번으로 바뀌었다. 판적봉환을 계기로 공경(公卿)과 제후(諸侯)라는 칭호도 폐지되었고 이들은 화족(華族)으로 편성되었고, 각 번의 번사들은 사족(士族)으로 편성되었다.

문명을 시찰하러 떠난다. 역사적인 이와쿠라사절단이다. 사절단은 서양 12개 나라를 22개월 동안 순방하면서 서구선진문명을 직접 체험하였고, 귀국한 뒤 구체제를 해체하고 근대적 국가 제도를 수립해 나간다.

한편 유신 정부의 구체제 해체 과정은, 서양의 선진문명국과 달리 평화적이고 경제적으로 진행되었다. 판적봉환과 폐번치현으로 구체제를 해체할 때 신정부는 화족 제도를 신설해 구체제 지배 계급(구 다이묘, 번주)의 특권을 어느 정도 보장해 주었으며, 금록공채를 교부하여 가록의 30〜40%에 해당하는 이자 수입도 보장해주었다. 이들은 영주로서의 권한은 뺏겼지만 대신 그들이 지고 있던 막대한 채무(번채)와 번에서 발행한 화폐(번찰)의 상환 의무를 면제받음으로써 막대한 채무부담에서 벗어날 수 있었다

판적봉환, 폐번치현, 질록처분, 폐도령 등 구체제의 해체과정은 유신 변혁에 버금가는 고난의 연속이었다. 이와쿠라 도모미를 중심으로 기도 다카요시, 오쿠보 도시미치 등 유신 주체 세력들이 정부를 이끌어갔지만 내전과 신정부 수뇌부의 갈등, 정한론, 대만 정벌, 강화도사건 등 큰 사건들이 끊이지 않았다. 이러한 사정은 서남전쟁이 끝날 때까지 계속되었다.

2. 유신에서 혁명으로, 구체제를 해체하다

1) 지역義 권력의 폐지

판적봉환(版籍奉還, 한세키호칸)[23]

왕정복고 쿠데타로 권력을 잡은 유신 정부가 진보적 개혁을 단행할 것으로 기대한 사람은 많지 않았다. 지배 계급이 스스로 봉건적 특권을 포기하는 것은 흔치 않은 일이다. 이 때문에 유신 정부가 단행한 일련의 혁명적 개혁 조치를 지배 계급의 자살[24]이라고 표현하기도 한다. 판적봉환은 전국의 다이묘가 자신이 지배하던 토지와 인민을 중앙정부에 반납하겠다는 청원을 천황에게 건의한 것이다. 여기서 판版은 판도版圖 즉 토지를, 적籍은 호적戶籍 즉 백성을 의미한다. 유신정부 개혁정책의 신호탄이었고 이어 사회, 경제적인 개혁정책들이 단행되었다. 판적봉환과 뒤이어 단행되는 일련의 개혁 조치들은 메이지유신이 단순히 중앙정치권력의 교체에 머물지 않고 근대적인 사회경제체제를 건설하려는 혁명적 성격을 가지고 있음을 보여준다.

1869년 6월 17일부터 전국의 다이묘들이 판적봉환을 건의[25]한다. 동시에 화족제도華族制度가 창설되어 제후 285개 가문과 공경 142개 가문은 화족에 편입되었다. 판적봉환으로 전국의 토지와 인민은 메이지 정부의 관할로 넘어

---

23 판(版)은 토지를, 적(籍)은 백성을 의미한다.
24 三谷博, 『明治維新を考える』, 岩波書店, 2012.
25 판적봉환이 단행되기 7개월 전 1868년 11월 히메지의 영주 사카이 다다쿠니가 심각한 재정난과 보신전쟁으로 인한 번의 내분 등을 계기로 유신정부에 영지(판도(版圖), 지적도)와 영민(戶籍, 호적)을 반납하겠다는 판적봉환 건의서를 제출하였다.

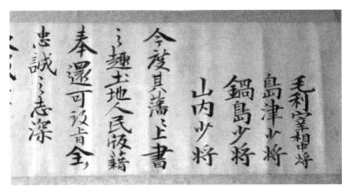

판적봉환 사태서(沙汰書) (조슈·사쓰마·사가·도사)

갔고, 다이묘들은 지번사知藩事가 되어 계속 자신의 영지(번,[26] 구 다이묘령)를
통치하였다. 구 막부령旧天領이나 하타모토의 영지 등 막부 직할 지역에는 유
신정부에서 직접 관리(지부사知府事, 지현사知県事)를 파견했다. 이로써 유신정부
의 중앙집권화 정책은 어느 정도 진전을 이룬다. 다만 지방은 여전히 구 다이
묘가 통치하였기 때문에 전국의 행정구역이 중앙정부 직할의 부, 현과 구 다
이묘가 통치하는 번으로 나뉘어져 복잡하고 비효율적인 체제를 이루게 되었
다. 단일한 국가 체제를 형성하기 전의 과도기적인 이 체제를 부번현삼치제府
藩県 治制라고 말한다.[27] 이 체제에서 지방 권력은 이름만 바뀌었을 뿐 이전
과 똑같이 존속했다. 명실상부한 중앙정부를 수립하기 위해서는 독립적 지방
권력인 번을 완전히 해체하지 않으면 안 되었다. 결국 구 다이묘들이 지배하
고 있는 번의 처리가 핵심적 문제였다.

---

26 엄격히 말해 번이라고 하는 제도상의 명칭은 이때 처음 정해졌다. 에도 막부 아래에서는
   제도로서 번이라고 부르는 호칭은 없었다. 따라서 공식적으로 번은 1869년의 판적봉환
   에서부터 1871년 폐번치현까지 약 2년간 동안 존속한 제도를 말한다. 모두 274명의 번지
   사를 임명하였다.
27 박삼헌, 『근대 일본 형성기의 국가체제 – 지방관 회의, 태정관, 천황』, 소명출판, 2012, 제
   2·3장 참조.

폐번치현(廃藩置県, 하이한치켄)

1871년 2월 8일 대장대보 오쿠마 시게노부는 태정관에 전국에 걸쳐 단일한 정치 체제(전국일치정체 全国一致之政体)[28]를 시행할 것을 촉구하는 건의서를 제출했다. 오쿠마는 재정, 군사, 교육, 사법 등 4개 분야의 개혁안을 제시하고, 이를 위해 비효율적 부, 번, 현을 통일하여 하나의 기구 治 一 致로 만들 것을 주장했다. 오쿠마의 주장대로 부, 번, 현으로 나뉘어 있는 3개의 기구를 하나로 통일하기 위해서는, 구 다이묘와 번사들이 지번사와 번사 知藩事, 藩士가 되어 계속 독립적인 지배권을 행사하고 있는 번을 해체하는 것이 필수적이었다.

우여곡절 끝에 1871년 7월 14일 14시, 신정부는 도쿄에 있는 56개 번의 지번사를 황궁으로 불러 모은 뒤 전국의 모든 번을 폐지하고 정부가 직할하는 현을 새로 설치하는 폐번치현 조치를 전격적으로 단행했다. 그날 오전 10시 가고시마번, 야마구치번, 사가번, 고치번 등 큰 번의 지사를 먼저 소집하여 폐번치현의 조칙을 읽어주었고, 조금 뒤 나고야번, 구마모토번, 돗토리번, 도쿠시마번의 지사들을 소집하여 폐번치현의 조서를 전달하였다. 이 조치로 기존의 번은 현으로 바뀌었고 번주들은 모두 도쿄로 이주하라는 명령이 내려졌다. 전국의 현에는 중앙 정부에서 지번사 대신 현령을 새로 파견했다.

폐번 조치 당시에는 3부 302현이었지만 그 뒤 현의 합병을 거쳐 1876년 35현 체제가 되었고, 1881년에는 사카이현 堺県이 오사카 부로 합병되어 개편이 완료되었다. 그 뒤 현의 면적이 커 현 내 지역 간 대립이 발생하거나 사무량이 증가하는 등의 문제가 있어 몇 개 현이 분할되었다. 최종적으로 제국헌법이 공포되던 1889년 3부 43현(홋카이도 제외)으로 정착되었다. 폐번치현은 왕

---

28 신국가 건설을 위해 군사, 교육, 사법, 재정 등 4개(「海陸警備ノ制」(軍事), 「教令率育ノ道」(教育), 「審理刑罰ノ法」(司法), 「理財會計ノ方」(財政)) 분야의 개혁을 촉구하였다.

폐번치현(고보리 도모토 그림, 1934)

정복고 다음의 두 번째 쿠데타로 불릴 정도로 중대한 개혁 조치였다. 이 조치로 중세 헤이안 시대 후기 이래 지속되어온 봉건 체제는 폐지되고 명실상부한 중앙 정부가 수립되었다.

한편 폐번치현으로 각 번에서 발행한 화폐(번찰)와 채무의 처리가 중대한 문제로 떠올랐다. 번찰은 당일 시가로 정부 발행 지폐와 교환되었지만, 각 번이 부담하고 있는 채무의 처리가 문제였다. 에도 시대 중기 이후 많은 번이 심각한 재정난에 빠져 있었다. 이에 따라 각 번은 번정 개혁을 추진하여 그 타개책을 찾았지만 몇몇 번을 제외하고는 별 진전이 없었다. 다이묘들은 부유한 상인에게 다이묘가리大名貸(대출)을 받거나 백성으로부터 고요킨御用金(세금)을 징수하는 방법을 통해 겨우 번을 유지해 나가고 있었다. 엎친 데 덮친 격으로 1853년 미국의 흑선이 도래한 뒤에는 전국적으로 대외적 위기에 따른 해안 방어와 군비 마련 등으로 재정 지출이 늘어났고, 왕정복고 쿠데타 이후 내전 기간 동안에는 전비 지출도 많았다. 이 때문에 폐번치현을 앞둔 시점에는 스스로 영토를 반납하려고 신청하는 번마저 발생할 정도로 각 번의 재정 상태는 악화되어 있었다.

폐번치현으로 구번의 채무는 신정부에 일괄적으로 이전되었다. 당시 신고액은 세입의 배에 해당하는 7,413만 엔(=両)에 달했지만 채무를 인수한 신정부는 재정적 여유가 전혀 없었다. 이에 따라 신정부는 구번의 채무를 발생 시점을 기준으로 3종류로 구분하여 각기 다른 방식으로 변제하였다. 1868년 이후의 채무(신공채)에 대해서는 공채를 교부하여 그 원금을 3년 거치 연 4%의 이율로 25년에 걸쳐 신정부의 책임 아래 변제하고, 1847년 이후의 채무는 무이자공채를 교부하고 50년에 걸쳐 상환하였다. 그 이전 시기의 채무는 일체 계승하지 않고 무효로 처리했다. 반면 막부가 진 채무는 외국에 대해 진 채무를 제외하고는 발생 시기와 상관없이 모두 인수하지 않았다. 결과적으로 신고된 액수의 반 이상이 덴포天保 연간(1830~1843) 이전의 채무, 또는 막부 채무로서 무효화 되고 나머지에 해당하는 총 3,486만 엔이 신정부로 인수되어 변제되었다(신공채 1,281만 엔, 구공채 1,122만 엔, 소액 채무 등 이유로 현금 지불 등으로 처리된 것 1,082만 엔).

유신정부가 인수를 거절한 구번 채무는 덴포 연간 이전부터 상환되지 않고 반복되어온 것이었다. 이 채무는 모두 고채古債로 분류되어 무효화되었다. 사쓰마의 번정 개혁 당시 즈쇼 히로사토調所広郷가 해결책으로 제안해 유명해진 250년 분할 상환 채무도 모두 무효로 처리되었다. 다이묘들의 채무는 상인들 측에서 보면 받을 가능성이 희박한 일종의 불량채권이었다. 그래도 상인들은 이 채권들을 명목상 자산으로 처리하고 있었기 때문에, 신정부의 처분에 의해 파산하는 상인들이 속출했다. 특히 에도 시대 전국에 걸친 유통망을 형성하여 상권을 장악하고 있던 오사카 상인들은 이 조치로 큰 타격을 입었고, 오사카는 경제 중심지로서의 위상을 많이 잃게 된다. 반면 구번주나 그 가신들은 채무를 전액 면책받아 큰 손해를 보지는 않았다. 참고로 구번의 채권과 그 정리 현황은 〈표 1〉과 같다.

도표를 보면 구번채 중 상당한 금액이 삭감 내지 면제되었음을 알 수 있다. 이 사실은 메이지유신과 근대국가의 수립에 필요했던 경제적 비용을 최종적으로는 구번의 채권자들, 즉 상인들이 부담했다는 것을 말해준다. 구번의 채권자들은 도쿠가와 막부 시대에 활약했던 오사카와 에도의 대상인들이었다. 이들 중 다수는 막대한 경제적 타격을 받아 결국 몰락한다.

이런 측면에서 메이지유신 이후 봉건 체제의 해체 과정에서 가장 큰 손해를 본 계층은 구 지배 계층인 다이묘나 사무라이들이 아니라 부유한 상인, 그

〈표 1〉 구번(舊藩)채권과 그 정리 현황

영지고(277번)	18,809
공채로서 지불된 부분(276번)	34,864
신채(248번)	12,820
구채(227번)	11,220
채무를 면제한 부분(271번)	39,266
고채(206번)	12,025
막채(131번)	2,658
사채(24번)	2,372
기채(154번)	14,977
숙채(23번)	2,501
고차체리(207번)	3,747
외국채	4,002
공채로 지불된 부분(37번)	3,688
감액된 부분	314
내외채 총계	78,132

단위 : 천 엔(千円), 괄호는 번의 수. 영지고는 천 석(千石).
주 : • 신채는 1868~1872년의 번 채무로, 1872년부터 이자 4부, 3년 거치 25년간 상환됨.
　　 •• 구채는 1844~1867년 사이의 번 채무로, 1872년부터 50년간 무이자로 상환됨.
　　 ••• 고채는 1843(덴포 14)년 이전의 채무이며, 막채는 막부로부터의 채무, 사채는 구번
　　사의 개인적 채무, 기채는 차주가 나타나지 않았거나 증권이 없거나 증권을 잃어버린 채무 등이고,
　　숙채는 유신 때 관군에 적대하여 멸가(滅家)한 제 번의 채무 등이고, 고차체리는 뒤에
　　판명된 1843년 이전의 채무와 그 이자 미지급분을 말함.
　　 •••• 외국채는 수입 대금 지불(1,854천 엔), 번 경비, 상업 자금, 권업자금 차입(1,119천 엔) 등.
출처 : 中村隆英, 「明治維新期財政金融政策展望」, 『松方財政と殖産興業政策』, 東京大學出版會, 1983.

중에서도 오사카 상인들이었다. 서구에서 상인들은 독자적인 정치 세력을 형성하여 근대적 시민혁명의 주체세력으로 참여한 반면 일본의 상인들은 에도 막부에 기생하면서 거대한 부를 축적하다가 결국 유신과 건국의 제물이 되고 말았다.

2) 신분 제도의 폐지

유신 정부의 사민평등(四民平等) 정책

메이지유신 뒤 신정부는 서구의 문명국가를 모델로 급속한 개혁 정책을 추진한다. 그중 대표적인 개혁 정책으로 신분제 폐지, 학교 제도와 징병제의 도입 등 사민평등(四民, 士農工商) 정책을 들 수 있다. 에도 시대에는 신분 간의 차별의식과 신분에 따른 사회적 제한이 엄격했다. 사무라이 계급과 서민(庶民) 사이는 물론이고 사무라이 안에서도 상급무사, 평무사, 하급무사, 향사 등으로 세분화되어 신분에 따른 규율이 엄격히 정해져 있었다.

이 때문에 메이지유신 직후부터 후쿠자와 유키치 등 많은 사람이 신분 제

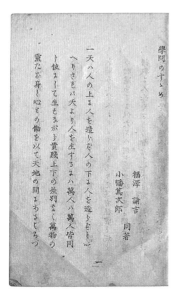

도의 폐지를 주장하였다. 이 시기의 대표적인 자유주의 사상가인 후쿠자와 유키치는 1872년 2월에 발표한 『학문의 권장』에서, "하늘은 사람 위에 사람을 만들지 않고 사람 아래 사람을 만들지 않는다"[29]는 명언을 남겼다. 이 명언은 미국 「독립선언문」에 나오는 구절이지만, 『학문의 권장』이 베스트셀러가 되면서 메이지 초기 일본의 지식인들에게 깊은 영감을 주었다. 보신전쟁이 마무리되고 국내 정세가 어느 정도 안정되자, 신정부는 봉건적 신분 제도를 폐지하고 결혼, 직업선택, 주거와 여행의 자유를 허용하는 등 문명화 정책을 순차적으로 시행하고 학제와 징병 제도를 도입한다.

후쿠자와 유키치의
『학문의 권장』 첫 페이지

29   후쿠자와 유키치, 남상영 역, 『학문의 권장』, 소화, 2003, 21쪽.

1869년 6월 판적봉환 당시 신분제도를 개편하여 공경과 제후(구번주)는 화족華族, 평사平士 이상의 번사는 사족으로 편성하였다. 1869년 12월 아시가루足輕 이하의 하급사무라이 계층은 졸족卒族으로 편성하였으나, 1872년 1월 이를 폐지하고 향사鄕士 등 세습 사무라이는 사족으로, 다른 하급사무라이는 평민으로 편성하였다. 1870년 9월 농민, 수공업자, 상인農工商 등 백성은 모두 평민으로 편성하고, 이들에게도 성姓을 사용할 수 있도록 허용하는 포고白姓平民苗字被差許를 발표하였다. 이로써 에도 시대 이래 엄격하게 유지되어 왔던 신분 제도는 폐지되고 화족, 사족, 평민, 천민 등 4개의 족적으로 재편되었다.

1871년에는 에타穢多, 히닌非人으로 불리던 천민을 평민으로 편성하는 조치를 발표하였다. 이를 보통 신분해방령이라고 한다. 이 조치에 대해서는 기존 평민층으로부터의 거센 반발이 일어났다. 이들은 신분해방령에도 불구하고 신평민 혹은 부락민으로 불리면서 오랫동안 차별을 받았으며, 오늘날에도 완전히 사라지지 않고 남아 있다고 한다.[30]

신정부는 사민평등 정책을 토대로 학교 제도, 징병 제도, 조세 제도 등 근대적인 사회 제도를 도입한다. 1872년 학제를 제정하여 국민 모두 초등 교육을 받도록 하였고, 1873년에는 징병령을 발표하여 무사 계급뿐만이 아니라 일반 평민들도 군에 입대할 수 있게 하였다. 신정부의 사민평등 정책은 도쿠가와 막부 시대의 신분 제도를 극복하고 근대국가로 나아가는 데 큰 기여를 하였다. 이 중 천민해방령만 좀 더 자세히 살펴보자.

---

30 2000년 오사카시가 1990년에서 1999년 사이에 결혼한 사람을 대상으로 시행한 설문조사에 따르면, 전체 응답자 7,418명 중 2.3%인 174명의 응답자가 부락 출신이라는 이유로 결혼 차별 경험을 겪었다고 응답했다. 또한 www.okwave.jp 같은 인터넷 사이트를 보면 결혼을 앞두고 부락민 출신이라는 이유로 부모의 반대에 부딪혀 고민하는 사람들을 종종 볼 수 있다.

천민해방령

에도 시대에는 사농공상의 4개 신분 외에도 에타와 히닌穢多, 非人이라고 불리는 천민 신분이 있었다. 에타의 에는 더러움을 의미한다. 이는 문자 그대로 더러움이 많은 직업에 종사하는 사람을 경멸해서 표현한 것으로 가축 도살, 사형 집행, 피혁 가공 등에 종사하는 사람을 말한다. 이 직업은 불교가 일본에 전래된 이래 살생을 금지하는 불교 교리로부터 큰 영향을 받은 것이었다. 히닌은 사람이 아닌 자가 사람의 형상을 하고 있다는 차별의식을 나타내는 말이다. 사형 집행 보조, 죄인 및 시신 매장, 사찰과 신사의 청소, 예능에 종사하는 사람을 말한다. 이들은 주거지, 복장뿐만 아니라 불교계명에서도 자신의 신분을 나타내는 표식을 해야만 했다.

유신 정부는 1871년 8월 28일 에타, 히닌 등의 천민 신분을 폐지하는 태정관포고를 발표했다. 이 포고에는 정식 제목이 없기 때문[31]에 신분해방령身分解放令, 천민해방령賤民解放令 혹은 천칭폐지령賤称廃止令 등으로 불린다.[32]

천민해방령은 1869년 12월 민부성 개정괘民部省改正掛인 시부사와 에이이치澁沢栄가 대장대보 오쿠마 시게노부에게 제출한 「호적에 관한 초안」에서 처음 검토되었다. 당시 민부성과 대장성은 사실상 통합되어 있었다. 개정괘에는 시부사와 에이이치처럼 향사나 농민에서 막부의 신하를 거쳐 메이지 신정부에 등용된 자가 많았기 때문에 일찍부터 사민평등의 필요성에 눈뜬 사람

---

[31] 당시의 법령을 수집한 정부 간행 법령 전서 목록에는 '에타·히닌의 명칭을 폐지하고, 신분직업을 평민과 똑같이 한다(穢多非人ノ称ヲ廃シ身分職業共平民同様ト ス)'라고만 기록되어 있다

[32] 이 책에서는 천민해방령으로 통일하여 지칭하기로 한다. 일본에서의 신분차별문제와 천민해방운동에 관해서는 일본부락해방연구소, 최종길 역, 『일본 부락의 역사』, 어문학사, 2010 참조.

이 많았다. 신분의 종류가 적은 쪽이 사무 처리에도 편리했다. 그러나 시부사와의 안은 평민 아래 에타, 히닌을 그대로 잔존시키는 불충분한 안이었다.

이 안은 1870년 3월에 태정관에 제출된 「호적편성례목戸籍編成例目」에도 그대로 이어졌다. 1871년 개혁괘에 있던 구막신 출신 스기우라 유즈루杉浦讓, 1835~1877가 「호적편성례목」을 수정하여 사민평등을 전면에 내세운 호적법안을 건의하였다. 오쿠마 시게노부의 후임 오키 다카토大木高任, 1832~1899는 오에 타쿠大江卓, 1847~1921

가축도살 관련 직업(畜門)이 새겨져 있는 묘비

의 건의를 받아들여 에타, 히닌 해방에 관한 기본방향에는 찬성하면서도 생활개선사업과 병행하여 점진적으로 시행하기로 정했다. 이에 따라 에타, 히닌은 그대로 둔 채 1871년 4월 4일 호적법이 제정되었다.

그 뒤 민부성과 대장성이 재통합된 뒤 대장경에 오쿠보 도시미치가 취임하였다. 통합 후의 대장성에서 기존에 면세지로 취급받았던 에타, 히닌의 소유지에도 지조(세금)를 징수하려는 지조개정안이 제출되면서 천민해방령이 적당한 구실로 붙여졌다. 당시 구미 열강 제국들이 메이지 정부에 기독교 포교를 인정할 것과 천민 제도의 폐지를 요구하고 있던 상황도 큰 영향을 미쳤다.

그러나 천민 해방령 발표 이후에도 실질적인 신분 해방 정책은 시행되지 않았다. 천민해방령은 사민평등에 대한 의지 때문이 아니라 지조징수와 구미 제국의 강요 때문에 형식적으로 시행된 측면이 더 컸기 때문이었다. 결과적으로 사민평등을 지향하는 인권사상에 근거를 둔 조기해방론도, 생활 개선을 통한 불평등 해소를 먼저 주장하는 점진적 해방론도 모두 없었던 일로 끝나고 말았다. 정부는 천민 해방령에 반대하는 평민의 천민에 대한 살인이나 테러(잇큐 一揆)[33]도 단속하지 않았다. 결국 메이지 정부의 사민평등 정책은 불완전한 평등 정책으로 남고 말았다.

이에 따라 부락의 생활수준은 더 낮아졌다. 차별로부터 해방된 것도 아니었다. 오히려 에도 시대 이래 보장받고 있던 소유지의 면세 혜택과 죽은 말과 소에 대한 독점권死牛馬取得權을 상실하였기 때문에 오키 다카토가 구상하였던 생활 개선도 진전되지 않았다. 해방령과 함께 수정되었던 호적법 역시 민원담당자들의 사무처리상 혼란이나 의식 부족 등으로 인해 신평민 표기 문제로 이어졌다. 천민들의 인권향상 및 권익보호운동 단체인 전국수평사의 설립 후에도 부락의 생활수준 개선은 거의 없었다. 피차별민에 대한 실질적인 해방 정책은 미군정 기간 중인 1946년 11월 3일 일본국 헌법의 공포에 의해 마련되었다.[34] 일본국헌법은 완전한 평등을 헌법 제14조의 1항에 명문화하였다. 그러나 이것으로도 부락민에 대한 무형의 차별이 사라진 것은 아니었다.

3) 특권과 차별의 폐지

폐도령

폐도령은 1876년 3월 28일 발표된 무사들의 칼 휴대금지령을 말한다. 이 태정관 포고의 정식명칭[35]은, 「대례복 및 군인 경찰 관리 등 제복 착용 외 대

---

33 해방령에 반대하여 1871년에서 1873년에 걸쳐 산발적으로 발생한 피차별부락민에 대한 습격과 폭동 등을 말한다. 1871년 히로시마현에서 2명이 사망했고, 고치현에서 부락 70호 중 67호가 파괴되었다. 오카야마현에서는 1872년 4명, 1873년 18명이 사망했다. 후쿠오카현에서는 대량방화가 발생해 많은 사상자가 발생했다.
34 丹羽邦男, 『地租改正法の起源 : 開明官僚の形成』, ミネルヴァ書房, 1995.

도 금지」이다. 폐도령 포고에 의해, 대례복大礼服 착용자, 군인, 경찰관 등 정부가 특별히 허용한 경우 이외에는 칼을 차치 못하게 되었다. 다만 개인이 칼을 소유하는 것은 금지되지 않았다.

폐도에 관한 논의는 신정부 초기부터 있었다. 칼 휴대 금지를 처음 제의한 사람은 모리 아리노리森有礼 1847~1889[36]였다. 이때만 해도 왕정복고가 된 지 얼마 지나지 않았기 때문에, '폐도를 하면 무사의 정신이 없어지고 황국의 원기가 소멸될 수 있다'는 이유로 이 제안은 부결되었다. 모리 아리노리는 이 때문에 테러를 당하기도 했다. 그 뒤 1875년 야마가타 아리토모의 건의가 채택되면서 폐도령이 제정되었다. 이 건의에서 그는 종래 무사들이 두 자루의 칼을 차고 다닌 것은 적을 무찌르고 신변보호를 하기 위한 목적이 있었지만, 오늘날에는 「국민개병령國民皆兵令」이 선포되고, 순사제巡査制가 시행되어 개인이 칼을 차고 다닐 필요성이 없어졌기 때문에 하루 빨리 폐도령을 만들어 무사의 허세와 살벌한 사회 분위기를 없애야 한다고 주장했다.

폐도령은 오랜 기간 동안 유지되어온 사무라이의 관습을 폐지하는 것이었기 때문에 폐번치현과 같은 봉건적 제도의 개혁보다도 더욱더 조심스럽게 진행되었다. 과도기적인 조치로 1870년 서민의 칼 휴대를 금지하는 조치가 발표되었다. 이어 1872년 9월 23일 헤어스타일Hair Style의 자유와 칼 휴대 의무를 해제하는 조치(「산발탈도령散髮脫刀令」)가 발표되었다.

그럼에도 불구하고 막상 폐도령을 시행하자 사족들의 반발[37]은 의외로 거

---

35   「大禮服竝ニ軍人警察官吏等制服著用ノ外帶刀禁止」.
36   사쓰마 출신의 정치인, 외교관으로 주영 전권공사(1879~1885), 초대 문부대신(1885~1889)을 역임했다. 1875년 사숙 상법강습소를 개설했다. 상법강습소는 뒤에 히토쓰바시 대학으로 발전한다. 1889년 2월 1일 일본제국헌법이 반포되는 날 암살되었다. 암살자는 모리 아리노리가 이세신궁에서 불경을 저질렀기 때문에 살해했다고 주장했다.

모리 아리노리

셌다. 사무라이들은 칼에 자신이 영혼이 들어있다고 생각하는 등 특별한 정신적 가치를 부여하고 있었기 때문에, 폐도령을 사무라이의 명예와 특권을 빼앗는 악법으로 인식했다. 이들은 농민도 군인이 될 수 있도록 허용한 징병령, 사무라이의 경제적 특권을 빼앗은 질록 처분에 이어 폐도령마저 발표되자 신정부에 대한 불만을 노골적으로 드러내기 시작했다.

가록의 폐지 - 질록 처분(秩禄処分)

질록 처분은 메이지 정부가 1876년 무사들에게 지급하던 질록 급여를 전면적으로 폐지한 조치를 말한다. 질록은 메이지유신 이후 화족이나 사족에게 부여한 가록과 유신공로자에게 대해 부여한 상전록(賞典禄)을 합쳐서 일컫는 말이다. 경제적인 측면에서 볼 때 에도 막번 체제는 다이묘가 가신에게 세습할 수 있는 토지인 봉록을 지급함으로써 유지되었다. 메이지유신 이후 봉록은 가록으로서 인계되어 사족에게 지급되었다. 유신공로자에게 지급된 토지인 상전록도 74만 5,750석, 20만 3,376량에 달해 화족, 사족에 대한 가록지급은 세출의 30% 이상을 차지하였다. 이 때문에 신정부는 재원을 확보하기 위해 질록 제도를 개혁하지 않을 수 없었다. 일련의 사민평등 조치에도 불구하고 무사 계급의 전통적 특권의식이 남아 군대 내에서 병사들의 통합을 가로막는

---

37 「산발탈도령」 등에 대한 사족들의 반발은 의외로 거셌다. 1872년 천황이 의학교, 양학교, 진서진대 등을 방문할 때 사족들이 강하게 반발했다. 박삼헌, 『근대 일본 형성기의 국가체제 - 지방관회의 태청관 천황』, 소명출판, 2012, 131~132쪽.

등 폐해가 많았기 때문에 무사 계급의 신분적 특권을 실질적으로 폐지하는 조치도 필요했다. 이를 위해서는 무사 계급의 경제적 특권을 폐지하는 것이 가장 적합했다.

폐번치현 뒤 정부(유수 정부)[38]는 가록 제도의 개혁을 추진하였다. 이와쿠라 사절단으로 해외순방 중이던 대장경 오쿠보 도시미치를 대신하고 있던 차관 대보 이노우에 가오루가 급진적인 개혁안을 제안하였다. 이노우에는 대장소보 요시다 기요나리靑田淸成, 1845~1891를 사절단에 파견하여 오쿠보 도시미치와 공부성 대보 이토 히로부미에게 개혁안을 보고했지만 이와쿠라 도모미와 기도 다카요시 등이 반대하여 이 안은 중단되었다.

1873년 1월 징병제가 시행되고, 국민개병 원칙에 의한 징병 제도가 확립되자 전투력 유지와 전쟁에 동원되는 대가로 가록을 지급하던 명분이 사라졌다. 정한론 정변이 수습되고 오쿠보 도시미치가 정부를 장악하고 난 뒤 가록 제도의 개혁에 관한 논의가 다시 시작되어 최종적으로 가록세를 창설하고 스스로 가록을 반환하는 자에 대해서는 질록 공채를 부여하는 가록봉환 정책이 발표되었다. 가록세는 기존의 가록 등급에 맞춰 세금을 부과하고, 이를 통해 마련된 재원을 군사 재원으로 사용하는 것이었다. 가록봉환 정책은 임의로 가록을 반납하는 자에 대하여 사업이나 귀농 등 취업 자금을 제공해 주는 것으로서, 사족들을 산업 활동으로 전업시키는 경제적 효과도 노리고 있었다.

지조개정으로 농민들이 세금을 현금으로 납부함에 따라 가록을 현금으로 지급하는 부현도 있었는데 이 경우 쌀 가격의 급격한 변동에 의한 혼란이나 불만이 많이 생겨났다. 이에 정부는 1875년 9월 7일 태정관 포고 제138호를

---

38 이 책 제8장 제1절의 제2항 유신 정부와 이와쿠라사절단 참조.

발표해 가록을 현금으로 지급하는 금록화를 추진했다. 약 1년 뒤 오쿠마 시게노부는 기도 다카요시의 반대를 누르고 태정대신 산죠 사네토미를 설득하여, 가록제를 전면적으로 폐지하고 금록공채로 전환하는 정책(「금록공채증서발행조례」, 태정관 포고 제108호)을 공포했다.

오쿠마는 이를 위해 「금록공채증서발행조례」를 공포하였다. 이것을 바탕으로 질록을 받고 있던 사람의 녹고는 당시의 시세에 맞춰 환산 금액이 결정[39]되고 금록공채 금액도 정해져 그다음 해부터 강제적으로 시행되었다. 사족 구제책으로서 둔전병 제도에 의한 북해도 개발도 시행되었다. 일반 무사들 역시 가록 대신 금록공채를 교부받았다. 가록의 금록공채화로 실질적 수입은 감소하였지만 하급무상층일수록 수입 감소율이 적도록 배려되어 최저 가록의 경우에는 수입 감소율이 2% 정도에 지나지 않았다. 대신 무사들은 군사적·행정적 서비스를 제공할 의무가 없어졌고 사족이라는 지위가 부여되었다. 그중 상당수는 또 군, 경찰, 행정 등 신설되는 공직에 취직[40]하였다. 가록봉환과 질록 처분의 결과는 〈표 2〉와 같다.

---

39 석고를 금액으로 환산하여 금록공채를 발행하기 위한 기준 시세를 산정할 때 사족반란이 일어날 위험성이 높은 지역은 시세를 더 높게 책정하여 그 지역의 사족들을 회유하려고 하였다. 예를 들어 구사쓰마번인 가고시마사족에게는 1석 당 6엔 2전, 구 도사번의 고치현 사족에게는 1석당 5엔 40전이 책정되어 실제의 미가보다 높게 산정되었다.

40 1871년의 『가록처분일람표』에는 정부에 제출된 무사의 수는 39만 5,000명으로 되어 있지만 1881년의 관공리 수는 중앙 11만 9,000명, 지방 9만 명 등 모두 20만 9,000명이었다. 이러한 관공리의 과반을 구무사가 차지하고 있었기 때문에 39만 5,000명 가운데 적어도 30% 이상이 어떤 형태로든지 관계에 자리를 잡았다고 볼 수 있다. 신체제에서 배제된 계층 중 일부가 반란을 일으켜 이러한 제도 개혁에 반발하기도 했다. 하지만 대부분의 무사들은 이 제도 개혁을 거부하지 않았다. 서정익, 『일본근대경제사』, 혜안, 2003, 60쪽.

<표 2> 가록봉환 및 질록 처분 결과

	인원(명)	질록공채 증서발행액	현금 교부액	합계	1인당 평균액(엔)
가록봉환(1873~1875)	135,883	16,565	19,327	35,893	264
금록공채 발행(1876)	313,264	171,109	738	171,847	566

단위 : 천 엔.
주 : • 금록공채 발행으로 무사의 봉록은 완전히 폐지되었다.
출처 : 中村隆英,「明治維新期財政金融政策展望」,『松方財政と殖産興業政策』, 東京大學出版會, 1983, 17쪽.

그러나 질록 처분에 의해 사족들의 생활은 많이 힘들어졌다. 금록공채의 금리(하급무사에게 적용된 7분의 공채 경우)의 일할액은 당시 도쿄 근로자의 최저 임금의 1/3밖에 되지 않았기 때문에 금록공채를 팔아 생활에 충당하는 사람도 적지 않았다. 1882년 돗토리현의 자료에 의하면 전 사족 중 9할이 이미 금록공채를 팔아버렸다고 나타나 있다. 1883년 통계에 의하면 전체 사족 약 41.8만 명 중 현직 관리(군인 포함) 또는 부, 현 의회의 선거권을 가진 유권자(지조 5엔 이상으로서 관리가 아닌 자)가 전체의 37.6%밖에 되지 않았다. 이것은 사족 중 2/3가 몰락했다는 것을 의미한다.

지금까지 유신 정부의 구체제 해체와 사회 개혁 정책에 대해 살펴보았다. 이를 통해 알 수 있듯이 유신 정부는 봉건 지배 체제를 해체하면서 구체제의 지배 계층이 가지고 있던 특권 중 상당 부분을 경제적으로 보상해 주었다. 메이지유신과 근대화 과정이 서구에 비해 비교적 조용하고 평화적으로 진행된 것은 이 때문이다. 서구 국가들의 시민혁명과 근대화 과정이나 중국의 사회주의 이행 과정과 비교해 볼 때 주목해 볼 만한 가치가 있다.

제3부
건국

8. 건국의 구상

9. 경제혁명

10. 군사혁명

11. 입헌혁명

12. 유신과 건국에 관한 성찰

8장

건국의 구상
이와쿠라岩倉사절단

> 온 나라가 놀라고,
> 사람들의 마음이 요란한 가운데,
> 안개처럼 구름처럼 어슴푸레 드러난 것은
> 일본국가라는 이상이었다.
> ―다케고시 요사부로, 『신일본사』[1]

1. 유신 정부와 이와쿠라사절단

1) 이와쿠라 도모미

이와쿠라 도모미岩倉具視, 1825~1883는 우리나라에는 잘 알려져 있지 않지만, 근대 일본의 유신과 건국을 설명하는 데에는 빠질 수 없는 주요 인물이다. 막말 유신변혁기에는 사쓰마와 긴밀한 협력 관계를 유지[2]하면서 조정에

1　竹越与三郎, 西田毅 校閱・解說, 『新日本史』(上・下), 岩波書店, 2005.
2　반면 산죠 사네토미는 조슈의 존왕양이파들과 긴밀한 관계를 유지하면서 조정에서의
　정치 활동을 주도했다. 1863년 8・18정변으로 산죠 사네토미를 포함한 7명의 공경들은
　교토를 떠나 조슈와 규슈 지역에 머물렀지만, 이와쿠라 도모미는 1862년 8월 산죠 사네
　토미 등의 존왕양이파에 의해 조정에서 쫓겨난 뒤에도 교토 북쪽 교외에 있는 이와쿠라
　마을에 머물면서 비밀리에 조정을 대상으로 정치 활동을 계속하고 있었다.

이와쿠라 도모미

서의 정치 활동을 주도해 메이지유신을 성공시키는 데 큰 기여를 했다. 유신 정부가 수립된 뒤에는 내대신이 되어 고마쓰 다테와키, 오쿠보 도시미치, 사이고 다카모리, 기도 다카요시 등 유신 주체 세력과 함께 정부를 이끌어갔다. 특히 오쿠보 도시미치와 이토 히로부미를 총애하였고, 오쿠보 도시미치가 암살당한 뒤에는 이토 히로부미를 적극적으로 지원하면서 근대적 천황제 국가를 수립하기 위해 노력했다. 이런 측면에서 이와쿠라 도모미는 유신 정부의 실질적 리더였다고 말할 수 있다.

세상물정에 어둡고 무능력한 대부분의 공경들과 달리 이와쿠라는 어릴 때부터 총명하고 강한 기질을 가지고 있어 이례적 인물로 통했다. 일찍부터 조정의 개혁과 왕정복고에 강한 의지를 가지고 막말 교토의 정국을 주도했으며 숱한 고난 끝에 사쓰마, 조슈의 사무라이 혁명가들과 함께 천황 정부를 수립하는 데 성공했다.

천황의 배려로 이와쿠라 도모미가 세상을 떠나기 직전 그의 마지막을 돌봤던 독일인 의사 에르빈 밸츠에 따르면, 이와쿠라는 세상을 뜨기 몇 주 전부터 입헌 제도와 관련하여 꼭 남길 말이 있다면서, 이토 히로부미를 애타게 찾았다고 한다. 그러나 이토 히로부미는 유럽 입헌 제도를 조사하기 위해 베를린에 가 있었기 때문에 올 수 없었다. 임종이 가까워 왔다는 사실을 알려주자, 이와쿠라는 그 대신 이노우에 가오루를 불러 입헌 제도에 관한 자신의 유언을 숨을 헐떡거리면서 한 마디 한 마디 남겼다. 밸츠는 자신의 일기[3]에, 죽

에르빈 밸츠(Erwin Bälz)

에르빈 밸츠의
『내과 병론』(1882)

음과 싸우면서도 흠정헌법에 관한 유언을 남기려는 이와쿠라 도모미에 관해, '그의 육신은 강철 같은 의지 그 자체였다'고 기록하였다.

이와쿠라 도모미는 1825년 9월 15일 교토에서 곤주나곤을 지낸 공경 호리카와 야스치카堀河康親의 차남으로 태어났다. 1838년 8월 8일 소년 이와쿠라를 범상치 않은 제자로 생각하던 스승의 소개로 이와쿠라 도모야스[4]의 양자가 되었다. 이와쿠라가는 하급공경 가문으로 조정에서의 발언권도 없었고, 승진할 수 있는 관위의 상한선도 종2위 곤나주곤이었다. 가록도 공경으로서는 낮은 편이라서 경제적으로도 넉넉하지 않았다.[5] 그러나 이와쿠라가는 섭정과 관백 등 조정의 고위직을 독차지해온 후지와라가를 제외한 공경 가문 중에서는 가격이 최고 높았다. 이와쿠라가는 제62대 무라카미 천황村上

---

3   Toku Bälz · Erwin Bälz, *Das Leben eines deutschen Arztes im erwachenden Japan-Tagebücher, Briefe, Berichte*, Engelhorns, 1931, 62~63쪽. 이와쿠라 도모미는 후두암으로 사망했다.

4   이와쿠라 도모야스(岩倉具慶). 이와쿠라 도모미의 양부다. 1858년 88공경사건에 연루되어, 안세이대탄압 때 처벌받았다. 유신이 성공한 뒤 1868년 참의에 임명되는 등 신정부에서 고위직을 역임하였다.

5   호리카와 야스치카가는 180석, 이와쿠라 도모야스가는 150석이었다. 이 정도 규모는 일반 사무라이로서는 적은 편은 아니지만 공경가로서는 많은 편이 아니었다.

926~967의 후손으로 겐지源氏 성을 받은 무라카미 겐지 가문의 적통 집안이었고, 가계에 천황의 친정을 회복하기 위해 헌신했던 인물들이 많았기 때문에 자부심이 강했다. 고다이고 천황을 도와 겐무신정에 참여했던 충신 기타바타케 지카후사가 무라카미 겐지 가계의 대표적 인물이다. 이와쿠라 도모미가 유신 이전부터 조정 개혁과 왕정복고에 강한 의지를 가지고 있었던 것이나, 왕정복고 쿠데타가 성공하자마자 막부의 폐지와 함께 후지와라 가문이 독점해온 섭정과 관백을 폐지하고 조정 개혁을 단행한 것은 이러한 가문 이력과도 무관하지 않다.[6]

이와쿠라 도모미가 하급공경 가문 출신으로서의 신분적 한계를 극복하고 정치 능력을 발휘하게 되는 계기는 페리 함대가 에도 만에 등장하면서부터다. 이와쿠라는 1853년 1월부터 관백 다카쓰카사 마사미치鷹司政通가 주도하는 가도歌道 모임에 참가[7]하고 있었는데, 1853년 페리 함대가 일본에 나타나자 다카쓰카사에게 국제 정세에 관한 건의를 하면서 신임을 얻었다. 그는 다카쓰카사에게, 외교에 관한 문제는 국내 문제와 달리 한번 잘못되면 국체에 큰 영향을 미칠 수 있기 때문에 조정이 국가적 견지에서 감독해야 하며, 만에 하나 잘못된 일이 발생할 경우에는 막부로부터 대외 문제에 관한 권한을 회수해야 한다고 건의하였다. 이처럼 이와쿠라는 일찍부터 조정의 권한을 회복하고 왕정복고를 이뤄야 한다는 생각을 가지고 있었고 관백 다카쓰카사 마사미치를 통해 이를 실현하려고 했다.[8]

이와쿠라 도모미가 교토 중앙 정치에 본격적으로 부상하는 것은 1858년

6   井上勲, 『王政復古: 慶応3年12月9日の政変』, 中央公論新社, 1991, 88~93쪽.
7   佐藤誠三郎, 『死の跳躍を越えて西洋の衝撃と日本』, 千倉書房, 2009, 179쪽.
8   大久保利謙, 『岩倉具視』, 中央公論新社, 1990, 18~20쪽.

일미통상조약의 체결에 관한 천황의 칙허 문제와 13대 쇼군 도쿠가와 이에사다의 후계 문제로 조정과 막부가 대립하고 있을 때였다. 이와쿠라 도모미는 1858년 3월 12일 조약 칙허에 찬성하는 입장을 가지고 있던 관백 구조 히사타다에게 항의하기 위해 오하라 시게토미 등 88명의 공경들과 함께 조정에서 반대시위를 벌였다.[9] 이에 구조 히사타다가 병을 핑계로 피해 버리자 그의 저택 앞에서 밤늦게까지 기다리면서 항의 의사를 표시했다.[10] 조정의 공경들이 정치적 이슈를 가지고 집단행동을 하는 경우는 매우 드문 일이었다. 이에 천황은 3월 20일 조정 신하들의 반대를 근거로 조약 칙허를 거부하였고, 천황의 칙허를 받아 국내의 반대 여론을 무마시키려고 했던 로쥬 홋타 마사요시의 의도는 결국 무산되고 말았다. 이와쿠라 도모미가 자신의 정치 이력에서 거둔 첫 번째 승리였다.

그렇다고 이와쿠라가 줄곧 반막부 노선을 걸었던 것은 아니었다. 오히려 그는 막부와 조정의 관계가 악화되는 것을 걱정하고, 친막부파의 중요인물인 교토 쇼시다이 사카이 다다아키 등과 친밀하게 지냈다. 공무합체 노선의 실

---

9   이를 88공경열참사건(八十八公卿列參事件)이라고 부른다. 막부가 미국과 수호통상조약을 체결한 뒤 국내의 반대여론 특히 미토를 중심으로 하는 양이론을 잠재우기 위해 고메이 천황의 칙허를 얻으려고 하자 이와쿠라 도모미, 나가야마 다다야스 등 88명의 당상관(고위급) 공경들이 조약안 철회를 요청하면서 연좌 농성한 사건이다. 이어 하급 공경 97명도 조약안 철회를 요구하는 의견서를 제출하였다. 그 결과 고메이 천황은 로쥬 홋타 마사요시에게 수호통상조약의 체결에 반대하는 입장을 밝히며 칙허를 거부하였다. 홋타 마사요시는 천황의 칙허를 얻지 못한 데 책임지고 로쥬직을 사퇴하고 새로 다이로에 취임한 이이 나오스케의 주도로 88명의 공경들을 타깃으로 한 탄압이 시작되었다.
10   2일 후인 3월 14일, 정치 의견서 「신주만세견책(神州万歲堅策)」을 고메이 천황에게 제출하여 일미화친조약에는 반대하면서 만약 이로 인해 미국과의 전쟁이 벌어질 경우의 방위 정책, 전시 재정 정책 등을 제시하였다. 다른 한편으로 이와쿠라 도모미는 서양 나라들의 풍습, 산물을 알기 위해 구미 각국에 사절을 파견할 것을 주장하는 등 일찍부터 서양문물에 관심을 많이 가지고 있었다.

이와쿠라 도모미가 숨어살던 갈대집(교토시 이와쿠라 마을)

현을 위해 막부가 쇼군과 천황의 누이동생 가즈노미야의 결혼을 추진할 때에
도 적극적으로 협력[11]했다.

이러한 친막부적 태도로 인해 얼마 뒤 존왕양이파가 조정을 장악했을 때
이와쿠라는 이들로부터 집중적인 공격[12]을 받아 조정에서 쫓겨나 대정봉환

---

11   가즈노미야 혼인 당시 이와쿠라는 하급공경이었지만, 천황의 칙서를 가지고 가는 칙사
     였기 때문에 하급공경임에도 불구하고 막부의 로쥬를 만날 수 있었다. 11월 26일 이와쿠
     라는 에도성에서 로쥬 구제 히로치카, 안도 노부마사를 만났다. 이 자리에서 막부가 가
     즈노미야를 이용하여 폐제(廢帝)를 획책하고 있다고 하는 소문에 대해 따져 물었다. 이
     에 로쥬들은 그 소문이 근거가 없는 것이라고 해명하면서, 이런 소문이 생긴 것에 대해
     사과하고 다시 이런 일이 일어나지 않도록 하겠다는 문서를 연명하여 작성해 제출했다.
     이와쿠라는 이에 더 나아가 쇼군의 친필서약서도 요구해 관철시켰다.
12   존왕양이파들은 가즈노미야 혼인 때 적극적인 역할을 맡았던 것과 교토 쇼시다이와 친
     한 것을 이유로 내세워 이와쿠라를 공격했다. 이와쿠라는 존왕양이파 공경 오기마치산

뒤 정식으로 사면될 때까지 5년 동안 교토 북쪽 교외에 있는 이와쿠라 마을에서 칩거한다. 1863년 8·18정변으로 조슈가 패배하자, 이번에는 산죠 사네토미[13] 등 이와쿠라를 공격했던 존왕양이파 공경 7명이 추방되었지만 이와쿠라는 사면되지 않았다.

이와쿠라 도모미의 정치적 동지는 사쓰마 사무라이들이었다. 반면 조슈의 정치지도자들과의 접촉은 거의 없었다. 사쓰마의 시마즈 히사미쓰가 1862년 병사들을 이끌고 교토에 상경하여 조정에 막부의 개혁을 요청했을 때부터 사쓰마와 밀접한 관계를 유지하고 있었다. 특히 오쿠보 도시미치와 친했다. 사쓰마의 입장에서 이와쿠라는 친조슈파 조정 공경들과 균형을 유지하기 위해서라도 매우 귀중한 존재였다.[14] 이런 관계로 인해 이와쿠라는 사쓰마의 정치노선과 거의 같이 행동한다. 공무합체노선에서 막부타도 노선으로 전환하는 것도 사쓰마가 번의 노선을 공무합체에서 막부타도로 변경하면서부터다.

이와쿠라 도모미의 진가는 왕정복고 쿠데타 이후 더욱 빛을 발한다. 이와쿠라는 쿠데타 세력을 대변하는 공경그룹의 실질적인 리더였다. 1868년 1월 도바·후시미 전투 때에는 도쿠가와 슌가쿠 등의 반대에도 불구하고 출병을

죠 사네나루의 권고에 따라 7월 24일 천황의 근습(近習)자리를 그만뒀지만, 존왕양이파들은 이에 만족하지 않고 더욱더 강경하게 이와쿠라를 공격했다. 8월 16일 산죠 사네토미, 아네가코지 긴토모 등 13명의 공경이 연명하여 이와쿠라 도모미, 고가 다케미치, 지쿠사 아리부미, 도미노코지 히로나오, 이마키 시게코, 호리카와 노리코 6명을 막부에 아첨하는 '4간2빈(四奸二嬪)'이라고 지목한 탄핵문서를 관백 고노에 다다히로에게 제출한다. 이에 고메이 천황까지 이와쿠라를 친막(親幕)파라고 의심하자, 이와쿠라는 1862년 8월 20일 조정을 떠나 1867년 11월까지 교토 북쪽 이와쿠라 마을에서 5년 동안 칩거했다.

13 산죠와 이와쿠라의 악연은 그 뒤에도 계속 이어졌다. 1868년 10월 왕정복고 쿠데타 계획이 준비되고 있던 시기에 이와쿠라도 이 계획에 참가하고 있는 것을 알게 된 산죠는 이와쿠라는 안 된다고 반대했다.

14 佐藤誠三郎, 앞의 책, 2009, 182쪽.

강행하여 승리를 거두는 데 큰 역할을 했다. 때문에 도바·후시미 전투의 승리 이후 이와쿠라 도모미의 위상은 더욱더 높아졌다.

1868년 1월 17일 유신 정부는 총재를 수반으로 7명의 각료를 두는 조직개편[15]을 단행한다. 이때 이와쿠라는 육해군과 회계에 관한 사무를 맡았다. 명목상의 총재는 다루히토 친왕이 맡고 있었지만 실질적으로 이와쿠라를 중심으로 사쓰마, 조슈 출신의 의정과 참의들이 주요 정책을 결정했다. 신정부는 사실상 이와쿠라 정권이라고도 할 수 있을 정도로 그의 권한은 막강했다.

판적봉환 뒤 고대의 관제인 '성省'을 본뜬 체제로 다시 행정 조직 개편[16]을 하여 산죠 사네토미는 행정책임자인 우대신, 이와쿠라는 그 보좌역인 다이나곤에 취임했다. 참의에는 오쿠보 도시미치, 마에바라 잇세이, 소에지마 다네오미 등 하급사무라이 출신 유신지도자들이 취임했다. 1871년 7월 14일 폐번치현이 단행되자 외무대신에 임명되었다.[17]

그런데 외무대신이 된 이와쿠라에게는 '조약 개정'이라고 하는 매우 중요한 난제가 하나 기다리고 있었다. 1858년 이이 나오스케가 체결하고 몇 차례 개정된 서구 열강들과의 통상조약에는 만약 조약 개정을 원할 경우 그 기한을 1872년 7월 1일(음력 1872.5.26)까지로 정해 놓고 있었다. 이 때문에 신정부

---

15 총재를 수반으로 하여 내국사무, 외국사무, 육해군사무, 회계사무, 형벌사무, 제도사무, 사찰사무 등 7개의 각료가 설치되었다. 4월 21일 다시 행정, 입헌, 사법으로 나뉜 권력 분립형 정부로 개편하였다. 이와쿠라는 이때 국내 행정 전반과 궁중의 사무를 관할하였다. 산죠 사네토미와 함께 신정부를 이끄는 2인 체제였지만, 산죠는 도쿠가와가의 처분을 맡아 사이고 다카모리와 함께 에도에 가 있었기 때문에 실질적으로는 이와쿠라가 이끌어갔다.

16 정부수반은 좌·우대신, 다이나곤(大納權), 산기(參議) 등으로 구성되었고 그 아래의 행정조직으로 민부성, 대장성, 병무성, 형부성, 궁내성, 외무성의 6성이 설치되었다.

17 7월에는 태정대신이 신설되어 산죠 사네토미가 취임하였고 이와쿠라는 우대신을 겸임하였다.

천황의 이와쿠라 도모미 문병(기타 렌조 그림, 1927)

로서는 그 전에 협상을 시작하지 않으면 불평등조약을 개정하는 것이 불가능해질 수도 있었다. 미국 측은 그동안 일본의 법률과 제도가, 만국공법(국제법)의 기준과 맞지 않는다는 이유를 들어 조약 개정을 계속 거부해왔기 때문에 이번에도 거절할 것이 뻔했다. 이에 이와쿠라는 일미수호통상조약 개정의 사전 협상을 위해 미국을 방문할 때 서구 여러 나라에 사절단을 파견하여 서양 문명을 시찰하기로 했다. 이와쿠라사절단은 이렇게 시작되었다.

한편 이와쿠라사절단의 수뇌부가 미국에서 함께 찍은 유명한 사진에는 이와쿠라 도모미 혼자 일본식 상투머리를 하고 있는 것을 볼 수 있다. 그는 그때까지 상투는 일본인의 혼이라고 생각해 자르지 않고 있었다. 그런 그도 자식에게는 못 당하는지 미국에 유학 가 있던 셋째 아들 이와쿠라 도모사다에게 설득당해 시카고에서 상투를 잘랐다. 이와쿠라사절단이 귀국한 뒤에는 궁정 개혁, 화족 제도, 천황제헌법 제정을 위해 노력했다. 1883년 7월 20일 후두암으로 사망했다. 그가 세상을 떠나기 직전 천황과 황후가 각각 그를 문병했다.

2) 유신 정부와 이와쿠라사절단[18]

오늘날 일본에서 이와쿠라 도모미라는 이름으로 널리 알려져 있는 것은 무엇보다도 이와쿠라사절단이다. 이와쿠라사절단은 메이지유신이 성공한 뒤 근대 일본의 건국 방향을 설정하는 데 가장 중요한 계기를 마련해준 사건이다. 그럼 이와쿠라사절단을 좀 더 자세하게 알아보자.

유신 정부는 폐번치현 직후 미국과 유럽 12개국에 대규모의 정부사절단을 파견한다. 서양 5개국과 체결했던 통상조약의 개정 기한이 다가옴에 따라 불평등조약의 개정을 위한 예비 교섭도 필요했고, 신정부에 대한 승인도 받아야 했다. 사절단은 특명전권대사 우대신 겸 외무경 이와쿠라 도모미를 단장으로, 부사 대장경 오쿠보 도시미치, 참의 기도 다카요시, 공부대보 이토 히로부미, 외무소보 야마구치 나오요시山口尙芳, 1839~1894 등 유신 정부의 주요 인물로 구성[19]되었다.

왕정복고 쿠데타 직후에도 신체제에 대한 승인과 서양문물에 대한 조사를 위해 서양에 사절단을 파견하는 것이 필요하다는 의견이 있었지만, 당시는 내란 진압과 국내 정치 체제의 정비가 시급했기 때문에 더 이상 진척되지 않았다.

---

18   이 항은 2011년 국제지역학연구회에서 발간하는『국제지역학논총』제4권 1호에 발표한 논문을 수정한 것이다.『미구회람실기』원문의 인용은 1878년 발행된 실기의 복각판(1975)을 참고하였다. 2011년 12월에『미구회람실기』5권이 모두 한글판으로 번역되어 발간되었는데 이 논문을 집필할 때에는 번역본이 없어 부득이하게 복각판을 이용할 수밖에 없었다. 복각판은 대한민국 국회도서관에 한 질이 소장되어 있다. 한글번역판은 다음과 같다. 구메 구니타케, 방광석 외역,『특명전권대사 미구회람실기』1~5, 소명출판, 2011.

19   JACAR, Ref. A04017147400,「大使書類原本大使全書」.

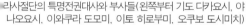

라사절단의 특명전권대사와 부사들(왼쪽부터 기도 다카요시, 야 나오요시, 이와쿠라 도모미, 이토 히로부미, 오쿠보 도시미치)

이와쿠라사절단 환송식
(야마구치 호슌 그림)

이와쿠라사절단에는 구성 인물을 보면 알 수 있듯이 유신 정부 수뇌부가 대거 참가하였다. 사이고 다카모리, 이타가키 다이스케 등은 사절단에 참가하지 않고 남아 정부 운영을 맡았다. 이때의 정부를 유수 정부留守政府라고 부른다. 한편 이와쿠라사절단의 지도부는 자신들이 없는 사이 정부 정책에 예상치 못한 변화가 일어날 지도 모른다는 우려[20]를 가지고 있었다. 때문에 이를 방지하기 위해 유수 정부 지도자들과 정부 운영 방침과 관련한 12개조의 약정[21]까지 맺었다.

[20] 12개조 약정의 최초 제안자와 약정 중 제6조와 제7조의 해석에 관해 상반되는 다양한 견해가 있다. 笠原英彦, 『明治留守政府』, 慶應義塾大學出版會, 2010, 9~17쪽.

[21] JACAR, Ref. A04017149000, 「大使書類原本大臣參議及各省卿大輔約定書」. 이 약정서를 보면 4페이지에서 7페이지에 걸쳐 약정서 초고가 기록되어 있다. 주요 내용으로는 사절단의 외유 중에도 서로 정보 교환을 긴밀히 할 것, 새로운 개혁 정책은 사절단의 귀국까지는 가능한 한 하지 않을 것 등이 있다. 끝부분에 모두 18명의 서명이 날인되어 있는데 이 명단을 보면 당시 유신 정부를 이끌어가는 인물이 어떤 사람들인지를 잘 알 수 있다. 주요 인물로 이와쿠라사절단의 이와쿠라 도모미(岩倉具視), 기도 다카요시(木戸孝允), 오쿠보 도시미치(大久保利通), 이토 히로부미(伊藤博文) 외 유수 정부의 태정대신 산죠 사네토미, 의장 고토 쇼지로, 참의 오쿠마 시게노부(大隈重信), 참의 사이고 다카모리(西郷隆盛), 참의 이타가키 다이스케(板垣退助), 외무경 소에지마 다네노리(副島種臣), 문부경

이와쿠라사절단과 유수 정부의 약정서　　　　　약정서에 서명한 정부 지도자들

　　사절단 파견에 관한 최초의 구상은 고용 외국인이었던 네덜란드계 미국인 선교사 벨벡G. F. Verbeck, 1830~1898[22]이 제안한 것이었다. 벨벡은 1869년 '브리프 스케치Brief Sketch'라고도 불리는 해외사절단 파견계획을 참의 겸 외국관 부지사 오쿠마 시게노부大隈重信, 1838~1922에게 편지 형태로 제출하였다. 이 편지에는 구미 시찰의 의의, 정부실력자 파견의 필요성 등 사절 파견에 관한 구체적 구상이 매우 상세하게 제시되어 있다.[23] 그러나 이 구상은 내정 개혁

　　　오오키 다카토(大木喬任), 대장대보 이노우에 가오루, 병부대보 야마가타 아리토모, 사법대보 사사키 다카유키, 개척차관 구로다 기요타카 등이 있다.
22　본명은 Guido Herman Fridolin Verbeck이다. 네덜란드에서 태어나 미국으로 이민 간 뒤 일본선교사로 파견되어 활동하였으며 법학자, 신학자이기도 하다. 1860년 나가사키에 도착했지만 아직 기독교 금지 분위기가 남아 있어 선교사로서 활동하는 것이 어렵자 영어 사숙을 설립하여 개인과외를 시작했다. 사가의 오쿠마 시게노부와 소에지마 다네오미(副島種臣, 1828~1905)가 벨벡에게 영어를 배웠다. 1864년 나가사키에 막부가 나가사키영어전습소(長崎英語伝習所)를 세웠을 때 강사로 초빙되어 영어를 가르쳤다. 이때 오야마 이와오(大山巌), 무츠 무네미츠(陸奥宗光), 야마구치 나오요시(山口尚芳) 등도 영어를 배웠다. 1868년에는 이와쿠라 도모미의 아들 이와쿠라 도모사다가 영어를 배웠다. 1868년 6월 오쿠마 시게노부에게 일본의 근대화에 관해 건의(브리프 스케치)하였다. 이 건의는 그 뒤 이와쿠라 사절단이 파견되는 계기가 되었다. 1877년 일본정부로부터 훈3등 욱일장 훈장을 받았다. 벨벡의 전기에 관한 자세한 내용은 梅溪昇, 『お雇い外國人』, 講談社, 2006, 72~81쪽 참고.
23　笠原英彦, 앞의 책, 2쪽.

과 농민 폭동, 사족의 소요 사태 등으로 더 이상 진 척되지 않았다.

벨벡(G. F. Verbeck)

폐번치현 이후 국내 정세가 어느 정도 안정을 찾자, 오쿠마 시게노부가 1871년 8월 각의에서 불평등조약의 개정을 위한 사절단 파견의 필요성을 역설하면서 자신이 사절단을 이끌고 나가고 싶다고 밝혔다. 오쿠마의 제안은 각의에서 곧바로 승인되었고, 외무성에서 사절단 파견을 위한 사유서를 작성하였다. 사유서에는 국내 개혁에 필요한 시간을 벌기 위해 조약 개정을 연기할 것과 함께 구미문물의 견학을 목적으로 제시하고 있다. 오쿠마가 이때 구상한 사절단은 규모가 크지 않았다.

그런데 유신 정부 초기에는 정부 안에서 정치적 주도권을 둘러싸고 각 번 사이의 경쟁이 치열했기 때문에 오쿠마의 계획은 실현될 수 없었다. 이와쿠라 도모미와 오쿠보 도시미치는 히젠 출신의 오쿠마가 정치적 주도권을 가지는 것을 저지하기 위해,[24] 사쓰마와 조슈 출신 중심으로 사절단의 구성을 바꾸어 버렸다.

이와쿠라사절단은 개인 수행원, 유학생[25]까지 포함하면 총 107명에 달하는 대규모 사절단이었다. 사절단원 46명[26] 중에는 막부에서 관료로 근무한

---

24 笠原英彦, 앞의 책, 5~6쪽. 최근의 학설 중에는 이에 대해 원래 오쿠마 사절단이 아니라 산죠 사네토미 태정대신을 전권사절로 오쿠마가 수행하는 산조 사절단 구상이었는데, 태정대신의 파견이 곤란했기 때문에 자연스럽게 이와쿠라사절단으로 변경된 것으로 보는 견해도 있다. 이 견해(이와쿠라 음모설)는, 이와쿠라가 견외사절의 파견을 계속 주장해왔고 이견 없이 전권사절로 내정된 것을 볼 때 지나친 오해라고 본다. 勝田政治, 위의 책, 110쪽.

25 유학생은 조약 체결 상대국인 미국·영국·프랑스·독일·러시아 등 5개국에 파견되었다.

26 임명된 후 취소되거나 현지에서 참가한 사람도 있어 사절단 구성 멤버의 확정 작업은 많

이와쿠라사절단 여자 유학생(왼쪽부터 우메다 데이코 14세, 요시마스 료코 14세, 나가이 시게코 8세, 쓰다 우메코 6세, 야마가와 스테마츠 11세)

인물들이 많았다. 이들은 해외 유학이나 외교 경험 등을 통해 전문 지식과 외교적인 교섭 능력을 가지고 있었다. 각 성에서 파견한 이사관급의 테크노크라트 중에도 막부 출신이 많이 있었다.

사절단의 특징으로 눈에 띄는 점은 지도부를 포함한 구성원들의 나이가 매우 젊다는 것이다. 사절단원 46명 중 나이를 알 수 있는 44명을 평균하면 대략 32세이다. 가장 나이가 많은 사람은 이와쿠라 도모미로 47세였고 최연소는 18세의 나가노 후미아키라였다. 이와쿠라사절단은 20~30대의 젊은 세대로 구성되었기 때문에 미국과 유럽이라는 미지의 세계에 용감하게 도전하는 에너지를 가지고 있었고, 전통 사회의 편견으로부터 벗어나 새로운 문화를 적극적으로 수용할 수 있었다. 유신정부에는 숱한 지사들의 희생을 밟고 넘어선 이 같은 젊은 에너지가 있었기 때문에 근대국가 수립이라는 역사적 프로젝트를 추진해 나갈 수 있었다.[27]

사절단의 공식적인 방문 목적에는, 새로 수립된 정부를 알리고, 국제법에 의거하여 국가의 자주독립을 실현하고 외교와 무역의 편의를 도모하기 위해,

은 어려움이 있었다. 따라서 총원도 46명, 47명, 48명 설 등 다양하게 있고 구성원도 각각 다르다. 이 중 48명 설이 정설로 알려져 있었으나 다나카 아키라의 연구에 의해 최근에는 출발 당시 인원은 46명으로 밝혀졌다. 다나카 아키라, 현명철 역, 『메이지유신과 서양문명』, 소화, 2006, 18쪽; 笠原英彦, 앞의 책, 25쪽. 다나카 아키라의 책에는 부록으로 구성원의 명단, 출신 신분 등이 수록되어 있다.

27 다나카 아키라, 위의 책, 26쪽.

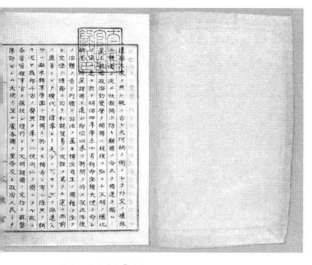

이와쿠라사절단 『대사(大使) 전서』 첫 페이지　　　　　이와쿠라사절단 『대사(大使) 전서』 표지

'조약체결국의 원수에게 국서를 전달하고 방문의 예를 취할 것, 조약 개정의 연기를 포함하여 조약 개정 예비 교섭을 할 것, 방문하는 구미 선진 제국의 제도 등을 견문하고 조사할 것'[28] 등이 거론되어 있다.

　그런데 유신 정부의 최고 수뇌부가 정부를 비우고 구미시찰을 떠난 데에는 이보다 더 중요한 이유가 있었다. 이들은 격동의 시기를 겪으면서 막부를 타도하고 마침내 천황을 정점으로 하는 유신 정부를 출범시켰다. 막상 막부가 타도되고 내란도 진정되자, 유신 정부의 수뇌부들은 자신들이 봉건 체제 대신 새로운 국가를 수립해나가는 데 아무런 준비가 되어 있지 않았다는 것을 깨달았다. 그동안 막부 타도와 내란 진압을 위해 앞으로만 달려 왔지 최종 목적지가 어디인지, 어떤 경로를 거쳐 가야 하는지에 대해 생각할 겨를이 없었던 것이었다. 물론 개별적으로 유럽에서 유학하고 돌아온 사람들도 많이 있었다. 서양의 정치 제도나 문물을 소개한 후쿠자와 유키치의 『서양사정』이

28　　JACAR, Ref. A04017149000, 「大使書類原本大臣參議及各省卿大輔約定書」.

베스트셀러[29]가 될 정도로 서양에 관한 지식도 이미 많이 보급되어 있었다. 막부와 번 차원의 사절단, 해외유학생 파견, 외국전문가 고용 등 다양한 형태의 교류도 있었다. 1871년에서 1873년 사이에 정부의 지원으로 영국, 미국, 프랑스 등 해외에 나가 있던 국비 유학생만 350명이나 되었고 이에 소요된 총비용도 1872~1873년 교육 예산의 약 10%에 달했다.[30]

그러나 서양에 관한 지식을 습득하는 것, 서양에 관한 전문가를 육성하는 것과 서양과 전혀 다른 역사와 문화를 가지고 있는 일본에 서구식 근대국가를 건설하는 것은 차원이 다른 문제였다. 서양 국가들이 군사적으로 다시 개입하지 않는다는 보장도 없었기 때문에 시간적 여유도 없었다. 더욱이 서양 5개국과 체결한 불평등조약의 개정 가능 시한이 얼마 남지 않았음에도 불구하고 조약 상대국들이 조약 개정의 전제조건으로 요구하는 근대적 제도를 갖추기에는 아직도 갈 길이 멀었다. 불평등조약을 개정해 자주독립국가가 되기 위해서도 서양문명을 받아들여 국가제도 전반을 대대적으로 개혁[31]하지 않

---

29 후쿠자와 유키치의 『서양사정』은 세 편으로 구성되어 있다. 초편은 1866년, 외편은 1868년, 2편은 1870년에 각각 발간되었다. 막부 말기의 2대 베스트셀러라고 말해진다. 다른 베스트셀러는 1865년 번역, 발간된 휘턴(Henry Wheaton, 1785~1848)의 『만국공법』이다. 마루야마 마사오・가토 슈이치, 『번역과 일본의 근대』, 이산, 2000, 114쪽. 당시 『서양사정』의 판매 부수가 정확히 어느 정도인지는 알 수 없다. 다만 후쿠자와 유키치는 자신의 책 『학문의 권장』은 1872년부터 1880년까지 총 70만 부가 팔렸고 그중 초판은 해적판을 합쳐 22만 부 정도 팔렸을 것으로 보고 있다. 후쿠자와 유키치, 남상영 역, 『학문의 권장』, 소화, 2003, 19쪽.

30 W. G. 비즐리, 장인성 역, 『일본근현대정치사』, 을유문화사, 2010, 153쪽.

31 사절단이 천황에게 받은 칙서에는 사절단의 임무로 조약 체결국의 방문과 국서 전달, 조약 개정 실현을 위한 예비교섭, 구미 제국과 동일하게 되기 위해 그 문물, 제도를 조사할 것 등 세 가지가 거론되어 있다. 또한 오쿠마에 의해 작성된 사유서라고 불리는 문서에는 사절단의 목적과 사명에 대해, 서양 제국과 대등 관계가 되기 위해서는 일본의 국체와 풍속을 만국공법에 기초하여 구미 제국과 똑같이 변혁하고 개정하지 않으면 안 된다고 적고 있다. 즉 불평등조약을 극복하고 구미 제국과 어깨를 나란히 할 방책으로는 서양문명화, 즉 서양문명의 이식에 의한 일본의 대개조밖에 없다고 인식하고 있다. 勝田政

을 수 없었다. 하지만 무엇보다 절박한 일은 새로운 국가 체제의 수립, 즉 건국立國에 관한 기본적 구상조차 없다는 현실이었다.

이 시기 영국은 산업혁명 이후 의회정치의 안정, 전 세계로 확대된 식민지와의 교역을 통해 빅토리아 왕조의 전성기를 누리고 있었다. 독일은 덴마크(1864), 오스트리아(1866), 프랑스와의 전쟁(1870~1871)에서 승리한 뒤 통일국가(1871)를 수립하였다. 이탈리아도 반세기에 걸친 리소르지멘토 운동il Risorgimento(국가 통일 운동)과 친프러시아 정책 끝에 1870년 마침내 통일 국가를 수립했다. 반면 프랑스는 프러시아와의 전쟁에서 패한 뒤, 파리대폭동이 일어나 파리코뮌(1871)이라는 프롤레타리아 계급의 임시 정부가 세계 최초로 수립되었다가 진압되는 혼란을 겪었다. 미국에서는 남북전쟁이 끝나고 미연방합중국이 수립된 뒤 풍부한 천연자원과 광활한 국토를 배경으로 거대한 산업혁명이 진행되고 있었다.

이와쿠라사절단은 이처럼 유럽과 미국이 전쟁과 내란의 시대를 끝내고 국가 통일과 산업혁명으로 나아가는 대격변기에 서구 12개국을 방문했다. 따라서 선진국가들의 문물과 제도만이 아니라 선진문명국으로 알고 있었던 유럽 국가들 사이의 전쟁과 급변하는 전후 국제 정치 질서, 독일, 이탈리아의 국가 통일과 산업혁명, 패전과 혁명으로 혼란스러운 프랑스 정치 상황 등을 생생하게 목격할 수 있었다. 이와쿠라사절단의 공식보고서인 『미구회람실기』에는 단기간에 유럽의 강대국으로 떠오른 독일제국의 재상 비스마르크나 육군 참모총장 몰트케의 국제법과 국제 정치 질서에 관한 조언이 실려 있다. 유럽 역사상 그 어떤 시기보다도 중요하고 풍부한 교훈을 얻을 수 있는 시기

治, 앞의 책, 112~113쪽.

산죠 사네토미

에 이와쿠라사절단이 유럽과 미국을 방문한 것은 큰 행운이었다. 그 결과 이들은 일본의 근대화와 건국에 관한 소중한 교훈을 얻을 수 있었다.

정부의 최고 수뇌부가 장기간 정부를 비우고 서양 12개국을 순방하는 것은 단순히 지적 호기심에서 서양문명을 배우는 것과는 다르다. 민간인이 세계 최고 수준의 문명을 견학하는 것과 정부의 수뇌부가 견학하는 것은 동기와 목적 등에서 큰 차이가 있다. 이와쿠라사절단은 방문하는 국가마다 대규모의 환영 행사를 받았고, 국왕, 대통령, 수상 같은 유럽의 주요 정치인으로부터 많은 조언도 얻었다. 따라서 사절단의 목적을 사유서에 나타나 있는 것처럼 단순히 불평등조약 개정 예비 교섭[32]과 일반적인 서양문물 견학으로 한정하면 안 된다. 태정대신 산죠 사네토미*1837~1891*는 자신의 저택에서 열린 송별식에서 사절단의 사명과 목적을 다음과 같이 표현하였다.

외국과의 교제는 나라의 안위와 관계가 있고, 사절의 능력 여부는 나라의 영욕과 관련된다. 지금 대정유신(大政維新)하여, 해외 각국과 나란히 설 것을 도모하는

32 원래 조약 개정을 위한 예비 교섭을 할 예정이었지만 미국의 환대에 조약 개정이 가능할지도 모른다고 착각한 이토와 당시 워싱턴 주재 대리공사 모리 아리노리의 주장에 의해, 1872년 3월 11일(양력) 조약 개정을 위한 교섭을 미국 국무장관과 시작했다. 그러나 미국 측으로부터 전권위임장을 지참하지 않았다는 지적에 따라 오쿠보 도시미치와 이토 히로부미가 위임장을 가지고 6월 17일(양력) 다시 미국으로 돌아왔지만, 7월 22일(양력) 외교 교섭은 중단되었다. 기도 다카요시는 이 사건을 이토 히로부미와 모리 아리노리의 의견을 경솔하게 채택한 때문이었다고 일기에 남겨 놓았다. 勝田政治, 앞의 책, 117~118 쪽. 사사키(佐左木)는 이에 대해 우호(友好)와 정치의 세계는 별개였다고 말하고 있다. 佐

시점에, 사명을 절역만리(絶域萬里)에 받들었다. 외교, 내치, 앞으로의 대업, 그 성패가 실로 이번 임무에 있으니, 어찌 큰 임무가 아니겠는가.[33]

산죠 사네토미의 송별사에 나타나 있는 것처럼 사절단에게는 조약 개정 예비교섭과 서양문물 조사를 넘어 근대 일본의 외교와 내치 그리고 앞으로의 대업의 성패가 달려 있었다. 이 송별사는 그냥 수사적 차원에서의 격려가 아니었다. 1853년의 개항이 외압으로 강제로 이뤄진 것이라면 사절단의 구미 회람은 근대 일본의 새로운 방향 모색이라는 내부의 요구에 따라 일본이 스스로 서양문명을 찾아간 역개항이었다고 말할 수 있다.

이러한 절박한 요구가 있었기 때문에 사절단은 귀국 후 그 경험을 세밀하게 기록하여 5권 분량의 『미구회람실기 米歐回覽實記』[34]라는 기록을 남긴다. 『실기』는 구메 구니타케 久米邦武, 1839~1931가 기록한 것이지만 이 책은 그의 개인의견을 기록한 것이 아니며, 사절단 수뇌부의 견해를 기록한 것도 아니다. 『실기』는 시찰 메모, 도판, 이사관의 보고서인 「이사공정 理事功程」, 좌원 시찰단의 「시찰공정 視察功程」, 각 분야의 문헌, 박사·문인에게 들은 이야기,

---

左木 克, 『大久保利通と明治維新』第5刷, 吉川弘文館, 2010, 159쪽.

33 다나카 아키라, 앞의 책, 2002, 27쪽.

34 이와쿠라사절단의 공식보고서로 구메 구니타케(久米邦武)가 편수하였으며 전체 100권 5편 5책으로 구성되어 있다. 1878년(메이지 11)에 태정관 기록부(太政官 記錄掛)에서 간행되어 4쇄까지 중쇄된 뒤 보급판도 발행되었다. 근래에는 1977~1982년에 걸쳐 다나카 아키라가 교정한 판이 이와나미 문고에 의해, 현대 일본어로 번역한 보급판이 게이오대학 출판회(慶應義塾大學出版會)에 의해 각각 발간되었다. 또한 1975년에 실기 원본이 복각되었다. 久米邦武, 『特命全權大使 米歐回覽實記』1~6, 宗高書, 1878(1975 復刻). 구메 구니타케, 방광석 외역, 『특명전권대사 구미회람실기』1~5, 소명출판, 2011. 이하 이 책에서 복각본을 인용하는 경우에는 『實記』로, 한글번역본을 인용하는 경우에는 『실기』로 줄여 쪽수와 함께 간략하게 표시하였다.

『미구회람실기』(1878)　　　　　구메 구니타케　　　　　『대장성 이사공정』

다양한 책 등을 토대로 작성된 서양견문록이며, 이와쿠라사절단으로 대변되는 건국 주체 세력의 서양문명관[35]이 기록된 책이다. 후쿠자와 유키치의 『서양사정』(1868∼1870), 『문명론의 개략』(1875)이 민(民)의 관점에서 서양문명에 대해 기록한 것이라면 『실기』는 관(官)의 관점에서 서양문명을 기록한 책인 셈이다. 물론 『실기』에는 신정부의 건국 구상이라는 제목으로 직접적으로 언급되어 있는 내용은 없다. 그렇지만 『실기』에는 사절단의 상세한 일정, 견문, 통찰을 기록하고 있는 실록(實錄) 부분 이외에도 구미 선진국가의 장점과 문제점을 평가하고 있는 논설(論說)이나 그 밖의 언급들이 마치 백과사전과 같은 형태[36]로 기술되어 있기 때문에 이를 통해 나중에 건국의 주체 세력이 되는 이와쿠라사절단이 서구문명의 구체적 모습에 대해 각각 어떤 평가를 내리고 있는지 알 수 있다.

한편 이와쿠라사절단의 파견 계획에는 각 성에서 파견되어 온 이사관과 기술 관료들이 시찰해야 할 각 분야의 과제들이 상세하게 기술되어 있다. 여기에는 각 나라의 제도, 법률, 이론과 실제 현황을 연구할 필요성과 의회를 비롯하여 외국사무국, 재판소, 회계국 등이 구체적 대상으로 열거되어 있다. 이와쿠

35　다나카 아키라, 현명철 역, 『메이지유신과 서양문명』, 소화, 2006, 23쪽.
36　위의 책, 21쪽.

라사절단은 이처럼 서양의 문물과 제도에 대한 조사 계획을 매우 치밀하게 준비하여 떠났기 때문에 유럽과 미국의 전반적인 상황에 대해 방대하고 세밀하게 조사할 수 있었고 『미구회람실기』라는 상세한 기록도 남겨놓을 수 있었다.

이와쿠라사절단은 1871년 11월 12일 요코하마 항을 출발하여 1년 10개월 동안 12개 나라를 순방하였고 예정보다 늦게 1873년 9월 13일 귀국하였다. 순방 일정을 보면 알 수 있듯이 사절단은 당시 국제 정치를 움직이는 주요 나라의 정치지도자들을 만나 유신 정부에 대한 국제적 승인을 얻고, 국제정치에 관한 조언도 듣는다.

에도 막부 설립 직후 통상교섭을 위해 유럽과 로마 교황청을 방문하고 돌아온 게이초 유럽 파견 사절단(1613.9.15~1620.8.24)의 노력은 막부의 통제 정책으로 인해 물거품으로 돌아가고 말았지만, 이와쿠라사절단의 노력은 일본의 근대화와 건국이라는 열매를 맺게 된다. 이와쿠라 도모미, 오쿠보 도시미치, 기도 다카요시, 이토 히로부미 등 이와쿠라사절단의 핵심인물들은 귀국 뒤 정한론 정변에서 극적으로 승리하고 신정부의 실권을 장악한다. 그리고 22개월 동안 12개국을 회람하면서 얻은 생생한 경험과 통찰력을 바탕으로 벽돌을 쌓듯 하나씩 하나씩 근대국가라는 거대한 구조물을 만들어 갔다.

2. 이와쿠라사절단의 문명론―『미구회람실기』

1) 자본주의 산업문명

『미구회람실기』에서 가장 많은 분량을 차지하고 있는 것은 서양의 산업문명에 관한 내용이다. 그렇다고 사절단의 주된 관심이 서양의 산업문명에 있었다고 판단해서는 안 된다. 정치, 군사, 국가경제 등에 관한 내용은 별도로 「이사공정理事功程」이라는 기록에 남아 있기 때문[37]이다. 「이사공정」은 각 성省의 이사관들이 일본 근대화의 모델을 찾기 위해서 수집한 자료들을 기록한 공식보고서로 「사법성 이사공정」, 「문부성 이사공정」, 「대장성 이사공정」 등 총 41권이 있다.

『실기』는 총 100권으로 구성되어 있는데 그중 미국과 영국이 각각 20편으로 가장 많은 분량을 차지하고 있다. 미국편 20권 중에는 특히 철도에 관한 기록이 5권을 차지할 정도로 비중이 높다. 당시 미국에는 철도 혁명이라고 할 만큼 철도 건설 붐이 일고 있었다. 철도에 관한 내용은 세부적으로 캘리포니아 주 철도(제5권, 加利福尼亞州), 네바다 주와 유타 주 철도(제6권, 尼哈達達州), 로키 산 철도(제7권, 落機山), 시카고 철도(제8권, 市高俄), 워싱턴 철도(제9권, 華盛頓) 등으로 구성되어 있다.

일본에 철도가 처음 소개된 것은 페리 함대가 왔을 때다. 페리가 막부에 헌상한 물품 중에 철도 모형이 있었다. 하지만 당시에는 큰 관심을 끌지 못했

---

37   『실기』 1, 55쪽.

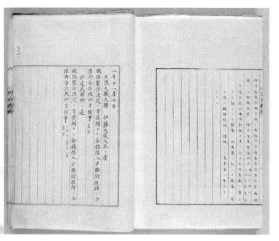

영국차관 도입 결정 관련 문서(1869)

도쿄-요코하마 철도 개통식
(고무라 다이운 그림)

다. 유신이 성공한 뒤 신정부는 먼저 국내 자본을 모은 뒤, 영국으로부터 차관을 도입하고 외국인 철도 기술자도 초빙하여 도쿄-요코하마 구간에 일본 최초로 철도를 건설하였다. 이 노선은 1872년 9월 12일 관영철도로 개통된다.[38] 이와쿠라사절단이 일본을 떠날 때(1871.11.12) 이 철도의 시나가와-요코하마 구간이 부분적으로 개통되어 있었고[39] 철도에 관심이 많던 이와쿠라 도모미의 지시로 사절단은 철도로 이 구간을 이동하였다.[40] 사절단은 미국에서 주일 미국 대사의 안내로 센트럴 퍼시픽 철도회사를 견학한 적이 있었는데, 그때 대사로부터, 화물은 혈액과 같은 것이고 철도는 이를 실어 나르는 핏줄과 같은데 미국이 부강하게 된 것은 모두 철도 덕분이라는 설명을 듣는다. 이에 이와쿠라의 지시로 공부성 이사관 히다 다메요시가 철도에 관해 상세하게

38 이노우에 유이치, 석화정·박양신 역, 『동아시아철도 국제 관계사-영일동맹의 성립과 변질과정』, 지식산업사, 2005, 26쪽.
39 일본 최초의 철도노선인 도쿄 신바시-요코하마 구간이 정식으로 개업한 날은 1872년 9월 12일(양력 1872년 10월 14일)이다. 1872년 5월 7일(양력 1872년 6월 12일)부터 도쿄 시나가와-요코하마 노선을 가개업해 운행하고 있었다. 이와쿠라사절단의 전체 일정은 이 책 부록 3에 정리되어 있다.
40 다나카 아키라, 앞의 책, 2006, 48쪽.

최초의 일본산 증기기관차 230형(1902)

조사했다. 1881년에 창설된 일본철도회사는 이미 이 시기에 그 발상이 싹튼 것[41]이다. 미국에서는 그밖에 마차 제작소, 모직 공장, 조선소와 제철소, 인쇄소, 조폐 공장 등 20개의 공장도 방문하였다.

참고로 중국에서는 철도가 언제, 어떤 방식으로 도입되었는지 한번 알아보자. 중국에도 일본과 비슷한 시기에 철도가 소개되었다. 1865년 영국이 광동의 중국 정부 수뇌들 앞에서 기관차를 시험운전한 것이다. 하지만 중국은 일본과 달리 철도 기술에 소극적이었고, 일본이 자국의 자본과 기술력을 위주로 철도를 건설한 반면 중국은 영국의 기술(영국인 킨더)과 자본(홍콩상해은행)에 의지하여 건설[42]했다. 철도를 도입하는 방식에서 나타나는 일본과 중국의 차이는 두 나라의 근대화 방식의 차이[43]이기도 해 많은 것을 생각하게 한다.

영국편 20권 중에는 제조업 공장의 견학이 압도적으로 많다. 영국은 산업

---

41 위의 책, 49~50쪽.
42 중국 최초의 철도는 1878년에 착공한 경봉철도이다. 이홍장은 영국인 기술자 킨더를 초청하여 당산(唐山)에서 석탄수송용 철도공사를 시작해 1880년 천진까지 진행되었으나 자본이 부족해 1887년 홍콩상해은행의 도움을 받아 영국의 기술과 자본으로 경봉철도를 완성했다. 위의 책, 36쪽.
43 이노우에 유이치, 앞의 책, 2005, 27쪽.

혁명이 처음 시작된 나라고, 세계 최고의 군사력과 최대의 식민지를 보유한 강대국이었다. 『실기』는 유럽의 여러 나라 중 왜 영국에서 산업혁명이 먼저 일어났는지를 설명하는 것에서 출발하여 런던(제12~15권, 倫敦府), 리버풀(제26~27권, 里味不府), 맨체스터(제28~29권, 漫識特府) 등 공업도시에 있는 조선소, 증기차 제작소, 방직 공장, 제철소, 제당 공장, 고무 공장, 나사 공장, 맥주 공장, 비스킷 공장 등 53개의 공장을 방문하고 그곳의 노동자 수와 임금 등을 상세하게 기록하고 있다. 『실기』에 따르면 사절단이 방문한 전체 공장 수가 131개[44]인데 그중 프랑스 12개, 벨기에 10개, 프러시아 9개에 불과한 것과 비교하면 영국에서 얼마나 많은 제조업 공장을 방문했는지 알 수 있다. 이처럼 『실기』에서 가장 큰 비중을 차지하는 것은 미국의 철도와 영국의 공장이었다. 이 사실은 이와쿠라사절단이 일본 근대화의 모델로 가장 중요하게 생각했던 것이 무엇이었는지를 알게 해 준다. 사절단은 그밖에 대공장 제도, 공장 경영, 공장촌(소르테아), 빈민구호 제도, 노동자의 권리와 파업 등 자본주의 제도의 장점과 모순점에 대해서도 기록하고 있다.

군사에 관해서는 독일 에센에 있는 크룹*Krupp*사의 총포 제작 공장[45]이나 오스트리아의 군수 공장 등 군수 산업과 프러시아 병제나 영국의 해군, 러시아의 육군에 관해 간략하게 기록하고 있을 뿐이다. 분량도 그렇게 많지 않다. 1853년 페리 내항 이후 막부와 서남 유력 번이 서양의 군사 제도를 본받아 군제 개혁을 시행하고 군함, 대포, 총포 등의 군사 무기를 수입한 사실이나[46] 영국이 사쓰마·조슈번에 대한 군사적 지원을 했던 사실[47] 등을 감안할 때 『실

---

44 다나카 아키라, 앞의 책, 2006, 93쪽. 〈표〉 이와쿠라사절단이 견학한 공장.
45 『實記』3, 325~331쪽.
46 박영준, 『메이지 시대 일본군대의 형성과 팽창』, 국방군사연구소, 1997, 97~168쪽.
47 이시이 다카시, 김영작 역, 『메이지유신의 무대 뒤』, 일조각, 2008, 121~150쪽.

기』에 군사적 내용이 적은 것은 의외다.

그밖에 『실기』에는 남녀평등, 병원, 동물원, 공원, 도서관, 박물관, 자연환경, 종교, 상업과 무역, 통신과 신문, 농업 등 서양문명의 다양한 모습도 기록되어 있다. 감탄과 경이를 표시하기도 하고 창기, 남녀교제 등에 관해서는 선진문명의 추한 모습이라고 비판하기도 한다. 『실기』는 이처럼 당시 서구 선진문명의 구체적 모습을 매우 생생하게 기록하고 있다.

이와쿠라사절단과 『실기』를 보면 당시 유신 정부 수뇌부들이 생각했던 건국의 방향은 강병보다는 부국 즉, 산업화에 초점이 있었다. 1870년대까지만해도 유신 정부의 건국 방향이 이러했기 때문에 이와쿠라사절단의 지도적 인물들은 정한론자들의 무모한 조선 침략 시도를 저지하고, 식산흥업 정책 등부국 정책을 추진해 나갈 수 있었다.

2) 공화주의와 입헌군주제[48]

이와쿠라사절단은 정치 체제가 다양한 구미의 여러 나라를 돌아보면서 세계에는 다양한 정치 체제가 공존하고 있다는 것을 알게 되었다. 『실기』는 이를 공화정共和, democracy, 군주정立君, monarchy, 귀족정貴顯專治, aristocracy으로 구분

---

48 『실기』에서 영국 의회 정치와 관련한 기록은 야스가와 시게나리(安川繁成)가 편찬한
『영국의사실견록(英國議事實見錄)』(3책), 『영국정사개론(英國政事槪論)』(전·후편 각 3
책), 『영국신문지개명람기(英國新聞紙開明鑑記)』(2책) 등의 자료도 활용되었다. 다나카
아키라, 강진아 역, 『소일본주의』, 소화, 2002, 36쪽. 편찬자인 야스가와 시게나리는 사절
단과 같은 시기에 영국에 파견되어 좌원시찰단(左院視察團)의 보고서인 『시찰공정(視察
功程)』(1875년 간행)을 작성했다. 그는 국회의사당을 39회(상원 19회) 방문했다.

하는 방법과 압제專制, despotic, 전치專治, absolute, 입헌立憲, constitution, 연합聯合, united, 맹약盟約, confederation으로 구분[49]하는 방법 등 두 가지로 나누어 설명하고 있다.[50]

공화정치와 관련한 부분은 『실기』미국편에 소개되어 있다. 미국은 유럽에서, "자주, 자치의 정신이 뛰어난 사람들이 건너와서 건국한 나라이고, 순수한 공화국 인민의 나라다. 이 나라의 사람들은 민주적인 풍토에서 성장[51]한다. 따라서 이 나라는 일본과 같이 군주제를 목표로 하는 나라와는 체제가 다르고,[52] 국왕의 권리를 독사毒蛇처럼 싫어한다"[53]라고 기록하고 있다.

여기서 일본과 같이 군주제를 목표로 하는 나라와는 체제가 다르다는 설명을 보면, 이와쿠라사절단이 이 시점에 어떠한 국가 체제를 지향하고 있었는지를 알 수 있다. 왕정복고로 유신 정부를 수립한 유신혁명 세력들은 유신정부 초기부터 이미 천황 중심의 통일 국가를 만들어야 한다는 생각을 공통적으로 가지고 있었다. 다만 구체적으로 입헌체제의 어떤 제도가 일본의 역사와 문화와 정치적 전통에 맞는지를 결정하지 못하고 있었을 뿐이었다.

미국을 직접 방문해 본 결과 사절단은 이처럼 미국의 공화 정치는 일본에 적당하지 않다는 평가를 내리고 있다. 미국은 연방제를 채택하고 있고, 의회congress가 '최상의 정부'이며, 대통령은 행정권을 총괄하고 부통령은 입법의장, 대심관은 사법권을 가지고 있기 때문에 군주 정치와는 정체政體가 다르다[54]는 부분이나, "상하원上下院 모두 반드시 뛰어난 인재(준재俊才)가 선출되

---

49 이 분류법은 프랑스 박사 프록에게서 들은 것이라고 기록되어 있다.
50 『實記』5, 159～160쪽.
51 『實記』1, 12쪽.
52 위의 책, 20쪽.
53 위의 책, 12쪽.
54 위의 책, 202쪽.

는 것은 아니며, 의회는 다수결 원칙에 의해 결정되기 때문에 미래를 내다보는 탁월한 견해(탁견원식卓見遠識)보다도 하책下策이 선택되는 경우도 많고, 의안에 문제가 있어도 십중팔구 원안대로 통과되므로 그 사이에 뇌물이나 흥정이 없었다고 말하기도 어렵다"[55]고 비판하기도 한다.

미국의 공화 정치에 대한 비판적 시각은 프랑스 공화 정치에 이르자 두려움으로 발전한다. 사절단이 파리를 방문했을 때에는 1871년에 발생한 파리코뮌Commune de Paris, 1871.3.18~5.28의 상흔이 아직 건물 곳곳에 많이 남아 있었다. 코뮌군이 대포를 설치하였던 개선문은 수리 중이었고, 시내 곳곳에 총탄의 흔적도 남아 있었다. 사절단은 파리코뮌의 상흔을 보면서, 자본주의 사회에서 발생하는 계급 대립은 내전과 같이 매우 폭력적인 양상으로 확산될 수 있다는 사실을 알게 되었다. 이에 대해 『실기』는, "서양에서는 지배 계급과 피지배 계급이 서로 소통하고 미풍양속도 잘 지켜진다고 말하지만 사실과 다르다. 선진문명국에서도 중등 이하의 인민들은 어리석고 완고하며 매우 사납다"[56]고 기록하고 있다. 또한 파리코뮌은 정부에 저항하는 "민당民黨의 반란"이며 "파리의 폭도"[57]이고, 보불전쟁에서 프러시아군에 의해 입은 피해보다 더 큰 피해를 주었다고 비판한다.[58] 반면 파리코뮌을 진압했던 프랑스의 티에르Louis Adolphe Thiers 대통령에 대해서는 "국가의 명맥命脈, 국맥을 유지하고 진보의 기운을 놓치지 않은 노련한 정치가"라고 긍정적으로 평가하고 있다.[59]

반면 영국의 입헌군주제는 매우 긍정적으로 보았다. 『실기』는 이에 관해,

---

55 위의 책, 205~206쪽.
56 『實記』 3, 142쪽.
57 위의 책, 48쪽.
58 위의 책, 142쪽.
59 위의 책, 48쪽.

"영국의 왕정은 미국의 공화정에 비해 입법권과 행정권을 조화시키는 장점(묘妙)이 있으며, 최고의 재상이 정당에서 추천된 뒤, 황제의 특명으로 의회에 출석하여 다수의 의견(중의衆意)을 모으기 때문에 영국의 정치가는 함부로 권력을 휘두르지 아니하고, 인민 역시 자주, 자유의 권리를 보전하여 그 생업에 힘쓴다. 위로는 국왕을 섬기면서도 인민대중의 회의에 의해 국가 정책의 방향이 결정되는 정치 체제"[60]라고 기록하고 있다.

물론 영국의 군주제와 의회 제도에 대해 비판적 시각도 없지 않다. 『실기』는 이에 관해, "영국의 의원은 정치 기술에 능숙하고 대부분 부자의 자손이다. 이들 대부분은 서민들로부터 존경받고 있지만, 모두 현명하고 지혜롭고 견식이 뛰어난 사람들이라고는 말하기 어려우며 투표할 때 부화뇌동하는 사람도 많다"고 비판한다.

한편 러시아 상트페테스부르크를 방문한 사절단은 지금까지 자신들이 러시아를 대국으로 인식해, 영국, 프랑스 이상으로 두려워했던 것을 반성한다. 당시 일본은 러시아를 세계 최대, 최강의 강대국이고, 세계를 병탄하려는 뜻을 품은 나라로 생각하고 있었다. 하지만 러시아를 직접 방문해 본 결과 이러한 인식은 선입견에 지나지 않으며, '우물 안 개구리와 같은 좁은 생각'이었다고 반성[61]하면서, "러시아는 전제 정치 아래 지방의회도 없으며, 농노는 가난하고 미개한 상태에 있는 나라"라고 평가하고 있다. 이에 따라 러시아는 이제 두려워 할 필요가 없는 나라로 바뀐다. 1700년대 후반 에도 막부가 잠재적인 적대국 중 러시아를 가장 심각하게 우려했던 사실을 감안하면, 이 같은 인식의 전환은 이와쿠라사절단의 경험이 없었다면 얻을 수 없는 것이었다.

60 　『實記』2, 73~74쪽.
61 　『실기』4, 135~140쪽.

3) 만국공법萬國公法, 국제법과 국제 질서

이와쿠라사절단은 1873년 3월 9일 독일 제국의 수도 베를린에 도착했다. 3월 11일 황제 빌헬름 1세를 알현하였고, 15일에는 비스마르크가 초청한 연회에 참석하였다. 비스마르크는 이 연회에서 만국공법에 관해 다음과 같은 연설을 한다.

> 만국공법(萬國公法)은 모든 나라(列國)의 권리를 지키기 위한 원칙적 약속이다. 하지만 대국은 자신에게 이익이 있으면 만국공법을 잘 지키지만, 만약 불리하면 만국공법을 지키기보다는 군사력으로 해결한다. 소국은 만국공법을 이상적으로 생각해 이것을 무시하지 않고 자주독립을 지키려 하지만, 약자를 우롱하는 실력주의 국제 정치 전략에 휘둘리면 이를 지킬 수 없게 된다.", "여러분 모두가 잘 알고 있듯이 내가 어렸을 때 프로이센은 작고 약한 나라였다. 나는 소국에서 태어나 그런 경험을 직접 겪었기 때문에 잘 알고 있다.[62]

『실기』는 비스마르크의 이 연설에 대해, "비스마르크 후작은 외교적 수사에 능숙하고 정략이 뛰어난 인물이기 때문에 깊이 새겨 둬야 할, 의미 있는 발언이다"[63]라고 기록하고 있다. 일본에도 당시 만국공법 즉 국제법은 잘 알려져 있었다. 미국 외교관 휘턴이 쓴 『만국공법』[64]은 이미 1865년에 발간되어

---

62 『實記』 3, 370~372쪽.
63 위의 책, 372쪽.
64 이 책은 Henry Wheaton(1785~1848)이 1836년에 발간한 『국제법의 요소들(*Elements of International Law*)』을 중국어로 한역한 『만국공법』(1864)에 니시 아마메가 구독훈점을 붙여 모두 6권으로 막부의 개성소(開成所)에서 출간한 것이다. 마루야마 마사오·가토

비스마르크(1871~1890 수상 재임)

세당에서 프랑스군과 항복교섭을 벌이고 있는 비스마르크와
몰트케(1870.9.2)

독일제국선포식(1871.1.18)

베스트셀러가 되어 있었다. 니시 아마메西周. *1829~1897*와 쓰다 마미치津田真道.
*1829~1903*가 네덜란드 라이덴 대학에서 유학할 때 노트한 비세링 교수의 강
의록이 1868년『만국공법』이란 제목으로 출간되었다. 그 뒤에도 만국공법에
관한 책은 여러 권 출간되었다. 니시 아마메는 자신의 책이 출간되기 전인
1866년 만국공법에 대해 강의도 했다. 서양 5개국과 반강제적으로 통상조약

슈이치,『번역과 일본의 근대』, 이산, 2002, 114~116쪽. 중국어로 한역한 사람은 미국인
선교사 윌리엄 마틴이다.

니시 아마메

중국에서 출간된 『만국공법』(1864)

을 체결하지 않을 수 없었던 일본은 만국공법의 이상과 다른 국제정치의 냉혹한 현실도 이미 잘 알고 있었다. 그럼에도 불구하고 프러시아 통일을 주도하고 유럽의 외교 무대를 이끌어가고 있던 비스마르크의 연설이었던 만큼 사절단은 매우 깊은 인상을 받았다.

『실기』의 독일편에는 독일 육군 참모총장 몰트케가 의회에서 군사력 증강에 관해 연설한 내용도 실려 있다. 1874년 12월 몰트케는 상비병을 40만 1,000명으로 늘릴 것을 독일 의회에 제안하였는데, 『실기』에 기록되어 있는 연설문은 그처럼 막대한 상비병을 창설하는 이유를 설명하기 위해 의회에서 행한 연설 중 일부분이다.[65] 이때 사절단은 이미 일본으로 귀국한 뒤였지만 구메 구니타케는 몰트케의 연설이 당시 유럽의 국제 정치 상황을 이해하는 데 매우 중요한 내용이기 때문에 참고로 적어놓는다고 설명하고 있다.

몰트케는 이 연설에서, "국내에서 권리를 보호하는 데에는 법률 · 정의 ·

---

65   『실기』 3, 382쪽.

자유와 같은 이념만으로 충분하지만, 해외에서 자국의 권리를 보호하는 데에는 병력이 없으면 불가능하다. 만국공법도 오로지 국력의 강약에 따라 그 의미가 달라진다. 국외 중립 입장에서 만국공법만을 추종하고 지키는 것은 소국이 하는 일이다. 대국이라면 국력으로 그 권리를 달성하지 않으면 안 된다"[66]고 말했다. 또한 "나폴레옹 1세는 우리의 군대가 약하고 군비도 충분하지 않은 틈을 타 이 가난하고 작은 프로이센으로부터 1억 달러의 배상금을 가로챘다. 이것은 우리가 방위비를 절약하여, 그 10배를 프랑스의 군사비에 지출한 것과 같다"라고 역설했다. 그밖에도 그는, "평화를 유지하는 것만이 아니라 평화를 관리하고 독일이 만국萬國으로부터 유럽의 중심 국가로 인정받기 위해서도, 군비를 확장하고, 정비하는 것이 중요하다"[67]고 말하는 등 유럽의 중심국가로 진출하려는 독일의 야심을 드러내고 있다.

이를 보면 이때 유럽의 국제 정치적 상황은 이미 군비 확장 경쟁과 제국주의로 나아가고 있었음을 잘 알 수 있다.

---

66   위의 책, 383쪽.
67   『實記』3, 386쪽; 『실기』3, 382~385쪽.

3. 유신 정부 초기의 건국 구상과 근대화 혁명

1) 유신 정부의 시련 – 정한론 정변(1873)과 서남전쟁(1877)

정한론 정변

이와쿠라사절단이 유럽에 가 있는 동안 일본에서는 조선에 사절단을 파견하는 문제를 두고 정한론 논쟁이 벌어졌다. 정한론 정변은 조선과 대만에 대한 대외 정책을 둘러싸고 벌어진 강경파와 온건파 간의 대립[68]이었는데, 결론적으로는 온건파의 승리로 끝났지만 강경파들은 그 뒤에도 계속 대외 팽창 정책을 주장하면서 정국을 불안정하게 만든다.

정한론 논쟁의 발단은 징병제에서 비롯되었다. 유신 정부는 징병제를 시행함으로써 중앙상비군의 수립과 같은 군사 제도의 개혁을 달성하려고 하였다. 반면 육해군의 수뇌부는 사쓰마, 조슈, 도사 등 3번을 중심으로 하는 번군藩軍을 모아 근위병과 상비군을 만들고 징병제로는 대외전쟁용 예비군을 창설하려는 구상을 제시했다. 그런데 유신 정부의 징병제 도입안에 대해서는 농민과 사족 모두 강하게 반발했다. 전쟁 경험이 전혀 없었던 농민들은 정부가 자신들을 대외전쟁에 내보내 죽게 할 것이라는 두려움 때문에 징병제에 반대하면서 반란을 일으켰고, 사족들은 전쟁과 관련된 일은 막부 시대와 마찬가지로 자신들의 특권으로 생각하고 있었기 때문에 농민을 징병 대상에 포

---

68 이노우에 기요시는 정한론 정변이 일어나게 된 배경에 영국과 미국 등의 서양 국가들이 조선을 자본주의 시장으로 편입시키기 위해 의도적으로 일본을 부추겨 조선을 개항시키려고 노력했다고 지적하고 있다. 井上清, 『日本現代史 1：明治維新』, 東京大出版會, 1951, 368쪽.

정한론 논쟁도(스즈키 도시모토 그림, 1877)

함시킨 것에 대해 분개했다. 사족들은 "전투임무를 맡을 자격이 있는 사람은 오직 자신들 뿐"이라고 주장[69]했다.

이런 논란의 와중에 사족들은 자신들만이 전쟁을 맡을 수 있다는 것을 입증하기 위해서는 실제 전쟁에서 자신들의 용맹함과 전투력을 보여줘야 한다고 생각한다. 정한론은 이러한 상황에서 불거져 나온 것이다. 특히 사이고 다카모리를 중심으로 한 구 사쓰마 번사들은 조선과의 국교 수립을 핑계로 외교 분쟁을 일으킨 뒤 군사적 충돌로 확대하려고 했다.

그러나 유럽을 방문하고 있던 이와쿠라사절단이 국내의 정한론 움직임에 놀라, 이토 히로부미와 오쿠보 도시미치 등을 급히 귀국시키고, 기도 다카요시도 뒤따라 귀국하여 조정을 설득한 끝에 이 계획은 저지되었다. 그 결과 사이고 다카모리 외에 이타가키 다이스케, 고토 쇼지로, 에토 신페이, 소에지마 다네노리副島種臣 등 정한론을 주장했던 도사번과 히젠번 출신 참의들이 대거 사직하고 정부를 떠난다. 이것이 정한론 정변(메이지 6년 정변)[70]이다.

---

69 1875년 8월 에히메현(愛媛縣) 사족이 태정관에 제출한 건의서. 坂野潤治, 앞의 책, 2009, 9~10쪽.

70 이 정변(政變)으로 사이고 다카모리 등 사쓰마 출신의 참의가 사직하고 신정부 내의 사쓰마파는 분열되기 시작했다. 한편 이타가키 다이스케는 정한론 논쟁이 진행될 때는 과격

정한론 정변이 발생하기 직전까지 정부의 요직은 사쓰마, 조슈, 도사, 히젠 번 출신 인물들이 일정 비율을 유지하면서 차지하고 있었다. 그러나 정한론 정변으로 도사와 히젠 출신 중 다수가 정부 요직을 떠나 자유민권 운동과 반정부 활동을 전개함으로써 유신 정부는 사쓰마와 조슈 출신 인물들의 독점 체제로 재편되기 시작한다.

서남전쟁 - 유신과 건국의 갈림길

정한론 정변 뒤에도 강경파들은 대외 팽창을 위한 책동을 멈추지 않았다. 대만 파병(1874.5), 강화도 사건(1875.9)[71]을 일으켰고, 유신 정부 최대의 반란이었던 서남전쟁까지 일으킨다.

1875년 9월 일본 해군은 조선의 강화도 포대를 도발하여 강화도 사건을 일으켰다. 이에 호응하여 군, 가고시마 사족, 전국의 불평사족들이 다시 정한론을 제창하였다. 사쓰마 출신으로 개척 장관을 맡고 있던 구로다 기요타카는 군함 2척, 수송선 4척에 800명의 군인을 이끌고 조선으로 가 강제로 조일수호조약을 체결하였다. 유신 정부의 입장에서 볼 때 조일수호조약의 강제적 체결은 대외강경파들의 충동적 도발 행위로 인한 대외전쟁의 위험을 일단 사라지게 했다. 1874년 말 오쿠보 도시미치가 청나라와 체결한 청일상호조관

한 팽창주의자로 대외 침략 정책의 우선적인 실행을 주장했지만, 1873년 10월 정한론 논쟁에서 패배하여 귀향한 뒤에는 사직한 4명의 참의와 함께 민선의원설립건의서를 연서하여 제출하면서 자유민권운동가로 변신했고 야당의 정치지도자가 되어 메이지 정부와 대립했다.

71 강화도조약으로 알려져 있는 12개조의 조일수호조약은 강화도 사건 뒤 1876년 2월에 조인되었다. 참고로 프랑스는 1874년 3월 베트남과 제2차 사이공조약을 체결하면서 중국의 종주권을 부정하였다. 1876년 1월 청국 공사 모리 아리노리가 이홍장과 조선의 종속 문제에 관해 회담을 하였는데 이 자리에서 모리 아리노리는 이홍장에게 국제 관계는 만국공법이 아닌 힘에 의해 결정된다고 말했다.

과 1876년 2월 구로다 기요타카, 이노우에 가오루가 조선과 체결한 조일수호조약으로 정부군의 일부가 가고시마나 다른 지역의 불평사족과 연대하여 유신 정부에 반대할 수 있는 명분은 일단 사라졌다. 대외강경파들은 조선이 일본의 조약 체결 요구를 거부하는 것에 분개하여 군사력을 동원해서라도 조선을 개방시켜야 한다고 주장하고 있었기 때문이다.

당시 불평사족들의 실질적 지도자는 사이고 다카모리였다. 기리노 도시아키,[72] 구로다 기요타카[73] 등 대외침략전쟁을 주장하던 사쓰마의 강경파들은 대부분 사이고 다카모리의 최측근이었다. 이들은 사이고 다카모리가 대외 출병에 주저하자 메이지유신의 근본이념(討幕의 根源, 御一新의 基)[74]을 내세워 사이고 다카모리를 계속 압박하면서, 유신혁명을 달성한 근본 목적은 대외 팽창 즉 청나라와의 전쟁[75]에 있었다고 주장했다. 이런 상황에서 사이고 다카모리도 대외경파들의 집요한 주장을 뿌리치지 못하고 결국 반란을 용인하고 만다.

용맹한 사쓰마의 사무라이들은 왕정복고 쿠데타를 성공시킨 최대의 공신이었지만, 유신 정부가 봉건 체제를 해체하고 사무라이 계층의 특권을 폐지하는 단계까지 나아가자, 이처럼 대외 팽창을 주장하면서 반란을 일으켜 결국 근대화 혁명의 장애물로 변하고 만다. 오쿠보 도시미치가 근대의 시대정

---

72 桐野利秋(1838.12~1877.9.24). 사쓰마번의 사무라이, 군인, 서남전쟁에서 사망했다.
73 黑田淸隆(1840.10.16~1900.8.23). 사쓰마번의 사무라이, 군인.
74 坂野潤治, 앞의 책, 2009, 11쪽.
75 1873년 10월의 정한론정변 때 육군 내부의 대외강경파들은 사이고를 따라 가고시마로 귀향한다. 그 뒤 1874년의 대만출병에 즈음하여 이들은 청나라와의 전쟁 개시를 더욱더 강경하게 주장한다. 대만 출병의 뒤처리를 위해 오쿠보 도시미치가 북경에 파견되어 청국 정부와 교섭 중이던 9월 말, 육군대보(차관) 가와무라가 태정대신에게 보낸 의견서에는, 정한론과 대만 출병의 최종 목표는 일청전쟁이며 당시 육군차관도 진심으로 대청전쟁을 단행하려고 작심하고 있었다는 점이 잘 나타나 있다.

신을 읽을 수 있었던 지도자였던 것과 달리 사이고 다카모리는 봉건 체제의 한계를 벗어나지 못한 정情의 지도자[76]였다. 그에게는 근대 일본의 시대정신보다 봉건적 사무라이의 의리가 더 중요했다.

한편 이 시기 대외 정책과 관련한 유신 정부 수뇌부의 입장은 통일되지도, 일관되어 있지도 않았다. 기도 다카요시는 정한론에는 반대했지만 강화도 사건에서는 강경한 대외 정책을 주장하였다. 오쿠보 도시미치는 정한론에는 반대했지만 대만 정벌에는 찬성했다. 반면 육군경 야마가타 아리토모는 국방 정책의 현실적 측면에서 대외전쟁을 피해야 한다고 생각했다. 물론 그가 이웃나라와의 전쟁 그 자체를 반대한 것은 아니었다. 다만 당면한 국내 문제들이 해결되고 군사 제도의 개혁이 선행되어야만 대외 팽창 정책도 가능하다고 생각하고 있었을 뿐이었다. 대외 팽창 정책을 실제로 추진하기 위해서는 징병제의 정착 등 아직 시간이 더 필요했다. 해군력의 증강에는 더 많은 시간이 필요했다. 어쨌든 서남전쟁을 끝으로 대외 팽창 정책을 주장하는 세력은 잠잠해졌고 사족이나 구 군인들의 반란도 완전히 사라진다.

정한론 정변, 대만파병, 조선의 강화도 사건, 서남전쟁 등 1873년에서 1877년까지 유신 정부의 대외 정책을 둘러싼 대립과 갈등을 신정부 내의 3개의 지도자 그룹 간의 이념투쟁으로 보는 견해[77]가 있다. 이 견해는 신정부 초기의 혼란은 3개의 지도자 그룹 사이에서 발생한 치열한 투쟁 때문인데, 이것은 3개의 그룹이 모두 자신의 주장을 정책 차원의 경쟁이 아니라 혁명 이념 즉 이데올로기의 대립으로 생각했기 때문이었다고 설명한다. 즉 3개 그룹의

---

76 鳥海靖, 『「明治」をつくった男たち : 歷史が明かした指導者の條件』, PHP硏究所, 1982, 41~54쪽.

77 坂野潤治, 앞의 책, 2009, 7~9쪽.

사이고 다카모리 동상(가고시마시)　　　　　　사이고 다카모리의 탄생지(가고시마시)

주장은 사실 경제 정책, 국방(대외) 정책, 정치 개혁에 관한 정책적 문제로, 유신 정부의 재정 여건으로 인해 동시에 추진하기는 어려워도 우선순위를 조정하면서 타협할 수 있었음에도 불구하고 자기 그룹의 정책을 혁명이념으로 생각해 최우선적으로 시행해야 한다고 주장하면서 서로 끝까지 양보하지 않고 대립하였다고 본다. 이 견해는 메이지유신 이후 세 그룹의 정책을 뚜렷이 구분하기는 힘들다는 점에서 도식적인 한계가 있지만 유신 직후 신정부의 국가적 이슈가 무엇이었고 어떻게 전개되었는지 이해하는 데에는 도움이 된다.

서남전쟁이 한참 진행 중일 때 기도 다카요시가 병으로 세상을 떠나고 이듬해 오쿠보 도시미치가 암살당한다. 이 때문에 메이지유신 당시 실무를 맡아 활약하던 2세대 그룹인 이토 히로부미와 야마가타 아리토모 등 젊은 지도자들이 그 뒤를 이어받아 유신 정부의 중심으로 등장한다. 서남전쟁이 종결되면서 격렬한 이념 대립도 사라졌다. 이로써 유신 정부는 안정된 권력 기반 위에서 근대화 혁명을 본격적으로 추진할 수 있게 된다.

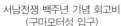
서남전쟁 백주년 기념 회고비
(구마모터성 입구)

서남전쟁 최대 격전지였던 구마모토성
(진대사령관 다니 간조가 성을 지켰다.)

서남전쟁과 사이고 다카모리

서남전쟁西南戰爭으로 불리는 이 반란은 그 규모나 강도, 지속기간 등 모든 면에서 유신정부 최대의 위기였다. 그러나 서남전쟁도 문명개화라는 시대적 흐름을 돌릴 수는 없었다. 반란군은 규슈 전 지역에서 산발적인 전투를 벌인 뒤 전력을 집중시켜 구마모토성을 점령하려고 시도하지만 결국 실패한다. 구마모토성 전투에서 패배한 뒤 사이고 다카모리는 포위망을 뚫고 탈출해 고향인 가고시마 성산城山에서 최후의 결전을 준비하던 중, 9월 24일 오후 4시경 총탄에 맞아 부상당한다. 이에 가고시마 앞바다가 내려다보이는 조그만 동굴까지 이동한 뒤 벳부 신스케[78]의 가이샤쿠介錯[79] 도움을 받아 자결[80]함으로써 파란만장했던 생을 마감한다. 그는 왼발은 봉건 체제에 둔 채, 오른발만으로 근대의 언덕을 넘어가려 했지만 성산에서 쓰러지고 만다. 사이고 다카모리는 천황제 통일 국가에서 더 이상 앞으로 나아갈 수 없었던 봉건 체제의 마지막

---

78 벳부 신스케(別府晉介, 1847∼1877.9.24)는 서남전쟁의 기획자이자 사이고 다카모리의 최측근이었던 기리노 도시아키와 이종사촌이다.
79 사무라이가 할복할 때 고통을 덜어주기 위해서 뒤에서 목을 쳐주는 것을 말한다.
80 JACAR, Ref. A09080667100, 「件名 : 軍略狀況」.

사이고 다카모리가 자결한 성산 동굴(가고시마시)

사무라이[81]였다.

 메이지유신 최고의 영웅이었던 사이고 다카모리는 이렇게 근대화 혁명에 바쳐진 희생양이 되고 말았다. 그러나 유신 정부를 장악한 사쓰마번 출신 관료들과 혁명 동지들은 그를 잊지 않았다. 이들의 구명 노력에 의해 1889년 제국헌법이 공포될 때 사면[82]되고 반역자에서 다시 메이지유신의 영웅으로 복귀한다. 이를 보면 왕정복고 쿠데타와 유신혁명에서 사이고 다카모리가 차지하고 있었던 역할이 얼마나 컸었는지를 잘 알 수 있다.[83]

---

81 에드워드 즈윅 감독, 탐 크루즈 주연의 〈라스트 사무라이〉(2003)는 서남전쟁을 배경으로 만든 영화다.
82 사이고 다카모리는 구로다 기요타카, 가쓰 가이슈 등의 노력에 의해, 1889년 2월 11일 일본 제국 헌법의 공포와 함께 사면되었고 정3위에 추서되었다.
83 사이고의 인생 역정을 보면 유신혁명의 격렬함과 빠른 속도를 잘 알 수 있다. 芝原拓自, 『世界史のなかの明治維新』, 岩波書店, 1977, 2~3쪽. 사이고의 반란과 죽음은 유신뿐만 아니라 건국 그 자체의 격렬함을 보여주는 상징이기도 하다. 그의 인생은 매우 드라마틱하다. 서남전쟁이 일어나기 9년 전인 1868년에는 정부군의 대총독부참모가 되어 전군을 지휘하면서 구막부군을 토벌하였다. 그 10년 전 1858년에는 이이 나오스케의 안세이대탄압으로 탄압을 피해 도망 다니다가 지쳐 가고시마 만 앞바다에 투신하였다. 동반 투신한 게쇼(月照) 스님은 사망하였지만, 사이고는 다행히 구조되었다. 이에 사쓰마 번청은 사이고를 게쇼와 함께 사망한 것으로 처리하여 묘까지 만들어 막부를 속인 뒤 멀리 남방 제

서남전쟁은 자존심 강한 사무라이들에게 한 가지 뼈저린 교훈을 남겨 주었다. 그것은 전국 시대 이래 일본에서 가장 용맹하고, 가장 전투 경험이 풍부하며, 가장 잘 훈련된 최정예의 사쓰마 사무라이군도 이제 정부군을 이길 수 없다는 사실이었다. 농민 출신 징집병으로 구성된 정부군에게 패배당했다는 사실에 사무라이의 자존심이 상했지만 냉정한 현실이었다. 사이고 다카모리는 당시 전쟁에 필요한 군자금을 마련하기 위해 14만 엔에 달하는 사이고 채권西鄕札까지 발행했다. 사이고가 거액의 군자금을 조달할 수 있었다는 것은 그만큼 그를 지지하고 지원하는 세력이 많았다는 것을 의미한다. 그러나 그렇다고 폐번치현, 질록 처분 등의 행정·재정 개혁으로 통일 국가의 기반을 마련한 신정부의 재정 능력을 능가할 수는 없었다.

서남전쟁에서의 승리로 정부군의 사기는 높아지고 유신 정부에 대한 충성심은 깊어졌다. 사무라이의 시대는 빠른 속도로 저물고 있었다. 서남전쟁에서 희생된 사람은 1만 2,000명에 달하며 부상자도 3만 명이나 된다. 사이고 다카모리와 사쓰마번 사무라이들이 가지고 있던 봉건적 충성심과 용맹함만으로 이들의 역사적 오류를 덮어 주기에는 너무 큰 희생이었다. 사이고 다카모리의 자결을 마지막으로 새 시대와 화합할 수 없었던 봉건적 사무라이들은 반란에 대한 환상을 완전히 접는다. 이들은 대신 여론을 통한 반정부 운동 즉 자유민권 운동에 적극적으로 나서기 시작한다. 그 뒤 신정부 내에서 지도부가 교체되는 정치적 변화는 몇 번 있었지만 인명이 희생당하는 일은 없었고, 1889년 제국헌법이 공포될 때까지 근대화 혁명은 조용하게 진행되

도에 있는 아마미 오오시마 섬에 사이고를 피신시켰다. 이곳에서 숨어 지내는 동안 사이고는 가명을 쓰면서 두 번째로 결혼하고 아이도 얻었다. 1862년 초 풀려났지만, 시마즈 히사미쓰의 노여움을 사 또다시 아마미 군도에 있는 다른 섬에 유배되었다.

었다.

이처럼 사이고 다카모리의 혁명시계는 왕정복고 쿠데타에서 멈춰 버렸지만 외세에 맞서 자주독립을 지키고 근대적 통일 국가를 수립하려는 유신주체 세력의 혁명 시계는 계속 돌아갔다. 사이고 다카모리와 사쓰마의 사무라이들은 이 혁명 시계를 계속 돌아가게 하는 데 바쳐진 일종의 산제물이었다. 유신의 주체 세력을 다시 제물로 바쳐야만 완수될 수 있었던 근대화 혁명! 유신이라는 복고적인 껍질 속에는 이처럼 그 껍질을 깨고 다시 전진하려고 하는 강력한 혁명적 에너지가 숨겨져 있었다.

2) 이와쿠라사절단과 유신 정부의 건국 구상

유신 주체 세력의 건국 구상 즉 입헌 체제에 관한 개별적 논의는 막부 말기부터 계속 있었다. 사카모토 료마의 선중팔책船中八策[84]이나 신정부강령팔책新政府綱領八策은 그중 대표적인 것이라고 할 수 있다. 선중팔책과 신정부강령팔책은 사카모토 료마 혼자만의 독창적 견해라기보다는 유신을 꿈꾸던 혁명 지사들 사이에서 폭넓게 논의되고 있던 내용이었다고 봐야 할 것이다. 이러한 구상들은 체계적으로 정돈되어 있지는 않지만 유신 변혁 초기부터 제시된 구상[85]이고, 국가 기구 전체에 대해 포괄적인 내용을 제시하고 있다는 점에

---

84 선중팔책은 1867년 6월, 도사의 고토 쇼지로(後藤象二郞)가 야마우치 요도(山內容堂)에게 공의정체론에 기초한 대정봉환론을 건의하기 위해 사카모토 료마(坂本龍馬)와 상의할 때 작성되었다. 대정봉환 외에 의회 제도, 관제, 외교, 군제 등 유신 정부의 기초에 관한 내용을 포함하고 있다. 1867년 10월 도사에서 막부에 제출한 대정봉환 건의서는 선중팔책에 기초하여 작성되었다.

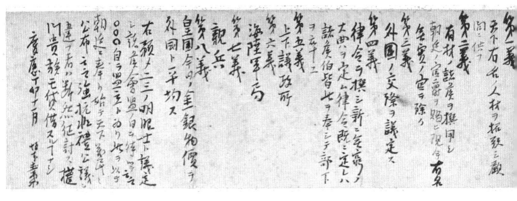

사카모토 료마의 선중팔책(1867.6)

의의가 있다.

　왕정복고 쿠데타가 성공하고 유신 정부가 수립되자, 입헌 체제에 관한 논의가 다시 시작되었다. 하지만 유신 정부 수립에서 폐번치현까지는 국내외의 산적한 현안을 해결하는 데 급급했기 때문에 본격적으로 전개될 수 있는 상황은 아니었다. 공경과 궁중그룹, 상급무사 출신 그룹, 하급무사 출신 그룹 등 유신의 주체 세력들은 국가 기구의 개편 문제나 시급한 정치 현안에 관한 의견서는 많이 제출했지만 정체나 국체 등 입헌 체제에 관해서는 큰 관심을 두지 않았다.

　이 시기 유신 정부의 입헌 체제에 관한 의견서로는 이와쿠라 도모미와 이토 히로부미가 제출한 것이 있다(이 시기 이토 히로부미는 급진적 개혁주의자였다).

85　신정부강령팔책은 선중팔책과 함께 사카모토 료마가 기초하여 도사번의 중역에게 제시한 정체안이다. 시모노세키시립조후박물관(下關市立長府博物館)에 별본(別本)이 소장되어 있다. 신정부강령팔책의 원문은 다음과 같다.
　"第一義 天下有名の人材を招致し, 顧問に供ふ, 第二義 有材の諸侯を撰用し朝廷の官爵を賜ひ, 現今有名無實の官を除く, 第三義 外國の交際を議定す, 第四義 律令を撰し, 新に無窮の大典を定む. 律令旣に定れば, 諸侯伯皆此を奉して部下を率ゆ, 第五義 上下議政所, 第六義 海陸軍局, 第七義 親兵, 第八義 皇國今日の金銀物價を外國と平均す. 右預め二三の明眼士と議定し, 諸侯會盟の日を待つて云云. ○○○自ら盟主と爲り, 此を以て朝廷に奉り, 始て天下萬民に公布云云. 强抗非礼, 公議に違ふ者は, 斷然征討す. 權門貴族も貸借する事なし. 慶応丁卯十一月 坂本直柔. '亡友帖', 石田英吉關係文書 1(慶応 3年 11月), 國立國會図書館."

보신전쟁이 거의 끝나갈 무렵 이와쿠라 도모미가 「정체政體에 관한 의견서」(1869.1)를, 이토 히로부미는 「국시강목國是綱目」(1869.1)을 산죠 사네토미에게 제출하였다. 이 두 문서는 정체에 관한 체계적인 제안이라기보다는 유신 정부의 국정 방향에 관한 기초적인 의견서라고 보는 것이 정확하다. 각자 따로 제출한 의견서였지만 두 사람은 공통적으로 통일 국가를 수립할 것과 천황제 유지의 중요성을 강조했다. 이처럼 이 시기 유신주체세력이 가장 중요하게 여겼던 정치적 과제는 중앙집권화와 천황제의 제도화였다. 유신 정부의 통치권은 아직 구막부의 직할령과 일부 지역에 한정되어 있었고, 천황군주제 이외의 다른 입헌 체제에 대해서는 생각할 여유도 없었다. 다만 이때 이들이 생각했던 이상적인 천황의 이미지는 복고적인 전제군주가 아니라 문명개화를 추진하는 개명군주였다.

이 시기에 의회에 관한 논의도 있었다. 의회에 관한 의견은 기도 다카요시가 먼저 제시했다. 그는 정부 안에 입법기구(입법관)의 설치를 주장하는 의견서[86]를 제출하였다. 그러자 이토 히로부미는 기도의 의견에 반대하면서, 입법과 행정을 분리하는 태정관의 개혁을 주장하였다. 다만 이때만 해도 아직 근대적인 의회 정치와 입헌 제도에 대한 이해수준이 낮아 논의는 크게 진전되지 못했다. 그 뒤 이와쿠라사절단이 구미를 방문 중일 때 유수 정부의 좌원左院에서 의회 개설과 입헌 체제의 형태를 둘러싼 논쟁이 일어났다. 이 논쟁은 군주독재 체제의 흠정헌법 제정(1872.4)을 주장하는 측과 민선의회 설치를 주장하는 급진적인 입헌론(1872.5) 사이의 대립이었지만 이때의 논의도 더 이

---

86 기도 다카요시가 이때 제출한 의견서의 제목은 「입법행정에 관한 의견서」다. 훗날 국민의 대표로 하원이 구성되기에 앞서 정부 내에 입법관의 설치를 주장하였다. 하지만 기도의 의도는 이를 통해 서구식 의회 제도를 급진적으로 도입하려는 시도를 차단하는데 있었다. 유신 정부의 지도자들은 당시 의회정치에 대한 불신과 우려를 많이 가지고 있었다.

오쿠보 도시미치의 「입헌정체에 관한
의견서」(1873.11)

상 체계적으로 진전되지는 않았다.

입헌 체제에 관한 본격적인 논쟁은 이와쿠라사절단
이 귀국한 뒤 시작되었다. 1873년 7월 기도 다카요시
가 「헌법제정에 관한 의견서」를 정원正院에 제출하고,
정한론 정변이 끝난 뒤인 1873년 11월 오쿠보 도시미
치가 정체 관련 조사 담당자인 이토 히로부미에게 「입
헌정체에 관한 의견서」를 제출하였다.[87] 두 사람 모두
이와쿠라사절단의 구미 순방에서 깊은 감명을 받았기
때문에 서구의 입헌 제도를 도입하려고 했다. 당시 이

들은 프랑스와 미국 방문 시 공화 정치의 부정적인 측면을 많이 보았기 때문
에 이를 일본에 바로 도입할 경우에는 정치적 혼란이 초래될 수도 있다는 우
려를 가지고 있었다.

특히 기도 다카요시는 미국 시찰 도중에 이토 히로부미 등이 추진하려는
'전면적인 서양화' 방침은 문명의 개화 수준이 아직 낮은 일본에 바로 적용하
기에는 위험하다고 판단했다. 서양문명은 오랜 기간에 걸쳐 서서히 이루어진
것인 반면 일본에서 추진하고 있는 서양화는 이름뿐인 개화로, 서양을 단순
히 흉내 내는 것은 바람직하지 않다고 보았다. 기도 다카요시는 일본에 있는
유수 정부의 지도자들에게 급진적인 개화 정책을 서둘러 도입할 경우 발생할
수 있는 폐해와 위험성에 대해 경고하는 서신까지 보냈다.[88] 1873년 9월의
한 메모에서 '지금은 독재헌법이더라도 뒷날 인민의 동의가 이루어지면 동치

---

87 「明治六年大久保參議起草政体ニ關スル意見書(明治 6年 11月)」, 『伊藤博文關係文書』書翰
　　の部 503, 國立國會図書館.
88 방광석, 『근대일본의 국가체제 성립과정』, 혜안, 2008, 33쪽.

헌법同治憲法의 싹이 되어 인민 행복의 바탕이 될 것이다'며 독재헌법의 제정까지 주장[89]할 정도였다.

다만 기도 다카요시는 유신 정부 초기 누구보다도 헌법과 법률(정규전칙)의 중요성을 강조한 인물이다. 그는 유신 정부가 「5개조서약문」과 자의적 판단에만 의존해 국정을 운영하는 것은 민심을 가볍게 여기는 것으로, 서구의 선진 국가들이 입헌정치를 하고 있는 것과 비교할 때 문제가 많다고 보았다. 기도가 「5개조서약문」에 대신하여 보다 상세한 정규전칙正規典則(정식의 법률)의 제정이 필요하다고 주장한 것은 이 때문이었다. 다만 입헌 정치의 필요성에는 공감하면서도 그 방법에 관해서는 매우 신중했다. 대부분의 유신 정부의 지도자와 마찬가지로 기도 다카요시도 입헌 제도는 점진적으로 도입하는 것이 바람직하다고 보았다.

오쿠보 도시미치 역시 일찍부터 점진적인 입헌정치 제도의 도입을 주장하였다. 급격한 변화는 정치혼란을 초래하고, 국론을 분열시킬 수 있다고 우려했기 때문이다. 군권君權을 먼저 정하고 민권民權을 제한하려고 했던 것도 이때문이었다. 이토 히로부미가 인민의 개명 수준에 따라 입헌 제도를 점진적으로 도입해야 한다고 주장했던 것도 마찬가지 이유에서였다.[90] 오쿠보 도시미치는 특히 민주 정치 체제의 폐해에 대해 많은 우려를 가지고 있었다. 파리 코뮌이 남긴 상처에 깊은 충격을 받았던 그는 "프랑스의 민주 정치는 군주 독재보다도 더욱 흉폭하고 잔학하다"고 생각했다.[91]

1876년 4월 오쿠보 도시미치大久保利通는 「국력배양에 관한 건의서」[92]를

---

89   위의 책, 42쪽.
90   위의 책, 40~43쪽.
91   위의 책, 42쪽.
92   오쿠보의 식산흥업론은 1873년 10월의 유명한 정한론 반대의견서에서 이미 명확하게 나

제출한다. 이 건의서에서 그는 '정치政의 기초'는 '경제력을 배양'하기 위한 것이라고 말하면서 부국 정책을 빨리 추진해야 한다고 주장했다. 그는 기도가 주장하는 정령법률正令法律(헌법과 법률)의 조속한 제정을 오히려 지엽적인 것으로 보았으며, 정부가 직접 민업民業(민간기업)을 장려하고 물산을 증대하는 것을 더 중요하게 생각했다. 작은女上정부가 지배적이던 당시 세계적인 흐름에 비춰볼 때 정부 주도의 공업화는 변칙적인 방법이었지만 이것이 더 바람직하다고 판단했다.

오쿠보 도시미치는 이와쿠라사절단 순방에서 독일 제국의 철혈재상 비스마르크에게 특히 많은 감명을 받았다. 그는 소국 프러시아가 통일 제국을 형성하기까지의 고난과 독일 제국이 유럽에서 직면하고 있던 현안에 관한 비스마르크의 연설을 들었는데, "국제정치는 법(국제법)이 아니라 힘(군사력)에 의해 유지된다"는 말에 매우 강한 인상을 받았다. 오쿠보는 독일 방문 뒤 일본의 국가 목표로 독일 제국의 사례를 적극적으로 참고하기 시작한 것으로 보인다. 그렇다고 그가 단순히 독일을 모방하려고만 한 것은 아니었다. 그는 영국의 부강함을 독일의 정치력으로 달성하고자 하였다.[93]

기도 다카요시와 오쿠보 도시미치의 입헌 체제 의견서에 관한 평가는 다양하다. 반입헌적 성격을 강조[94]하면서 그 의의를 낮게 평가하는 사람도 있는 반면 근대 국민 국가의 성격을 가지고 있는 입헌군주제라고 높게 평가[95]

타나있다. 하지만 다른 혁명 목적과 대비하여 자신의 식산흥업론을 적극적으로 주장하고 있는 곳은 1876년 4월의 「국력배양에 관한 건의서」다.

93 佐佐木 克, 『大久保利通と明治維新』, 吉川弘文館, 1998, 162~163쪽.

94 이나다 마사쓰구(稻田正次)는, 오사타케 다케시(尾佐竹猛) 역시 '1872~1873년경의 각종 헌법제정의견서는 결국 헌법이 필요하다는 것이지 국민의 자유권 보장, 참정권 승인 등을 주 내용으로 하는 의회필요론과는 상당히 거리가 있다'고 평가한다.

95 藤田 正, 明治維新史學會 編, 『明治維新の政治と權力』, 吉川弘文館, 1991, 21쪽.

하는 사람도 있다. 유신 정부 초기에는 아직 서구입헌제에 대한 이해가 높지 않은 상태였기 때문에 어떻게 평가하든 나름대로 타당한 측면이 있다. 그러나 기도 다카요시나 오쿠보 도시미치의 입헌정체에 관한 견해를 자유권과 참정권에 관한 내용이 없기 때문에 부정적으로 평가하는 시각은 문제가 있다. 봉건 체제가 막 해체되고 새로운 국가의 내용과 형태에 대해 모색해가던 시기에 자유권과 참정권의 미비를 앞세워 그 의의를 낮게 평가하는 것은 20세기 서구문명의 기준을 가지고 이제 막 봉건 체제를 탈피하려는 나라를 평가하는 것과 같기 때문이다. 미국과 유럽에서조차 자유권과 참정권이 시민의 보편적 권리로 인정된 것은 20세기에 들어와서다.[96] 기도 다카요시와 오쿠보 도시미치의 의견서를 바로 평가하기 위해서는, 그 당시 일본이 처해 있던 구체적 현실에 비추어 판단하지 않으면 안 된다.

1870년대 중국과 조선 등 동아시아의 다른 나라들은 아직도 중화주의의 미망에서 벗어나지 못하고 있었다. 그때까지 아시아의 어느 나라도 스스로 서구문명을 배우기 위해 정부 차원의 대규모 사절단을 해외에 파견한 적은 없었다. 자기보다 우수한 해외문명을 적극적으로 받아들여 국가 발전의 계기로 삼았던 견당사, 견수사의 후예답게 이와쿠라사절단은 미국, 영국, 프랑스, 독일 등 당시 세계에서 가장 우수한 선진 산업문명과 입헌 체제를 배우기 위해 지구를 한 바퀴 돌아오는 대장정을 두려워하지 않았다.

이를 통해 이와쿠라사절단은 서구 선진문명에 관한 상대주의적 시각을 얻을 수 있었다. 근대 일본이 서구문명에 대한 절대적 신봉에서 벗어나 일본의

---

96 민주주의의 선진국가인 영국에서도 21세 이상의 여성에게 남성과 동등하게 참정권이 인정된 것은 1928년이다. 미국에서 여성의 참정권이 인정된 것은 1920년 수정헌법 제19조를 신설하여, 여성에게도 선거권을 부여하면서부터다.

정치·문화적 현실, 역사적 전통과 조화될 수 있는 입헌 제도를 찾을 수 있었던 것은 그 덕분이었다.

3) 이와쿠라사절단과 근대화 혁명

1873년 이와쿠라사절단은 22개월에 걸친 구미 시찰을 마치고 귀국하였다. 사절단은 특히 철도, 대공장, 교통 및 운수시설, 상업과 무역, 과학 기술의 발전 등 서구의 산업문명과 자본주의 제도에 깊은 감명을 받았고 일본이 부강해지기 위해서는 하루라도 빨리 서구의 산업문명을 도입해야 한다고 판단하였다. 동시에 서양문명을 절대시하면서 서구입헌 제도의 급격한 도입을 주장하던 사람들도 일본의 역사, 전통, 문명개화 수준에 맞춰 점진적으로 도입해야 한다는 관점으로 시각을 바꾸었다. 이처럼 사절단의 경험은 이후 유신 정부의 정책 방향에 큰 영향을 미쳤다. 하지만 이와쿠라사절단이 서구순방을 통해 얻은 이러한 구상들이 현실에서 실현되기까지에는 많은 난관을 거쳐야 했다. 대표적인 것이 바로 정한론 정변과 서남전쟁이다.

보통 혁명은 구체제의 해체와 신체제의 건설이라는 두 단계의 과정으로 이루어진다. 일본 역시 구체제의 해체와 신체제의 건설이라는 두 단계를 거치면서 근대국가를 수립한다. 그 첫 번째 단계인 구체제의 해체는 왕정복고 쿠데타에서 폐번치현까지 기간에 주로 달성되었다. 이 단계의 목표는 어떻게 보면 생각보다 쉽게 달성되었다고도 말할 수 있다. 서구의 시민혁명과 비교해 볼 때 인명과 재산의 희생은 비교적 적은 편이었고 중앙 권력(막부)과 지방 권력(번)의 해체도 비교적 평화롭게 진행되었다. 반면 봉건 체제를 해체하고

이타가키 다이스케   이타가키 다이스케가 탄생한 집터(고치시)

새로운 체제를 형성해가는 두 번째의 단계는 첫 번째 단계보다 몇 배나 더 어려운 시련을 거쳐야 했다.

반정부 세력의 도전과 반란 역시 왕정복고 쿠데타에서 폐번치현을 전후한 시기보다는 그 뒤 진행된 근대화 혁명의 과정에서 더 강하고 집요하게 일어났다. 왕정복고 쿠데타 직후 약 1년 동안 도바·후시미전투를 비롯하여 전국에 걸쳐 유신에 반대하는 세력들과의 전투가 계속 되었지만 대부분 소규모의 전투에 불과했다. 유신 정부를 위기에 몰아넣을 만한 위협적 전투는 사실상 없었다. 반면 근대화 혁명이 본격적으로 시작되자 정부 안팎에서 대립과 분열이 일어나 몇 차례의 심각한 정치적 변동이 일어났으며, 유신 이후 최대 규모의 반란인 서남전쟁도 겪었다.

정한론 정변, 1878년 정변, 1882년 정변 뒤 정부를 떠난 도사와 히젠 출신 인물들은 자기 고향을 기반으로 반정부 투쟁을 주도했다. 대표적인 인물이 이타가키 다이스케*1837~1919*[97]이다. 그는 정한론 논쟁 당시 신정부 내부에서도 과격한 팽창주의자로 조선과 대만에 대한 대외 침략 정책을 주장했지만

97   坂野潤治·大野健一, 앞의 책, 2009, 61~64쪽.

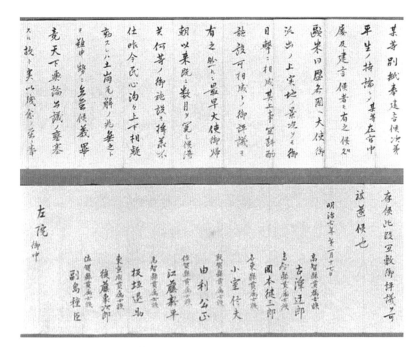

「민선의원설립건의서」(1874.1.17)

정한론 논쟁에서 패배하여 정부에서 축출되자, 사이고 다카모리 등 5인의 참
의와 함께 귀향한 뒤 곧바로 1874년 1월 「민선의원설립건의서」[98]를 정부 좌
원左院에 제출하고 자유 민권 운동을 주도했다. 이후 그는 야당의 정치지도자
가 되어 유신 정부와 계속 대립했다.

혁명은 이상이고 건국은 현실이다. 그러나 현실에서 이 둘을 냉철하게 구
별하기는 의외로 쉽지 않다. 서구의 혁명사를 보면 이러한 혼동 때문에 혁명
그 자체가 실패로 끝나는 경우도 많다. 혁명을 꿈꿨지만 단순한 반란이나 봉
기에 그치는 경우나 반혁명 세력의 반격으로 혁명 전보다 더 억압적인 반동
정치로 되돌아가는 경우들은 대부분 이러한 혼동 때문에 발생한다. 일본의 유
신과 건국 과정에서도 이런 혼동은 많이 있었다. 건국의 과업을 이상주의적으

98　이규수 역, 『일본 제국의회 관계 법령집』, 선인, 2011, 65~67쪽.

「민선의원설립건의서」를 공개한 신문(1874.1.18)

로 오인하거나 혁명 이념을 앞세우는 사람들 때문에 유신 정부는 많은 대가를 치러야 했다. 정한론 정변이나 서남전쟁을 일으킨 대외강경파들이 대표적이다. 이들은 중국, 대만, 조선과의 관계를 이웃나라와의 외교 관계가 아니라 자신들의 혁명 이념을 실현하기 위한 대상으로 삼으려고 했다. 국내의 정치적 갈등과 국제적인 정치·외교 관계도 구분하지 않았다. 이들은 1874년 심지어 대청(對淸)개전론까지 주장했다. 당시 일본은 대외전쟁을 치를 수 있는 경제력은 물론 대규모 병력을 수송할 수 있는 운송수단, 훈련된 병력, 근대적 무기 체계도 충분하지 않았다. 대청개전론은 일본의 경제적·군사적 상황을 무시하고 제기된 너무나 비현실적인 주장이었기 때문에 결국 단념되었지만 유신 뒤에는 이처럼 현실과 이상을 혼동하는 주장들이 계속 쏟아져 나왔다.

근대적 국민국가로 나아가기 위한 개혁 정책들이 연이어 단행되었지만 수백 년 동안 봉건체제에서 형성된 신분과 지역의 높은 벽을 뛰어넘기에는 아직 더 많은 시간이 필요했다. 사무라이와 일반 백성의 법적 차별은 사라졌지만, 차별의식은 사라지지 않고 그대로 남아 계층 간의 통합을 방해하고 있었다. 통일 국가의 근대적 민족의식, 근대적 국민의 형성은 아직 갈 길이 멀었다.

이런 측면에서 "유신혁명은 '무사의 혁명'일 뿐이었고, 사족[士族]의 민족주의[99]라고 부를 수는 있지만 국민적 민족주의라고 부르기는 어렵다"라고 보는 사람도 있다.[100] 막부 타도에 나선 혁명군의 깃발에는 민족이라는 이념이 있었지만, 징병제로 새로 충원된 농민병의 가슴에는 아직 아무것도 없었다.[101] 다행히 정한론 정변과 서남전쟁에서 오쿠보 도시미치 등 근대화 세력이 승리하고 팽창적 대외 정책을 주장하던 세력들이 정부를 떠나면서 유신 정부는 강력한 산업 정책을 시행하고 서구의 근대 문명과 입헌 제도를 도입할 수 있었다.

한때 일본에서는 이와쿠라사절단을 원래의 목적인 조약 개정을 이루지 못했기 때문에 실패한 외교 정책으로 보던 때도 있었다. 하지만 이와쿠라사절단은 출발 전부터 조약 개정을 위한 예비 교섭 이외에 서양문명의 실상에 관

---

99   반노 준지는 이런 측면에서 메이지혁명 이후 대외 강경 정책을 추구한 사족들의 민족주의를 막말의 양이파와 같은 선상에서 신양이(新攘夷)라고 부른다.
100 마루야마 마사오는 막말 이후 메이지 시대의 국민주의 내지 민족주의를 전기적 국민주의와 국민주의로 구분하고 있다. 마루야마는 국민이 정치적으로 각성되어 있느냐의 여부를 기준으로 구분하였다.
101 坂野潤治, 앞의 책, 10쪽.

한 견문과 조사라는 목적도 가지고 있었다. 이때 얻은 경험과 지혜는 근대화 혁명과 근대적 입헌 체제에 관한 구체적인 구상 즉 국가구상을 다듬어가는 데 밑바탕이 되었으며, 불평등조약의 개정 과정에서도 큰 힘이 되었다. 이런 측면에서 일본의 근대화 혁명과 건국은 이와쿠라사절단에 의해 비로소 시작되었다고 말할 수 있다.

9장
경제혁명
공업화와 자본주의 제도의 정초

만국공법도
국력의 강약에 따라 그 의미가 달라진다.
국외중립 입장에서 만국공법만을 추종하는 것은
소국이 하는 일이다.
대국이라면 국력으로 그 권리를 달성하지 않으면 안 된다.[1]

1. 정부 주도의 공업화

1) 오쿠보 도시미치

1878년 5월 14일 오전 6시, 오쿠보 도시미치[1830~1878]는 후쿠시마현 권령 야마요시 모리노리의 예방을 받았다. 이 자리에서 그는 다음과 같은 말을 꺼냈다.

메이지유신의 진정한 의미를 관철하기 위해서는 30년이 필요하다. 제1기는 메이지 원년부터 처음 10년인데 아무것도 없는 제로 상태에서 출발하였다. 모든 것이 처음이었고 병란도 많았던 창업의 시기였다. 11년에서 20년까지는 제2기인데

---

1   구메 구니타케, 방광석 외역, 『미구회람실기』 3, 소명출판, 2011, 383쪽. 독일군 참모총장 몰트케의 연설.

가장 중요한 시기이고, 내치를 정비하고 민산을 키워야 하는 건설의 시기다. 내무성 장관으로서 난 최선을 다할 것이다. 특히 사족 재산의 개간, 수운을 중심으로 하는 교통망의 정비 등은 반드시 이뤄야한다. 21년부터 30년까지의 제3기는 재능 있는 후배들이 이어받아 메이지 일본을 크게 발전시켜야 할 것이다.[2]

오쿠보 도시미치(1830~1878)

그러나 의욕에 찬 이 말이 유언이 될 줄은 아무도 몰랐다. 2시간이나 걸린 긴 면담이 끝난 뒤 마차를 타고 출근하던 길에 그는 암살당했다. 8시 30분경이었다. 암살자는 시마다 이치로 외 총 6명의 불평사족들[3]이었다. 시마다 이치로는 사이고 다카모리가 서남전쟁을 일으켰을 때 자신도 가네자와에서 병사를 모아 반란을 일으키려고 했지만 따르는 사람이 없어 단념했다. 그 뒤 정부고관 암살로 계획을 변경한 뒤 도쿄에 잠입하여 4월 하순부터 오쿠보 암살을 준비했었다.

오쿠보 도시미치의 유언이 되어버린 위의 글을 자세히 읽어보면 왕정복고 쿠데타 이후 유신 정부의 수뇌부가 근대 일본을 어떻게 설계하고 이끌어가려고 했는지를 알 수 있다. 그는 창업의 시기와 건설의 시기를 구분할 줄 알았고, 건설의 시기에는 강병 정책보다는 부국 정책에 힘써 내치를 정비하고 민

---

2   勝田政治, 『政事家 大久保利通 : 近代日本の設計者』, 講談社選書, 2003, 212~213쪽; 佐佐木克, 『大久保利通と明治維新』, 吉川弘文館, 1998, 215~216쪽.
3   시마다 이치로 외 이시가와현 사족 4명과 시마네현 사족 아사이 주토쿠 등 총 6명이었다.

코우츠키 강과 가지야 마을. 오른쪽 유신기념관 뒷쪽에 있는 가지야마을에서 오쿠보
도시미치와 사이고 다카모리가 자랐다.(가고시마시)

오쿠보 도시미치 동상
(가고시마시)

간산업을 키워야 한다는 것도 잘 알고 있었다.

오쿠보 도시미치 자신은 비록 근대 일본의 건설을 보지 못하고 세상을 떠
났지만, 후계자들에게 근대 일본의 청사진을 남겨주었다. 오쿠보를 비정하고
차가운 정치가라고 말하는 사람들도 많지만 오쿠보 같은 냉철한 정치가가 없
었다면 유신 정부 초기 정부수뇌부는 중심을 잃고 더 많은 혼란을 겪었을 것
이다. 건국에 전념해야할 시기에 봉건적 의리에 묶여 반란을 일으킨 사이고
다카모리를 보면 국가 지도자의 냉철함이 얼마나 중요한지를 알 수 있다.

오쿠보 도시미치는 1830년 8월 10일 사쓰마의 고우츠키강 옆에 있는 가지
야 마을에서 태어났다. 다른 유신 지도자들보다 비교적 늦게 30세가 다 된
1859년 중앙 정치 무대에 처음 등장하였다. 당시 그는 사쓰마 존왕양이 지사
들의 비밀결사였던 정충조의 리더였다. 시마즈 나리아키라가 죽고 난 뒤 실
권을 장악한 시마즈 히사미쓰는 사이고 다카모리 대신 고마츠 다테와키, 오
쿠보 도시미치를 중용했다. 시마즈 히사미쓰에 의해 발탁된 뒤부터 메이지유
신까지 10년 동안 사쓰마의 대표로서 유신 변혁을 향해 온 몸을 바쳐 질주했

다. 왕정복고 쿠데타 직후의 혼란기에는 직접 군대를 지휘하면서 내란을 진압하였고 판적봉환, 폐번치현을 주도하였다. 이와쿠라사절단에 부사로 참여하였고, 정한론을 둘러싼 대립이 일어나자 이와쿠라사절단보다 먼저 귀국[4]해 이를 저지하였다. 오쿠보는 정한론보다 국내의 정치적 안정과 경제 발전이 더 중요하다고 생각했다.

1873년 10월 22일 정한론 정변으로 사이고 다카모리와 이타가키 다이스케 등 유신 정부 지도자들이 대거 정부를 떠나자, 그는 이토 히로부미, 오쿠마 시게노부와 함께 유신 정부를 장악한다. 그 뒤 태정관 안에서 최고의사결정기구인 참의와 정책 집행을 담당하는 성경省卿(장관)이 분리되어 있는 문제점을 개선하여 겸임을 가능하도록 바꾸었다. 참의와 성경의 겸임은 강력한 리더십을 발휘하는 데 필수적인 조치였다. 이로 인해 오쿠보는 어느 때보다 강력한 리더십을 발휘할 수 있었다. 이 시기의 유신 정부를 오쿠보 정권이라고 부르기도 한다.

오쿠보는 정한론 정변 이후 정부 안의 혼란을 신속하게 마무리한 뒤 내무성을 창설[5]하여 장관으로 취임하였다. 당시 내무성은 지방 행정과 경찰을 장악하고 있었을 뿐만 아니라 산업에 관한 권한까지도 포괄적으로 가지고 있었기 때문이다. 근대 일본의 관료 기구 중 가장 크고 중요한 조직이었다. 오쿠보는 유신 정부의 실질적 리더로서 이토 히로부미의 공부성, 오쿠마 시게노부의 대장성과 협력하여 정부 주도의 산업화 정책을 강력하게 실행해나갔다. 또한 관료기구를 정비하고 학제, 지조개정, 경찰 제도 등 개혁 정책을 과감하

---

4 태정대신 산죠 사네토미는 기도 다카요시와 오쿠보 도시미치 두 명에게 소환 명령을 내렸지만 오쿠보만 먼저 귀국하고 기도는 두 달이나 늦게 귀국했다.
5 오쿠보는 1873년 11월 10일 내무성을 창설하였다.

게 단행하여 근대 일본의 기초를 닦았다.

오쿠보가 이처럼 산업화를 중요하게 생각한 데에는 무엇보다도 이와쿠라 사절단의 경험이 큰 영향을 미쳤다. 특히 그는 영국의 선진산업문명을 모델로 삼았다. 당시 일본은 민간 기업 중심으로 아래로부터 자발적 산업화를 일으킬 만한 자본도 기술도 충분치 않았다. 더욱이 서구 나라들은 우월한 군사력과 경제력을 바탕으로 아시아 나라들과 불평등조약을 체결하고, 식민지 건설을 경쟁적으로 펼치고 있었기 때문에 민간 기업이 스스로 성장할 때까지 마냥 기다리고 앉아 있을 여유도 없었다. 근대 일본의 대표적인 자유민권주의자로 인민의 자주독립정신과 민간 부분의 자발성을 중요시했던 후쿠자와 유키치도 이 시기에는 민주화보다도 산업화를 더 중요하게 생각했다.[6] 이런 측면에서 오쿠보는 영국의 산업문명을 비스마르크적 방식으로, 즉 국가의 주도 아래 달성하려고 했었다고 말할 수 있다.

오쿠보는 민간기업 육성과 수출 장려에도 열심이었다. 서남전쟁이 막바지에 다다랐던 1877년 8월 21일 동경 우에노 공원에서 제1회 내국권업(국내산업진흥)박람회가 개최되었는데 이 박람회는 일본 최초의 본격적인 박람회였지만 출품 수 8만 4,353점, 입장인원 45만 4,000명을 기록하는 대성공[7]을 거두었다. 서남전쟁이 한창 진행 중이던 시기에 개최된 이 박람회는 오쿠보의 적극적인 지원이 없었더라면 불가능했다.

사실 오쿠보가 정한론이나 대만 출병 등에 반대했던 가장 큰 이유는 당시

---

6   1878년 출간된 통속국권론(通俗國權論)에서 그는 '재화가 있다면 무기를 만들고 살 수도 있고, 병사를 양성하고, 고용할 수 있다. 또 지금과 같은 비열한 세계에서는 소위 공의여론도 돈으로 살 수 있다'면서, 국운융성의 원천은 재화에 있다고 주장한다. 福澤諭吉,『福澤諭吉著作集』제7권, 2003.

7   佐佐木克, 앞의 책, 1998, 214쪽.

유신 정부에게는 대외전쟁과 산업화(식산흥업)를 동시에 수행할 수 있는 경제력이 없었기 때문이었다. 그는 사가의 변, 서남전쟁을 진압하기 위해 유신 정부가 치렀던 경제적 대가나 대만 파병, 조선의 강화도사건 등으로 인해 민간의 산업을 장려하고 물자의 생산에 전념할 수 없었던 것을 많이 안타까워했다. 이처럼 그는 유신 주체 세력 중 건국의 의미를 가장 잘 알고 있던 인물이었다.

2) 서구화 정책과 식산흥업 정책

유신 정부 초기에 가장 적극적으로 서구화 정책을 추진한 인물은 오쿠마 시게노부였다. 당시 정부 안에는 정파를 떠나 서구화 정책의 추진에 관한 합의가 형성되어 있었다. 대장성은 서구화 정책을 추진하는 거점이었고 오쿠마 시게노부, 이토 히로부미, 이노우에 가오루 등이 각각 대장대보(차관), 대장소보, 조폐두 겸 대승造幣頭, 大承을 맡고 있었다. 그러나 정부의 통치 기반이 아직 미약하고 재정 상태도 열악하였기 때문에 혼선이 많이 발생했다.

1869년 8월에는 민부성과 대장성이 통합되어 강력한 권한을 가진 부처가 탄생했지만 1870년 7월 다시 분리되었다. 1870년 9월에는 오쿠마의 건의로 민부성 소관의 광산, 철도, 제철, 등대, 전신 등의 식산흥업 부문을 분리하여 공부성[8]을 설치하는 등 정부 기구의 개편도 매우 잦았다.

---

[8] 공부성의 설립은 영국인 기사 모렐(E. Morell)이 당시 대장소보 이토 히로부미에게 제안한 안을 기초로 성립되었다. 모렐은 이 제안서에서 철도 건설, 도로 보수, 항만 개발, 등대 건설, 광산 경영 등을 관할하는 정부 관청의 설립을 제시했다. 동시에 모렐은 신정부가 철도를 건설할 때 영국으로부터 자본 도입이 가장 유리한 것으로 설명하였다. 유신 정부 역시 영국으로부터 철도 건설 자금의 차관을 희망하고 있었다. 서정익, 「일본자본

영국 탬즈강 터널(1840)

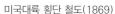
미국대륙 횡단 철도(1869)

와트 증기기관(1859)

　　오쿠보 도시미치는 내무성을 설치한 뒤 공부성, 개척사와 함께 식산흥업
정책을 적극적으로 추진해 나갔다. 철도와 광산은 공부성, 북해도 탄광은 개
척사, 항만과 도로 및 여기에 열거되어 있지 않은 경공업은 내무성이 관할했
다. 내무성, 공부성, 개척사가 함께 식산흥업 정책을 추진했기 때문에 이 시

주의 성립기 연구―본원적 축적과정을 중심으로」, 연세대 박사논문, 1986, 58~59쪽.

기를 2성(二省) 1사(使)에 의한 '위로부터의 공업화 시대'라고도 부른다. 초기의 관영 사업에 관한 정부 예산(흥업비)은 철도, 도로, 항만 등의 사회간접자본의 구축과 광산 개발에 집중적으로 투자되었고, 그밖에 서양식 기계 공업, 전신(電信), 조선 공업 등의 관영 공장 운영을 위한 경비(권업비(勸業費))에 지원되었다. 1885년까지의 지원 금액 중 약 80%에 해당하는 금액이 철도와 광산에 지출되었다. 철도 부설에 사용된 경비는 약 49%, 광산 경영에 사용된 경비는 약 30%에 달한다. 식산흥업 정책에 지출된 경비의 약 반에 해당하는 막대한 예산이 철도와 광산에 투입된 이유는 무엇일까? 여기에는 이와쿠라사절단의 경험이 많은 영향을 미쳤다.

식산흥업 정책을 주도했던 오쿠보 도시미치, 이토 히로부미는 이와쿠라사절단의 핵심 단원이었다. 이들은 철도로 미국 곳곳을 둘러보면서 '미국을 부강하게 만든 것은 철도'라는 주일 미대사의 말을 실감할 수 있었다. 당시 세계는 철도의 시대라고 할 만큼 철도 부설 붐이 일고 있었다. 특히 사절단의 단장이었던 이와쿠라 도모미는 철도에 많은 관심을 가지고 있었다. 영국에서는 당시 세계의 가장 주요한 에너지 자원이었던 석탄 광산을 둘러보았다.[9]

오쿠보는 또한 식산흥업 정책의 재원을 마련하기 위해 정부 공채도 적극적으로 발행했다. 1878년 5월에 모집된 공채(起業公債)는 1,250만 엔(실 금액은 1,000만 엔)에 달했다. 이 금액은 당시 세입 예산의 약 20% 정도 된다. 오쿠보가 정부 재정 여건상 무리를 하면서도 식산흥업 정책을 적극적으로 지원했던 이유는 유신에 이어 근대화 혁명의 완수를 위해서는 산업을 증대시키는 것이 다른 무엇보다도 중요하다고 여겼기 때문이었다. 이런 점에서 오쿠보

---

9   이 책의 제8장 제2절의 제1항 자본주의 산업문명 참조.

는 유신 정부 안에서 근대 일본이 가야할 방향을 가장 잘 알고 있었던 인물
이었다. 유신 정부 초기에 식산흥업비로 지출된 경비(권업비) 현황은 아래 표
에 나와 있다.

〈표 1〉 메이지 전기 권업비의 지출 추이

연도	1868~70	1871~73	1874~76	1877~79	1880~82	1883~86	합계
경상비	891	3,069	17,928	8,582	8,297	3,678	42,445
공부성	-	1,406	9,402	1,889	1,511	1,194	15,402
내무성	-	-	1,616	1,118	390	-	3,124
개척사	891	1,663	6,910	5,127	3,543	-	18,134
임시비	3,726	19,181	10,607	4,597	15,715	8,477	69,303
관영제사업비	3,520	12,273	10,670	2,781	15,469	8,219	52,932
개척사업비	50	4,021	513	46	-	-	4,630
대부금	-	2,588	5,080	1,770	148	-	9,586
소계(협의, 식산흥업비)	4,617	22,250	35,535	13,179	24,012	12,155	111,748
별도금	-	-	-	1,867	8,858	5,354	16,079
기업자금	-	-	-	1,610	7,717	2,966	12,293
위탁금 · 권업자본금	-	-	-	-	346	1,496	1,842
부현권업비	-	-	-	257	795	591	1,643
합계	4,617	22,250	3,5535	15,046	32,870	17,509	127,827

단위: 천 엔.
출처: 中村隆英, 「明治維新期財政金融政策展望」, 『松方財政と殖産興業政策』, 東京大出版會, 1983, 29쪽.

그러나 〈표 1〉을 보면 알 수 있듯이 1874년부터 본격적으로 시작된 식산
흥업 정책은 1883년 들어 한계에 봉착하게 되고 정부의 지원도 대폭 줄어든
다. 오쿠마 재정기의 확대 재정 정책으로 인해 인플레이션이 발생하고, 정부
의 지조수입 역시 그에 반비례해 줄어든 데다 국제수지도 지속적으로 악화되
어, 국제수지와 국가 재정이 함께 악화되는 심각한 재정 위기에 봉착했기 때
문이었다. 당시 정부의 유일한 세원이던 지조는 지조 개정으로 인해 일정한
금액의 현금으로 고정되어 있었는데, 인플레이션[10]이 확대되자 정부 수입도

대폭 감소되었다. 현실적으로 식산흥업 정책을 계속 추진하기 어려운 상황에 봉착한 것이다.

이러한 상황에서도 오쿠마 시게노부, 구로다 기요타카, 고다이 도모아쓰[11] 등의 공업화파는 외채를 발행하거나 지조를 미납으로 변경해서라도 재원을 마련해 공업화 정책을 계속 추진하려고 했다. 1880년 5월 오쿠마의 5,000만 엔 외채 모집 주장은 이러한 배경에서 제출되었다. 하지만 오쿠마의 주장은 상환이 불가능해질 경우 국가의 독립이 위험해 진다는 의견에 부딪혀 무산되었다. 8월에는 구로다 기요타카가 지조의 1/4을 미납으로 변경하자는 의견을 제출했지만 이것 역시 농민들의 반발을 우려한 이노우에 가오루의 강력한 반대로 무산되었다.

정부 재정의 위기를 해결할 방법이 없으면 산업화 정책도 현실적으로 포기할 수밖에 없다. 이 때문에 치열한 논쟁[12]이 벌어졌지만 재정 위기를 타개하기 위해 제시된 방안은 모두 무산되고, 정부의 식산흥업 정책도 좌초되고 만다. 외채론과 미납론을 둘러싼 정부 내 주요 수뇌부의 의견은 〈표 2〉와 같다.

1880년 11월 정부는 내무성, 공부성, 대장성, 개척사 등에서 관리하는 관영 공장을 점차 민간에게 불하하라는 명령을 내리고, 내무성을 통해 지방 토목 사업에 지급하던 보조금도 중단했다. 이리하여 유신 정부가 의욕적으로

---

10 1880년의 쌀 가격은 3년 전에 비해 2배로 급등하였다.
11 고다이 도모아쓰(五代友厚, 1835.12.26~1885.9.25). 사쓰마의 무사로 다카스키 신사쿠와 함께 존왕양이 운동에 뛰어들었다. 사이고 다카모리, 야마가타 아리토모, 사카모토 료마 등과 친했고 유신이 성공한 뒤에는 주로 경제계에서 맹활약했다.
12 미가가 2배로 된 당시에 지조의 1/4을 미납으로 돌려 그 가치를 환금한다면 그 부분의 지조는 전체 액수의 2/4로 된다. 거기에 금납분(3/4)의 지조를 더하며 지조는 5/4가 되고 1/4만큼 세수 증가가 된다. 25%의 세수이다. 그러나 전국적으로 고양되고 있는 국회 개설 운동을 앞에 두고 대규모의 농민반란을 유발할 수 있는 정책에 '위로부터의 민주화'를 주장하는 이노우에가 반대한 것은 당연한 일이었다.

<표 2> 외채론·미납론을 둘러싼 정부 내 의견현황

	외채반대론	외채찬성론
미납반대론	참의-이토, 이노우에, 야마가타, 마쓰가타 내무경, 사노 대장경, 야마오 공부경, 산죠 태정대신, 아리스가와 좌대신	오쿠마 참의
미납찬성론	참의-야마다, 오키 이와쿠라 우대신, 데라시마 외무경	참의-구로다, 사이고, 야마무라, 오야마 육군경, 에노모토 해군경, 다나가 사법경

출처 : 窒山義正, 『近代日本の軍事と財政』, 東京大出版會, 1985, 35쪽.

추진한 식산흥업 정책은 자본주의 초기의 산업화에 필요한 선도적 역할만 하고 끝을 맺는다.

식산흥업 정책에 대한 평가는 다양하다. 철도, 항만 등 사회간접자본에 대한 정부 투자가 그 뒤 일본의 근대화와 산업화에 크게 기여 했다는 것에는 이견이 없다. 하지만 사회간접자본에 대한 투자를 제외한 다른 부문에 대한 평가는 엇갈린다. 관영 모범 공장은 대부분 경영에서 실패했으며, 근대적 산업 기술의 이전이라는 측면에서도 제 역할을 하지 못한 것으로 평가하는 견해가 많다. 어찌 됐든 일본의 본격적인 산업화는 식산흥업 정책이 중단되고 난 뒤 관영 공장을 불하받은 민간 기업에 의해 1890년대부터 본격화되었다고 보는 것이 일반적이다.

2. 근대 자본주의 제도의 정초

1) 근대적 시장경제와 재정금융 제도

사적소유권과 시장경제 제도

왕정복고 이후 근대적 시장경제를 제도적으로 뒷받침하기 위해서는 봉건 체제 아래에서 형성되어 내려오던 소유권과 상인들의 거래 관행, 시장 및 화폐 제도 등을 정비하는 것이 필수적이었다. 이를 위해서는 무엇보다도 개인의 소유권을 보장하고, 자본·노동·토지 등 생산요소를 자유롭게 이동시키며, 민간의 여유자본을 투자로 연결할 수 있도록 법률 및 금융 제도를 개혁해야 했다. 특히 개인의 소유권과 재산권을 보장하고 시장경제 제도를 정착시키기 위해서는 근대적인 민법과 상거래에 관한 법률의 제정이 필요하였다.

보아소나드(G. Boissonade)

유신 정부는 1878년 대륙법 체계인 유럽의 민법과 상법을 모델로 삼아 법전 제정을 추진한다. 민법의 기초 작업은 1879년 프랑스인 보아소나드*G. Boissonade*[13]에게, 상법의 기초 작업은 1891년 독일인 뢰슬러*K. F. Roesler*에게 의뢰하

---

[13] Gustav Emil Boissonade de Fontarabie(1825~1910). 프랑스의 법학자. 교육자로 파리 법학 부 교수를 지냈다. 메이지유신 뒤 민법, 형법 등 법률의 정비에 크게 기여해 일본 근대법의 아버지라고도 불린다. 메이지 초기부터 태정관 법제국, 원로원, 외무성 등에서 고문으로 활동하면서 형법, 치죄법(형사소송법), 민법의 기초작업을 했다. 또한 법학자로서 사법성 법학교, 호세이대학(法政大學)의 전신인 도쿄법학교에서 교편을 잡는 등 일본 법학교육에도 많이 기여했다. 일본 호세이대학에 그를 기념한 현대법연구소가 있다. 梅溪 昇, 『お雇い外國人』, 講談社, 2011, 81~90쪽.

였다. 이들이 작성한 초안을 토대로 1890년에 민법의 재산편, 재산취득편과 상법이 공포되었다. 하지만 이 법률들은 에도 시대부터 이어져 온 일본 고유의 상거래 관행 등이 충분히 반영되지 않아 충돌이 우려됨에 따라 시행이 부분적으로 연기되었다.

이후 별도로 법전조사회가 설치되어 새로 민법, 상법과 부속법규를 조사, 심의하였고 그 결과 1896년 민법의 1, 2, 3편이 1898년 4, 5편이 그리고 1899년 신상법이 공포되었다. 이로써 근대 일본의 시장경제 제도를 보호할 수 있는 법률 체계가 완성되었다.

유신 정부 초기의 재정

유리 기미마사

메이지유신 직후 신정부의 재정은 유리 기미마사 *1829 ~ 1909*[14]가 맡고 있었다. 그는 막부 말기 후쿠이에서 시행했던 재정 개혁 경험을 바탕으로 이를 전국적으로 확대하는 정책을 시행했다. 오사카와 교토의 대상인들로부터 회계 기금으로 300만 량을 빌려, 태정관을 발행인으로 하는 불환지폐인 태정관찰을 4,900만 량 발행하고, 신용 기구와 유통 기구도 정비하여 물산진흥을 꾀했다. 그러나 이 자금은 원래의 목적보다 보신전

---

14 유리 기미마사(由利公正, 1829.12.6~1909.4.28)는 후쿠이 출신의 무사로 유신 정부의 재정 금융 정책을 담당하였다. 1871년 동경부 지사에 취임하였고, 이와쿠라 도모미를 수행하여 유럽에 가 각국의 자치 제도와 의회 제도를 연구했다. 정한론 정변 뒤 정부를 떠난 이타가키 다이스케 등과 함께 민선의원설립건의서를 제출했다. 1890년 귀족원 의원이 되었다. 유신 전 유리 기미마사는 후쿠이에 와 있던 요코이 쇼난에게 재정학을 배웠고 영주 마쓰다이라 요시나가에게 인정받아 번 화폐의 발행, 전매제를 결합한 식산흥업 정책으로 번 재정을 재건하였다. 사카모토 료마와도 깊게 교류하였다.

오쿠마 시게노부

쟁 등 내란을 진압하는데 필요한 비용으로 대부분 소비되고 말았다. 거기에다 대량의 불환지폐, 구막부의 화폐, 각 번에서 주조한 화폐가 함께 유통되면서 통화 제도가 혼란에 빠졌다. 이에 안팎으로부터 비판이 쏟아져 유리 기미마사가 물러나고 유리재정도 실패로 끝나면서 통화 제도의 정비가 시급한 과제로 대두했다.

1869년 대장경에 취임한 오쿠마 시게노부*1838~1922*는 유리재정을 계승하면서 다른 한편으로는 서구화 정책을 적극적으로 추진한다. 적극적인 확대 재정 정책에 필요한 재원은 불환지폐를 발행하여 충당했다. 이 밖에도 서구의 주식회사 제도를 참고로 하여 통상 회사와 어음 회사를 설립하고, 이를 통해 전국적 규모의 신용·유통기구를 확립하려고 했다. 하지만 서남전쟁의 전비를 마련하기 위해 국립은행권과 합쳐 총 4,200만 엔에 달하는 불환지폐를 발행하는 바람에 극심한 인플레가 진행되었다. 연간 일반 회계 세출의 약 70%에 달하는 불환지폐의 발행은 국제수지의 악화로도 이어졌다. 이는 또 정화에 대한 지폐의 가치를 하락시켜 은·지폐의 격차(엔 하락)가 수출을 증가시키는 이상으로 수입의 증대를 초래하여, 국제수지를 악화시키는 요인이 되었다.

신정부는 세입에 앞서 세출이 필요할 경우 국고금의 일시적 부족을 메우기 위해 예비 지폐를 발행하곤 했다. 이 방법은 공채의 발행처럼 번거롭지도 않고 이자 부담도 없어 편리했기 때문에 자주 이용되었다. 이로 인해 1881년 말에는 1,300만 엔이 유통되고 있었다. 이 역시 지폐 가치를 하락시키는 한 요인[15]이 되었다. 이러한 상황은 〈표 3〉에 잘 나타나 있다.

---

15 서정익, 앞의 글, 1986, 88쪽.

<표 3> 오쿠마 재정기의 통화 발행 및 무역의 동향

	1872	1873	1874	1875	1876	1877	1878	1879	1880	1881
정부 지폐	68,400	77,281	90,802	91,284	93,323	93,835	119,800	114,191	108,412	105,905
예비 지폐	0	1,100	1,100	7,788	11,824	11,961	19,618	16,118	16,528	13,000
은행 지폐	0	1,362	1,995	1,420	1,744	13,352	26,279	34,046	34,426	34,397
합계	68,400	79,743	93,897	100,492	106,892	119,150	165,698	164,354	159,367	153,302
화물 수출입	△9,148	△6,472	△4,145	△11,365	3,747	△4,072	△6,887	△4,777	△8,231	△132
금은 수출입	789	2,042	12,923	14,366	2,408	7,263	6,140	9,644	9,585	5,634

단위: 천 엔.
출처: 窒山義正, 『近代日本の軍事と財政』, 東京大出版會, 1985, 19쪽에서 재구성.

이처럼 오쿠마가 대장경으로 있던 시기에 신정부는 구체제를 해체하고 근대국가 수립에 필요한 재원을 구하기 위해 적극적인 재정 정책을 펼쳐나갔다. 그러나 기대와 달리 내전과 구체제 해체에 많은 비용이 투입되면서 통화가 남발되고 재정 및 국제수지가 악화되면서 경제적 위기가 초래되었다. 이에 따라 안정적인 재정 제도의 확립이 무엇보다 중요한 과제로 떠올랐다.

마쓰카타 재정 개혁

유신 정부 초기의 재정 정책은 이처럼 많은 시행착오와 대가를 치르고 난 뒤, 마쓰가타 마사요시 *1835~1924*의 강력한 긴축 정책으로 안정을 찾는다. 1881년 정변으로 대장경에 취임한 마쓰가타 마사요시는 우선 인플레이션을 억제하기 위해 지폐 정리 정책을 시행하였다. 지폐 정리를 통해 인플레이션을 억제[16]함과 동시에 통화 제도를 안정시키고 신용 제도를 확립하려는 것이었다. 지폐 정리 정책은 오쿠마가 대장경으로 있을 때부터 시행하고 있었지만 마쓰카타 마사요시는 경제 불황을 감수하면서 더욱 강력하게 실행했다.

---

16   오쿠마가 경제 위기의 원인을 정화 결핍에 따른 금은화의 시세 상승으로 수입 초과 현상이 발생했다고 보는 반면에 마쓰카타는 지폐 가치의 하락으로 인해 무역수지의 불균형이 발생하여 정화가 유출된 것으로 보았다.

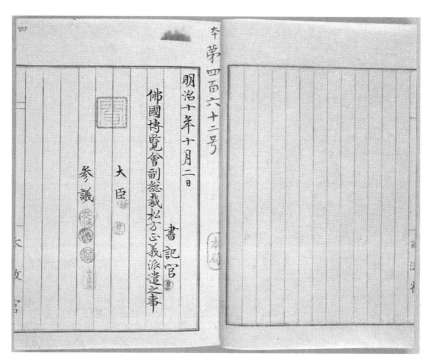

프랑스 만국박람회에 마쓰카타 마사요시 파견을 허락하는 문서(1877)

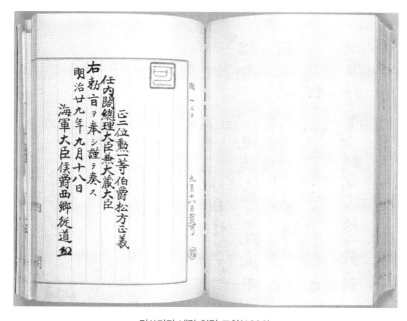

마쓰카타 내각 임명 조칙(1896)

마쓰카타 마사요시

식산흥업 정책을 중단하고 관영 공장을 불하한 것이나 세제 개정, 정부 경비 절감 등도 알고 보면 지폐 정리에 필요한 자금을 확보하기 위한 것이었다. 마쓰카타는 이어 재정 긴축과 증세를 통해 얻은 세입잉여 중 일부를 지폐 소각에 충당하고 나머지는 지폐태환을 위한 준비금으로 사용하였다. 이 밖에도 공채를 발행해 1886년 1월까지 1,236,600만 엔을 회수하였고, 국립은행 조례를 개정하여 은행 지폐도 점차 소각했다. 이처럼 강력한 화폐 정리 정책의 시행으로 인해 1885년 말 정부 지폐의 유통량은 1878년 말과 비교할 때 약 36%나 감소했다. 1878년부터 1885년까지 정부가 소각한 연도별 금액은 〈표 4〉와 같다.

〈표 4〉 정부의 연도별 지폐 소각액

연도	1878	1880	1881	1882	1883	1885	1886	1887
지폐 소각액	7,166	2,000	2,000	7,000	3,300	3,340	0	0

단위 : 천 엔.
출처 : 서정익, 「일본자본주의 성립기 연구—본원적 축적과정을 중심으로」, 연세대 박사논문, 1986, 89쪽.

또한 대장성 증권조례를 제정하여 국고출납의 일시적 편의를 위해 발행한 공채는 반드시 당해 발행 연도의 세입으로 상환하도록 정했다. 이와 함께 재정긴축, 증세도 함께 추진되었다. 이로써 유신 정부는 안정적인 재정 제도를 마련할 수 있었다. 다만 이러한 재정 개혁 조치는 심각한 경제 불황과 반정부 운동을 야기하였다. 지방세 인상으로 증세 정책의 피해를 직접 받았던 농민층은 부・현 의회를 중심으로 전국 각지에서 반정부 운동을 일으켰고, 자유민권 운동 진영도 합세하여 크게 반발하였다.

유신 정부의 재정 정책과 관련해 오쿠마 시게노부, 오쿠보 도시미치 등이 적극적으로 추진했던 식산흥업 정책을 살펴보지 않을 수 없다. 유신 정부는 어려운 재정 상황에도 불구하고 근대 산업의 기초를 마련하기 위해 식산흥업 정책을 적극적으로 추진[17]했다. 여기에 투입된 재정은 1868년부터 1885년까지 전체 재정 지출의 약 12.5%를 지출했다. 하지만 앞에서도 살펴보았듯이 식산흥업 정책은 철도, 항만 등 사회간접자본에 대한 투자 이외의 부분에서는 그다지 좋은 평가를 받지 못했다. 거액의 경비를 투자하여 관영 모범 공장을 많이 설립하였지만 대부분 경영에서 실패했을 뿐 아니라 근대적 산업기술의 이전이라는 측면에서도 큰 역할을 하지 못했다고 보는 견해가 많다.

근대적 조세 제도

재정 제도의 기초를 이루는 것은 근대적 조세 체계다. 왕정복고 직후 유신 정부의 조세권은 막부 직할 지역에 한정되었기 때문에 근대국가의 수립에 필요한 재원을 마련하기 위해서는 근대적 조세 제도의 확립이 매우 시급했다. 이에 따라 유신 정부는 폐번치현 이후 지조 개정을 단행하여 전국 270여 번이 행사하고 있던 조세징수권을 중앙 정부로 이관시켜 통일적인 조세징수권을 확보한다.

지조 개정은 폐번치현만큼 중요한 조치였다. 이 조치를 통해 근대적 조세 제도를 확립하고 안정적 재정 기반을 마련할 수 있었다. 또한 지권 교부를 통해 개인의 토지소유권을 확정함으로써 근대적 토지소유권도 확립할 수 있었

---

17   서정익, 앞의 글, 1986, 90쪽. 〈표 1-15〉 메이지 전기 권업비의 추이에서 재구성.

〈표 5〉 메이지 전기 일반 회계 세입 구성 추이

연도	세입 총액(천 엔)	조세	관업·관유 재산 수입	공채·차입금	기타
1867.12.31~1868.12.31	33,089	9.5	0.2	14.3	76.0
1869.1~1869.12	34,438	12.8	0.3	2.6	84.3
1870.1~1870.9	20,959	44.5	0.5	22.8	32.2
1870.10~1871.9	22,145	58.0	1.5	-	40.5
1871.10~1872.12	50,445	43.3	0.9	-	55.8
1873.1~1873.12	85,507	76.0	4.9	12.7	6.4
1874.1~1874.12	73,446	88.9	4.2	-	6.9
1875.1~1875.6	86,321	88.7	5.6	-	5.8
1875.7~1876.6	69,483	85.2	4.4	-	10.4
1876.7~1877.6	59,481	87.0	5.9	-	7.1
1877.7~1878.6	52,338	91.5	3.2	-	5.0
1878.7~1879.6	62,444	82.5	2.6	-	14.9
1879.7~1880.6	62,152	89.5	2.9	-	7.6
1880.7~1881.6	63,367	87.2	3.3	-	9.5
1881.7~1882.6	71,490	86.3	3.0	-	10.7
1882.7~1883.6	73,508	92.2	2.5	-	5.3
1883.7~1884.6	83,107	81.4	1.9	-	16.7
1884.7~1885.6	76,670	87.7	2.8	-	6.9

단위 : %, 천 엔.
출처 : 中村隆英, 「明治維新期財政金融政策展望」, 『松方財政と殖産興業政策』, 東京大學出版會, 1983, 12쪽.

다. 뿐만 아니라 정부의 세입을 미리 예측할 수 있게 되어 정부 예산 편성을 합리적으로 계획할 수 있게 되었다. 지조 개정[18]은 이처럼 일본이 근대국가를 수립하는 데 매우 중요한 전기가 되었다.

그럼 유신 정부 초기 조세 수입은 어느 정도 되었을까? 위의 표를 보면 알수 있듯이 왕정복고 직후 정부의 세입 예산에서 조세가 차지하는 비중은 지

---

18 토지소유자를 확정하고 지권을 교부함과 동시에 지가를 정하여 그 지가의 3%를 지조로 하고 지조의 3% 이내를 지방세로 정했다. 지가 산정과 과세율은 이전의 세입을 줄이지 않는다는 목표 아래 설정되었다. 지조 개정으로 확립된 지조 중심의 조세 제도는 소득 흐름에 대한 직접 과세인 소득세가 중심을 차지하게 되는 1887년까지 지속되었다.

극히 낮았다. 1869년 유신 정부의 세입에서 조세가 차지하는 비중은 12.8%에 불과했다. 이 비율은 1872년에도 여전히 50%가 되지 않았다. 세입에서 차지하는 조세비율이 이렇게 낮았던 이유는 이때까지만 해도 전국의 270개 번이 조세징수권(연공징수권)을 여전히 행사하고 있었기 때문이었다. 따라서 유신 정부는 내란 진압과 정부 운영에 필요한 예산의 대부분을 차입하거나 아니면 불환 지폐를 발행하여 조달할 수밖에 없었다. 폐번치현과 지조개정이 단행되기 전까지 정부의 통치권은 이처럼 미약했다. 〈표 5〉를 보면 알 수 있듯이 지조 개정이 단행된 1873년 이후 유신 정부의 조세 수입은 획기적으로 증가한다. 지조 개정 전까지 50% 미만이던 조세 수입이 지조 개정 뒤 80%를 넘어서게 되면서 정부의 안정적인 재정 운용도 가능해진다.

국립은행과 일본은행[19]

은행은 사회적 여유 자본을 투자로 연결시키는 신용 매개 기능을 통해 기업의 자금 조달을 지원함으로써 경제 발전에 기여한다. 또한 발권 기능을 통해 민간에 필요한 통화를 탄력적으로 공급해 투자를 촉진하는 기능도 가지고 있다. 유리 기미마사는 1869년 통상사를 설치하고 그 아래 도쿄, 오사카, 요코하마, 고베 등의 경제적 거점에 통상 회사, 환(換) 회사를 설립하였다. 통상 회사는 각지에 설립된 회사를 총괄하고 국산품의 유통을 총괄하는 기능을 담당하였고, 환회사는 예금, 대부, 발권, 환전 업무를 수행하였다. 그러나 환회사에 대한 정부의 규제가 강화되어 환회사의 태환 준비율이 100% 가까이 달

---

19 니혼바시에 있는 현재 일본은행 건물은 1896년 4월 건축된 것이다. 이곳은 에도 시대에 금화를 제작하던 곳이다. 도쿄의 유명한 번화가인 긴자는 에도 시대에 은화를 제작하던 곳이다.

일본은행(1882.10.10)

하자 발권고가 급속히 줄어들어 신용 창조 기능이 제약되었다. 이에 환회사를 대신하는 발권 제도의 확립이 중요한 과제로 대두되었다.

유신 정부는 미국의 국립은행 제도를 조사하고 돌아온 이토 히로부미가 기초한 안을 토대로 1871년 국립은행 조례를 공포하지만 발권 제도가 아직 정착되지 않아 국립은행의 태환 준비율이 67%로 높게 정해졌다. 지폐 가치의 안정이 더 중요하였고 정부불환 지폐도 대폭 정리해야 했기 때문이었다. 국립은행은 5개밖에 설립되지 않았고, 이들의 발행고도 전체 화폐유통량의 1%밖에 되지 않았다.[20] 반면 발권 기능도 없고 정부의 규제도 적게 받는 사립은행이 많이 설립되고 은행 유사 회사도 급속히 증가했다.

이에 신정부는 1876년 국립은행 조례를 개정하여 국립은행의 설립 조건을 완화했다. 자본금의 80%까지는 공채로도 출자가 가능하도록 개정하고 같은 금액의 은행권도 발행할 수 있게 허용했다. 은행권에 대한 지급준비율은 25%까지 내렸다. 한편 부유한 화족들을 중심으로 질록 처분 당시 받은 금록 공채를 자본금으로 국립은행을 설립하려는 움직임이 일어나 1877∼1879년 사이에 이들의 자본을 기초로 한 국립은행이 여러 개 설립되었다.

이에 따라 정부 지폐 외에도 국립은행권 발행 지폐가 급증하여 전체 통화의 17%를 차지하면서 정부에 의한 통화 팽창과 합쳐 인플레이션을 가속화시키는 원인이 됨에 따라 발권 제도 및 은행 제도를 근본적으로 개선하지 않을 수 없었다.

20 서정익, 『근대일본경제사』, 혜안, 2003, 68∼71쪽.

〈표 6〉 메이지 전기 은행의 설립 현황

연도	국립은행		사립은행		은행 유사 회사	
	행수	자본금	행수	자본금	사수	자본금
1876	5	235	1	200	-	-
1877	26	2,299	1	200	-	-
1878	95	3,360	1	200	-	-
1879	151	4,062	10	329	-	-
1880	151	4,304	39	628	122	121
1881	148	4,389	90	1,045	369	590
1882	143	4,421	176	1,715	438	796
1883	141	4,439	207	2,049	572	1,207
1884	140	4,454	214	1,942	741	1,541
1885	139	4,446	218	1,876	744	1,540

단위: 개, 만 엔.
출처: 서정익, 『근대 일본경제사』, 혜안, 2003, 70쪽.

마쓰카타 마사요시는 1881년 대장경에 취임하자마자 강력한 디플레이션 정책을 추진했다. 동시에 벨기에 국립은행을 모델로 일본은행을 창립(1882)하여 발권 기능을 집중시켰다. 1885년부터는 태환 일본은행권을 발행하였고, 기존의 국립은행은 20년으로 기한을 정해 보통은행으로 전환시켰다. 이로써 일본의 발권 제도는 유럽식의 집권적 발권 제도로 발전하게 된다. 금융 기능도 일본은행을 정점으로 집중된다. 일본은행으로의 이러한 집중과정은, 지방에 대한 중앙의 우위권 확립, 분권화에서 집권화로의 이행이라는 형태로 중앙과 지방의 관계를 재구축하려는 근대적 국가 형성의 흐름과 맥락을 같이 한다.

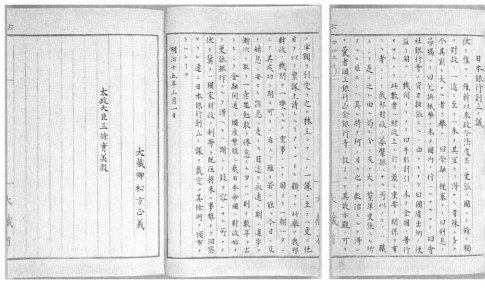

일본은행 설립 관련 문서(1882). 대장경 마쓰카타 마사요시와 태정대신 산죠 사네토미의 서명이 보인다.

2) 근대화의 기수, 엔円의 탄생[21]

유신 정부는 1871년 6월 27일 폐번치현에 앞서 신화조례新貨條例[22]를 발표하였다. 신화조례는 금본위 제도를 채택하고, 200종이 넘는 번찰과 유신 정부 발행 지폐 등 복잡하고 다종다양한 통화를 엔을 단위로 하는 새로운 지폐로 통일하는 조치였다. 신화조례에 이어 폐번치현을 단행할 때 그동안 각 번에서 발행한 번찰[23]을 당일의 시세로 교환[24]하도록 하는 포고[25]도 발표하였다. 이는

21   武田晴人, 「'兩制度の崩壊幕末の金流出」, 日本銀行, 『にちぎん』 No.18, 2009 여름; 粕谷誠, 「円の誕生」, 일본은행 『にちぎん』 No.19, 2009 가을. 두 사람 모두 도쿄대 대학원 경제학 연구과 교수로 있다.
22   태정관포고 제267호, 1871년 6월 27일. 구력으로는 1871년 5월 10일이다.
23   번찰(藩札)은 에도 시대 번에서 발행한 번의 화폐를 말한다. 번 내에서 주로 통용되었지만 다른 번에서 발행한 번찰과 교환될 때에는 그때그때의 시세에 따라 일정한 비율로 교환되었다. 이 때문에 에도 시대에는 다양한 화폐의 환시세(교환 비율)를 정하는 계산 방법이 고도로 발달되어 있었다. 당시 발행된 번찰만 200종이 넘었다.
24   실제 교환은 1872년 8월부터 시작되었다.
25   1871년 12월 신정부 지폐 발행을 포고했다. 이에 따라 그 전에 발행된 태정관찰, 민부성

1880년 설립돼 외환을 전문적으로 취급했던 요코하마 정금은행 본점
(가나가와현 역사박물관)

요코하마 정금은행의 해외지점망

몇 백 년 동안 막부와 번에서 관습적으로 사용하던 화폐를 폐지하고 엔으로 통일하는 혁명적 조치로서, 전국의 번을 경제적으로 통일하고 국민들의 경제 생활을 하나로 통합하는 데 불가피한 조치였다. 엔은 이처럼 근대화 혁명의 정책 수단으로 탄생했다. 왕정복고 쿠데타에서는 총이 결정적인 수단이었지만 근

찰, 번찰 등을 신화폐(新札)와 교환하도록 했다.

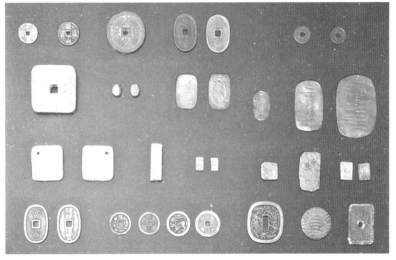

유신 정부 초기까지 통용된 복잡다양한 지방 화폐들

히고국 후쿠야마
번에서 1730년 발
행한 은 1문 번찰

대적 통일 국가의 수립에는 화폐, 교육, 외교협상, 법률 같은 전문적이고 평화
적 수단들이 더 중요했다. 그중 엔은 유신 정부 초기의 경제적 혼란을 극복하
고 근대적 통일 국가를 형성하는 데 소리 없이 공을 세운 근대화 혁명의 기수
였다. 그럼 그 과정을 좀 더 자세하게 살펴보자.

　에도 시대 화폐로는 금화, 은화, 전화 등이 있었다. 금화는 정위화폐[26]定位
貨幣로서 1양兩=4분分=16주朱이고, 은화는 칭량화폐秤量貨幣[27]로 1관貫=1,000
문이었다. 전화錢貨(동전)는 정위화폐이고 동, 철, 황동 등으로 주조되어 유통
되었다. 이 화폐들은 서로 교환 비율이 정해져 있었지만 막부 설립 이래 여러
차례의 개주改鑄로 다양한 품위와 중량의 금화, 은화, 전화가 통용되면서 통
화 제도는 매우 복잡하였다.

26　정위화폐(定位貨幣)는 품위와 중량에 상관없이 화폐의 가치가 일정한 화폐를 말한다.
27　칭량화폐(秤量貨幣)는 품위와 중량을 감정하고 계량하여 실제 금속의 가치만큼 화폐의 가
　　치를 인정하는 화폐를 말한다.

만엔대판
(万延大判, 금화)

안세이기에 발행된 1분은(安政一分銀)

덴포소판(天保小判, 금화)

안세이기에 발행된 1주은(安政一朱銀)

덴포1분판(天保一分判, 금화)

덴포기에 발행된 1분은(天保一分銀)

막부 말기에 발행된 다양한 금·은화들

　왕정복고 쿠데타 직후 유신 정부는 복잡한 통화 제도를 정비하는 데까지 신경 쓸 여유가 없었다. 금은 통화, 번찰 등을 그대로 사용하도록 허용하는 한편 태정관과 민부성에서 태정관찰, 민부성찰 등의 지폐를 새로 발행하였다. 또 민간의 환회사도 지폐를 발행할 수 있었다. 이 때문에 각종 통화 사이의 교환 비율은 더욱 복잡해졌고 위조금화, 위조지폐까지 횡행하였다.[28]

28　渡辺房男, 『お金から見た幕末維新 : 財政破綻と円の誕生』, 祥伝社, 2010, 112쪽. 당시 대장성의 지도부는 대장경 전 우와지마 번주 다테 무네나리, 대장대보 오쿠마 시게노부, 대장소보 이토 히로부미, 대승(大丞) 이노우에 가오루 등이 맡고 있었다.

유신 정부가 재정 부족분을 메꾸기 위해 발행한 태정관찰도 내란 등 불안정한 정국으로 인해 가치가 많이 하락하면서 경제적 혼란을 가중시켰다.

이에 유신 정부는 선진 국가들의 통화 제도를 조사하여 근대적 화폐 제도를 만들기 위해 이토 히로부미를 미국에 파견[29]하였다. 신화조례는 그 뒤 이토 히로부미 조사단이 1870년 12월에 보낸 두 개의 건의서를 바탕으로 제정, 공포된 화폐에 관한 조례였다. 이토 히로부미는 두 개의 건의서[30]에서 금본위 제도를 채택하고 신지폐의 발행과 보조 화폐로 금화와 은화를 제조할 것을 제안하였다.

당시 미국 하원에는 국제 화폐를 제도적으로 마련하기 위해 1달러 금화를 발행하는 안이 심의 중에 있었다.[31] 이에 이토 히로부미는 미국 하원에서 심의 중이던 새로운 달러 금화와 동위동량의 일본 화폐를 발행하여 국제적으로도 통용될 수 있는 이상적인 금본위 제도를 채용하자고 건의하였다. 하지만 국내 사정은 순탄하지 않았다. 내부적으로 은본위 제도를 채택하기로 이미 결정한 상태였기 때문이었다. 금본위제를 주장하는 이토의 안을 접수한 정부는 관례에 따라 동양은행 지배인인 카길w. w. Cargil의 의견을 참조하여 심의한 결과 금은복본위제를 채택하기로 하였다. 이에 이토 히로부미는 요시다 니로[32]를 귀국시켜 미국에서 개발된 금본위 제도안을 관철시켰다.

---

29 이토 히로부미 일행은 1870년 11월 2일 요코하마를 출발해 미국으로 향했다. 이들의 목적은 이재(理財)에 관한 제 법칙, 국채, 지폐 및 위체(爲替), 무역, 화폐주조의 제 건(件)을 조사, 연구하는 것이었다. 三上隆三, 『円の誕生 : 近代貨幣制度の成立』, 講談社, 2011, 278쪽.

30 이토 히로부미는 1870년 12월 미국에서, 지폐 발행의 특권을 가지는 은행을 설립할 것을 제안하는 신지폐 발행법의 건의서와 함께 금은화폐 주조법에 관한 건의서를 일본으로 보냈다. 위의 책, 278쪽.

31 미국 하원에서 이 안은 통과되지 못했다. 위의 책, 279쪽.

32 요시다 니로(吉田二郎). 1870년 3월 8일 유신 정부로 복귀했다.

그러면 당시 세계의 선진문명 국가들은 어떤 통화 제도를 채택하고 있었을까? 영국은 1821년 이래 금본위 제도를 채택하고 있었다. 반면 독일, 러시아, 중국 등은 은본위 제도를 채택하고 있었다. 그밖에 프랑스를 비롯한 대부분 유럽의 국가들은 금과 은을 함께 본위통화로 사용하는 금은복본위제를 유지하고 있었다. 그런데 보불전쟁의 결과 러시아와 오스트리아-헝가리 제국이 태환을 정지함에 따라 변화가 생겨났다. 독일은 대외무역 결제를 대부분 영국의 스털링으로 거래하고 있었는데 은본위제 국가들이 태환을 정지함에 따라 은본위제를 유지할 필요성이 없어져 1871년 금본위제를 채택하였다. 독일이 금본위제로 전환하자 유럽에서 금은복본위 제도를 채택하고 있던 다른 국가들도 줄줄이 금본위제를 채택하였다. 미국도 1879년 금본위제를 채택했다. 이로써 1870년 말이면 거의 모든 선진문명 국가들이 금본위제를 채택[33]하고, 국제 통화 결제 시스템으로 금본위 제도가 자리 잡게 된다. 이토 히로부미는 미국에서 통화 제도를 조사한 결과 서구의 선진문명 국가들은 대부분 가까운 시기에 금본위 제도를 채택할 것이라고 예상하고 있었다.

반면 당시 일본 국내에서는 다테 무네나리 외에도 오쿠마 시게노부, 시부사와 에이이치渋沢栄 , 1840~1931, 이노우에 가오루 등 재정·화폐의 전문가들이 많이 있었지만 대부분 은본위 제도의 도입을 주장하였다. 여기에 동양은행 지배인인 카길도 은본위제가 실용적이고 유리하다는 것을 집요하게 주장하였다. 동양을 은의 안정된 시장으로 두고 싶었던 영국 역시 대리공사 애덤스F. O. Adams를 통해 은본위 제도를 주장하였다.[34]

---

33 1870년대 말부터 1차 세계대전의 발발로 금본위제가 해체되는 1914년까지의 시기를 고전적 금본위제 시대(the classical gold standard era)라고 부른다.
34 三上隆三, 앞의 책, 2011, 282~284쪽.

일본 1엔 무역은

나가사키 무역전

당시 외국과의 무역 대금은 은화인 멕시코달러[35]로 결제되었고, 멕시코달러는 1분은介銖과 연결되어 있었기 때문에 서양 국가들은 은본위제의 채용을 강력하게 요구하였다. 또한 막부 말기에 서양 5개국과 체결한 불평등조약에 따라 개항장 안에서의 화폐 발행에 관한 사항은 이 국가들과 협의를 거치도

---

35 외국과의 무역 거래 전용으로 발행된 대형화폐를 무역은이라고 부른다. 15세기 후반경 유럽 국가들이 동양으로부터 후추, 비단 등을 수입하면서 무역 대금 결제에 사용하기 위해 주로 썼다. 1535년 멕시코에서 주조되기 시작한 멕시코 달러는 전 세계에서 대표적인 무역은으로 통용되었다(1546년 멕시코에서 대규모 광산이 발견되면서 대량의 은이 유럽으로 유입되어 가격혁명을 일으키기도 했다). 일본에서는 1871년 1엔 은화, 1875년 무역은으로 표기된 은화가 발행되었다.

멕시코 무역은

미국 무역은

영국 무역은

록 되어 있었다. 따라서 유신 정부도 카길과 애덤스의 의견을 완전히 무시할 수는 없었다. 이토 히로부미의 건의서를 검토한 유신 정부가 금은복본위 제도로 잠정결론을 내렸던 것은 이러한 사정 때문이었다.

요시다 니로를 급히 귀국시켜 유신 정부를 설득하는 등 이토 히로부미의 끈질긴 노력으로 결국 금본위제가 채택된다. 금본위제를 도입하더라도 개항장에 한정하여 1엔 은화를 무역은으로 사용할 수 있도록 허용하자 영국 등 서양 국가들도 금본위제의 도입을 반대하지 않았다. 이처럼 금본위 제도가 채택되기까지 국내외적으로 우여곡절이 많았다.

금본위제가 도입되자 순금 1.5g을 1엔으로 정하여 20엔, 10엔, 5엔, 2엔, 1엔 등 엔[36]을 단위로 하는 일본 최초의 서양식 금화가 주조, 발행되었다. 또한 엔의 100분의 1을 전(錢), 1,000분의 1을 리(厘)로 정해 보조 화폐로 사용하기로 했다. 보조 화폐로는 은화, 동화가 주조되었다. 1엔은 1달러의 금 함유량과 거의 같았다. 종래 사용되던 4진법[37]은 10진법으로 바꿨다. 개항장 이외에서는 일반적으로는 통용되지 않는 1엔 은화(무역은)를 주조하고 1양(兩)을 1엔과 대등하게 정했다. 이 덕분에 구화폐 제도에서 신화폐 제도로 넘어가는 데에 따른 혼란은 거의 없었다.

그런데 신화조례로 1엔에 대한 구 은화(분은)의 환산 시세가 포고[38]되자 큰

---

36 신화조례에는 엔이 아니라 정자(正字)인 원(圓)으로 정해져 있었고 화폐법에도 그대로 이어졌다. 1949년 제정된 1,000엔 권(실제 발행은 1950년)과 1948년 황동화(1엔, 5엔)가 발행되기 전까지는 원(圓)으로 새겨진 통화가 통용되었다. 이때까지 실제 화폐에 표기된 것은 엔(円)이 아니라, 원(圓)이지만 신화조례가 공포된 1871년을 일본 엔의 탄생 시기로 보고 있다. 미국의 달러가 탄생한 것은 1785년이므로 엔은 달러보다는 86년 늦게 도입되었다. 엔(円)이 실제 법률에 명시된 것은 화폐법이 폐지되고, 「통화의 단위 및 화폐의 발행 등에 관한 법률」(1987.6.1)이 제정되었을 때다.

37 금화는 양(兩), 분(分), 주(朱)로 구성되어 있었는데 1양은 4분, 16주와 같았다.

38 1871년 7월 20일에 포고되었다. 1분은 311개와 멕시코은(墨西哥銀) 100달러가 같고, 이는

1엔 금화

2엔 금화

5엔 금화

10엔 금화

20엔 금화

문제가 발생하였다. 이 포고에 따르면 대외무역에 사용되는 무역은 1엔은 멕시코달러 1달러와 거의 같았기 때문에 무역은 1엔=1멕시코달러(양은)=구분은 3매가 된다. 즉 1엔으로 3매의 분은과 교환할 수 있었다. 반면 당시 국내에 통용되는 금화의 시세는 1금엔=1양=구분은 4매,[39] 즉 1엔으로 4매의 분은과 교환되고 있었다. 막부 말기보다 당시 은값이 많이 하락하였기 때문에 1

신 1엔은(무역은) 101엔과 같다고 되어 있다. 즉 멕시코은 100달러=무역은 101엔=구 분은 311매이다. 三上隆三, 앞의 책, 2011, 328쪽.

39　100양=100엔=구분은 400매.

엔으로 교환할 수 있는 분은의 양이 더 늘어난 것이다. 여기서 심각한 문제가 발생하게 된다.

무역은(貿易銀)은 원래 개항장에서의 무역 관계의 결제 수단으로 발행된 것으로 1멕시코달러(양은)와의 교환 시세를 정해 대외무역에만 사용하도록 했다. 그런데 국내에서는 금1양=1금엔이 구 분은 4매로 교환되고 있었기 때문에 화폐에 실제로 포함되어 있는 금의 양을 기준으로 할 경우 개항장에서의 시세와 국내에서 통용되는 시세 사이에 큰 차이가 발생한다. 즉 개항장에서 무역은 1엔을 구 분은으로 교환할 경우보다 국내에서 교환할 경우 분은 1매를 더 얻을 수 있게 된 것이다.

그럼에도 불구하고 유신 정부는 이 문제를 바로 해결할 수 없었다. 일본이 1858년 서양 5개국과 안세이5조약을 체결할 때 일본의 사정으로 결제 통화의 변경이 발생할 경우, 그 화폐의 가치는 동종동량의 소재를 기준으로 정한다는 조항이 있었기 때문이다. 이 조항은 당시 미국 공사 타운젠트 해리스가 요청한 것이었다. 이로 인해 무역은과 구 분은의 환산시세를 결정하는 것은 개항장에서 세금의 징수를 맡고 있는 한 국가의 관세자주권에 관한 문제였음에도 불구하고, 외국 상인과 외국 공사관이 항의를 하자 유신 정부도 이를 관철할 수가 없었다.

이에 따라 금본위제를 도입하면서 1양을 1엔으로 정한 원칙(양엔동등의 원칙)을 개항장에는 적용하지 못하고, 1양은 유신 정부가 포고에서 정한 분은 3매가 아니라 4매로 교환하게 되었다. 이는 다른 한편으로 그 차이만큼 관세 수입이 줄어든다는 것도 의미하였다. 이 문제가 발생한 직접적 원인은 1분은, 2분판금과 같은 구화폐의 유통과 멕시코은과 같은 양은의 사용에 있었다. 무역은을 제외한 양은의 사용을 금지해야 한다는 주장도 제기되었지만 유신 정부의 권한이 미치지 않는 외국 화폐에 관한 문제였기 때문에 실행하기가 쉽지 않았다. 양은 사용을 금지시키는 문제는 근원적으로는 불평등조약에 근거하는 것으로 조약이 개정되지 않는 한 어려운 문제였기 때문이다. 이에 유신 정부는 구화폐의 유통을 금지하는 구화폐 통용 정지령을 시행한다. 1871년 9월 이 조치가 공포되자 문제가 해결되기 시작했고 1871년 11월 이후에는 완전히 해결되었다. 이로써 국내뿐만 아니라 대외적 측면에서도 금본위제가 자리 잡으면서 양에서 엔으로의 이행이 완료되었다.[40]

당시 엔을 단위로 발행된 금화, 은화, 정부지폐들은 고정 비율로 교환된다는 보증이 없었기 때문에 불안정하다는 문제점을 가지고 있었다. 만약 정부의 재정적자가 확대되어 정부 지폐를 많이 발행해버리면 금속 화폐에 대한 가치 하락이 발생할 수 있고, 금속으로서의 은의 가치가 금속으로서의 금의 가치에 비해 하락하면 금화를 은화로 바꾸는 사람은 없어져 버리고 만다. 실제 이러한 사태가 발생해 화폐 제도가 불안정한 적도 있었다. 서남전쟁, 일청전쟁 때문에 불환지폐와 은행권의 남발, 금 유출 등이 일어나면서 금본위제가 제도로 기능을 발휘하지 못하고 은본위제가 통용되기도 했다. 이것은 당시 본위금화가 존재하고 있음에도 불구하고 일본은행권이 태환은권兌換銀券이었던 것에서도 알 수 있다. 하지만 화폐 단위로서 엔은 지금까지 변함없이 유지되고 있다.

1872년 국립은행[41] 조례가 제정되자, 1879년까지 모두 153개의 국립은행이 설립되고 국립은행권이 발행되었다. 하지만 서남전쟁의 전비 조달을 위해

40　三上隆三, 앞의 책, 2011, 330쪽.
41　명칭은 '국립'이라고 되어 있지만 사실은 민영은행이었다. '국립'이라는 말은 국가의 법률에 따라 설립되었다는 것을 의미했다.

9장_ 경제혁명　563

국립은행지폐 5엔권(1873)

국립은행지폐 5엔권(1877)

국립은행지폐 10엔권(1873)

정부 지폐와 국립은행 지폐가 남발되어 격심한 인플레이션이 일어났다. 이에 따라 통화 가치를 안정시키기 위해 1882년 중앙은행 기능을 담당할 일본은행이 설립된다. 그 뒤 일청전쟁의 배상금으로 받은 금을 태환준비 충당용 정화로 삼아 화폐법이 제정(1897)되었다. 이로써 제2차 금본위 제도가 확립되어 지폐의 금태환 제도가 시행되었다. 일본에서 실질적으로 금본위제가 확립된 것은 이때부터이다.

그런데 신화폐의 단위는 언제, 어떤 과정을 거쳐서 원元이 아니라 엔円으로 정해졌을까? 아쉽게도 이것을 확실하게 밝혀줄 수 있는 직접적 자료는 현재 남아 있지 않으며 간접적으로 이를 유추해 볼 수 있는 두 개의 문서가 남아 있을 뿐이다. 그중 하나는 재무 담당 참여였던 오쿠마 시게노부와 조폐판사造幣判事였던 구제 지사쿠久世治作가 1869년 3월 4일 연명으로 제출한 건의서[42]이다. 이 건의서에는 화폐의 모양을 원형円形으로 할 것과 양兩, 분分, 주朱의 4진법 체계를 10진법으로 전환할 것 등을 제안하고 있다. 또 다른 하나는 1869년 7월 7일 신화폐의 품질과 주조 사실을 각국 공사에게 알리는 서류의 별첨 자료[43]다. 이 자료는 엔円을 화폐 단위로 사용하고

---

[42] 이 건의서의 명칭은 「신화폐의 형상 및 가명 개정안(新貨の形狀及び価名改正案)」으로 의사원상국회의(議事院上局會議)에 제출, 심의되었다. 위의 책, 235쪽. 이 회의는 구게 출신 인물과 다이묘 출신 주요 인물로 구성되어 있었다.

[43] 오쿠마 시게노부의 '신화폐주조를 각국 공사에게 알림(新貨鑄造を各國公使に告)'이다.

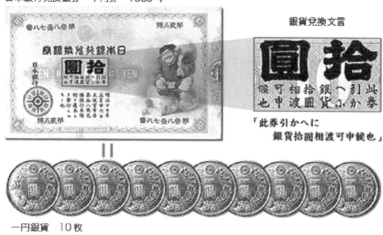

日本銀行兌換銀券 十円券 1885 年

銀貨兌換文言

「此券引かへに
銀貨拾圓相渡可申候也」

一円銀貨 10枚

일본은행권(1885)
해석 : 이 증권과 교환하여 은화 10엔을 상대방에게 지급해주십시오.
일본은행 태환은권 10엔권(1885)

있는 최초의 공문서이다.

위의 두 문서를 가지고 유추해 볼 때 화폐 단위로서의 엔이 결정된 시기는 1869년 3월 4일에서 1869년 7월 7일 사이의 어느 일자일 것으로 보인다. 그러나 누가 제안을 하였는지, 어떤 의도로 엔이라는 명칭을 채택하였는지를 설명해줄 수 있는 자료는 남아 있지 않다. 이에 따라 확실한 결론 없이 크게 형상설과 홍콩달러설로 불리는 두 개의 주장만 있다. 이 중 형상설은 오쿠마와 구제의 건의서에서 유래하는 것으로 신화폐의 모양을 누구나 알기 쉽고, 누구나 휴대하기 편리하도록 원형圓形으로 만들었기 때문에 화폐의 호칭도 그것을 나타내는 엔圓으로 결정되었다고 본다. 홍콩달러설은 홍콩조폐국의 달러 은화 이름에서 유래한다. 중국에는 18세기경부터 스페인과 스페인의 식민지였던 멕시코에서 은주조 화폐가 유입되었다. 이것을 양은이라고 부르는데 원형이었기 때문에 은엔銀圓이라고 불렸다. 그 뒤 영국 홍콩조폐국이 폐쇄되자 일본이 그 기계를 사들여왔는데 그때 함께 고용했던 기사가 만든 것

일본은행 태환권
해석 : 이 증권과 교환하여 금화 10엔을 상대방에게 지급해주십시오.
일본은행 태환권 갑10엔권(1899)

이 홍콩1원香港一圓으로 새겨진 홍콩달러은화였다. 홍콩달러설은 이 은화가
일본 신화폐은화의 원형이었기 때문에 호칭도 함께 도입된 것이라고 주장한
다.[44] 그러나 형상설은 오쿠마와 구제의 건의서에는 엔이라는 명칭과 함께
원圓이라는 명칭도 제안되어 있었다는 점에서, 홍콩달러설은 매우 중요한 결
정 사항인 신화폐의 단위가 내부적인 결정 절차도 없이 우연한 계기로 정해
진 것으로 보는 점에서 문제가 있다.

---

44 三上隆三, 앞의 책, 2011, 234~238쪽.

참고 ▮ 유신 정부의 화폐 제도 변천[45]

연도	주요 내용
1868	유신 정부, 막부 관할의 금좌金座, 은좌銀座, 전좌錢座 접수
	화폐사貨幣司 설립 구화폐를 주조
	정은丁銀, 두판은豆板銀 폐지, 태정관찰太政官札 발행
1869	도쿄 천도, 판적봉환 단행
	신화폐의 발행 건의(3월)
	신화폐와 태정관찰의 교환 발표
	번찰의 제조 금지 포고(4월)
1871	오사카에 조폐료造幣寮(2월) 창설
	신화조례 공포(5월, 금본위제, '円'의 탄생, 10진법 도입)
	폐번치현 단행(7월)
	지폐 발행 포고(12월, 태정관찰, 민부성찰, 번찰을 신찰과 교환)
1872	메이지통보찰(4월, 독일에서 수입)
	국립은행 조례 공포(11월)
1873	제일국립은행 개업(8월, 국립은행 지폐 발행 개시)
1875	이탈리아 지폐 디자이너 키요소네 일본 초청(국립은행이 발행한 제2차 지폐의 원도를 디자인)
	화폐 조례(엔 단위) 공포
1876	국립은행 조례 개정(=국립은행권은 사실상 불환지폐가 됨)
	국립은행 설립 붐
1877	서남전쟁. 지폐료, 조폐료가 지폐국, 조폐국으로 개칭
1878	사이고찰('承惠社札', '軍務所札') 발행
	무역은貿易銀, 국내 무제한 통용 포고
1880	요코하마 정금은행正金銀行 설립

45　渡辺房男, 『お金から見た幕末維新 : 財政破綻と円の誕生』, 祥伝社, 2010, 210쪽 참조 재구성.

1881	국산지폐 제1호 '신공황후찰○○○○○○' 발행, 불환지폐대정리
	마쓰카타 마사요시 대장경 취임(10월)
1882	일본은행 설립(10월)
1883	마쓰카타 마사요시의 지폐 정리 정책으로 디플레경향 고조
	메이지 천황에게 태환 제도와 은본위 제도 상소(10월)
1884	태환은행권 조례 포고(7월)
1885	일본은행권 최초 발행(5월)
	내각 제도 발족(12월, 마쓰카타 마사요시 초대 대장대신으로 취임)
1889	대일본제국헌법 발포
1890	제1회 제국의회 개회
1891	지폐 디자이너 키요소네 인쇄국 사직(7월, 17년 재직)
1894	일청전쟁(~1895)
1897	화폐법 공포(금본위 제도 확립)
1899	국립은행권과 정부 지폐 통용 정지, 일본은행권으로 통일

10장

군사혁명
국민군의 창설

전쟁으로 전쟁을 말하고,
전쟁으로 전쟁을 설명하다.
— 가토 요코, 『근대 일본의 전쟁 논리』[1]

1. 근대 국민군과 군사 제도

1) 야마가타 아리토모[2]

야마가타 아리토모는 1838년 6월 14일 조슈 나가토長門国에서 태어나 1922년 2월 1일 83세로 사망했다. 하급무사 출신으로 이토 히로부미와 함께 근대 일본의 역사를 만든 대표적 인물이다. 아리토모는 유신 이후에 쓴 이름이고, 그 전에는 쇼스케小助, 小輔, 교스케狂介라고 불렸다. 이토 히로부미가 공부경, 내무경, 궁내경 등 다양한 경력을 거쳐 세 차례나 총리대신을 역임했던

---

1   加藤陽子, 『戰爭の論理 : 日露戰爭から太平洋戰爭まで』, 勁草書房, 2005.
2   야마가타 아리토모(山県有朋)의 이름을 한자로 표기하는 방식이 그가 생존해 있을 당시와 지금은 다르다. 학술지, 연구서, 문부과학성검정교과서의 역사인물표기에는 山県有朋로 되어 있다. 반면 직원령(職員錄) 등 생존 중의 간행물에는 山縣有朋로 정자체로 표기되어 있다. 본인의 서명도 정자체인 山縣有朋로 되어 있다.

야마가타 아리토모

반면 야마가타는 군사 부문에서 주로 활동했다. 유신 전에는 조슈에서 다카스기 신사쿠가 창설한 기병대의 군감(부대장), 총관(대장)을 맡아 반막부 전쟁에서 맹활약했고 유신 뒤에는 육군대장, 원수, 내무대신, 사법대신, 추밀원의장, 육군 참모총장, 총리대신 두 차례(제3, 9대)를 역임했다.

그의 경력에서 알 수 있듯이 야마가타는 근대 일본군의 기초를 마련하는 데 큰 기여를 하였다. 일본군의 대부로도 불리며 육군은 물론 군부와 정관계에 자신의 파벌을 형성해 막강한 영향력을 행사했다. 특히 육군 안에서 야마가타계[3] 파벌의 영향력은 절대적이었다. 이토 히로부미가 암살되고 난 뒤에는 원로 중의 원로로서 매우 큰 영향력을 행사했다. 파벌을 싫어하여 자신의 계파를 전혀 형성하지 않았던 이토 히로부미와는 달리 야마가타에게는 일본 파벌 정치의 원조, 번벌독재의 대표자, 일본 군국주의의 대부 등 부정적 이미지도 많이 남아 있다.

야마가타가 존왕양이 운동에 뛰어들 게 된 계기는 1858년 7월 조슈의 정보수집 활동을 위해 난생 처음 교토에 파견되었을 때였다. 거기서 야마가타는 구사카 겐즈이, 우메다 운핀[4] 등 존왕양이 운동의 지도자들에게 감화받았고,

---

3 야마가타는 육군, 내무성, 궁내성, 추밀원 등 광범위한 영역에 걸쳐 야마가타계 파벌을 형성하였다. 육군에는 가쓰라 다로(桂太郎), 데라우치 마사타케(寺內正毅), 관료 출신으로는 기요우라 게이고(清浦奎吾), 히라타 도스케(平田東助) 등이 중심인물이었다.

4 우메다 운핀(梅田雲浜, 1815.6.7~1859.10.9)은 고하마번의 번사, 유학자다. 1843년 교토로 가 번학교 망남헌(望楠軒)의 강사가 되었지만 1852년 영주 사카이 다다요시(井忠義)에게 건의한 것이 문제가 되어 번적을 박탈당했다. 페리 함대의 등장 이후 조약 반대와 외국인 배척 등 양이 운동을 주창하면서 존왕양이 운동에 앞장섰다. 안세이대탄압 때 두 번째로 체포되었다. 가혹한 고문에도 불구하고 한마디도 하지 않았다는 일화가 있으며 감옥에서 병사했다. 고문으로 인한 상처가 악화되어 사망했다는 설도 있다.

조슈로 돌아와 요시다 쇼인의 쇼카손주쿠에 들어갔다. 쇼카손주쿠에 들어간 지 얼마 지나지 않아 요시다 쇼인이 투옥되는 바람에 쇼인에게 직접 교육받은 시간은 얼마 되지 않는다. 그럼에도 불구하고 요시다 쇼인은 야마가타에 대해, 대의를 위해 자신을 희생할 줄 아는 기개가 있는 인재라고 평가[5]했다. 야마가타도 요시다 쇼인을 존경하는 마음이 깊어, 평생 자신은 쇼인 선생의 제자라고 자랑스럽게 이야기했다고 한다.

존재감이 별로 없던 야마가타가 존왕양이 운동에서 두각을 나타내기 시작한 것은 다카스기 신사쿠가 만든 기병대에서 활동하면서부터이다. 막부 연합군이 두 번째로 조슈와 전쟁을 벌일 때 야마가타는 다카스기 밑에서 전투를 지휘했는데, 그때 능력을 인정받아 1866년 제4대 총관에 취임했다. 다카스기는 야마가타를 남달리 신뢰해, 기병대의 지휘를 맡겼으며, 자신이 폐병으로 죽기 전에는 곁에 있어달라고 부탁했다. 이처럼 야마가타는 다카스기 신사쿠와 함께 존왕양이 운동의 선두에서 숱한 전투를 치렀다. 유신 이후에도 주로 군사 분야에서 활동했다. 보신전쟁 때에는 북해도진무 총독·아이즈정토 총독의 참모로 활동했고 서남전쟁에서는 정부군을 총지휘했다.

야마가타는 전투 현장의 군사지휘관에서 출발하여 근대 일본의 군사 제도와 군사 정책의 토대를 마련한 군사 행정가다. 1869년 유럽의 선진 군사 제도를 배우기 위해 1년 동안 유럽에서 유학하였고, 귀국길에는 미국을 방문했다. 유럽에서 돌아온 그는 사이고 다카모리의 지원을 받아 군제 개혁을 단행하고, 징병제를 도입해 근대 일본군의 창설을 주도했다. 자유민권 운동이 거세지자 군인훈계와 군인칙유 등을 제정하여 천황주의 정신 교육을 강화하였

---

5   伊藤之雄, 『山縣有朋 : 愚直な權力者の生涯』, 文春新書, 2009, 15쪽.

야마가타 아리토모 동상(야마구치현 하기시 중앙공원)

다. 1880년대 중반 대대적인 군제 개혁을 시행해, 군사 제도를 프랑스식에서 프러시아식으로 개편하였다. 참모 본부와 육군대학이 이때 설치되었다.

다른 한편 야마가타는 근대 일본을 대표하는 정치가이기도 하다. 1888년 12월 2일 유럽으로 건너 가 비스마르크, 빌헬름2세 등을 방문하였고, 이토 히로부미가 헌법 강의를 들었던 로렌츠 폰 슈타인, 루돌프 폰 그나이스트도 만났다. 1889년 내각 총리 대신에 취임하였고 1890년 12월 제국헌법 제정 이후 구성된 최초의 제국의회[6]에 출석하여 초연주의를 주장하였다. 초연주의란 정부가 정당의 당파적 입장에 구애됨이 없이 공정하게 백성을 돌보고 국가 융성에 전력해야 한다는 논리를 말한다. 당시 정부의 주요 인사들은 제국헌법과 입헌 제도에 의해 정당 활동이 보장되어 있음에도 불구하고, 정당과 의

---

[6] 제1회 제국의회는 1890년 11월 29일 개원식을 하였으며 야마가타 아리토모는 내각총리 대신으로서 12월 6일 시정방침에 관해 연설했다. 초연주의를 처음 주장한 사람은 구로다 기요타카 수상(1889년 헌법 반포 연설)이다.

야마가타 아리토모의 연설문이 실린 관보(1889.12.7)

회를 사적 이익을 추구하는 집단으로 불신하고 있었다. 이 때문에 정부 안에는 정당의 당파적 입장을 떠나 초연하게 공정한 길을 가야한다는 주장이 강했다. 초연주의는 이런 분위기에서 나온 것이었다.

같은 제국의회에서 야마가타는 메이지기 일본 군사 정책의 기본 방향을 제시하는 중요한 연설[7]을 한다. 주권선·이익선론으로 알려져 있는 유명한 연설로, 주권선을 지키기 위해서는 이익선을 반드시 확보하지 않으면 안 된다는 내용이다. 주권선은 일본 영토를 의미하고 이익선은 일본의 국익에 영향을 미치는 조선 반도와 만주를 의미한다. 이런 논리 아래 일본은 중국을 가

7   『第1回帝國議會衆議院議事錄』(明治 23.11.29~明治 24.3.7), 32~33쪽.

상 적국으로 상정하여 군사 제도를 개편하고 대대적인 예산 증액[8]과 군비 증강을 추진한다. 이를 바탕으로 청일전쟁에서 승리하자 이번에는 러시아를 가상 적국으로 상정하여 또다시 10년 동안 대규모의 군비 증강을 이룬 뒤 러일전쟁에서도 승리한다.

이 때문에 야마가타는 일본 안에서도 군국주의자 내지 제국주의자 등 매우 부정적인 이미지를 많이 가지고 있다. 하지만 최근에는 이와 다르게 보는 경향도 많이 생겨나고 있다. 야마가타는 군사 전문가로서 오히려 대외 협조 노선의 중요성을 알고 있었으며, 그가 정당을 싫어했던 이유는 정당에 대외 강경파가 많이 있었기 때문이며, 군부대신 현역무관제를 제정한 것도 정당 정치가들이 무모하게 대외전쟁을 일으키는 것을 방지하기 위해서였다는 주장이 대표적이다. 어찌되었건 유신과 건국의 지도자 중에서 야마가타 아리토모만큼 군사 부문에 기여를 한 사람은 없다.

야마가타 아리토모는 평생을 전쟁터에서 보냈다. 청일전쟁 때는 56세의 고령이었음에도 불구하고 제1군사령관을 맡아 최전선으로 갔다.[9] 러일전쟁이 발발했을 때에도 만주군 총사령관으로 직접 참전하려고 했다. 이때 그의 나이는 67세였다. 물론 그의 희망은 받아들여지지 않았다. 대신 그의 최측근인 오야마 이와오가 만주군총사령관으로 참전했다. 총리를 지낸 고령의 인물이 최전방의 전선에 참전하겠다는 것은 세계적으로도 보기 드문 일일 것이다. 이런 사례를 보면 야마가타를 '기가 있는 인재'라고 평가한 요시다 쇼인이나 '자신은 일개 무사에 불과할 뿐'이라는 야마가타의 고백 모두 틀린 말은 아닌 것 같다.

---

8   정부의 원안은 2,182만 엔이었으나 중의원에서 4.9% 삭감되어 2,076만 엔으로 편성되었다. 이 금액은 일반회계세출 총액 8,000만 엔에서 약 26.3%를 차지했다.
9   최전선에 파견되었지만 건강이 악화되어 도중에 귀국했다.

2) 중앙정부군의 창설과 발전

왕정복고 쿠데타와 군사력

어느 나라에서든지 쿠데타의 성공을 좌우하는 것은 군사력이다. 막부 말기 일본에서도 마찬가지였다. 만약 사쓰마와 조슈의 군사력이 없었다면 왕정복고 쿠데타도, 내란의 진압도 불가능했을 것이다. 또한 거의 독립적인 소국가와 마찬가지였던 약 270개의 봉건적 번을 폐지하고 중앙 정부로 권력을 집중시킨 폐번치현 조치를 단행하는 것도 쉽지 않았을 것이다. 이처럼 사쓰마와 조슈의 군사력은 왕정복고 쿠데타뿐만 아니라 근대 일본의 중요한 고비고비마다 결정적으로 중요한 역할을 담당했다.

그런데 유신이 성공하고 신정부가 수립된 뒤에도 정부 직속의 군대는 없었다. 형식적으로는 정부군이 있었지만 사실은 각 번에서 파견된 병사들로 구성되어 있었고 지휘권도 각 번에서 행사하고 있었다. 직속 군대를 창설하는 것이 시급했지만 별다른 대안이 없었기 때문에 유신 정부는 우선 사쓰마, 조슈 두 번의 번군을 토대로 정부군을 창설한다. 그럼 일본군의 성립과 발전 과정 및 그 특징을 설명하기 전에 왕정복고 쿠데타 전후 각 번의 군사력 현황부터 먼저 살펴보자.

1867년 10월 13일 도쿠가와 요시노부가 대정봉환을 거행했다. 하지만 사쓰마 조슈의 지도부는 막부타도 노선을 포기하지 않았다. 이들은 막부타도의 명분을 얻기 위해서는 천황을 옹립하여 쿠데타를 단행할 수밖에 없다고 판단하고 교토로 군사력을 집중시키기 시작했다. 1867년 11월 23일 사쓰마 번주 시마즈 다다요시가 직접 병사 3,000명을 이끌고 교토로 진입했다. 사쓰마의 병력은 그전부터 교토에 있던 군대와 합해 모두 1만 명 가까이 되었으며, 총포대의 위세는 교토를 압도하였다.[10] 조슈군 2,000여 명도 11월 29일 서궁西宮에 도착하여 교토 시내로 진입할 준비를 하면서 대기하고 있었다.

1867년 12월 9일, 사이고 다카모리의 지휘 아래 아키, 도사, 오와리, 에치젠의 5개 번에서 동원된 군대가 황궁을 포위하였다. 황궁의 주요 대문은 무장 병력에 의해 점령되었고 대포와 예비대도 배치되었다. 니죠성二條城에 있던 쇼군 도쿠가와 요시노부는 아이즈, 구와나 번군을 이끌고 12월 12일 밤 오사카로 퇴각했다. 이로써 쿠데타는 신속하게 끝이 났다. 그날 밤 쿠데타에 동원된 병력은 사쓰마군 1만 명, 조슈군 2,000여 명, 아키군 200명이었다. 공무합체파였던 도사, 오와리, 에치젠의 병력도 쿠데타에 참여[11]했지만 이는 적극적 참여 의사에서 나온 행동이라기보다는 사쓰마의 막강한 군사력에 압도되어 기회주의적으로 동참한 것에 지나지 않았다. 이처럼 사쓰마와 조슈의 군사적 위세는 왕정복고 쿠데타를 성공시킬 수 있었던 가장 중요한 요인이었다.

사쓰마, 조슈의 군사적 위력은 왕정복고 쿠데타 뒤 1868년 1월 초에 일어난 도바·후시미 전투와 보신전쟁에서도 여지없이 드러났다. 수적으로는 막부군이 쿠데타군보다 3배 정도 많았지만, 질적으로는 근대적 군사 편제와 신식 장비를 보유하고 있는 쿠데타군이 훨씬 우세했다. 도쿠가와 막부는 당시 프랑스인 교관의 지도 아래 양성한 직할 3군과 5,000명 규모의 신식 부대를 보유하고 있었다. 하지만 대부분 하타모토, 고케닌에 할당하여 차출된 병사이거나 에도의 불량배들로 구성[12]되어 용병적 성격을 많이 가지고 있었다. 이 때문에 어느 정도 국민군적 성격을 갖추고 있는 쿠데타군에 비해 전투 의

10　후지와라 아키라, 서영식 역,『일본군사사』상, 제이엔씨, 2013, 38쪽.
11　후지와라 아키라, 엄수현 역,『일본군사사』, 시사일본어사, 1994, 33쪽.
12　井上清,「幕末兵制改革と民兵」,『新版日本の軍國主義』I, 現代評論社, 1975.

지나 사기가 현저히 낮았다.[13]

막부군의 전술 또한 매우 낙후되어 있었다. 막부군은 구식 총을 보유하고 있긴 했지만 주된 전술은 칼을 빼들고 돌격하는 개인 전투였다. 반면 사쓰마 조슈 군은 소총부대를 중심으로 근대적인 편제를 하고 있었다. 지휘 체계와 지휘관의 능력 역시 막부군은 사쓰마 조슈군에 비해 떨어졌다. 쿠데타군은 아키히토 친왕을 토벌대장군으로 내세웠지만 실제로는 사이고 다카모리가 총지휘관이 되어 전투를 지휘하고 통제했다. 반면 막부 측은 직할군과 각 번군 간의 지휘 체계에 통일성이 없었고, 지휘관들의 신분은 높았지만 군사적 경험이 없는 인물들이 많아 사쓰마 조슈군의 지휘관에 비해 지휘능력이 많이 떨어졌다.

이처럼 쿠데타군은 도바·후시미전투, 보신전쟁에서 자발적 전투 의지, 군사 편제와 장비, 지휘 체계, 전술 등 군사력의 질적인 측면에서 막부군보다 훨씬 우수했다. 뿐만 아니라 제1, 2차 조슈정벌전쟁 때와는 다르게 왕정복고 쿠데타 이후에는 쿠데타군이 천황을 차지하고 있었다. 이로 인해 막부군과 아이즈, 구와나 등 막부 편에 선 번들은 조적朝敵(조정의 적)의 신세로 떨어지고 말았다. 쿠데타군이 천황을 상징하는 깃발인 금기를 앞세우고 등장하자 막부 측 병사들은 전투의지를 잃고 말았다.

하지만 쿠데타군도 중앙 정부의 직속 상비군은 아니었고, 엄격히 말하자면 근대적 군대도 아니었다. 보신전쟁 당시 유신 정부의 동정군東征軍에는 동정대총독 다루히토 친왕 아래 20여 개 번군이 배속되어 있었다. 동정군은 유신 정부의 직속 군대가 아니었기 때문에 지휘 체계상 어쩔 수 없는 한계를 가지고 있었다. 지휘책임자인 동정대총독의 지휘권은 유명무실하였고, 중앙

---

13   후지와라 아키라, 앞의 책, 1994, 35쪽.

정부의 참모라 할지라도 다른 번의 군대에 대해서 지휘권을 행사할 수는 없었다. 각 번은 오직 자기 번의 지휘에 따라 움직일 뿐이었고 내전이 끝나자 모두 자신의 번으로 철수해 버렸다.

또한 쿠데타군은 종래의 무사단에 비하면 봉건적 신분에 구애받지 않는 부대 편성을 취하고 있었지만 대부분의 병사들은 낮은 봉록의 하급사무라이 거나 아니면 전공을 세워 무사가 되길 원하는 백성들이었기 때문에 특권의식과 신분차별의식 등 봉건적 의식에 젖어 있었다. 보신전쟁이 끝나자 동정군의 단점은 유신 정부의 약점으로 대두되었다. 이에 유신 정부는 독립적 번군의 정리와 중앙정부군의 창설을 서둘렀다.

한편 사쓰마, 조슈의 군사 지휘관들은 보신전쟁에서의 공을 바탕으로 그 뒤 유신 정부를 장악한다. 보신전쟁에서 오쿠보 도시미치와 기도 다카요시는 이와쿠라 도모미를 앞세워 지휘 체계의 실권을 장악하였고, 동정대총독 참모 사이고 다카모리는 전군을 지휘했다. 군무관 판사 오무라 마스지로는 우에노 전투를 지휘했고, 홋카이도 진무 총독 겸 아이즈 토벌대 총독 참모 야마가타 아리토모는 동북 지방의 전투를 지휘했다.[14] 오무라 마스지로, 야마가타 아리토모는 존왕양이 운동 시기, 왕정복고 쿠데타, 보신전쟁 등에서 군사 지도자로서의 능력을 인정받아 근대 일본군의 창설과 발전을 주도한다.

중앙군사력의 창설

유신 정부의 직할 군대를 창설하려는 노력은 왕정쿠데타 직후부터 있었다. 1868년 4월 동정군이 에도에 도착한 직후인 윤4월 20일 유신 정부는 육

---

14   후지와라 아키라, 앞의 책, 2013, 46쪽.

군편성법을 제정하였다. 이 법은 각 번에서 석고 1만 석당 10인을 징병하여 교토 인근을 방어하는 상비군으로 편성하고, 또 1만 석당 300양을 지원받아 정부군을 창설하려는 것이었다. 이 안은 유신 정부의 통치 기반이 아직 약해 각 번에 이를 강제할 수 있는 권한이 없었기 때문에 그다음 해 2월 폐지되었다. 그 뒤 효고 현 지사 이토 히로부미가 1868년 10월 17일 '동북개선군 처리 대책'[15]에서, 각 번군을 중앙에 집결시켜 이를 정부의 직속 군대로 편성하자는 안을 제안하였다. 하지만 유신 정부의 재정 능력이 부족한 데다, 각 번의 군사 지휘관들이 반대해 이 안도 실행될 수 없었다.

그런데 보신전쟁을 거치면서 신식 병기를 갖춘 각 번의 군사력은 급격히 팽창한 상태였고 그중 사쓰마의 병사들은 특히 메이지유신의 주역을 맡았다는 자부심으로 인해 그 기세가 하늘을 찌를 듯했다. 이들은 유신 정부는 물론이고 번의 통제도 따르지 않고 오직 사이고 다카모리의 지휘만 따르고 있었다.

사쓰마의 하급무사들은 보신전쟁에서 개선한 뒤 이러한 기세를 배경으로 번정 개혁을 요구[16]하면서, 1869년 2월 쿠데타를 일으켜 사이고 다카모리를 중심으로 하는 번정권을 수립하였다. 이어 문벌을 폐지하고 녹봉 제도를 개혁하는 조치를 단행했다. 또한 시마즈 일족과 공신의 사령지를 폐지한 뒤 그곳에 관리인地頭(지토)을 두고 상비대를 조직하였다. 지토는 상비대를 지휘하고 그 지역 안에서 행정과 사법을 총괄했다. 향촌의 사무소는 군무방軍務方이

---

15 이토 히로부미는 이 건의문에서, '문무의 권한이 조정으로 돌아왔다고 하여도 반군을 토벌한 것은 모두 제후의 군사들이기 때문에 조정에는 여전히 한 명의 친위병도 없다. 이 기회를 활용하여 동북개선군을 토대로 조정의 상비군을 구성하고, 총독, 감군, 참모 이하 모두에게 적절한 직위를 수여하여 이들이 병사를 지휘하게 하고, 병사들에게도 역시 등급을 부여하여 직책을 주는 등 유럽 각국의 군사 제도와 절충하여, 우리 군사 제도를 개혁하고 정부가 직접 통제해야 한다'고 역설했다. 위의 책, 51쪽.

16 松尾正人, 『木戶孝允』, 吉川弘文館, 2007, 91~92쪽. 위의 책, 53~54쪽.

라고 불렸다. 이 같은 사쓰마의 정치 상황은 오늘날의 군정 상태와 거의 비슷하다고 보면 된다.

사쓰마의 번주 시마즈 다다요시와 하급무사들은 번정 개혁을 두고는 서로 대립했지만 보신전쟁 이후의 보상 문제나 신정부의 방침을 비판하는 데에는 한 목소리를 냈다. 특히 번주의 부친 시마즈 히사미쓰는 노골적으로 정부를 비판[17]했다. 급기야 1870년 9월 사쓰마는 에도에 있던 징병徵兵[18] 2개 대대를 철수시켜 버렸다. 사이고 다카모리가 군을 이끌고 가고시마로 돌아가 버리자 도사군의 지휘관 이타가키 다이스케도 그 뒤를 따라 도사로 돌아가 버렸다. 이처럼 봉건 막번 체제 아래에서 수백 년 동안 유지되어온 번군을 해체하고 중앙 정부 직속의 상비군을 창설하는 일은 쉬운 일이 아니었다.

1869년 7월 8일 유신 정부는 관제 개혁을 단행하여 태정관에 6개성[19]을 설치하였다. 기존의 군무관[20]을 병부성으로 개편하고 그 아래 경卿, 대보大輔, 소보小輔 각 1인, 대승大丞 2인, 권대승權大丞, 소승小丞 각 3인을 두었다. 병부경에는 아키히토 친왕이 임명되었고 병부대보에는 오무라 마스지로[21]가 임

---

17 시마즈 히사미쓰는 원래 공무합체파였다. 그는 왕정복고 쿠데타를 통해 막부 대신 사쓰마가 주도하는 유력 번 연합 정권을 수립할 수 있다고 생각해 유신에 적극적으로 참여했다. 그런데 유신 정부가 자신의 의도와 달리 중앙집권화 정책을 급속하게 추진해 나가자 정부에 비판적인 태도로 돌아섰다.
18 이때는 병부성의 관할 아래 사쓰마, 조슈, 도사, 히젠 등 4개 번에서 병사들을 파견 받아 상비군을 운영하고 있었다. 사쓰마는 병사들의 교대 시기에 기존의 병사들을 귀향시킨 뒤 새로운 병사들을 파견하지 않았으며 또한 징병에서 빠지겠다고 병부성에 통보했다.
19 민부, 대장, 병부, 형부, 궁내, 외무 등 6개 성을 두었다.
20 1868년 4월에는 군무관 아래 육군국만 설치되었지만 윤4월 병부성으로 변경되면서 그 아래 육군국과 해군국 2국과 축조, 병선, 병기, 마정 4사를 두었다. 육군과 해군은 이때 처음으로 대등한 국으로 편성된다.
21 大村益次郎(1824.5.30~1869.12.7). 오무라 마스지로는 조슈의 의사 집안에서 태어나 의학을 공부했다. 22세부터 나가사키에 가서 독일 의사 필립 프란츠 폰 시볼트(Philipp Franz von Siebold)에게 서양 의학을 배웠다. 고향에서 의사로 있던 중 우와지마 다이묘

명되어 병부성의 권한을 실질적으로 장악하였다. 병부대보에 취임한 오무라는 징병 제도를 도입하여 중앙 정부의 직속 군대를 설치할 것을 제안하였다. 이 안은 각 번군과 별도로 신분에 관계없이 병사를 징집하여 중앙 정부의 직속 군대로 설립하자는 것이었다. 오무라는 자신의 안에 따라 중앙정부군을 창설하기 위해 막부가 설립한 요코하마 어학소를 병부성의 직할 어학 교육 기관으로 변경하고, 교토의 병학

야스쿠니 신사에 있는 오무라 마스지로 동상

소를 오사카로 옮겨 보병, 기병, 포병의 3개 병과로 재편하였다. 그러나 1869년 9월 오무라가 교토에서 괴한들에게 피습돼 치료받는 도중에 사망함에 따라 이 안도 본격적으로 추진되지 못한 채 좌초되고 말았다.

오무라의 군제개혁안은 1870년 8월 구미시찰에서 귀국한 야마가타 아리토모가 병부 소보에 취임하면서 다시 본 궤도에 오르게 된다. 야마가타는 오무라와는 달리 현실적 타협책을 찾았다. 그는 징병제를 바로 도입하기보다는 서남 지역의 유력 번의 군사력을 활용하는 방안이 더 효과적이라고 판단했다. 이때 오쿠보 도시미치는 중앙정부군의 창설보다 유신 정부의 각종 개혁

다테 무네나리 눈에 띄어 사무라이 계급으로 격상되었고, 우와지마에서 서양 학문을 가르쳤다. 대외 위기가 고조되자 나가사키로 다시 가서 서양식 군함 조선술과 항해술을 배운 후 막부의 서양 학문 교육 기관인 강무소(講武所)의 교수가 되었다. 1861년 조슈에서 군제 개혁을 위해 오무라를 초청하였다. 이후 조슈에서 군사 학교 교관을 하면서 기도 다카요시를 알게 되고 존왕양이 운동에 뛰어들었다. 오무라는 단순히 서양의 무기만을 소개한 것이 아니라 신분을 떠나 국민 개병에 기초한 군사 이론을 사무라이와 평민들에게 전파하였다. 그의 이론에 의해 구성된 부대가 바로 제대라고 하는 새로운 형태의 부대였다. 1866년 제2차 조슈 정벌에서 조슈군이 사무라이들로만 구성되어 있는 막부군을 격파하면서 그의 군제 개혁 방향이 옳았음이 증명되었다. 일본 위키피디아 참조.

정책을 뒷받침하기 위해 사쓰마, 조슈 양 번의 군사력을 끌어들이려고 했다.[22] 오쿠보의 이러한 의도에 대해 측근들은 물론 기도 다카요시도 반대[23]했다. 이들은 병력을 동원하여 개혁을 추진했을 때의 효과보다도 그것이 초래할 수 있는 부작용을 더 우려했다. 이에 따라 오쿠보 도시미치는 이와쿠라 도모미를 먼저 설득한 뒤 기도 다카요시도 몇 차례 직접 찾아가 동의를 얻어 내었다. 기도는 군사력을 활용한 정부 개혁에는 비판적인 태도를 취하면서도 현실적으로 유력 번과 협력하면서 정부의 기반을 강화할 필요성은 인정하지 않을 수 없었다.

사이고 다카모리와 이타가키 다이스케를 설득하는 일에는 이와쿠라 도모미가 직접 나섰다.[24] 1870년 12월 18일 이와쿠라 도모미는 천황의 칙사로 사쓰마의 시마즈 히사미쓰를 가고시마에서 만났다. 그리고 중앙 정부의 직속 부대인 친병親兵 창설과 사이고 다카모리의 상경을 허락받았다. 이어 1871년 1월 조슈에서 모리 다카치카를 만났다. 그 뒤 곧바로 도사를 방문하여 이타가키 다이스케를 만난 자리에서 세 번이 일치단결하여 연대하기로 합의하였다.[25]

오쿠보 도시미치, 사이고 다카모리, 기도 다카요시, 이타가키 다이스케 등 네 명은 1871년 2월 2일 에도로 돌아왔다. 2월 8일 태정대신 산죠 사네토미

---

22 松尾正人, 앞의 책, 2007, 93쪽.
23 기도 다카요시는 중앙집권화를 이루기 위해 판적봉환을 추진 중이었으므로 사쓰마 조슈 양번의 군사력을 동원하여 정부 개혁을 추진하는 방안에 대해 처음에는 동의하지 않았다.
24 사이고 다카모리는 산죠 사네토미 아니면 이와쿠라 도모미 둘 중 한 명이 칙사로 내려오는 성의를 보인다면 상경하겠다고 요청했었다. 이는 사쓰마의 동향을 파악하기 위해 오쿠보 도시미치가 보낸 사이고 쓰구미치 등이 사이고 다카모리를 만난 뒤 전달한 것이다. 사이고 다카모리는 이때 정부가 추진 중인 개혁 정책이 중앙 집권 정책과 정부 부패 등 자신의 비판해온 문제점을 개선하는 것이라고 생각했다. 松尾正人, 앞의 책, 2007, 96쪽.
25 위의 책, 97~99쪽.

가쓰라 다로 유학 파견 결정 문서(1870) 가쓰라 다로(제11대, 13대, 15대 일본 내각총리 역임). 한일강제병탄을 주도하였다.

와 회동하여 세 번에서 병력을 차출하여 친병을 구성하는 안을 최종적으로 결정하였다.[26] 천황 호위군인 어친병은 우여곡절 끝에 이렇게 창설[27]되었다. 유신 정부 최초의 직속 부대인 어친병이 창설되자 정부는 4월 진대를 설치하고 이어서 분영도 곳곳에 설치해 군사적 기반을 강화시켜 나갔다. 유신 정부가 전국의 번을 폐지하는 폐번치현을 전격적으로 단행하고 근대적 개혁 정책을 강력하게 추진해나갈 수 있었던 것은 이처럼 세 번의 연대를 바탕으로 하는 강력한 군대가 뒷받침되어 있었기 때문이다.

26 佐佐木 克, 『大久保利通と明治維新』, 吉川弘文館, 1998, 146쪽.
27 사쓰마번은 보병 4개 대대 포병 4개 소대 총 3174명, 조슈번은 보병 3개 대대, 도사번은 보병 2개 대대, 기병 2소대, 포병 2소대를 파견하였다. 도쿄에 집결한 병력은 총 8,000명이었다. 조슈번의 병력은 5월이 되어서야 도쿄로 집결하였다. 이렇게 늦어진 이유는 규슈 지역 곳곳에서 발생한 반정부사족의 난 진압과 관련해 기도가 강력하게 반발했기 때문이다. 이때 조슈번은 강력하게 진압한 반면 구루메번과 사쓰마번은 사족들에 대한 진압을 회피하였다. 또한 기도는 사이고 다카모리가 정부에 대해 계속 비판적인 언급을 반복하는 것에 대해서도 산죠 사네토미와 이와쿠라 도모미에게 이야기하는 등 사이고에 대한 경계심을 놓지 않고 있었다. 松尾正人, 앞의 책, 2007, 101~103쪽.

군사 제도의 정비와 발전

유신 정부는 1873년 1월 징병령을 제정함과 동시에 군사 제도를 본격적으로 정비하기 시작했다. 군의 통제력을 강화하기 위해 전국을 6개 군관구로 나누고 군관구 아래에 진대를 두었다. 제1군관구는 도쿄에 두고 도쿄, 사쿠라, 니이가타 지역을, 제2군관구는 센다이에 두고 센다이 아오모리 지역을, 제3군관구는 나고야에 두고 나고야 가네자와 지역을, 제4군관구는 오사카에 두고 오사카, 오오쓰, 히메지 지역을, 제5군관구는 히로시마에 두고 히로시마, 마루가메 지역을, 제6군관구는 구마모토에 두고 구마모토, 오쿠라 지역을 각각 관할하게 하였다.

또한 보병, 공병, 포병 등 각 병과를 신설하고 단위 부대를 편성하여 전국에 보병 14개 연대, 기병 3개 대대, 포병 18개 소대, 해안포병 9개 대대, 공병 10개 소대, 경중 6개 대대를 갖추었다. 이 조치들로 병력이 곧바로 충원된 것은 아니지만 이때 편성된 3만 명의 병력은 뒷날 육군 편성의 기초가 되었다. 1874년 1월에는 근위대를 보병 2개 연대, 기병 1개 대대, 포병 2개 소대, 공병 1개 소대 등으로 개편했다. 교도단(1873.8), 육군사관학교(1873.11), 육군유년학교(1875) 등 군사 학교를 설립하여 지휘관도 양성하기 시작했다. 그러나 다른 한편으로 징병제에 의해 충원된 평민 출신 병사의 훈련과 교육, 군 내부의 지휘 체계, 고급 지휘관의 양성 등 군사력의 질적 측면에서 문제점이 드러났다. 이에 육군경 야마가타 아리토모는 1870년대 후반부터 이러한 문제점을 개선하기 위해 다시 다음과 같은 군제개혁을 시행한다. 이때의 군제개혁으로 일본군은 근대적 군대로서의 진용을 갖추게 된다.

첫째, 군의 전투지휘체계를 보다 효율적이고 중앙집권적으로 운영하기 위해 참모본부를 설치하였다. 참모본부의 설치는 가쓰라 다로(1847~1913)[28] 등 독일에서 유학한 젊은 엘리트 장교들이 주장하였다. 일본 육군은 막부 말기 이래 프랑스식 군사일원주의를 채택하고 있었다. 참모본부의 설치는 프랑스식 군사일원주의에서 프러시아식 군사이원주의로 전환하는 큰 변화였다.

둘째, 1883년 참모장교 및 고급지휘관을 양성하는 교육기관으로 육군대학을 설립(1883.4)하였다. 그 전까지 일본군의 장교 양성은 프랑스식 육군사관학교에서 맡고 있었고 사관학교 보다 높은 수준의 고등군사교육기관은 아직 없었다. 따라서 육군대학의 설립은 일본 스스로 이제 고등군사교육이 가능하게 되었음을 말해주는 큰 변화였다.

당시 일본에 주재하고 있던 프랑스 무관 보고원 중위는 본국에 보낸 보고서에서 '일본 장교들은 훈련이 불충분하고, 병기창에서 일하는 포병장교들과 기술자들은 아직 미숙하며, 특히 1875년 개교한 사관학교가 아직 자리를 잡지 못하여 군사교육이 불안정한 상태'[29]라고 일본의 군사교육수준을 낮게 평가하고 있다. 또한 육군의 각 병과가 가지고 있는 문제점에 대해서도, '보병 장교에 대한 교육은 단지 퍼레이드나 소규모 부대연습에만 국한되어 있고, 고급지휘관들에 대한 군사교육도 부족하다. 포병은 하나의 부대단위로서 자신의 역할을 인지하지 못하고 있다'[30]고 지적하고 있다.

이 보고서에 잘 나타나 있듯이 1870년대까지만 해도 일본군의 군사교육수준은 다양한 군사교육기관이 설립되어 있었음에도 불구하고 질적인 측면에

---

[28] 가쓰라 다로는 1875년 3월 30일부터 1878년 7월까지 독일주재 일본 공사관에서 무관으로 근무했다. 독일에서 귀국한 뒤 독일식 이원주의를 본받아 군정기관인 육군성에서 독립한 군령담당기관의 필요성을 정부에 건의하였다. 이 건의에 따라, 1878년 12월 5일에 육군성의 한 국이었던 참모국이 폐지되고 참모본부가 설치되었다.

[29] 박영준, 앞의 책, 1997, 390~391쪽.

[30] 위의 책, 391쪽.

서는 수준이 높지 못했다. 1883년 육군대학의 설치는 일본군의 군사교육 수준이 유럽의 선진국가들과 비교할 때 상당한 수준에 이르렀음을 말해준다.

셋째, 군인훈계와 군인칙유를 제정하여 일반 병사와 장교들의 정신교육을 강화하였다. 군인훈계와 군인칙유는 태평양전쟁이 끝날 때까지 일본군을 지배하였던 정신주의[31]의 원형이다. 이에 관해서는 제3항 메이지기 일본군의 특징에서 상세하게 설명하도록 하겠다.

해군의 창설과 발전

정부군의 창설 과정에서 해군은 육군에 비해 소홀하게 취급되었다. 왕정복고 쿠데타 직후의 혼란스러운 정국에서 유신 정부를 보호하고 보신전쟁 등의 내란을 진압하기 위해서는 육군을 중심으로 한 군비 확충이 더 시급했기 때문이었다. 1872년 병부성이 폐지되고 해군성은 육군성과 분리, 독립되었지만 해군의 군령에 관한 사항을 독립적으로 총괄하는 해군군령부는 청일전쟁 직전인 1893년에 와서야 독립적으로 설치되었다. 이로써 해군도 육군과 거의 동등한 지위로 격상되었다. 해군을 유신 정부의 직속군대로 중앙집권화하는 데에 육군과 같은 반발은 일어나지 않았다. 막부의 해군은 번의 해군과 비교하여 압도적으로 우세했기 때문에 이를 인수한 유신 정부의 해군은 처음부터 통일해군으로서의 면모를 갖추고 있었다.

한편 해군의 군비 확장은 성격상 내란 진압 때문이 아니라 대외전쟁에 대비하기 위해 추진된다. 1874년 사가의 난 및 대만 정벌 사건이 발생하자 근대적

---

31 정신주의란 화기나 병력의 우세 같은 예측가능하고 계량화할 수 있는 지표를 사용하여 전투계획을 입안하는 서구의 전투수행방식과는 대비되는 개념으로, 무사도와 같은 정신적인 요인을 중시하는 일본군의 특성을 의미한다. 위의 책, 386쪽. 이 장 제3절 메이지기 일본군의 특징 중 정신주의 참조.

군함의 필요성이 대두해 그다음 해 철갑함 1척扶桑, 철골판함 2척金剛 比叡을 영국에 주문했다. 이후 조선에서 임오군란과 갑신정변이 발생하고 청국과의 대립이 격화되면서 청과의 대외전쟁에 대비해야 한다는 주장이 거세지자 1883년부터 청을 가상적국으로 상정한 대규모 군함 건조 계획[32]이 본격적으로 시작되었다. 군함 건조에 필요한 재정을 확보하기 위해 해군 공채를 1,700만 엔이나 발행하였다. 이런 과정을 거쳐 해군은 원래 계획보다는 규모가 줄어들긴 했지만 청과의 전쟁에 대비한 군함 건조 계획을 어느 정도 달성할 수 있었다.

2. 메이지기의 군비 증강과 대외 팽창

1) 메이지기의 대외 팽창 논리

청과 러시아의 위협론

유신 정부가 본격적으로 군비증강을 추진하는 계기는 청나라와의 대립이 격화되면서부터다. 물론 유신 정부가 전략적 개념으로 가상 적국에 관한 논의를 시작한 것은 그보다 훨씬 전이다. 유신 정부가 일본을 위협할 수 있는 세력으로 처음 상정했던 나라는 러시아였다. 1870년 6월 병부성에서 건의한 정책보고서나, 1872년 병부성의 군비의견서에는 이 때문에 러시아 위협론이

---

32 이 계획은 8개년에 걸쳐 대함 6척(5척 건조), 중함 12척(8척 건조), 소함 12척(7척 건조), 수뢰 포함 12척 등 합계 42척(건조 32척)을 확충하려 한 것이었다.

강조[33]되어 있다. 또한 이때까지 일본군의 편제나 배치는 대외전쟁보다는 내란 진압에 목적이 있었다. 1873년의 군제 개혁[34]이나 서남전쟁 뒤 보병 2개 연대를 증강할 때에도 마찬가지였다. 이러한 경향은 대만, 조선 등 이웃국가들과 분쟁을 겪으면서 바뀌기 시작했다.

제1, 2차 아편전쟁에서의 패배와 서양 국가들의 군사적 분할지배[割據]에도 불구하고 청 왕조는 여전히 자신이 동아시아의 종주국이라는 망상에 빠져 있었다. 조선과 만주로 진출하려던 일본은 청 왕조 때문에 자신들의 의도가 방해받자 청을 가상 적국으로 상정하고 팽창적 군사 정책을 수립하기 시작한다. 1878년 신설된 참모본부장에 취임한 야마가타 아리토모는 가쓰라 다로 등 10여 명의 장교를 무관 혹은 어학 연구생 명목으로 청에 파견하였고, 청의 군사력 현황을 분석하여 『인방병비략隣邦兵備略』 및 『지나지지支那地誌』를 출판하였다.[35]

『인방병비략』에는 청의 군비 상태가 자세히 서술되어 있는데 군사적 측면에서 별 의미가 없는 팔기병과 녹기병까지 포함하여 청의 병력을 108만 1,000명으로 과장하고 있다. 이는 청의 위협을 과장하여 군비 확장이 시급함을 강조하기 위한 의도에서 나온 것이었다. 야마가타는 이를 근거로 일본의 독립을 지키기 위해서는 군비를 확장해야 한다고 주장했다. 이 밖에도 그는 1880년 11월 『진인방병비략표進隣邦兵備略表』를 만들어 천황에게 제출하였다. 여기에서 그는 아시아의 정세를 논하면서 청에 대항하기 위한 군비 확장의 필요성을 다음과 같이 주장하였다.

---

33 1875년 러시아와 조약이 체결되어 사할린과 치시마 열도의 교환이 이루어지면서 러시아
    와의 군사적 긴장은 완화되었다.
34 일본군은 군제 개혁 이후 천황근위대와 6진대, 보병 14개 연대로 편제되어 있었다.
35 후지와라 아키라, 서영식 역, 『일본군사사』 상, 제이엔씨, 2013, 84쪽.

오늘날 세계 각 나라는 서로 대립하면서 자기 국토를 스스로 지키는데, 군사력이 강하지 않으면 독립을 유지할 수 없다. 어떤 사람들은 수호조약이 있어 외교로 문제를 해결할 수 있고, 국제법(만국공법)이 있기 때문에 분쟁이 발생해도 시비를 가리고 독립도 유지할 수 있다고 말한다. 그러나 이것들은 강대국에게는 대의명분을 가장하여 자국의 이익을 취하고, 약소국에게는 강대국의 인정에 호소하는 도구에 지나지 않는다.[36]

이 말은 이와쿠라사절단이 독일을 방문하였을 때 비스마르크 수상이나 몰트케 참모총장이 국제정치의 현실에 관해 해준 조언과 같다. 이 시기 야마가타 아리토모는 강병이 달성되어야 부국, 민권, 외교 등의 문제도 해결된다고 주장하면서 독일 스승들의 조언을 따라가고 있었다.

주권선과 이익선

주권선과 이익선론은 근대 일본의 대외 팽창 정책을 합리화하는 대표적 전쟁 논리다. 1890년 3월 내각 총리대신 야마가타 아리토모가 「외교정략론」이라는 의견서에서, 일본의 독립과 자위를 위해서는 주권선의 방어와 함께 이익선의 방어가 필요하다고 처음 제안하였다. 여기서 이익선의 초점은 조선[37]이었다. 1890년 12월 6일 제1차 제국의회에서 한 시정방침연설[38]에서도 그는 일본의 독립을 지키기 위해서는 주권선을 수호하는 것뿐만 아니라 이익선도 보호하지 않으면 안 되기 때문에 다음 해 세출예산 중 가장 큰 금액을 육

---

36 가토 요코, 박영준 역,『근대 일본의 전쟁논리』, 태학사, 2007, 69쪽.
37 위의 책, 83~84쪽.
38 『第1回帝國議會衆議院議事錄』(明治 23.11.29~明治 24.3.7)』, 32~33쪽.

해군 경비에 충당해야 한다고 주장했다.

그러면 야마가타의 주권선론과 이익선론은 어떻게 형성된 것일까? 이 논리는 오스트리아 빈 대학의 정치경제학부 교수였던 로렌츠 폰 슈타인[39]이 제시해 준 것이었다. 슈타인은 이토 히로부미가 1882년 헌법 연구를 위해 유럽을 방문했을 때 직접 강의를 해준 인물이다. 야마가타는 1888년 12월 지방제도 조사를 위해 유럽에 갔을 때 빈도 방문했는데 그때 자신의 군사의견서를 슈타인에게 건네주고 조언을 구했다. 그 회답이 「슈타인ﾕﾀｲﾝ 씨 의견서, 1889년 6월 오스트리아 빈維也納府에서」라는 표제로 나카야마 간로쿠로中山寛六郎 문서에 남아 있다.[40] 이 의견서에서 슈타인은 주권선과 이익선에 관해 다음과 같이 이야기하고 있다.

어떤 나라든지 그 이유를 묻지 않고 군사력으로써 외적을 방어하고 보호하는 주권의 영역을 권세강역(權勢疆域)이라고 한다. 또 권세영역의 존망에 관련된 외국의 정치 및 군사 상황을 가리켜 이익강역(利益疆域)이라고 한다. 때문에 군사 조직은 두 가지 측면에 대비해야 한다. 첫째는 자국의 독립을 보호하고 자기의 권세강역 안에서 타국의 침략을 배제해야 한다. 둘째는 긴급하고 불가피한 경우에는 병력으로써 자국의 이익강역을 보호할 준비가 되어야 한다. 일본에게는 조선을 점령하는 것 보다 다른 나라들의 침략으로부터 조선의 중립을 보전하는 것이 더 중요하다. 하루아침에 다른 나라가 조선을 점령해 버리면 일본의 위협은 이루 말할 수 없이 커질 것이다.[41]

---

39   이 책 제11장 제1절 제3항 유럽 입헌제도 조사와 대일본제국헌법 참고.
40   가토 요코, 앞의 책, 2007, 86쪽.
41   위의 책, 87~89쪽.

슈타인은 이 의견서에서 일본의 이익강역을 지키기 위해서는 조선의 중립이 중요하며 만약 이것을 방해하는 세력이 있다면 힘을 다해 막아야 한다고 주장하고 있다. 나아가 만약 러시아, 청, 혹은 영국을 가릴 것 없이 조선을 점령하려는 세력이 있다면 일본의 적국으로 간주해야 한다고 조언[42]하고 있다. 이처럼 야마가타 아리토모의 주권선·이익선론은 야마가타 본인의 군사의견서에 슈타인의 조언 등이 합쳐져 형성된 것이었다.

어찌됐건 주권선, 이익선의 논리를 바탕으로 지속적인 군비 증강을 추진한 끝에 일본은 청일전쟁에서 승리한다. 그리고 청일전쟁에서 승리한 뒤에는 이익선을 만주 지역까지 확대해 러시아를 가상적국으로 상정한 군비 팽창 정책을 적극적으로 추진해 나간다.

2) 메이지기의 군비 증강

육군의 군비 증강

유신 정부가 군비 확장을 본격적으로 추진하는 직접적 계기는 1882년, 1884년 조선에서 일어난 임오군란과 갑신정변이다. 이때 일본과 청이 동시에 조선 한양(서울)에 군대를 파견하면서 대립이 격화되었다. 청의 북양대신 이홍장李鴻章은 1881년 조선과의 대외 관계를 담당하던 예부로부터 그 권한을 이어받아 대조선 정책을 재편하려고 했다. 1882년 5월 조미수호조약을 체결할 때에도 이홍장은 조약문에 조선이 청의 속국이라는 것을 명문화[43]하려

42 　위의 책, 90쪽.
43 　이홍장은 조선에 일본이 독점적으로 진출하는 것을 견제하는 한편 조선의 조약 체결에

고 하였다.

이에 따라 일본군은 청나라를 가상 적국으로 설정하고 육군을 기존 병력의 2배 규모인 7개 사단으로 증강시키는 등 군비 증강 10개년 계획을 수립하였다. 이 계획은 육군의 평상시 병력을 7만 3,000명, 전시 병력을 27만 4,000명 수준으로 보유하는 것이었다. 1881년 대장경으로 취임한 마쓰가타 마사요시가 시행한 강력한 긴축재정 정책으로 인해 이 계획은 원안대로 추진될 수는 없었지만 1888년 보병 7개 사단, 14개 여단, 포병 7개 연대, 기병 2개 대대, 공병 6개 대대, 치중병 6개 대대 수준의 군비 증강을 달성할 수 있게 되었다.

이어 청일전쟁에서 승리한 직후인 1895년 군제 개혁과 군비 증강에 관한 새로운 계획을 발표했다. 육군상 야마가타 아리토모는 '군비 수립 계획'을 건의하면서 "종래의 군비는 오로지 주권선의 유지를 목표로 한 것이었지만 청일전쟁 승리를 헛되이 하지 않고, 나아가 동양의 맹주가 되려면 반드시 이익선을 확장해야 한다"고 주장했다. 이익선의 확장이 만주의 군사적 점령임은 두말할 필요도 없다. 구체적으로는 육군 7개 사단을 신설하여 전력을 2배로 증강하려는 것이었다.

이 계획에 따라 유신 정부는 1873년 군제 개혁으로 설치된 6진대를 군단으로 재편하려고 했다. 그런데 2개 사단을 군단으로 재편성할 것인지 종전사단의 병력을 증가시킬 것인지에 대해서는 확정된 안이 없다가 중국 대륙에서의 작전을 고려할 때 경사단의 수가 많은 것이 유리할 것이라는 판단 아래 육군 제7사단에서 제12사단까지 6개 사단과 기병 2개 여단, 포병 2개 여단을 신설하는 계획을 세웠다. 제7사단은 북해도 둔전병을 개편하여 창설하고 제8사

간섭함으로써 구미열강에게 청의 종주권을 승인시키려고 했다.

단에서 제12사단까지는 신설하는 계획[44]이 확정되었다. 이로써 육군의 편제는 보병 2개 여단(4개 연대), 포병 1개 연대를 기본 구성으로 하는 13개 사단으로 구성되었다. 신설 사단은 1897년부터 3개년에 걸쳐 계획대로 설치되었다. 그밖에 기병, 포병 2개 여단, 철도 대대 1개도 증설되었다.

최종적으로 러일전쟁 전인 1903년까지 일본군의 총병력은 보병 156개 대대, 기병 54개 중대, 야전포병 106개 중대(1개 중대 6문), 공병 38개 중대로 늘어났다. 병기 또한 최신 장비로 보강되었다. 보병 및 공병은 1830년식 보병총으로, 기병 및 치중병은 1830년식 기병총으로 무장되었고, 전시에 동원되는 예비군에게는 무라타식 연발총을 지급하기로 정했다. 포병은 1831년식 야포 및 산포山砲로 통일되었다. 이로써 일본군은 1895년 러시아, 독일, 프랑스의 3국 간섭 이후 약 10년 동안에 걸친 대대적인 군비 증강을 통해 근대적 군대로서의 편제와 위용을 갖추게 되었다.

해군의 군비 증강

야마가타 아리토모의 육군 군비 확장 계획에 발맞추어 해군도 1882년 이후 매년 3척의 군함을 새로 건조하여 20년 동안 60척을 완성하고 5년 내에 새로운 조선소를 신설하겠다는 해군 확장 계획을 발표하였다. 이는 세계 최고 수준의 군함을 갖추려는 대규모 확장 계획이었다. 청일전쟁에서 청의 군함 11척을 노획했고, 전시 중 후지富士, 하치지마八島 두 전함도 구입했다.

러시아를 가장 적국으로 상정한 뒤에는 러시아 해군전력에 대항하기 위해 1896년부터 다시 대대적인 해군군비 확장에 나선다. 1896년 함정 39척을 건

---

44   이 계획은 청일전쟁 직후 제9의회(1895.11~1896.3)에서 가결되었다.

조하는 제1차 해군군비 확장안이 수립되어 제9회 의회에서 통과되었고, 다시 이를 대폭 확대 수정한 제2차 군비확장안이 제10회 의회에서 통과되었다. 이 계획은 1896년부터 1905년까지 10년간 철갑전함 4척, 일등순양함 6척, 이등 순양함 3척, 삼등순양함 2척, 수뢰포함 3척, 수뢰모함 겸 공작선 1척, 구축함 12척, 일등 수뢰정 16척, 이등수뢰정 37척, 삼등수뢰정 10척 등 군함 94척과 기타 선박 584척을 건조하려는 것이었다. 이에 따른 예산은 총 2억 1,310만 엔으로 청일전쟁에 투입된 전체 전비와 비슷할 정도로 많았다. 러시아와의 관계가 악화됨에 따라 예정보다 빨리 1902년 완료되었으며, 최종적으로 모두 106척의 군함이 건조되었다.[45] 1905년 일본 해군이 러시아 극동함대를 상대로 승리를 거둘 수 있었던 것은 이처럼 미리 해군군비를 대폭 증강해 놓았기 때문이었다.

3. 메이지기 일본군의 특징

앞에서 살펴보았듯이 유신정부는 왕정복고쿠데타 직후 사쓰마, 조슈, 도사의 번군을 합쳐 중앙정부 직속의 친군을 처음 창설하였고, 그 뒤 징병제를 도입하고 청과 러시아를 가상 적국으로 상정하여 군비증강을 추진하면서 근대적 군대로 발전해간다. 국민개병제, 프러시아식 군사제도, 천황제 군대, 정

---

45 후지와라 아키라, 서영식 역, 『일본군사사』 상, 제이엔씨, 2013, 145~146쪽.

신주의 등 근대 일본군의 주요 특징도 이 시기에 형성된다. 그럼 이를 좀 더 자세히 살펴보도록 하자.

국민개병제

국민개병제는 관료제, 조세제도와 함께 근대국가의 대표적인 특징으로 손꼽는 제도다. 크라우제비츠가 말했듯이, 근대적 전쟁은 19세기 초 이래 무기의 발전과 이에 따른 전술변화로 인해 이전의 전쟁과는 그 성격이 완전히 달라진다. 무기의 발전은 전쟁의 형태를 대규모의 희생을 감수해야 하는 섬멸전으로 바꾸었고, 이로 인해 상비군[46]뿐만 아니라 대규모의 예비병을 전시에 징집하여 투입하지 않을 수 없었다.

하지만 전시에 실제 투입되는 병력을 평상시에도 계속 유지하는 것은 막대한 국가 재정 부담 때문에 쉽지 않다. 이 때문에 대부분의 근대국가들은 국민개병의 원칙 아래 현역병 외에도 예비역 제도를 만들어 전시에 대규모의 병사를 징집하여 전쟁터에 투입하는 방식으로 병력규모를 탄력적으로 운용할 수밖에 없다. 근대국가의 군대를 국민군이라고 부르는 이유는 이처럼 모든 국민이 현역과 예비역의 병역의무를 지기 때문이다. 유신정부가 몇 차례의 군제개혁을 통해 달성하려고 했던 것도 이러한 근대적 군사제도의 흐름을 따라가려는 것이었다. 다만 메이지기 일본군을 실질적인 국민군으로 보기에는 문제가 많이 있다.

원래 국민군이란 국민개병 원칙에 기초하여 국민 모두가 평등하게 병역의

---

[46] 봉건시대의 전쟁은 기사나 무사처럼 전쟁을 직업으로 하는 집단 이외에 생업에 전념하고 있던 농민 등이 전시에 병사로 소집되어 자신의 비용으로 전투에 참가하는 것이 전형적인 형태였다. 반면 근대 국가에서는 조세제도와 관료제도를 바탕으로 체계적인 훈련을 받은 전문적인 군인들이 전쟁에 대비한다.

무를 부담해야 하며, 병사들은 조국의 독립과 자유를 지키고자 하는 자발적인 열정을 가지고 있어야 한다. 근대전쟁에서 주요한 전술로 자리 잡은 산병전술[47]은 조국의 독립과 자유를 지키고자 하는 자발적인 열정, 즉 애국심을 가지고 있는 국민군에서만 기대할 수 있는 전술이다.

그러나 유신정부 초기부터의 실제 징병현황을 보면 알 수 있듯이 국민개병제도가 정착하기까지에는 많은 시간이 걸렸다. 1873년에 제정된 징병령은 신장 155cm 미만인 자, 호주, 독자, 양자, 공무원, 전과자 등 병역 의무의 면제를 너무 광범위하게 인정[48]하는 문제점이 있었다. 1875년 육군의 1년간 실제 징집 인원은 대상 인원 약 30만 중 겨우 2.4%에 지나지 않았다. 1879년의 징병령 개정도 면역 내용을 세분화한 것일 뿐 이러한 상황을 본질적으로 바꾸지는 못하였다.[49] 따라서 이 시기에는 국민개병제를 채택하고 있긴 했지만 실제로는 갖가지 면역 규정과 대인 제도代人制度 때문에 국민개병제라고 보기 어려울 정도다. 특권층은 면역 규정에 의해 대부분 병역 의무에서 제외되었고, 대인 제도는 징병대상자가 돈으로 사서 병역 의무를 대신 이행하게 함으로써 부자는 빠지고 가난한 자만 징병되는 결과[50]를 가져왔다. 이 시기의 징병 제도는 결국 봉건적 부역에 의한 징병 방식으로 병사를 충원하는 봉건적

---

47 근대전쟁에서 새로 개발된 대표적인 전술이 산병전술이다. 그 이전까지는 밀집대형으로 이루어진 횡대전술을 주로 사용했다. 횡대전술은 전쟁터에서의 병사들이 도주하는 것을 감시하기 쉽지만, 산병전술은 병사들이 도주하지 않는다는 전제 아래 병사 개개인의 독자적인 판단과 전투의지에 따라 전투를 수행하는 전술이다. 따라서 근대적 산병전술은 개별 병사들에게 애국심이 없으면 성공하기 어렵다.
48 후지와라 아키라, 앞의 책, 2013, 60쪽 상비병 면역의 개요 참조.
49 加藤陽子, 『徴兵制と近代日本』, 吉川弘文館, 1996.
50 징병면역자를 지역별로 살펴보면 동경, 오사카 등 대도시 면역자의 비율이 센다이나 히로시마 등 소도시에 비해 훨씬 높다. 후지와라 아키라, 앞의 책, 2013, 62쪽. 징병면역자 현황 〈표 2〉 참조.

군대와 별 차이가 없는 것이었다.

이러한 문제점은 1891년 징병령의 개정으로 대폭 개선되었다. 면역 규정과 대인 제도를 전면적으로 철폐하고 대신 중등학교 이상 졸업자의 1년 지원병

〈표 1〉 메이지기 현역 징집 인원(육군)

연도	상비병(현역병)=A	징병 해당 인원(장정 수)=B	A/B(%)
1873년(메이지 6)	2,300		
1874	14,461	273,293	5.3
1875	7,503	309,737	2.4
1876	9,405	296,083	3.2
1877	10,688	302,953	3.5
1878(메이지 11)	9,819	325,154	3.1
1879	8,605	321,622	2.7
1880	19,855	273,281	7.3
1881	18,391	306,686	6.0
1882	19,780	280,813	7.0
1883(메이지 16)	23,609	298,723	7.9
1884	19,637	320,070	6.1
1885	27,389	388,389	7.1
1886	17,963	421,278	4.3
1887	33,808	777,972	4.3
1888(메이지 21)	19,865	427,846	4.6
1889	18,477	360,357	5.1
1890	19,119	350,369	5.5
1891	20,254	361,422	5.6
1892	19,962	392,763	5.1
1893(메이지 26)	20,166	432,340	4.7
1894	21,407	436,246	5.0
1895	21,662	449,834	4.8
1896	42,886	489,895	8.8
1897	45,791	477,555	9.6
1898(메이지 31)	52,040	502,924	10.3
1899	51,090	511,045	10.0
1900	52,725	515,055	10.2

단위: 명.
출처: 加藤陽子, 『徵兵制と近代日本』, 吉川弘文館, 1996.

제, 사범대학 졸업생의 6개월 단기현역 제도, 공립중등학교 이상 재학생의 징집연기제 등을 도입[51]하였다. 중등학교 이상 졸업자의 1년 지원병제는 예비장교를 양성함으로써 현역 장교의 정원을 절약하여 다른 부대의 신설을 가능하게 했다. 6개월 단기현역 제도는 초등학교 교사 임용 예정자도 군사 교육을받게 해 군국주의 정신을 확산하려는 목적도 있었다.

〈표 1〉은 메이지기 현역 징집 인원의 추이이다. 이 표를 보면 상비병의 수는 1873년 징병령 제정 이후 대폭 증가한 뒤 1879년 징병령 개정으로 다시 2배 가까이 증가했음을 알 수 있다. 1891년 징병령 개정으로는 상비병 수에는큰 변화가 없지만 대인 제도 등을 철폐하여 실제 병역대상자가 복무하는 등상비병의 질적 변화가 많이 있었던 것으로 추정된다. 표에서 알 수 있듯이 청일전쟁에서 승리한 이후 러시아를 가상 적으로 상정하여 군비 증강을 추진하면서 상비병의 수는 두 배 가까이 증가한다.

프로이센 군사 제도의 도입

도쿠가와 막부는 1854년 개항 직후 네덜란드 상관의 도움을 받아 서양식군사제도를 도입하고 무기와 군함 등을 구입했다. 그 뒤 영국과 프랑스가 훨씬 더 강한 국가라는 것을 알고 난 뒤부터는 영국과 프랑스로부터 군사적인지원을 받았다. 1864년 사쓰에이 전쟁과 시모노세키 전쟁을 치른 뒤 사쓰마, 조슈가 영국과 긴밀한 관계를 형성한 뒤부터는 프랑스로부터 집중적인 지원을 받았다. 이 때문에 유신 이후에도 육군은 프랑스식 군사 제도의 영향을 많이 받고 있었다. 다만 징집 제도는 프랑스처럼 장기간의 현역 간부 제도를 그

---

51 후지와라 아키라, 앞의 책, 2013, 80~81 · 95~98쪽.

대로 도입할 수 없어 프랑스와 프러시아의 제도를 절충하여 3년을 현역으로 복무하는 상비군 제도를 채택하였다. 1870년대 말까지는 프랑스의 영향 아래 육군의 군사 편제, 전술, 훈련 등이 정비되었다.

1880년경부터 이러한 흐름은 서서히 변화하기 시작한다. 가쓰라 타로, 가와카미 소로쿠 등 프러시아에 파견된 정부유학생들이 1880년대 초 귀국하고, 육군경 오야마 이와오를 단장으로 하는 유럽군사 제도 시찰단이 돌아온 뒤부터.[52] 이들은 군의 핵심 요직을 차지한 뒤 프러시아식 군사 제도로의 전환을 추진했다. 1883년 프러시아 육군 소령 멕켈을 군사고문으로 초청하여 프러시아식 군제 개혁에 관한 자문도 받았다.

프러시아식 군사 제도의 대표적 특징으로 우선 참모본부의 설치를 들 수 있다. 참모본부는 원래 육군성의 한 부서로 편제되어 있다가 1878년 12월 군령에 관한 독립 기관으로 승격되었다.[53] 초대 참모본부장으로는 육군경 육군 중장 야마가타 아리토모가 임명되었고, 참모차장에는 육군 중장 오야마 이와오가 임명되었다. 이때만 해도 참모본부는 군령 즉 군사 작전과 지휘에 관한 최고기관이면서도 육군대신의 지휘를 받게 되어 있었다. 그런데 제국헌법이 제정된 뒤 참모본부장은 제국헌법 제11조에 의해 육해군대신의 지휘를 받지 않고 헌법상 최고통수권자인 천황의 지휘를 받도록 변경되었다. 이로써 참모본부장은 법제상으로는 태정대신과 병립하는 지위를 가지게 되었다.

---

52 육군경 오야마 이와오를 단장으로 하는 15명의 유럽군제시찰단은 1884년에서 1885년까지 1년 동안 프랑스, 독일, 오스트리아, 이태리 등을 시찰한 뒤, 미국을 경유하여 1885년 1월 귀국하였다. 프러시아에서 유학을 마치고 귀국한 가쓰라 다로가 육군성 총무국장(후에 육군차관), 가와카미 소로쿠는 참모본부 차장에 취임하면서 프러시아식 군사 제도 개혁안을 추진했다.
53 1878년 12월 태정관 제50호 「참모본부 조례」.

참모본부가 내각이나 의회의 견제 없이 천황의 재가만 받으면 군령권을 행사할 수 있게 되었다는 것은 어떤 의미일까? 현실적으로 전쟁 개시에 관한 결정이나 전문적인 군사작전에 관한 사항을 천황이 판단할 수는 없다. 참모본부의 결정에 내각이나 의회의 도움 없이 천황 혼자 반대하기도 쉽지 않다. 군령권을 참모본부의 독립적인 권한으로 규정한 제국헌법 제11조는 결국 천황의 재가를 형식적으로 거치기만 하면 군사작전에 관한 중요한 결정을 참모본부의 젊은 군인들이 실행하는 것을 막을 수 없는 심각한 문제점을 안고 있었다. 쇼와 시대 일본의 대외팽창정책과 침략전쟁은 제국헌법의 이러한 문제점을 군부와 민간 파시스트들이 이용하면서 시작된 것이었다. 오늘날 민주주의 국가의 헌법은 군사정책에 관한 사항뿐만 아니라 군령에 관한 중요 사항들도 내각의 심의와 국회의 동의를 반드시 얻어 시행하도록 규정하고 있다.

군사제도가 프랑스식에서 프러시아식으로 전환됨에 따라 종래의 프랑스 진중교범 대신 프러시아 육군제도를 본뜬 「작전요무령」이 1890년 제정, 공포되었다. 1891년에는 프랑스식의 교범 대신 독일 보병교범을 토대로 제정된 「신보병교범」이 개정, 공포되었다. 이로써 군내 근무와 전투 규칙은 완전히 프러시아식으로 전환[54]되었다.

1885년에는 육군대학교 교수로 부임한 멕켈의 지도 아래 프러시아 유학생을 중심으로 전략분야가 신설되었다. 그때까지는 프랑스의 영향으로 전투 단위 이하의 전술은 연구되고 있었지만, 근대전에서의 군사 전략에 대한 개념은 없었다. 군사 전략은 완전히 새로운 개념이었다. 일본군은 이때 보오전쟁, 보불전쟁에서의 경험을 바탕으로 체계화된 프러시아 군사 전략을 직접 배움

---

54   후지와라 아키라, 앞의 책, 1994, 96쪽.

으로써 근대적인 군사 전략 분야에서 다른 나라보다 앞서 나갈 수 있었다.

천황제 군대

프러시아를 모방한 군제 개혁에도 불구하고 일본군이 근대군으로 발전하기에는 근본적 한계가 있었다. 군사 제도와 전투규칙, 군사 전략 분야에서의 근대적 발전에도 불구하고 천황제 군대라는 특성이 일본군의 근대적 발전을 가로막고 있었기 때문이었다. 이러한 한계는 절대군주의 군대를 지향하던 프러시아 군사 제도를 도입할 때 이미 예견되어 있었다.

근대 일본군이 천황제 군대로서의 성격을 가지는 법적 근거는 제국헌법에서 유래한다.[55] 제국헌법 제11조는 군사통수권과 관련해 천황이 육해군을 통수한다[56]고 규정하고 있고 제12조에는 군정권과 관련하여 천황은 육해군의 편제와 상비병의 수를 정할 수 있다[57]고 되어 있다. 이 두 조항에 근거하여 천황은 법적으로 일본군의 최고 통수권자가 되었다. 천황이 군사군주로서의 지위를 가지게 되자 군부는 자신들이 천황 직속의 특별기관이라는 자의식과 특권의식을 갖게 된다. 명실상부한 천황제 군대가 탄생한 것이다.

이처럼 제국헌법에 규정된 천황의 군통수권은 편제대권과 통수대권으로 이루어져 있었다. 이는 오늘날의 군정권 및 군령권과 같은 개념이다. 그중 편제대권(제12조)은 제국헌법 제55조(국무대신의 보필),[58] 제5조(제국의회의 입법

---

[55] JACAR, Ref. A03020029600, 「件名 : 御署名原本 明治二十二年 憲法二月十一日 大日本帝國憲法」.

[56] 제국헌법 제11조는 통수대권 즉 군령권을 규정하고 있다(第11條 天皇は陸海軍を統帥す).

[57] 제국헌법 제12조는 편제대권 즉 군정권을 규정하고 있다(第12條 天皇は陸海軍の編制及常備兵額を定む).

[58] 제국헌법 제55조 국무 각 대신은 천황을 보필하고 그 책임을 진다(第55條 國務各大臣は天皇を輔弼し其の責に任す).

권),[59] 제64조(제국의회의 예산권)[60] 등의 규정에 의해 내각과 의회의 견제를 받도록 되어 있었다. 하지만 군사 작전에 관한 권한인 통수대권[61](제11조)에 관해서는 내각과 의회가 견제할 수 있는 법적 장치가 전혀 없었다. 이는 제국헌법의 중요한 결함으로 뒷날 군부가 일본을 쇼와파시즘으로 끌고 가는 주요 원인이 되었다.

군부의 독주에 대한 우려는 청일전쟁, 러일전쟁에서의 승리로 군부의 권한이 점점 커지면서 대두되기 시작했다. 두 전쟁을 치르면서 성립한 유악상주[62] 제도와 러일전쟁 뒤 마련된 육해군대신 현역무관제[63]는 이러한 경향을 더욱

---

59 제국헌법 제5조 천황은 제국의회의 협찬을 받아 입법권을 행사한다(第5條 天皇は帝國議會の協贊を以て立法權を行ふ).

60 제국헌법 제64조 국가의 세출세입은 매년예산을 세워 제국의회의 협찬을 거쳐야 한다(第64條 國家の歲出歲入は毎年予算を以て帝國議會の協贊を經へし).

61 육군의 군사 작전에 관해서는 육군 참모총장이, 해군의 군사 작전에 관해서는 해군 군령부장이 천황을 보필하였다. 이들은 천황에게 직접 상주(유악상주)하여 재가를 얻은 뒤, 봉칙 명령으로 전군에 전달하였다(단 메이지 시대까지는 평상시에는 육·해군 대신이 이 권한을 행사하였다).

62 유악은 장막을 친 장소라는 말로 전쟁터에서의 군사 지휘부를 의미한다. 따라서 유악상주란 군주제 국가에서 유악기관인 군부가 전시에 군사에 관한 사항을 군주에게 상주하는 것을 의미한다. 1889년 내각관제가 제정되면서 제7조에 군 통수권을 내각총리대신의 국무상의 보필사항의 예외로 정함으로써 만들어졌다. 원래 국무대신은 헌법상 제국의회에 대해 책임을 지게 되어 있었는데 유악상주제도로 인해 군 통수권은 제국의회에 대해 책임을 지지 않는 것으로 되었다. 이처럼 유악상주는 군령에 관한 사항에 한하여 참모총장이나 군령부총장이 할 수 있는 것임에도 불구하고, 군부는 그 뒤 내각의 권한에 속하는 군정 사항도 통수권의 일부로 간주하여 내각총리대신의 보필을 거치지 않고 천황에게 직접 상주함으로써 내각을 종종 무시하였다. 유악상주제도는 현역 대신 무관제와 결부되어 군부가 정부와 의회를 무시하고 파시즘으로 가는 한 원인이 되었다.

63 1900년 5월 19일 제2차 야마가타 아리토모 내각에서 육군성 관제와 해군성 관제를 개정하여 육군성과 해군성 대신에 현역 중장과 대장만을 임명하도록 규정한 것을 말한다. 원래는 의회와 정당들이 군사비 삭감 공세를 펼치는 것에 대항하기 위해 만든 규정이지만 그 뒤 군부에서 육해군 대신 후보를 추천하지 않아 내각을 구성하지 못하게 하거나, 현직 육해군 대신을 사직하게 한 뒤 후보를 내지 않음으로써 내각을 유지할 수 없게 하는 방식으로 내각을 견제하여, 군부의 의견을 관철시키는 수단으로 변질되었다.

더 부채질하였다. 군부에서 육해군 현역무관제를 이용하여 군부와 맞지 않는 내각이 구성되지 못하도록 방해하는 사건까지 있었다. 그래도 메이지 시대까지는 군부가 내각과 의회를 노골적으로 무시하면서 극단적 행동을 펼치는 일은 크게 없었다. 여기에는 원로들의 조정 역할도 컸다. 그러나 쇼와 시대는 메이지 시대와 달랐다. 쇼와파시즘 시대 군부는 통수대권 조항의 결함을 이용하여 제국주의적 팽창에 적극적으로 나섰다. 젊은 군인들의 연속적인 쿠데타 시도와 우익인사들의 잔인한 테러에 맞서는 정치인도 거의 없었다.

참고로 군부의 폭력적 질주는 런던군축조약의 체결 뒤 본격적으로 시작되었다. 1930년 런던군축조약[64]이 타결되자 해군 군령부장 가토 간지藤寬治 대장 등 런던해군군축조약 체결 반대파들은 제국헌법 제11조의 통수대권 조항을 멋대로 확대해석하여 군축에 관한 사항을 결정하는 것도 통수권에 해당된다고 반발하면서 정부를 비판하기 시작했다. 이들은 하마구치 내각(하마구치 오사치浜口雄幸, 제27대 총리)이 군축조약을 체결한 것은 해군군령부의 의사에 반하는 것이며, 통수대권의 독립성을 침범한 것이라고 공격했다. 조약 비준을 위해 소집된 제국의회에서도 야당인 정우회 총재 이누카이 쓰요시와 하토야마 이치로 등은 군령부의 반대 의견을 무시한 조약조인은 통수대권의 간범干犯이라고 주장하면서 내각을 공격하였다.[65] 내각에 대한 해군군령부와 야당

---

64 런던해군군축조약은 열강들의 해군 보조함 보유 비율을 제한하기 위해 1930년 1월 21일에서 4월 22일까지 런던에서 개최된 국제 군축 회의를 말한다. 영국 수상 맥도널드의 제안으로 런던에서 개최되었다. 원래 미국, 영국, 일본, 프랑스, 이탈리아 등 5대 해군 국가에 의해 회의가 개최되었지만 프랑스와 이탈리아가 잠수함의 보유량 제한에 반발해 불참하면서 결국 부분적 합의에 그치고 말았다.

65 이 두 사람은 그 뒤 이때 정부의 조약 체결에 반대한 대가를 톡톡히 치른다. 이누카이 쓰요시는 그 뒤 총리가 되어 군축을 시도하다가 젊은 군인들이 쿠데타를 일으킨 5·15 사건 때 살해됐다. 하토야마 이치로는 패전 후 총리 취임을 눈앞에 두고 GHQ에 의해 군부 파시즘에 협력한 군국주의자로서 공직에서 추방되었다.

의 공격은 우익단체에게까지 이어졌고 급기야 그해 11월 14일 하마구치 총리가 도쿄 역에서 국수주의단체 청년에게 테러를 당하는 일이 발생했다. 그 뒤부터 군부는 정부의 정책 결정을 무시하고 폭주하기 시작했으며 다이쇼 시대에 싹튼 정당정치는 유명무실해졌다. 군부는 자신에게 향한 비난에 관해, "우리들에게 명령을 내릴 수 있는 사람은 천황폐하밖에 없다"고 주장하면서 맞섰다.

이리하여 제2차 세계대전에서 패전할 때까지 일본군은 천황 한 사람에게 절대적 충성을 바치는 봉건적 군인정신으로 충만하게 되었다. 국가와 국민에 봉사하는 근대적 국민군이 아니라 천황 한 사람에게만 충성하는 봉건적 군대에서 벗어날 수 없는 한 일본은 근대 국민 국가로 성숙할 수 없었다.[66] 근대화 혁명에도 불구하고 근대국가 일본에서 근대적 국민의식이 자라지 못하고 쇼와파시즘 국가로 전락할 수밖에 없었던 것은 상당 부분 일본군의 이러한 특징에서 비롯되었다.

정신주의

일본군의 정신주의는 다양하게 나타난다. 천황에 대한 절대적 헌신, 군 지휘관에 대한 맹목적 충성, 내무 생활에서의 엄격한 규율 등 봉건적 형태뿐만 아니라 합리적 정세 판단보다는 승리에 대한 근거 없는 과신, 지휘관의 생명에 대한 경시 경향 등 여러 가지가 있다. 정신주의의 강조는 원래 징병제로 충원된 평민 출신 사병과 사족 출신 간부 사이의 신분적 갈등을 없애고 평민 출신 사병들에 대한 정신적 교육과 규율을 통해 징집 제도의 안정을 도모하

---

66   마루야마 마사오, 김석근 역, 『일본정치사상사연구』, 통나무, 1995.

고자 하는 의도에서 출발하였다.

왕정복고 쿠데타 이후 유신정부는 신분제를 폐지하고 사무라이 계급의 특권을 박탈하는 개혁을 단행하는 대신 사무라이 출신들을 경찰과 군에 대거 채용하였다. 그러나 사무라이 출신 지휘관들에게는 아직 봉권적 특권의식이 많이 남아 있었고, 평민 출신 병사들에 대한 불신과 신분차별의식도 여전했다. 육군성 통계연보에 의하면 1870년대 육군의 간부는 귀족 및 사족이 평민 출신자의 4~5배에 달할 정도로 압도적 다수였고, 군제 개혁으로 그 비율이 줄어들긴 했지만 여전히 과반수를 차지했다. 양 계층이 균형을 이루게 되는 것은 1910년대이고 1920년대에 이르러서야 비로소 역전되었다.[67]

반면 일반 병사들은 거의 대부분 평민 출신이었다. 징병제가 시행된 이후 특권층이나 부유층은 상당수가 징병에서 면제되는 사유에 해당하거나 대인 제도를 통해 징병에서 빠져나갔다. 징병대상자 중 도망 또는 불참으로 징병 검사를 회피하는 자가 10%에 이를 정도로 많았다. 이 규모는 1880년대 이후 호적 제도가 정비되고 경찰의 감시망이 확대되는 것과 반비례하여 1만 명대에서 3만 명대로 매년 그 수가 늘어났다.[68]

이런 문제점을 개선하기 위해 야마가타 아리토모는 병역 제도의 개정과 함께 헌병 제도의 강화, 군인훈계(1878), 군인칙유(1882),[69] 육군예식(1887), 내

---

67 후지와라 아키라, 앞의 책, 2013, 103쪽.
68 위의 책, 101쪽.
69 1878년의 군인훈계, 1882년의 군인칙유(軍人勅諭)는 모두 야마가타 아리토모가 천황제 군대와 징병 제도의 모순을 해결하기 위해 만든 대책이었다. 병역 제도의 개정에 따라 군에 입대하는 병사들의 계층이 넓게 확대되었기 때문에 군기 확립 노력이 절실했던 것이었다. 에도 막부 이래 지배 계층의 평민에 대한 불신은 매우 심각하였다. 이는 사쿠마 쇼잔같이 양학을 공부한 우국지사들은 물론이고 막말 존왕양이 지사 등에게서도 마찬가지로 나타난다. 왕정복고 이후에도 계층 간의 불신의 벽은 여전했다. 이와쿠라 도모미도 전 국민을 대상으로 하는 징병제에 대해, '병졸이라 할지라도 창을 거꾸로 겨누지 않

무생활에서의 군기강조(1888)[70] 등 정신 교육의 강화를 추진했다.[71] 그중 군인훈계와 군인칙유는 2차 대전이 끝날 때까지 군인들의 행동을 규율하면서 많은 영향을 미쳤다.

군인훈계는 충성, 용감, 복종을 군인의 세 가지 덕목으로 설정하고 세부적 군인 윤리로 17개항을 규정하고 있다. 여기에는 천황(성상聖上)에의 공경, 정부 포고문에 대한 사적 의사 표현 금지 및 정치적 토론 금지, 사관士官·하사관下士官의 준엄한 구별 등이 포함되어 있다. 특히 복종과 관련해서는 아무리 부조리한 명령이라도 일단 복종한 뒤에 정당한 절차를 거쳐 항의하도록 규정하고 있다. 이는 나폴레옹의 프랑스 육군에서 시작된 전통으로 징병으로 소집된 대규모의 군대를 지휘하기 위해 불가피했기 때문이다.

군인칙유[72]는 1882년 1월 4일 메이지 천황이 일본군에 내린 것으로 정식 명칭은 '육해군 군인에게 내리는 칙유'다. 군인칙유는 군인훈계를 바탕으로 니시 아마메가 초안을 잡고, 야마가타 아리토모가 수정하여 완성되었다. 당시는 서남전쟁 등 내란이 끝나고 무력에 호소하는 반정부투쟁이 사라지는 대신 자유민권 운동이 거세게 일어나고 있었다.

군인칙유는 황군의 정신 교육을 위해 제정된 만큼 매우 체계적이고 논리적이다. 뿐만 아니라 유신 정부가 지향하는 정신적 가치도 잘 나타나 있다. '우리 나라의 군대는 대대로 천황이 통솔하고 있다'는 문장으로 시작하여, 진

는다고 어떻게 보장할 수 있겠는가'라고 우려했다. 위의 책, 105쪽.

70   1888년에 군대내무서가 제정되어 '내무는 군기의 근원'으로 엄격한 내무생활이 강조되었으며 체벌도 공인되었다. 뿐만 아니라 청렴, 규율, 정확, 주의, 정직, 신실 등의 도덕성을 강조하고 병영 내의 일상적 생활까지도 세세하게 규정해 개인적 생활을 허용하지 않았다.

71   위의 책, 104~106쪽.

72   JACAR, Ref.A04017133200, 「單行書 軍人へ勅諭(國立公文書館)」.

무 천황이 동쪽으로 정복 활동을 하면서 일본의 기틀을 만들었다는 사실을 강조함으로써 천황의 정통성을 먼저 제시한다. 그다음 '짐은 너희들의 대원수'라고 밝혀, 일본군의 통수권은 천황에게 있다는 점을 분명히 한다. 이어 황군의 의무를 다하기 위해 충절, 예의, 무용武勇, 신의, 질소質素(검약) 등 5개 덕목을 갖출 것을 요구한 뒤 결론적으로 '의義는 산보다 무거우며, 죽음은 새 털보다도 가볍다'는 미사여구를 끌어와, 대원수 천황을 위해서는 목숨을 아끼지 않는 충성스럽고 용맹한 군인이 될 것을 강요하고 있다.

군인칙유는 이처럼 자유민권운동 등으로부터의 정치적 영향을 차단하고 군대 내부의 기율을 강화하기 위해 제정되었다. 하지만 황군정신의 강조는 정신적 요소를 중요하게 여기는 근대 일본군의 비합리주의적 경향을 시간이 갈수록 더 부추겼다. 쇼와파시즘기에 이르자 군인칙유는 마침내 황군의 신성한 경전으로 받들어졌고, 군인들은 죽음은 새털보다 가볍지 않다는 의문을 품을 틈도 없이 새벽마다 이를 낭독해야만 했다.

11장

입헌혁명
입헌 체제와 자주독립

> 대일본제국은 만세일계의 천황이 통치한다.
> —대일본제국헌법 제1조[1]

> 나라의 독립이 목표고
> 문명은 이 목표에 도달하기 위한 수단이다.[2]
> —후쿠자와 유키치, 『문명론의 개략』

1. 근대적 입헌 제도와 제국헌법

1) 이토 히로부미[3]와 근대적 입헌제도

이토 히로부미(1841~1909)는 일본의 근대 역사 인물 중 우리에게 매우 부정적인 이미지[4]로 남아 있는 이름 중 하나다. 1909년 10월 26일 만주 하얼빈역

---

1 대일본제국헌법 제1조의 원문은 다음과 같다.
第一條 大日本帝國は萬世一系の天皇之を統治す(현대 일본어 역 : 大日本帝國は万世一系の
天皇によって統治される). 한편 이토 히로부미는 자신이 쓴 『헌법의해(憲法義解)』에서 제
국헌법 각 조항의 배경과 의미에 대해 상세하게 설명하고 있다.
2 福澤諭吉, 『文明論之槪略 福澤諭吉著作集 第4卷』, 慶應義塾大學出版會, 2002, 334쪽.
3 이토 히로부미의 전기에 관한 내용은 春畝公追頌會, 『伊藤博文伝』 上(明治百年史叢書
143卷), 原書房, 2004; 伊藤之雄, 『伊藤博文 : 近代日本を創った男』, 講談社, 2009; 미요시 도
오루, 이혁재 역, 『사전(史傳) 이토 히로부미』, 다락원, 2002 등을 참조하였다.
4 최근 우리나라에서도 새로운 시각에서 한일관계와 이토 히로부미를 조명하려는 논문이

에서 안중근 의사에게 저격당해 생을 마쳤다. 반면 대다수의 일본인들은 이토 히로부미에 대해 우리와 정반대의 이미지를 가지고 있다. 한일 두 나라의 과거사에 관한 양 국민의 인식의 차이는 이처럼 특정 인물에 대한 평가에 이르면 화해할 수 없을 만큼 크게 드러난다. 여기에서는 우리에게 익숙한 부정적 이미지로서가 아니라 대다수의 일본인들이 기억하고 있는 이토 히로부미에 대해 한번 알아보자.

이토 히로부미

이토 히로부미는 유신혁명의 1세대라고 할 수 있는 유신 3걸이 모두 세상을 떠난[5] 뒤, 일본의 건국과 근대화 혁명을 주도해 간 유신혁명 2세대의 대표자다. 1878년 오쿠보 도시미치가 암살되자 내무경을 이어받아 정부의 실권을 장악하였다. 조슈번을 대표하는 인물이면서 정치적으로는 사쓰마 출신인 오쿠보의 후계자[6]였고, 공경 출신인 이와쿠라 도모미의 지지도 받고 있었다. 이처럼 그는 정부 안의 핵심 파벌들로부터 폭넓은 지지를 확보하여 오쿠보 도시미치를 능가하는 강력한 리더십을 확보할 수 있었다.

나오고 있다. 방광석, 「일본의 한국침략정책과 이토 히로부미-통감부시기를 중심으로」, 『일본역사연구』 32, 2010; 방광석, 「이토 히로부미 저격사건에 대한 각국 언론의 반응과 일본정부의 인식-일본외무성 외교사료관 소장자료를 중심으로」, 『동북아역사논총』 30, 2010.

5 사이고 다카모리는 신정부에 반란을 일으켜 1877년 자결했고, 신정부를 실질적으로 이끌던 오쿠보 도시미치는 1878년 암살당했다. 기도 다카요시는 서남전쟁이 한창 진행 중일 때 병으로 사망했다.

6 이토 히로부미는 원래 기도 다카요시의 총애를 받고 있었지만 대만 출병 문제로 기도 다카요시와 멀어졌다. 기도 다카요시는 정한론 정변이 일어났을 때에는 대외정벌에 반대했지만, 대만 출병 문제가 일어났을 때에는 대외정벌을 주장하였다. 기도와 멀어진 뒤 이토 히로부미는 오쿠보 도시미치와 함께 식산흥업 정책을 추진했다. 이토 히로부미는 이때 공부경을 맡고 있었다.

조슈번 출신의 존왕양이 지사들이 대부분 그렇듯이, 이토 히로부미도 요시다 쇼인의 쇼카손주쿠松下村塾를 다녔다. 요시다 쇼인이 생존해 있을 때 이토는 아직 어렸고, 구사카 겐즈이, 다카스기 신사쿠 같은 탁월한 존왕양이 지사들에 가려 두각을 별로 드러내지 못했다. 하지만 유신과 건국 전체를 놓고 본다면 현재까지 알려져 있는 요시다 쇼인의 제자 92명 중 어린 시절의 불우한 환경을 딛고 가장 크게 빛을 발한 인물은 이토 히로부미다.[7]

　이토 히로부미는 1841년 9월 2일 조슈 구마게 쓰카리[8]에서 하야시 주조[9]의 장남으로 태어났다. 부친은 벌목과 잡일 등의 육체노동으로 생계를 꾸려 가고 있던 가난한 농부였다. 이토가 5세 때 하야시 주조는 연공으로 바쳐야 할 현미가 창고에 보관되어 있지 않는 것에 대해 책임을 지고 고향을 떠나 하기로 갔다. 그의 부친은 매우 성실한 사람이었다고 알려져 있다. 아내와 이토를 고향의 처갓집에 맡기고, 하기의 아시가루 이토 나오우에몬 집에서 일꾼으로 일하면서 신뢰를 얻었다. 그의 성실한 모습에 호감을 가진 이토 나오우에몬은 나이가 80세가 넘은 노인이었지만 자식들이 모두 일찍 죽는 바람에 뒤를 이을 자식이 없었다. 이에 그가 주조를 양자로 삼으면서 가족이 모두 이토라는 성을 얻고 신분도 농민에서 아시가루로 상승[10]하게 되었다. 이때 이토 히로부미는 13세였다. 부친 덕분에 빈농의 아들에서 아시가루의 손자가 되는 행운을 거머쥐게 된 이토 히로부미는 그 뒤 빈농의 아들로는 상상도 할 수 없었던 삶을 살게 된다.

7　　海原徹,『松下村塾の明治維新』, ミネルヴァ書房, 1999, 497~500쪽.
8　　수오국 구마게군 쓰카리촌(周防國 熊毛郡 束荷村)(지금의 야마구치현 히카리시(光市)).
9　　부친은 하야시 주조(林重藏), 모친은 금(琴, 뒤에는 琴子)이다. 이토가 태어났을 때 부친은 24세 모친은 22세였다.
10　　春畝公追頌會,『伊藤博文伝』上(明治百年史叢書 143卷), 原書房, 2004, 7~15쪽.

이토 히로부미의 생가(야마구치현 하기시)

1854년 개항으로 막부가 내린 해안 경비 명령에 따라, 각 번이 해안선을 분담하여 경비할 때, 조슈는 가마쿠라 미우라 지역의 해안 경비를 책임지게 되었다. 이에 따라 이토 히로부미는 조슈를 떠나 1년 동안 해안 경비 요원으로 근무하게 되었는데, 거기서 구루하라 료조[11]를 만난다. 구루하라 료조는 그가 만난 두 번째 은인이다. 이토의 재능을 알아본 구루하라는 이토를 따로 불러 교육을 시키고, 해안 경비 근무를 마치고 하기로 돌아갈 때에는 요시다 쇼인 앞으로 소개장을 써 주었다.[12] 1858년 7월 조슈에서 6명의 청년을 교토에

11 구루하라는 기도 다카요시의 이복동생(義弟)인데 이토 히로부미를 총애하여 기도 다카요시에게 추천해주었다. 한편 구루하라는 막부의 제1차 조슈정벌전쟁 당시 번 정부가 막부의 공격을 피하기 위해, 막부의 8·18정변, 금문의 전투 책임자 처벌 요청을 받아들임에 따라, 이에 책임지고 할복했다. 伊藤之雄, 『山縣有朋 : 愚直な權力者の生涯』, 文春新書, 2009, 37~38쪽.

12 이토 히로부미는 8세 때까지 고향 쓰카리에서 글자를 배웠다. 11, 12세경 하기에서 조슈번 자제들이 다니는 한 사립학교(주쿠)를 다녔다. 쇼카손주쿠는 1857년 2월 입학하였다. 당시 70~80명의 학생들이 다니고 있었는데 그중 요시다 도시마로를 제외하고는 이토를 능가하는 학생이 없었다고 한다. 요시다 도시마로는 이케다야 사건 때 자결했다. 伊藤之雄, 『伊藤博文 : 近代日本を創った男』, 講談社, 2009, 24쪽.

영국 유학 직전의 이토 히로부미

파견[13]할 때, 요시다 쇼인의 추천으로 이토도 선발되었다. 그 보다 3살 더 많은 야마가타 아리토모도 이때 선발되었다. 1859년 10월에는 구루하라 료조의 추천으로 뒷날 조슈 존왕양이파의 지도자로 떠오르는 기도 다카요시를 따라 에도로 간다. 기도 다카요시는 이토의 인생을 바꿔준 세 번째 은인이다. 에도에서 그는 평생의 친구이자 동지인 이노우에 가오루도 만난다.

이때 20대 초반의 청년 이토에게 인생의 전기가 되는 사건이 일어난다. 바로 영국 유학이다. 23세 때인 1863년 5월 12일, 이토는 이노우에 가오루 등 4명과 함께 조슈 정부의 지원 아래 영국 유학을 떠난다. 당시 막부는 해외로 나가는 것을 금지하고 있었다. 이 때문에 조슈 정부는 혹시 모를 막부의 책임 추궁을 피하기 위해, 편법으로 이들에게 5년 동안 휴가를 주는 것으로 처리했다. 유학에 필요한 자금은 번주의 하사금 외에 조슈의 양이 결행 자금으로 이토가 보관하고 있던 번 자금 5,000냥을 유용[14]하여 마련하였다. 요코하마와 상해를 거쳐 1863년 9월 23일 영국 런던에 도착했을 때 이토 히로부미는 두 권의 책을 손에 들고 있었다. 일본인이 만든 최초의 영

---

13 1858년 7월에서 10월 초까지 교토에 파견되었다. 교토에서 돌아온 뒤에는 다시 구루하라 료조를 따라 약 20명의 동료들과 함께 나가사키에 가, 1859년 6월까지 포술과 연병술 등을 배웠다.

14 春畝公追頌會, 『伊藤博文伝』上(明治百年史叢書 143卷), 原書房, 2004, 94~104쪽. 당시 막부의 허락 없이 해외로 나가는 행위는, 사형에 해당하는 중죄였다. 따라서 영국에서 해군에 관한 공부를 하고 돌아온 양이를 실천 하겠다는 이 유학생들에게 공금 유용은 일종의 비상수단이었다. 이들은 일본을 떠나기 전에 조슈의 번정을 이끌어가던 4인에게 5명이 연서하여 편지를 보냈다. 한편 이노우에 가오루와 달리 이토 히로부미는 영국 유학 허가를 받은 상태가 아니었다. 때문에 이들은 별도의 탄원서를 써서 이노우에 가오루와 함께 영국으로 유학을 떠나는 사정을 설명하고 영주에게 사후 허가를 요청하였다.

어사전[15]과 라이산요의 『일본정기日本正記』다. 이 5
명의 청년사무라이들은 양이를 실행하기 위해서는
영국을 배워야 한다는 생각으로 죽음을 무릅쓰고 밀
항을 했다. 하지만, 영국에 도착한 뒤 얼마 지나지
않아 이런 생각을 미련 없이 버렸다. 영국의 강대함
과 유럽 선진문명의 실상을 직접 보자 양이 자체가
불가능하다는 것을 깨달았기 때문[16]이다.

막말 지사 시절의 이토 히로부미

　이듬해 초 이토 히로부미와 이노우에 가오루는
조슈가 영국과 전쟁을 할 예정이라는 소식[17]을 우연
히 들었다. 두 사람은 영국과의 무모한 전쟁을 막기 위해서는 서구열강의 실
상을 조슈 지도자들에게 설명하는 길밖에 없다고 판단해 귀국하기로 결심한
다. 다른 세 명은 유학을 계속하기로 하고, 두 사람은 1864년 3월 중순 영국
군함을 타고 런던을 출발하여 6월 10일 요코하마로 몰래 들어온다. 귀국길 역
시 막부에 발각될 경우에는 처형당할 수 있는 일이었다. 이 때문에 이들의 귀
국 결정은 조국의 무모한 전쟁을 막아야 한다는 사명감과 용기가 없이는 불가

15　1862년 막부 양서조소(洋書調所) 교수인 호리 다쓰노스케(堀達之助, 1823~1894)가 만든
　　일본 최초의 영어사전이었다. 호리 다쓰노스케는 막부 말기 막부의 통역사로 1853년 페
　　리 함대와의 교섭을 맡았으며 막부의 양서조소 주임일 때 일본 최초의 영어사전인 『英和
　　對譯袖珍辭書』를 간행했다.

16　伊藤之雄, 『伊藤博文 : 近代日本を創った男』, 講談社, 2009, 38쪽.

17　이들이 영국으로 유학을 떠나기 이틀 전 1863년 5월 10일 조슈번은 양이를 결행했다. 조
　　슈 군함 두 대가 폭풍우로 시모노세키해협으로 대피 중이던 미국상선에 포격하는 것을
　　시작으로 프랑스 군함(5.23), 네덜란드군함(5.26) 등에 계속 포격했다. 이 사건으로 인해
　　이 국가들은 막부에 조슈의 처벌과 손해배상을 요구했지만 협상이 제대로 진행되지 않
　　고 지지부진해지자 영국, 프랑스, 네덜란드, 미국 등 4개국은 연합 함대를 구성해 이듬해
　　8월 5일에서 8일까지 4일 동안 조슈의 시모노세키를 공격했다.

대한제국 황태자 이은과
이토 히로부미(1907년경)

능한 것이었다.

그 뒤 유신과 건국의 중요한 순간마다 이토 히로부미는 항상 그 중심에 있었다. 32세에 공부경이 되었고 45세에 제국 일본의 초대 총리가 되었다. 52세에 제2차 총리, 58세에 제3차 총리, 60세에 제4차 총리를 역임했다. 65세 때인 1905년 초대 조선 통감으로 조선으로 건너왔고 69세 때 만주 하얼빈역에서 안중근 의사에게 암살당했다. 그러나 우리나라와의 악연에도 불구하고 이토 히로부미는 일본 정계의 대표적 유화파이자 협상파[18]였다. 실제로 조선을 군사적으로 점령하고 식민지화하려는 강경파들은 육군성과 참모 본부를 장악하고 있던 야마가타계 군인들과 국수주의 민간단체들이었다.

이토 히로부미는 또한 일본의 근대적인 정치·행정 제도의 마련과 일본 제국 헌법의 제정을 주도하여 근대 일본의 건국에 크게 기여한 인물이다. 미국과 유럽에 장기간 머물면서 독일과 오스트리아 헌법학자들의 강의를 직접 듣고, 일본의 역사적 전통과 현실에 적합하게 서구의 선진 입헌 제도를 도입하는 방안을 찾았다. 이런 측면에서 이토 히로부미는 유신 혁명가일 뿐 아니라 유신혁명 1세대를 이어 일본의 근대화 혁명을 완수한 건국의 주역이었다.

---

18 이토 히로부미가 한국통감에 부임한 것도 일본 국내의 정치 상황에서 보면 현역 군인이 당연히 가야 할 자리를 비군인 출신 원로인 이토 히로부미가 뺏은 것으로 된다. 따라서 육군성과 참모 본부에서는 이토 히로부미의 통감 취임에 대해 불만이 많았다. 또한 이토 히로부미는 조선을 군사적으로 점령하여 식민지화하는 것에 대해 식민지를 운영하는 데 들어가는 재정적 부담 등을 이유로 한동안 반대하고 있었다. 이런 측면에서 일본의 국내의 정치 상황과 연관하여 조선의 강제 점령과 식민지화 과정을 좀 더 세밀하게 검토할 필요가 있다.

입헌정체 수립 조칙(1875)

2) 오쿠마 시게노부의 정당내각제 입헌론과 1881년정변

오쿠마 시게노부(大隈重信, 1838~1922)의 정당내각제 입헌론

유신 정부는 1875년 4월 14일 점진적으로 입헌 제도를 만들겠다는 기본방침(「점차입헌정체의 조칙漸次立憲政体詔勅」)[19]을 발표했다. 이에 따라 입법 자문 기관인 원로원과 대심원이 설치되고, 지방관회의가 개설되었다. 1876년 9월 6일 「점차입헌정체의 조칙」에 따라 국헌國憲초안(헌법초안)을 기초하라는 칙어[20]가 원로원에 내려졌고, 1876년 10월부터 1880년 7월까지 세 차례에 걸쳐 국헌초안[21]이 작성되었다. 그러나 이 국헌초안들은 원로원에 입법권, 행정부

---

19   「立憲政体樹立の詔」(明治 8年 4月 14日), 『伊藤博文關係文書』 書類の部 47, 國立國會図書館.
20   이 칙어에 따라 원로원에서는 고용 미국인 벨벡(Guido Herman Fridolin Verbeck) 등이 외국 헌법을 번역하고 입헌정체에 관한 조사를 시작하였다.
21   1876년 10월에 국헌초안(제1차 국헌안)이 작성되었다. 이 초안은 당시 원로원 간사였던 무쓰 무네미쓰에 의해 작성되었지만 빛을 보지 못하고 폐기되었다. 「日本國憲按」(明治 9年 10月), 『陸奧宗光關係文書』 61-3, 國立國會図書館.

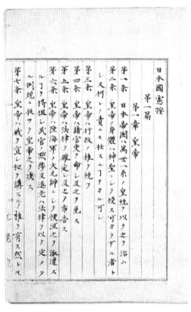

원로원의 「국헌초안」 (1880)   「국회개설을 원하는 상서」 (1879)

탄핵권 등 많은 권한을 부여하여 원로원을 중심으로 입헌정치를 이끌어가려고 구상[22]하고 있었기 때문에, 유신 정부 수뇌부로서는 받아들이기 어려웠다.

이에 이와쿠라 도모미는 국헌초안의 체계가 아직 완전하지 않다는 이유로 거부[23]했다. 이토 히로부미 역시 일본의 국체와 정서人情를 무시한 채 유럽 각국의 헌법을 모아놓은 것에 불과한 것이라고 반대[24]했다. 원로원의 국헌초안은 1880년 12월 28일 결국 폐기되었다.

이와 별개로 1879년 12월 참의 야마가타 아리토모가 국회 개설에 관한 정부 입장을 빨리 정해야 한다는 국회 개설 상주안을 제출했다. 자유민권운동[25]이 거세게 일어나 국회 개설 청원서를 제출하려는 움직임[26]을 보이고 있

22   방광석, 『근대일본의 국가체제 성립과정』, 혜안, 2008, 80쪽.
23   위의 책, 81쪽.
24   春畝公追頌會, 『伊藤博文伝』 中(明治百年史叢書 144卷), 原書房, 2004, 188~189쪽.
25   1877년 도사번의 입지사가 교토에서 민선의회 설립과 입헌정체 수립을 천황에게 건의했

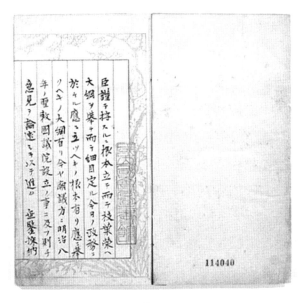

오쿠마 시게노부의 「헌법안상주문」(1881)

었고 이에 맞서 정부도 독자적인 안을 만들 필요성이 있었다. 1880년 2월 태정대신 산죠 사네토미 등 세 대신은 참의들에게 원로원의 국헌초안과는 상관없이 각자 헌법안을 만들어 제출할 것을 지시했다. 당시 참의에는 가와무라 스미요시川村純義, 구로다 기요타카, 소에지마 무네요리, 야마가타 아리토모, 야마다 아키요시山田顯義, 이노우에 가오루, 오키 다카토, 오쿠마 시게노부, 이

다. 1879년 11월에는 오사카에서 애국사 3차대회가 있었다. 이들은 천황에게 국회개설 청원서(國會開設願望書)를 제출하기로 결의하고, 1880년 3월 전국의 2부 22현에서 8만 7,000명을 대표한 114명의 대표가 참석한 가운데 제4차 대회를 개최했다. 여기서 애국사는 명칭을 국회기성동맹으로 바꾸고 국회 개설 청원서를 제출하였다. 1880년 11월에는 도쿄에서 국회기성동맹 2차 대회가 개최되었고, 3차 대회가 개최되는 1881년 10월 각 정치 결사체 별로 헌법에 관한 의견을 작성하여 제출하기로 했다. 1880년 한 해 동안 88건의 국회 개설 청원 관련 운동이 일어났다.

26 「國會ヲ開設スル允可ヲ上願スル書」(明治 13年 4月), 『河野廣中關係文書』 書類の部 168, 國立國會図書館. 이 「국회개설청원서(國會ヲ開設スル允可ヲ上願スル書)」는 마쓰자와 교사쿠(松澤求策)·나가타 이치지(永田一二) 등 두 명이 기초하였고, 고노 히로나카(河野廣中)와 가타오카 겐키치(片岡健吉)가 서명인들을 대표하여 봉정위원으로 이 문서를 태정관과 원로원에 제출하였다. 하지만 정부는 청원권을 인정하지 않고 각하하였다.

토 히로부미 등 모두 9명이 있었다. 이에 따라 1881년 5월까지 참의들의 의견서가 제출되었는데 오쿠마 시게노부의 의견서로 인해 큰 논란이 발생한다.

오쿠마 시게노부는 수석참의였는데, 의견서 제출을 계속 미루다가 좌대신 아리스가와노미야 다루히토(有栖川宮熾仁) 좌대신의 독촉을 받고서야 제출했다. 그런데 그의 의견서[27]는 매우 급진적인 내용을 담고 있었기 때문에 정부 안에서 이를 둘러싼 의견대립이 일어나고 급기야 정변으로 이어진다.

1881년 정변

당시 정부 안에는 오쿠마의 정당내각제 입헌론을 포함하여 이토 히로부미의 프러시아형 입헌론, 사사키 다카유키(佐佐木高行)가 이끄는 궁중 그룹의 천황친정입헌론[28] 등 크게 세 종류의 입헌론이 있었다. 이런 상황에서 1881년 정변은 두 가지 의미를 가지고 있다.

우선 유신 정부 안에서는 사쓰마, 조슈 출신 수뇌부가 궁중 그룹과 연합하여 오쿠마파를 축출하고 정권을 완전히 장악하는 계기가 되었다. 그 뒤 사쓰마, 조슈 두 번은 자신들의 구상대로 입헌 제도를 완성해간다. 그 다음으로 유신 정부는 1890년에 국회를 개설한다는 천황조칙을 발표함으로써 자유민권 운동에 대한 주도권도 장악한다. 국회 설립을 요구하던 자유민권파들은 이로 인해 반정부 투쟁의 원동력을 잃어버린다.

그럼 오쿠마 시게노부의 입헌 체제에 관한 의견서와 이로 인해 초래된 1881년 정변에 관해 자세히 알아보자. 오쿠마의 의견서는 모두 7개 항목으로

---

27 「大隈重信の上奏文」(明治 14年 3月), 『伊藤博文關係文書』書翰の部 502, 國立國會図書館.
28 궁중 그룹의 천황친정(군주친재)은 입헌군주제의 천황이 아니라 절대적이고 초법적인 천황을 상정하고 있었다.

구성[29]되어 있다. 헌법 제정과 국회 개설을 신속히 할 것, 영국식 정당내각제를 채택할 것 등이 주요 내용으로 포함되어 있다. 이 중 헌법 제정과 국회 조기 개설은 이전에도 여러 그룹이 제기한 것이었다. 문제가 된 것은 영국식 정당 내각제와 입헌제도의 조속한 도입이었다.

오쿠마는 자신의 의견서를 제출한 바로 다음 해인 1882년 말에 선거를 시행하여 의원을 선출하고 그다음 해인 1883년에 국회를 개설하자고 주장[30]했다. 국회를 개설하기 위해서는 각종 법령과 행정적 준비에 많은 시간이 필요하다. 선거를 하기 위해서는 정당도 설립되어야 하고 선거와 투표에 관한 준비도 단기간에 가능한 것은 아니었다. 더욱이 이 모든 일들은 일본에서 처음 시행하는 제도로 간단한 문제가 아니었다.

이것보다 더 심각하게 받아들여졌던 문제는 영국식 정당내각제를 채택하자는 주장이었다. 1881년 정변이 일어난 핵심적인 이유도 여기에 있었다. 당시 유신 정부의 핵심 수뇌부들은 대부분 천황을 중심으로 하는 입헌군주제를 암묵적으로 상정하고 있었는데 오쿠마의 안은 이를 정면으로 부인하는 것이었다. 더욱이 당시 이토 히로부미를 비롯한 유신 정부의 지도자들은 자유민권운동가들이 결성한 민간단체나 정당과 같은 정치 결사체를 공적 역할이 아니라 사적 이익을 추구하는 집단으로 보고 있었기 때문에, 의회에서 다수를 차지한 정당의 대표가 행정부를 장악하는 영국식 정당내각제를 부정적으로

---

29 「第一 國議院開立の年月を公布せらるへき事, 第二 國人の興望を察して政府の顯官を任用せらるへき事, 第三 政党官と永久官とを分別する事, 第四 宸裁を以て憲法を制定せらるへき事, 第五 明治十五年末に議員を撰擧し十六年首を以て議院を開くへき事, 第六 施政の主義を定むへき事, 第七 總論大隈重信の上奏文(明治 14年 3月)」, 『伊藤博文關係文書』書翰の部 502, 國立國會図書館. 오쿠마의 입헌정체의견서는 태정관 대서기관 야노 후미오(矢野文雄)가 초안을 잡고 회계검사원 검사관 오노 아즈사(小野梓)가 가필하여 작성하였다.

30 大隈重信の上奏文 第五, 「明治十五年末に議員を撰擧し十六年首を以て議院を開くへき事」.

보고 있었다.

거기에다 이들은 오쿠마의 의견서를 순수한 의견서로도 받아들이지 않았다. 이들은 오쿠마가 영국식 정당내각제를 통해 유신 정부를 타도하고 새로운 정부를 세우려는 음모를 꾸미고 있다고 생각했다. 이 때문에 사쓰마, 조슈 출신 관료들은 더욱더 강력하게 반발하였다. 이토 히로부미는 사직서까지 제출했다. 오쿠마가 자유민권파와 연대하여 삿초 정부를 전복하려 한다는 음모론도 유포되었다. 이처럼 오쿠마의 입헌정체 의견서로 인해 불거진 정부 안의 갈등은, 입헌 제도에 관한 의견차이도 있었지만, 유신 정부의 실권을 장악하고 있는 사쓰마, 조슈파와 오쿠마파 사이의 권력 투쟁이라는 측면이 더 컸다.

오쿠마의 의견서를 실제로 작성한 인물은 야노 후미오와 오노 야즈사 등이다. 이들은 사쓰마, 조슈 출신 관료들이 공의 여론 정치를 약속한 「5개조서약문」을 무시하고 사사로이 일본을 독점하고 있으며, 삿초 독재를 타파하고 인민을 위한 정치 개혁을 실행할 수 있는 인물로는 오쿠마밖에 없다고 생각했다.[31]

하지만 이들이 주장한 영국식 정당내각제는 천황의 권능을 부정하는 것으로서, 자유민권운동가로 변신한 사람들조차 꺼낸 적이 없었던, 매우 급진적인 주장이었다. 오쿠마의 의견서는 이처럼 메이지유신의 혁명 이념이자, 유신 정부가 정통성의 근거로 삼고 있는 천황의 권능을 정면에서 부정하는 것이었다.

엎친 데 덮친 격으로 이때 홋카이도개척사[32]의 관유물불하開拓使官有物拂

---

31 방광석, 『근대일본의 국가체제 성립과정』, 혜안, 2008, 98~99쪽.
32 개척사는 홋카이도 등 북방 지역을 개척하기 위해, 1869년 7월부터 1882년 2월까지 존속하였던 관청이다. 구로다 기요타카가 러시아에 대항하여 국력을 충실히 하기 위해서는 홋카이도를 개척하는 것이 필요하다고 건의하여 1871년 8월 19일 10년 동안 1,000만 엔의 예산을 투입하는 개척사 10개년 계획이 확정되었고, 구로다 기요타카가 장관으로 취임했다.

$\overline{}$[33] 사건도 터졌다. 이 사건은 홋카이도 개발을 담당해온 개척사가 폐지되면서, 그동안 1,410만 엔을 투자하여 설치한 각종 시설과 설비를 민간회사에 38만 7,000엔밖에 되지 않는 낮은 가격에 불하해 불거졌다. 불하받은 회사는 개척사장관 구로다 기요타가와 같은 사쓰마 출신의 고다이 도모아쓰五代友厚가 경영하는 간사이무역상회였다.

이 사건은 정부의 고위관료와 기업가가 부정하게 결탁하여 저지른 부정부패사건이면서 사쓰마・조슈 번벌정권의 폐해가 드러난 사건이었다. 자유민권파들은 전국 각지에서 연설회를 개최하여 정부를 공격하면서, 입헌정체야말로 번벌정치의 폐해를 제거할 수 있는 유일한 길이라고 주장했다.[34] 오쿠마는 자신이 대장경으로 있을 때 관유물불하규칙을 만들었기 때문에 번벌정권에 비판적인 국민여론을 업고 정부 안에서 이를 강하게 비판했다. 오쿠마의 입헌정체에 관한 의견서에서 출발한 정부 안팎의 권력투쟁은 상승기류를 타고 절정을 향하고 있었다.

이 시기 유신정부는 이와쿠라 도모미와 이토 히로부미가 이끌어가고 있었다. 이토 히로부미는 오쿠마를 정부에서 축출하기로 결심하고 이와쿠라 도모미의 협력을 얻어 행동을 개시했다. 여기에 사사키 다카유키 원로원 부의장을 중심으로 하는 궁중그룹이 가세했다. 궁중그룹은 그 전부터 천황친정을 실현하기 위해서는 내각을 실질적으로 지배하고 있는 참의의 권한을 축소하

---

33 10년 계획이 끝날 때쯤인 1881년 개척사 폐지 방침이 확정되자 구로다는 개척사 사업을 계승시키기 위해 부하관리를 퇴직시켜 홋카이사라는 기업을 설립하고 관유시설, 설비 등을 싼 가격으로 불하하려고 했으나 자본이 부족하여 실패하자 간사이무역상회에 불하하였다. 불하대상은 선박, 창고, 탄광, 맥주 공장, 사탕 공장 등으로 총 1,400만 엔이 투입되었는데 불과 39만 엔(30년 무이자)으로 불하했다.
34 방광석, 앞의 책, 2008, 125쪽.

고 원로원의 기능을 강화해야 한다고 주장하고 있었다. 이를 위해 이들은 참의를 폐지하는 정부조직 개편안을 관철시키려고도 했으며 최종적인 목표는 자유민권론자와 사쓰마, 조슈 번벌을 모두 제거한 뒤 천황친정을 확립하는 것이었다. 그런데 오쿠마 사건이 터지자 이들은 사쓰마, 조슈 번벌보다도 오쿠마파가 더 위험하다고 판단해 이토 히로부미와의 협력에 나선 것이었다.

궁중그룹은 자유민권파들이 언젠가는 천황제를 폐지할지도 모른다는 위기의식을 가지고 있었다. 사사키 다카유키가 아리스가와노미야에게 에드먼드 버크의 『프랑스혁명에 관한 성찰』 일본어 번역본을 주면서 프랑스대혁명의 폐해를 참고하라고 한 사실[35]은 자유민권파에 대한 이들의 위기의식이 얼마나 심각했는지를 잘 보여준다. 오쿠마 축출이라는 공동 목표를 앞두고 궁중그룹과 이해관계가 완전히 일치되자 사쓰마, 조슈 출신의 관료들은 궁중그룹의 입헌안 중 일부분을 받아들이는 선에서 이들과 타협한 뒤 공동으로 행동을 개시했다.

한편 유신 정부의 수뇌부는 오쿠마의 의견서가 제출된 시점까지도 아직 명확한 입헌 체제 구상을 가지고 있지 않았다. 유신의 이념인 천황제 통일 국가를 만들어야 한다는 구상 정도만 가지고 있었을 뿐이다. 이에 유신 정부의 수뇌부들도 헌법안을 마련하는 작업에 착수했다. 1881년 6월 우대신 이와쿠라 도모미가 이노우에 고와시에게 헌법에 관한 의견서를 작성하도록 지시하였고, 이노우에 고와시는 외무성 법률고문인 독일인 헤르만 뢰슬러*Hermann Rösler, 1834~1894*[36]의 자문을 얻어 프러시아 헌법을 기초로 한 헌법의견서를

---

35   위의 책, 104쪽, 각주 70 참조.
36   Karl Fridrich Hermann Rösler, 1834~1894. 뢰슬러는 1878년 외무성 공법고문으로 방문하였다. 그 뒤 이토 히로부미의 신임을 얻어 제국헌법, 상법 초안 작성의 핵심 멤버로 활약했다. 보수적 성향으로 국가의 권한을 강조하는 한편 법치주의와 입헌주의 원칙을 중요시했다.

이와쿠라 도모미의 「헌법의견서」(1881)

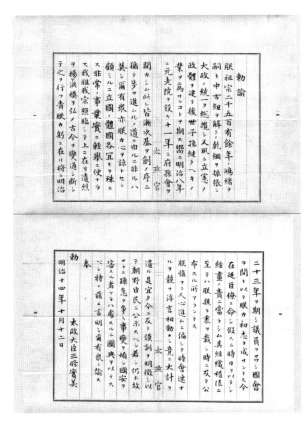

국회개설칙유(1881)

작성하였다. 이것이 바로 이와쿠라의 「헌법의견서」[37]다. 이 의견서는 입헌론에 관한 정부의 공식적 방침으로 결정되어 일본 제국 헌법의 기본 뼈대를 이루게 된다.

1881년 정변은 오쿠마파가 눈치 채지 못하도록 은밀하게 진행되었다. 1881년 10월 10일 오쿠마를 배제한 채 어전회의가 열렸고, 여기서 7명의 참의가 서명한, '입헌 정체에 관한 상주문'이 제출되었다. 이어 오쿠마를 해임하고, 1890년에 국회를 개원한다는 조칙이 발표[38]되었다.

한편 오쿠마는 유신 정부에서 축출된 이듬해 10월 21일 법학, 정치경제학, 영문학, 물리학 4개학과를 둔 도쿄전문학교를 설립하였다. 1902년 이 대학의 이름을 자신이 자란 마을의 이름을 따 와세다로 바꿨다. 일본의 사학 명문 와세다대학은 이렇게 탄생했다. 오쿠마는 정부를 떠난 뒤 입헌개진당, 진보당, 헌정당, 헌정본당 등을 창당하였고, 1898년 일본 최초의 정당 내각인 오쿠마 내각을 결성하여 총리에 취임하였다. 1922년 세상을 뜨기 전까지 총리 2차례, 외무대신 5차례, 내무대신 2차례, 농상무대신 1차례를 역임했다. 근대 일본사에서 오쿠마는 말 그대로 오뚝이 같은 인물이었다.

---

37 「憲法中綱領之議」(明治 14年 6月), 『伊藤博文關係文書』 書類の部 229, 國立國會図書館. 이와쿠라의 헌법의견서는 흠정헌법을 뼈대로 점진주의를 취하고 있으며, 프러시아를 모델로 내각은 국회와 거리를 두고 독립성을 유지하는 이원제를 채용하고 있다. 그밖에 제한선거를 채택하고 있는 것 등 많은 내용이 제국헌법에 반영되었다. 1881년 7월, 이 의견서를 기초로 작성된 대강령(大綱領)이 천황에게 상주되었다.

38 이날의 조칙에는 개척사 불하처분을 중지한다는 내용도 함께 발표되었다.

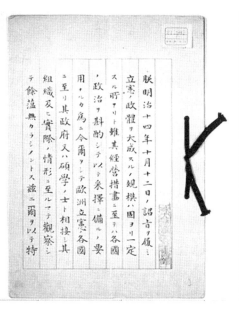

조칙(1881.10.12)

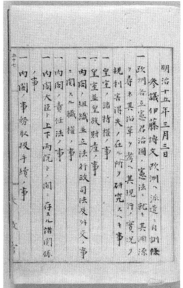

훈령

朕明治十四年十月十二日ノ詔言ヲ頒チ
立憲ノ政體ヲ大成スルノ規模ハ固ヨリ一定
スル時アリト雖其經營措畫ニ至テハ各國
ノ政治ヲ斟酌シテ采擇ニ備ルヲ要
用ナルカ為ニ合爾シテ歐洲立憲各國
ニ至リ其政府入ハ碩學ノ士ト相接シ其
組織及ヒ實際ノ情形ニ至ルマテ觀察シ
テ餘薀無カラシメントス玆ニ爾ヲ以テ特

明治十五年三月三日
参議伊藤博文歐洲ヘ派遣シ別紙
ノ條々各立憲君治國ノ憲法ニ乾ル其組條
ヲ尋ネ其沿革ノ其現行ノ實况ヲ
視利害得失ノ在ル所ヲ研究スヘキ事
一皇室ト諸憲ノ權力ノ事
一皇室並皇族ノ財産ノ事
一内閣ノ組織並立法行政司法及外交ノ事
一内閣ノ責任法ノ事
一内閣ノ職權ノ事
一内閣大臣ト上下両院ノ間ニ存スル諸關係
ノ事
一内閣ノ事務取扱手續ノ事

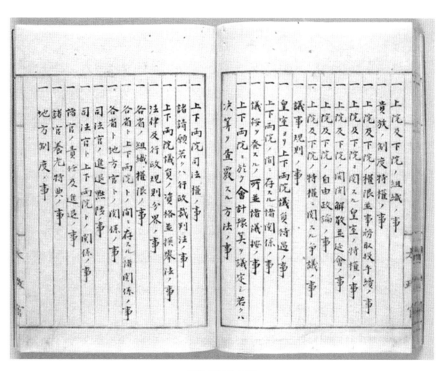

훈령(1882.3.3)

유럽입헌제도 조사에 관한 조칙과 훈령

3) 유럽 입헌 제도 조사와 대일본 제국 헌법

이토 히로부미의 유럽 입헌 제도 조사

1881년 정변으로 입헌 제도의 기본 방향은 프러시아형 제도로 가닥이 잡혀갔지만 문제는 구체적 내용이었다. 기본 방향이 아무리 좋다고 하더라도 일본의 역사와 전통 그리고 문화에 맞아야 했기 때문이다.

이러한 상황에서 이토 히로부미는 원로원 의장 데라시마 무네노리寺島宗則의 발의로 유럽의 헌법 제도를 조사하러 떠난다. 그동안 자유민권파의 헌법 제정과 국회 개설 운동, 원로원이나 참의들의 입헌 체제 의견서, 1881년 정변 등 입헌 제도의 방향과 관련한 많은 논의와 사건들이 있었고, 1890년까지 국회를 개설한다는 조칙도 발표했기 때문에 이제는 입헌 제도에 관한 구체적 준비가 필요했다.

1882년 3월 3일 천황은 참의 이토 히로부미에게 유럽 여러 나라의 입헌 제도와 실제 운용 현황을 조사하고 오라는 칙어와 31개의 조사 항목을 구체적으로 열거한 훈조訓條[39]를 내렸다. 3월 14일 이토 히로부미는 9명의 수행원을 데리고 일본을 출발해 이듬해 8월 3일 귀국할 때까지 베를린, 빈, 파리, 런던 등 유럽의 여러 도시에서 입헌 제도에 관해 조사했다. 그는 유신 정부 수뇌부 중에서도 해외사정에 매우 밝은 문명개화론자였다. 1863년 5월(23세) 조슈의 비밀 유학생에 선발되어 영국 런던을, 메이지유신 직후인 1871년(31세)에는 선진국가의 화폐 제도를 조사하기 위해 미국을, 1872년(32세)에는 이와쿠라

---

39 「立憲政体調査につき特派理事欧洲派遣の勅書」(明治 15年 3月 3日), 『伊藤博文關係文書』書類の部 209, 國立國會図書館. 일본역사자료센터, A03022938400, 件名 : 參議伊藤博文へ勅語並ニ歐洲派遣ニ付訓條.

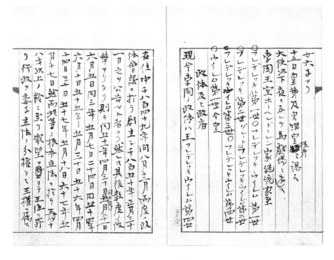

이토 히로부미의 「외유일기」

사절단과 함께 구미 12개국을 방문했다. 유럽 입헌 제도 조사는 제국헌법의 기본 방향과 구체적 내용을 조사하기 위한 것으로서, 근대 일본의 건국 과업에서 가장 핵심적인 일이었고, 유신 변혁 이후 끊임없이 달려온 그의 인생에서도 가장 심혈을 기울였던 일이었다.

이토 히로부미는 베를린에 도착한 뒤 재독 일본공사 아오키 슈조青木周藏의 소개로 베를린 대학의 저명한 법학자 그나이스트Rudolf von Gneist, 1816～1895를 만났다. 그러나 그나이스트는 일본의 국회 개설 방침에 부정적이었을 뿐만 아니라 의회가 군사와 재정에 관여할 수 없도록 해야 한다는 등 입헌군주제와는 맞지 않는 주장을 했다. 그나이스트의 헌법인식은, 강력한 전제군주였던 빌헬름 1세의 인식과 같은 것이었다. 당시 독일 제국은 빌헬름 1세가 지배하는 전제군주국이었고 비스마르크가 총리로 있었다. 빌헬름 1세는 1862년 의회가 군비 확장 예산을 반대하자, 비스마르크를 총리에 임명[40]하여 의회와

---

40   비스마르크는 취임 첫 연설에서 "현재의 큰 문제는 언론이나 다수결에 의해서가 아니라 철과 피에 의해서 결정된다"라고 선언해, 철혈재상이라고 불렸다.

대립하면서 군비 확장을 추진하였고, 이를 바탕으로 보오전쟁에서 오스트리아에 승리한 뒤 독일 제국을 건설한 인물이다.

빌헬름1세의 입장에서 보면 의회와 대결하면서 추진한 팽창 정책 덕분에 많은 소국가들로 쪼개져 있던 독일을 통일시키고 유럽의 강대국으로 떠오를 수 있었다. 그는 포츠담 궁전을 방문한 이토 히로부미에게 국회 개설은 바람직하지 않지만 만약 어쩔 수 없이 국회를 개설해야 한다면, 의회의 승인이 없더라도 예산을 편성할 수 있는 대안을 마련할 필요가 있으며, 예산승인권을 국회에 부여하는 규정은 뒷날 내란을 조성하는 원인이 될 수 있다고 조언했다.[41]

유신혁명 이후 입헌체제에 관한 다양한 논의와 여러 차례의 정변을 겪으면서 입헌군주제 헌법으로 방향을 잡고 있던 이토 히로부미는 그나이스트나 빌헬름 1세의 조언에 동의할 수 없었다. 그렇지만 그는 그나이스트의 제자 앨버트 모스[42]Issac Albert Moss, 1846~1925로부터 프러시아 입헌 정체의 연혁, 국왕의 행정권, 왕위 계승 순서, 귀화법, 국민의 권리와 의무, 지방자치 제도, 의원조직, 양원의 관계, 법률과 칙령, 사법 조직, 내무경찰 등 독일 헌법학의 전반에 걸친 강의를 열심히 들었다.[43] 모스의 강의는 모두 44회에 걸쳐 진행되었으며 아오키 공사가 독일어를 일본어로 번역하고 이토 미요지伊東巳代治가 필기했다. 그 가운데 23회의 강의노트필기본이 지금도 남아 있다.[44]

---

41 방광석, 앞의 책, 2008, 144쪽.
42 모스는 베를린 재판소 판사를 역임한 뒤 재독일본대사관 고문으로 근무했다. 헌법제도 조사를 위해 방문한 이토 히로부미 등에게 강의를 했으며 1886년 일본을 방문했다. 헌법 제정, 지방제도 수립에 많은 기여를 했기 때문에 메이지헌법의 아버지라고도 불린다. 귀국 후 쾨니히베르크 고등재판소 판사, 베를린대학 교수를 지냈다.
43 위의 책, 145쪽.
44 위의 책, 145쪽, 각주 19. 일본 국립국회도서관 이토 미요지 관계문서목록 45『某設氏講義

이토 히로부미가 입헌 제도의 구체적 내용에 관
해 가닥을 잡기 시작하는 계기는 빈에서 로렌츠 폰
슈타인*Lorenz von Stein, 1815～1890* 빈 대학 교수를 만난
뒤부터다.[45] 슈타인은 당시 국가학, 행정학, 사회학
의 대가였을 뿐 아니라 일본에 관해서도 많은 호감
을 가지고 있었다. 이토는 1882년 8월 8일 슈타인
을 만난 지 사흘 뒤인 8월 11일 이와쿠라 도모미에
게 보내는 편지에서, "그나이스트와 슈타인 두 선

로렌츠 폰 슈타인

생을 만나 국가 조직의 큰 줄기를 이해하였으며, 황실의 기초를 튼튼히 하고,
대권을 잃지 않을 수 있는 방안을 찾았다"고 보고한 뒤 "영국, 미국, 프랑스 자
유과격론자의 저술을 금과옥조처럼 맹신하여 국가를 위태롭게 하려는 세력
을 물리칠 수 있는 수단과 도리를 얻었다"[46]고 자신 있게 이야기 하고 있다.

이 편지를 보면 이토가 입헌 제도를 준비하면서 가장 고심했던 부분이 무
엇이었는지를 잘 알 수 있다. 이토는 다른 무엇보다도 영국, 미국, 프랑스의
정당내각제나 공화주의 입헌 제도를 맹목적으로 신봉하면서 이를 일본에 도
입하려는 자들에 대항해, 천황과 황실의 기초를 튼튼하게 뿌리 내릴 수 있는
제도를 찾고 있었다. 동시에 이토는 독일과 같은 전제군주국의 입헌 제도는
일본에 바람직하지 않은 제도라고 생각하였다. 국회에 예산승인권을 부여하
면 정부가 국회에 종속되어, 결국 군주제를 폐지하고 공화정치로 나아갈 것

　　　筆記』(5권)으로 남아 있다.
45　슈타인 교수의 강의노트 필기본도 남아 있다. 일본국립국회도서관 이토 미요지 관계문서
　　목록 43 『斯丁氏講義筆記』(3권). 슈타인 교수는 킬(Kiel)대학 재직 중 슐레스비히 홀스타인
　　의 독립운동에 관여하다 추방된 뒤 빈 대학에서 국법・재정학자로 자리 잡고 있었다.
46　春畝公追頌會, 『伊藤博文伝』 中(明治百年史叢書 144卷), 原書房, 2004, 296～297쪽.

으로 보는 빌헬름 1세의 견해는 궁중 그룹의 천황친정주의 헌법안과 다름없었다. 국회 개설은 일본의 실정에 맞지 않을 것이라는 그나이스트와 빌헬름 1세의 공언에도 불구하고 이토 히로부미는 이때 이미 독일 헌법을 뛰어넘어 입헌군주제에 관한 구상을 하고 있었던 것이다.

슈타인과의 만남을 통해 이토 히로부미는 영국, 미국, 프랑스식의 공화주의도 아니고 독일식의 전제 정치도 아닌 일본의 역사와 전통, 문화에 맞는 입헌군주제의 길을 찾으려고 했다. 그것은 군주대권과 행정권을 분리한 바탕 위에서 군주, 행정, 의회 세 국가기관이 균형을 이루는 입헌군주제였다.

입헌 체제의 기본 방향을 이렇게 잡은 뒤 이토 히로부미는 국가 기구의 세부적 형태와 의회의 조직, 선거 방법, 지방자치 제도, 선거 제도 등 정부 기관과 실제 백성들이 생활하는 사회를 연결하는 정치 과정actual politics에 관한 조사를 시작하였다. 아무리 뛰어난 헌법과 입헌 제도를 갖추더라도 그것을 뒷받침할 수 있는 행정 제도와 지방자치 제도, 선거 제도 등이 없으면 아무런 소용이 없기 때문이었다.

베를린에서 슈타인과 모세의 강의가 모두 끝난 것은 1883년 2월 9일이었다. 이후 이토는 영국 런던에서 각국의 입헌 제도에 관한 조사를 2개월 정도 더 하면서 영국 법률학자인 그리그스피로부터 영국의 입헌 정치에 관한 강의를 들었다.[47] 1883년 5월 27일 러시아 황제 니콜라이 1세의 대관식에 참석한 뒤, 6월 26일 나폴리를 출발해 8월 3일 요코하마에 도착했다. 이토 히로부미의 유럽 입헌 제도 조사는 이와쿠라사절단에 견줄 수 있는 또 하나의 대장정이었다. 1년 5개월 동안의 유럽 입헌 제도 조사를 마치고 일본으로 돌아온 이

---

47 방광석, 앞의 책, 2008, 156쪽.

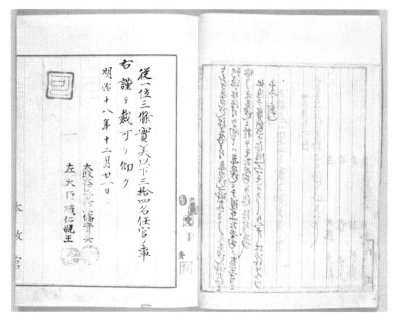

일본 초대 내각 임명 문서(1885.12)

토 히로부미는 곧바로 헌법초안 작성에 관한 준비를 하는 한편 헌법 공포 전에 미리 시행되어야만 하는 입헌 제도의 수립과 제도개혁에 나섰다.

　먼저 궁중 개혁과 화족제 창설, 내각제 수립[48] 등과 같은 국가 기구의 개혁을 단행하였고, 1887년 여름부터 비밀리에 헌법초안[49]을 기초하기 시작해 1888년 4월 27일 총 7장 76개조의 제국헌법안을 천황에게 제출하였다. 그 뒤 천황의 자문기관으로 추밀원을 설치해, 1888년 6월 18일부터 헌법초안을 심의하였다. 추밀원에서 모두 3번의 회독을 거친 뒤 1889년 2월 5일 제국헌법과 황실전범, 의원법, 중의원의원선거법 및 귀족원령의 정사본淨寫本[50] 교정을 거쳐, 2월 11일 마침내 대일본 제국헌법이 공포되었다. 이 제국헌법에 따

48　「內閣職權」(明治 18年 末頃), 『牧野伸顯關係文書』 書類の部 c101, 國立國會図書館.
49　『伊東巳代治關係文書』 329, 國立國會図書館.
50　「大日本帝國憲法 淨寫三月案」(明治 21年 3月), 『伊藤博文關係文書』 書類の部 233, 國立國會図書館.

제국헌법 3월안(1888.3) 제국헌법 나쓰지마 초안(1887.8)

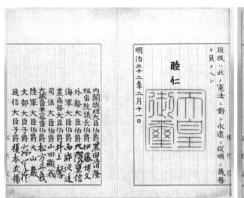

대일본제국헌법(1889.2.11)

라 1890년 11월 29일 제1회 의회가 열렸다.

왕정복고 쿠데타로 신정부를 수립한 지 21년 만에, 일본은 마침내 근대적
인 입헌 국가를 수립한다. 유신혁명의 주체 세력들이 설정했던 자주독립과
근대국가의 수립이라는 혁명 목표도 거의 완수되었다. 뒤이어 근대적 시장
경제 제도가 뿌리 내리고 산업혁명이 일어났다. 오늘날 일본인들이 가장 자
랑스럽게 생각하는 메이지 시대의 황금기가 시작되었다.

2. 불평등조약의 개정과 '자주독립'

1) 근대 국제 정치 질서와 불평등조약 체제

유럽은 18세기 말부터 19세기 초에 걸쳐 근대적 주권국가 사이의 군사적 충돌을 피하기 위한 국제 정치 질서를 마련한다. 독립된 근대국가로 인정하는 주권 국가끼리는 대등한 국제 관계를 원칙으로 서로 외교사절을 파견하고 우호통상조약을 체결했다. 미합중국이 영국으로부터 독립한 뒤에는 신대륙에도 이러한 국제 정치 질서를 적용하였다. 그러나 아시아 국가들은 독립적인 근대적 주권 국가로 인정하지 않았고, 같은 국제 정치 질서를 적용할 생각도 전혀 없었다.

한편 동아시아 국가들은 19세기 이전까지 국가 대 국가의 전면적인 외교 관계에 별 관심이 없었다. 네덜란드, 스페인, 포르투갈 등 유럽 국가들과 제한된 통상 관계에 만족하고 있었으며, 유럽의 상인들도 마찬가지였다. 18세기 중반 이후 영국에서 시작된 산업혁명이 유럽으로 확산되면서 생산력이 급속히 팽창하자, 서구열강들은 동아시아 지역 국가들을 강제적으로라도 개방시켜 상품시장과 원료의 공급지로 이용하려고 했다. 하지만 이들은 아시아 국가들은 근대적 주권국가가 아니라고 보았기 때문에 서구에서 확립된 근대적 국제정치질서와는 상관없이 증기군함과 장거리 대포 등 군사력을 앞세워 불평등한 조약의 체결을 강요했다.

청은 아편전쟁과 애로우호 전쟁에서 패배한 뒤 난징조약(1842),[51] 톈진조약(1858),[52] 베이징조약(1860)[53]을 체결해 주요 연안도시와 양자강 상류지역 도시

일미수호통상조약(외무성 외교 사료관 소장)

들을 개방하였고, 도쿠가와 막부 역시 이들의 군사적인 위협 앞에 1858년 서

양5개국과의 불평등한 수호통상조약(안세이5조약)[54]을 체결할 수밖에 없었다.

51 난징조약에서 청은 홍콩 섬을 영국에 할양하고, 광저우(廣州), 샤먼(廈門), 푸저우(福州),
   닝보(寧波), 상하이(上海) 등 다섯 개 항구를 개항했다. 또한 개항장에 영국인 가족의 거
   주를 허용하고, 영사(領事) 설치 및 조계를 허용했다.

52 애로우호 전쟁에서 패배한 청은 영국과 프랑스에 대해 전쟁비용에 대한 배상금 외에도
   외교관의 베이징 주재, 외국인의 중국 여행과 무역의 자유 보장, 기독교 포교의 자유와
   선교사 보호, 난징 등 장강 연안과 대만 등의 10개 항구의 개항을 요구했다. 그러나 청은
   이러한 불평등 조약을 강하게 비난하면서 비준을 거절했다. 이에 영국, 프랑스 연합군은
   다시 톈진에 상륙하여, 베이징까지 점령하고 방화와 약탈을 자행했다. 러시아의 중재로
   1860년의 베이징 조약이 체결되어 톈진의 개항과 외국 공사의 베이징 주재, 주룽반도의
   영국 할양이 추가되었다. 톈진조약은 러시아(1858.6.13), 미국(1858.6.18), 영국(1858.6.26),
   프랑스(1858.6.27) 등 서구 열강들과 각각 체결되었지만 북경조약이 체결될 때까지 이행
   되지 않았다.

53 베이징조약에서 청은 홍콩 섬 맞은편의 주룽 지역을 1860년 10월 24일부터 영국에 할양
   하고 톈진을 개항하였다. 러시아에게는 아이훈 조약(1858년)으로 헤이룽 강(黑龍江) 이
   북지역을 넘겨준 데 이어 이 조약으로 연해주까지 할양하였다. 또한 외교사절의 주재도
   허용했다.

54 일미수호통상조약의 정식명칭은 日本國米利堅國修好通商條約이다. 양력 1858년 7월 29

남경조약체결식(Jonh Platt, 1842)

그럼 안세이5조약의 불평등조항이 구체적으로 어떤 내용을 가지고 있는지 한 번 알아보자. 안세이5조약은 가장 먼저 체결된 일본과 미국 간의 일미수호통상조약을 모델로 체결되었기 때문에 이를 중심으로 살펴보도록 하겠다. 일미수호통상조약은 본문 14개조와 부속 무역장정7개조로 구성되어 있다. 안세이5조약을 불평등조약이라고 부르는 이유는 크게 다음과 같은 세 조항 때문이다.

첫째는 영사재판권[55]의 인정이다. 영사재판권은 조약 제4항에 규정되어 있다. 한 나라의 사법주권을 제약하는 대표적인 조항이 바로 영사재판권의 인정이다. 미국은 풍속의 차이, 근대적 형법과 재판절차의 미비, 감옥의 열악

일(음력 안세이 5년 6월 19일) 체결되었다. 조약문에는 이노우에 기요나오와 이와세 다다나리가 서명했지만, 조약비준 원문에는 미나모토 이에모치 즉 14대 쇼군 도쿠가와 이에모치가 서명했다. 1899년 7월 17일 일미통상항해조약이 발효되면서 일미수호통상조약은 실효되었다. http://www.jacar.go.jp/goshomei/djvu/18580729001/index.djvu 참조.

55 영사재판권은 치외법권은 전혀 다른 개념으로 구별되어야 한다. 치외법권은 일정 지역 안에 상대국의 주권이 전혀 미치지 않는 것을 의미하는 것에 반해 영사재판권은 단순히 자국국민이 상대국 내에서 피고인의 위치에 섰을 때에 한정하여 상대국의 법정에서 을국의 법률에 따라 재판을 받는 대신에 자국의 법정에 출석하여 자국의 법률에 따라 재판을 받는 것을 말한다. 무쓰 무네미츠, 김승일 역, 『건건록』, 범우사, 1993, 183~184쪽.

한 환경, 치안상태의 불안정 등을 이유로 자국 거류민을 보호하기 위해 필요하다고 주장[56]하여 이를 관철시켰다. 이에 따라 일본은 국내에 거주하는 미국인에 대해 재판권을 행사할 수 없었다. 대신 일본에 파견 와 있는 영사나 영사관 직원이 자국의 법률에 따라 자국 범죄자들을 재판하였다. 또한 일본 정부의 비용으로 외국인 거류지도 설치해 주었다.

둘째는 관세자주권의 불인정이다. 관세자주권은 한 국가가 자국의 산업을 보호하고 외국과의 교역에서 경쟁력을 가지기 위해 당연히 지켜야 하는 핵심 권리이다. 예측하지 못한 경기변동이나 무역 불균형에 대처하기 위해서도 매우 중요한 정책 수단이다. 영국이 산업혁명에 먼저 성공하자 프랑스, 독일 등 유럽 대륙 국가들은 보호 관세 정책을 시행해 자국의 산업이 성장할 동안 적극적으로 보호했다. 유럽의 후발주자였던 독일은 특히 매우 강력한 보호 관세 정책을 시행했었다.

관세자주권의 포기는 조약 제6항에 편무적 협정 관세라는 항목으로 규정되어 있고, 세부 규정은 별도의 부속무역장정에 정해져 있다. 수출입품 모두 가격을 기준으로 부과되는 종가세였고 수출품은 일률적으로 종가의 5%, 수입품은 대부분 종가의 20%였다. 서양 국가들의 주요 수출 품목인 면직물, 모직물, 미곡 등은 5%로 매우 낮게 책정되었다. 주류는 35%였고 아편은 수입이 금지되었다. 이때 일본이 수입상품에 부과한 관세율은 서구 국가들이 자국의 산업 보호를 위해 부과하던 관세율에 비해 매우 낮은 수준이었다. 이로써 일본은 자국의 산업도 보호하지도 못하고 관세 수입도 별로 얻을 수 없게 되었다.

---

56 거류지제도에 관해서는 일본인의 해외도항을 인정하지 않았던 막부 측의 요청에 의한 것이었다는 설도 있다.

1866년 이 불평등조항은 더 불리하게 개악되었다. 영국 등 서구열강들은 제2차 조슈정벌 전쟁 개시 직전에 효고 앞바다에 함대를 집결시켜 함포사격을 하는 등 무력시위를 해 교토에 와 있던 막부 수뇌부를 압박하여 조약을 개정(개세조약改稅約書)[57]하였다. 개세조약으로 인해 특정세율이 적용되는 생사·차 등을 제외한 대부분의 상품의 세율은 수출입 모두 5%로 인하되었다. 가격을 기준으로 부과하던 종가세 방식은 종량세 방식[58]으로 변경되었다. 일본의 관세율은 중국의 천진조약과 동일한 수준으로 개악되었고, 싼 가격의 외국 상품이 대량으로 유입되어 무역 불균형이 심화되었다. 이로 인해 일본은 서구의 선진국을 비롯하여 인도, 중국 등 아시아 인근 국가들과도 경쟁하면서 산업화를 추진해야만 했다.[59] 이후 일본은 관세자주권 상실로 생긴 막대한 손실을, 조선이나 청나라와의 불평등조약 체결이나 덤핑수출을 통해 회수하려고 하였다.

그러면 당시 일본의 관세율은 서구의 선진국들과 비교할 때 어느 정도였을까? 1878년 주영공사 우에노 가게노리上野景範, 1844~1888가 유신 정부에 제시한 자료를 보면 일본의 관세율은 일률적으로 5%였다. 이에 비해 서구 국가들 중에서 자유무역의 기수라고 자부하던 영국도 대일 수입 관세율은 10%를 넘었다. 그 결과 일본은 전체 세입에서 관세 수입이 겨우 4% 정도에 그친 반면 영국은 26%[60]나 되었다.

---

57 1866년 5월 13일 영국·프랑스·네덜란드·미국 대표와 로쥬 미즈노 다다쿠니가 조인하였다. 영국 공사 파크스는 재정난으로 시모노세키전쟁 배상금 지불에 어려움을 겪고 있는 막부에게 배상금 총액의 2/3를 감면해주는 조건으로 천황의 조약 칙허, 효고항의 조기 개항, 관세율의 인하를 요구했다.

58 종가세 방식은 품목에 따라 5%~35%의 관세를 부과하는 것이고, 종량세 방식은 4년 동안의 물가를 평균한 가격에 일률적으로 5%의 관세를 부과하는 것이었다.

59 서정익, 『일본근대경제사』, 혜안, 2003, 41~42쪽.

법학자이자 정치가인 고노 아즈사(小野梓, 1852~1886)는 각국의 세입에서 관세액이 차지하는 비율은, 영국 22.1%, 미국 53.7%, 독일 55.5%인 반면 일본은 3.1%에 불과하다고 주장[61]했다. 메이지·다이쇼기의 정치가였던 시마다 사부로(島田三郎)는 일본이 관세를 5%에서 외국처럼 11%로 인상할 수 있다면 간장세(연 120만 엔), 자동차세(연 64만 엔), 과자세(연 62만 엔), 약판매세(약 45만 엔) 등 외에도 농민이 주로 부담하고 있는 무거운 간접세를 전부 폐지할 수 있다고 주장했다.[62] 에드워드 미러의 추계에 의하면 개국 이후 자유무역이 시작된 이래 1881년까지 일본은 1,000년 동안 축적해 놓은 금은을 거의 대부분 외국에 유출시켜버렸으며, 그 액수는 당시의 시세로 3억 달러(현재의 가격으로는 300억 달러에 상당)에 달한다고 추정하였다.[63]

이처럼 관세자주권은 자주독립국가로서의 자존심뿐만 아니라 막대한 국익이 걸려있는 중요한 문제다. 왕정복고 뒤 발표한 「5개조서약문」에서 국가의 자주독립을 국시로 제시한 것도, 유신 정부가 정부 수립 초기부터 자주독립을 국가 목표로 설정하고 영사재판권의 철폐와 관세자주권의 회복을 위해 노력한 것도 이 때문이었다.

마지막으로 편무적 최혜국 대우의 인정이다. 이 조항은 어느 한 나라가 일본과 조약을 체결하여 얻은 권리가 별도의 조약 체결 없이 다른 나라에도 자동적으로 적용되는 것을 말한다. 더욱이 편무적 조항이었기 때문에 일본과 조약을 체결한 서양국가에게만 일방적으로 적용되었다. 이 조항의 심각성은 조약을 변경하려고 할 때 가장 잘 나타난다. 편무적 최혜국 대우 조항을 개정

---

60   岡崎久彦, 「條約改正問題」, 『新装版·陸奥宗光とその時代』, PHP研究所, 2009, 285쪽.
61   井上清, 『條約改正』, 岩波書店, 1955, 56쪽.
62   위의 책, 55~56쪽.
63   岡崎久彦, 앞의 책, 2009, 286쪽.

내지 철폐하기 위해서는 교섭 상대국뿐만 아니라 최혜국 대우를 인정받은 다른 모든 나라의 동의도 받아야 하기 때문이다. 실제로 1878년 일본은 미국과의 외교 교섭에서 관세자주권을 인정하는 '일미관세개정약서'를 체결하였다. 하지만 영국과 독일의 반대로 '일미관세개정약서'는 결국 무효화되고 말았다.

지금까지 살펴보았듯이 안세이5조약은 영사재판권의 인정, 관세자주권의 상실, 편무적 최혜국 대우 조항 등이 규정되어 있는 전형적인 불평등조약이었다. 조약상대국들은 편무적 협정 관세 조항에 대해서는 자국의 이익을 해친다는 이유로, 영사재판권에 대해서는 일본의 법률 및 사법 제도가 불완전하다는 이유로 일본의 개정 요구를 계속 거부했다.

이에 따라 유신정부는 영사재판권을 철폐하기 위해 우선 국내의 사법제도와 법률의 대대적인 개혁에 착수한다. 근대적 사법제도의 구축은 이처럼 중앙집권적 국가권력의 확립에 필수적인 개혁조치였을 뿐만 아니라 서양 5개 국가와 체결한 불평등조약의 개정을 위해서도 필수적인 선결과제였다.

2) 근대 사법 제도의 구축

일본의 근대적 사법 제도는 불평등조약의 개정이라는 국가적인 열망에 의해 추진[64]된 측면이 크다. 이런 측면에서 불평등조약은 근대 일본의 주권을 심각하게 제한하는 것이면서, 다른 한편으로는 봉건적 사법 제도를 근대화하도록 촉구하는 자극제이기도 했다.

---

[64]   오카 요시타케, 장인성 역, 『근대일본정치사』, 소화, 1996, 54쪽.

봉건적 사법 제도의 개혁과 근대적 사법 제도의 구축에는 헌법, 민법, 형법 등 실체법의 정비뿐만 아니라 형사소송법 등의 절차법과 법원조직법의 정비도 중요하였다. 이에 따라 1880년 「형법」과 「치죄법治罪法」(형사소송법의 전신)이 제정되고 1889년 제국헌법에 이어 1890년 「민법」, 「상법」, 「형사소송법」, 「민사소송법」 등이 제정되었다. 막부 시대의 사법 기관은 중앙과 지방의 여러 기관들이 담당하고 있었고, 근대적 의미의 독립적 사법 기관은 존재하지 않았다. 유신정부의 지도자들도 정체와 헌법 등에 관해서는 많은 제안을 내놓았지만 사법 제도와 사법 기구의 개혁에는 큰 관심이 없었다. 법원 조직의 정비는 폐번치현 뒤 사법성이 설치되고 에토오 신페이江藤新平가 사법경으로 취임하면서 본격적으로 추진되었다.

당시 프랑스는 서구 선진국가들 중에서도 매우 근대적인 법전과 사법 제도를 보유하고 있었다. 사법 관련 조직도 중앙집권적이고 통일된 형태를 취하고 있었으며, 지역의 사법 조직 체계도 행정 구역 체계에 따라 구성되어 있어 일본의 현실에 적합했다.[65] 사법 관료의 양성 역시 국가가 맡고 있었다. 이에 따라 유신 정부 초기의 사법 개혁은 프랑스 법제의 영향을 많이 참고하여 추진되었다. 1872년 「사법직무정제司法職務定制」[66]가 제정되면서 사법 개혁이 본격화되었지만 사법성의 권한이 지나치게 집중된다는 지적이 제기되었다. 이 때문에 1875년 이를 조정하는 차원에서 재판 기구를 분리, 독립시키는 「대심원제재판소직제장정大審院諸裁判所職制章程」이 제정되었다. 이 장정에

---

65   신우철, 앞의 글, 2006, 39～40쪽.
66   총 22개장 108개 조문으로 구성되어 있다. 사법성은 전국의 법헌(法憲)을 맡아 각 재판소를 총괄하는 기관이었으며 사법성의 사무는 재판소, 검사국, 명법료(明法寮)로 3분되었다. 재판소 체계는 사법성임시재판소-사법성재판소-출장재판소-부현재판소-각구재판소로 5분되었다. 기타 사법성과 재판소의 직제가 규정되어 있다.

따라 법원조직은 5단계에서 대심원-상등재판소-부현재판소 3단계로 간소화되었다. 이후 치죄법이 제정되고 범죄의 종류별로 형사 법원의 관할을 나누는 등의 사법 제도 조정[67]이 있었다.

1886년에는 재판소관제를 제정해 법관의 신분을 보장하였다. 제국헌법이 공포된 1890년에는 헌법의 규정에 근거하여 법원 조직을 체계적, 통일적으로 입법화한 「재판소 구성법」을 제정했다. 「재판소 구성법」은 헌법에 근거하여 법원조직을 체계화했다는 점에서 획기적인 의의를 지니고 있다.[68] 이 법은 오토 루돌프*Otto Rudolf*의 초안을 토대로 제정되었다. 이로 인해 일본의 사법제도는 그 뒤 전체적으로 독일의 영향을 많이 받는다.

지금까지 살펴본 것처럼 유신 정부는 사법 제도와 관련 법률을 근대적으로 개혁하는 한편 외교적 노력도 지속적으로 펼쳐, 1894년 7월 16일 청일전쟁이 발발하기 바로 직전 영국과 불평등조약의 개정에 성공한다. 다만 영사재판권 폐지, 최혜국 대우 조항의 평등한 적용 등에는 성공했지만 관세자주권과 관련된 일부 조항은 그대로 남겨 둠으로써 완전히 개정된 것은 아니었다. 불평등조약의 완전한 개정은 조약상대국들이 요구했던 근대적 사법 제도의 완비에 의해서가 아니라 러일전쟁에서 승리한 뒤 비로소 달성된다. 일본이 동양의 강대국으로 성장한 뒤였다.

---

67 「태정관포고 제37호」, 1882.
68 신우철, 앞의 글, 2006, 49쪽.

3) '자주독립' 문제와 불평등조약의 개정

유신 정부는 왕정복고 쿠데타가 성공한 뒤 국내적으로는 천황제 근대국가의 수립을, 대외적으로는 서구열강과의 자주적 국제 관계의 실현을 국가 목표로 설정하였다. 여기서 자주적 국제 관계의 실현은 불평등조약의 개정을 의미했다. 유신 정부가 숱한 난관을 겪으면서 불평등조약의 개정에 매진한 것은 조약의 개정이 선행되지 않고는 국제 정치 무대에서 '자주독립' 국가로 인정받을 수 없다고 인식하고 있었기 때문이다.

이처럼 불평등 조약의 개정은 단순히 경제적 이권의 확보나 외국인 범죄자에 대한 처벌권의 확보와 같은 개별적인 정책 차원의 문제가 아니라 유신 혁명의 이념이자 유신 정부의 핵심적인 국가 목표[69]였던 국가의 자주독립과 관련된 문제였다. 유신정부 초기부터 조약 개정 노력이 시작된 것도 이 때문이다. 이와쿠라사절단의 주된 목적[70]도 불평등조약의 개정을 위한 예비교섭 등 조약의 개정과 관련한 외교적 탐색이었다. 미국과의 첫 외교 접촉에서 조약 개정을 위한 예비 교섭조차 쉽지 않다는 것을 깨닫고 서구 선진문명에 관한 견문과 조사로 방향을 바꾸었을 뿐이다.

그런데 불평등조약에는 영사재판권의 철폐와 관세자주권의 회복이라는 전혀 다른 두 문제가 섞여 있었다. 이와쿠라사절단의 미숙한 준비 과정에서 볼 수 있듯이, 왕정복고 직후 유신 정부의 외교적 능력은 기초적인 것조차도 훈련되어 있지 않은 상태[71]였다. 불평등조약 개정을 어떤 외교 전략으로 추

---

69 무쓰 무네미츠, 김승일 역, 『건건록』, 범우사, 1993, 123~124쪽.
70 이와쿠라사절단 파견 사유서에는 국가의 독립을 유지하기 위한 최우선 과제가 조약 개정이라는 인식 아래 일본의 법률과 제도를 서양화해야 한다는 것이 잘 나타나 있다. 방광석, 『근대일본의 국가체제 성립과정』, 혜안, 2008, 30~32쪽.

진할 것인지에 대한 전망도 당연히 없었다.

이러한 상태에서 유신 정부의 외교적 목표를 처음으로 명확하게 제시한 인물은 데라시마 무네노리寺島宗則, 1832~1893였다. 그는 관세자주권의 회복을 먼저 추진할 것을 강력하게 주장했다. 이에 따라 1878에서 1879년 사이에 미국과 협상을 진행했다. 미국은 다른 국가들이 그렇게 할 경우라는 조건을 달아, 일본의 관세자주권 회

데라시마 무네노리

복에 동의하는 「일미관세개정약서」를 체결하였다. 하지만 최혜국 대우 조항에 의거해 영국과 독일이 반대함으로써 「일미관세개정약서」마저 시행할 수 없게 되고 만다.

관세자주권 회복 협상이 실패하자 이노우에 가오루와 오쿠마 시게노부는 영사재판권의 철폐에 무게를 두고 교섭을 진행하였다.[72] 특히 이노우에는 이전의 외교 교섭 방식에서 탈피하여, 처음으로 일본 측의 조약개정안을 미리 작성하여 협상을 시도하였다. 하지만 이 또한 쉽지 않았다. 다만 이노우에 이후의 외교 담당자들은 이노우에의 안을 기본으로 상황에 맞춰 수정안을 마련하여 협상할 수 있었다.[73]

1882년 영사재판권의 폐지에 대한 영국의 반대 입장이 확고하자 오쿠마

71 이와쿠라사절단은 미국에 도착한 이후 조약 개정 교섭을 시도하였으나, 외교 교섭에 관한 특명전권 위임장을 준비하지 않아 교섭을 시작할 수조차 없었다. 이에 이토 히로부미가 급히 일본으로 귀국하여 특명전권 위임장을 가져왔다. 그러나 미국은 예비교섭조차 할 의사가 없었기 때문에 조약 개정 교섭은 아예 진행되지 않았다.

72 이오키베 가오루(五百旗頭 薰), 「관세자주권의 회복을 둘러싼 리더십의 경합-메이지 초년의 오쿠마 시게노부와 테라시마 무네노리」,『한국동양정치사상사학회 제1회 국제학술회의, 동아시아 근대사와 정치리더십-한·중·일 비교연구 발표논문집』, 2002, 302~311쪽.

73 무쓰 무네미츠, 앞의 책, 1993, 123쪽.

오쿠마 시게노부의 동상(도쿄 와세다 대학)

시게노부는 일본인 판사와 외국인 판사를 혼합하여 혼합법정을 구성하는 타협안을 제시하였다. 그런데 영국의 신문 『타임즈*Times*』가 오쿠마 개정안 초안을 게재하는 바람에 위헌론이 제기되는 등 극심한 반발이 일어났다. 자유민권운동가들과 야당 의원들은 대중의 민족주의적 감정을 최대한 이용하여 반정부 투쟁을 벌였다. 유신 정부의 수뇌부 역시 이 타협안에 대해 의견 일치를 이루지 못하였다.[74] 보수파인 다니 간조谷干城 *1837~1911* 역시 외국인이 받아들일 수 없다고 해서 일본의 법을 개정하는 것은 옳지 않으며 그렇게 하는 것은 '자주의식'의 상실을 의미하는 것이라고 비판했다.[75] 개정안을 둘러싼 극심한 혼란 와중에 오쿠마가 출근길에 국수주의 단체인 현양사玄洋社 회원으로부터 폭탄테러를 당하는 사태가 벌어지면서 영국과의 조약 개정 교섭은 중단

[74] 이오키베 가오루(五百旗頭 薫)의 논문에는 신정부 초기 관세자주권과 회복과 치외법권 철폐에 관한 오쿠마 시게노부(대장경)과 데라시마 무네노리(외무경)의 이해관계 대립이 잘 나타나 있다.
[75] W. G. 비즐리, 장인성 역, 『일본근현대정치사』, 을유문화사, 2010, 237~239쪽.

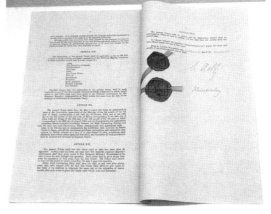

무쓰 무네미쓰   개정된 「일영통상항해조약」 (1894)

되고 말았다.

1890년 아오키 슈조가 외상에 취임할 즈음, 영국은 러시아의 남하 정책에 대항하기 위해 일본과의 관계를 중요하게 설정하기 시작했다. 영국이 러시아의 남하를 저지하기 위해서는 일본을 아시아 지역의 긴밀한 파트너로 끌어들일 필요가 있었기 때문이다. 영국이 대일 외교 관계의 기본 방침을 전환하려는 조짐을 보이자, 일본은 영국과 불평등조약의 개정에 착수했다. 협상 과정에서 영국은 영사재판권의 폐지와 관세자주권의 부분적 회복에 동의해주기로 했다. 하지만 1891년 일본을 방문한 러시아 황태자 알렉산드로 2세가 테러 당하는 사태가 발생해 아오키가 사퇴하는 바람에 교섭은 더 이상 진척되지 않았다.

일본의 불평등조약 개정의 역사는 이처럼 숱한 우여곡절과 실패의 연속이었다. 실패를 거듭하던 조약 개정 협상에 전기가 마련된 것은 무쓰 무네미쓰 陸奧宗光[76]가 외상에 취임하고 난 뒤부터였다. 무네미쓰는 이노우에 이래 계승

---

76   무쓰 무네미쓰(陸奧宗光)의 회고록, 『건건록』에 교섭과정이 잘 설명되어 있다. 陸奧宗光, 中塚明 編, 『新訂 蹇蹇錄: 日淸戰爭外交秘錄』, 岩波書店, 2005, 115~128쪽; 무쓰 무네미츠, 김승일 역, 『건건록』, 범우사, 1993.

되어 온 부분적인 조약개정안을 수정하여 완전히 대등한 통상항해조약안을 새로 만든 뒤, 아오키 슈조 주독 특명전권공사가 주영 공사도 겸직하게 해 영국 정부와 협상을 시작하도록[77] 했다.

한편 당시 일본 국내에서는 외국인을 혐오하는 분위기가 강해지면서, 외국인의 내륙거주를 허용해주려는 정부 방침에 반대하는 여론도 거세졌다. 야당도 1893년부터 1894년에 걸쳐 조약 개정 문제[78]를 다시 끄집어내 제2차 이토 내각에 압력을 가하고 있었다.

하지만 이토 히로부미가 이끄는 내각[79]은 자주독립이라는 유신 이래의 숙원을 성취하기 위해 여론에 굴복하지 않고 조약개정안을 밀어붙였다. 의회는 해산되고, 정당의 활동은 금지되었으며, 몇 개의 신문이 정간되었다.[80] 1894년 7월 16일 국내외의 난관을 뚫고, 마침내 일영통상항해조약[81]이 체결되었다.

이 조약에서 영국은 영사재판권의 폐지에 동의하였고, 최혜국 대우를 서로 대등하게 인정하는 것 외에, 일부 수입 품목에 대한 관세자주권도 인정하였다. 일본은 대신 일본 국내에서의 외국인의 여행, 거주, 영업의 자유를 허용해 주었다. 1894년 11월 22일 일본은 영국에 이어 미국 등 다른 국가들과

---

77 무쓰 무네미츠, 위의 책, 125~126쪽.
78 개진당과 군소 정당들은 현재의 통상조약 아래에서 서양인들은 국내 부동산을 소유할 수 없고, 국내 여행의 자유가 없는데도 실제로 잘 지켜지지 않고 있으며 영사들이 조약상의 근거도 없이 거류지에 대해 일정한 행정권을 행사하고 있다고 비판했다. 또한 이 기회에 정부는 수호통상조약의 규정을 문자 그대로 엄격히 시행하여 서양인들이 불편을 느끼게 함으로써 서양 국가들이 조약 개정에 동의할 수밖에 없도록 해야 한다고 주장했다. 오카 요시타케, 장인성 역, 『근대일본정치사』, 소화, 1996, 52쪽.
79 제2차 이토 히로부미 내각(1892.8.8~1896.8.31).
80 무쓰 무네미츠, 앞의 책, 1993, 126쪽.
81 JACAR, Ref.A03020190100, 「御署名原本·明治二十七年·條約八月二十七日·帝國卜大不列顚國卜ノ通商航海條約(國立公文書館)」. 체결일은 7월 16일이고 비준일은 8월 27일이다.

도 새로운 통상항해조약을 체결하였다. 이 조약들의
유효기간은 12년이었다.

고무라 쥬타로

새로운 통상항해조약은 불평등조약 개정 역사에서
획기적인 진전을 이룬 것이었다. 이로써 불평등조약
에서 핵심 쟁점이 되었던 주요 사항은 대부분 평등하
게 개정되었다. 다만 일부 수입 품목에 대해서는 여
전히 협정 관세가 적용되는 문제가 남아 있었다. 일
본이 협정 관세 조항을 모두 폐지하고, 관세자주권을
완전히 회복하는 것은 러일전쟁에서 일본이 승리하고 고무라 쥬타로小村壽太
郎, 1855~1911가 외상에 취임한 뒤다.[82]

1911년 2월 21일 유신 정부는 새로운 일미통상항해조약을 조인[83]한다. 이
어 다른 나라들과도 새로운 조약을 체결함으로서 불평등조약은 완전하게 개
정된다. 1872년 이와쿠라사절단이 미국과의 조약 개정 예비 교섭에서 특명
전권위임장을 준비하지 않아 허둥대다가 교섭을 시작해 보지도 못하고 포기
한 지 40년 만의 일이었다. 이로써 유신혁명의 이념이자 유신 정부의 2대 국
가목표 중 하나였던 자주독립의 과제는 완벽하게 해결된다.

영국 등 서구열강들이 아시아 국가와 체결한 불평등조약을 평등하게 개정
해 준 것은 일본이 처음이었다. 그것은 자유, 평등, 정의와 같은 이념이나 만
국공법(국제법)의 이상 때문이 아니라 일본의 군사력과 경제력이 러일전쟁에
서 러시아의 육군과 해군을 대파할 만큼 강해졌기 때문이었다. 일본은 반 세

82   五百旗頭 薫, 앞의 글, 2002, 299쪽.
83   JACAR, Ref. B06151147900, 「日米通商航海條約及議定, 外務省外交史料館」. 조약의 비준일
     은 1911년 3월 31일. 비준서 교환 및 공포일은 1911년 4월 4일이다.

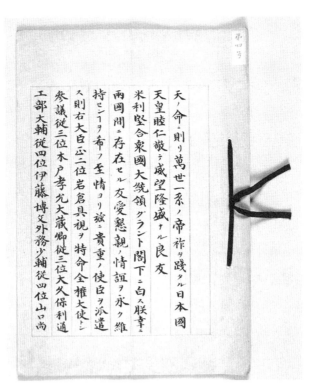

이와쿠라사절단의 전권 위임장

기 전의 그 일본이 아니었다. 이미 일본은 서양의 제국주의 국가들도 무시할 수 없을 정도로 강한 나라로 변모해 있었다. 일본이 1858년 서구열강과 불평 등한 통상조약을 체결한 뒤, 50여 년 동안 각고의 노력을 쏟으면서 이를 개정 해간 과정을 살펴보면 비스마르크와 몰트케의 다음과 같은 조언보다 이 시대 를 잘 설명할 수 있는 말은 없다. '만국공법을 추종하는 것은 작은 나라(소국小國)들이 하는 일이고, 대국이라면 국력으로 자신의 권리를 달성하지 않으면 안 된다'.

참고 ▌일본의 불평등조약 개정 협상의 경과 및 주요 내용

기간	책임자	주요 내용	과정 및 결과
1872	이와쿠라 도모미	조약 개정 교섭 타진	교섭 실패, 구미 12개국 순방(제8장 참조).
1873 ~1879	데라시마 무네노리	관세자주권 회복	관세자주권 인정하는 '일미관세개정약서(日美約書)' 체결. 그러나 영국, 독일의 반대로 무효화(1878).
1879 ~1887	이노우에 가오루	영사재판권 철폐 관세자주권 일부 회복	조약 개정 예비 회의(1882). 본회의 개최(1886). 내지잡거와 재판소 외국인 판사 임용 문제로 민권파 반대. 정부 내부의 비판(보와소나드, 다니 간조). 서구화정책에 대한 국민여론의 반대로 교섭 중지, 이노우에 외상 사임.
1888 ~1889	오쿠마 시게노부	영사재판권 철폐 (각국 개별 교섭)	미국과 신조약 조인. 독일·러시아도 조인(발효는 안 됨). → 영국 Times, 대심원에 외국인 판사를 임용하는 오쿠마 개정 초안을 게재(1889). → 일본 내에서 위헌론이 제기. → 오쿠마 폭탄테러, 조약 개정 교섭 중단
1890 ~1891	아오키 슈조	영사재판권 철폐 관세자주권 일부 회복	'아오키 각서' 작성. → 영국과 대등한 교섭 개시, 영국도 대일 외교방침 전환, 러시아 남하 정책에 대항하기 위해 대일 관계 중시. → 영사재판권 회복, 관세자주권 일부 회복에 영국 동의 확인. → 1891년 러시아 황태자 암살 미수 사건 발생, 외상 사퇴.
1892 ~1893	에노모토 다케아키	영사재판권 철폐 관세자주권 일부 회복	아오키 개정안을 두고 논쟁 가열. 시나가와야지로(品川弥二郎)의 선거 개입과 의회 분규로 교섭 진척 없음.
1894	무쓰 무네미쓰	영사재판권 철폐 관세자주권 일부 회복	아오키 전외상 주영공사로 파견 교섭 위임. → 일영통상항해조약 조인(영사재판권 철폐, 대등한 최혜국 대우, 관세자주권의 일부 회복). → 다른 나라와도 동일한 내용의 조약 조인.
1899	아오키 슈조		무쓰개정조약(1894년 조인)의 발효(유효기간은 12년간). 내지잡거의 개시.
1911	고무라 주타로	관세자주권 완전 회복	개정 조약 만기 때 관세자주권 회복 목표 설정. → 신일미통상항해조약 조인. → 다른 나라와도 개정 조약 조인. 조약 개정 완전 달성.

12장
유신과 건국에 관한 성찰

근대성 일반 같은 것은 존재하지 않았다.
복수의 국민국가가 있고
각각의 국민국가가 각자 독자적인 방식으로
근대적 사회로 변화하는 것이다.
— 제프리 허프[1]

1. 유신과 건국의 특징

일본적인 너무나 일본적인 혁명

지금까지 유신과 건국의 기원 그리고 그 과정을 살펴보았다. 그럼 근대 일본의 유신과 건국의 의의와 특징은 무엇일까? 결론적으로 말해서, 근대 일본의 유신과 건국은 시대정신을 자각하고 애국심과 공적公的 사명감을 가진 사무라이들이, 자주독립을 지키기 위해 봉건 체제를 해체하고 근대국가를 수립한, '사무라이의 사무라이에 의한 일본을 위한 혁명'이었다. 그리고 다음과 같은 몇 가지 특징 때문에 조용한 혁명이었다고 본다.

---

1   Jeffrey Herf, *Reactionary Modernism —Technology, Culture, and Politics in Weimar and the Third Reich*, Cambridge University Press, 1986.(고야스 노부쿠니, 김석근 역, 『일본 근대사상사 비판』, 역사비평사, 2007, 215쪽에서 재인용)

첫째, 유신과 건국 과정에서 혁명의 목표가 근본적으로 도전받거나 반혁명에 의해 바뀐 적이 없다. 자주독립과 천황제 통일 국가의 수립이라는 유신혁명의 목표는 보신전쟁은 물론이고, 유신 정부 최대의 위기였던 서남전쟁에서도 흔들린 적이 없었다. 자유민권 운동과 몇 차례의 정변들도 모두 사쓰마, 조슈의 번벌 독재에 반발해 일어난 것이었다.

둘째, 유신과 건국은 비교적 적은 희생을 치르고 완수되었다. 1853년 페리의 등장 이후 1889년의 건국에 이르기까지 약 40년 동안 크고 작은 전투, 소요, 정변이 발생하고 이로 인해 인명과 재산의 피해가 많이 발생했다. 이 기간 동안 발생한 희생자 수는 약 3만 명에 달한다.[2] 그러나 이 수치는 서구의 시민혁명이나 사회주의혁명과 같은 체제 변동과 비교할 때 크다고는 할 수 없다. 예를 들어 1789년 프랑스대혁명에서는 100만 명 이상의 희생자가 발생했다. 막말 유신 초기 일본의 인구는 프랑스대혁명 당시 프랑스 인구의 1.2배에 달했다.[3] 러시아혁명 등의 사회주의혁명에서는 비교할 수 없을 정도로 많은 희생자가 발생했다. 따라서 3만 명이라는 희생자 수는 에도 막부의 봉건 체제에서 근대국가로의 이행이라는 대변혁 과정에서 발생한 희생치고는 결코 많은 것이라고는 할 수 없다.

셋째, 유신과 건국 과정에서 권력의 교체가 비교적 평화적으로 진행되었

---

2   막부 말기 유신변혁과 건국 과정에서 일어난 내란, 전투에서의 희생자 수에 대한 추산은 다양하다. 여기서는 미타니 히로시의 추산을 인용하였다. 그는 보신전쟁에서 약 8천 2백명, 서남전쟁에서 약 1만 1천 5백 명, 기타 소규모 전투와 처형당한 경우 2천 5백 명 등 모두 약 2만 2천 2백 명으로 추산한 뒤, 통계 누락을 감안하여 약 3만 명에 달한다고 보고 있다. 三谷博, 『明治維新 考える』, 岩波書店, 2012, 132~134쪽.

3   세부적으로는 최초의 프랑스 대혁명과 대외전쟁에서 약 60만 명, 처형 약 5만 명, 그 뒤 발생한 내전에서 약 40만 명 등이다. 여기에 나폴레옹 전쟁에서도 약 100만 명이 희생되었다. 당시 프랑스의 인구는 약 2천 700만 명이었다. 러시아 혁명에서는 천만 명 이상이 희생되었다고 말해진다. 위의 책, 132~134쪽.

다. 왕정복고 쿠데타에서 폐번치현까지 유신의 운명을 좌우할 수 있었던 많은 사건이 군사적 충돌이 아니라 협상을 통해 해결되었다. 이것은 서구의 시민혁명과 뚜렷하게 차이나는 점이다. 서구의 시민혁명은 매우 폭력적인 방식으로 진행되었다. 프랑스대혁명에서는 왕과 왕비가 단두대에 처형당한 뒤 치욕스러운 모욕을 당해야 했으며, 반혁명이 성공하자 이번에는 시민 혁명지도자들이 똑같이 복수당했다. 구체제에 대한 폭력적 응징과 혁명에 대한 복수는 여러 차례 되풀이되었다. 반면 일본에서는 구체제와 신체제 사이에 이러한 응징과 복수가 거의 일어나지 않았다. 마지막 쇼군이었던 도쿠가와 요시노부는 에도성을 내준 뒤 시즈오카와 에도에서 사진, 바둑, 그림, 커피 등 취미생활을 즐기면서 우아하게 여생을 보냈다. 에도성 자진반납은 물론이고 유신과 건국의 결정적 계기가 된 대정봉환, 판적봉환, 폐번치현 등도 매우 평화적으로 진행되었다. 구체제의 또 다른 한축이었던 270여 명의 다이묘에 대한 복수도 없었다. 판적봉환과 폐번치현은 구체제의 지배자들이 봉건 영주로서의 지배권을 빼앗기는 조치였음에도 불구하고 별다른 저항이 없었다.

건국의 과정에서 정부 수뇌부의 교체 역시 평화적으로 진행되었다. 정한론 정변, 1881년 정변 등 몇 차례의 정변으로 인해 정부 수뇌부가 분열되었지만 그렇다고 해서 이 정변들로 인해 국가 목표가 바뀌거나 후퇴하진 않았다. 정치적 보복으로 인해 목숨을 잃은 사람도 없었다. 오히려 두 차례의 정변으로 정부를 떠난 도사와 히젠 출신 인물들은 유신 정부를 번벌 독재 정부라고 맹비난하면서 반정부 활동을 전개하였다.

그러면 근대 일본이 이렇게 평화적이고 신속하게 구체제를 해체하고 근대국가를 건설할 수 있었던 비결은 무엇이었을까? 그것은 바로 유신혁명의 성격에서 찾을 수 있다. 서구의 혁명들이 계급투쟁적인 성격을 가지고 있었던 반면 유신혁명은 그렇지 않았다. 두 혁명 사이의 본질적인 차이점도 여기에 있다. 잘 알려져 있듯이 서구의 시민혁명들은 전제적인 절대왕권에 대한 시민의 혁명 혹은 부르주아 계급에 대한 노동자 계급의 혁명이었다. 이러한 혁명이 발생하기까지에는 지배계급의 피지배계급에 대한 가혹한 사회경제적 착취와 정치적 탄압이 있었다. 이 때문에 피지배계급은 정권을 장악하자마자 지배계급을 증오의 대상으로 삼고 잔인한 복수극을 펼쳤다.

반면 막부 말기 일본에서의 유신혁명은 봉건체제의 지배자인 도쿠가와 막부나 지방 다이묘의 가혹한 착취 때문이 아니라, 서구 열강의 군사적 협박과 경제적 압력에서 시작되었다. 지배계급이든 피지배계급이든 모두 외세의 위협에 함께 대응하지 않으며 안 되는 상황이었던 것이다. 처음부터 계급투쟁적 성격을 가질 수 없었고, 피지배계급의 반란도, 부유한 상인계급의 도전도 없었다. '계급'이 아니라 '민족'과 '애국'이 최고의 지상명령이었다.

이처럼 유신혁명은 페리 함대의 등장에 자극받은 개혁적이고 선진적인 사무라이들이 지방정부를 장악한 뒤 근대적 개혁을 먼저 단행하고, 이어 '민족'과 '애국'이라는 대의명분 아래 군사 쿠데타를 일으켜 구체제를 해체한 변혁이었다. 계급과 계급의 대립이 아니라 외세의 위협에 대응하기 위한 지배계급의 자기혁신에서 출발한 변혁이었기 때문에 구체제를 해체한 뒤 신속하게 새로운 근대국가의 건설로도 나아갈 수 있었다. 사쿠라다문밖의 사건이 발생한 지 30년, 왕정복고 쿠데타가 발생한 지 22년 만에 정치, 외교, 사회, 경제, 군사, 문화, 교육 등 전 분야에 걸쳐 서구의 시민혁명들보다 훨씬 진보적이고 근대적인 사회경제 제도를 확립할 수 있었던 것은 이 때문이었다.

결론적으로 서구 중심주의와 마르크스주의에 빠져있는 학자들의 폄하에도 불구하고 그것은 서구열강의 침략에 맞서 자주독립을 지키고 봉건체제를 근대적 국가체제로 바꾼 근대적 혁명이었다. 사무라이의, 사무라이에 의한, 일본을 위한 혁명이었고, 일본적인 너무나 일본적인 조용한 혁명이었다.

2. 유신과 건국의 주체 — 사무라이 혁명가

1) 유신의 영웅들

유신3걸과 유신10걸

인류의 역사에는 무수히 많은 영웅이 있다. 사람들은 인간의 육체적, 정신적, 사회적 한계를 깨고 한 시대의 이상을 실현한 영웅을 계속 만들어 내고 또 따르려고 한다. 일본 역사에도 적지 않은 영웅이 있다. 전국 시대 말 천하의 패권을 놓고 겨루는 과정에서 오다 노부나가, 도요토미 히데요시, 도쿠가와 이에야스와 같은 전국 시대 영웅들의 이야기가 탄생했듯이, 서양의 침략에 맞서 봉건 체제를 해체하고, 천황제 통일 국가를 만든 막부 말기에도 많은 영웅의 이야기가 만들어졌다. 전국 시대의 난세이건 막부 말기의 대변혁기이건 영웅들은 모두 구체제를 부수고 새로운 세상을 만든 창업자라는 데 특징이 있다. 상속자는 역사에 기여한 공이 아무리 커도 좀처럼 영웅이라고 불리지 않는다.

일본에서는 유신혁명이라는 창업을 이끌었던 사무라이 혁명가들 중 사이고 다카모리, 오쿠보 도시미치, 기도 다카요시 세 명을 보통 유신3걸이라고 부른다. 이들은 각각 사쓰마와 조슈를 대표하는 혁명가, 정치가이며 유신변

역사로드 유신의 고향길(가고시마시)	유신발상지 표지석 (시모노세키시 고잔지 입구)

혁의 산 증인들이다. 그러나 세 사람은 험난했던 유신변혁을 성공시킨 주역이었음에도 불구하고 자신들의 꿈이 실현되는 것을 보지 못하고, 1878년을 전후하여 모두 세상을 떠난다. 사쓰마의 반란군과 정부군의 전투가 최절정에 달했을 때 기도 다카요시가 먼저 병사했다. 얼마 지나지 않아 사이고 다카모리가 반란군의 수괴라는 불명예를 안고 자결했다. 이듬해 봄 오쿠보 도시미치가 사이고 다카모리를 추종하는 사무라이들에게 암살당했다.

어떤 학자는 유신혁명은 유신3걸이 일치단결했었기 때문에 성공했다고 주장한다. 그는 사이고 다카모리의 군사적 수완, 오쿠보 도시미치의 정치적 수완, 기도 다카요시의 탁월한 아이디어를 유신혁명의 성공요인으로 본다.[4] 다른 한편, 왕정복고 쿠데타 이후 유신 정부를 이끌어간 공경 이와쿠라 도모미의 역할에 주목하여 오쿠보 도시미치, 이와쿠라 도모미, 이토 히로부미 등

4   鳥海靖, 『「明治」をつくった男たち : 歷史が明かした指導者の條件』, PHP硏究所, 1982, 41~58쪽.

고마쓰 다테와키

마에바라 잇세이

히로자와 사네오미

에토 신페이

세 명을 메이지유신의 3대 정치가[5]라고 보는 사람도 있다. 이 세 명은 유신 정부가 수립된 직후부터, 세상을 뜰 때까지 유신 정부를 실질적으로 이끌어 간 인물들이다.

유신3걸을 포함하여 좀 더 범위를 넓혀 유신에 큰 공을 세운 10명을 뽑아 따로 유신10걸[6]이라고 부르기도 한다. 여기에는 유신3걸 외에도 사쓰마의 고마쓰 다테와키,[7] 조슈의 오무라 야스지로, 마에바라 잇세이,[8] 히로자와 사네오미,[8] 히젠의 에토 신페이, 히고의 요코이 쇼난, 공경 출신의 이와쿠라 도

5   池辺三山, 『明治維新三大政治家 : 大久保 · 岩倉 · 伊藤論』, 中央公論新社, 2005.
6   山脇之人, 『維新元勳十傑論』, 榮泉堂, 1884.
7   고마쓰 다테와키(小松帶刀, 1835.12.3~1870.8.16)는 사쓰마의 번사로 고마쓰 교카도(小松淸廉)라고도 불린다.
8   마에바라 잇세이(1834.3.20~1876.12.3)는 조슈의 사무라이로 1857년 구사카 겐즈이, 다카스기 신사쿠 등과 함께 요시다 쇼인의 쇼카손주쿠에 입문하였다. 쇼인이 처형당한 뒤에 나가사키로 가 양학을 배웠다. 1862년에는 구사카 겐즈이와 함께 항해원략책을 주장하는 나가이 우타를 암살하려고 했지만 실행하지 못했다. 다카스기 신사쿠와 함께 시모노세키에서 거병하여 번 권력을 장악하였다. 막부의 제2차 조슈정벌전쟁에서는 고쿠라전투에 참전하였다. 1868년 보신전쟁 때에도 직접 참전해 맹활약을 하였다. 이런 전공을 인정받아 1870년에는 상전록을 600석 받았다. 유신 정부에서 참의를 역임하고 오무라 마스지로가 사망한 뒤에는 병부대보를 겸임했다. 그러나 오무라의 국민 개병 노선에 반대하여 기도 다카요시와 대립하다가, 징병제를 지지하는 야마가타 아리토모에게 쫓겨나다시피 정부를 떠나 하기로 귀향했다. 이로 인해 신정부에 불만을 갖고 1876년 불평사족을 결집하여 하기에서 난을 일으켰지만 즉시 진압된 뒤 주모자로 체포되어 곧바로 처형당했다.

모미 등이 손꼽힌다. 이들은 유신 변혁의 지도자이거나 유신 정부의 출범에 큰 기여를 한 인물들이다. 유신 정부 초기부터 정부에 적극적으로 협력하여 많은 공을 세웠지만, 유신 정부 설립 전에 막부의 신하로 있었던 오쿠보 이치오,[10] 야마오카 데츠타로,[11] 가쓰 가이슈 같은 인물들과 에노모토 다케아키, 다케다 아야사부로,[12] 오도리 게이스케[13]처럼 하코다테전쟁 등에서 정부군

9　히로자와 사네오미(廣澤眞臣, 1834.2.7~1871.2.27)는 조슈의 사무라이로 기도 다카요시와 구사카 겐즈이 밑에서 활약했다. 1866년 8월에 막부의 제2차 조슈 정벌에서 막부의 가쓰 가이슈와 협상하였고, 1867년에는 조정으로부터 토막밀칙을 얻어내기 위해 노력했다. 유신 정부 수립 뒤에는 참여와 육해군무패, 보신전쟁 때에는 동정대총독 참모를 역임했다. 1869년 유신 정부로부터 상전록을 받을 때에는 오쿠보 도시미치, 기도 다카요시와 같은 1800석을 받았다. 1871년 자객의 습격을 받아 39세로 사망했다. 1879년 유신의 공을 인정받아 그의 유족은 화족에 편입되었다. 화족령이 시행되기 전에 화족에 편입된 가문은 기도 다카요시, 오쿠보 도시미치 유족과 히로자와 사네오미 유족 등 3가문밖에 없었다. 1884년 화족령이 시행될 때 그의 장남은 백작 작위를 받았다.

10　오쿠보 이치오(大久保一翁, 1817.11.29~1888.7.31)는 아베 마사히로에 의해 발탁된 개명파 관료로 메츠케, 해방패, 번서조소 책임자를 역임하였으며, 이이 나오스케의 안세이대탄압, 조슈정벌전쟁에 반대하였다. 가쓰 가이슈와 함께 에도성 무혈개성을 위해서도 노력하였다. 유신 뒤에는 도쿄부 지사, 원로원 의관 등을 역임했다.

11　야마오카 뎃슈(山岡鐵舟, 1836.6.10~1888.7.19)는 막부 말기 막부의 관료로 검술이 뛰어나 1885년 무도류(一刀正伝無刀流, 無刀流)를 창립하였다. 검, 선, 서의 달인으로도 불린다. 에도성 개성 협상의 사전 조정을 위해 사이고 다카모리를 단신으로 만나 양측의 입장을 전달하였다. 유신 뒤 사이고의 천거로 1872년부터 10년 동안 메이지 천황의 시종으로 근무했다. 1887년 자작 작위를 받았다. 야마오카 데츠타로라고도 부른다.

12　다케다 아야사부로(武田斐三郎, 1827.9.15~1880.1.28)는 에히메현 출신의 과학자, 교육자, 육군의 지휘관이었다. 오가타 고안의 데키주쿠에서 공부하였고 에도에서 사쿠마 쇼잔에게 배웠다. 유신 뒤 삿포로 하코다테의 반정부군이 점령했던 서양식 성곽인 오릉곽을 설계·건설하였다. 1874년 3월 육군대좌가 되었고 이후 육군대학교 교수, 육군사관학교 교수 초대 육군유년학교장을 역임했다.

13　오토리 게이스케(大鳥圭介, 1833.2.25~1911.6.15)는 막부의 관료로 도바 후시미 전투가 끝난 뒤에도 에노모토 다케아키 등과 함께 유신 정부에 대한 항전을 주장하였다. 에도성 무혈개방 뒤에는 해군연습선을 이끌고 아이즈에서 신센조 출신 히지카타 등과 합류하여 계속 저항하다가 체포되어 투옥되었다. 1872년 1월 특사로 출옥한 뒤 유신 정부에 합류하여 좌원과 홋카이도개척사에서 근무했다. 그 뒤 공부성에서 공작부장 등 기술 관료로 근무하면서 시멘트, 유리, 조선, 방적 등의 모델사업을 추진하는 등 식산흥업 정책에

오쿠보 이치오　　　　야마오카 데츠타로　　　에노모토 다케아키

에 저항을 계속하다가 사면, 석방된 뒤 유신 정부에 협력하여 공을 세웠던 인물들은 여기서 제외된다.

　한편 유신10걸에는, 도사 출신이 한 명도 포함되어 있지 않다. 도사 출신 중 고토 쇼지로와 이타가키 다이스케는 유신공로자들에게 포상으로 지급된 상전록에서 매우 높은 등급(1,000석)을 받았던 인물이다. 그럼에도 불구하고 이들은 모두 유신10걸에서 제외되었다. 요시노부에게 대정봉환을 건의하여 사쓰마, 조슈의 막부타도 계획을 방해했고, 왕정복고 쿠데타가 성공한 뒤에도 계속 도쿠가와 요시노부를 옹호한 것 때문으로 생각된다. 반면 후쿠이 출신의 근대적 정치 사상가였던 요코이 쇼난은 여기에 포함된다.

유신의 씨를 뿌린 유신10걸

　한편 메이지유신 이전 즉 막부 말기에서 유신 직전까지 변혁 운동을 이끌어간 혁명가 10명을 따로 선정[14]하여 유신의 씨를 뿌린 유신10걸이라고 부르

공헌했다. 공부성을 그만 둔 뒤에는 외교관으로 전직하여 1889년 주청특명전권공사, 1893년 7월에는 조선 주재 공사가 되어 다음 해 6월 조선에 부임해 일청전쟁 직전까지 활동했다. 1894년 추밀원 고문관이 되었고, 1900년에 남작 작위를 받았다.

14　伊藤痴遊, 『實錄維新十傑』 第1-10卷, 平凡社, 1934; 山脇之人, 『維新元勳十傑論』, 榮泉堂,

기도 한다. 메이지유신에 직접 참여하지는 않았지만 메이지유신의 불씨를 지 핀 인물들로 존왕양이사상을 제창하거나, 반막부 활동을 선구적으로 실천했 던 인물들이다. 직업도 역사학자, 유학자, 국학자, 양학자, 존왕양이 지사 등 다양하다. 요시다 쇼인, 유학자 라이 미키사부로,[15] 사쓰마 번사 아리무라 지 자에몬, 미토 번사 다카하시 다이치로,[16] 쇼나이의 번사 기요카와 하치로,[17] 국학자 반바야시 미쓰히라,[18] 후쿠오카 번사 히라노 구니오미,[19] 사쿠마 쇼잔, 다카스기 신사쿠, 사카모토 료마 등이 여기에 손꼽힌다.

1884; 金澤正造, 『維新十傑傳』, 1941.

15 라이 미키사부로(賴三樹三郎, 1825.7.11~1859.11.1)는 막부 말기의 유학자로 『일본외 사』를 쓴 라이 산요의 3남이다. 존왕론에 감화를 받아 도쿠가와 쇼군가의 보리사(菩提寺) 인 간에이지의 석등을 파괴하는 등 일찍부터 에도 막부에 대한 반감을 행동으로 실행했 다. 페리 내항 이후 존왕양이 운동에 뛰어들었고, 안세이대탄압 때 체포되어 후쿠야마(현 재 히로시마현 동부 지역) 번저에 유폐되어 있다가 고즈카하라 형장에서 참수되었다.

16 다카하시 다이치로(高橋多一郎, 1814~1860.3.23)는 막말의 미토번사로 사쿠라다문밖 의 사건의 주모자다. 사쿠라다문밖의 사건 뒤 도피생활을 하다가 결국 체포되어 참수 되었다.

17 기요카와 하치로(淸河八郎, 1830.10.10~1863.4.13)는 막부 말기 쇼나이번(현재 야마가타 현 쇼나이초)의 번사로 신센조의 전신인 낭사조(浪士組)를 결성하여 호랑이꼬리모임(虎 尾の會)을 이끌고 메이지유신의 선구적 역할을 하다가 체포되어 처형되었다. 야마가타 현 쇼나이초에 그를 제신으로 삼고 있는 기요카와 신사가 있다.

18 반바야시 미쓰히라(伴林光平, 1813.9.9~1864.2.16)는 막부 말기의 국학자, 주자학자, 가 인, 존왕양이 지사다. 존왕양이 지사들이 1863년 야마토(현재 나라현)에서 에도 막부에 대해 일으킨 최초의 반란인 천주조의 거병이 일어나자 나라현으로 달려가 천주주의 기 록을 맡았다. 거병이 실패하여 체포된 뒤 투옥되어 있으면서 천주조 거병의 경위를 기록 하여 『남산답운록(南山踏雲錄)』을 남겼고 다음 해 참수되었다.

19 히라노 구니오미(平野國臣, 1828.3.29~1864.7.20)는 막말 후쿠오카의 번사다. 사이고 다 카모리 등의 사쓰마 번사와 마키 이즈미, 기요카와 하치로 등의 지사들과 교류하면서 토 막론을 확산시킨 존왕양이 지사다. 1862년 시마즈 히사미쓰의 교토 상락(上洛)에 발맞춰 거병을 꾀하다가 데라다야 사건이 실패한 뒤 투옥되었다. 1863년에는 사네토미 등 존왕 양이파 공경, 마키 이즈미 등과 야마토 행행을 획책했지만 8·18정변으로 무산되었고, 천주조의 거병에 호응하여 다지노국 이쿠노에서 거병하려고 했지만 실패한 뒤 체포되 었다. 교토 쇼시다이가 관리하는 육각옥사(六角獄舍)에 투옥되어 있던 중 금문의 변 당 시 발생한 화재를 구실로 살해되었다.

2) 사무라이를 혁명가로 키운 것

봉건적 사무라이의 정신적 각성 - 덴포기(天保期)의 사무라이들

일본의 메이지유신과 근대국가수립은 비슷한 사례를 찾아보기 힘들 정도로 대단한 역사적 성취다. 페리 함대가 등장하는 1853년에서 메이지헌법이 공포되는 1889년까지의 조선이나 청 혹은 비슷한 시기 서구 선진 지역과 비교해 보면 더욱 그렇다. 그런데 이 역사적 과업을 완수한 인물들은 당연한 말이지만 모두 봉건체제에서 자란 봉건적 사무라이들이었다.[20] 따라서 여기서 다음과 같은 의문을 갖지 않을 수 없다. 이들은 어떻게 하여 봉건지배계급으로서 신분과 특권을 버리고 역사적인 격랑 속으로 뛰어들었을까? 이들을 새로운 국가체제를 건설하려는 혁명가로 키운 힘은 과연 무엇이었을까?

이 의문을 풀기위해 지금부터 유신과 건국의 주체였던 사무라이 혁명가에 초점을 맞춰 봉건적 사무라이들이 어떤 계기로, 어떤 과정을 거쳐 혁명가로 성장할 수 있었는지, 사무라이 혁명가들이 또 어떻게 건국을 완수하는 근대적 정치가, 행정가로 변신할 수 있었는지를 알아보자.

역사적인 대변혁은 일반적으로는 겪을 수 없는 특별한 계기에 의해 시작되기 마련이다. 막부 말기 일본의 대변혁 역시 마찬가지로 아주 특별한 역사적 계기가 있었다. 그것은 바로 압도적인 군사력을 앞세운 서구열강의 위협이었다. 봉건체제의 지배계급으로서 신분과 특권을 누리면서 봉건체제 안에 안주해 있던 봉건적 사무라이들은 일본 역사상 처음 겪는 이 군사적 위협 앞

---

20 정치계 엘리트의 91%, 문화계 엘리트의 70%, 산업계 엘리트의 23%가 무사계급 출신이었다. 萬成博, 『ビジネスエリート』, 平凡社, 1958, 53쪽. 메이지 초기 국가 지도자의 출신 계층에 관한 연구로는 B. S. Silberman, *Ministers of modernization : Elite mobility in the Meiji restoration 1868~1873*, University of Arizona Press, 1964가 있다.

에서 다음과 같은 세 가지 차원의 정신적 각성을 한다.

첫째는 시대정신의 자각이다. 서구열강들이 군사력을 앞세워 위협하던 막부 말기의 시대정신은 서양의 침략으로부터 일본을 지키는 것 즉 자주독립이었다. 1800년대 초반부터 아이자와 세이시사이, 사쿠마 쇼잔 등 많은 우국지사들이 서양의 군사적 위협을 강조하고 이에 대비할 것을 주장하였다. 그러나 아무리 대외적 위기의식이 고조되어도 막부와 270개의 번으로 구성되어있는 봉건 막번 체제로 서양의 군사적 위협에 대처하는 것은 역부족이었다. 이때 일본의 독립을 지키기 위해서는 막번 체제를 타파하고 천황제 통일 국가를 수립해야 한다는 새로운 시대정신을 깨우쳐 준 대표적인 인물이 바로 요시다 쇼인이었다. 그는 쇼카손주쿠를 열어 강의할 때에도 감옥에 갇혀 있을 때에도 일관되게 이 시대정신을 제창했다.

둘째는 민족적 정체성(민족의식, 애국심)의 체감이다. 에도 시대에는 민족이나 국가라는 개념이 희박했다. 오직 가문과 주군만이 있을 뿐이었다. 엄격히 말하자면 도쿠가와 쇼군가도 일본 전체를 통치하는 중앙정부는 아니었다. 쇼군의 직접적인 통치력은 자신의 직할 영지와 하타모토 등 막부에 직접 소속된 사무라이와 직인들에게만 미쳤으며 270여 다이묘들이 지배하는 다른 지역은 다이묘를 통해서 간접적으로 지배할 수 있을 뿐이었다. 따라서 사무라이들은 봉건적인 주종 관계에 따라 자신의 주군에게만 충성을 다할 뿐이었으며, 그 경계를 넘어 일본에 충성을 바친다는 생각은 애당초 가질 수조차 없었다. 서구열강의 군함이 나타나도 그 지역의 다이묘가 책임지고 방어할 뿐 다른 지역과 함께 대처하는 경우도 거의 없었다. 오늘날 근대국가에서는 민족의식이나 애국심을 너무나 당연한 것으로 여기지만 서양의 중세 봉건국가나 도쿠가와 막번 체제 아래에서 단일민족으로서의 정체성, 민족의식, 애국심이 형성되는 것은 결코 쉬운 일이 아니었다.

1853년 이후 대외적 위협을 겪으면서 에도사회는 처음으로 단일민족으로서의 민족적 정체성을 체감한다. 여기에는 18세기 후반 대중적으로 확산되는 국학의 가르침이 많은 기여를 한다. 유학과 국토순례도 이러한 체험과 각성에 큰 역할을 한다. 봉건사회의 엘리트 사무라이들은 교토, 에도, 나가사키 등 전국을 몇 달씩 국토순례하면서 국토의 아름다움과 숭고함에 경외감을 느끼고, 개별 번을 넘어 단일민족으로서의 정체성을 깨닫는다.

셋째는 공적인 사명감의 체득이다. 사무라이는 원래 전투를 전문적으로 담당하던 집단이었지만, 에도 시대의 평화가 지속되면서 이들은 행정을 전담하는 관료 집단으로 변신한다. 1%도 되지 않는 사무라이들이 공적 영역을 독점하면서 세습했기 때문에 전투 능력보다는 행정적, 사무적인 전문 지식의 철저한 습득과 엄격한 자기 관리가 요구되었다. 이에 따라 전투 요원으로서 사무라이에게 요구되었던 용기와 희생정신 등 전국 시대 사무라이의 덕목보다, 행정관료로서 자신의 공적 업무에 충실하고, 최선을 다해 자신의 역할을 수행하는 공적 사명감이 새로운 덕목으로 자리 잡는다.

1800년대 들어 서구 열강이 일본에 출몰하면서 쇼군가, 다이묘가와의 봉건적 의리, 봉건적 주종관계에 뿌리를 둔 공적 사명감은 몇 단계를 거쳐 근대적인 형태로 발전한다. 첫 번째 단계는 아이자와 세이시사이에서 볼 수 있듯이, 외세의 위협을 막부나 한 다이묘가 차원의 위협이 아니라 전체 일본의 위협으로 인식하면서도 기존의 막번 체제 안에서 이를 해결하려는 우국지사 형이다. 우국지사 형은 오히려 막번 체제를 강화함으로써 대외 위기를 극복하려고 하는 반시대적인 측면도 지니고 있다. 이들은 외세의 위협에 대한 경각심을 불러일으키고, 그 대비책을 세울 것을 막부에 촉구한다. 두 번째 단계는, 기존의

조슈의 번교 메린칸(현재 하기시 명륜소학교)

막번 체제의 틀 안에서는 외세의 위협에 대처할 수 없다고 보고 직접적 행동에 나서는 탈번지사 형이다. 이 단계의 봉건적 사무라이들은 봉건적 의리를 벗어던지고 탈번해 교토나 에도에서 존왕양이 운동에 투신하기 시작한다. 그러나 이들은 눈앞에 보이는 서양인과 서양문물에 대한 증오만 가지고 있었을 뿐 시대의 흐름을 알지 못했다. 이들이 개별적으로 자행했던 테러, 파괴, 방화와 같은 극단적인 행위들은 시대의 혼란을 더 가중시켰을 뿐이었다.

마지막 단계는 바로 혁명적 사무라이들의 공적 사명감이다. 이들은, 도쿠가와 쇼군가는 더 이상 '공의公儀'가 아니며 사적인 이익을 추구하는 집단에 불과하다고 보았다. 이에 그 대안을 찾아 나섰고, 마침내 천황 중심의 통일정부라는 새로운 '공의'를 찾아냈다. 혁명적 사무라이들이 도쿠가와 막번체제의 해체와 천황 중심의 통일정부 수립이라는 새로운 목표를 자신의 공적인 사명으로 받아들이자 막부 말기 정치적 동란을 뒤덮고 있던 안개가 걷히기 시작했고 메이지유신의 마지막 고개를 넘어갈 수 있었다.

그러나 시대정신의 자각, 민족 정체성의 체감, 공적 사명감의 체득이라는 세 가지의 정신적 각성만으로 봉건적 사무라이들이 유신혁명을 완수할 수 있는 것은 아니다. 유신혁명은 정신혁명이 아닌 현실의 혁명이었기 때문이다. 이를 위해서는 낡은 체제를 해체하고 새로운 체제의 건설 과정을 지휘해나갈 수 있는 혁명가적 능력, 즉 정치가의 자질과 군사지휘관의 자질이 함께 필요했다.

이 중 정치가의 자질은 교토와 에도의 번청에서 근무하던 덴포기의 사무라이들 대부분이 이미 갖추고 있었다. 교토나 에도에서 근무하는 엘리트 사무라이들의 주요한 임무는 조정이나 막부 그리고 주요 번의 정치적 동향을 알아내고 영주의 명에 따라 자기 번의 이익을 지키거나 확대할 수 있는 정치적 활동을 하는 것이었다. 따라서 교토나 에도에서 근무하는 것 자체가 이미 정치가로서의 능력을 인정받은 것에 다름없었다.

문제는 군사지휘관의 자질이었다. 덴포기의 사무라이들은 격변하는 정치적 변혁과정을 지휘하는 군사지휘관의 자질을 어떻게 기를 수 있었을까? 그것은 바로 검술, 창술, 궁술 등 무예의 수련과 무사도의 수양이었다. 이를 좀 더 자세히 알아보자.

1800년대 들어 서양 함선들이 일본 연안에 자주 출몰하면서 대외적인 위협이 고조되자 그 동안 경시되었던 무예의 수련이 다시 부각되었다. 각 번의 번교에서는 무예 수업이 정식 교과목으로 채택되었고, 에도의 명문 검술도장에는 전국에서 검술수련을 배우려는 젊은이들이 몰려들었다. 포술과 총술 등 신식 군사기술을 가르치는 사숙도 생겨났다. 덴포기(1830~1845)는 이같은 무예교육이 일본 전역에서 절정에 이른 시기였다. 덕분에 '덴포기의 사무라이들'은 청소년기에 전통무예에서 신식군사기술까지 군사지휘관에게 필요한 다양한 자질을 기를 수 있었다. 요시다 쇼인의 쇼카손주쿠에서는 병학과 총포술을 가르치고, 인근 사숙과 연합하여 모의 군사훈련을 실시하기도 했다. '덴포기의 사무라이들'이 유신 변혁과정을 이끌어갈 종합적인 능력을 기를 수 있었던 것은 어쩌면 이 세대가 유신혁명을 완수해야 하는 운명을 타고 났기 때문이었는지도 모른다.

실제로 막부 말기 유신 변혁을 이끌어가는 혁명적 사무라이들 중에는 행정적, 정치적 자질 뿐만 아니라 탁월한 검술 실력[21]과 군사 지휘관으로서의 자질[22]을 함께 갖춘 인물들이 많았다. 이들은 번교에서 검술 수련을 한 뒤 에도의 3대 도장에서 검술 수련을 계속하면서 전국의 유명검객들과 교류한다. 당시 일본은 지식 네트워크뿐만 아니라 검술 도장을 매개로 한 전국적인 검객 네트워크도 발달해 있었다. 막부 말기 혁명적 사무라이들은 이를 기반으로 전국적인 활동을 전개할 수 있었다.

한편 이 시기에 다시 부흥한 검술 수련은 사무라이들에게 무사도라는 독특한 정신세계에 다시 빠지게 했다. 무사도는 이들에게 단지 상대방을 이기기 위한 기술이 아니라, 그것을 넘어 삶에 연연하지 않고 죽음을 두려워 않는 초월적 정신세계를 깨우쳐 줌으로써, 불굴의 정신적 강인함을 가지게 했다.

막부 말기 혁명적 사무라이들은 이런 과정을 거쳐 시대정신, 민족 정체성,

---

21 기도 다카요시는 에도의 3대 검술도장 중 하나인 연병관의 대표를 할 만큼 검술실력이 뛰어났다. 5년 동안 연병관의 숙두로 근무하면서 여러 번의 에도 저택에서 검술을 지도하였고, 당대 최고의 검객으로서 이름을 날렸다. 유신의 지도자들 중에는 기도 다카요시 외에도 사카모토 료마 등 뛰어난 검객이 많았다.

22 군사적 능력이 부족한 정치 지도자들은 너무 비겁하거나 또는 거꾸로 너무 과격한 결정을 내리기 쉽다. 정치 지도자들은 군사적 판단능력이 부족하기 때문에 객관적 전력에 기초한 평가를 내리지 않는 경향이 있기 때문이다. 반면 정치적 능력이 부족한 군사 지도자들은 객관적 전력에만 기초해 결정을 내리기 때문에 이로 인해 발생되는 정치적 파장이나 외교 관계에의 영향 등을 경시할 때가 많다. 메이지 시대의 국가 지도자들과 쇼와 시대의 군인이나 군인 출신 국가 지도자들을 비교해 봐도 이러한 차이가 많이 나타난다.

공적 사명감 외에도 전국 시대 무사들이 가져야 했던 덕목인 전투원으로서의 죽음을 두려워하지 않는 용기와 정신적 강인함도 갖출 수 있게 되었다. 이 덕목들은 전쟁과 변혁의 한 시대를 이끌어가고자 하는 혁명 주체들에게는 필수적 자질이다. 이리하여 덴포기에 청소년 시절을 보내면서 지적, 정서적, 정신적 자질을 갖춘 일단의 사무라이들은 국가적 위기가 닥치자 혁명의 고난을 두려워하지 않고 시대정신을 완수하기 위해 전진해나갈 수 있었다. 그러면 조슈의 사무라이들을 중심으로 막부 말기 봉건적 사무라이들이 어떤 과정을 거쳐 혁명적 사무라이로 탈바꿈하게 되는지 좀 더 자세히 살펴보자.

한편 봉건적 사무라이들의 정신적 각성은 1700년대 후반부터 에도사회 내부에서 진행되어온 지적·정신적 혁명과 이를 대중적으로 확산시킨 교육혁명이 있었기 때문에 가능했다.

이 책 제1부에서 살펴보았듯이 유학, 국학, 양학 등 여러 분야에서 오규 소라이, 모토오리 노리나가, 스기타 겐파쿠 같은 걸출한 인물이 나오면서 1700년대 후반에 이르자 에도사회는 지적, 정신적인 측면에서 비약적으로 성장한다. 이러한 지적·정신적 도약 위에서 에도 막부는 쇼헤이코라는 막부 직영 관립학교를 세워 주자학의 진흥에 나섰고, 전국의 다이묘들 역시 앞 다투어 번교를 세워 사무라이의 교육에 나섰다.

이 시기에는 민간에서도 무수히 많은 학교(사숙私塾)가 자발적으로 설립되어 사무라이와 일반 백성의 자녀들을 가르쳤다. 사숙들은 막부 말기에 전국적인 네트워크를 형성하여 교류하면서 새로운 시대정신의 확산에 기여한다. 1800년대를 전후하여 기하급수적으로 늘어난 각종 학교와 교육의 대중적인 확산은 교육혁명이라고도 부를 수 있을 정도로 혁신적이고도 광범위한 변화를 가져온다.

1800년대에 아이자와 세이시사이, 후지타 도코, 요시다 쇼인과 같은 인물들이 새로운 시대정신을 제창하고 전국적으로 확산시킬 수 있었던 밑바탕에는 이처럼 교육혁명을 거치면서 전국에 걸쳐 설립된 다양한 교육기관과 일반 백성들에게까지 뿌리내린 전국적인 지식 네트워크[23]가 형성되어 있었기 때문에 가능했다.

에도 시대의 교육혁명 – 사숙(私塾)과 유학(遊學)

에도사회는 유신변혁이 본격적으로 시작되기 전에 이미 몇 세대에 걸쳐 봉건사회를 뛰어넘을 수 있는 새로운 지적, 정신적 힘을 축적하고 있었다. 바로 이 힘이 에도사회 스스로 구체제를 극복하고 새로운 시대를 열어갈 수 있는 원동력이었다. 그럼 이를 좀 더 자세히 살펴보자.

이 시기 전국에서 경쟁적으로 번교와 향교가 설립되었다. 민간 차원에서는 농촌지역에까지 사립학교가 앞 다투어 설립되었다. 이에 따라 그때까지 막부 관리와 상층 사무라이 신분에게만 허용되었던 교육의 기회가 개방되었다. 하층 사무라이, 도시지역에 거주하는 서민, 농촌지역의 부유한 농민들도 경제력과 의지만 있으면 전문적인 지식을 습득하여 신분상승의 기회를 새로 얻을 수 있었다. 이 중 사립학교 즉 사숙은 그 수가 매우 많았을 뿐만 아니라 커리큘럼, 수업방식, 교육목표도 매우 다양했다.[24]

---

23 전국적인 지식 네트워크의 구성에는 이 시기 이미 구축되어 있던 서적의 출판과 유통망이 크게 기여했다.

24 에도 시대 교육기관에 관한 책으로는 海原徹, 『リチャード・ルビンジャー, 私塾：近代日本を拓いたプライベート・アカデミー』, サイマル出版, 1982; 海原徹, 『明治維新と教育：長川藩倒幕派の 形成過程』, ミネルヴァ書房, 1972; R. P. ドーア, 松居弘道 譯, 『江戸時代の教育』, 岩波書店, 1970. 외에도 ハーバート・パッシン, 國弘正雄 譯, 『日本近代化と教育』, サイマル出版會, 1969; 奈良本辰也 編, 『日本の私塾』, 淡交社, 1969; 石川松太郎, 『藩校と寺子

유시마성당 입구 유시마성당 안에 설치된 쇼헤이자카학문소

　이러한 변화는 신분과 지역에 따라 교육의 기회가 제한되었던 상인계층
과 도시 서민 등 에도 사회의 경제발전을 주도한 계층들의 지적 욕구에서 출
발한 것이었다. 1800년대 초반에 자주 발생했던 농민들의 반란이나 양명학
자 오이시 헤이하치로가 일으킨 난은 물론이고 막부 말기 변혁운동들도 서
민층에게까지 축적된 이러한 지적, 정신적 힘이 밑거름이 되어 있었기 때문
에 가능했다.

　특히 이 시기에 설립된 다양한 사숙들은 관공립학교에서는 배울 수 없는
양학과 국학까지 전수해줌으로서 봉건적 사무라이들에게 근대적인 지식과
함께 고대부터 전해 내려오는 존왕론적 전통에까지 눈을 뜨게 해 주었다. 이
처럼 유신혁명의 밑바탕에는 다양한 차원의 지적, 정신적인 도약과 확산이
있었다. 유신혁명 이전에 이미 교육혁명[25]이 있었던 것이다. 그럼 에도 시대
의 일반적인 교육형태를 먼저 살펴본 뒤 에도 시대 후반기에 번성하는 사숙
에 대해 알아보자.

　　屋』, 教育社, 1978; 海原徹, 『近世私塾の硏究』, 思文閣出版, 1983; 梅溪昇, 『緖方洪庵と適
　　塾』, 大阪大學出版會, 1996; 大石學, 『江戶の敎育力 近代日本の知的基盤』, 東京學芸大學出
　　版會, 2007; 石川謙, 『日本學校史の硏究』, 小學館, 1960; 高橋敏, 『江戶の敎育力』, ちくま書
　　房, 2007 등이 있다.
25　박훈은 이를 '교육폭발의 시대'라고 정의하고 있다. 박훈, 『메이지유신은 어떻게 가능했
　　는가』, 민음사, 2014, 154쪽.

에도 시대의 교육기관으로는 크게 두 종류가 있었다. 쇼군가나 다이묘가에서 사무라이를 교육시키기 위해 설립한 관공립학교와 도시와 농촌 지역에서 서민의 기초적인 교육을 위해 자발적으로 설립된 데라코야寺子屋[26]가 그것이다.

우선 막부 직영 관립학교로는 하야시가林家의 주자학 사숙[27]을 막부 직영 학교로 개편한 쇼헤이자카학문소가 있었다. 그밖에도 막부는 일본 전통 고전을 강의하던 사숙 화학소和學所를 개편하여 화학강담소和學講談所(1795)를, 종두법을 연구·보급하던 사립 종두소를 확대·개편하여 서양의학을 연구하는 의학소醫學所(1861)를, 1856년 설립된 서양병학교인 강무소講武所를 확대·개편하여 번서조소蕃書調所(1856)[28]를 설립하였다. 막부 직영 관립학교들은 해당 분야에서 최고의 권위와 실력을 보유하고 있었다.

전국의 다이묘 역시 적극적으로 직영학교를 설립하였다. 다이묘가 거주하는 지역인 죠카마치에는 번교를 설립하여 상층 사무라이의 군사훈련이나 도덕교육을, 농촌지역에는 향교를 설립하여 인근 지역에 거주하는 사무라이나 서민들의 도덕교육을 담당하게 했다. 번교는 1750년까지만 해도 전국에 40개[29]밖에 없었지만 그 뒤 증대하기 시작해 메이지유신 직후에는 거의 모든

---

26 최근에는 데라코야 대신 습자숙(習字塾)이라는 용어를 많이 쓰고 있다.

27 유학자 하야시 라잔은 1608년 쇼군의 고문이 되었다. 그가 운영하던 학교는 1630년까지는 사숙이었지만 그 뒤 막부의 관할로 편입되어 재정적인 지원을 받게 되었다. 1790년 마쓰다이라 사다노부의 교육개혁으로 막부의 관립학교가 된다. 이때 학교 이름도 쇼헤이코에서 쇼헤이자카학문소로 바뀐다. 막부가 쇼헤이코를 통해 주자학자를 채용하면서 쇼헤이코는 큰 영향력을 발휘하였고 유학의 정통 교육기관으로 인정받았다.

28 번서조소는 그 뒤 서양서적의 번역을 담당하는 양학소로 확대·개편되었고, 다시 양서조소(洋書調所, 1862년), 개성소(開城所, 1863년)로 이름이 바뀌었다. 개성소는 메이지유신 이전까지 최대의 서양학 연구센터였다. 개성소와 의학소는 그 뒤 도쿄대학으로 발전한다.

29 박훈은 이시카와 켄의 책(石川謙, 『日本學校史の研究』, 小學館, 1960의 1977년 판본. 이시카와 켄은 1969년 사망했다)을 인용하여 1750년까지 설립된 번교가 28개 밖에 되지 않았다고 적고 있다. 박훈, 앞의 책, 151~152쪽. 반면 이 책에서 인용하고 있는 리챠드 루빈져

번에 설립되었다.

그러나 수적인 증가에도 불구하고 막부의 직영학교인 쇼헤이자카 학문소나 전국의 다이묘가 세운 번교들은 막부 말기의 새로운 사회·경제적 변화와 대외적인 위기에 주체적으로 대응해 나갈 수 있는 지적知的 준비 보다는 에도막부체제의 지배이념과 지배질서를 수호하고 쇼군가나 다이묘가의 이해관계를 지키는 데 더 매달렸다. 이학금지령(1791)을 내려 주자학 이외의 학문을 이학異學 즉 이단으로 규정하여 금지하거나, 반샤의 대탄압을 일으켜 막부정책에 비판적인 사상이나 학문을 탄압한 사건은 이러한 경향을 보여주는 대표적인 사례다.

다음으로 데라코야는 농촌지역과 도시지역의 서민 자제들에게 읽기와 쓰기, 산술 등을 가르쳤다. 번교를 다닐 수 없었던 하층 사무라이의 자제 중에서 데라코야를 다니는 경우도 많았다. 아래 표를 보면 알 수 있듯이 데라코야의 수는 1700년대 말부터 급속히 증대하기 시작해 메이지유신 이전에 전국에 걸쳐 무려 만 여 개가 설립되었을 정도로 많이 보급되었다. 메이지유신 직후 신정부가 근대적인 보통교육의 실시 등 급속한 근대화정책이 가능했던 데에는 여러 가지 요인이 있지만 이미 오래 전부터 각 농촌마을 단위에까지 설립되어

의 자료는 나카이즈미 데쓰준의 책(中泉哲俊, 『日本近世學校論の研究』, 風間書房, 1976, 44~45쪽)을 인용한 것이다. 최근의 연구자료는 에도 시대 교육기관의 수를 훨씬 더 많게 보고 있다. 예를 들어 오이시 마나부는 에도 시대 데라코야의 수가 약 7만 개에 달하는 것으로 추정한다. 大石學, 『江戶の教育力 近代日本の知的基盤』, 東京學芸大學出版會, 2007. 한편 이시카와 켄은 번립학교를 협의와 광의로 나누어 정의하고 있다. 협의의 번립학교(번학)에는 주자학의 교육을 목표로 설립한 학교만이 포함되며 무예와 병학 교육도 여기에 포함된다. 광의의 번립학교(번교)에는 이 밖에 의학교, 양학교, 국학교(황학교), 여자학교 등 전문학과의 교육을 목적으로 설립된 학교가 포함된다. 에도 시대 번립학교 수에 관한 이시카와 켄의 통계는 협의의 번립학교(번학)에 관한 것이다. 石川謙, 『日本學校史の研究』, 小學館, 1960, 261~264쪽.

설립연도	사숙	데라코야	향교	번교
~1750	18	27	11	40
1751~1788	38	194	9	48
1789~1829	207	1286	42	78
1830~1867	796	8675	48	56
불명	18	-	8	3
에도 시대 합계	1076	10202	118	225
1868~1872	182	1035	76	48
불명	233		4	3
총계	1493	11237	198	276

출처: 海原徹, リチャード・ルビンジャー(1982), 私塾―近代日本を拓いたプライベート・アカデミー. サイマル出版, 5쪽.

있던 데라코야와 이를 통해 쌓인 서민층의 높은 식자율識字率(문자해독율) 또한 중요한 요인 중 하나였다.[30]

일반적으로 에도 시대의 서민들은 메이지유신 이후 근대적인 학교 교육이 시작되면서 비로소 문맹 상태에서 벗어났다고 생각하기 쉽지만 사실은 그 오래 전부터 이미 데라코야 등에서 읽기, 쓰기, 산술 등을 배울 수 있었다. 1900년대 초에 일본의 문맹률이 거의 제로상태에 다다를 수 있었던 것도 이 때문이다. 이렇게 낮은 문맹률은 서구 세계와 비교해도 매우 이른 시기에 달성된 것이었다.

한편 1700년대 후반에 이르러 에도 시대의 일반적인 교육기관과 전혀 성격이 다른 새로운 형태의 교육기관이 생겨난다. 이를 사숙이라고 한다. 사숙은 커리큘럼, 수업과 평가방식, 교육목표 등에서 관공립학교와는 비교가 되지 않을 정도로 다양하고 독창적이었다. 사숙들은 에도사회의 지배이념에 얽매이지 않고 근대적인 자연과학 지식에서부터 국학에 이르기까지 다양한 형

30   R. P. ドーア, 松居弘道 譯, 『江戸時代の教育』, 岩波書店, 268~272쪽.

태의 교육을 전수해주었다. 유신변혁기에는 정치결사체적인 성격을 갖는 사숙도 등장하였다.

〈표 2〉에서 알 수 있듯이 사숙은 한학, 양학, 국학, 병학, 의학 외에도, 산술학, 무술, 습자, 법률, 불교 등 매우 다양한 분야에 걸쳐 설립되었다. 따라서 읽기, 쓰기, 산술 등 기초적인 교양뿐만 아니라 서양의 근대적인 전문지식까지 배울 수 있었다. 또한 관공립학교에서는 제공하지 않는 다양한 커리큘럼, 자유로운 수업 방식, 신분이 아닌 능력에 따른 객관적인 평가 등 에도사회의 신분적인 한계를 뛰어넘는 다양한 시도가 이뤄지고 있었다. 이 책 제1부에서 설명하고 있는 국학, 양학, 고학의 대표적인 인물들도 모두 사숙을 운

〈표 2〉 사숙의 교육 분야(메이지 5년까지)

교육분야	총수	비율
한학	612	41.3
한학(시문, 경서)	524	
화한학	88	
서도(화한학 포함)	415	28.0
산술학	175	11.8
화산과 주관	29	
산술과 읽기·쓰기의 기초	146	
양학	47	3.2
양학(영어, 네덜란드어)	5	
영학과 화한학	5	
의학	37	
무술	19	1.3
병학	9	
무예(궁술, 마술, 총술, 유술, 검술)	10	
습자(초보적 단계)	30	2.0
국학	9	0.6
기타(불교8, 예법5, 재봉2, 수양1, 그림·음악1, 법률1)	26	1.8
불명	149	10.0
계	1482	100.0

출처: 海原徹, リチャード·ルビンジャー(1982), 앞의 책, 10쪽.

영했다. 이토 진사이의 '고기도古義堂', 오규 소라이의 '겐엔주쿠護園塾', 모토오리 노리나가의 '스즈노야鈴の屋' 등에서 알 수 있듯이, 에도 시대를 대표하는 독창적인 사상가들은 대부분 사숙을 설립하여 제자들을 가르치고 독자적인 문파를 형성하였다. 뿐만 아니라 시볼트의 '다루나키주쿠', 오가타 고안의 '데키주쿠' 등 근대적인 의학과 과학의 기초를 마련한 양학교 역시 사숙이었다. 이렇듯 고학, 국학, 양학, 의학 등 에도 시대를 대표하는 사상과 학문은 거의 대부분 사숙을 통해 전수되었다. 뛰어난 학문적 업적을 남긴 것은 아니지만 히로세 단소[31]의 '간기엔'은 에도 시대 최대의 한학 사숙으로 80년 동안 약 4,000명의 제자를 길러냈다.

한편 유신변혁기가 되면 이전과는 다른 새로운 형태의 사숙이 등장한다. 평화롭고 안정적인 사회 환경 아래에서는 사상과 학문을 전수하는 것이 중요했지만 외우내환의 혼란기가 되자 정치참여를 중요시하는 사숙, 즉 정치결사체적 성격을 가지는 사숙이 생겨나기 시작한 것이다. 이러한 사숙 중 대표적인 것이 바로 요시다 쇼인의 쇼카손주쿠다.

쇼카손주쿠는 한학을 가르치는 사숙에서 출발하였지만, 1858년 일본이 서구 5개국과 통상조약을 체결한 뒤부터 자주독립과 막번체제의 변혁을 지향하는 정치결사체로서의 성격을 분명하게 드러낸다.[32] 요시다 쇼인은 강의를

---

31 廣瀬淡窓(1782.4.11~1856.11.1)는 분고국 히타(豊後國日田) 출신의 유학자, 교육자다. 1805년 처음으로 사숙을 열어 그 뒤 일본 최대의 사숙인 간기엔(咸宜園)으로 발전시켰다. 간기엔은 1897년까지 약 80년간 존속하였고 입문자는 모두 4,000명에 달했다. 간기엔은 학생들에게 매우 엄격한 규칙을 요구했으며 세분화된 커리큘럼과 체계적인 평가시스템을 도입했다. 간기엔의 평가시스템은 점수화된 시험평가에 따라 상급 코스로 진급할 수 있게 하는 등 오늘날 일본 교육의 문제 중 하나인 경쟁적이고 비교육적 시스템의 원조였다는 비판도 있지만, 에도 시대에 이미 근대적인 학교 시스템을 시행한 것으로 높게 평가된다. 다카노 조에이, 오무라 마스지로도 간기엔을 다녔다. 海原徹,『リチャード・ルビンジャー, 私塾：近代日本を拓いたプライベート・アカデミー』, サイマル出版, 1982, 53~88쪽.

통해 존왕양이사상을 고취시키는 한편 군사훈련을 하기도 하고 제자들과 함께 로쥬를 습격하기 위한 준비도 한다. 이 시기 쇼카손주쿠에서의 사제관계는 학문적 관계이면서 동시에 정치적인 동지관계이기도 했다.

정치적 결사체로서의 성격을 가지고 있었기 때문에 쇼카손주쿠 출신 대부분이 쇼인의 뜻에 따라 존왕양이운동에 뛰어든다. 이들은 강한 결속력을 유지하면서 조슈 정부를 개혁하고, 신분에 얽매이지 않는 새로운 형태의 부대인 제대를 결성하여 핵심 지휘관으로 활약한다. 8.18정변과 금문의 전투, 제1차 조슈정벌전쟁, 연합함대의 시모노세키 포격, 제2차조슈정벌전쟁, 대정봉환, 왕정복고 쿠데타 등을 거쳐 메이지유신을 성공시키고 유신정부의 핵심 지도자가 되어 자주적인 근대국가의 수립이라는 역사적인 과업을 완수하기까지 쇼카손주쿠 출신들이 큰 역할을 하게 된 데에는 이처럼 하기의 조그만 마을에서 시작된 교육의 힘이 밑바탕에 있었다. 이런 측면에서 쇼카손주쿠는 학교이면서 동시에 정치지도자, 군사지휘관을 양성한 정치결사체였다.

3) 덴포기의 사무라이들

여기서 한 가지 흥미로운 사실을 언급하지 않을 수 없다. 그것은 유신 주체 세력의 세대적 특징이다. 나중에 메이지유신과 자주적인 근대국가 수립이라는 역사적 과업에 뛰어든 사무라이 혁명가들은, 아래 표를 보면 알 수 있듯이,

---

32 　우미하라 도오루의 다음 책은 조슈의 사숙에서 정치적 결사체로 발전한 뒤 제대와 조슈 도막파로 이어지는 과정을 자세하게 설명하고 있다. 海原徹, 『明治維新と敎育 : 長川藩倒幕派の 形成過程』, ミネルヴァ書房, 1972.

〈표 3〉 덴포기(天保期)의 사무라이들

이름	출생일 (일본연호/태음력/태양력)	신분	출신번
요코이 쇼난	분카6년~메이지 2년 *1809.8.13~1869.1.5* *1809.9.22~1869.2.15*	번사	구마모토
가쓰 가이슈	분세이6년~메이지 32년 *1823.1.30~* *1823.3.12~1899.1.21*	하타모토	쇼군가
이와쿠라 도모미	분세이8년~메이지 16년 *1825.9.15~* *1825.10.26~1883.7.20*	공경	공경
사이고 다카모리	분세이 10년~메이지 10년 *1827.12.7~* *1828.1.23~1877.9.24*	번사	사쓰마
요시다 쇼인	분세 13년~안세이 6년 *1830.8.4~1859.10.27* *1830.9.20~1859.11.21*	번사	조슈
오쿠보 도시미치	분세이 13년~메이지 11년 *1830.8.10~* *1830.9.26~1878.5.14*	번사	사쓰마
기도 다카요시	덴포 4년~메이지 10년 *1833.6.26~* *1833.8.11~1877.5.26*	번사	조슈
하시모토 사나이	덴포 4년~안세이 6년 *1834.3.11~1859.10.7* *1834.4.19~1859.11.1*	번사	에치젠국 후쿠이
후쿠자와 유키치	덴포 5년~메이지 34년 *1834.12.12~* *1835.1.10~1901.2.3*	번사 하타모토	부젠국 나카츠
마쓰카타 마사요시	덴포 6년~다이쇼 13년 *1835.2.25~* *1835.3.23~1924.7.2*	번사	사쓰마
이노우에 카오루	덴포 6년~다이쇼 4년 *1835.11.28~* *1836.1.16~1915.9.1*	번사	조슈
나가오카 신타로	덴포 9년~게이오 3년 *1838.4.13~1867.11.17* *1838.5.6~1867.12.12*	소야	도사
사카모토 료마	덴포 6년~게이오 3년 *1835.11.15~1867.11.15* *1836.1.3~1869.12.10*	번사 (상인)	도사
오쿠마 시게노부	덴포 9년~다이쇼 11년 *1838.2.16~* *1838.3.11~1922.1.10*	번사	사가
야마가타 아리토모	덴포 9년~다이쇼 11년 *1838. 윤4.22~* *1838.6.14~1922.2.1*	번사	조슈
다카스기 신사쿠	덴포 10년~게이오3년 *1839.8.20~1867.4.14* *1839.9.27~1867.5.17*	번사	조슈
구사카 겐즈이	덴포 11년~겐지 원년 *1840.5.(不明)~1864.7.19* *1840.(不明)~1864.8.20*	번의	조슈

구로다 기요다카	덴포 11년~메이지 33년 1840.10.16~1900.8.23 1840.11.9~1900.8.23	번사	사쓰마
이토 히로부미	덴포 12년~메이지 42년 1841.9.2~ 1841.10.16~1909.10.26	번사 (농민)	조슈
오야마 이와오	덴포 13년~다이쇼 5년 1842.10.10~ 1842.11.12~1916.12.10	번사	사쓰마

1. 덴포기는 분세이(文政) 13년 12월 10일(1830.12.10 / 1831.1.23) 개원하여 덴포 15년 12월 2일(1844.12.2 / 1845.1.9)까지 지속되었다. 분세이에서 덴포로 연호를 바꾼 계기는 1830년 3.21(1830.4.24)일 발생한 에도 간다 사쿠마초의 대화재와 1830.7.2(1832.8.19) 교토에서 발생한 대지진 등 자연재해 때문이었다.
2. 통상 음력으로 사용하는 역은 태음력인 율리우스역이며 양력은 태양력인 그레고리역이다.
3. 일본은 메이지유신이 성공한 뒤 1872년 12월 3일을 1873년 1월 1일로 정해 태음력에서 태양력으로 바꿨다. 이에 따라 일본의 연호는 1872년 12월 3일 이전은 음력과 함께, 그 이후는 양력과 함께 사용하고 있다. 따라서 특정 인물의 생몰일이 연호로 표기되어 있을 경우에는 음력으로만 표기되어 있는 경우, 음력과 양력이 섞여 표기되어 있는 경우, 양력으로만 표기되어 있는 경우가 있으므로 주의해야 한다.
4. 예를 들어 일본국립국회도서관에서 근대 일본의 역사적인 인물에 관한 정보를 수록해 놓은 근대일본인의 초상(http://www.ndl.go.jp/portrait/datas/12.html)에는 이토 히로부미의 생몰연일이 다음과 같이 표기되어 있다. 덴포 12년 9월 2일~메이지 42년 10월 26일(1841.10.16~1909.10.26). 여기서 탄생일은 연호와 음력으로, 사망일은 연호와 양력으로 표기하고 있다.

대부분 덴포기(天保期, 1830~1845)에 태어나 청소년 시절을 보낸다. 요코이 쇼난, 가쓰 가이슈, 사이고 다카모리, 이와쿠라 도모미 등 이들에게 정치적·사상적인 영향을 미치는 인물들은 당연히 대부분 덴포기 전에 태어난다. 두 세대의 경계에 요시다 쇼인과 오쿠보 도시미치가 있다. 두 사람은 덴포기가 시작되던 1830년에 태어났다. 덴포기의 맏형인 셈이다. 흥미롭게도 이 시기에 태어나 메이지유신을 성공시키고 근대국가를 수립해가는 이들에게는 이전 세대와는 전혀 다른 특징들이 있다. 서구 선진국의 68(1968년)세대나 일본의 안보투쟁(1960년대) 세대처럼 150여 년 전 유신변혁의 주체세력도 세대적 특징을 가지고 있는 것이다. 이 책에서는 세대적 특징을 좀 더 강조하기 위해 이들을 '덴포기의 사무라이들'[33]이라고 부르겠다.

33 도쿠토미 소호는 자신의 책『장래의 일본』(1886)에서 '덴포기의 사무라이들'을 '덴포기의 노인들'이라고 부르고 있다. '덴포기의 청년 사무라이들'이 1880년대 도쿠토미 소호의 시대에 이르자 이제는 젊은 세대로부터 번벌독재에 빠진 노인들이라는 비판을 받게 된

그럼 '덴포기의 사무라이들'은 이전 세대와 달리 어떤 환경에서 자랐을까? 우선 이전 세대의 사무라이들이 주로 주자학만을 배웠던 반면 이들은 주자학뿐만 아니라 전국의 유명한 사숙에서 유학하면서 유학, 양학, 의학, 병학, 국학은 물론이고 검술과 무예까지 포함하여 최고로 선진적인 지식을 자유롭게 흡수한다. 이 때문에 이들은 이전 세대와는 전혀 다른 지적·정신적 바탕을 형성할 수 있었다. 물론 이는 1774년 스기타 겐파쿠의『해체신서』발간 이후 적어도 수십 년 동안 유학, 양학, 국학 등 다양한 방면에서의 지적, 정신적 기반이 에도 사회 내부에 축적되어 있었기 때문에 가능한 일이었다.

거기에 페리 함대의 등장이라는, 일본 역사상 최대의 국가적 위기를 청년기에 맞이한다. 이후 이들은 어느 번, 어느 정파에 속해 있던 상관없이 이 국가적 위기를 극복하기 위해 고난에 찬 생을 살아갈 수밖에 없었다. 일본 역사상 가장 평화로운 시대의 끝자락에 태어나 그 시대 전체의 평화와 맞바꿀 수 있을 정도로 거친 역사의 풍랑을 온몸으로 헤쳐 나가야 했던 이 세대의 일생이 행운이었는지 불행이었는지는 알 수 없다. 하지만 이들은 외세의 위협을 극복하고, 700여 년 동안 지속된 무사의 시대를 근대사회로 바꿀 잠재력을 가지고 있었던 유일한 세대였다. 이런 측면에서 보면 '덴포기의 사무라이들'에게 주어진 시대적 환경과 주체적 조건은 아마 이들에게 맡겨진 시대적 과업을 완수하기 위해 마련된 일종의 역사적 운명이었다고 말할 수밖에 없을 것이다.

그럼 '덴포기의 사무라이들'이 고향을 떠나 에도, 교토, 나가사키 같은 대

것이다. 도쿠토미 소호는 이 책에서 유신 원훈의 귀족적 서구주의와 복고주의를 배격하는 한편 자유민권파도 봉건적 자유주의라고 비판한다. 또한 그는『신일본의 청년』(1887)에서 '덴포기의 노인'과 신일본의 청년을 대비시키면서, 메이지유신을 잇는 '제2의 혁명'을 신일본의 청년이 담당해야 한다고 주장했다. 마루야마 마사오, 김석근 역,『문명론의 개략을 읽는다』, 문학동네, 2007, 43~45쪽.

도시의 사숙에서 유학하면서 어떤 지식을 배우고 어떤 정신적인 자각을 하면서 혁명가로 성장하게 되는지 한 번 알아보자.

시대정신 – 요시다 쇼인과 쇼카손주쿠

막부 말기 일본의 역사를 이끌어가는 인물을 많이 배출한 곳에는 모두 당시 일본 최고라고 말할 수 있는 학교가 있었다. 미토·조슈·사쓰마뿐 아니라 아이즈도 마찬가지였다. 조슈에는 번교 메린칸(明倫館, 명륜관)이 있었다. 거기에 조슈에는 탁월한 선생이 한 명 있었다. 바로 요시다 쇼인이다.

메이지유신 태동 기념비(쇼카손주쿠 앞)

1854년 미국 군함에 올라가 밀항을 시도한 죄로 투옥되었다가 고향집으로 돌아와 쇼카손주쿠를 세웠을 때 인근 지역의 부모들은 쇼인을 위험한 사상을 지닌 인물로 여기고 기피했다. 당연히 자식의 교육도 맡기려고 하지 않았다. 쇼인의 수제자였던 다카스기 신사쿠도 처음에는 야밤에 부모 몰래 집을 빠져 나와 학교를 다녔을 정도였다.[34] 처음에는 친인척과 마을 주민 몇 사람을 대상으로 강의를 시작했는데 제자들이 점점 늘어나 교실을 증축할 정도로 유명해졌다.[35] 이렇게 2년 10개월의 짧은 기간 동안 모두 92명의 제자들을 길러냈다. 당시로서는 결코 적지 않은 숫자이다. 그의 제자들 중에는 메이지유신과 건국 과정을 주도해간 인물들이 많다. 비

34　一坂太郎, 『高杉晋作の「革命日記」』, 朝日新書, 2010, 14~15쪽.
35　1856년 8월 22일부터 인근 자제들을 대상으로 무교전서, 무교소학 외에 일본외사 등 강의를 시작했다. 이것이 뒷날 쇼카손주쿠의 기초가 된다. 日本思想大系 54, 『吉田松陰』, 岩波書店, 1978, 634쪽.

쇼카손주쿠 강의실

록 자신은 안세이대탄압 때 처형되는 바람에 볼 수 없었지만 그의 제자들은 유신을 성공시키고 나아가 건국의 과업까지 이룬다.

쇼인은 쇼카손주쿠에서 주로 철학과 역사를 가르쳤다. 『맹자』[36]로 처음 강의를 시작했고 이어 집안의 가학家學인 『무교전서』, 라이산요의 『일본외사』, 사마광의 『자치통감』, 『춘추좌씨전』 등을 가르쳤다.[37] 이 책들을 보면 알 수 있듯이 쇼인은 주로 대의명분론에 입각해 편찬된 역사책을 주로 강의했고, 이를 통해 천황가의 정통성과 왕정복고의 대의명분을 가르쳤다.[38] 그

---

36   요시다 쇼인은 맹자를 매우 좋아했다. 1854년 10월 24일 에도 덴마초 감옥에서 하기 노야마(野山) 감옥으로 이송되었고 이듬해인 1855년 4월 12일 수감된 죄수들을 대상으로 『맹자』 강의를 시작했다. 이해 12월 15일 요양을 위해 노야마감옥에서 풀려나 스기가의 유실로 들어갔다. 유실에서도 『맹자』 강의를 시작해 6월 18일 강의를 마쳤다. 이때 『맹자』 강의록을 묶어 펴낸 책이 『강맹차기』다. 위의 책, 632~633쪽.

37   田尻祐一郎, 『江戶の思想史 : 人物・方法・連環』, 中央公論新社, 2011.

38   『강맹차기』를 다 쓰고 난 뒤인 1856년 8월경부터 쇼인은 토막사상에 눈을 뜨기 시작했다. 日本思想大系 54, 앞의 책, 633쪽. 『강맹차기』 상권은 그가 하기의 노야마 감옥에 있을 때 죄수들을 대상으로 맹자를 강의한 것이고, 하권은 감옥을 나와 쇼카손주쿠에서 이

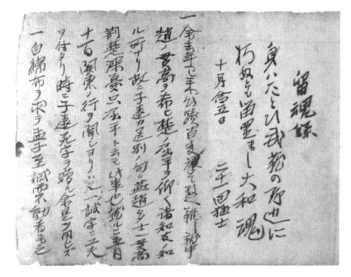

요시다 쇼인의 『유혼록』

러나 그의 제자들이 쇼인에게 배운 것은 단순한 지식만이 아니었다. 그랬다면 그의 제자들 중 유신과 건국에 큰 자취를 남긴 인물들이 많지 않을 지도 모른다. 쇼인은 그들에게 시대정신을 가르쳤고, 그것이 옳다고 생각한다면 행동으로 실천할 수 있는 용기를 불어 넣었다. 그가 일반적인 학자와 다른 점은 여기에 있다.

쇼인은 자신이 옳다고 생각하는 시대정신을 위해서는 주저함 없이 몸을 던지는 과감한 행동력과 강인한 정신력을 보여주었다. 말로 가르치는 교육보다 행동으로 가르치는 교육이 더 감동적이고, 행동으로 가르치는 교육보다 정신으로 가르치는 교육이 더 귀하다. 그는 때로는 미숙하고 때로는 고지식한 선생이었지만,[39] 막말 일본이 당면하고 있는 시대정신을 실천하기 위해서

어서 맹자를 강의한 것이다. 『강맹차기』상「양혜왕」편을 보면, 고대 중국의 탕왕과 무왕이 걸과 주를 방벌하고 왕조 교체를 이룬 것에 대해 이미 존왕론의 관점에서 해석하고 있음이 잘 나타나 있다.

39 이 때문에 한때 그를 기피하던 문인들도 있었다. 그러나 안세이대탄압이 시작되고 막부의 명령으로 쇼인이 1859년 5월 조슈 노야마 감옥에서 에도 덴마초 감옥으로 이송되어 갈 때에는 많은 제자들과 문인들이 그를 배웅하면서 존경을 표시했다.

사쿠라야마 신사(야마구치현 시모노세키시)
1864년. 유신지사들을 기리기 위해 다카스키 신사쿠가 발의하여 창건한 일본 최초의 초혼사당이다.

사쿠라야마 신사의 초혼장 위패들. 요시다 쇼인을 중심으로 쇼카손주쿠 사천왕이라 불리는 제자들의 위패가 좌우에 있다.

하기 행 기차(시모노세키에서 출발해 나가토에서 환승해야 한다.)

는 죽음도 두려워하지 않는 행동가였다. 쇼인이 비교적 짧은 생을 마쳤음에
도 불구하고 청년 사무라이들에게 많은 영향을 미칠 수 있었던 것은 이 때문
이었다.

1858년 막부의 대외 관계 담당 로쥬 마나베 아키카쓰 암살 모의[40]를 하다
가 에도 덴마초 감옥에 갇힌 뒤에도 처형당하기 직전까지 수많은 편지를 써
제자[41]들을 격려하고 가르쳤다. 처형당하기 전날 완성된 마지막 저서 『유혼
록』에는, "몸은 비록 무사시 들판에서 썩어 없어져도, 남아 있을지어다 야마
토혼"[42]이라는 시를 남겨 제자들이 존왕양이 운동에 헌신할 것을 격려했다.

---

40 그는 모두 네 차례에 걸쳐 습격 계획을 세웠다고 한다. 田中彰, 『明治維新政治史研究：維
    新変革の政治的主体の形成過程』, 青木書店, 1963.
41 쇼인이 에도 덴마초 감옥에 있을 때 다카스기 신사쿠는 에도의 쇼헤이코에 유학 중이었
    다. 그는 옥중의 스승에게 종이와 돈을 넣어주는 등 정성을 다해 보살폈다. 쇼인은 처형
    당하기 직전까지 다카스기 신사쿠에게 많은 편지를 보냈다.
42 "身はたとひ 武蔵の野辺に朽ちぬとも 留め置かまし 大和魂" 吉田松陰, 『留魂録』, 講談社,
    2002, 77쪽. 쇼인은 『유혼록』을 두 부 필사하여 한 부는 조슈로 보내고 한 부는 같은 감옥
    에 있던 누마자키 기치고로(沼崎吉五郎)에게 맡겼다. 『유혼록』은 쇼인의 뜻을 계승하려
    는 지사들 사이에서 경전이 되었고 조슈 사무라이들에게는 토막으로 나아가는 원동력
    이 되었다. 조슈에서 제자들이 돌려보던 『유혼록』은 분실되었고, 누마자키(沼崎)가 보
    관하고 있던 『유혼록』이 현재 하기의 요시다 신사에 보관되어 있다. 누마자키는 『유혼

이 책은 그의 유언이 되어 제자들에게 많은 영향을 미쳤다.

이처럼 쇼인은 존왕양이사상을 가르쳤을 뿐만 아니라 자신의 몸을 던져 존왕양이 운동을 실천했다. 일본의 서쪽 끝 하기라는 조그만 마을에서 일어난 요시다 쇼인이라는 작은 불씨가 서구열강의 군사적 위협에 맞서 에도 막부라는 광야를 불태우고 270여 개의 분열된 봉건국가 대신 통일 국가, 단일한 중앙 정부를 새로 세울 수 있었던 것은 결코 우연이 아니었다. 〈표 4〉는 현재까지 밝혀진 쇼카손주쿠의 등록 학생 92명 중 중요 인물 13명을 정리한 명단이다.

〈표 4〉 쇼카손주쿠(松下村塾)의 주요 인물

이름	입교일	연령	주요 경력
구사카 겐즈이久坂玄瑞	1856(안세이安政 3.6)	17	쇼인의 수제자. 쇼인의 처남. 금문의 전투禁門에서 전사.
요시다 도시마로吉田稔麿	1856.11.25	16	기병대 참가. 도용대屠勇隊 창설. 이케다야사건에서 살해당함.
다카스기 신사쿠高杉晋作	1857(안세이安政 4.9)	19	쇼인의 수제자. 기병대 총관. 고잔지에서 궐기하여 궤멸 직전의 조슈를 살리고 전세를 역전시킴. 제2차 조슈정벌전쟁 뒤 결핵으로 병사.
이리에 구이치入江九一	1857.5.7	22	위의 세 사람과 함께 쇼카손주쿠의 4천왕. 쇼인의 마나베 아키카쓰 암살음모에 참가하는 등 마지막까지 쇼인을 따름. 금문의 전투에서 자결
시나가와 야지로品川弥二郎	1857.4.9	15	하치만대八幡隊 대장. 독일 유학, 독일공사, 내무대신內務.
이토 히로부미伊藤博文	1857.4.9	17	영국 유학. 다카스기 신사쿠의 고잔지 거병에 가장 먼저 역사대 이끌고 참가. 일본 초대 총리. 이후 모두 4차례 총리 역임. 정우회 총재, 한국통감.
사세 하치주로오佐世八十郎	1857.4.10	24	마에바라 잇세이前原一誠, 북월군 참모, 참의, 병부대보. 불평 무사들과 함께 하기 반란 주도하여 처형됨.
마시노 도쿠민増野徳民	1856.10.1	16	동경공업대학 초대 총장. 런던대에서 화학 전공. 『보물섬』 저자 스티븐슨에게 쇼인의 전기를 쓰는 동기 부여함.
야마다 아키요시山田顕義	1857.	19	정무대총관, 중장, 내무대신, 사법대신, 국학원대학 설립. 일본대학 학조学祖.

록』을 훈도시(팬티) 안에 숨겨 보관했으며, 그 뒤 이즈 제도에 있는 미야게 섬에 유배형을 떠났다가 그곳에서 메이지유신을 맞는다. 유배지에서 돌아온 뒤 누마자키는 당시 가나가와현 지사로 있던 쇼인의 제자 노무라 야스시에게 사정을 설명하고 『유혼록』을 전달한다.

노무라 야스시野村靖, 野村和作	1857.	16	이리에 구이치의 동생. 형과 함께 마지막까지 쇼인을 따름. 집의대 참모, 유신 뒤 가나가와 현령, 프랑스대사, 내무대신, 체신대신 역임
마쓰우라 쇼도松浦松洞	1856.11.	20	현존하는 쇼인의 초상화를 그린 인물. 상인(생선가게) 신분. 구사카 겐즈이와 나가이 우타의 암살을 기도했지만 못 이루고 교토에서 자결
아오키 다이조青木退蔵, 遠藤謹助	1858(안세이安政 5.7)	13	나가이 우타 암살 계획 참여. 실패한 뒤 고향에서 의업에 전념하다가 4경전쟁 때 군의로 출전
야마가타 아리토모山県有朋	1858.9	21	기병대 군감. 총관. 육군대신, 육군참모총장, 육군원수, 제3대·제9대 총리.

출처 : 海原徹, 『松下村塾の明治維新』, ミネルヴァ書房, 1999, 497~500쪽에서 재구성.

이를 보면 알 수 있듯이 요시다 쇼인의 제자 중에는 구사카 겐즈이, 다카스기 신사쿠 등 막부 말기 존왕양이 운동을 이끌었던 주요 인물들이 많이 있다. 이들은 대부분 하급사무라이 출신으로 짧게는 존왕양이 운동 시기까지, 길게는 다이쇼 천황 시기까지 생존하면서 근대 일본의 지도자로 활동했다. 쇼인이 처형당한 뒤 이들은 구사카 겐즈이, 다카스기 신사쿠, 기도 다카요시를 중심으로 존왕양이 운동에 뛰어들었고, 구사카 겐즈이, 다카스기 신사쿠가 사망한 뒤에는 기도 다카요시를 중심으로 존왕양이 운동을 계속 이어갔다.

민족의식 - 국토순례와 유학

사무라이 혁명가들에게서 공통적으로 발견할 수 있는 또 다른 특징으로는 강렬한 민족의식과 애국심을 들 수 있다. 당시 민족의식을 갖는다는 것은 오늘날과 달리 자연스러운 과정이 아니었다. 후쿠자와 유키치가 지적했듯이 봉건 체제 아래에서 2천만 명의 일본인은 모두 2천만 개의 조그만 방에 갇혀 지역과 신분에 따라 분열되어 있었다. 번의 지배 계층인 사무라이가 번의식을 넘어 일본이라는 민족의식을 가진다는 것은 대단한 정신적 각성 없이는 불가능했다.

그런데 당시 사무라이들 중에는 의외로 국토순례를 통해 민족의식에 눈을 뜬 사람들이 많다. 이들은 국토순례를 하면서 번의 국경을 넘어 일본 전역을 다녔고, 그 과정에서 국토의 아름다움과 숭고함을 느끼고, 자신이 소속된 번과 번주에게만 충성을 다하는 폐쇄적인 번의식을 넘어서 단일민족으로서의 정체성을 체감한다. 이처럼 국토순례는 단순한 여행이 아니라 막부 말기 봉건적 사무라이들이 단일민족이라는 정서적 체감을 하는데 매우 중요한 계기가 된다. 이를 잘 알 수 있는 책으로 1894년 시가 시게타카[43]가 펴낸『일본풍경론』이 있다. 이 책은 1899년 필라델피아에서 영어로 출간된 니토베 이나조의『무사도』,[44] 1906년에 역시 영어로 출간된 오카쿠라 덴신의『차의 책』[45]과 함께 서양세계에 일본의 정신적 가치를 제시해 준 책으로 평가[46]된다.

[43]　시가 시게타카(志賀重昻, 1863~1927). 미카와 오카자키번에서 태어났고 삿포로 농학교를 졸업한 뒤 지리학자, 정치가, 행정가로 활동하였다. 1884년 해군병학교연합함 쓰쿠바호에 탑승하여 영국의 거문도 점령 상황을 조사하였고, 1885년에는 영토 문제로 긴장이 고조되고 있던 대마도 주변을 시찰하였다. 1886년 쓰쿠바호에 다시 탑승하여 남태평양 섬들을 10개월에 걸쳐 돌아본 뒤 다음 해『남양사정(南洋事情)』을 저술하여 서구열강들의 식민지 경쟁 상황을 알려 경각심을 불러일으켰다. 당시 시게 시가타카는 25세였다. 이 책으로 그는 동경지리학협회의 명예회원이 되었다. 1897년 농상무성, 1898년 외무성에서 근무했고, 1902년에는 중의원 의원에 당선되었다. 하지만 재선에 실패한 뒤에는 정치 활동을 떠나 지리학 연구에 전념하였다. 전 세계 곳곳을 돌아다니면서 지리학자로 활동하다가 1911년 와세다대학 교수가 되었다. 1917년에는 영국왕립지리학협회의 명예회원이 되었다.

[44]　영어 제목은 *Bushido : The Soul of Japan*이다. 니토베 이나조(新渡戸稲造, 1862~1933)는 모리오카번 출신으로 삿포로 농학교를 졸업했다. 13세 때 동경영어학교(뒤의 동경대학)에 입학했다. 동경제국대학을 나와 사비로 미국의 존스 홉킨스 대학에 유학을 갔다 온 뒤 삿포로 대학교수로 임명되었다. 다시 관비로 독일 유학을 가 할레대학교에서 농업경제학으로 박사 학위를 받았다.『무사도』는 1891년 요양을 위해 미국 필라델피아(Philadelpia)에 머물고 있던 중 집필되었다. 동경식민무역어학교 교장, 동경여자대학 초대 학장 등을 지냈다. 1920년에서 1926년까지 7년 동안 국제연맹의 사무차장을 지냈다. 일본의 5,000엔 지폐 인물로 사용되기도 했다.

[45]　오카쿠라 덴신(岡倉天心, 1862~1913). 1906년 *The Book of Tea*(『茶の本』)를 펴냈다. 이 책은 한글로도 번역되어 있다. 오카쿠라 텐신, 정천구 역,『차의 책』, 산지니, 2009.

시가 시게타카는 메이지 시대 일본의 대표적인 지리학자로『일본의 풍경』에서 그때까지 일본의 이미지로 알려져 있던 정적이고 폐쇄적 이미지를 타파하고 서구 열강과 함께 적극적이고 힘차게 웅비하는, 남성적이고 다이내믹한 이미지를 강조[47]했다. 격렬한 화산 활동을 일본의 대표적 풍경이라고 부르고 북쪽으로는 치시마, 남쪽으로는 대만을 소개함으로써 대외전쟁에서 갓 획득한 일본의 새로운 영토를 찬미했다. 당시 그의 책은 대외전쟁을 통해서라도 해외로 진출하려던 일본의 팽창정책과 맞아 떨어져 단번에 베스트셀러가 되었다. 거기에 청일전쟁에서 일본이 승리하자 그의 책은 팽창하려는 근대 일본의 자의식과 결합되어 대대적인 국토순례 붐을 일으켰다. 이처럼 국토순례는 단순한 여행을 넘어 한 국가의 자의식을 표현하는 수단이 되기도 한다. 다만 이러한 국가의 자의식이 메이지 시대에는 대외팽창에 대한 욕구로, 유신변혁의 시대에는 민족 정체성에 대한 자각으로 각각 다르게 나타났을 뿐이다.

그럼 막부 말기 덴포기의 사무라이들은 어떤 계기로 국토순례에 나서게 되었을까? 처음에 이들은 번의 공식적인 업무를 수행하기 위해 에도나 교토로 가거나 혹은 검술수련을 위해 다른 지역으로 유학을 떠나는 길에 자연스럽게 국토순례를 하는 정도였다.

하지만 페리 함대가 등장하는 1853년 이후에는 특정한 정치적, 군사적 목적을 가지고 의식적으로 국토순례를 하기 시작한다. 요시다 쇼인은 병학자로서 일본 연안의 방어태세를 점검하기 위해 동북지역을, 서양의 문물과 제

---

46   오쿠보 다카키, 송석원 역,『일본문화론의 계보』, 소화, 2007, 44~45쪽. 오쿠보 다카키(大久保喬樹)는 도쿄대학에서 비교문학을 전공했다.
47   위의 책, 26쪽.

도를 직접 보기 위해 나가사키와 규슈 지역을 돌아보는 등 세 차례에 걸쳐 국토순례를 했다. 세 번의 국토순례를 통해 요시다 쇼인은 미토의 존왕양이론을 접하고 나가사키에서는 서양문물의 실상을 체험한다. 다카스기 신사쿠는 검술수련과 문학수업을 위해 국토순례를 하면서 비밀리에 요시다 쇼인의 스승이었던 사쿠마 쇼잔을 방문하였고 자신의 오만함과 한계를 절실하게 깨닫는다.

이처럼 이들에게 국토순례는 국토와 자신, 민족과 자신이 일체가 되는 정서적 체험의 과정이었고, 번을 넘어 일본 민족, 일본(천황) 국가라는 것을 자각하는 정신적 각성의 과정이었다. 또한 유신 변혁기에는 전국 각 지역에 흩어져 새로운 세상을 꿈꾸는 지사들과 정보와 지식을 교류하면서 광범위한 인적·사상적 네트워크를 형성할 수 있었던 정치적 과정이기도 했다.

그런데 여행의 자유가 없었던 에도 시대에 청년 사무라이들은 구체적으로 어떻게 국토순례를 할 수 있었을까?[48] 요시다 쇼인를 포함하여 기록이 남아 있는 몇 명의 사례를 통해 알아보자.

요시다 쇼인은 규슈 지역, 동북 지역, 관서 지역 등 모두 세 차례에 걸쳐 국토순례를 다녀왔다.[49] 첫 번째는 1850년 8월 25일 하기를 출발해 1850년 12월 29일까지 4개월 동안 규슈 서부 지역[50]을 순례했다. 이 여행에서 쇼인은

---

48   海原徹, リチャード・ルビンジャー, 『私塾―近代日本を拓いたプライベート・アカデミー』, サイマル出版会, 1982, 13~34쪽.

49   海原徹, 『江戸の旅人 吉田松陰 : 遊歴の道を辿る』, ミネルヴァ書房, 2003에는 요시다 쇼인의 에도유학, 동북지역 순례, 제국(諸國) 순례, 나가사키 순례, 시모다 답사여정 등이 지도와 함께 상세하게 정리되어 있다.

50   1850년 8월 25일 하기를 출발하여 고쿠라-사가-오무라-나가사키-히라도-나가사키-시마바라-구마모토-야나가와 구루메-고쿠라를 거쳐 12월 29일 하기로 돌아왔다. 지금의 규슈현, 사가현, 구마모토현 등 서양문물이 활발하게 들어오던 지역을 순례하였다. 나가사키에서는 당나라 상관, 네덜란드 상관을 방문했고 네덜란드 배에 승선하기도 했다. 쇼

태어나서 처음으로 빵과 포도주를 먹어보고, 아이자와 세이시사이의 『신론』과 『아편전쟁시말기』, 양명학자 왕양명의 『전습록』 등을 읽고 서양문물에도 눈을 뜨게 된다.

두 번째는 1851년 12월 14일 에도를 출발하여 1852년 4월 5일까지 약 5개월 동안 동북 지역[51]을 순례했다. 이 여행에서 쇼인은 미토에서 고토칸의 아이자와 세이시사이를 6번 만나 미토학을 접하고, 조슈 번사들은 일본 역사를 잘 모른다는 지적을 받는다. 이 영향으로 쇼인은 그 뒤 『일본서기』, 『속일본기』 등의 역사책을 집중적으로 읽는다. 하지만 동료와의 약속을 지키기 위해 다른 번을 지나갈 때 소지해야 하는 통행증명서過所手形를 발급받지 않은 채 무단으로 여행을 떠나는 바람에 탈번한 것으로 간주돼 야마가류 사범자격을 박탈당하고 요시다가는 멸문 처분을 당한다. 이로 인해 쇼인은 낭인 신분으로 전락한다.

세 번째는 1853년 1월 26일 하기를 출발하여 같은 해 5월 24일까지 네 달 동안 관서 지역과 중부 지역[52]을 순례하였다. 이 여행을 마치고 에도에 도착

인이 이때 이미 서양문물에 많은 관심을 가지고 있었음을 알 수 있다. 이 여행을 다녀온 뒤 남긴 글이 「서유일기(西遊日記)」(『松陰全集』 第9卷)다.

51 1851년 12월 14일 에도를 출발하여 미토-시라카와-아이즈 와카마쓰-니가타-사도-니가타-구보타(아키타)-오오다테(大館)-히로사키(弘前)-고도마리(小泊)-아오모리-하치노베(八戶)-모리오카-이시마키-센다이-요네자와(米澤)-아이즈와카마쓰-이마이치(今市)-니코(日光)-아시카가(足利)를 거쳐 1852년 에도로 돌아왔다. 지명을 보면 알 수 있듯이 쇼인은 이때 동북 지역의 거의 대부분을 돌아보았다. 쇼인의 이 여행에 관한 기록은 동북 여행을 다녀와 처벌을 기다리면서 쓴 「睡余事錄 抄」(1852년 5월 12일~6월 초순, 『松陰全集』 第9卷)에 나와 있다.

52 두 번째 여행에서 탈번한 죄로 처벌을 받았던 쇼인은 번청으로부터 특별히 사면받은 뒤 다시 에도로 수학하러 가는 것을 허락받는다. 1853년 1월 26일 아키를 출발하여 다도츠(多度津)(가가와현)-오사카-야마토고죠(大和五條)(나라현)-야마토(大和八木)(나라현)-이세야마타(伊勢山田)(미에현)-구아나(桑名)(미에현)-기소후쿠지마(木曾福島)(나가노현)-이와무라다(岩村田)(나가노현)-다카자키-구마가야(熊谷)(사이타마현)를 거쳐 5월

한 직후 페리 함대가 에도 앞바다에 나타난다. 그리고 쇼인은 역사의 풍랑 속으로 뛰어든다.

요시다 쇼인의 수제자인 다카스기 신사쿠는 1854년 15세 때 번주의 양자 모리 사다히로를 수행하는 부친을 따라 처음 에도를 다녀왔고, 1861년에도 세자 모리 사다히로를 따라 에도를 다녀왔다. 막부 말기 존왕양이 지사들이 대부분 번정에 참가할 수 없었던 하급사무라이나 서민 출신이었던 것과 달리 다카스기가※는 번주의 측근[53]으로 번 정부에 참여하고 있던 상급사무라이 집안이었다. 가격은 우마 마와리馬廻, 가록은 200석[54]이었다. 이 때문에 다카스기는 어릴 때부터 부친을 따라 에도를 몇 차례 다녀오고, 상해도 한 차례 다녀왔다. 당시 조슈 하기에서 에도로 가는 길은 일본의 서쪽 끝에서 동쪽 끝으로 가는 먼 길이었고 여러 번을 거쳐야 했기 때문에 다카스기는 자연스럽게 일본의 국토와 현실을 체험할 수 있었다.

1858년 7월 18일 문학 공부를 하기 위해 여행東遊을 허락받아 에도로 갔고, 이듬해 10월 17일 에도를 출발하여 귀국길에 올랐다.[55] 1860년 윤3월에는

24일 에도에 도착한다. 쇼인이 에도로 돌아온 지 얼마 지나지 않은 6월 4일 페리 함대가 우라가에 나타났다는 소식을 듣고 직접 관찰하기 위해 다녀온다. 쇼인의 세 번째 여행과 페리 함대를 처음 목격하고 느낀 감상에 관한 내용은, 1853년 6월 16일 히고에 있는 미야베 데조(宮部鼎藏)에게 보낸 편지에 잘 나타나 있다. 미야베 데조는 쇼인이 서쪽 지방을 여행할 때 처음 만나 사귄 친구다. 두 번째 여행 때 쇼인이 통행증명서를 발급받지 않고 무단으로 여행을 떠난 이유도 미야베 데조와의 약속을 지키기 위해서였다. 미야베 데조는 1864년 이케다야 사건 때 부상을 입고 자결했다. 쇼인이라는 호는 세 번째 순례를 다녀온 뒤부터 사용하기 시작했다.

53 조슈번에서 많은 인재를 육성하는 데 큰 기여를 했던 메린칸(현재 하기시 명륜소학교)은 다카스기 신사쿠의 조부가 설립했다.

54 一坂太郎, 『高杉晋作の「革命日記」』, 朝日新書, 2010, 12~13쪽.

55 쇼인이 에도로 떠나는 다카스기 신사쿠를 격려한 편지가 남아 있다. 1858년(안세이(安政) 5.7.18), 「高杉暢夫お送る叙」.

해군증기선을 공부하기 위해 조슈의 군함 헤이신마루(丙辰丸)호를 타고 두 달 동안 항해하여 에도로 갔다. 원래는 막부가 쓰키지에 설립한 군함조련소의 해군 증기과에 입학하여 기술을 배울 예정[56]이었지만 자신의 성격이 항해학을 배우기에 적합하지 않다고 판단하여 포기했다. 그 뒤 검술 수련 겸 국토순례를 하면서 귀향하겠다고 번에 신청해 허가가 나오자 8월 28일 에도를 떠나 북관동,[57] 신슈(信州)(현재 나가노현), 호쿠리쿠[58] 방면을 여행하면서 약 2개월 뒤 10월 하순에 하기로 돌아왔다.

이때의 경험을 기록하고 있는 그의 일기[59]에는 막부 말기 존왕양이 지사들에게 국토순례의 경험이 얼마나 큰 것이었는지 잘 나타나 있다. 그는 신슈의 마쓰시로에서 요시다 쇼인의 스승 사쿠마 쇼잔을 만났다. 쇼잔은 당시 쇼인의 페리호 밀항 미수 사건에 연루되어 몇 년 째 칩거 중[60]이었다. 그의 일기에는 비밀리에 쇼잔을 만나 새벽 6시까지 대화했다[61]고 간략하게 적혀 있다.[62] 또한 이 일기의 뒷부분에는 요코이 쇼난의 「병법문답서」, 「학교문답서」가

---

56   一坂太郎, 앞의 책, 58쪽.
57   현재의 이바라키현, 도치키현, 군마현을 말한다.
58   현재의 도야마현, 이시카와현, 후쿠이현을 말한다.
59   이 일기의 제목은 「시격행일보(試擊行日譜)」이다. 一坂太郎, 앞의 책, 57∼88쪽.
60   사쿠마 쇼잔의 칩거 처분은 1854년부터 1862년까지 8년간 지속되었다.
61   一坂太郎, 앞의 책, 85쪽.
62   오히라 기마타(大平喜間多)가 쓴 쇼잔의 전기에 쇼잔과 다카스기 신사쿠의 만남에 관한 일화가 소개되어 있다. 요시다 쇼인은 에도 덴마초 감옥에 갇혀있을 때 다카스기 신사쿠를 통해 스승인 쇼잔에게 당시의 정국과 관련한 몇 가지 사항을 자문하였다. 그런데 웬일인지 신사쿠는 바로 쇼잔에게 가지 않고 쇼인이 처형되고 난 뒤인 1860년 9월에야 쇼잔을 만나러 갔다. 그러나 쇼잔은 칩거 중이었기 때문에 밀정의 감시를 두려워하여 면담을 거절하였다. 이에 신사쿠는 다른 사람의 도움을 받아 자신이 병에 걸린 것으로 가장하여 서양 의학을 공부한 쇼잔에게 진료받는 것처럼 꾸며서 만났다. 이때 쇼잔은 쇼인에 대해, '쇼인은 일을 너무 지나치게 서두르는 바람에 재앙을 불러왔다'고 말하면서 하염없이 눈물을 흘렸다고 한다. 大平喜間多, 『佐久間象山伝』, 宮帶出版社, 2013, 141∼143쪽.

필사[63]되어 있다. 직접 필사를 해 둘 만큼 신사쿠는 요코이 쇼난의 「병법문답서」와 「학교문답서」의 중요성을 알고 있었던 것이다. 이를 보면 봉건적 사무라이들이 서양의 근대적 제도와 문물을 얼마나 진지하게 고민하고 있었는지 잘 알 수 있다.[64]

이때의 국토순례에서 상급사무라이 집안의 독자로 자신만만하던 청년 사무라이 신사쿠는 자신이 우물 안의 개구리에 지나지 않는다는 것을 절실하게 느낀다.[65] 아마 사쿠마 쇼잔이나 요코이 쇼난과 같은 대학자와의 만남이 많은 자극이 되었을 것이다. 그래서인지 구사카 겐즈이에게 '한 3년 정도 방문 고리를 걸어놓고 독서에 열중하고 싶다'[66]고 토로하고 있다.

신사쿠의 일생을 결정적으로 바꾸는 계기는 중국 상해에서의 체험이다. 1862년 4월 29일 석탄, 인삼 등을 운송하는 무역선에 합류해 나가사키를 떠났고, 두 달 정도 상해에서 머문 뒤 7월 14일 귀국했다. 상해의 프랑스 조계지에서 신사쿠는 중국 노동자들이 외국인들에게 노예처럼 취급당하는 것을 목격한 뒤, 일본이 중국의 전철을 밟지 않기 위해서는 양이를 실천하지 않으면 안 된다고 결심한다. 그로부터 몇 달 뒤 1862년 12월 12일 다카스기 신사쿠는 구사카 겐즈이 등 급진파 존왕양이 사무라이들과 함께 영국 공사관에 불을 지른다. 이후 그의 삶은 성난 파도와 휘몰아치는 바람이 되어 유신혁명 속으로 뛰어든다.

---

63 一坂太郎, 앞의 책, 82쪽.
64 요시다 쇼인도 요코이 쇼난(橫井小楠)을 여러 차례 만났다. 1851년 쇼난이 하기를 방문하지만 당시 쇼인은 에도에 있어 만나지 못했다. 그 뒤 1853년 쇼인이 구마모토로 가 쇼난을 3차례 만났다. 다카스기 신사쿠는 1860년 후쿠이로 쇼난을 방문해 만났고 그 뒤 1861년에는 조슈로 쇼난을 학두 및 병제자문역으로 초빙하기 위해 또 만났다.
65 一坂太郎, 앞의 책, 111쪽.
66 위의 책, 59쪽.

공적 사명감과 근대적 국가의식 – 천황과 일본

에도 시대 말기 일본이 유신변혁으로 치닫게 되는 데에는 다른 무엇보다 지배계층 내부의 분열이 큰 계기가 되었다. 이를 가장 잘 보여주는 것이 바로 '사쿠라다문밖의사건'이다. 후다이 다이묘의 선임 가문이면서 다이로를 가장 많이 배출한 명문 가문인 히코네 출신의 다이로 이이 나오스케가 대낮에 암살당했다는 사실도 충격적이었지만, 그 보다 더 충격적인 것은 암살자들이 도쿠가와 쇼군가와 혈연관계에 있는 미토의 사무라이들이라는 사실이었다. 미토 다이묘가는 고산케 가문 중 하나로 에도와 지리적으로 가장 가까운 곳에 있으면서 유사시에는 누구보다 먼저 군대를 이끌고 와 쇼군가를 호위하고, 쇼군의 직계 자손이 없을 경우에는 쇼군후계자를 낼 수도 있는 특권과 의무를 지고 있었다. 또한 도쿠가와 이에야스의 직계혈통이 끊어지지 않은 유일한 곳이었다. 이 때문에 이 사건 이후 도쿠가와 쇼군가가 지배하는 봉건적 지배체제는 내부에서부터 크게 흔들리기 시작한다.

에도 시대 이백 여 년 동안 무가 사회의 계층적인 질서를 정신적으로 떠받쳐 왔던 봉건적 충성과 의리의 대상에 근본적인 변화가 일어나고, 존왕양이를 외치며 정치적 행동에 나선 일단의 사무라이들은 쇼군가와 다이묘가 대신 천황가와 일본(신주神州)을 새로운 충성의 대상으로 받아들인다. 이로 인해 공의公儀라고도 불리던 막부 정권은 공익이 아닌 사익을 추구하는 집단[67]으로 매도되고 대신 천황가가 공의의 새로운 주체로 떠오른다.

덴포기의 사무라이들도 처음에는 봉건적 의리라는 굴레를 벗어나지 못했다. 어릴 때부터 유교 경전을 암송하고 가문家門(家, 이에)과 번에 대한 봉건적

---

67   마루야마 마사오(1995), 김석근 역, 『일본정치사상사연구』, 통나무, 1995, 484쪽.

의무를 주입받으면서 자랐다. 부모에 대한 효행과 주군에 대한 충성은 가장 중요한 도덕적 의무였으며, 특히 주군의 명령은 절대적인 것으로 받아들였다. 반면 피지배계층에 대해서는 특권과 차별 의식에 젖어 있었다.

한편 에도 시대에는 공적公的인 영역을 전적으로 사무라이 계층이 맡고 있었고 전국시대와 다르게 사무라이가 지배계층으로서의 지켜야 할 제 의무가 유학의 영향[68] 아래 의해 체계화되어 있었다. 에도사회의 특성상 이러한 봉건적 의무에는 가문 전체의 운명이 걸려 있었다. 에도사회가 가족주의적인 특징을 강하게 가지고 있었던 데에는 이처럼 가족家(이에) 단위로 신분과 공직이 세습됨에 따라 다른 무엇보다 가家와 가업의 존속이 생존에 절대적인 요소였기 때문이었다.

더욱이 에도 시대의 행정조직은 쇼군가에서 말단의 하급사무라이에 이르기까지 전시戰時에 담당할 군사적 역할을 토대로 구성되어 있었다. 평상시에는 행정조직이지만 전쟁이 터지면 곧 바로 군사조직으로 전환되는 준군사조직 체제였던 만큼 직무와 관련된 공적인 사명감은 더욱 더 강하게 요청될 수밖에 없었다. 주군에 대한 배신행위나 공적인 직무와 관련된 범죄는 개인 차원의 처벌로 끝나는 것이 아니라 가문 전체의 생존에 영향을 미칠 수도 있는 중대한 문제였다. 이 시대의 사무라이들이 다른 시대에 비해 공적인 사명감이 강했던 것은 타고난 인격적 특성이 아니라 에도봉건사회의 이러한 구조적

---

[68] 도쿠가와 이에야스는 무사들이 지배계층으로서 가져야할 마음가짐과 무가사회의 질서 유지를 위해 무가제법도(武家諸法度)의 제정을 명령하였다. 이에 1611년 무가로부터 받은 서약서에 있는 3개조에 1615년 제2대 쇼군 도쿠가와 히데타다가 모두 10개조를 추가하여 1615년 공포하였고, 그 뒤 제3쇼군 도쿠가와 이에미츠가 참근교대제와 500석 이상 대형선박제조의 금지 등을 포함하여 모두 19개조로 개정, 공포하였다. 그 뒤 1663년에 기독교 금지가 1683년에는 순사 금지가 추가로 명문화되었다.

인 특징에서 나오는 것이다.

따라서 덴포기의 사무라이들이 가족과 가문에 닥칠 신분적·경제적 불이익과 위험을 감수하면서 주군과의 의리를 끊고 탈번하기 위해서는 이를 정당화할 수 있는 논리가 필요했다. 이런 측면에서 '가족과 주군에 대한 의리는 작은 의리에 지나지 않으며 천황과 일본에 대한 의리는 큰 의리다'라는 요시다 쇼인의 말은 이러한 자기합리화에 더할 나위 없는 명분을 제공해주었다.

그럼 여기에서는 당시 역사적 현장에서 활동했던 구체적인 인물을 통해 봉건적 충성과 의리의 대상이 쇼군과 다이묘에서 어떻게 천황과 일본으로 옮겨 가는지 한번 알아보도록 하자. 이는 곧 덴포기의 사무라이들이 봉건적 의식에서 벗어나 근대적 국가의식에 눈을 뜨게 되는 과정이기도 하다. 도사의 청년 사무라이로 탈번한 뒤 유신변혁에 많은 기여를 했던 사카모토 료마[69]의 사례만큼 여기에 적합한 인물도 없다. 그럼 사카모토 료마가 1863년 이케 구라타의 부모에게 보낸 편지부터 한 번 살펴보자.

우리가 신슈(神州), 일본이라고 부르는 나라에 대한 충성심은 그 분(다이묘)들에게는 아무런 감흥도 주지 못할 것입니다. 그분들은 천황폐하께 대권을 돌려 드린다는 사상에 대해서도, 왜 그런 행동이 필요한 지에 대해서도 전혀 이해하지 못합니다. 이러한 때에 우리 하급 무사들이 천황폐하의 심려를 헤아려 해야 할 일은 무엇이겠습니까? (…중략…) 이러한 시국에 친지들과 자신의 번을 뒤로 하고 어머니, 아내, 자식들을 내팽개치는 것을 마치 자신의 책무를 버리는 범죄행위로 간주

---

69   사카모토 료마를 비롯한 도사 출신 청년사무라이들이 유신변혁에서 어떤 기여를 했는지에 대한 상세한 설명은 마리우스 B. 잰슨의 『사카모토 료마와 메이지유신』(이동민 역, 푸른길, 2014) 참고.

하는 발상, 이것은 저 어리석은 관리들의 머릿속에서나 나올 법한 것입니다. [70]

이 편지에 잘 나타나 있듯이 1860년대 초 교토에서 활약하던 청년 사무라이들은 자신들이 천황의 의중대로 활동하고 있다고 믿었고 있었다. 스스로를 대의에 헌신하는 지사志士라고 부르면서 자신들의 탈번과 범죄를 정의로운 행동으로 정당화하는 것도, 가족에 대한 의무를 버린 것도 이 때문에 합리화할 수 있었다. 천황의 뜻과 일치한다면 자신들의 어떤 범죄행위도 다 용납된다고 믿는 일종의 도덕적 우월주의에 빠져 있었던 것이다.

이러한 도덕적 우월주의는 1860대 초반 지사라고 불리던 사무라이 대부분이 빠져있던 환상이었다. 미토에서는 정의파正義派, 조슈에서는 개명파開明派, 도사에서는 근왕당勤王黨을 자처하면서 자신들과 대립했던 다른 정치세력들을 모두 부패하고 사익私益만을 추구하는 속물 내지 탐관오리로 매도했던 것도 모두 여기에서 나오는 것이었다. [71]

다만 이들의 순수한 충성심과 외세의 침략으로부터 일본을 지킨다는 사명감, 천황가에 고대의 정치적 권력을 돌려주겠다는 이상주의는 이들의 파괴적인 행동에도 불구하고 긍정적으로 평가받고 있다. 어찌됐건 감성적인 도덕주의에서 출발한 이들의 직접적인 행동은 오래가지 못한다. 폭력적인 방법으로 자신들의 이상과 신념에 맞지 않는 인물들을 살해할 수는 있었지만 그 결과 바뀌는 것은 거의 없었다. 이들로 테러행위로 인해 비워진 자리는 새로운 인물로 다시 채워졌다. 몇 명의 인물이 살해되었다고 다이묘가나 쇼군가가 바뀌는 것도 아니었다. 막부의 권위가 추락하고 봉건적 사회질서가 동요하기는

---

70 위의 책, 184쪽.
71 위의 책, 158쪽.

했지만 그렇다고 자신들이 생각했던 대로 세상이 바뀌지는 않았다.

더욱이 이들에게는 매우 단순한 도덕적 잣대와 격정적인 감성만 가지고 있었을 뿐 봉건체제를 대체할 어떤 전망도 없었다. 파괴만 있었을 뿐 건설의 대업에는 관심조차 없었다. 이 때문에 이들은 유신변혁에 바친 희생과 헌신에도 불구하고 부정적인 폐해를 많이 남긴다.[72] 말보다도 칼이 자신들의 신념을 더 잘 표현해 줄 수 있다고 믿었던 혈기왕성한 검객들이 이끌어가던 1860년대 초반의 어쩔 수 없는 시대적 한계였다.

결국 지사들 내지 낭인 검객들이 교토의 정국을 이끌어가던 시기는 1863년 8·18정변으로 짧게 끝나고 만다. 그 뒤 1864년 금문의 전투, 제1·2차 조슈정벌전쟁, 서양함대와의 전투 등 혹독한 시련을 겪으면서, 지사 내지 낭인 검객으로 불리던 격정적인 사무라이들을 대신하여 전혀 새로운 유형의 사무라이들이 나타난다. 바로 혁명적 사무라이로 성장한 '덴포기의 사무라이들'이다.

이들은 존왕양이론을 부르짖으며 개별적인 정치적 행동에 빠져있던 격정적인 사무라이들과는 달리, 번 정부를 장악한 뒤 다른 번과 연대하여 쇼군가와 대결하는 정치군사적인 전략을 구사할 줄 알았으며, 봉건체제를 대체할 수 있는 근대 국가의 권력구조와 제도에 대해서도 알고 있었다. 어린 시절 유학과 검술뿐만 아니라 전국의 이름난 사숙에서 양학, 국학, 의학 등 다양한 지적인 영양분을 흡수하면서 자란 덴포기의 사무라이들은 어느 한 이념에 빠지지 않고 복잡다양하고 급변해가는 현실에 적합한 대안을 찾아가는 정치적, 사상적 유연성도 가지고 있었다. 덴포기의 사무라이들이 주체세력으로 등장

---

72 유신변혁기뿐만 아니라 메이지유신이 성공한 뒤 신정부의 고위관료에 대한 테러, 1930년대 육군 소속 청년 장교들의 암살 사건 등 일본의 근현대사에서 발생했던 정치적인 테러 관행은 이때 형성된 것이다.

하면서 유신변혁은 비로소 구체적인 방향과 목표를 잡아간다. 이들은 이전의 세대와 다르게 중앙집권적 통일국가라는 근대적인 국가의식을 가지고 있었으며 이를 실현할 수 있는 능력도 갖추고 있었다.

문(文)과 무(武)의 겸비 ─ 검술 수련과 무사도

끝으로 덴포기의 아이들이라고 불리는 혁명적 사무라이들은 그 전후의 세대와는 또 다른 지도자의 자질을 갖추고 있었다. 이들은 봉건체제에서 지배계층으로 태어나 그 전 세대와 마찬가지로 전통적인 가치와 덕목을 배우면서 자랐지만 1853년 이후 격동의 시대를 맞으면서 이전 세대는 전혀 겪지 못했던 국가적 위기를 경험한다. 이 과정에서 이들은 문무를 겸비한 지도자로 성장하여—군사지휘관이면서 정치가이기도 한—혁명가로서의 자질을 갖추게 된다.

전국시대의 사무라이들에게는 전투원으로서의 능력이 중요했다. 이들 중에는 글을 읽지 못하는 사람도 많았다. 하지만 장기간 평화가 지속되었던 에도 시대 사무라이들에게는 전쟁의 승리에 필요한 전투기술보다 행정 관료로서의 전문적인 능력이 더 중요한 자질로 요구되었다. 이에 따라 검술 등 무예의 수련은 상대적으로 소홀해졌다. 주군에 대한 절대적인 충성심, 불퇴전의 용기, 희생정신 등 전투를 승리로 이끌기 위해 강조되던 전국시대 사무라이의 덕목[73]도 빛이 바래졌다. 사무라이의 칼이 신분을 과시하기 위한 징표로

---

[73] 야마모토 쓰네토모는 전국시대의 무사도 정신을 강조했던 대표적인 인물이다. 그는『엽은(葉隱), 하가쿠레』에서 주군에 대한 조건 없는 충성, 죽음의 각오, 수치심을 강조했다. 특히 그는 무사는 항상 죽음의 각오를 철저히 함으로써 옛 무사의 기상을 발현할 것과 평화로운 시기에도 전투요원으로서의 무사의 자세를 잃지 말고 갖출 것을 강조하였다. 다이도지 유잔도『무사도초심집(武士道初心集)』에서 젊은 무사를 대상으로 전통적인 무

장식되기도 했다.

그러나 서구 열강들의 함선이 일본연안에 자주 출몰하면서 대외적 위기의식이 고조되고, 아편전쟁에서 중국이 패배했다는 소식이 전해지자 검술수련에 대한 관심이 다시 높아졌다. 전국의 번교에서는 무예 과목의 수련이 강화되었고, 검술을 가르치는 사숙도 급증하였다. 각 검술 유파의 본산인 에도의 명문 검술 도장에는 전국에서 유학 온 사무라이들로 붐볐다. 이곳들은 단지 검술을 배우는 것만이 아니라 전국의 사무라이들이 모여 정치적인 의견을 나누면서 교류하는 전국적인 네트워크의 거점이기도 했다. 특히 에도의 3대 검술도장으로 알려진 명문 도장들은 존왕양이론을 선두에서 제창해온 미토나 조슈와 친했기 때문에 존왕양이론으로 들끓었다. 정규적인 교과목에 독서프로그램을 편성하여 존왕론에 관한 서적을 읽는 곳도 있었다. 당시 에도 3대 명문 검술도장으로 이름을 날렸던 겐부칸玄武館, 현무관,[74] 렌페이칸練兵館, 연병관, 시가쿠칸士学館, 사학관을 비롯하여 당시 에도의 유명한 검술도장과 검술 유파는 다음과 같다.

위 표를 보면 알 수 있듯이 에도의 유명 검술도장들은 미토, 조슈, 도사 등 막부 말기 유력 번과 깊은 관계를 가지고 있었다. 겐부칸은 미토와 관련이 깊었고, 렌페이칸은 조슈와 가까웠다. 이러한 번들은 실력 있는 검객들을 에도 번저 또는 번교로 초빙해 검술사범에 임명하거나, 검술이 뛰어난 영지의 청년 사

사의 정신이 경시되는 세태에 경각심을 일으켰다. 유잔 역시 『엽은』처럼 무사는 항상 죽음을 준비하고 있어야 한다고 강조했다. 또한 주군에 대한 충성, 의리, 지조, 용맹한 기상 등 덕목을 길러 무사도의 전통을 살릴 것을 강조하였다. 이 책들은 젊은 무사들에게 필독서로 읽힐 만큼 영향력이 컸다.

[74] 1822년 에도 니혼바시 시나가와초(현재의 도쿄 중앙구)에 처음 설립되었다. 제자의 수가 5천에서 6천에 달했다고 할 정도로 규모가 컸다. 약 50명을 수용할 수 있는 2층 건물의 기숙사도 있었다.

도장명	류파	도장주	주요 검객	관련 다이묘
겐부칸 (玄武館)	호쿠신 잇토류 (北辰一刀流)	지바 슈사쿠 (千葉周作)	가이호 한페이(海保帆平) 야마나미 케이스케(山南敬助) 도도 헤이스케(藤堂平助) 기요카와 하치로(淸河八郎) 야마오카 뎃슈(山岡鐵舟)	미토(水戶)
렌페이칸 (練兵館)	신토무넨류 (神道無念流)	사이토 야쿠로 (齋藤弥九郎)	가츠라 고고로(桂小五郎) 시나가와 야지로(品川弥次郎) 나가쿠라 신파치(永倉新八) 이쿠미 타다이치(井汲唯一) 와타나베 노보리(渡辺昇)	미토(水戶) 조슈(長州)
시가쿠칸 (士學館)	교신메이치류 (鏡新明智流)	모모노이 슌조 (桃井春藏)	다케치 한페이타(武市半平太) 오카다 이조(岡田以藏) 구보타 신조(久保田晋藏)	도사(土佐)
오다니도장 (男谷道場)	지키신카게류 (直心影流)	오다니 세이이치로 (男谷精一郎)	시마다 도라노스케(島田虎之助) 가쓰 가이슈(勝海舟) 아마노 하치로(天野八郎) 사카키바라 겐키치(榊原鍵吉)	
지바도장 (千葉道場)	호쿠신 잇토류 (北辰一刀流)	지바 사다키치 (千葉定吉)	사카모토 료마(坂本龍馬) 지바 쥬타로(千葉重太郎) 지바 사나코(千葉佐那子)	도사(土佐) 도토리(鳥取)
시에이칸 (試衛館)	덴넨리신류 (天然理心流)	곤도 이사미 (近藤勇)	오키타 소지(沖田總司) 히지카타 도시조(土方歲三) 이노우에 겐자부로(井上源三郎)	

무라이들이 에도에서 유학할 수 있도록 지원해 주었다.

　지바 슈사쿠가 설립한 겐부칸에는 미토를 비롯하여 오와리, 가가, 구마모토, 사쓰마[75] 등 전국에 걸쳐 30여 다이묘가의 청년 사무라이들이 검술을 배웠다. 지바 슈사쿠 본인은 다른 번들로부터의 초빙은 모두 거절하였지만, 도쿠가와 나리아키의 요청만은 받아들여 미토의 번사가[76] 되었다. 겐부칸에서 북진일도류의 면허를 획득한 가이호 한페이[77]도 미토의 검술사범이 되었다.

75　사쿠라다문밖의 사건 때 이이 나오스케의 목을 베었던 사쓰마의 아리무라 지자에몬도 겐부칸을 다녔다.

76　1841년 백 석의 석고를 받는 우마마와리 역을 받아 들였다. 清水 昇, 『幕末 維新 劍客列傳』, Gakken, 2010, 14~17쪽.

77　海保帆平(1822~1863). 원래는 안나카(安中) 출신이었지만 뛰어난 검술실력을 인정받아 미토의 검술사범으로 초빙 받아 미토의 번사가 되었다. 미토의 대학자였던 아이자와 세이시사이의 3녀와 결혼했다.

지바 슈사쿠. 이와테현 출신으로 에
도에서 겐부칸을 창립하였다. 기술
의 검도를 특징으로 하며 도사의 사
카모토 료마 등이 여기서 배웠다.

지바 슈사쿠 보다 19세 아래 동생인 사다키치도 독립하
여 별도의 도장을 설립하였는데 그는 나중에 도토리 다
이묘의 초청을 받아들여 도토리의 번사가 되었다. 도토
리의 영주 이케다 요시노리池田慶德는 도쿠가와 나리아
키의 다섯 번째 아들이었기 때문에 이 또한 형 지바 슈사
쿠와 미토의 인연에서 기인한 것으로 볼 수 있다. 사카
모토 료마도 지바도장을 다녔다. 사카모토 료마는 지바
도장에서 지바 사다키치의 장남 쥬타로에게 검술을 배
웠는데 두 사람은 사제 사이를 넘어 존왕양이 사상을 함
께 나누는 동지가 된다. 1862년 탈번했을 때 료마는 지바 도장에 은신했다.
개국론을 주장하던 가쓰 가이슈를 암살하려고 찾아갔을 때 동행했던 인물도
지바 쥬타로였다.[78]

도사 출신의 또 다른 걸출한 인물이었던 다케치 한페이타(다케치 스이잔)는
모모노이 슌조의 시가쿠칸을 다녔다.[79] 그는 검술뿐만 아니라 정치적인 리더
십도 탁월했다. 이 때문에 도사 정부의 명령으로 시가쿠칸에 온 지 얼마 지나
지 않아 숙두가 되었다. 1861년 존왕양이파 사무라이들이 교토를 장악했을
때 다시 에도로 가 조슈의 구사카 겐즈이, 다카스기 신사쿠, 사쓰마의 가바야
마 스케유키樺山資之 등 존왕양이파 인물들과 친하게 지냈으며 같은 해 8월 도
사로 돌아와 도사 근왕당勤王黨을 결성하여 번론을 공무합체에서 근왕으로 전
환시키려고 노력했다. 그러나 그는 도사 정부를 장악하기 위해 암살[80]도 서

---

78 清水 昇, 앞의 책, 2010, 20~21쪽.
79 위의 책, 102~105쪽.
80 다케치 한페이타는 좌막파 인물로 도사 정부의 실권을 장악하고 있던 요시다 도요(吉田
   東洋)를 암살한 뒤 일시적으로 도사 정부를 장악한다. 그 뒤 그는 교토에서도 좌막파 인물

| 사이토 야쿠로 | 렌페이칸 유적 |

습지 않았고, 교토에서도 좌막파 인물에 대한 테러로 악명이 높았다. 도사의 청년 사무라이들은 탈번하여 에도나 교토에서 활동하는 인물들이 많았다. 안세이 대옥에서 근신처분을 받고 일시적으로 실권을 잃었던 야마우치 요도가 8·18정변 뒤 다시 실권을 회복하자 쇼군가에 적대적인 존왕양이운동에 자기 번의 청년 사무라이들이 뛰어드는 것을 용납하지 않았기 때문이다.[81] 다케치 한페이타 등 탁월한 도사의 존왕양이파 인물들이 이때 처형당했다.

당대의 최고 검객 중 한 명으로 이름을 날렸던 기도 다카요시와 조슈의 청년 사무라이들은 렌페이칸을 다녔다. 이 때문에 렌페이칸에는 특히 열렬한 존왕양이파 인물이 많았다. 1852년 렌페이칸의 설립자인 사이토 야쿠로의 아들 신타로가 조슈를 두 번째 방문한 뒤 조슈에서는 7명의 청년 사무라이를 뽑아 렌페이칸에 보낸다.[82] 기도 다카요시는 이때 개인 비용으로 조슈 정부의 허락을 얻어 렌페이칸에 입문한다. 검술이 뛰어났던 그는 얼마 지나지 않

들에 대한 암살을 서슴지 않았다. 하지만 아이즈와 사쓰마가 연대하여 8·18정변을 일으킨 뒤 존왕양이파가 몰락하고 공무합체파가 대두하자 도사에서도 야마우치 요도가 다시 실권을 장악하고 다케치 한페이타 등 도사 근왕당의 주요 인물들을 잔인하게 진압했다.

81 마리우스 B. 잰슨, 이동민 역, 『사카모토 료마와 메이지유신』, 푸른길, 2014.
82 淸水 昇, 앞의 책, 2010, 178~181쪽.

아 면허장을 취득하고 숙두(수련생 대표)가 된다. 기도 다카요시가 렌페이칸의 숙두로 있을 때 페리 함대가 두 번째로 출현한다.

렌페이칸 등 몇 검술도장에서는 무예뿐만 아니라 별도의 독서 커리큘럼을 운영하면서 국학이나 존왕양이 서적을 가르치기도 했다. 일반적인 사숙에 비해 조직의 규율이 엄격하고 사제 사이의 의리를 중요하게 생각하는 검술 도장의 문화와 결합하여 검술도장에서 가르치는 존왕양이사상은 수련생들에게 많은 영향을 미쳤다.[83] 실제 에도의 명문 검술도장에서 유학했던 청년 사무라이들 중 상당수가 자신이 속했던 검술유파의 전국적인 네트워크를 활용해 존왕양이운동에 뛰어든다.[84]

한편 일본에서 가장 용맹한 사무라이집단으로 이름 높았던 사쓰마의 청년 사무라이들은 주로 지겐류小見流 검술을 배웠다. 지겐류는 사쓰마 번사藩士 도고 도베시게카타東郷藤兵衛重位, 1573~1592가 창시한 것으로 사쓰마와 인근 지역에 널리 퍼져 있었다. 사쓰마는 이처럼 검술 수련에서도 독립적이었다.

아이즈와 함께 존왕양이지사들을 탄압했던 신센조 대장 곤도 이사미는 시에이칸의 도장주였다. 이 때문에 신센조의 핵심 간부들 중에는 시에이칸 출신이 많이 있었다. 지금까지 살펴보았듯이 덴포기의 사무라이들은 유학, 국학, 양학 등의 지식뿐만 아니라 에도의 검술도장에서 당대 최고의 무예를 수련하면서 무관으로서의 기본적인 자질도 갖출 수 있었다.

여기서 검술 수련과 관련하여 언급하지 않을 수 없는 것이 있다. 바로 검술을 통해 얻게 되는 사무라이의 가치와 태도 즉 무사도다. 검劍은 사무라이의 영혼이라고 일컬어질 만큼 사무라이와 떼래야 뗄 수 없는 관계를 가지고 있

---

83   마리우스 B. 잰슨, 앞의 책, 2014, 134~135쪽.
84   위의 책, 139~143쪽.

다. 상대방을 이기기 위해 검을 다루는 기술이 검술이라면 무사도는 전쟁터에서 늘 죽음과 마주해야 하는 사무라이의 마음을 다루는 기술이다.

막부 말기 검술과 무예 수련이 유행하자 전국시대 사무라이의 덕목으로 중요시되던 무사도의 가치가 다시 부각되었다. 이에 따라 행정관료로서의 전문성 대신 주군에 대한 조건 없는 충성과 헌신, 용기, 죽음에의 각오 등 전투를 책임지는 무관으로서의 사무라이의 역할이 더욱 더 강조되었다. 이는 '덴포기의 사무라이들'에게 정치가, 행정관료로서의 자질과 함께, 막부 말기의 변혁기를 이끌어가는 데 필수적인 군사지휘관으로서의 능력을 키워 줌으로써, 막부 말기의 고난을 헤쳐 나갈 수 있는 혁명가로 성장하게 했다.

그럼 이때 새로 부각된 무사도는 구체적으로 어떤 것이었을까?[85] 무사도에 관해 가장 널리 알려져 있는 니토베 이나조[86]의 『무사도*Bushido : The Soul of Japan*』를

---

85 일본에서도 무사도의 긍정적인 측면을 강조하는 주장은 오늘날에도 다양한 관점에서 제기되고 있다. 일본의 수학자 후지와라 마사히코는 2005년 『국가의 품격』에서 전후 서양식 논리 교육에 치우친 일본의 교육을 비판하면서, 일본의 전통적 정서의 부활과 함께 사람들의 행동기준, 도덕기준이 되는 정신적 판단의 틀인 무사도 정신을 부활해야 한다고 주장했다. 그는 유럽의 귀족들이 권력, 교양, 부 등 세 가지 요소를 거의 독점하였던 것에 비해 에도 시대에 서민들로부터 존경을 받아온 무사들은 권력과 교양은 거의 독점하였지만 부를 소유하지는 않았다는 점에서 큰 차이가 있다고 보았다. 이것을 그는 금전보다도 도덕적인 가치를 더 우위에 두는 고차원적인 정신의 발로라고 보았다. 또한 무사도 정신은 '비겁한 일을 해서는 안 된다', '힘센 사람이 약한 자에게 해를 끼쳐서는 안 된다' 등 오랜 옛날부터 일본에 존재했던 감각적인 도덕관과 행동기준을 가지고 있기 때문에 일본인의 정신적인 틀인 무사도 정신을 회복시켜야 한다고 주장하고 있다. 후지와라 마사히코, 오상현 역, 『국가의 품격』, 북스타, 2006.

86 『무사도』는 이와테현 모리오카번 출신의 니토베 이나조가 서양 사람들에게 일본의 무사도를 설명하기 위해 영문으로 쓴 책이다. 일본어로는 1908년에 출간되었다. 청일전쟁의 승리로 일본과 일본인에 대한 서구의 관심이 매우 높을 때 출간되어 독일어, 프랑스어로도 번역되었고 오늘날까지도 많이 읽히고 있다. 무사도에 관한 책으로는 전 세계에서 가장 많이 팔린 책이다. 니토베 이나조는 무사도를 쓴 동기에 관해 다음과 같이 설명하고 있다. 벨기에 법정대학의 드 라블레 교수 댁을 방문해 며칠 동안 지내면서 종교적인 주제로 이야기를 나눌 때, 일본의 학교에서는 종교교육을 시키지 않는다는 데 놀란 라블레 교수

통해 한 번 알아보자. 이 책은 1899년 미국 필라델피아에 처음 출판된 뒤 백 년이 훨씬 지난 오늘날에도 무사도에 관한 책 중 가장 많이 읽히고 있다. 니토베 이나조는 이 책에서 무사도를 서양의 종교교육에 상응하는 일본의 도덕교육으로 소개하면서, 정의감義, 용기勇, 인자함仁, 예의바름禮, 성실誠, 충성심忠, 명예심名譽 등을 덕목으로 제시한다. 그리고 무사도의 정신적 가치에 대해 다음과 같이 이야기 한다.

> 청일전쟁에서 일본이 승리한 것은 무라타총(村田銃)과 크룹대포[87] 때문이 아니다. 인간에게 활력을 주는 것은 정신이며, 정신 없이는 최상의 무기도 아무런 도움이 되지 않는다. 근대적인 교육제도도 비겁자를 영웅으로 만들지는 못한다. 압록강에서, 한반도와 만주에서 우리를 승리의 길로 이끌어준 것은 우리 마음속에 살아 숨 쉬는 조상들의 영혼이다. 무용(武勇)에 넘치는 우리 조상의 영혼은 죽음에 굴복하지 않았다. 매우 진보적인 사상을 가진 일본인이라도 표피를 벗겨보면 거기에는 무사의 모습이 있다. 명예와 용기 그리고 무덕(武德)의 위대한 유산은 '우리가 보관하고 있는 유산에 불과하며, 선조의 것임과 동시에 우리 후손의 것이므로 그 누구도 빼앗을 수 없는 영원한 유산'이다.[88]

이 글에서 알 수 있듯이 니토베 이나조는 일본이 청일전쟁에서 승리할 수

가 "그러면 학생들이 도덕교육은 어떻게 받을 수 있죠?"라는 질문에 답변을 못했다. 어린 시절 자신이 받은 도덕적 가르침은 학교에서는 배울 수 없는 것이었는데, 내 마음 속에 선악의 가치와 관념을 형성시킨 것은 무엇일까라는 의문에서 출발하여 여러 가지 요소를 분석한 끝에 그러한 관념을 내 속에 불어넣은 것은 다름 아닌 무사도임을 깨달았다고 한다.
87   크룹대포는 독일 Krupp사에서 제조한 대포를 말한다.
88   니토베 이나조, 양경미·권만규 역, 『일본의 무사도』, 생각의나무, 2005.

있었던 이유는 서양의 과학기술과 무기 때문이 아니라 조상 대대로 내려오는 명예와 용기 그리고 무덕의 유산 때문이라고 강조하고 있다. 여기서는 청일전쟁을 예로 들어 설명하고 있지만, 사실 이러한 견해는 전란의 시대였던 전국시대부터 제2차 세계대전에 이르기까지 일본이 일으킨 전쟁에서 늘 강조되어 왔던 것으로 근대 일본군의 특징 중 하나인 정신주의의 원형이라고도 말할 수 있다. 막부 말기 변혁운동에 뛰어든 '덴포기의 사무라이들' 역시 검술 수련과정을 통해서 이러한 정신적 가치를 체득한다.

지금까지 살펴보았듯이 '덴포기의 사무라이들'은 청소년 시절에 전국의 유명한 사숙에서 유학, 양학, 국학 등을 배우면서 문관으로서의 자질을 갖춤과 동시에 에도의 명문 도장에서 검술을 수련하면서 무관으로서의 전투기술과 용기와 명예 같은 마음가짐도 익힐 수 있었다. 검술수련은 단순한 전투기술이 아니라 때로는 자신의 오만함을 깨닫고[89] 스스로를 성찰하게 하는 정신적인 수양 과정이기도 했다. 이런 과정을 거쳐 이들은 현실에 안주하는 행정관

---

[89] 이와 관련하여 다카스기 신사쿠의 사례가 참고할 만하다. 그는 검술수련을 목적으로 국토를 순례하면서 자신의 오만함을 깨닫는다. 다카스기 신사쿠는 검술을 중요하게 생각했고 또한 자신에 차 있었다. 그러나 도치키현 미부에서 3박을 하면서 가졌던 여러 차례의 검술시합에서 그는 한 번도 이기지 못하고 완패당하고 만다. 다카스기 신사쿠는 마츠모토 고로베에라고 하는 미부 쇼토쿠태자류 사범과 여러 차례 시합을 했다. 더욱이 그는 당시로서는 매우 고령인 56세의 노인이었음에도 불구하고 한 번도 이길 수 없었다. 이 패배는 패기 넘치는 청년사무라이인 다카스기 신사쿠로서는 받아들이기 힘든 수치였다. 미부는 규모는 작지만, 신도무넨류를 창시한 후쿠이 베우에몬의 고향이었기 때문에 검술 수준이 매우 높았다. 기도 다카요시 등 조슈의 많은 번사들도 에도에서 신도무넨류의 사범에게 검술을 배웠다. 이 시기를 기록하고 있는 신사쿠의 일기는 마츠모토 고로베에와 시합을 한 그 날 부터 백지 상태로 남아 있다. 따라서 그의 일기에는 마츠모토 고로베에와 가진 검술에 관해 승패는 물론 적혀 있는 것이 전혀 없다. 신사쿠가 완패했다는 이야기는 마츠모토 고로베에의 후손에게 직접 전해들은 이야기를 적은 것이다. 이때 다카스기의 패배는 자신의 낡은 굴레를 벗고 새로 도약하기 위해서는 꼭 필요한 패배였다. 一坂太郎, 『高杉晋作の「革命日記」』, 朝日新書, 2010, 110쪽.

료가 아니라, 변혁기를 헤쳐나갈 수 있는 혁명가로서의 자질을 기를 수 있었다. 막부 말기 혁명적 사무라이들이 유신변혁이라는 고난에 찬 역사적 여정을 헤쳐 나갈 수 있었던 데에는 이처럼 검술수련을 통해 단련된 정신적 강인함과 자기성찰이 뒷받침되어 있었다.

3. 유신과 건국의 운명

1) 건국과 독재

왕정복고로 유신 정부가 수립된 이후 사무라이 혁명가들은 정치가, 행정가로 변신한다. 유신 정부의 주요 요직은 왕정복고 쿠데타에 참여한 사쓰마, 조슈, 도사, 히젠 등 4개 번 중심으로 배분되었다. 1873년 정한론정변으로 도사 출신들이 대거 정부를 떠나자 사쓰마의 오쿠보 도시미치는 조슈의 이토 히로부미, 이노우에 가오루와 연대하여 정부를 장악한 뒤 식산흥업 정책을 강력하게 추진하였다. 이때부터 유신 정부를 오쿠보 독재, 번벌 독재라고 비판하는 일이 많아졌다. 1881년 정변에서 오쿠마 시게노부를 비롯한 히젠 출신들이 대거 정부에서 축출되면서 사쓰마, 조슈의 권력 독점은 더욱더 심해졌고 번벌 독재라는 비판도 더 강해졌다.

그러면 사쓰마, 조슈 두 번의 권력 독점, 번벌 독재는 불가피한 것이었을까? 서구에서 봉건 체제가 무너지고 시민혁명이 일어나기 전까지 절대주의 국가가 있었듯이, 일본에서도 번벌 독재는 필요악이었을까? 결론을 내리기 전에 먼저 두 번의 권력 독점 실상이 어떠했는지부터 살펴보자.

총리대신

총리대신과 각 성의 대신은 1885년 내각제가 시행되면서 법적 근거를 가지게 된다. 내각제는 유럽에서 입헌 제도 조사를 마치고 돌아온 이토 히로부미가 제국 헌법 제정에 앞서 근대적 입헌 제도가 필요하다고 주장해 시행되었다. 이로 인해 그 이전까지 내각의 역할을 맡고 있던 태정관은 폐지된다. 내각제가 시행됨에 따라 1885년 12월 22일 초대 총리로 이토 히로부미가 부임하였다. 그 뒤 1911년 8월 30일 가쓰라 타로가 총리를 역임할 때까지 모두 13대에 걸쳐 총리가 배출되었다.

이 기간 동안 조슈 출신은 모두 8회, 사쓰마 출신은 3회, 히젠(사가) 출신은 단 한 차례 총리를 배출했다. 조슈 출신 총리로는 이토 히로부미가 제1·5·7·10대 총리 등 네 번, 야마가타 아리토모가 제3·9대 총리, 가쓰라 타로가 제11·13대 총리 등 각각 두 번씩 총리를 맡았다. 사쓰마 출신으로는 구로다 기요타카가 제2대, 마쓰가타 마사요시가 제4·6대 총리를 맡았고 히젠(사가) 출신으로서는 오쿠마 시게노부가 유일하게 제8대 총리를 맡았다. 오쿠마 시게노부가 총리였던 기간(1898.6.30~1898.11.8)은 6개월도 안 되기 때문에 총리 대신은 사실상 사쓰마와 조슈 두 번이 독점한 것이나 다름없다. 총리 이하 내각의 각 대신도 사쓰마와 조슈 두 번에서 대부분 차지했다.[90]

---

90   제12대 총리는 귀족(공경)출신의 사이온지 긴모치(1849~1940)가 맡았다.

귀족작위

화족 제도는 제국헌법의 시행에 앞서 궁중 제도를 개혁하고 천황을 보좌할 새로운 기관을 구성하기 위해 만들었다. 화족 제도 역시 이토 히로부미가 주도해 만들었다. 1884년 7월 7일 화족령이 발표되고, 이에 따라 기존의 귀족 제도 대신 공작, 후작, 백작, 자작, 남작 등 5등급의 작위로 이루어진 화족 제도가 시행되었다. 화족에 선정된 가문은 총 509개 가문으로 대부분 황족, 공경, 다이묘 등 세습 귀족 가문이 대부분이었다. 세습 귀족이 아닌 가문으로서 유신에 공훈이 있는 29개 가문도 이때 화족으로 선정되어 작위를 받았다. 공경 출신인 산죠 사네토미가, 이와쿠라 도모미가, 시마즈 이에무네가,[91] 다마자토 시마즈가,[92] 모리가[93]가 공작 작위를, 기도 다카요시가와 오쿠보 도시미치가는 후작 작위를, 이토 히로부미, 구로다 기요타카, 이노우에 가오루, 사이고 쓰구미치, 야마가타 아리토모, 오야마 이와오 가문은 백작 작위를 받았다. 이들은 모두 사쓰마, 조슈 출신들이다. 화족들은 제국헌법에 따라 귀족원의 의원이 되어, 중의원 의원과 함께 제국의회를 구성하였다.

경찰

메이지 시기 경찰은 군부와 함께 막강한 권력을 가진 국가 기관이었다. 근

---

91 시마즈 이에무네(島津家宗)가는 시마즈 다다요시의 공훈으로 작위를 받았다.
92 다마자토 시마즈(玉里島津)가는 시마즈 다다요시의 부친 시마즈 히사미쓰의 공훈으로 작위를 받았다. 이 가문은 시마즈 히사미쓰가 유신 이후 재분가한 가문으로 다마자토는 히사미쓰가 살던 별장의 지명이다. 시마즈 가문은 다다요시가 외에 히사미쓰가도 공작 작위를 받음으로써 도쿠가와 가문 외에 공작 작위를 복수로 받은 유일한 가문이 되었다. 도쿠가와 가문은 도쿠가와 쇼군가, 미토 도쿠가와가, 도쿠가와 요시노부가 등 세 가문이 공작 작위를 받았다.
93 모리가는 조슈의 번주 모리 다카치카의 공훈으로 작위를 받았다.

대 경찰의 아버지라고 불리는 사쓰마의 가와지 도시요시川路利良, 1834.6.17~1879.10.13가 1874년 경시청을 창설함으로써 출발하였다. 가와지 도시요시가 초대 경시총감에 취임한 뒤 1912년까지 총 19명이 배출되었는데, 그중 15회를 사쓰마 출신이 차지하였다. 그 외에 도사 출신이 2회, 히젠과 구마모토 출신이 각각 1회씩 맡았다. 이처럼 경찰은 사쓰마 출신들의 독무대였다. 육군 헌병의 창설은 육군을 장악하고 있는 조슈에서 경찰을 장악하고 있는 사쓰마를 견제하기 위해 만든 측면도 있었다.

일본군

메이지 시기 최대의 권력 기관은 군부였다. 군은 창설 이후 대만 정벌, 조선 내정 개입, 청일전쟁, 러일전쟁 등 대외 팽창 정책이 성공을 거두면서 규모도 커지고 권한도 점점 확대되었다. 천황에게 직접 상주할 수 있는 유악상주권, 군부대신 현역무관제 등을 이용하여 내각의 통제를 받지 않고 막강한 권한을 행사하였고, 군에서 군부 대신을 추천하지 않아 내각이 구성되지 못하는 경우도 있었다.

사쓰마, 조슈의 일본군 독점 현상도 심하기는 다른 권력 기관과 마찬가지였다. 육군은 조슈 출신이, 해군은 사쓰마 출신이 주요 요직을 차지했다. 일본군의 창설 이후 메이지기 동안 두 번 출신 사무라이들의 요직 독점은 계속되었다. 러일전쟁을 전후로 군 요직의 독점이 어느 정도였는지 한번 살펴보자. 이 시기는 일본군이 청일전쟁 이후 3국간섭을 겪으면서 러시아를 가상 적국으로 설정하여 군비 확장과 병력 증강을 대대적으로 시작하던 때다. 〈표 2〉와 〈표 3〉은 러일전쟁 개전 전과 러일전쟁 중 진급한 육군 대장 명단이다.

〈표 2〉 육군 최고위 지휘관(러일전쟁 개전 전 대장)

이름	출신	초임 경력	청일전쟁 시 보직	러일전쟁 시 보직
야마가타 아리토모(山縣有朋)	조슈	보신 전쟁, 기병대 총독 메이지 3. 병부소보(兵部少輔)	제1군사령관, 감군(監軍)	원수 참모총장
오야마 이와오(大山巖)	사쓰마	보신전쟁, 포대소두(砲隊小頭) 메이지 4. 대좌(大佐)	육군대신 제2군사령관	원수・참모총장 만주군 총사령관
노즈 미치쓰라(野津道貫)	사쓰마	메이지 4.7. 소좌(少佐)	제5사단장 제1군사령관	군사참의관 제4군사령관
사쿠마 사마타(佐久間左馬太)	조슈	보신전쟁, 대대장 메이지 5. 대위	제2사단장・점령지총독 제3사단장	휴직 동경위수총독
가쓰라 타로(桂太郎)	조슈	보신전쟁, 기병대원 메이지 3. 독일 유학	제3사단장	휴직 수상
구로키 다메모토(黒木爲楨)	사쓰마	보신전쟁, 사쓰마 군사 메이지 4. 대위	제6사단장	군사참의관 제1군사령관
오쿠 야스카타(奧保鞏)	고쿠라	메이지 4.11. 대위	유럽 출장 제5사단장	군사참의관 제2군사령관

출처: 大江志乃夫, 『日露戰爭と日本軍隊』, 立風書房, 1987, 261쪽.

〈표 3〉 육군 고위지휘관(러일전쟁 중 대장진급자)

이름	출신	초임 경력	청일전쟁 시	러일전쟁 시
야마구치 모토오미(山口素臣)	조슈	보신전쟁, 기병대 메이지 3. 교도대	보병3여단장	군사참의관 메이지3.7.8 사망
오카자와 구와시(岡澤精)	조슈	보신전쟁, 남국대 메이지 2. 교도대	감군부참모장 군사내국장	시종무관장
하세가와 요시미치(長谷川好道)	조슈	보신전쟁, 동산도선봉 메이지 3. 병학료	보병12여단장 (혼성12여단장)	근위사단장 한국주차군사령관
니시 간지로(西寬二郎)	사쓰마	보신전쟁, 유격대장 메이지 4. 중위	제2여단장	제2사단장 요동수비군사령관 교육총감
고다마 겐타로(兒玉源太郎)	조슈	보신전쟁, 메이지 2. 병학료	육군차관 겸 군무국장	참모본부차장 만주군총참모장
노기 마레스케(乃木希典)	조슈	보국대・메이지 4. 소좌	보병1여단장 제2사단장	유수근위사단장 제3군사령관
사다나루 친왕(貞愛親王)	황족	메이지 6. 유년학교	보병4여단장	제4사단장 군사참의관
오가와 마타지(小川又次)	고쿠라	병학료	근위1여단장 제1군참모장	제4사단장 부상휴직
가와무라 가게아키(川村景明)	사쓰마	보신전쟁 참가・메이지 5. 소위	보병8여단장 근위1여단장	제10사단장 압록강군사령관
오시마 요시마사(大島義昌)	조슈	메이지 3. 오사카청년학사	보병9여단장 (혼성9여단장)	제3사단장 관동총독

출처: 大江志乃夫, 『日露戰爭と日本軍隊』, 立風書房, 1987, 262쪽.

〈표 2〉와 〈표 3〉을 보면 알 수 있듯이, 러일전쟁 개전 전에 대장이던 7명과 러일전쟁 중 대장으로 진급한 10명 등 모두 17명의 대장 중 고쿠라 출신의 오쿠 야스카타와 오가와 마타지 두 명을 제외한 15명이 모두 사쓰마와 조슈 번 출신이다. 고쿠라는 시모노세키 해협을 두고 조슈와 마주보고 있는 지역이다. 유신 이후 거의 40년이 지난 러일전쟁 시기까지 사쓰마와 조슈의 군 내 권력 독점은 이처럼 철저하게 유지되고 있었다. 이현상은 1910년대까지 이어졌다.

건국과 번벌 독재

지금까지 살펴본 것처럼 사쓰마번과 조슈번 출신들은 유신 이후 내각, 귀족원, 경찰과 군 등 주요 국가 기관을 사실상 독점하였다. 이러한 권력 독점, 번벌 독재는 유신과 건국에 불가피한 것이었을까? 이 질문에 답하기는 쉽지 않다. 일본군의 경우를 한번 살펴보자.

근대 일본군을 창설하고 발전시킨 사람은 조슈 출신의 야마가타 아리토모다. 그는 막부 말기 존왕양이 운동 때부터 군사 지휘관으로 맹활약을 했다. 이토 히로부미가 주로 교토, 도쿄 등 조슈 밖에서 활동했던 반면 야마가타 아리토모는 유신 전까지 거의 조슈 안에서 활동했다. 보신전쟁 때는 정부군의 지휘관으로서 전투를 지휘했다. 일본 육군의 창설 과정에서 핵심적 역할을 담당했고 청일전쟁 시기에는 군사령관, 러일전쟁 때는 히로시마 대본영의 막료장(국방장관) 겸 참모총장을 맡았다. 오야마 이와오, 가쓰라 다로 등 자신의 직계 후계자를 육군의 지휘부에 임명하여 야마가타계 파벌을 형성했고, 육군 수뇌부는 야마가타의 절대적 영향력 아래 있었다고 해도 과언이 아니다.

〈표 2〉와 〈표 3〉을 보면 알 수 있듯이, 야마카타를 포함한 대장들은 대부분 유신 변혁기 때부터 군인으로 복무했던 사람들이다. 고쿠라 출신인 오쿠

야스카타를 제외하면 〈표 2〉에 있는 나머지 5명은 모두 보신전쟁(1868)에 참가했으며, 대부분 왕정복고 쿠데타 직후 신군新軍(정부군)을 건설할 때 소좌 또는 대위로 임명되었다. 유신 전후부터 국내외의 크고 작은 전투를 치렀고 청일전쟁이 발발했을 때는 대부분 사단장으로서 참전하였다. 이처럼 육군의 수뇌부를 구성하고 있는 인물들은 모두 유신의 동지이자, 청년기부터 동고동락하며 보신전쟁, 사가의 난, 대만 정벌, 서남전쟁 등 유신변혁기 이후 거의 40년을 혁명과 내란과 전쟁의 현장에서 함께 한 전우들이었다.

거기에다가 메이지유신은 사쓰마, 조슈 두 번의 군사력과 경제력이 뒷받침되지 않았더라면 불가능했다. 유신 정부가 수립되고 난 직후에는 정부군조차 없었으며, 사쓰마와 조슈의 번군이 천황과 유신 정부를 지키고 있었을 뿐이었다. 최초의 정부군인 신군新軍 역시 사쓰마, 조슈를 주력으로 4개 번의 번군을 모아 구성한 것이었다. 이처럼 왕정복고 쿠데타 이후 서남전쟁 시기까지는 모든 것이 혼란스러운 상황이었고 사쓰마, 조슈 두 번이 연합하여 현안들을 해결해 나갔다. 막부는 해체되었지만 그 밖의 다른 모든 것은 아직 에도 막부 시대의 봉건적인 모습 그대로 남아 있는 상황 아래에서 정부, 군, 경찰 등 국가의 주요 기구들이 근대적 형식과 절차에 따라 합리적으로 구성되기는 애당초 무리였다. 합리적이고 객관적인 절차에 따라 적절한 인물을 발탁하는 제도를 마련하는 것도 쉽지 않았다.[94]

서양문명을 급속히 도입하고, 근대적 국가 제도를 수립하긴 했지만 아직에도 시대의 봉건적 의식을 벗어나지 못하고 있었던 것이다. 번은 사라졌지만

---

[94]   출신번이라는 사적 관계를 더 중요하게 여기는 경향은 국가 권력을 장악한 세력뿐만 아니라 반대 세력에게서도 마찬가지였다. 가령 자유민권 운동의 지도자들은 대부분 도사와 히젠 출신이었다. 이런 측면에서 자유민권 운동은 정부에서 쫓겨난 인물들이 자유와 민권을 명분으로 반정부투쟁을 전개한 측면이 많았다.

1,000년 이상 지속된 번의식과 상호불신은 여전했다. 일본이 근대국가로 자리 잡기까지는 아직 더 많은 시간이 필요했다. 천황제 근대국가 일본은 겉으로는 절대 권력을 타파하고 근대적 국가 제도를 마련했는지 모르지만 실제로는 노예의 몸통 위에 겨우 자유의 머리를 얹는 것에만 성공했을 뿐이었다. 따라서 사쓰마, 조슈 두 번의 번벌 독재를 쇼와파시즘과 동일시하거나 오늘날 독재 국가에서 쉽게 볼 수 있는 특정 정치 파벌이나 군부의 권력 독점과 같은 것으로 보아서는 안 된다. 더욱이 이 시기는 서구열강들이 이미 조선과 일본을 제외한 거의 대부분의 아시아 지역을 식민지 내지 반식민지로 삼아 지배하고 있었다. 메이지유신으로 봉건 막번 체제를 막 벗어나긴 했지만 근대적 국가 체제는 아직 갖춰지지 않았고, 서구열강들은 점점 제국주의의 탐욕을 드러내기 시작하던 시기에 유신 정부로서도 선택할 수 있는 대안은 별로 많지 않았다.

자유주의 계몽사상가였던 후쿠자와 유키치는 이러한 딜레마를 너무나도 잘 알고 있었다. 그는 이 문제를 대외적 독립이 먼저냐 아니면 국내의 개혁이 먼저냐는 문제 즉 국권 확립과 자유민권의 딜레마로 이해하고 있었다. 1874년 애제자였던 바바 다쓰이에게 보낸 편지에 다음과 같이 쓰고 있다.

> 일본의 형세가 진실로 어렵다. 외국의 평균을 얻기 위해서는 안의 평균을 도모하지 않을 수 없다. 안의 평균을 도모하기 위해서는 안의 망탄(妄嘆)을 털어내지 않으면 안 된다. 안을 먼저 하면 바깥이 맞지 않고, 바깥을 향하려 하면 안의 너절함이 소매를 당기고, 이쪽을 돌아보고 저쪽을 생각하면 아무것도 할 수가 없다.[95]

---

95   후쿠자와 유키치가『문명론의 개략』을 쓰고 있던 시기에 영국에 머물고 있던 제자 바바 다쓰이에게 보낸 편지(1874.10.10). 마루야마 마사오, 김석근 역,『문명론의 개략을 읽는다』, 문학동네, 2007, 60~61쪽.

후쿠자와의 말처럼 유신 정부는 당시 대외 문제를 생각하면 국내의 자유평등의 실현이 늦어지고, 그렇다고 해서 국내의 변혁을 실현하려고 하면 자주독립이라는 절박한 과제에 부응할 수 없는 딜레마를 안고 있었다. 안을 먼저 하면 바깥이 맞지 않고, 바깥을 향하려면 안의 너절함이 소매를 당기는 유신 정부 초기의 시대적 상황을 이해하지 못한 채 오늘날 우리의 시각으로 근대 일본의 번벌 독재에 대해 일방적 평가를 내리는 것은 결코 바람직하지 않다.

후쿠자와 유키치는 유신 정부에 참여한 인물이 아니다. 그는 재야에서 언론인, 사상가로 활동하면서 서양문명의 정신을 배울 것을 평생 주장한 인물이었다. 그도 유신 직후 일본이 당면한 가장 중요한 국가적 과제는 자주독립이라고 보았다. 『문명론의 개략』에서 그는 자주독립을 문명의 목적으로 삼아야 한다면서 다음과 같이 주장하였다.

> 현재 일본의 경황을 살펴보면 점점 더 사태가 급한 것을 깨달아서, 다시 다른 것을 돌아볼 겨를이 없다. 먼저 일본이라는 나라와 일본의 인민을 존립하게 하고서, 그런 연후에 비로소 문명의 일도 말할 수 있는 것이다. 나라가 없고 사람이 없으면 그것을 우리 일본의 문명이라 할 수가 없다. 이것이 곧 우리가 논의의 영역을 좁혀서, 오로지 자국의 독립을 문명의 목적으로 삼는다는 논의를 주창하는 까닭이다.[96]

이런 측면에서 유신 정부의 번벌 독재 문제는 그것만 따로 떼내 평가하기보다는 그 당시 일본이 직면하고 있던 국가적 과제에는 어떤 것이 있었으며 그 우선순위는 또 어떻게 구성되어 있었는지 등을 종합적으로 감안해 평가할

---

96   위의 책, 117쪽.

히라이즈미 기요시. 도쿄대학 국사학과 교수. 황국사관의 대표적 이론가, 행동가였다. 그는
구스노키 마사시게의 정신을 특히 강조했다. 신관 가문 출신으로 태평양전쟁에서 패배하자
도쿄대를 사직하고 시라야마(白山) 신사 3대 궁사에 취임했다.

필요가 있다.

　유신 정부의 번벌 독재는 적지 않은 폐해를 남겼지만 다른 한편으로 보면 제국주의 시대에 자주독립이라는 최우선적인 국가적 과제를 달성하기 위해 불가피했던 측면이 크다. 오히려 같은 정치적 경험과 신념을 가진 동질적인 국가 지도자 집단이 형성되어 있었기 때문에, 내란과 외세에 맞서 자주독립의 근대국가를 신속하게 수립할 수 있었다. 역사의 진보에 하나의 규칙만 있는 것은 아니다. 메이지 일본에게는 노예의 몸통 위에 노예의 머리를 이고 사는 것보다 노예의 몸통 위에 자유의 머리만이라도 얹는 것이 커다란 진보였다. 다만 그 진보의 기간이 너무 짧게 끝난 것이 문제라면 문제였다.

2) 후계자들—유신과 건국의 파괴자

유신과 건국을 주도했던 인물들은 대부분 메이지기(1867~1912)에 세상을 떠난다. 군과 내각에 막강한 영향력을 행사하던 야마가타 아리토모가 1922년 2월 1일, 마쓰가타 마사요시가 1924년 7월 2일 세상을 뜨면서 이들의 정치적 영향력도 완전히 사라진다. 이어 다이쇼 천황의 시대가 끝나고 쇼와 천황이 즉위하면서 소위 '쇼와 시대'가 시작된다. 안타깝게도 쇼와 시대 일본의 국가지도자들은 앞 세대와는 전혀 다른 유형의 인물들이었다.[97]

후계자들은 앞 세대가 천신만고 끝에 물려준 천황제 근대국가라는 유신과 건국의 위업을 파괴하고 조선, 만주, 중국, 동남아국가들에 대한 침략적 대외팽창정책과 태평양전쟁 개전으로 일본을 파멸로 몰고 간, 일본 역사상 최악의 국가지도자였다. 한 시대의 역사적 오류와 책임을 모두 그 시대의 국가지도자에게 돌릴 수는 없겠지만 어찌됐건 그 시대의 국가지도자에게 가장 큰 책임이 있다는 사실은 부정할 수 없다.

그럼 메이지 시대와 쇼와 시대의 국가지도자는 어떻게 다를까? 우선 두 세대는 성장배경과 시대적 상황이 너무 달랐다. 어느 시대 어느 나라든 세대의 차이가 생길 수밖에 없지만 이 두 세대 간의 차이는 너무나 컸다. 앞 세대의 청년 사무라이들은 봉건체제에서 자랐으면서도 그 틀을 뛰어넘는 시대정신을 깨우쳤다. 군사력에 의해 좌우되는 냉정한 국제정치의 실상을 체득한 뒤에는 자신들이 앞장 서 주장하던 비현실적인 양이론도 버릴 정도의 정치적

---

97   마루야마 마사오도 메이지유신 전후의 주요 인물들을 세대론에 근거해서 설명하고 있다. 그중 의미 있는 부분은 그가 유신 지도자들 중 사이고 다카모리를 제외한 대부분의 인물이 덴포기(1830~1844)에 태어났다고 설명하고 있는 점이다. 마루야마 마사오, 『문명론의 개략을 읽는다』, 문학동네, 2007, 43~47쪽.

유연성도 가지고 있었다. 극단적인 존
왕론을 주창하면서도 근대적인 지식을
받아들이고, 낡은 관습에 빠져 있는 무
능한 조정을 개혁하는 정치적 균형감각
을 가지고 있었다. 다시 말해 이들은 자
신에게 부여된 역사적 과업을 완수하기
위해서는 근대성과 공공성뿐만 아니라
정통성도 하나의 수단으로 활용할 줄 알
았다.

그러나 후계자들은 앞 세대와 너무
달랐다. 이들은 어릴 적부터 신격화된

구스노키 마사시게 동상(도쿄 황궁 앞)

친황주의 이념을 주입받으면서 자랐고, 육·해군 사관학교와 제국대학에서
황국사관 교육을 받은 뒤 엘리트 코스를 따라 승승장구하는 삶을 살았다. 이
들은 앞 세대가 겪었던 고난을 알지 못했고 천황의 정통성을 정치적 상징으
로만 내세우는 지혜도 얻지 못했다.

후계자들은 현실이 아니라 이념을 먼저 배웠고, 메이지 천황의 정신적, 정
치적 권위가 거의 절대적인 수준으로 격상될 때 청소년기를 보냈다. 앞 세대
들이 국가적 위기를 맞아 좌절과 고난을 겪으면서 성장했던 반면 이들은 오
직 대외적인 팽창과 천황을 칭송하는 찬가를 따라 부르면서 자랐다. 그 시기
일본은 몇 차례의 대외전쟁에서 승리하여 팽창주의의 단맛에 빠져들기 시작
했고, 천황은 상징을 넘어 신성한 군주로 변해가고 있었다.[98]

---

98   야스다 히로시, 하종문·이애숙 역, 『세 천황 이야기』, 역사비평사, 1999, 154~155쪽.

일본천황가의 문양

구스노키 마사시게가의 문양

구스노키 마사시게가의 문양이 새겨져 있는
회천어뢰(윗부분)

회천어뢰. 태평양 전쟁 말기 일본 해군의 자살특공무기로 사용되었다. 1인용, 2인용 두 종류가 있었으며 외부에서 폐쇄하면 탈출할 수 없게 되어 있다. 1944년 11월 8일 실전에 처음 투입된 이후 모두 420기(회천1형)가 생산되었다.

다만 유신혁명의 원로들이 생존해 있는 동안은 이들이 내각과 군부의 충돌을 조정하고 천황의 절대적인 권력도 어느 정도 억제될 수 있었다. 천황도 유신과 건국을 주도한 1세대의 사쓰마, 조슈 출신 원로들을 무시하지 않았다. 원로들은 수상을 추천하는 집단인 원로회의[99]를 만들어 내각을 견제하고 국가의 최고의사결정에 많은 영향력을 행사하였다. 하지만 유신의 원로들이 모두 세상을 떠나자 내각, 의회와 군의 대립을 조정하고 견제할 수 있는 인물은 모두 다 사라지고 이러한 견제기능도 사라져버렸다. 모든 정치적, 정신적 권위가 천황에게 집중되었고, 군부는 내각을 무시하고 천황에게 직접 상소할 수 있는 권한을 최대한 활용하여 대외팽창주의 노선을 관철시켜 나갔다.

이처럼 후계자들이 성장하던 시기는 「5개조서약문」의 정신에 바탕하여 다양한 정치세력과 협력하면서 근대국가를 만들어 가던 시기와는 너무나 다르게 변해 있었다. 천황숭배주의에 빠진 극단적인 성향의 군인과 민간의 파시스트들이 정부를 좌지우지하면서 혼란으로 몰아가도 이들을 견제할 수 있는 사람은 아무도 없었다. 이들에게는 정통성이 유일한 목적이었으며 공공성과 근대성은 정통성을 실현하기 위한 단순한 수단에 지나지 않았다.

결론적으로 후계자들은 앞 세대의 국가지도자들처럼 절박한 민족적 위기도 현실적인 국가목표도 없었다. 앞 세대의 국가지도자들이 공공성과 근대성을 실현하기 위해 정통성을 상징으로 활용하는 지혜를 가지고 있었던 반면 이들은 황국사관이라는 이념에 빠져 이웃국가들에 대한 제국주의적 침략에서 미래를 찾으려고 했다. 천황의 정통성을 일본의 국가적 위기를 극복하기 위한 전술로서가 아니라 절대적인 이념으로 받아들였고, 일본을 근대적 국민국가로 발전시키는 길을 모색하기 보다는 신화의 세계를 현실에서 구현하려고 했다.

---

99   원로 집단은 1889년 구로다 내각이 붕괴된 직후 구로다 기요타카와 이토 히로부미에게 원훈 우대의 조서가 내려지고, 1891년 수상을 사직한 야마가타에게도 원훈 우대의 조서가 내려지면서 형성되었다. 1896년 제2차 마쓰카타 내각이 조각될 때 후계 수상 추천이 원로회의에서 행해짐으로써 수상 추천 집단으로써의 원로회의가 관습적으로 성립되었다.

지금까지 「5개조서약문」에서 출발하여 유신과 건국의 기원과 과정, 그리고 그 특징과 한계에 관해 살펴보았다. 결론적으로 근대 일본의 유신과 건국은 서구열강이 동아시아 세계를 침략할 때, 유일하게 자주독립을 지키면서 봉건국가에서 근대국가로의 전환에 성공한 근대적 혁명이었다. 그러나 그 다음 세대의 국가지도자들은 역사상 최악의 선택으로 일본을 파멸로 끌고 갔다. 일본 근대사를 되돌아보면 한 국가의 명운에 국가지도자의 역할이 얼마나 중요한 지 잘 알 수 있다. 국가의 흥망성쇠에 관해 국가지도자들은 다른 누군가에게 책임을 떠넘길 수도, 그 어떤 오묘한 논리로 변명할 수도 없다. 나라를 살리는 것도, 나라를 죽이는 것도 그 시대, 그 세대 국가지도자의 몫이기 때문이다.

천황과 전쟁책임론

1. 현대 일본의 천황

　오늘날 민주주의국가 일본에서 과거 신神으로 추앙받던 천황의 이미지를 찾아보기는 어렵다. 현재의 아키히토 천황은 물론이고 전후戰後 쇼와 천황도 매우 인간적인 이미지를 보여주었다. 하지만 쇼와 천황이 재위하던 시기[1] 일본은 만주사변, 중일전쟁, 태평양전쟁 등 역사상 가장 처절한 전쟁을 겪었고, 무수히 많은 일본인이 해외의 전쟁터에서 희생당했다. 일본에서는 이 시대를 쇼와파시즘 시대라고 부르고 있지만 만년의 쇼와 천황에게서 쇼와파시즘 시대 천황의 이미지를 찾아보기는 어려웠다. 쇼와 천황이 해양생물을 채집하거

---

[1] 　쇼와 천황은 다이쇼 천황의 건강이 좋지 않아 만 20세가 되던 1921년부터 섭정궁이 되어 다이쇼 천황의 대리 역할을 하였다. 섭정궁 시절을 포함하면 69년간 재위했다. 한편 메이지 천황은 1868년 15세의 나이로 즉위해 1912년 세상을 떠날 때까지 44년 동안 재위했다. 다이쇼 천황의 짧은 재위 기간을 제외하면 1868년의 유신 이후 1998년 쇼와 천황의 사망까지 130년 동안 메이지와 쇼와 두 천황이 일본의 천황으로 재위했다. 따라서 현대 일본에서 두 천황의 위상은 아직도 남다르다.

에히메현 고고시마에서 게불 채집 중인
쇼와 천황(1950.3.19)

나 연구에 몰두하고 있는 모습은 세상사와는 멀리 떨어져 살아온 과학자[2]로 보여 정말로 파시즘 시대를 겪었는지조차도 의심이 들 정도였다. 이런 측면에서 일본 황실은 패전 직후의 불안과 위기를 극복하고 상징천황제에 어울리는 온화한 천황의 이미지 창출에 완전히 성공했다고 볼 수 있다.

또한 전후 민주주의 국가로의 전환에 성공한 일본은 전쟁과 무력의 행사를 포기한다고 선언하여, '평화헌법'이라고도 불리는 헌법[3]을 제정하였다. 국가의 교전권까지 부정[4]하고 있는 이 헌법은 누가 뭐래

---

2 시마조노 스스무, 남효진 역, 『역사와 주체를 묻다』, 소명출판, 2014, 157~158쪽.

3 일본국헌법은 1946년 11월 3일 공포되고, 1947년 5월 3일 시행되었다. 대일본제국헌법 제73조의 헌법 개정 절차에 따라 1946년 5월 16일 제90회 제국의회의 심의와 수정을 거쳐 공포되었다. 상유(上諭), 전문(前文)이 있으며 본문은 전체 11장 103조로 구성되어 있다. 2015년 현재까지 한 번도 개정되지 않았다.

4 일본헌법 제2장은 전쟁의 포기라는 제목 아래 제9조 한 조항만을 두고 있다. 제9조는 '국제분쟁 해결수단으로써 전쟁 및 무력에 의한 위협 또는 무력의 행사를 영원히 포기하며(제1항), 그 연장선 위에서 육해공군 및 그 이외의 어떠한 전력도 보유하지 않고, 국가의 교전권 역시 인정하지 않는다(제2항)'라고 되어 있다. 국가의 교전권을 부정하는 이 조항을 근거로 일본의 헌법을 평화헌법이라고 부른다. 물론 이 조항은 현재 사문화된 상태다. 일본 정부가 실제로는 1954년 7월 1일 자위대를 창설하고, 1990년대 이후 주변지역에 대한 군사 활동을 확대하는 조치들을 마련해 왔기 때문이다. 또한 최근에는 주변사태법(2009), 유사법제(2003)를 제정하여 자위대 활동의 법적 근거를 강화하고 있다. 한편 자민당은 2012년 이후 집단적 자위권 행사가 가능하도록 국가안전보장기본법을 제정하고 국군의 보유를 명시하는 헌법 개정을 추진하고 있다. 자위대 활동 범위를 넓히려는 일본 정부의 지속적인 시도와 몇몇 평화헌법 조항의 사문화(死文化)에도 불구하고 평화헌법의 존재는 여전히 매우 중요하다. 평화헌법으로 인해 일본은 순항미사일, 원자력 잠수함, 항공모함과 같은 공격형 무기를 보유할 수 없기 때문이다. 일본헌법 제9조의 원문은 다음과 같다. 第二章 戰爭の放棄 第九條 日本國民は, 正義と秩序を基調とする國際平和を誠實に希求し, 國權の發動たる戰爭と, 武力による威嚇又は武力の行使は, 國際紛爭を解決する手段としては, 永久にこれを放棄する. 第二項 前項の目的を達するため, 陸海空軍その他の戰力は, これを保持しない. 國の交戰權は, これを認めない.

일본국헌법에 서명하는 쇼와 천황(1949.11.3)

도 세계에서 가장 평화적인 헌법이다. 그렇다면 현대 일본과 일본인에게 천황
은 어떤 존재일까? 쇼와파시즘 시대의 전지전능한 인간신見人神에서 상징천황
제로 바뀐 뒤 천황은 일본 사회에서 어떤 존재 의미를 가지고 있을까? 이를 위
해 먼저 헌법과 법률에 의해 천황이 수행하는 공무가 무엇인지부터 먼저 살펴
보자.

천황의 지위와 권능은 평화헌법의 제1장(제1~8조)에 정해져 있다. 이에 따
르면, '천황은 일본국의 상징이고 일본국민 통합의 상징으로서, 이 지위는 주
권이 존재하는 일본 국민의 총의에 기초한다'(제1조)[5]고 되어 있다. 이 조항에
의해 절대적이고 신적인 존재로서의 천황의 권위는 부정되었다. 천황은 국정
에 관한 어떤 권능도 가지고 있지 않으며(제4조), 정치에는 일체 관여하지도
간섭받지도 못한다. 1978년 10월 17일 2차 대전의 A급 전범들이 합사된 이
후로는 야스쿠니 신사 참배도 하지 않고 있다.[6]

---

[5] 일본헌법 제1조의 원문은 다음과 같다. 天皇は, 日本國の象徵であり日本國民統合の象徵
であって, この地位は, 主權の存する日本國民の總意に基く.

[6] 일반적인 생각과 달리 쇼와 천황은 극동군사재판에서 사형당한 1급 전범들의 위패가 야
스쿠니 신사에 합사된 이후에는 야스쿠니 신사에 한 번도 참배하지 않았다. 패전 뒤 쇼
와 천황이 야스쿠니 신사에 처음 참배한 것은 1945년 11월 20일 야스쿠니 신사에서 대초
혼제가 열렸을 때다. 그 뒤 1975년 11월 21일까지 30년 동안 8차례 참배했다. 그러나 1978
년 10월 17일 A급 전범이 합사된 이후에는 한 번도 참배하지 않았다. 특히 쇼와 천황은 야

천황은 오직 내각의 조언과 승인 위에, 내각의 책임 아래 헌법 제7조에 정해져 있는 국사에 관한 행위(공무)만을 할 수 있을 뿐이다(제3조). 이를 위해 일본은 천황의 공무를 지원하기 위해 별도로 궁내성이라는 정부 조직을 두고, 매년 국가 예산을 지원하고 있다. 그밖에 황실은 품위를 유지하기 위해 별도의 황실 자산을 보유, 운영하고 있다. 이처럼 오늘날의 천황은 헌법과 법률에 정해진 공무와 황실의 제사와 의례만을 수행하고 있을 뿐이다.

천황의 공무[7]로는 크게 궁중에서 거행되는 행사와 천황이 황궁 밖을 방문하는 행행(行幸) 그리고 국제 친선 등 세 종류가 있다. 궁중에서 거행되는 공무에는 신년하례, 친임식(親任式), 인정관 임명식(認証官 任命式), 훈장 수여식(勲章親授式), 신임장 접수식(信任状捧呈式), 궁중 제사 등이 있다. 이 중 궁중 제사를 제외한 천황의 공무는 대부분 입법, 사법, 행정 기관의 기관장과 고위직에 대한 임명장 수여, 국가에 특별한 공로가 있는 자에 대한 훈장 수여, 외교사절의 신임장을 접수하는 일 등이다. 이러한 의식을 통해 천황은 일본의 국가 정책을 결정하고 집행하는 사실상 거의 모든 주요 인물을 접견한다.

그중 천황이 일본의 주요 관직을 임명하는 일은 고대 율령제 국가 이후 일관되게 내려오는 관례다. 이는 무사들이 일본을 지배하던 막부 시절에도 마찬가지였다. 천황은 쇼군에게 정이대장군이라는 직책과는 별도로 조정의 관직과 관위를 내렸다. 쇼군은 대개 내대신 내지 태정대신이라는 직책을 수여받았으며 정2위 정도의 관위에 임명되었다. 천황은 막부의 주요 직책을 맡고 있는 사무라이에게도 이와 별개로 조정의 관직과 관위를 주었다. 현대 일본

스쿠니 신사의 궁사였던 마쓰다이라 나가요시에 대해, "평화에 대한 의지가 강한 줄 알았는데 그렇지 않다"면서 우려했다고 한다. 박진우, 「富田메모(1988.2.28)」, 『천황의 전쟁책임』, 제이앤씨, 2013.

7 일본 궁내청 홈페이지(http://www.kunaicho.go.jp/about/gokomu/gokomu.html).

에서도 천황이 친임식, 인정관 임명식, 신임장 수여식 등을 통해 국가의 주요 직책에 임명장을 수여하는 것은 이러한 관례가 변함없이 지켜지고 있다는 것을 의미한다.[8] 그러면 현대의 천황이 수행하는 공무 중 친임식, 인정관 임명식, 신년하례에 대해 좀 더 자세히 알아보자.

우선 친임식은 내각총리대신(의회에서 지명됨)과 최고재판소 장관(내각이 지명)을 임명하는 의식이다. 내각총리대신은 중의원 의장, 참의원 의장이 서 있는 상태에서 천황이 임명한다는 취지의 말을 하고 난 뒤, 전 내각총리대신으로부터 임명장을 전달받는다. 최고재판소 장관은 천황이 임명한다는 취지의 말을 하고 난 뒤 내각총리대신으로부터 임명장을 전달받는다. 인정관 임명식은 인정관에 해당하는 직책에 대해 천황이 임명하는 행사이다. 국무대신과 부대신, 내각관방부 장관, 인사관人事官, 검사관檢査官, 공정거래위원장公正取引委員会委員長, 궁내청 장관, 시종장侍従長, 특명전권대사, 특명전권공사, 최고재판소 판사, 고등재판소장, 고등재판소 장관, 검사 총장, 차장 검사, 검사장 등이 해당된다.

신년하례 역시 천황의 주요 공무 중 하나다. 신년하례는 매년 1월 1일, 황궁에서 천황과 황후가 황태자 이하 황족, 중·참의원의 의장·부의장·의원, 내각총리대신, 국무대신, 최고재판소 장관·판사, 기타 인정관(차관 이하), 각 성청의 사무차관 등 입법, 행정, 사법기관의 요인을 비롯하여 도都·도道·부府·현県의 지사·의회의장, 각국 외교사절단의 장으로부터 신년 축하를 받는 의식이다.[9]

8   에도 시대 중기의 유학자 오규 소라이는 자신의 책『정담(政談)』에서, 사무라이들이 천황으로부터 관위를 수여받는 행위는 사무라이들로 하여금 자신의 진짜 주군은 쇼군이 아니라 천황이라고 여기게 할 수도 있다고 우려했다.
9   이 밖에도 천황은 매년 봄·가을 아카사카 정원(赤坂御苑)에서 개최되는 가든파티(엔유

지금까지 살펴본 것처럼 천황은 현실적인 정치권력자는 아니지만 입법부, 사법부, 행정부의 선출직 내지 임명직 고위 공직자를 임명하고, 정례적인 하례식, 파티 등에서는 더 범위를 넓혀 국가 지도자들을 만나 의견을 청취하고 격려하는 공무를 수행하고 있다. 따라서 오늘날 일본의 국가 지도자들이, 에도 시대 오규 소라이가 『정담』에서 우려했던 것처럼 천황을 자신의 주군으로 여기지는 않겠지만, 다른 국가에서는 볼 수 없는 특별한 친밀감을 가지고 있을 것이라는 점은 분명해 보인다.

그러면 보통의 일본인에게 천황은 어떤 존재 의미를 가지고 있을까? 대부분의 일본인은 천황을 직접 만날 수 있는 기회가 거의 없으며, 매스컴을 통해 간접적으로만 볼 뿐이다. 그럼에도 불구하고 천황은 다른 입헌군주제 국가에서는 볼 수 없는 특별한 정서적·정신적 존재감을 가지고 있다. 천황의 이러한 존재감은 평상시에는 잘 느낄 수 없지만 국가적 재난을 당하거나 정치, 경제적 위기를 겪을 때 또는 천황의 신변에 중대한 일이 발생했을 때 잘 드러난다. 그럼 1988년 가을 쇼와 천황이 중태에 빠진 이후 천황 장례식까지 일본 사회가 보인, '과잉 자숙' 현상을 한번 살펴보자

1988년 가을 쇼와 천황의 중병 사실[10]이 보도되었다. 그러자 일본 사회는 신속하게 자숙에 들어갔다. 전국적으로 축제나 페스티발에 관한 문자가 사라지고, 텔레비전 방송에서는 '건강'이나 '삶의 환희' 같은 표현이 제거되었다.[11] 백화점이나 슈퍼마켓의 식품매장에서는 경사스러운 날에 먹는 찰밥이 모습을 감추었다. 와세다 대학과 게이오 대학은 매년 정기적으로 대학체전을 개

카이(園遊會))에 이 사람들을 초청해 연회를 베푼다.

10 쇼와 천황은 1901년 4월 29일 태어났다. 1988년 가을부터 건강이 급격히 악화되어 1989년 1월 7일 오전 6시 33분 세상을 떠났다.

11 시마조노 스스무, 앞의 책, 159~162쪽.

최했는데 해마다 야구 경기 때 명물로 등장하던 큰북과 장식물이 사라졌다. 이것은 도쿄에 있는 6개 대학의 리그전이 시작된 이듬해, 당시 섭정궁이던 쇼와 천황으로부터 우승배를 하사받은 인연 때문[12]이라고 했다.

천황이 세상을 떠나자, 방송사와 신문사 등 언론 매체에는 천황의 나이, 사망 시각, 간단한 사인 이외의 정보는 일체 금지하라는 지침이 내려졌다. 방송사들은 가요, 오락, 드라마를 중단했고 전국의 은행, 증권시장, 극장, 나이트클럽은 문을 닫았다. 전국적으로 조기가 게양되고 직장에서는 묵도가 행해졌다. 다케시타 노보루 총리는 애도사에서 "천황은 늘 평화주의자, 입헌군주였으며, 62년간 '세계의 평화와 국민의 행복을 기원'하셨다"[13]고 칭송했다.

다른 한편 천황의 장례식 방식과 관련한 논쟁도 일어났다. 민주당 등 야당들은 장례식을 평민과 동일하게 치러야 한다고 주장했다. 반면 자유민주당과 궁내성은 1926년 다이쇼 천황의 장례식 절차를 따라야 한다고 주장[14]했다. 아키히토 천황은 평범한 절차로 장례를 치르기를 원했다.[15] 이러한 논쟁은

---

12 야스마루 요시오, 박진우 역, 『근대천황상의 형성』, 논형, 2008.
13 허버트 빅스, 오현숙 역, 『히로히토 평전』, 삼인, 2010; Herbert P. Bix, *Hirohito And The Making Of Modern Japan*, Harper Perennial Reprint edition, 2001, 746~756쪽.
14 에드워드 베르(1988), 유경찬 역, 『히로히토─신화의 뒤편』, 을유문화사, 2002; Edward Behr, *HIROHITO : Behind the Myth*, Villard, 1989, 531~534쪽.
15 2012년 5월 궁내청 장관이 기자간담회에서 아키히토 천황은 자신의 장례식과 관련하여 화장하길 원한다고 밝혔다. 이전의 천황들의 장례식과는 달리 일반 시민과 똑같이 화장하고 싶어 한다는 것이다. 아키히토 천황의 이러한 희망은 남달리 느껴진다. 그는 1,500년간 지속된 황실의 전통을 깨고 귀족이 아닌 평범한 시민인 쇼다 미치코(正田 美智子)와 결혼했다. 당시 두 사람의 결혼은 테니스코트의 사랑으로 세계적으로 유명했었다. 또한 그는 2001년 68세 생일 기자회견에서 천황의 모계 혈통이 백제계라는 사실을 언급한 적이 있다. 당시 아키히토 천황은 『속일본기(續日本紀)』에 간무 천황의 어머니가 백제 무령왕의 자손으로 기록되어 있는 사실을 인용했다. 이전의 천황들은 이러한 사실을 밝히는 것을 꺼려했기 때문에 아키히토 천황의 언급은 매우 이례적인 일이었다. 아키히토 천황은 헌법 문제에 관해서 여러 차례 현행 헌법을 유지하는 것이 옳다고 말했다.

보는 사람에 따라 별로 중요하게 생각되지 않을 수도 있지만 사실 고대 국가 이래 역대 천황의 장례식 방식과 능의 크기는 천황의 정치적, 종교적 영향력을 가늠할 수 있는 중요한 척도[16] 중 하나다.

일본의 역사를 보면 천황의 권력이 약해져 있던 시기 천황의 장례식은 화장한 뒤 조그만 석탑을 세우는 방식으로 매우 간소하게 치러졌다. 천황의 장례식이 커지고 왕릉이 대규모로 다시 조성되기 시작한 것은 막부 말기 고메이 천황 때부터다. 이 시기는 존왕양이 운동이 거세지고 도쿠가와 쇼군가의 통제력이 약해짐에 따라, 천황의 정신적인 권위와 정치적인 위상이 쇼군가를 능가했다. 이에 따라 고메이 천황 이후 천황릉은 모두 대규모로 조성되었다. 절대적 권력자에서 국민 통합의 상징으로 그 지위가 바뀌었지만 천황릉의 양식은 지금도 변함이 없다. 쇼와 천황의 장례식은 1989년 2월 24일에 도쿄의 신주쿠 공원에서 대규모로 치러졌다. 황릉도 도쿄 도 하치오지 시[17]에 크게 조성되었다. 이날 20만 명의 조문객이 황릉까지 따라갔다. 쇼와 천황의 생일은 공휴일로 지정[18]되었다. 쇼와 천황은 민주주의 국가 일본이 채택하고 있는 입헌군주제의 상징천황으로 세상을 떠났지만 장례식과 황릉은 고메이 천황 이래 부활한 절대군주제 천황들의 양식에 따라 치러졌다.

---

16 이 책 제6장 제2절의 제1항 천황가와 조정 참조.
17 메이지 천황의 능은 교토 후시미 구의 고메이 천황의 능보다 더욱 큰 규모로 만들어졌다. 다이쇼 천황의 능과 쇼와 천황의 능은 도쿄 하치오지 시 무사시에 있다.
18 쇼와 천황이 생존해 있을 때에는 탄생일인 4월 29일을 천장절로 기념하고 있었다. 그의 사후 '초록의 날'로 지정되었다가 2007년 아베 신조 내각 때 '쇼와의 날'로 바뀌었다. 지금의 천장절은 아키히토 천황의 탄생일인 12월 23일이다.

대본영회의를 주재하는 쇼와 천황(『아사히신문』, 1943.4.29)

2. 쇼와 시대의 끝—봉인된 전쟁책임론

1989년 1월 7일 쇼와 시대는 막을 내렸다. 이로써 일본의 침략전쟁에 동원
됐던 사람들의 쇼와 시대도 막을 내린다. 쇼와 천황은 역사상 가장 참혹했던
비극과, 패전을 딛고 경제대국으로 다시 부활하는 희극을 함께 겪었던 천황
이다. 69년의 재위기간 동안 일본 역사상 가장 강렬했던 희비극의 시대를 모
두 겪었던 쇼와 천황은 그러나 마지막 순간까지 비극적 시대를 초래한 전쟁
책임에 대해서만은 침묵으로 일관했다.

쇼와 천황은 여러 차례 기회가 있었음에도 불구하고 왜 끝까지 전쟁 책임
문제에 대해 침묵하고 회피했을까? 놀랍게도 천황과 군부지도자들이 전쟁책

맥아더와 쇼와 천황의 첫 만남(1945.9.27)

임에 대해 침묵할 것이라는 사실은 패전 직후 여러 경로를 통해 이미 예고되어 있었다. 그 첫 번째 예고는 천황의 항복(종전)[19] 선언이다. 1945년 8월 15일 쇼와 천황은 육성으로, "참기 어려움을 참고, 견디기 어려움을 견뎌", "만세萬世를 위해 태평한 시대를 열고자 한다"는 눈물의 육성玉音 방송을 통해 항복을 선언했다. 그러나 이 선언문에는 연합군에 항복을 선언하는 공식 문서임에도 불구하고 그 어디

에도 침략 전쟁에 대한 반성과 참회를 의미하는 문구가 없다. 이러한 상황은 그다음 해 1월 1일 발표한 천황의 인간선언에도 그대로 이어진다.

또한 패전 뒤 내각을 맡은 히가시쿠니노미야[20] 총리는 패전의 원인을 분석하면서, 전력의 급속한 괴멸, 원자폭탄, 소련의 진출 등과 함께 "국민 도덕의

19 전후 일본은 자신들의 침략전쟁의 실상을 드러내거나 연합군에 무조건 항복한 한 사실, 미군 점령 등 자신들의 역사적 과오를 선명하게 표현하는 단어를 쓰지 않기 위해 많은 노력을 기울여왔다. 예를 들어 항복이라는 단어 대신 종전선언이라고 쓰며, 미군 '점령' 대신 미군의 '진주(進駐)' 등으로 표현한다. 또한 탄압은 진압으로, 침략은 진공으로, 출병은 파견이나 주병(駐兵)으로, 억압은 배제로 바꿈으로써 침략 행위의 색깔을 순화하는 표현으로 바꾸어왔다. 역사용어에 대한 수정과 바꿔쓰기는 1961년 도쿄교육대학 이에나가 사부로 교수의 『신일본사』에 대한 문부성의 불합격 처분 및 수정 요구에서 시작되어 1982년 역사교과서 검정에서 대폭 강화되었다. 최근의 독도 문제, 위안부 문제 등 역사 왜곡 시도도 모두 이 연장선상에 있다.

20 히가시쿠니노미야 나루히코(東久邇宮稔彦王, 1887~1990). 구니노미야아사히코 친왕의 9번째 황자로 육군사관학교를 나와 1941년부터 육군대장으로 방위총사령관과 군사참의관을 맡았다. 쇼와 천황은 군부의 반발을 물리치고 패전 처리를 해나가는 데 있어 군인이면서 황실의 일원인 히가시쿠니의 역할이 필요했다고 생각했을 것이다. 1885년 내각 제도가 도입된 이래 황족으로서는 처음으로 내각총리를 맡았다. 1945년 8월 17일부터 10월 9일까지 54일 동안 내각을 이끌었다.

저하와 백성들의 은밀한 암거래도 전쟁의 한 원인[21]이었다"는 황당무계한 논리를 펼쳤다. 그는 무모하게 전쟁을 끌고 갔던 전쟁지휘부에게 그 책임을 묻지 않고 엉뚱하게도, "군관민 전체가 철저히 반성하고 참회하지 않으면 안 된다"는 일억총참회론億總懺悔論을 내놓았다.

이 일억총참회론은 기대와 달리 일본이 침략전쟁을 일으킨 데 대해 참회해야 한다는 것이 아니다. 오히려 자신들의 패전에 군관민 모두 책임이 있으므로 함께 참회하자는 일억패전총참회론이었다. 더욱이 그 속을 들여다보면 애당초 불가능한 전쟁을 도발[22]하여 일본을 패망의 길로 이끌어간 일본군과 정부의 지도자에 대해서는 "정부, 관리, 군인은 자신들도 모르는 사이에 이 전쟁을 패전 쪽으로 이끌어간 것은 아닌가라고 생각한다"라거나, "그들도 나라를 위해 한다고 했지만 자기도 모르게 그렇게 되었다"는 식으로 전쟁책임자를 두둔함으로써 이들에게 쏟아지고 있던 법적·도의적 전쟁책임론을 피해갈 수 있도록 지원했다.

사실 히가시쿠니노미야가 일억총참회론을 제기한 의도는 천황에게 쏟아질 전쟁 책임론과 천황제 폐지론을 피해가기 위한 것이었다.[23] 종전 직후 일본에

---

21 고모리 요이치, 송태욱 역, 『1945년 8월 15일, 천황 히로히토는 이렇게 말하였다―'종전조서' 800자로 전후 일본 다시 읽기』, 뿌리와이파리, 2004, 92~95쪽.

22 도쿄재판은, 일본 군부 지도자들이 내린 미국에 대한 선전포고가 얼마나 무모한 것이었는지를 잘 보여준다. 선전포고는 세계정세와 군비 능력, 경제 능력, 기타 국내적 조건에 대한 치밀한 분석에서 나온 것이 아니라 놀랄 정도로 국제적 지식이 결여된 권력자들이 절망적인 심정 아래 결행한 것이었다. 마루야마 마사오, 김석근 역, 『현대정치의 사상과 행동』, 한길사, 1997, 132쪽.

23 이와 관련해 쇼와 천황이 세상을 떠난 직후 발간된 『쇼와천황독백록』을 참조할 만하다. 이 책은 쇼와 천황이 도쿄재판에 대비하기 위해 측근 5명에게 1936년 장작림폭사사건부터 종전까지의 경위를 직접 설명한 자료를 토대로 집필되었다. 이에 따르면 천황은 전쟁 책임에 관해, 내각과 통수부(군)에서 결정한 정책에 대해 입헌군주제의 군주로서 개인적인 의견이 달라도 비토권을 행사할 수는 없는 상황이었기 때문에 미국과의 전쟁에 개

서는 공산당을 비롯 좌익 세력들을 중심으로 천황에게 전쟁책임이 있다는 여론이 형성되고 천황제 폐지 주장도 대두되고 있었다. 미국에서 시행된 여론조사에서는 천황을 처벌해야 한다는 여론이 60%를 넘었다. 호주 정부가 극동국제 군사법정에 제출할 예정이었던 전범 리스트에는 천황도 7번째로 포함되어 있었다.[24] 더욱이 패전 전후 군부와 정부의 지도자들은 자신들이 저지른 침략전쟁으로 인해 희생당한 2,000만 명의 아시아인들이나, 310만 명의 일본인보다 3종신기[25]와 천황을 보호하는 일을 더 중요하게 생각하고 있었다.

1946년 1월부터 1948년 11월까지 진행된 전범재판에서도 천황과 군부지도부의 전쟁 책임론을 회피하기 위한 노력은 계속되었다. 도쿄재판이라고 불리는 이 재판에서 전범으로 기소된 전직수상, 각료, 외교관, 선전가, 육군 장군, 원수, 해군 제독, 궁내대신 등 총 25명의 피고 중 전쟁과 관련된 정책 결정에 대해 자신의 주장을 당당하게 펼친 사람은 한 명도 없었다.[26] 이들에게는 사무라이정신이라는 것을 눈곱만큼도 찾아 볼 수가 없었다. 대부분, 자신은

인적으로는 반대했지만 내각과 통수부의 일치된 의견을 재가하지 않을 수 없었다고 강조했다. 또한 당시 만약 자신이 반대하면 군부가 자신을 살해할지도 모른다는 두려움을 가지고 있었으며, 군이 반란을 일으키거나 더 광폭한 전쟁으로 돌진하여 일본이 멸망했을지도 모른다고 말했다. 반면 1936년 2월 26일 일어난 군부 쿠데타나 1945년 8월 14일의 포츠담 선언 수락결정은 내각이 결정을 내릴 수 없는 상태였기 때문에 자신이 결단을 내렸다고 설명했다. 쇼와 천황의 독백록은 그 뒤 천황을 전쟁책임을 부정하는 입장과 긍정하는 입장 모두에게 자신들의 논리를 뒷받침하는 논거로 사용되고 있다. 寺崎英成 · マリコ · テラサキ · ミラー, 『昭和天皇獨白錄』, 文藝春秋, 1995. 한편 NHK에서 쇼와 천황의 독백록과 관련해 제작, 방영한 프로그램도 DVD(NHKスペシャル 昭和天皇 二つの『獨白錄』)로 나와 있다.

24 박진우, 『천황의 전쟁책임』, 제이앤씨, 2013, 22쪽.
25 고모리 요이치, 앞의 책, 2004.
26 도쿄재판과 관련해 고바야시 마사키(小林正樹) 감독의 〈도쿄재판(東京裁判)〉을 참조할 만하다. 이 DVD는 전전 및 전후의 보도 필름을 토대로 제작된 다큐멘터리로 장장 4시간 30분에 이르며 실제 재판정에서의 법리적 공방과 전범들의 변명을 생생하게 볼 수 있다.

전쟁을 일으키고 싶지 않았으며, 개인적으로는 반대했지만 어쩔 수 없었다고 대답했다.[27] 또한 검찰관이나 재판장의 질문에 한결같이 뱀장어처럼 미끈하고 안개처럼 애매하게 회피하면서 공허한 답변만 해댔다.[28] 이들의 답변대로라면, 일본의 군부와 정치지도자 중 침략전쟁에 관여한 사람은 아무도 없고, 일본의 침략전쟁에 대해 책임져야 할 사람도 없다.[29]

이처럼 일본에서는 천황의 종전선언, 히가시쿠니 총리의 일억총참회론, 동경재판의 전범들에 이르기까지 그 누구도 자신들이 일으킨 침략전쟁에 대해 반성하거나 참회하지 않았다. 몇 명의 군인이 자결했지만 그들 역시 침략전쟁을 반성하거나 참회하기 때문은 아니었다. 오히려 **전쟁에 졌기 때문**이었다. 이들에게는 마지막 순간까지 천황의 정통성과 신성한 일본 민족이라는 선민의식만 있었을 뿐이며, 이웃나라, 이웃민족의 고통과 피해에 대한 죄의식은 없었다. 전쟁에서 맡은 임무를 완수하지 못하고 패전함으로써 천황에게 불경을 저질렀다고 생각했기 때문에 자결을 택한 것뿐이었다.

결론적으로 역사상 처음으로 외국 군대에 본토를 점령당한 최악의 상황 아래에서도 일본은 전쟁 책임에 대해 결코 반성하는 모습을 보이지 않았다. 따라서 경제적 부흥으로 다시 세계의 중심 국가로 부상한 오늘날 일본의 정치 지도자들이 이제 가물가물해진 기억력으로 앞세대가 일으킨 침략전쟁에 대해 진심으로 책임을 느끼고 사과할 것을 기대하기는, 안타깝지만 어렵다.

---

27 마루야마 마사오, 앞의 책, 1997, 146~147쪽.
28 위의 책, 148쪽.
29 도쿄재판에 기소된 전범들의 이러한 태도는 독일의 파시스트와 뚜렷하게 대비된다. 마루야마 마사오는 이것을 '일본파시즘의 허약성'이라고 비판한다. 반면 독일의 선전장관이면서 히틀러의 최측근이었던 괴벨스(Paul Joseph Goebbels)는 오스트리아 병합에 대해, "내가 백퍼센트 책임을 지겠다. 나는 총통의 반대도 무릅쓰고 오스트리아를 병합하는 결정을 이끌어 냈다"고 주장하면서 당당하게 책임을 졌다. 위의 책, 147쪽.

결국 전후 일본은 침략전쟁에 대한 반성보다는 회피, 참회보다는 망각의 길을 선택했다. 쇼와 천황의 전쟁 책임은 정부에 의해 공식적으로 부인[30]되었고, 언급하는 것조차 금기시되었다.[31] 대신, "천황이 행한 전쟁 중의 모든 결정은 일본 제국헌법의 관례에 따른 단순한 재가에 지나지 않았으며, 천황은 대미 교섭의 원만한 타결을 위해 끝까지 노력하셨고, 군부의 반대를 무릅쓰고 종전의 성단聖斷을 내리셨다"[32]는 '천황성단론'만이 공허한 메아리가 되어 일본 전역으로 퍼져 나갔다. 전후 회피와 망각에 더 익숙해진 국가정신으로 인해 일본 정부는 쇼와 천황이 세상을 떠났을 때 침략전쟁의 책임에 관한 논란과 이웃국가들의 의구심을 털어낼 수 있는 마지막 기회를 맞았지만 끝내 이마저도 그냥 떠내려 보내고 말았다.

2차대전이 끝난 뒤 철저하게 자신의 전쟁책임을 인정하고 참회와 보상[33]을 해 온 독일 정부와 달리 일본 정부의 일관된 전쟁책임 회피는 어디에서 나오는 것일까? 이는 궁극적으로 천황가의 정통성을 민주주의 국가 일본의 국

---

30 1995년 8월 15일 사회당 출신의 무라야마 도시미치 총리는 이전의 총리들과 달리 일본의 조선 지배에 대해 사죄를 표명하는 무라야마 담화를 발표했다. 그러나 무라야마 총리도 천황의 전쟁 책임은 부인했다. 그 역시 천황은 종전의 영단을 내렸다는 정부의 공식 입장에서 벗어나지는 못했다. 일제강점기 위안부 강제 동원을 인정한 고노담화로 유명한 고노 총리 역시 마찬가지다. 이처럼 일본의 정치인이나 관료는 정파를 떠나 한·일 사이에 해결되지 않고 있는 여러 가지 '전후 문제'에 관해 개인의 정치적 신념을 떠나 일본 정부의 공식적 입장을 충실히 따르고 있다. 일본에서는 정부의 공식적 입장을 떠나 개인의 정치적 신념을 말하기가 쉽지 않다.

31 이창위, 『우리의 눈으로 본 일본제국 흥망사』, 궁리, 2005, 305~307쪽.

32 위의 책, 304쪽.

33 독일의 경우 물론 나치의 유대인 집단 학살이라는 극악무도한 반인륜적인 범죄행위가 있었기 때문에 일반적인 전쟁범죄와는 차원이 다른 차원의 전쟁책임을 질 수 밖에 없다. 한편 독일은 정부 차원에서 뿐만 아니라 민간 차원에서도 독일의 전쟁책임에 대한 반성을 진지하게 해왔다. 행동하지 않은 시민 모두에게 책임이 있으며, 잊어버리는 것도 죄라고 주장한 실존철학자 칼 야스퍼스도 그중 한 명이다. 카를 야스퍼스, 이재승 역, 『죄의 문제-시민의 정치적 책임』, 앨피, 2014.

체 내지는 일본의 정통성으로 오인하고 있는 데서 나오는 것이다.

그러나 민주주의 국가 일본에서 황통과 일본의 국체는 서로 다르다. 천황가의 정통성과 일본의 정통성도 구별되지 않으면 안 된다. 평화헌법 제1조에 규정되어 있듯이 천황의 지위는 주권이 존재하는 일반 국민의 총의에 기초한다. 즉 천황가의 정통성보다 일본 국민의 총의가 더 근원적이다. 민주주의 국가 일본의 정통성은 천황가의 정통성에 의해 유지되고 이어지는 것이 아니라 주권재민의 민주주의 원리에 의해 구성되는 것이다.

후쿠자와 유키치는 이미 140년 전에 자신의 책『문명론의 개략』에서 천황가의 정통성과 일본의 정통성, 일본의 국체는 완전히 다른 것[34]이라고 간파하고 있었다. 이미 조짐이 보이던 천황절대주의 흐름을 경계하기 위해서였다. 그가 천황 절대주의의 흐름을 지켜보면서 불안한 심정으로 지적했듯이, 쇼와 시대 일본의 침략적 대외팽창 노선과 그 비극적 종말은 일본의 국체와 천황의 정통성을 같은 것으로 여기는 정신적 혼돈에서 비롯되었다.

사실 대다수 일본인이 가장 자랑스러워하는 메이지 시기에는 「5개조서약문」의 세 가지 정신인 정통성과 근대성, 공공성이 비교적 조화롭게 공존하고 있었다. 반면 쇼와 파시즘 시기에 들어서자 세 정신의 공존은 깨지고 군부와 민간 파시스트들이 치켜든 황국사관의 깃발만이 휘날렸다. 그러나 근대 일본뿐만 아니라 일본 역사 전체를 돌아봐도 천황의 정통성만을 앞세운 정치세력들이 집권했던 기간은 모두 짧게 끝나고 말았다.

바라건대 오늘날 일본의 국가지도자들이 선조들의 역사를 교훈으로 삼아, 메이지 시대의 영광을 진심으로 재현하고 싶다면, 먼저 민주주의 국가 일본

---

34   후쿠자와 유키치, 임종원 역,『문명론의 개략』, 제이엔씨, 2012, 49~69쪽.

의 시대정신과 「5개조서약문」에 새겨져 있는 세 정신의 조화에 관해 깊이 성
찰해 볼 일이다.

참고문헌

1. 한국서적

가루베 다다시, 박홍규 역, 『마루야마 마사오』, 논형, 2011.

가쓰라지마 노부히로, 김정근 외역, 『동아시아 자타인식의 사상사』, 논형, 2009.

가일스 밀턴, 조성숙 역, 『사무라이 윌리엄』, 생각의나무, 2003.

가토 슈이치, 박인순 역, 『일본문화의 시간과 공간』, 작은이야기, 2010.

가토 요코, 박영준 역, 『근대일본의 전쟁논리 – 정한론에서 태평양전쟁까지』, 태학사, 2007.

강만길 외, 『일본과 서구의 식민통치 비교』, 선인, 2004.

강상규, 『19세기 동아시아의 패러다임 변환과 제국 일본』, 논형, 2007.

강상규, 『19세기 동아시아의 패러다임 변환과 한반도』, 논형, 2008.

강성학, 『시베리아 횡단열차와 사무라이 – 러일전쟁의 외교와 군사전략』, 고려대 출판부, 1999.

강성학, 『용과 사무라이의 결투 – 청일전쟁의 국제정치와 군사전략』, 리북, 2006.

강진아, 『문명제국에서 국민국가로 – 근대의 갈림길 중국』, 창비, 2009.

개빈 멘지스, 조행복 역, 『1421 – 중국, 세계를 발견하다』, 사계절, 2004.

게오르게 A. 쿠르베타리스, 박형신·정헌주 역, 『정치사회학』, 일신사, 1998.

고마쓰 가즈히코, 김용의 역, 『일본인은 어떻게 신이 되는가』, 민속원, 2005.

고모리 요이치·다카하시 데쓰야, 이규수 역, 『내셔널 히스토리를 넘어서』, 삼인, 2000.

고모리 요이치, 송태욱 역, 『1945년 8월 15일, 천황 히로히토는 이렇게 말하였다 – '종전조서' 800자로 전후 일본 다시 읽기』, 뿌리와이파리, 2004.

고모리 요이치, 한윤아 역, 『내셔널리즘의 편성 – 1920~1930년대』, 소명출판, 2012.

고바야시 마사야 외, 김석근 역, 『마루야마 마사오』, 아산정책연구원, 2013.

고사카 슈헤이 외, 김항 역, 『미시마 유키오 대 동경대전공투 1969~2000 – 연대를 구하여 고립을 두려워하지 않는다』, 새물결, 2006.

고토 야스시 외, 이남희 역, 『천황의 나라 일본 – 일본의 역사와 천황제』, 예문서원, 2006.

구갑우, 『마르크스주의 국가이론은 존재하는가 – 보비오 논쟁』, 의암출판, 1992.

구견서, 『일본민족주의사』, 논형, 2004.

구노 오사무, 쓰루미 순쓰케, 심원섭 역, 『일본근대사상사』, 문학과 지성사, 1999.

구메 구니타케, 방광석 외역, 『특명전권대사 구미회람실기』 1~5, 소명출판, 2011.

고야스 노부쿠니, 김석근 역, 『후쿠자와 유키치의 『문명론의 개략』을 정밀하게 읽는
　　다』, 역사비평사, 2007.

고야스 노부쿠니, 김석근 역, 『일본근대사상비판-국가, 전쟁, 지식인』, 역사비평사,
　　2007.

고희탁, 『일본 근세의 공공적 삶과 윤리』, 논형, 2009.

기노 쓰라유키, 구정호 역, 『고킨와카슈』 상·하, 소명출판, 2010.

기타바타케 지카후사, 남기학 역, 『신황정통기』, 소명출판, 2008.

김경일 편저, 『지역연구의 역사와 이론』, 문화과학사, 1999.

김동노, 『근대와 식민의 서곡-근대의 갈림길 한국』, 창비, 2009.

김영수 외, 『동북아시아의 갈등과 대립-청일전쟁에서 러일전쟁까지』, 동북아역사재
　　단, 2008.

김용구, 『만국공법』, 소화, 2009.

김세민, 『한국 근대사와 만국공법』, 경인문화사, 2002.

김시덕, 『동아시아, 해양과 대륙이 맞서다』, 메디치미디어, 2015.

김영국, 『마키아벨리와 군주론』, 서울대 출판부, 1995.

김우상 외편역, 『국제관계론 강의』 1·2, 한울 아카데미, 1997.

김정호, 『근세 동아시아의 개혁사상』, 논형, 2003.

김현구 편저, 『일본의 대외위기론과 팽창의 역사적 구조』, 제이앤씨, 2008.

나리타 류이치 외, 허보윤 역, 『근대일본문화사 3 1870~1910년대-근대 知의 성립』, 소
　　명출판, 2011.

나가하라 게이지, 하종문 역, 『20세기 일본의 역사학』, 삼천리, 2011.

나카무라 사토루, 박섭 편저, 『근대 동아시아 경제의 역사적 구조』, 일조각, 2007.

나카무라 사토루, 정안기 역, 근대 동아시아 역사상의 재구성, 혜안, 2005.

나카에 쵸민, 연구공간 수유 역, 『삼취인경륜문답』, 소명출판, 2005.

니시지마 사다오, 송완범 역, 이성시 편, 『일본의 고대사 인식-'동아시아 세계론'과 일
　　본』, 역사비평사, 2008.

니체 프리드리히, 이진우 역, 『비극의 탄생·반시대적 고찰』, 책세상, 2012.

니콜로 마키아벨리, 신재일 역, 『군주론』, 서해문집, 2005.

니토베 이나조, 양경미·권만규 역, 『일본의 무사도』, 생각의나무, 2005.

동북아역사재단 편,『한국과 일본의 서양문명 수용—1910년 그 이전 100년』, 경인문화
　　사, 2010.

다나카 아키라, 강진아 역,『소일본주의—일본의 근대를 다시 읽는다』, 소화, 2002.

다나카 아키라, 현명철 역,『메이지유신과 서양문명』, 소화, 2006.

다치바나 다카시, 이규원 역,『천황과 도쿄대』 1·2, 청어람미디어, 2008.

나카노 도시오, 서민교·정애영 역,『오쓰카 히사오와 마루야마 마사오』, 삼인, 2005.

존 다우어, 최은석 역,『패배를 껴안고』, 민음사, 2009.

다케우치 요시미, 서광덕 외역,『일본과 아시아』, 소명출판, 2004.

도널드 킨, 김유동 역,『명치천황』 상·하, 다락원, 2001.

다카시 후지타니, 한석정 역,『화려한 군주』, 이산, 2004.

뤼시마이어 디트리히 외, 박명림 외역,『자본주의 발전과 민주주의—민주주의의 비교
　　역사 연구』, 나남, 1997.

라이샤워, 이광섭 역,『일본근대화론』, 소화, 1997.

토비 로널드, 허은주 역,『일본 근세의 쇄국이라는 외교』, 창해, 2013.

길핀 로버트, 강문구 역,『국제관계의 정치경제학』, 인간사랑, 1990.

로스뚜노프 외, 전사연구소 편, 김종헌 역,『러일전쟁사』, 건국대 출판부, 2004.

류성용, 김흥식 역,『징비록』, 서해문집, 2003.

마루야마 마사오, 김석근 역,『일본정치사상사연구』, 통나무, 1995.

마루야마 마사오, 김석근 역,『현대정치의 사상과 행동』, 한길사, 1997.

마루야마 마사오, 김석근 역,『충성과 반역』, 나남, 1998.

마루야마 마사오, 김석근 역,『일본의 사상』, 한길사, 1998.

마루야마 마사오, 임성모 역,『번역과 일본의 근대』, 이산, 2002.

마루야마 마사오, 김석근 역,『문명론의 개략을 읽는다』, 문학동네, 2007.

마루야마 마사오, 김석근 역,『전중과 전후 사이 1936~1957』, 휴머니스트, 2011.

마르크 블로크, 고봉만 역,『역사를 위한 변명』, 한길사, 2007.

잰슨 마리우스 B., 장화경 역,『일본과 세계의 만남』, 소화, 1999.

잰슨 마리우스 B., 지명관 역,『일본과 동아시아 이웃 나라들—과거에서 미래로』, 소화,
　　2002.

잰슨 마리우스 B., 손일·이동민 역,『사카모토 료마와 메이지유신』, 푸른길, 2014.

잰슨 마리우스 B., 김우영·강인황·이정·허형주 역,『현대일본을 찾아서』 1·2, 이
　　산, 2006.

마에다 쓰토무, 이용수 역,『일본사상으로 본 일본의 본질 – 병학, 주자학, 난학, 국학』, 논형, 2014.

마츠우라 레이, 황선종 역,『사카모토 료마 평전』, 더숲, 2009.

베버 막스, 박성환 역,『경제와 사회』I, 문학과지성사, 2003.

베버 막스, 전성우 역,『직업으로서의 정치』, 나남, 2009.

베버 막스, 박성수 역,『프로테스탄티즘의 윤리와 자본주의 정신』, 문예출판사, 2010.

막스 폰 브란트, 김종수 역,『격동의 동아시아를 걷다 – 독일 외교관의 눈에 비친 19세기 조선, 중국, 일본』, 살림, 2008.

A. 말로제모프, 석화정 역,『러시아의 동아시아 정책』, 지식산업사, 2002.

맥스 부트, 송대범 역,『전쟁이 만든 신세계 – 전쟁, 테크놀로지 그리고 역사의 진로』, 플래닛 미디어, 2006.

모토오리 노리나가, 고희탁 외역,『일본국체 내셔널리즘의 원형 – 모토오리 노리나가의 국학』, 동북아역사재단, 2011.

무라사키 시키부, 전용신 역,『겐지이야기』1~3, 나남, 1999.

무라오카 츠네츠구, 박규태 역,『일본신도사』, 예문서원, 1998.

무라이 쇼스케, 이영 역,『중세 왜인의 세계』, 소화, 1998.

무츠 무네미츠, 김승일 역,『건건록』, 범우사, 1993.

문정인 · 김명섭 외,『동아시아의 전쟁과 평화』, 연세대 출판부, 2007.

미나모토 료엔, 박규태 외역,『도쿠가와 시대의 철학사상』, 예문서원, 2000.

미리엄 실버버그, 강진석 · 강현정 · 서미석 역,『에로틱 그로테스크 넌센스 – 근대 일본의 대중문화』, 현실문화, 2014.

미시마 유키오, 남상욱 역,『미시마 유키오의 문화방위론』, 자음과모음, 2013.

미야자키 마사카쓰, 이규조 역,『정화의 남해대원정』, 일빛, 1999.

미어세이머 존 J., 이춘근 역,『강대국 국제정치의 비극』, 나남, 2004.

미요시 도오루, 이혁재 역,『사전(史傳) 이토 히로부미』, 다락원, 2002.

미타니 히로시 외, 강진아 역,『다시 보는 동아시아 근대사』, 까치, 2011.

민덕기,『전근대 동아시아 세계의 한일관계』, 경인문화사, 2007.

박규태,『일본정신의 풍경』, 한길사, 2010.

박기봉 편역,『충무공 이순신 전집』1~4, 비봉출판사, 2006.

박삼헌,『근대일본 형성기의 국가체제 – 지방관 회의, 태정관, 천황』, 소명출판, 2012.

박상섭,『근대국가와 전쟁 – 근대국가의 군사적 기초, 1500~1900』, 나남, 1996.

박영재 외,『19세기 일본의 근대화』, 서울대 출판부, 1996.

박영준,『메이지 시대 일본군대의 형성과 팽창』, 국방군사연구소, 1997.

박영준,『해군의 탄생과 근대일본 - 메이지유신을 향한 부국강병의 길』, 그물, 2014.

박지향,『제국주의 - 신화와 진실』, 서울대 출판부, 2000.

박지향,『일그러진 근대 - 100년 전 영국이 평가한 한국과 일본의 근대성』, 푸른역사, 2003.

박진우,『천황의 전쟁책임』, 제이앤씨, 2013.

박진한,『일본근세의 서민지배와 검약의 정치』, 혜안, 2010.

박훈,『메이지유신은 어떻게 가능했는가』, 민음사, 2014.

방광석,『근대일본의 국가체제 성립과정』, 혜안, 2008.

백준기 외,『아시아의 발칸, 만주와 서구 열강의 제국주의 정책』, 동북아역사재단, 2007.

배링턴 무어, 진덕규 역,『독재와 민주주의의 사회적 기원』, 까치, 1992.

버트런드 러셀, 서상복 역,『서양철학사』, 을유문화사, 2012.

베네딕트 앤더슨, 윤형숙 역,『상상의 공동체』, 나남, 2002.

W. G. 비즐리, 장인성 역,『일본근현대정치사』(개정3판), 을유문화사, 2010.

사토 히로오 외, 성해준 외역,『일본사상사』, 논형, 2009.

사토 잇사이, 노만수 역,『언지록 - 큰 뜻, 짧은 말로 천고의 심금을 울리다』, 알렙, 2012.

사토 잇사이, 노만수 역,『불혹의 문장들』, 알렙, 2013.

서정익,『근대일본경제사』, 혜안, 2003.

석화정,『풍자화로 보는 러일전쟁』, 지식산업사, 2007.

성백효 역주,『논어집주』, 전통문화연구회, 2010.

성백효 역주,『맹자집주』, 전통문화연구회, 2010.

성백효 역주,『대학 · 중용』, 전통문화연구회, 2010.

송금영,『러시아의 동북아 진출과 한반도 정책 1860~1905』, 국학자료원, 2004.

시마조노 스스무, 남효진 역,『역사와 주체를 묻다』, 소명출판, 2014.

시바 료타로, 이길진 역,『막말의 암살자들』, 창해, 2005.

스기타 겐파쿠 외, 김성수 역,『해체신서』, 한길사, 2014.

쓰루미 슌스케, 최영호 역,『전향 - 전시기 일본정신사 강의 1931~1945』, 논형, 2005.

스즈키 노리히사, 김진만 역,『무교회주의자 우치무라 간조』, 소화, 1995.

스즈키 마사유키, 류교열 역,『근대일본의 천황제』, 이산, 2001.

스즈키 사다미, 정재정 · 김병진 역, 『일본의 문화내셔널리즘』, 소화, 2008.

아리스토텔레스, 천병희 역, 『정치학』, 숲, 2009.

아사다 미노루, 이하준 역, 『동인도회사』, 파피에, 2004.

아서 제이 클링호퍼, 이용주 역, 『세계지도에서 권력을 읽다』, 알마, 2012.

아카자와 시로, 박화리 역, 『야스쿠니신사』, 소명출판, 2008.

알렉시 드 토크빌, 이용재 역, 『앙시앙 레짐과 프랑스혁명』, 지식을 만드는 지식, 2013.

알프레드 세이어 마한, 『해양력이 역사에 미치는 영향』 1 · 2, 책세상, 1999.

야나기타 구니오, 김정례 · 김용의 역, 『일본 명치 · 대정 시대의 생활문화사』, 소명출
　　판, 2006.

야노 토루, 부산외대 아시아지역 연구소 역, 『지역연구의 방법』, 전예원, 1997.

야노 토루, 부산외대 아시아지역 연구소 역, 『지역연구와 세계단위론』, 전예원, 1999.

야마구치 게이지, 김현영 역, 『일본근세의 쇄국과 개국』, 혜안, 2001.

야마구치 마사오, 오정환 역, 『패자의 정신사』, 한길사, 2005.

야마무로 신이치, 정재정 역, 『러일전쟁의 세기』, 소화, 2010.

야스다 히로시, 하종문 · 이애숙 역, 『세 천황 이야기 – 메이지 다이쇼 쇼와의 정치사』,
　　역사비평사, 2009.

야스마루 요시오, 이원범 역, 『천황제 국가의 성립과 종교변혁』, 소화, 2002.

야스마루 요시오, 박진우 역, 『근대천황상의 형성』, 논형, 2008.

야스카와 주노스케, 이향철 역, 『후쿠자와 유키치의 아시아 침략사상을 묻는다』, 역사
　　비평사, 2011.

카를 야스퍼스, 이재승 역, 『죄의 문제 – 시민의 정치적 책임』, 앨피, 2014.

기든스 앤소니, 진덕규 역, 『민족국가와 폭력』, 삼지원, 1993.

버크 에드먼드, 이태숙 역, 『프랑스혁명에 관한 성찰』, 한길사, 2008.

베르 에드워드, 유경찬 역, 『히로히토 – 신화의 뒤편』, 을유문화사, 2002.

사이드 에드워드, 박홍규 역, 『오리엔탈리즘』, 교보문고, 2002.

홉스봄 에릭, 김동택 역, 『제국의 시대』, 한길사, 2007.

홉스봄 에릭, 정도영 · 차명수 역, 『혁명의 시대』, 한길사, 2003.

홉스봄 에릭, 강명세 역, 『1780년 이후의 민족과 민족주의』, 창작과 비평사, 1994.

역사학회 편, 『전쟁과 동북아의 국제질서』, 일조각, 2006.

엔리엔산 · 주지엔구오, 홍승직 역, 『이탁오 평전』, 돌베개, 2013.

오규 소라이, 임옥균 역, 『논어징』 1~3, 소명출판, 2010.

오노 야스마로, 노성환 역, 『고사기』, 민속원, 2009.

오스미 가즈오, 임경택 역, 『사전, 시대를 엮다』, 사계절, 2014.

오지 도시아키, 송태욱 역, 『세계지도의 탄생』, 알마, 2010.

오카 요시타케, 장인성 역, 『근대일본정치사』, 소화, 1996.

오카쿠라 텐신, 정천구 역, 『차의 책』, 산지니, 2009.

오쿠보 다카키, 송석원 역, 『일본문화론의 계보』, 소화, 2007.

요시미 순야, 이태문 역, 『박람회-근대의 시선』, 논형, 2004.

요나하 준, 최종길 역, 『중국화 하는 일본』, 페이퍼로드, 2013.

와타나베 히로시, 박충석 편, 『문명 개화 평화-한국과 일본』, 아연출판부, 2008.

와타나베 히로시, 박홍규 역, 『주자학과 근세일본사회』, 예문서원, 2007.

왕양명, 정인재·한정길 역주, 『전습록』1·2, 청계, 2001.

왕우회, 송인재 역, 『아시아는 세계다』, 글항아리, 2010.

왕효추, 신승하 역, 『근대중국과 일본-타산지석의 역사』, 고려대 출판부, 2002.

우철구·박건영 외편, 『현대 국제관계이론과 한국』, 사회평론, 2004.

위야사, 박경숙 역, 『마하바라따』1~5, 새물결, 2012.

유홍준, 『나의 문화유산답사기-일본편 1~4』, 창비, 2013, 2014.

윤상인·박규태 편, 『일본의 발명과 근대』, 이산, 2007.

이광훈, 『상투를 자른 사무라이』, 따뜻한손, 2011.

이권희, 『메이지기 학제의 변천을 통해 본 근대 일본의 국민국가형성과 교육』, 소명출판, 2013.

이규수 역, 『일본 제국의회 관계 법령집』, 선인, 2011.

이근우·정효운 외역, 『역주 일본서기』1~3, 동북아역사재단, 2013.

이기동, 『이또오 진사이-일본사상의 대변자(1627~1705)』, 성균관대 출판부, 2000.

이노우에 노부타카 외, 박규태 역, 『신도-일본태생의 종교시스템』, 제이엔씨, 2010.

이노우에 유이치, 석화정 역, 『동아시아 철도 국제관계사』, 지식산업사, 2005

이노우에 가쓰오, 이원우 역, 『막말 유신-태동하는 동아시아 세계에서』, 어문학사, 2013.

이리에 아키라, 이종국·조진구 역, 『20세기의 전쟁과 평화』, 을유문화사, 1999.

이리에 아키라, 이성환 역, 『일본의 외교』, 푸른산, 1993.

이마이 준·오자와 도미오, 한국일본사상사학회 편, 『논쟁을 통해 본 일본 사상』, 성균관대 출판부, 2002.

이성시, 『만들어진 고대-근대 국민국가의 동아시아 이야기』, 삼인, 2002.

이시이 다카시, 김영작 역, 『메이지유신의 무대 뒤』, 일조각, 2008.

이에나가 사부로 편, 연구공간 수유너머 역, 『근대일본사상사』, 소명출판, 2006.

이종각, 『일본 난학의 개척자 스기타 겐파쿠』, 서해문집, 2013.

이종찬, 『난학의 세계사』, 알마, 2014.

이지, 김혜경 역, 『분서』 1・2, 한길사, 2013.

이찌이 사부로오, 김흥식 역, 『명치유신의 철학』, 태학사, 1992.

이창위, 『우리의 눈으로 본 일본제국 흥망사』, 궁리, 2005.

이춘근, 『현실주의 국제정치학』, 나남, 2007.

이토 유키오, 이성환 역, 『이토 히로부미』, 선인, 2014.

이토 진사이, 장원철 역, 『논의고의』 1・2, 소명출판, 2013.

이토 진사이, 최경열 역, 『동자문』, 그린비, 20113.

일본부락해방연구소, 최종길 역, 『일본 부락의 역사』, 어문학사, 2010.

임옥균, 『주자학과 일본고학파』, 성균관대 출판부, 2012.

자크 고드쇼, 양희영 역, 『반혁명』, 아카넷, 2012.

잔프랑코 풋지, 박상섭 역, 『근대국가의 발전』, 민음사, 1993.

보댕 장, 나정원 역, 『국가에 관한 6권의 책 1 − 국가・권리・주권론』, 아카넷, 2013.

장준호, 『국제정치의 패러다임 − 전쟁과 평화』, 한울, 2007.

잭 스나이더, 함영택 역, 『제국의 신화』, 서울프레스, 1996.

전성곤, 『내적 오리엔탈리즘 그 비판적 검토 − 근대 일본의 '식민' 담론들』, 소명출판, 2012.

전성곤 외, 『근대 동아시아 담론의 역설과 굴절』, 소명출판, 2011.

전용신 역, 『일본서기』, 일지사, 1989.

정재정, 『일제침략과 한국철도(1892∼1945)』, 서울대 출판부, 1999.

정하미, 『일본의 서양문화 수용사』, 살림, 2005.

조지 오웰, 김기혁 역, 『1984』, 문학동네, 2012.

죠지 린치, 정진국 역, 『제국의 통로 − 시베리아 횡단철도와 열강의 대각축』, 글항아리, 2009.

존 로크, 강정인・문지영 역, 『통치론』, 까치, 1996.

주경철, 『대항해시대 − 해상팽창과 근대 세계의 형성』, 서울대 출판부, 2008.

지오프리 블레이니, 이웅현 역, 『평화와 전쟁』, 리북, 2004.

챨스 틸리, 윤승준 역, 『유럽 혁명 1492∼1992 지배와 정복의 역사』, 새물결, 2000.

찰스 틸리, 박형신・안치민 역,『비교 역사 사회학－거대구조 폭넓은 과정 대규모 비교』, 일신사, 1999.

최덕규,『제정러시아의 한반도 정책 1891～1907』, 경인문화사, 2008.

최문형,『한국을 둘러싼 제국주의 열강의 각축』, 지식산업사, 2002.

최문형,『러시아의 남하와 일본의 한국 침략』, 지식산업사, 2007.

최소자,『청과 조선－근세 동아시아의 상호인식』, 혜안, 2005.

E. H. 카, 김태현 편역,『20년의 위기』, 녹문당, 2003.

카토 히로시, 최혜주・손병규 역,『인구로 읽는 일본사』, 어문학사, 2009.

칼 마르크스, 김수행 역,『자본론 1』상・하, 비봉출판사, 2001.

칼 마르크스, 김수행 역,『자본론 2』상・하, 비봉출판사, 2001.

칼 마르크스, 김수행 역,『자본론 3』상・하, 비봉출판사, 2001.

카를 만하임, 임석진 역, 송호근 해제,『이데올로기와 유토피아』, 김영사, 2013.

케네스 월츠, 정성훈 역,『인간, 국가, 전쟁－전쟁의 원인에 대한 이론적 고찰』, 아카넷, 2007.

케네스 월츠, 박건영 역,『국제정치이론』, 사회평론, 2000.

코케츠 아츠시, 김경옥 역,『우리들의 전쟁책임』, 제이앤씨. 2013.

쿠로파트킨 알렉세이 니콜라비츠, 심국웅 역,『러일전쟁』, 한국외대 출판부, 2007.

크리스토퍼 피어슨, 박형신・이택연 역,『근대국가의 이해』, 일신사, 1998.

타나카 히로시 외, 이규수 역,『기억과 망각－독일과 일본 그 두 개의 전후』, 삼인, 2000.

스크리치 타이먼, 박경희 역,『에도의 몸을 열다－난학과 해부학을 통해 본 18세기 일본』, 그린비, 2012.

타키 코지, 박삼헌 역,『천황의 초상』, 소명출판, 2007.

스카치폴 테드, 한창수 역,『국가와 사회혁명－혁명의 비교연구』, 까치, 1989.

테사 모리스 스즈끼, 박우희 역,『일본의 경제사상, 에도 시대－현대』, 솔, 2001.

엘릭스K. 팁튼, 존 클락 편, 이상우・최승연・이승현 역,『제국의 수도, 모더니티를 만나다』, 소명출판, 2012.

앤더슨 페리, 김현일 외역,『절대주의 국가의 계보』, 베틀, 1990.

펨펠 T. J., 최은봉 역,『현대 일본의 체제이행』, 을유문화사, 2000.

케네디 폴, 김주식 역,『영국 해군 지배력의 역사』, 한국해양전략연구소, 2010.

코헨 폴 A., 이남희 역,『학문의 제국주의』, 산해, 2003.

코헨 폴 A., 장의식 외역,『미국의 중국근대사 연구』, 고려원, 1994.

풍우란, 박성규 역, 『중국철학사』, 상·하, 까치, 2014.

플라톤, 박종현 역주, 『국가·정체』(개정증보판), 서광사, 2005.

듀스 피터, 양필승 역, 『일본의 봉건제』, 신서원, 1998.

듀스 피터, 김용덕 역, 『일본근대사』, 지식사업사, 1998.

하야미 아키라, 조성원·정안기 역, 『근세일본의 경제발전과 근면혁명 ─ 역사 인구학
　　　으로 본 산업혁명 vs 근면혁명』, 혜안, 2004.

하야시 다다스, A. M. 풀리 편, 신복룡·나홍주 역, 『하야시 다다스의 비밀 회고록, 190
　　　0~1910 일본외교의 내막』, 건국대 출판부, 2007.

한국비교사회연구회 편, 『비교사회학 ─ 방법과 실제 1·2』, 열음사, 1990.

한국일본학회, 『일본사상의 이해』, 시사일본어사, 2002.

한나 아렌트, 홍원표 역, 『혁명론』, 한길사, 2012.

한나 아렌트, 김선욱 역, 『예루살렘의 아이히만』, 2006.

한나 아렌트, 이진우·박미애 역, 『전체주의의 기원』 1·2, 2006.

한상일, 『제국의 시선 ─ 일본의 자유주의 지식인 요시노 사쿠조와 조선문제』, 새물결,
　　　2005.

한스 모겐소, 김태현 역, 『과학적 인간과 권력정치』, 나남, 2010.

한스 모겐소, 『현대국제정치론 ─ 세계평화의 권력이론적 접근』, 법문사, 1987.

한일문화교류기금·동북아 역사재단 편, 『한국과 일본의 서양문명 수용』, 경인문화사,
　　　2011.

함동주, 『천황제 근대국가의 탄생』, 창비, 2009.

빅스 허버트, 오현숙 역, 『히로히토 평전』, 삼인, 2010.

현대일본연구회, 『국권론과 민권론』, 한길사, 1981.

후지와라 마사히코, 오상현 역, 『국가의 품격』, 북스타, 2006.

후지무라 미치오, 허남린 역, 『청일전쟁』(한림신서 일본학총서 7), 소화, 1997.

후지와라 아키라, 엄수현 역, 『일본군사사』, 시사일본어사, 1994.

후쿠자와 유키치, 남상영 역, 『학문의 권장』, 소화, 2003.

후쿠자와 유키치, 허호 역, 『후쿠자와 유키치 자서전』, 이산, 2006.

후쿠자와 유키치, 임종원 역, 『문명론의 개략』, 제이엔씨, 2012.

2. 일본서적

원문자료

日本思想大系 32,『山鹿素行』, 岩波書店, 1970.

日本思想大系 33,『伊藤仁齋』, 伊藤東涯, 岩波書店, 1971.

日本思想大系 35,『新井白石』, 岩波書店, 1975.

日本思想大系 36,『荻生徂徠』, 岩波書店, 1973.

日本思想大系 50,『平田篤胤・伴信友・大國隆正』, 岩波書店, 1973.

日本思想大系 53,『水戶學』, 岩波書店, 1973.

日本思想大系 54,『吉田松陰』, 岩波書店, 1978.

日本思想大系 55,『渡辺崋山・高野長英・佐久間象山・横井小楠・橋本左內』, 岩波
書店, 1971.

日本思想大系 56,『幕末政治論集』, 岩波書店, 1976.

日本思想大系 64,『洋學』上, 岩波書店, 1976.

日本思想大系 65,『洋學』下, 岩波書店, 1972.

日本近代思想大系 12,『對外觀』, 岩波書店, 1988.

日本の名著 21, 石川 淳 編,『本居宣長』, 中央公論社, 1984.

日本の名著 22, 芳賀徹 編,『杉田玄白・平賀源內・司馬江漢』, 中央公論社, 1984.

日本の名著 25, 佐藤昌介 編,『渡辺崋山・高野長英・工藤平助・本多利明』, 中央公論
社, 1984.

日本の名著 29, 橋川文三 編,『藤田東湖』, 中央公論社, 1974.

日本の名著 30, 松浦玲 編,『佐久間象山・横井小楠』, 中央公論社, 1984.

日本の名著 32, 江藤淳, 川崎宏 編,『勝海舟』, 中央公論社, 1984.

日本の思想 19,『吉田松陰』, 筑摩書房, 1969.

佐佐大毅・金泰昌編,『公共哲學叢書』1~10, 東京大學出版會, 2003.

연구자료

あ行

會澤正志齊,『新論』上・中・下, 明治書院(http：//kindai.ndl.go.jp), 1939.

青山忠正,『幕末維新 奔流の時代』, 文英堂, 1998.

青山忠正,『明治維新と國家形成』, 吉川弘文館, 2000.

青山忠正,『明治維新の言語と史料』, 清文堂出版, 2006.

青山忠正,『明治維新史という冒険』, 佛教大學通信教育部, 2008.

青山忠正,『高杉晋作と奇兵隊』, 吉川弘文館, 2012.

青山忠正,『明治維新』, 吉川弘文館, 2012.

新井白石,『西洋紀聞』, 平凡社, 1968.

新井白石, 村岡典嗣,『讀史余論』, 岩波書店, 1990.

新井白石,『現代語譯 讀史余論』, 講談社, 2012.

新井白石,『折たく柴の記』, 岩波書店, 1999.

安藤保,『郷中教育と士風の研究』, 南方新社, 2013.

安藤優一郎,『幕臣たちの明治維新』, 講談社, 2009.

家近良樹,『孝明天皇と一會桑: 幕末・維新の新視点』, 文藝春秋, 2002.

家近良樹,『幕末の朝廷: 若き孝明帝と鷹司關白』, 中央公論新社, 2007.

家近良樹,『西郷隆盛と幕末維新の政局: 休調不良を視野に入れて』, ミネルヴァ書房,
　　　2011.

家近良樹,『徳川慶喜』, 吉川弘文館, 2014.

家永三郎,『明治前期の憲法構想』, 福村出版, 1967.

五百旗頭 薫,『條約改正史: 法權回復への展望とナショナリズム』, 有斐閣, 2010.

池田勇太,『福澤諭吉と大隈重信: 洋學書生の幕末維新』, 山川出版社, 2012.

池辺三山,『明治維新三大政治家: 大久保・岩倉・伊藤論』, 中央公論新社, 2005.

石井寛治,『日本の産業革命: 日清・日露戰爭から考える』, 朝日選書, 1997.

石井 孝,『明治維新の國際的環境』, 吉川弘文館, 1966.

石井 孝,『明治維新の舞台裏』, 岩波書店, 1975.

石井 孝,『幕末維新期の研究』, 吉川弘文館, 1978.

石井 孝,『日本開國史』, 吉川弘文館, 2010.

石川謙,『日本學校史の研究』, 小學館, 1960.

石塚裕道,『日本資本主義成立史研究』, 吉川弘文館, 1974.

一坂太郎,『高杉晋作の「革命日記」』, 朝日新書, 2010.

一坂太郎,『高杉晋作の手紙』, 講談社, 2011.

伊藤仁齋,『童子問』, 岩波書店, 1970.

伊藤 隆,『山縣有朋と近代日本』, 吉川弘文館, 2008.

伊藤痴遊,『實錄維新十傑』第1-10巻, 平凡社, 1934.

伊藤博文 編,『機密日清戰爭』, 原書房, 1966.

伊藤之雄,『伊藤博文：近代日本を創った男』, 講談社, 2009.

伊藤之雄,『山縣有朋：愚直な權力者の生涯』, 文春新書, 2009.

井上勳,『王政復古：慶応3年12月9日の政変』, 中央公論新社, 1991.

井上勝生,『幕末維新政治史研究』, 搞書房, 1994.

井上淸,『日本現代史 1：明治維新』, 東京大出版會, 1951.

井上淸,『條約改正：明治の民族問題』, 岩波書店, 1955.

井上淸,『日本の歷史 20：明治維新』, 中央公論社, 2006.

岩下哲典,『幕末日本の情報活動：「開國」の情報史』, 雄山閣, 2008.

梅溪昇,『明治前期政治史の研究：明治軍隊の成立と 明治國家の完成』, 未來社, 1963.

梅溪昇,『洪庵・適塾の研究』, 思文閣出版, 1993.

梅溪昇,『緒方洪庵と適塾』, 大阪大學出版會, 1996.

梅溪昇,『續 洪庵・適塾の研究』, 思文閣出版, 2008.

梅溪昇,『お雇い外國人：明治日本の脇役たち』, 講談社學術文庫, 2007.

梅村又次 中村隆英 編,『松方財政と 殖産興業政策』, 國際聯合大學, 1983.

海原徹,『明治維新と教育：長川蕃倒幕派の 形成過程』, ミネルヴァ書房, 1972.

海原徹,『リチャード・ルビンジャー, 私塾：近代日本を拓いたプライベート・アカデ
　　ミー』, サイマル出版会, 1982.

海原徹,『松下村塾と明治維新：近代日本を支えた人びと』, ミネルヴァ書房, 1999.

海原徹,『江戶の旅人 吉田松陰：遊歷の道を辿る』, ミネルヴァ書房, 2003.

大石嘉一郎,『自由民權と大畏・松方 財政』, 東京大學出版會, 1989.

大石學,『江戶の教育力 近代日本の知的基盤』, 東京學芸大學出版會, 2007.

大泉光一,『支倉六右衛門常長 慶長遣歐使節を巡る學際的研究』, 文眞堂, 1999.

大泉光一,『支倉常長 慶長遣歐使節の悲劇』, 中公新書, 1999.

大江志乃夫,『明治國家の成立：天皇制成立史研究』, ミネルヴァ書房, 1959.

大江志乃夫,『日露戰爭の軍事史的研究』, 岩波書店, 1976.

大江志乃夫,『日本の參謀本部』, 中公新書, 1985.

大江志乃夫,『日露戰爭と日本軍隊』, 立風書, 1987.

大江志乃夫,『靖國神社』, 岩波書店, 1990.

大久保利謙,『岩倉具視 (中公新書：維新前夜の群像) 增補版』, 中央公論新社, 1990.

太田尙樹,『ヨーロッパに消えたサムライたち』, 角川書店, 1999.

大平喜間多,『佐久間象山伝』, 宮帶出版社, 2013.

大山梓,『山縣有朋意見書』, 原書房, 1966.

岡倉覺三,『茶の本』, 岩波書店, 2009.

岡崎久彦,『陸奥宗光とその時代』, PHP研究所, 2009.

荻生徂徠, 尾藤正英 譯,『政談』, 講談社, 2013.

か行

笠原英彦,『大久保利通』, 吉川弘文館, 2005.

笠原英彦,『明治留守政府』, 慶應義塾大學出版會, 2010.

片岡龍, 苅部直 編,『日本思想史ハンドブック』, 新書館, 2008.

片岡龍・金泰昌 編,『伊藤仁齋：天下公共の道を講究した文人學者』, 東京大學出版
　　　會, 2011.

片岡龍・金泰昌 編,『石田梅岩：公共商道の志を實踐した町人敎育者』, 東京大學出版
　　　會, 2011.

勝海舟,『永川淸話』, 角川文庫, 2012.

勝田政治,『政事家 大久保利通：近代日本の設計者』, 講談社選書, 2003.

加藤周一,『日本人とは何か』, 講談社, 1976.

加藤陽子,『徴兵制と近代日本』, 吉川弘文館, 1996.

加藤陽子,『戰爭の論理：日露戰爭から太平洋戰爭まで』, 勁草書房, 2005.

加藤陽子,『戰爭を讀む』, 勁草書房, 2007.

加藤陽子,『昭和天皇と戰爭の世紀』, 講談社, 2011.

門田明,『若き薩摩の群像』, 高城書房, 2010.

金澤正造,『維新十傑傳』, 1941.

川田敬一,『五箇條の御誓文を讀む』, 錦正社, 2012.

川田稔,『原敬と山縣有朋：國家構想をめぐる外交と內政』, 中央公論社, 1998.

川田稔・伊藤之雄,『20紀日米關係と東アジア』, 風媒社, 2002.

五野井隆史,『人物叢書 支倉常長』, 吉川弘文館, 2003.

河野健二,『フランス革命と明治維新』, 日本放送出版協會, 1966.

芳卽正,「西鄕と薩長同盟」,『敬天愛人』第16号 別刷(財), 西鄕南州顯彰會, 1998.

鬼頭宏,『人口から讀む日本の歷史』, 講談社, 2000.

久米邦武,『特命全權大使 米歐回覽實記』1〜6, 東京：宗高書, 1878(1975, 復刻).

久米邦武 編, 田中彰 校註,『米歐回覽實記』1〜5, 岩波書店, 2002.

小泉純一郎,『万機公論に決すべし：小泉純一郎首相の「所信表明演説」』, 阪急コミュ
ニケーションズ, 2001.

さ行

西郷南州顯彰會,「楠公と西郷隆盛展」 圖錄,『敬天愛人』第29号 別刷(財), 2011.

齊藤聖二,『日清戰爭の軍事戰略』, 芙蓉書房出版, 2003.

佐久間象山, 飯島忠夫 翻譯,『省ケン錄』, 岩波書店, 2001.

佐々木克,『戊辰戰爭：敗者の明治維新』, 中央公論新社, 1977.

佐々木克,『大久保利通と明治維新』, 吉川弘文館, 1998.

佐々木克,『岩倉具視』, 吉川弘文館, 2006.

サトウ アーネスト(Ernest Mason Satow),『一外交官の見た明治維新』上・下, 岩波書店,
1960.

佐藤誠三郎,『'死の跳躍'を越えて西洋の衝擊と日本』, 千倉書房, 2009.

佐藤雅美,『大君の通貨：幕末「円ドル」戰爭』, 文春文庫, 2003.

佐野眞由子,『オールコックの江戸：初代英國公使が見た幕末日本』, 中央公論社, 2003.

シーボルト,『シーボルト日記―再來日時の幕末見聞記』, 八坂書房, 2005.

志賀重昂,『日本風景論』, 岩波書店, 1995.

信夫清三郎,『陸奧外交』, 叢文閣, 1938.

芝原拓自,『世界史のなかの明治維新』, 岩波書店, 1977.

司馬遼太郎,『明治という國家』, 日本放送出版協會, 1989.

司馬遼太郎,『昭和という國家』, 日本放送出版協會, 1998.

島善高,『大隈重信：佐賀偉人伝』, 佐賀縣立佐賀城本丸歷史館, 2011.

島崎藤村,『夜明け前』全4冊, 岩波書店, 2010.

清水 昇,『幕末維新劍客列伝』, 學習研究社, 2009.

春畝公追頌會,『伊藤博文伝』上(明治百年史叢書 143卷), 原書房, 2004.

春畝公追頌會,『伊藤博文伝』中(明治百年史叢書 144卷), 原書房, 2004.

春畝公追頌會,『伊藤博文伝』下(明治百年史叢書 145卷), 原書房, 2004.

尙古集成館,『尙古集成館：島津家名宝展』, 尙古集成館, 2000.

仙台市史編さん委員會編集,『仙台市史 特別編8 慶長遣歐使節』, 仙台市, 2010.

昭和天皇,『終戰の詔書』, 文藝春秋, 1995.

杉田玄白, 片桐 一男 譯,『蘭學事始』, 講談社, 2000.

杉田玄白, 『解体新書』, 講談社, 2012.

鈴木暎一, 『藤田東湖』, 日本歴史學會, 1997.

た行

高須芳次郎, 『會澤正志齊』, 厚生閣(http://kindai.ndl.go.jp), 1942.

高橋磌一, 『洋學論』, 三竺書房, 1939.

竹越与三郎, 西田毅 校閲・解説, 『新日本史』 上・下, 岩波書店, 2005.

高橋敏, 『江戶の敎育力』, ちくま書房, 2007.

瀧井一博, 『伊藤博文 : 知の政治家』, 中央公論新社, 2010.

竹内 好, 『日本イデオロギ』, こぶし書房, 1999.

田尻祐一郎, 『荻生徂徠 : 叢書・日本の思想家 15』, 明德出版社, 2008.

田尻祐一郎, 『江戶の思想史 : 人物・方法・連環』, 中央公論新社, 2011.

多田好問 編, 『岩倉公實記』 中巻, 皇后宮職, 1906.

田中彰, 『明治維新政治史研究 : 維新変革の政治的主体の形成過程』, 青木書店, 1963.

田中彰, 『高杉晉作と奇兵隊』, 岩波新書, 1985.

田中彰, 『長州藩と明治維新 單行本』, 吉川弘文館, 1998.

田中彰, 『吉田松陰 : 変轉する人物像』, 中央公論社, 2001.

田中彰, 『岩倉使節團の歷史的研究』, 岩波書店, 2002.

田中英道, 『支倉常長 武士 ローマを行進す』, ミネルヴァ書房, 2007.

圭室諦成, 『橫井小楠』, 吉川弘文館, 2000.

田村政雄 編, 『形成期の明治國家, 幕末維新論集』 8, 吉川弘文館, 2001.

田村省三, 『尙古集成館 : 島津氏 800年の收藏』, 尙古集成館, 2006.

津田左右吉, 『文學に現はれたる我が國民思想の研究』 1, 岩波書店, 1977.

津田左右吉, 『文學に現はれたる我が國民思想の研究』 2, 岩波書店, 1977.

津田左右吉, 『文學に現はれたる我が國民思想の研究』 3, 岩波書店, 1977.

津田左右吉, 『古事記及び日本書紀の研究 : 建國の事情と万世一系の思想』, 毎日ワン
　　　ズ, 2012.

鈴木俊幸, 『江戶の讀書熱 : 自學する讀者と書籍流通』, 平凡社, 2007.

鶴見俊輔, 『評伝高野長英 : 1804―50』, 藤原書店, 2007.

寺崎英成・マリコ・テラサキ・ミラー, 『昭和天皇獨白錄』, 文藝春秋, 1995.

土居良三, 『開國への布石―評伝・老中首座阿部正』, 未來社, 2000.

適塾紀念會,『緒方洪庵と適塾』, 1993.

童門冬二,『尊王攘夷の旗：德川齊昭と藤田東湖』, 光人社, 2004.

遠山茂樹,『明治維新と天皇』, 岩波書店, 1991.

遠山茂樹,『明治維新』, 岩波書店, 2000.

德富蘇峰,『吉田松陰』, 岩波書店, 1981.

德永洋,『横井小楠：維新の青寫眞を描いた男』, 新潮社, 2005.

鳥海靖,『「明治」をつくった男たち：歴史が明かした指導者の條件』, PHP研究所, 1982.

な行

中泉哲俊,『日本近世學校論の研究』, 風間書房, 1976.

中塚明,『蹇蹇錄の世界』, みすず書房, 2006.

中野剛志,『プラグマティズムからナショナリズムへ』, ちくま新書, 2012.

中野三敏,『和本のすすめ：江戸を讀み解くために』, 岩波書店, 2011.

中村彰彦,『幕末會津の女たち, 男たち』, 文藝春秋, 2012.

中村哲,『明治維新の基礎構造』, 未來社, 1968.

中村尚美,『大畏財政の研究』, 校倉書房, 1968.

中村武生,『池田屋事件の研究』, 講談社, 2011.

中本征利,『武士道の考察』, 人文書院, 2006.

永井秀夫,『明治國家形成期の內政と外政』, 北海道大學圖書刊行會, 1990.

永積昭,『オランダ東インド會社』, 講談社, 2000.

永濱眞理子,『圖解 幕末・明治維新』, 西東社, 2010.

奈倉文二 外,『日英兵器産業とSimens 事件』, 日本經濟評論社, 2003.

奈良本辰也,『高杉晋作：維新前夜の群像 1』, 中央公論新社, 1965.

奈良本辰也,『武士道の系譜』, 中央公論社, 1971.

奈良本辰也,『佐久間象山』, 清水書院, 1975.

長崎市,『出島』, 長崎市, 2013.

日露戰爭研究會,『日露戰爭研究の新視點』, 成文社, 2005.

日本國立歷史民俗博物館,『明治維新と平田國學展』, 2004.

丹羽邦男,『地租改正法の起源：開明官僚の形成』, ミネルヴァ書房, 1995.

野口武彦,『王道と革命の間：日本思想と孟子問題』, 筑摩書房, 1986.

野口武彦,『長州戰爭：幕府瓦解への岐路』, 中央公論新社, 2006.

は行

芳賀 徹, 『文明としての徳川日本』(叢書比較文學比較文化 1), 中央公論社, 1993.

服部之總, 『黒船前後 : 志士と経濟』, 岩波書店, 2010.

羽仁五郎, 『明治維新史研究』, 岩波書店, 1979.

原口 淸, 『日本近代國家の形成』, 岩波書店, 1968.

原口 淸, 原口淸著作集編集委員會 編, 『王政復古への道』, 岩田書院, 2007.

原口 淸, 原口淸著作集編集委員會 編, 『幕末中央政局の動向』, 岩田書院, 2007.

半藤一利, 『幕末史』, 新潮社, 2008.

坂野潤治・大野健一, 『明治維新 1858～1881』, 講談社, 2010.

坂野潤治, 『近代日本の國家構想』, 岩波書店, 2009.

坂野潤治, 『未完の明治維新』, 筑摩新書, 2007.

坂野潤治・宮地正人 編, 『近代日本史における轉換期の研究』, 山川出版社, 1985.

檜山幸夫, 『近代日本の形成と日淸戰爭 : 戰爭の社會史』, 雄山閣出版, 2001.

平石直昭・金泰昌, 『横井小楠 : 公共の政を首唱した開國の志士(公共する人間)』, 東
　　　京大學出版會, 2010.

廣瀬豊, 『吉田松陰書簡集』, 岩波書店, 1993.

福地 櫻痴, 『幕末政治家』, 岩波書店, 2003.

福澤諭吉, 『文明論之概略 福澤諭吉著作集 第4卷』, 慶應義塾大學出版會, 2002.

福澤諭吉, 『通俗民權論・通俗國權論 福澤諭吉著作集 第7卷』, 慶應義塾大學出版會,
　　　2003.

福澤諭吉, 『丁丑公論・瘠我慢の說 福澤諭吉著作集 第9卷』, 慶應義塾大學出版會, 2003.

福澤諭吉, 松澤弘陽 譯, 『文明論之概略』, 岩波書店, 1962.

福澤諭吉, 『明治十年丁丑公論・瘠我慢の說』, 講談社, 1985.

福澤諭吉, 齋藤孝 譯, 『學問のすすめ』, 筑摩書房, 2009.

藤田覺 編, 『十七世紀の日本と東アジア』, 山川出版社, 2006.

藤田覺, 『幕末の天皇』, 講談社, 2013.

藤田東湖, 『弘道館記述義』, 岩波書店, 1996.

古瀬奈津子, 『攝關政治』, 岩波書店, 2011.

吉田俊純, 『水戶學と明治維新』, 吉川弘文館, 2003.

星亮一, 『會津藩 VS 長州藩 : なぜ"怨念"が消えないのか』, ベストセラーズ, 2004.

星亮一, 『會津藩 VS 薩摩藩』, ベストセラーズ, 2008.

星亮一, 『幕末の會津藩』, 中公新書, 2013.

ま行

前田勉, 『兵學と朱子學・蘭學・國學 : 近世日本思想史の構圖』, 平凡社, 2006.

眞壁仁, 『德川後期の學問と政治 : 昌平坂學問所儒者と幕末外交變容』, 名古屋大學出版會, 2007.

松尾正人, 『木戶孝允』, 吉川弘文館, 2007.

松浦玲, 『德川慶喜 增補版』, 中公新書, 1998.

松浦玲, 『坂本龍馬』, 岩波新書, 2008.

松浦玲, 『勝海舟と西鄕隆盛』, 岩波書店, 2011.

松方冬子, 『オランダ風説書と近世日本』, 東京大學出版會, 2007.

松方冬子, 『風説書 : '鎖國'日本に語られた'世界'』, 中公新書, 2011.

松方冬子, 『別段風説書が語る19世紀 : 翻譯と研究』, 東京大學出版會, 2012.

松田毅一, 『慶長遣歐使節 德川家康と南蛮人』, 朝文社, 1992.

松田毅一, 『伊達政宗の遣歐使節』, 新人物往來社, 1987.

松本健一, 『日本のナショナリズム』, 筑摩書房, 2010.

丸山擁成, 『參勤交代』, 吉川弘文館, 2007.

丸山眞男, 『日本政治思想史研究』, 東京大學出版會, 1983.

丸山眞男, 『丸山眞男講義錄 第4冊 日本政治思想史 1964』, 東京大學出版會, 1998.

丸山眞男, 『丸山眞男講義錄 第5冊 日本政治思想史 1965』, 東京大學出版會, 1999.

丸山眞男, 『丸山眞男講義錄 第6冊 日本政治思想史 1966』, 東京大學出版會, 2000.

丸山眞男, 『丸山眞男講義錄 第7冊 日本政治思想史 1967』, 東京大學出版會, 1998.

三上隆三, 『円の誕生 近代貨幣制度の成立』, 講談社學術文庫, 2011.

三島由紀夫, 『葉隱入門』, 新潮社, 1983.

三谷博, 『近代日本の政治構造』, 吉川弘文館, 1993.

三谷博, 『明治維新とナショナリズム : 幕末の外交と政治変動』, 山川出版社, 1997.

三谷博, 日本歷史學會 編, 『ペリー來航』, 吉川弘文館, 2003.

三谷博, 『東アジアの公論形成』, 東京大學出版會, 2004.

三谷博, 『明治維新 考える』, 岩波書店, 2012.

三谷博, 『愛國・革命・民主 : 日本史から世界を考える』, 筑摩書房, 2013.

源了円, 『佐久間象山』, PHP研究所, 1990.

源了円・平石直昭・松浦玲,『横井小楠：1809～1869「公共」の先驅者』,藤原書店, 2009.

宮崎克則,『ケンペルやシーボルトたちが見た九州 そしてニッポン』,海鳥社, 2009.

宮崎正勝,『鄭和の南海大遠征：永樂帝の世界秩序再編』,中央公論, 1997.

宮田正彦,「大政奉還と王政復古」,『第14回 水戶學講座 德川慶喜公：その歴史上の功績 5』,常磐神社, 1997.

宮地正人,『幕末維新変革史』上・下,岩波書店, 2012.

宮村治雄,『開國経験の思想史：兆民と時代精神』,東京大學出版會, 1996.

陸奧宗光, 中塚明 編,『新訂 蹇蹇錄：日清戰爭外交秘錄』,岩波書店, 2005.

村上隆,『金・銀・銅の日本史』,岩波書店, 2007.

室山義正,『近代日本の軍事と財政：海軍擴張をめぐる政策形成過程』,東京大出版會, 1985.

明治維新史學會,『講座 明治維新 1 世界史のなかの明治維新』,有志舍, 2010.

明治維新史學會,『講座 明治維新 2 幕末政治と社會變動』,有志舍, 2011.

明治維新史學會,『講座 明治維新 3 維新政權の創設』,有志舍, 2011.

明治維新史學會,『講座 明治維新 4 近代國家の形成』,有志舍, 2012.

毛利敏彦,『大久保利通：維新前夜の群像 190』,中央公論社, 1969.

毛利敏彦,『明治維新の再發見』(歷史文化セレクション復刊版),吉川弘文館, 2005.

本居宣長,『紫文要領』,岩波書店, 2010.

本居宣長,『玉くしげ：美しい國のための提言』(本居宣長選集 第1卷),多摩通信社, 2010.

本居宣長,『馭戎慨言：日本外交史』(現代語譯 本居宣長選集 第2卷),多摩通信社, 2009.

本居宣長,『うい山ぶみ：皇朝學入門』(現代語譯 本居宣長選集 第3卷),多摩通信社, 2010.

や行

山鹿素行,『聖教要錄／配所殘筆』,岩波書店, 1940.

山鹿素行,『中朝事實講話』,平凡社, 1933.

山口歴史シリーズ, 龍馬と長州, 山口県.

山崎闇齋,『垂加翁神說』,岩波書店, 1938.

山田郎,『軍備擴張の近代史：日本軍の膨脹と崩壞』,吉川弘文館, 1997.

山田尙二,『詳說 西鄕隆盛 年譜』,財團法人 西鄕南州顯彰會, 1996.

山村才助,『訂正增譯采覽異言』(蘭學資料叢書 1・2),青史社, 1979.

山本常朝, 田代陣基 編,『葉隱』,たちばな出版, 2003.

山脇之人,『維新元勳十傑論』, 榮泉堂, 1884.

橫井小楠,『橫井小楠遺稿』, 日新書院, 1943.

吉川幸次郎,『仁齋・徂徠・宣長』, 岩波書店, 1975.

吉田松陰,『講孟箚記』上, 講談社, 1979.

吉田松陰,『講孟箚記』下, 講談社, 1979.

吉田松陰,『留魂錄』, 講談社, 2002.

吉田松陰, 廣瀬豊 編,『吉田松陰書簡集』, 岩波文庫, 1993.

米原謙,『德富蘇峰』, 中村新書, 2003.

わ行

和田英松,『官職要解』, 講談社, 2012.

渡辺浩,『東アジアの王權と思想』, 東京大學出版會, 1997.

渡辺浩,『日本政治思想史』, 東京大學出版會, 2010.

渡辺房男,『お金から見た幕末維新：財政破綻と円の誕生』, 祥伝社, 2010.

和辻哲郎, 古川哲史,『葉隱』上・中・下, 岩波書店, 1941.

和辻哲郎,『鎖國(上・下)：日本の悲劇』, 岩波書店, 1982.

和辻哲郎,『日本精神史研究』, 岩波書店, 1992.

オールコック, 山口光朔 譯,『大君の都 中：幕末日本滞在記』上, 岩波書店, 1962.

オールコック, 山口光朔 譯,『大君の都 中：幕末日本滞在記』中, 岩波書店, 1983.

オールコック, 山口光朔 譯,『大君の都 中：幕末日本滞在記』下, 岩波書店, 1982.

エドウィン・O・ライシャワ,『ライシャワの日本史』, 講談社, 2001.

シーボルト記念館,『シーボルトが一見たニッポン』, 2005.

シーボルト,『シーボルト日記：再來日時の幕末見聞記』, 八坂書房, 2005.

リチャード・ルビンジャー, 石附 實, 海原 徹 翻譯,『私塾：近代日本を拓いたプライベート・アカデミー』, サイマル出版, 1982.

R. P. ドーア, 松居弘道 譯,『江戸時代の教育』, 1970.

M. C. ペリー, F. L. ホークス 編, 宮崎壽子 譯,『ペリー提督日本遠征記』上・下, 角川文庫, 2014.

載逸・楊東梁・華立,『日清戦爭と東亞細亞の政治』, 大阪經濟法科大學 出版部, 2003.

朴宗根,『日淸戰爭と朝鮮』, 靑木書店, 1999.

3. 영미서적

Jansen Marius B., *Sakamoto Ryoma and the Meiji Restoration*, Columbia University Press, 1995.

Jansen Marius B., *Japan and Its world : Two centuries of change*, Princeton University Press, 1995.

Jansen Marius B., *The Making of Modern Japan*, Harvard University Press, 2002.

Craig Albert M., *Choshu in the Meiji Restoration*, Lexington Books, 2000.

Wert Michael, *Meiji Restoration Losers : Memory and Tokugawa Supporters in Modern Japan*, Harvard University Asia Center, 2013.

Satow Ernest, *A Diplomat In Japan, Part II : The Diaries Of Ernest Satow, 1870 ~ 1883*, lulu.com, 2010.

Wilson George M., *Patriots and Redeemers in Japan : Motives in the Meiji Restoration*, Chicago University Press, 1992.

Hawks Francis Lister, *Narrative of the Expedition of an American Squadron to the China Seas and Japan : Performed in the Years 1852, 1853, and 1854, Under the Command of Commodore M.C. Perry, United States Navy*, Ulan Press, 2012.

Jeffrey Herf, *Reactionary Modernism : Technology, Culture, and Politics in Weimar and the Third Reich*, Cambridge University Press, 1986.

Feifer George, *Breaking Open Japan : Commodore Perry, Lord Abe, and American Imperialism in 1853*, Smithsonian, 2006.

Griffs William Elliot, *Mattew Calbraith Perry-a typical naval officer(reprint)*, University of California Libraries, 1887.

Sommerville, Johann P. (ed.), *Sir Robert Filmer : Patriarcha and Other Writings*, Cambridge University Press, 1991.

Beasley W. G., *Japanese Imperialism 1894 ~ 1945*, Clarendon Paperbacks, 1991.

Dale C. Copeland, *The Origins of Major War*, Cornell University Press, 2000.

Evera Stephen Van, *Causes of War*, Cornell University Press, 2001.

Ike Nobutaka, Robert E. Ward, ed., *Political Developement in Modern Japan*, Princeton University Press, 1968.

Akira Iriye, *Pacific Estrangement : Japanese and American Expansion, 1897 ~ 1911*, Harvard University Press, 1972.

Akira Iriye, *From Nationalism to Internationalism : United States Foreign Policy Before 1917*, Routledge & Kegan Paul PLC, 1977.

Jervis Robert, *Perception and Misperception in International Politics*, Harvard University Press, 1976.

Jukes Geoffrey, *The Russo-Japanese War 1904~1905*, Osprey Paperbook, 2002.

Maddison Angus, *The World Economy : A Millennial Perspective/Historical Statistics*,
Maddison Angus, Organization for Economic, 2007.

Mearsheimer John J., *The Tragedy of Great Power Politics*, Norton Paperbook, 2001.

Paine S.C.M, *The Sino-Japanese War of 1894~1895 : Perceptions, Power, and Primacy*, Cambridge
    University Press, 2005.

Tilly Charles, *Coercion, Capital, and European States, AD 990~1990*, Basil Blackwell, 1990.

Wallerstein Immanuel, *The Modern World-System I : Capitalist Agriculture and the Origins of the
    European World-Economy in the Sixteenth Century*, University of California Press, 2002.

Wallerstein Immanuel, *The Modern World-System II : Mercantilism and the Consolidation of the
    European World-Economy 1600~1750*, University of California Press, 2002.

Wallerstein Immanuel, *The Modern World-System III : The Second Era of Great Expansion of the
    Capitalist World-Economy 1730s~1840s*, University of California Press, 2002.

Herbert P. Bix, *Hirohito And The Making Of Modern Japan*, Harper Perennial Reprint edition,
    2001.

Behr Edward, *HIROHITO : Behind the Myth*, Villard, 1989.

Norman E. H., Dower John W.(ed.), *Origins of the Modern Japanese State : Selected Writings*,
    Pantheon, 1975.

Norman E. H., *Japan's Emergence as a Modern State : Political and Economic Problems of the Meiji Period*,
    UBC Press, 2001.

Reishauer, Edwin, *Japan : The Story of a Nation*, McGraw-Hill Humanities, 1989.

4. 독일어 서적

Max Weber, *Wirtschaft und Gesellschaft*, Tübingen, 1985.

Bälz Toku, *Erwin Bälz-Das Leben eines deutschen Arztes im erwachenden Japan-Tagebücher, Briefe,
    Berichte*, Engelhorns, 1931.

5. 논문

강문호, 「『건건록』이 말하는 동학농민전쟁의 의미」, 『동학연구』 24, 2008.

강성학, 「용과 사무라이의 결투−청일전쟁(1894∼1895)의 군사전략적 평가」, 『국제정치논총』 45-4, 2005.

강정인・장원윤, 「마루야마 마사오의 정치사상에 나타난 서구중심주의와 일본중심주의」, 『정치사상연구』 14-2, 2008.

강효권, 「청일전쟁기 일본군의 조선병참부−황해・평안도 지역을 중심으로」, 『한국근대사연구』 51, 2009 겨울.

구대열, 「A Democles Sword? : Korean Responses to the Rosso-Japanese War」, 『Korean Political Science Review』 39-24, 2005.

김경일・채수도, 「근대 일본의 지역평화사조에 대한 고찰−다자성 관점에서의 분석을 중심으로」, 『일본사상』 11, 2006.

김광옥, 「일본의 근대통일국가 형성과정과 '천황'−1862년 초슈번의 노선전환을 중심으로」, 추계학술심포지움 발표논문, 2000.

김광옥, 「19세기 후반 일본의 유구병탄과 청과의 영토분쟁 처리−유구 분할소유 방안을 중심으로」, 『역사와 경계』 65, 2007.

김영수, 「러일전쟁 패배를 보는 두 시각−비떼와 꾸라빠뜨낀의 논쟁을 중심으로」, 『역사비평』 69, 2004.

김영호, 「신현실주의의 비판적 고찰」, 『국제정치논총』 37-2, 1997.

김용욱, 「청일전쟁(1894∼1895), 러일전쟁(1904∼1905)과 조선해양에 대한 제해권」, 『법연구』 49-1, 2008.

김일영, 「계급구조, 국가, 전쟁 그리고 정치발전−B. Moore 테제의 한국적용 가능성에 대한 예비적 고찰」, 『한국정치학회보』 26-2, 1992.

김정호, 「일본 메이지유신기 계몽사상의 정치사상적 특성−후쿠자와 유키치의 문명개화론을 중심으로」, 『한국동북아논총』, 2005.

김정호, 「17∼18세기 일본의 서구지식수용과 나가사키[長崎] 오란다통사[阿蘭陀通詞]의 역할」, 『동양정치사상사』 7-1, 2007.

김정호, 「신지식(新知識)의 유입과 국가개혁의 정치사상」, 『국제정치논총』 42-4, 2002.

김정호, 「19세기 전반기 일본 양학파(洋學派)의 개혁・개방론」, 『한국정치학회보』 38-5, 2004.

김종식, 「러일전쟁과 후방지원활동의 전개와 귀결−청년단체를 중심으로」, 『일본연구논총』 19, 2004.

김태준, 「영일동맹 결성과 러일전쟁의 외교사적 분석」, 『한국정치외교사논총』 29-2, 2009.

김현수, 「주일영국공사 파크스의 대일외교, 1865~1868」, 『영국연구』 17, 2007.

김홍식, 「일본파시즘의 사회적 기원-배링턴 무어의 테제에 대한 비판적 조명과 대안적 분석」, 『한국정치학회보』 30-3, 1996.

다케노 스가코(岳野壽賀子), 「19세기 일본 근대화에 따른 유학·국학·양학의 사상공간」, 『동아시아고대학』 14, 2006.

문희수, 「국제관계에 있어서 청일전쟁(1894~1895)에 관한 사료와 연구-청일전쟁 110주년을 맞이하여」, 『한국정치외교사논총』 28-1, 2006.

문희수, 「국제관계에 있어서 청일전쟁(1894~1895)에 관한 도표와 통계」, 『한국정치외교사논총』 26-2, 2005.

문희수, 「국제관계에 있어서 청일전쟁(1894~1895)에 관한 연구」, 『사회과학연구』 14, 2001.

문희수, 「1895년 청·일 평화 후 국제관계」, 『사회과학연구』 12, 1999.

미즈바야시 다케시, 이영미·문준영 역, 「일본근대법체계의 역사적 특질-제국헌법(1889년), 명치민법(1898년)체제론」, 『법사학연구』 40, 2009.

민경식, 「메이지헌법에서의 국가와 종교」, 『중앙법학』 13-4, 2011.12.

박규태, 「신들의 일본-잊혀진 신들과 만들어진 신들」, 『종교연구』 39, 2005 여름.

박명규, 「한국과 일본의 근대국가 형성과정에 관한 비교사적 연구-19세기 후반 정치변혁과정을 중심으로」, 서울대 박사논문, 1991.

박삼헌, 「근대일본 '국체(國體)' 관념의 공간화-도쿄의 메이지신궁을 중심으로」, 『인천학 연구』 11, 2009.

박삼헌, 「메이지 초기의 대외팽창론의 한 유형-아라이 쇼고와 오사카사건을 중심으로」, 『문화사학』 26, 2006.

박삼헌, 「막말유신기의 대외위기론」, 『문화사학』 23, 2005.

박삼헌, 「Poulantzax-Miliband 국가론 논쟁고」, 『한국정치학회보』 18, 1986.

박삼헌, 「현대국가론의 철학적 전제정립과 사회학적 연구의 필요성-Marx 국가론의 한계와 극복을 중심으로」, 『철학』 31, 1984.

박양신, 「진보 개념의 수용과 근대 일본-역사, 정치의식의 전환을 중심으로」, 『일본역사연구』 29, 2009.

박양신, 「근대 일본에서의 '국민' '민족' 개념의 형성과 전개―Nation 개념의 수용사」, 『동양사연구』 104, 2008.

박영준, 「청일전쟁 이후 일본의 대외정책론, 1895~1904―야마가타 아리토모의 전략론과 대항담론들」, 『일본연구논총』 27, 2008.

박영준, 「인간, 국가, 국제체제, 그리고 일본의 전쟁―근대 일본의 전쟁원인을 통해 본 21세기 일본안보정책 평가」, 『국제정치논총』 45-4, 2005.

박영준, 「전전 일본 자유주의자의 국가구상과 동아시아 : 石橋湛山의 소일본주의를 중심으로」, 『한국정치학회보』 39-2, 2005.

박영준, 「러일전쟁 직후 일본 해군의 국가구상과 군사전략론―사토 테츠타로의 『제국국방사론』(1908)을 중심으로」, 『한국정치외교사논총』 26-1, 2006.

박영준, 「근대 일본의 국제질서인식과 대외정책론―명치기의 러시아위협론과 아시아 정책론의 연관성을 중심으로」, 『일본연구논총』 25, 2005.

박재갑, 「러일전쟁의 세력전이론적 분석」, 동국대 박사논문, 2005.

박진우, 「일본근대화론의 이론적 검토」, 『일어일문학연구』 43, 2002.

박지향, 「근대에서 反근대로―일본의 對英인식의 변화」, 『영국연구』 9, 2003.

박창희, 「동북아의 '지전략적 핵심공간'과 근대 일본의 현상도전―공격방어이론의 '지리' 요인을 중심으로」, 『정치정보연구』 8-2, 2005.

박홍서, 「신현실주의 이론을 통한 중국의 대한반도 군사개입 연구―1592년, 1627년, 1894년 그리고 1950년 사례를 중심으로」, 『한국정치학회보』 40-1, 2006.

박훈, 「18세기 말―19세기 초 일본에서의 '戰國'적 세계관과 해외팽창론」, 『동양사학연구』 104, 2008.

박훈, 「후기미토학의 변통론(變通論)과 군신관(君臣觀)」, 『일본역사연구』 14, 2002.

박훈, 「막말 미토번에서 봉서의 정치적 등장과 그 역할」, 『동양사학연구』 77, 2001.

박훈, 「德川 말기 미토번의 남상운동과 정치공간」, 『역사학보』 173, 2002.3.

박훈, 「德川 말기 후기미토학의 민중관―會澤安의 『신론(新論)』을 중심으로」, 『역사교육』 85, 2003.3.

박훈, 「『대일본사』 편찬에서 '등전파(藤田派)'의 역할 재고」, 『대구사학』 86, 2007.

박훈, 「근대 초기 한중일에서의 헌정(憲政)의 수용양태 비교 시론」, 『일본연구논총』 25, 2007.

박훈, 「18세기 후반―막말기 일본인의 '아시아' '동양'개념의 형성과 변용」, 『동양정치사상사』 9-2, 2007.

박훈, 「18세기 말－19세기 초 일본에서의 전국적 세계관과 해외팽창론」, 『동양사학연구』 104, 2008.

박훈, 「德川 제소의 대민(對民)활동과 그 의의－지방역인(地方役人) 접촉과 순촌(巡村)」, 『일본역사연구』 32, 2010.

박훈, 「막말기 대외론－쇄국론 / 양이론 재고」, 김용덕 편, 『일본사의 변혁기를 보다－사회인식과 사상』, 지식산업사, 2011.

박훈, 「일본근현대사 연구동향」, 『역사학보』 215, 2012.

박훈, 「19세기 전반 웅본번에서의 학적 네트워크와 학당의 형성」, 『동양사학연구』 126, 2014.

박훈, 「德川 말기 越前藩의 '擧藩上洛'과 松平慶永 : '擧藩上洛'(1863) 추진을 중심으로」, 『진단학보』 92, 2001.12.

박훈, 「德川 말기 越前藩의 정치노선에 관한 일고찰－'擧藩上洛' 추진을 중심으로」, 서울대 석사논문, 1996.

방광석, 「'제국헌법'과 명치천황」, 『일본역사연구』 26, 2007.

방광석, 「1880년 전후 일본 자유민권파의 헌법인식과 헌법구상」, 『동양정치사상사』 10-2, 2010.

방광석, 「일본의 한국침략정책과 이토 히로부미－통감부시기를 중심으로」, 『일본역사연구』 32, 2010.

방광석, 「'제국헌법'과 명치천황」, 『일본역사연구』 26, 2007.12.

방광석, 「이토 히로부미 저격사건에 대한 각국 언론의 반응과 일본정부의 인식－일본 외무성 외교사료관 소장자료를 중심으로」, 『동북아역사논총』 30, 2010.

방광석, 「막말 유신기 일본 사절단의 근대도시 인식」, 『일본학』 6, 2013.5.

방광석, 「德富蘇峰의 동아시아 인식－청일전쟁부터 한국병합 시기를 중심으로」, 『동북아역사논총』 27, 2009.

방광석, 「明治 관료의 유럽 '지식순례'」, 『일본역사연구』 23, 2004.

배성동, 「한일관계에서 본 일본국내정치의 전개－정한론 이후부터 서남전쟁에 이르기까지(1874～77)」, 『아세아연구』 52, 1974.

배성동, 「개항 직전의 한일관계－1868～1874」, 『한국정치학회보』 6, 1972.

손열, 「보호주의로서의 일본근대자본주의의 형성－양대 전간기 석유산업과 자동차산업에서의 산업정책체계」, 『한국정치학회보』 29-1, 1995.

송석원, 「사쿠마 쇼잔의 해방론과 대서양관－막말에 있어서의 '양이를 위한 개국'의 정치사상」,『한국정치학회보』 37-5, 2003.

송휘칠, 「근세일본의 주자학수용과 그 변용에 관하여」,『한국의 철학』 22, 1994.

송휘칠, 「근세일본의 국학파 형성과 그 전개」,『한국의 철학』 24, 1996.

송휘칠, 「근세일본의 쇄국정책과 양학 수용」,『일본사상』 3, 2001.

스벤 사아러(Sven Saaler), 김종학 역, 「국제관계의 변용과 내셔널 아이덴티티의 형성 :
    1880년대~1920년대의 '아시아주의'의 창조」,『한국문화』 41, 2008.

신우철, 「근대사법제도 성립사 비교연구－일본에 있어서 법원조직 법제의 초기 형성」,
    『중앙법학』 8-2, 2006.

신우철, 「일본입헌주의의 초기형성－그 서구적 원형과 동아시아적 변형」,『중앙법학』
    9-1, 2007.5.

심헌용, 「러일전쟁 시기 러·일 양국군의 한반도 내 군사 활동」,『아시아문화』 21, 2003.

야가사키 히데노리, 「일본국 헌법제정경위에 관한 연구」,『한국정치학회보』 37-5, 한
    국정치학회, 2003.

야마무로 신이치, 「동아시아 근대지성의 동아시아 인식－일본의 아시아주의와 아시
    아 학지(學知)」,『대동문화연구』 50, 2005.

야마무로 신이치, 서민교 역, 「서학에 의한 만국인식의 변용과 동아시아 국제질서, 사
    상연쇄의 시각에서」,『인간·환경·미래』 3, 2009.

양수지, 「유구왕국의 멸망－유구왕국에서 일본의 오키나와 현으로」,『근대중국연구』 1,
    2000.

양준희, 「월츠의 신현실주의에 대한 웬트의 구성주의의 도전」,『국제정치논총』 41-3,
    2001.

양호환, 「러일전쟁에 대한 미국의 시각과 인식」,『역사교육』 90, 2004.

오병수, 「청 말 중국 지식계의 러일전쟁에 대한 인식－동방잡지의 입헌자강론을 중심
    으로」,『아시아문화』 21, 2004.

오비나타 스미오(大日方純夫), 「근대 일본 대륙정책의 구조－타이완 출병문제를 중심
    으로」,『동북아역사논총』 32, 2011.6.

오카모토 다카시(岡本隆司), 「일본의 류큐 병합과 동아시아 질서의 전환－청일수호조
    규를 중심으로」,『동북아역사논총』 32, 2011.6.

유교열, 「근대일본의 근대화를 둘러싼 정책논쟁」,『일본학보』 53, 2002.

윤복희, 「內村鑑三論－청일, 러일 전쟁기의 일 단면」,『일본학보』 83, 2010.

원지연, 「근대 일본 파시즘 형성기 내무관료의 정치화와 한계－신관료를 중심으로」,

　　『일본어문학』30, 2006.

이건상, 「일본의 근대화 전개배경에 대한 일 고찰―막부 말기 주요 사회적 상황의 의미와 역할을 중심으로」, 『일어일문학』43, 2009.

이기용, 「일본침략사상의 원형인 '신공황후설화'」, 『일본사상』13, 2007.

이내주, 「여순 항에서 솜 강까지―영국 군사 관전단의 러일전쟁 체험과 그 영향」, 『영국연구』21, 2009.

이병천, 「우리시대 후발 '이중혁명'에 대한 비판적 성찰―산업화와 민주화의 한국적 길」, 『역사비평』80, 2007.

이삼성, 「제국개념의 고대적 기원」, 『한국정치학회보』45-1, 2010.

이재훈, 「러일전쟁 직전 러시아의 압록강 삼림채벌권 활용을 통해 본 한러 경제 관계의 성격」, 『역사와 담론』56, 2010.

이정은, 「메이지 초기 일본의 천황제 국가건설과 '인권'―후쿠자와 유키치와 가토 히로유키의 '인권론'을 중심으로」, 『사회와 역사』68, 2005.

이중희, 「지역연구의 쟁점과 과제」, 1999년 후기 사회학대회 발표논문집, 한국사회학회, 1999.

이창훈, 「두 제국주의 사이에서―러일 분규에 직면한 한국 1895~1910」, 『한국국제정치논총』26-1, 1986.

이형순, 「明治維新과 경제발전」, 『아세아연구』72, 2002.

임성모, 「팽창하는 경계와 제국의 시선―근대 일본의 만주여행과 제국의식」, 『일본역사연구』23, 2004.

임태홍, 「사카모토 료마의 국가 건설사상―동아시아적 관점에서 본 선중팔책」, 『정치사상연구』10-2, 2004.

정하미, 「일본의 서양학문 수용―난학의 형성과 관련하여」, 『일본문화연구』4, 2001.

정혜선, 「일본 근대국민국가의 폭력양상과 천황제―정신적 지배로서의 천황제」, 『The Journal of Nonviolence』, 2010.

전상숙, 「러일전쟁 직후 일본의 대륙정책과 테라우치」, 『사회와 역사』71, 2006.

전상인, 「스카치폴의 혁명, 틸리의 전쟁, 그리고 한국의 국가 (1)」, 『연세사회학』12, 1991.

전상인, 「스카치폴의 혁명, 틸리의 전쟁, 그리고 한국의 국가 (2)」, 『연세사회학』14, 1994.

전재성, 「E. H. 카의 비판적 현실주의 국제정치이론」, 『한국정치학회보』33-3, 1999.

조명철, 「일본의 러일전쟁에 대한 인식」, 『아시아문화』 21, 2005.

조명철, 「러일전쟁에 대한 재조명—개전론을 중심으로」, 『한일군사문화연구』 4, 2006.

조명철, 「근대일본의 전쟁과 팽창의 논리」, 『사총(史叢)』 67, 2008.

조한승, 「청일전쟁과 러일전쟁의 국제정치이론적 고찰」, 『한국과 국제정치』 49, 2005.

차남희, 「일본의 시민종교와 신도—메이지 초기의 국가신도를 중심으로」, 『담론201』 12-1, 2009.

최석완, 「일본정부의 동아시아질서 재편정책과 청일전쟁」, 『동양사학연구』 65, 1999.

최영호, 「근대 일본 해군력 건설과 발전에 영향을 미친 요소와 해군 전략에 관한 연구」, 국방대 석사논문, 2003.

최정욱, 「비교정치경제학에서의 사회구조적 분석과 역사적 제도주의 간의 논쟁—분석 수준과 인과론적 우선성을 중심으로」, 『한국정치학회보』 39-2, 2006.

최종건, 「안보학과 구성주의—인식론적 공헌도를 중심으로」, 『국제정치논총』 49-5, 2009.

최종건, 「신현실주의 이론의 '무정부 신화'에 대한 구성주의적 비판」, 『한국정치학회보』 42-2, 2008.

최연식·이필영, 「이와쿠라 사절단이 본 서양—모방과 습합」, 『동서연구』 25-2, 2013.

황지환, 「전망이론의 현실주의적 이해—현상유지경향과 상대적 손실의 국제정치이론」, 『국제정치논총』 47-3, 2007.

황태연, 「서유럽 근대국가의 형성과정」, 『국제정치논총』 32-2, 1995.

함동주, 「러일전쟁 이후 일본의 한국식민론과 식민주의적 문명론」, 『동양사학 연구』 94, 2002.

홍성태, 「군사문제의 연구동향」, 『경제와 사회』 65, 2005.

홍순호, 「정한론—근대일본의 침략사상과 조선정벌정책」, 『정치외교사논총』 14, 1996.

홍웅호, 「러일전쟁 이전 러시아의 동아시아 정책」, 『역사와 담론』 56, 2010.

홍장표, 「전후 일본자본주의의 자립—종속 논쟁」, 『경제와 사회』 2, 1989.

카루베 타다시, 「만국공법과 일본사상—요코이 쇼난을 중심으로」, 『한국동양정치사상사학회 제1회 국제학술회의, 동아시아 근대사와 정치리더십—한·중·일 비교연구 발표논문집』, 2002.

이오키베 카오루(五百旗頭 薫), 「관세자주권의 회복을 둘러싼 리더십의 경합—메이지 초년의 오쿠마 시게노부와 테라시마 무네노리」, 『한국동양정치사상사학회 제1

회 국제학술회의, 동아시아 근대사와 정치리더십―한·중·일 비교연구 발표
논문집』, 2002.

다카시로 코이치(高城幸一), 「갑신정변 전후의 후쿠자와 유키치의 중국 인식―지지신
보 중국관련 논설을 중심으로」, 『일어일문학연구』43, 2002.

다카시로 코이치(高城幸一), 「신국사상과 메이지 정부의 국가신도(神道)화 정책」, 『일
본사상』11, 2006.

호사카 유지(保坂祐二), 「수호학(水戶學)과 도막론(倒幕論)」, 『일본문화연구』20, 2006.

호사카 유지(保坂祐二), 「요시다 쇼인 사상의 근대적 전개 서설―청일전쟁 직전까지의
일본군 정비과정과 첩보활동 고찰」, 『한일군사문화사연구』5, 2007.

히라이시 나오아키(平石直昭), 「요코이 쇼난의 사상적 리더십」, 『한국동양정치사상사
학회 제1회 국제학술회의, 동아시아 근대사와 정치리더십―한·중·일 비교연
구 발표논문집』, 2002.

와타나베 히로시, 「사카타니 로오로에서의 이념과 현실」, 『한국동양정치사상사학회
제1회 국제학술회의, 동아시아 근대사와 정치리더십―한·중·일 비교연구 발
표논문집』, 2002.

武田晴人, 「'兩制度の崩壊：幕末の金流出」, 『にちぎん』No. 18, 2009 夏.

粕谷誠, 円の誕生, 「にちぎん」No. 19, 2009 秋.

原口 淸, 「孝明天皇と岩倉具視」, 『名城商學』第39卷 別冊, 名城大學商學會, 1990. 2.

原口 淸, 「孝明天皇の死因について」, 『明治維新史學會報』第15号, 明治維新史學會,
1989. 10.

原口 淸, 「医學と歴史學」, 『東海近代史研究』第11号, 東海近代史研究會, 1989. 12.

山崎正和·芳賀徹, 「鎖國と近代化」, 『文藝春秋』, 文藝春秋社, 1992. 9.

6. 인터넷 자료

일본역사자료센터(www.jacar.go.jp).

메이지 정부시기의 귀족원·중의원 의사록, 방위성 소장 방위연구소 자료, 국립공문서
관 자료, 조선총독부 발간 자료, 조약과 천황서명원본 자료로 보는 일본역사 자
료 등의 1차 자료가 수록되어 있다. 국립공문서관에서 2001년 11월 30일 개설한
DB 사이트다.

일본국회도서관(www.ndl.go.jp).

제국헌법, 제국의회, 정당, 영일동맹, 청일전쟁, 러일전쟁, 한일합방 관련 주요 원본, 필
　　사본 자료 등이 수록되어 있다.

일본근대디지털도서관(近代デジタルライブラリ)(http://kindai.ndl.go.jp/).

일본 근대의 고서 중 저작권 기간이 만료된 책이 디지털화 되어 수록되어 있다.

야마구치현문서관(http://ymonjo.ysn21.jp/).

국립공문서관(www.archives.go.jp). 1873년 태정관 도서괘, 1885년 내각문고를 잇는 국
　　립도서관으로 에도 시대의 고문서, 고전적 등 방대한 자료가 보관되어 있다.

7. 박물관, 기념관, 도서관

일본국립역사민속박물관(https://www.rekihaku.ac.jp).

모토오리 노니나가 기념관(www.norinagakinenkan.com).

센다이시 박물관(http://www.city.sendai.jp).

다하라시박물관(http://www.taharamuseum.gr.jp).

　　　　와타나베 가잔 관련 자료가 수록되어 있다.

쇼잔기념관(사나다보물관, www.sanadahoumotsukan.com).

시볼트기념관(나가사키현 나가사키시 나루다키 2-7-40).

나가사키역사문화박물관(www.nmhc.jp) / 나가사키시 가메야마 조합기념관
　　(www.city.nagasaki.lg.jp).

오사카대학 데키주쿠 기념센터(www.tekijuku.osaka-u.ac.jp).

도쿠가와기념재단(www.tokugawa.ne.jp).

가고시마시 유신고향관(www.ishinfurusatokan.info).

나가사키 조선소사료관(www.mhi.co.jp).

요코하마 개항자료관(www.kaihou.city.yokohama.jp).

시모노세키시 시립 조후박물관(시모노세키시 조후).

가나가와 현립역사박물관(ch.kanagawa-museum.jp).

고치현립 사카모토 기념관(www.ryoma-kinenkan.jp).

아이즈 백호대기념관(아이즈시).

교토 국립박물관(www.kyohaku.jp).

다카노 초에이 기념관(http://www.city.oshu.iwate.jp).

도쿄대학 사료편찬소(http://www.hi.u-tokyo.ac.jp/index-j.html).

와세다대학 도서관(www.waseda.jp).

야마가타 아리토모 기념관(http://www.general-yamagata-foundation.or.jp).

전화국사진관(http://denwakyoku.jp).

메이지신궁 외원 성덕기념 회화관(聖德記念繪畵館),
　　　(http://www.meijijingugaien.jp/art-culture/seitoku-gallery).

야스쿠니 신사(www.yasukuni.or.jp).

이바라키현 홍도관(http://www.koen.pref.ibaraki.jp).

도키와 신사(tomonsan.jp). 도쿠가와 나리아키를 제신으로 모시는 신사로 미토학에 관
　　　한 자료가 실려있다.

오사카 교육대학 부속도서관, 디지털 컬렉션(www.lib.osaka-kyoiku.ac.jp).

요코하마 개항자료관(http://www.kaikou.city.yokohama.jp).

교토외국어대학 부속도서관 / 교토외국어단기대학 부속도서관
　　　(http://www.kufs.ac.jp/toshokan/gallery).

8. DVD

小林正樹,〈東京裁判〉.

NHKスペシャル,〈昭和天皇 二つの「獨白錄」〉.

연도		구력		주요 사건	관련 사료
1853	7.8	가에이嘉永6	6.3	미국 동인도 함대, 에도 만 우라가浦賀 도착	미합중국 대통령 서한
1854		가에이嘉永7	1.16~2.13	페리 다시 방문, 그 다음 달부터 요코하마에서 막부 대표와 회담	
	3.31	가에이嘉永7	3.3	일미화친조약 조인	일미화친조약(필사)
1858	7.29	안세이安政5	6.19	일미수호통상조약 조인	
	10.31		9.7	안세이대탄압 시작 (1860년 3월 24일, 사쿠라다문밖의 사건까지 지속)	
1863	9.30	분큐文久3	8.18	금문의 전투(금문禁門의 변), 조정 안의 존왕양이파 추방	
1866	3.7	게이오慶応2	1.21	사쓰마-조슈 토막 밀약 성립	
1867 ~1868		게이오慶応3	6월	도사의 고토 쇼지로後藤象二郎, 야마우치 요도山内容堂에게 대정봉환 건의	
	11.8		10.13	천황, 막부 토벌(토막, 도막)의 밀칙 내림	
	11.9		10.14	도쿠가와 요시노부, 대정봉환 상표上表 조정에 제출	
	12월		11월	사카모토 료마, 신정부강령8책 기초	신정부강령8책
	12월		11월	니시 아마메西周, 의제 초안 작성	의제 초안議題草案
	1.3		12.9	왕정복고 쿠데타 단행, 왕정복고대호령 발표	
	1.11		12.17	신정부, 총재總裁, 의정議定, 참여参与 등 3직職 설치	
1868	6.11	게이오慶応4	윤4.21	정체서 공포 3권분립에 기초, 태정관제(8관) 수립	정체서政体書
1869	8.15	메이지明治2	7.8	관제 개혁(2관6성), 직원령職員令 제정	
1871	9.13	메이지明治4	7.29	관제 개혁(3원 8성), 태정관직제 및 사무장정 제정	태정관직제 연혁 원문
	12.3		11.12	이와쿠라사절단, 요코하마 항 출발(~1973.9)	이토 히로부미 수기(외유일기)
1872		메이지明治5	.4월	미야지마 세이치로宮島誠一郎, 좌원左院에 헌법 제정 건의	입국헌안立国憲按
1873		메이지明治6	10.25	정한논쟁에서 패배한 사이고 다카모리, 이타가키 다이스케 등 참의직 사직(메이지 6년 정변)	오쿠보, 정체政体에 관한 의견서
1874		메이지明治7	1.12	애국공당愛国公党 결성	애국공당 본서 및 부서 초안
			1.17	민찬의원 설립 건의서 제출	민찬의원 설립 건백 초고(3종)
			4.1	입지사 설립	
				아오키 슈조青木周蔵 국헌초안	제호대일본국정전초안第号大日本国政典草案
1875		메이지明治8	2.11	오쿠보 도시미치, 기도 다카요시, 이타가키 다이스케 등, 정체 협의 (오사카 회의)	정체 개혁 도안政体改革図案
			4.14	천황, 점진적인 입헌 정체 수립 조칙 하달	오사카회의초안 입헌정체수립의 조
			6.24	제1회 지방관회의개최(~7.17)	

연도	구력			주요 사건	관련 사료
76	메이지明治 9		9.6	원로원에 국헌 기초 칙유 하달	일본국헌안日本國憲按
			10월	서일본 각지에서 사족 반란 발발	
77	메이지明治 10		2.15	가고시마에서 사이고 다카모리 거병, 서남전쟁 시작(~10.24)	공성포대攻城砲隊 전투 보고
			6월	입지사, 국회 개설 청원 원로원과 좌원에 제출	입지사 건백(필사)
80	메이지明治 13		3.17	애국사대회에서 국회 기성 동맹 결성	국회개설윤가상원서國會開設允可上願書
			7월	이와쿠라 도모미, 헌법에 관한 의견을 상주上奏	헌법강령 의의憲法綱領之意義
81	메이지明治 14		8월	입지사의 우에키 에모리植木枝盛, 국헌초안 동양대일본국국헌안 작성	동양대일본국東洋大日本國 국헌안國憲按
			10.11	어전회의에서 국회 개설의 방침, 오쿠마 시게노부의 참의 파면 등 결정(메이지 14년 정변)	오쿠마 시게노부 상주문(필사)
82	메이지明治 15		3.14	이토 히로부미, 헌법 조사를 위해 유럽 출발	입헌 정체 조사立憲政體取調, 특파이사구주 파견 칙서特派理事歐洲派遣勅旨
85	메이지明治 18		12.22	태정관제 폐지, 내각 제도 도입(초대수상은 이토 히로부미)	내각직권內閣職權
86	메이지明治 19		10.24	대동단결 운동 고양	
87	메이지明治 20		6월	이토 히로부미, 이토 기요지, 가네코 긴타로 등 가나가와현 나쓰시마夏島의 이토 별장에서 국헌초안 검토	나쓰시마초안
					대일본제국헌법 3월안
89	메이지明治 22		2.11	대일본제국 헌법 발포	
			2.12	구로다 기요타카黑田淸隆 수상, 헌법 발포에 즈음하여 초연주의超然主義 연설	구로다 수상 연설
			10.18	오쿠마 시게노부 외상, 폭탄 테러로중상(조약 개정 교섭 일시 중단)	재외공사전신훈령在外公使電信訓令
90	메이지明治 23		7.1	제1회 중의원의원 총선거	중의원衆議之証
			7.10	제1회 귀족원백자남작의원 호선선거貴族院伯子男爵議員互選選舉	귀족원 자작 의원 선거인 확정 명부, 투표 용지
			9.15	입헌자유당 결성식	입헌자유당立憲自由黨議會
			11.29	제1회 제국의회 개원식	이노우에 기요시가 이토 히로부미에게 보낸 편지
92	메이지明治 25		2.15	제2회 중의원의원 총선거, 마쓰카타松方 내각에 의한 선거개입 정치문제화	중의원선거 후보자 명부
93	메이지明治 26		1~2월	제4의회, 군함건조비 지출을 둘러싸고 정부와 민당 대립	화협和協의 조칙안詔勅案
94	메이지明治 27		7.16	영일통상항해조약 조인(영사재판권 철폐)	건건여록초고蹇蹇余録初稿書 1
			8.1	일본, 청에 선전포고. 청일전쟁 발발	하야시林董에게 보내는 서한 (무쓰 무네미쓰)
95	메이지明治 28		4.17	청일강화조약(하관下關조약) 조인	이토 수상의 시정방침담화 요지
96	메이지明治 29		3.1	입헌개진당 등 진보당 결성	선언
98	메이지明治 31		6.22	자유, 진보 양당 합당, 헌정당 결성	입헌정우회 회칙 초안
00	메이지明治 33		9.15	입헌정우회 결성	사회민주당 결성 신고서, 당칙黨則:필사
01	메이지明治 34		5.18	사회민주당(안부기웅安部磯雄 등) 결성, 즉시 결사 금지	
			9.7	의화단사변 최종의정서 체결	가쓰라 타로 자서전(북청사변기술)

연도	구력		주요 사건	관련 사료
1902	메이지明治 35	1.30	제1회 영일동맹협약 조인	영독협상, 러일동맹
1904	메이지明治 37	2.10	일본, 러시아에 선전포고 러일전쟁 발발	진중陣中 휴대 노트 (一)
	메이지明治 38	9.5	러일강화조약(포츠담조약) 조인	
			가쓰라桂園 시대(~메이지 말)	사이온지 긴모치가 가쓰라에게 보낸 편
1910	메이지明治 43	5.25	대역사건 검거 시작	
		8.22	한국합병에 관한 조약 조인	가쓰라 타로 각서
1911	메이지明治 44	2.21	일미통상항해조약개정 조인(관세자주권 확립)	

주 : * 일본역사자료센터, '사료로 보는 일본의 근대(개국에서 강화까지, 100년의 궤적) 특별전 연표를 일미통상항해조약 개정 조인(1911)까지 재구성.
　　** 대일본제국헌법(1887) 3월 안의 정사政事 는 깨끗하게 필사된 것을 말함.
　출처 : 사료의 원문은 일본역사자료센터(www.jacar.go.jp) 연표 참조.

연도	연호	조슈			일본 국내	
		월	주요 사항		월	주요 사항
830	덴포 1	8	◦ 밀랍 등 전매제 반대 분규 ◦ 요시다 쇼인 출생			
830						미토, 사쓰마 번정 개혁에 착수
831		7	◦ 덴포대분규 시작, 번 전체로 확대(11월에 소강)			
831		10	◦ 무라타 세후, 중책인 강호당역용담역에 임명			
832		2~3	◦ 무라타 세후, 개혁 강령 집필, 덴포 개혁의 기초 마련			
832			◦ 번의 부채가 8만 관에 도달 지번 도쿠야마에 잇큐 발생			
833		6	◦ 기도 다카요시 출생			
833			◦ 나가토에 잇키 발생			대기근, 잇큐 격화
836					8	군내 소동 발생
836			◦ 폭풍우, 홍수 피해 심각			덴포대기근 시작
837					2	오시오 하치로의 난
837		3	◦ 잇키 발생			
837		4	◦ 모리 다카치카, 습봉			
838		8	◦ 무라타 세후, 개혁 착수. 지강호사조괘에 임명			
838			◦ 부채, 9만 관 초과			
839					5	만사의 탄압
839		8	◦ 다카스기 신사쿠 출생			
840		5	◦ 무라타, 강호당역용담역 임명			
840		7	◦ 번정 개혁에 관한 대회의, 이후 개혁 본격화			
840					8	청국 상인, 아편전쟁 소식 전달
840			◦ 의학소(제생당) 설치			
841		4	◦ 옻나무 전매제 개혁			
841					5	미즈노 다다구니, 덴포 개혁 착수
841		9	◦ 이토 히로부미 출생			
841					10	와타나베 가잔 자살
841		12	◦ 에도 사쿠라다 저택에 유비관 설치		12	
842					7	이국선 타불령 완화(막부)

연도	연호	조슈		일본 국내	
		월	주요 사항	월	주요 사항
1842				8	막부, 해방(海防)명령
1842			○다마키 분노신, 쇼카손주쿠 설립		
1843				윤9	아베 마사히로 로쥬 취임
1843		10	○상인두취제(町人頭取制) 시행		
1844	고카(弘化) 1	6	○무라타 세후 퇴진, 쓰보이 구에몬 실권 장악	6	미즈노 다다쿠니 로쥬 재임명
1844				8	네덜란드 국왕, 막부에 개국 권유
1845				2	미국 선박 도래, 미즈노 다다쿠니 파면
1845				7	영국 선박 도래
1845		10	○아오키 겐조 나가사키 파견		
1845				12	학습원 도쿄에 설치
1845			○오사카에서 신부채 기채		
1846				5	프랑스선 류쿠 도래
1846				윤5	미국 사절 피터 방문(畢)
1846		8	○쓰보이파 퇴조, 개혁에 의한 단속 재강화	8	조정, 해방칙유 발표
1847		2	○서양서 번역 담당 설치		
1847		12	○츠보이 쿠에몬 금고 처분		
1848	가에이(嘉永) 1	6	○해방(海防) 전담 부서 설치		
1848		9	○무라타 세후, 메린칸 재흥 담당에 임명		
1848					사쿠마 쇼잔, 서양식 대포제작, 시나가와 포대 설치
1849		2	○메린칸 신축 완공		
1849		4	○미지마(三島), 군비(軍備) 강화		
1849				5	로쥬, 부교들에게 해방 관련 의견 요청
1849				12	사쓰마, 붕당사건
1850				2	시마즈 나리아키(島津齊彬) 습봉
1850		4	○번 요직 교체, 개혁 강화		
1850		6	○의학소 제생당을 호생관(好生館)으로 개칭하여 신축	6	히젠, 대통(大銃) 제조역 설치
1850		10	○연안 방비 강화	10	다카노 조헤이 자살
1850				11	조정 다시 해방 칙유, 막부에 하달
1851				2	로쥬 미즈노 사망
1851		11	○스후 마사노스케, 무쿠나시 도타 정무역의 보좌역(補佐役)에 임명		
1852				6	러시아선, 시모다 도래
1852				8	네덜란드상관장, 막부에 개국 권고
1852			○무라타, 해방론 왕성히 전개		
1853		1	○연안8구역 방어 부서 결정		
1853		6	○미국 군함 도래, 오모리(大森) 출병	6	페리 도래

연도	연호	조슈		일본 국내	
		월	주요 사항	월	주요 사항
853				7	러시아사절 푸챠친 나가사키 도래
853		9	◦무쿠나시 정무역 파면, 스후 마사노스케 임명	9	막부, 대형 선박 제조 허용
853			◦홍수와 가뭄 피해 격심		
854	안세이 1			1	페리 재차 도래
854		3	◦요시다 쇼인 미국 함선에 밀항시도 실패	3	일미화친조약 체결
854		4	◦오사카에서 신부채 기채		
854		5	◦즈후파 개혁 시행		
854				8	일영·일러 화친조약 체결
855		5	◦무라타 세후 사망		
855		8	◦즈후파 대신 쓰보이파, 무쿠나시파가 개혁강령 제출		
855		9	◦서양학소 개설		
855				10	에도대지진, 후지타 도코 사망
855				12	일란화친조약 체결
855			◦농병부대 설립(인도 · 육련)		
856				2	막부 직속의 양학 연구 기관 설립
856				7	하리스 시모다 도착
856		12	◦우메다 운빈 하기 방문, 서양식 군함 헤이신마루호 하기에서 건조		
857		5	◦쓰보이 구에몬, 관서교역 진출	5	하리스와 시모다조약 체결
857				8	사쓰마, 집성관 명명
857				10	하리스, 쇼군 접견
857		11	◦쇼인, 쇼카손주쿠 주재		
858				4	이이 나오스케 다이로 취임
858		5	◦번시책3대강령 결정(조정에 충절, 막부에 의리, 조상에 효도)		
858		6	◦번 정부 요직 교체, 쓰보이파 대신 즈후파 중용	6	일미통상조약 조인
858		8	◦번정 개혁 강령 결정(제촌제상인면찰사법 제정)	8	콜레라 유행
858				9	안세이대탄압 시작
858		10	◦쓰보이파의 물산진흥책수정		
858		12	◦요시다 쇼인 투옥		
858					안세이5조약 조인
859		2	◦사쓰마 · 조슈 교역 성립		
859				5	영국총영사(뒤에 공사) 올코크 방일
859				6	가나가와, 나가사키, 하코다테 개방. 무역 개시
859		8	◦서양학소를 박습당으로 개칭		
859		10	◦요시다 쇼인 처형		

연도	연호	조슈		일본 국내	
		월	주요 사항	월	주요 사항
1860	만엔万延 1			1	안도 노부마사, 로쥬 취임. 막부사절 미국 방문
1860		2	∘병제를 서양식 3병제(기병, 보병, 포병)로 개정		
1860				3	사쿠라다문밖의 사건
1860		7	∘기도 다카요시, 미토 번사와조직 결성成城の盟		
1860			∘향학교明倫館 건립, 농병의 훈련 시행		
1861	분큐文久 1			2	러시아 함대 대마도 점령 사건 발생
1861		3	∘항해원략책을 번의 시책으로 결정	3	막부, 개항 개시 연기 교섭 사절 파견
1861		5	∘나가이 우타, 항해원략책을 조정에 설명, 8월에 막부의(久世・安藤政権) 동의 얻음	5	미토 낭인 사무라이, 도젠지東禅寺 에서 영국인 습격
1862				1	사카시타문 사건
1862				2	가즈노미야, 결혼
1862		3	∘나가이 우타, 항해원략책 조정에 다시 건의, 5월 각하		
1862		4	∘다카스기 신사쿠, 나가사키에서 상해 도착, 7월 귀국	4	데라다야 사건
1862		7	∘번시3대강령 전환, 파약 양이破約攘夷로 결정		
1862				8	나마무기 사건
1862				9	니시 아마메, 에노모토 다케아키 등 네덜란드 유학
1862		12	∘다카스기 신사쿠 등 영국 공사관 습격		
1863		2	∘나가이 우타 처형		
1863		3	∘번 기구 개혁 시행	3	쇼군 교토 입경
1863		4	∘번주, 하기에서 야마구치로 이전, 7월 이전 고유제 개최		
1863		5	∘시모노세키에서 외국 상선 포격, 이노우에 가오루・이토 히로부미 영국 유학		
1863		6	∘다카스기 신사쿠, 번 명령으로 기병대 편성, 야마구치 정사당山口政事堂 설치		
1863		7	∘이경異境이 있을 때에는 백성도 칼 패용 허용	7	사쓰에이 전쟁
1863		8	∘8・18정변, 조슈 존양파 7경과 함께 교토에서 추방	8	천주조天誅組의 난 8・18정변
1863				9	막부, 요코하마의 생사 무역 제한 강화
1863				10	이쿠노의 변生野の変 발생
1863				11	사쓰마와 영국 강화
1864	겐지元治 1			1	교토에서 참예회의 개최, 3월 결렬
1864				3	미토 덴구당의 난 불 공사 로슈 착임
1864				6	이케다야 사건
1864		7	∘금문의 전투, 구사카 겐즈이, 이리에 구이치 등 전사. 제1차 조슈 정벌 명령 시달	7	금문의 전투
1864		8	∘4개국 연합 함대 시모노세키 포격, 조슈 항복		

연도	연호	조슈		일본 국내	
		월	주요 사항	월	주요 사항
864		9	◦시모노세키협약(下關約) 조인, 즈후 마사노세키 자결		
864		10	◦기병대해산령 발표		
864		11	◦번 정부, 금문의 전투 책임자 처벌	11	가쓰 가이슈, 군함부교에서 해임
864		12	◦다카스기 신사쿠, 번론 회복 위해 거병(擧兵), 내전		
864					막부의 통제로 수출 감소
865	게이오(慶應) 1	1	◦오타, 에토촌에서 전투 발발		
865		2	◦내전 중지, 다카스기 신사쿠번 정부 주도권 장악		
865		3	◦무비공순, 번시책으로 결정 군제 개혁 개시		
865				4	막부, 제2차 조슈정벌군 소집
865		閏5	◦무쿠나시 도타이(向山太一) 등 속론파 처형	윤5	영국 공사 파크스 착임
865		8~9	◦기도다카요시 · 다카스기 신사쿠, 시모노세키에서 고시 니가타(越荷方) 관장		
865		10		10	조약 칙허
865					무역액 현저하게 증가
866		1	◦사쓰마, 조슈 동맹 성립		
866				2	토사번, 개성관 설립
866		4	◦제2기병대원 탈주, 구라시키(倉敷) 습격		
866				5	개세조약(改稅約書) 조인
866		6	◦막부군 조슈와 전쟁 개시(오시마 입구에서 개전)		
866		7	◦세키슈입구(石州口)에서 막부 측 하마다 군, 도망	7	쇼군 이에모치 사망 요시노부 종가 상속
866		8	◦조슈군 고쿠라 공격, 번주 성을 불 지르고 도망		
866		8	◦조슈 징벌 중지 명령	8	막부, 차관계약
866		9	◦막부 측 가쓰 가이슈, 조슈 측 히로자와 사네토미(廣澤眞臣) 등과 회견, 휴전협약		
866		11	◦히로자와, 고다이 도모아츠, 상사시담개조약 체결		
866				12	고메이 천황 사거
866					쌀 가격 폭등, 잇키, 반란 격화
867				1	메이지 천황 즉위
867		4	◦다카스기 신사쿠 병사		
867				5	4제후회의(四侯會議)
867				8	에에자나이까 운동 시작
867		9	◦사쓰마-조슈 및 조슈-게슈 사이에 토막 출병 협정 성립		
867		10	◦조슈번 부자 사면, 토막 밀칙 하달	10	대정봉환 단행
867		11	◦토막출병군, 해로로 출전		

연도	연호	조슈		일본 국내	
		월	주요 사항	월	주요 사항
1867				12	효고 개항 칙허, 왕정복고대호령
1868	메이지明治 1	1	◦ 도바·후시미에서 막부군과 전투, 이후 무진전쟁 출병	1	무진전쟁 개시, 신정부 개국화친 포고
1868				3	「5개조서약문」
1868				4	에도성 개성
1868				윤4	정체서 발포
1868				9	일세일원제 시행
1868		11	◦ 번치직제藩治職制에 의해 개혁 착수		
1869		1	◦ 사쓰마, 토사, 히젠 번주와 함께 판적봉환 건의		
1869				6	판적봉환
1869				7	관제 개혁
1869		11	◦ 상비군 4개 대대 편성령 발표, 제대의 반란		
1869		12	◦ 백성의 잇키 연속 발생		
1869					전국에서 잇키 발생
1870				1	대교大教 선포
1870		2	◦ 반란제대 지휘자 처형		
1870		4	◦ 의사관을 번청으로, 상비군 편성, 녹제禄制 개혁 진행		
1870				9	평민에게도 성姓 허용
1871		1	◦ 히로자와 사네토미 암살		
1871		3	◦ 모리 다카치카 사망		
1871		5	◦ 재정 개혁 강령 결정		
1871		7	◦ 야마구치현, 이와쿠니현, 도요우라현, 기요스에현 설치	7	폐번치현 단행
1871		10	◦ 4현을 합쳐 다시 야마구치현으로 개편	11	전국 3부 72현으로 개편

출처 : 일본 야마구치현山口縣 홈페이지 유신사 회랑維新史回廊의 막말 조슈 관계 연표幕末長州關係年表 참고, 재작성.

연도	방문국		주요 일정
1871		12.23	요코하마 출발
1872	미국	1.15	샌프란시스코 도착
		2.29	워싱턴 도착
		3.4	그랜트 대통령 알현
		3.11	조약개정 교섭 개시
		3.24	전권위임장 문제로 오쿠보 도시미치, 이토 히로부미 일시 귀국
		6.17	오쿠보 도시미치 등 워싱턴 도착
		7.22	조약개정 교섭 중단 필라델피아, 보스턴 방문
		8.6	보스턴 출발
	영국	8.17	리버풀 경유. 런던 도착. 그랜빌 외상과 회견
		11.9	런던 도착.
		12.5	빅토리아 여왕 알현 이와쿠라, 그랜빌 조약 개정 협상 중단
	프랑스	12.16	파리 도착
		12.26	티에르 프랑스 대통령 알현
1873	프랑스	1.1	베르사이유 궁전에서 신년 하례. 파리 시내 시찰, 파리코뮌 흔적 등 목격
	벨기에	2.17	파리 출발 브뤼셀 도착
		2.18	레오폴드 2세 알현
	네덜란드	2.24	브뤼셀 출발. 로테르담 경유, 헤이그 도착
		2.25	윌리엄 3세 알현, 로테르담, 암스테르담 여행
	독일	3.7	헤이그 출발, 독일 에센 경유 베를린 도착
		3.11	빌헬름 1세 알현
		3.15	비스마르크 초대연
		3.28	오쿠보 귀국 출발, 요코하마에 도착(5.26)
	러시아	3.30	상트페테르부르크 도착
		4.3	알렉산드르 2세 알현
		4.14	기도 다카요시 귀국. 빈, 로마, 마르세유를 거쳐 요코하마 도착(7.23)
	덴마크	4.18	코펜하겐 도착
		4.19	국왕 크리스찬 9세 알현

스웨덴	4.24	스톡홀름 도착
	4.25	국왕 오스칼 2세 알현
독일	5.1	함부르크 도착. 독일 북부 지방 여행
이태리	5.11	로마 도착
	5.13	엠마뉴엘 2세 알현
	5.27	베네치아 도착. 알치프 고문서관 등 견학
	6.3	황제 프란츠 요제프 1세 알현. 만국박람회 견학
스위스	6.20	베른 도착
	6.21	세레소르 대통령 알현
프랑스	7.15	리용 거쳐 마르세유에서 일본으로 출발
이집트	7.27	스웨즈 운하 경유. 홍해 경유(7.28), 아덴 상륙(8.1)
	8.18	싱가포르
	8.22	사이공
	8.27	홍콩
	9.2	상해
일본	9.6	나가사키
	9.13	요코하마 도착
	9.14	정부에 귀국 보고

출처 : 다나카 아키라, 현명철 역, 『메이지유신과 서양문명』, 소화, 2006, 부록에 실려 있는 이와쿠라 사절단 구미회람 연표에서 재구성. 이와쿠라사절단의 세부 일정은 久米邦武 編, 田中 彰 校註, 『米歐回覽實記』 1~5, 岩波書店, 2002, 각 전 부록 참고. 이 표의 일자는 양력으로 통일해서 표기하였다.

연도	연호	주요 사항
1827	분세이文政 10	◦ 러시아, 페르시아와의 전쟁에서 승리
1833	덴포天保 4	◦ 이집트, 터키와의 전쟁에서 승리 ◦ 벨기에, 네덜란드로부터 독립
1834	덴포 5	◦ 스페인, 포르투갈의 왕위계승 내전 ◦ 러시아, 폴란드 간섭
1839	덴포 10	◦ 오스트리아의 롬바르디아, 베네치아 병합 ◦ 광동에서 아편단속 강화, 벌금 부과
1840	덴포 11	◦ 네덜란드 황태자 결혼 ◦ 영국, 빅토리아 여왕 즉위 ◦ 영국, 중국에 대규모 군대 파견
1842	덴포 13	◦ 작년에는 태풍으로 선박 파손되어 일본방문 못함 ◦ 영국-중국의 전쟁은 별도 보고서로 설명 ◦ 아프가니스탄에서 영국에 대한 반란 발생 ◦ 네덜란드 국왕, 황태자에게 양위
1843	덴포 14	◦ 네덜란드 공주, 작센 황태자와 결혼 ◦ 대만에서 영국 상선 습격당함
1844	덴포 15	◦ 영국 여왕, 프랑스와 벨기에 국왕 방문 ◦ 스페인 내전 수습
1845	고카弘化 2	◦ 네덜란드 사절단 선박 귀국 ◦ 프랑스, 영국, 러시아의 왕실외교 소개
1846	고카 3	◦ 막부의 답장 전달 보고 ◦ 중국의 유럽 차 수출량 ◦ 바타비아 선박의 연간 출입항 수 ◦ 대서양 세인트 헬레나에서 지진 발생
1847	고카 4	◦ 중국의 대영국 차 수출액 ◦ 발리의 내란 수습
1848	가에이嘉永 원년	◦ 작년 억류되어 있던 미국인 표류민 송환
1849	가에이 2	◦ 중국선박은 대만 부근에서는 발견할 수 없었는데, 일본 근해에서 한 척 발견
1851	가에이 4	◦ 작년 일본방문선박 무사 귀환 ◦ 대만 부근에서 중국선박 발견할 수 없었음 ◦ 영국, 미국 표류민 34인 바타비아에서 인도
1854	가에이 7	◦ 대만 부근에서 중국선 2척 발견

연도	연호	주요내용
1840	덴포天保 11	◦1834년 영국동인도회사의 중국 무역독점권 폐지 이후 광동지역에서 아편거래가 성행하게 된 상황을 수치로 상세하게 설명 ◦1939년 3월 임칙서가 흠차대신으로 광동에 부임하여 아편을 단속, 몰수함에 따라 영국 상인의 불만 고조
1841	덴포 12	◦영국과 중국의 무역 단절, 마카오 치안 악화 ◦1840년 인도에 있던 영국 죠지 엘리엇의 함대가 중국 영파에 도착 ◦영국 해군, 주산제도에 요새건설 ◦영국 해군, 호문요새 공격. 1841년 1월 정전협정 체결
1842	덴포 13	◦영국 해군, 광동지역 요새 포격하고 주변 포대도 점령 ◦1841년 8월 헨리 포텐자 새로 부임. 함대 다시 북상하여 격전 끝에 아오이, 주산제도 정해, 장강 입구 진해 점령 약탈함. 중국은 영파 포기 ◦영국 증기선 함대가 장강을 거슬러 올라가면서 무력 시위
1843	덴포 14	◦광동 주변 긴장관계 지속, 장강 하구에서 중국군 패배 ◦영국함대 북상하여 상해, 장강 점령. 남경 공격 직전에 북경에서 기영 등 사절단이 도착하여 남경조약 체결
1844	고카弘化 원년	◦네덜란드 국왕, 쇼군에게 보내는 친서를 전달할 군함 일본에 파견 ◦기영과 포팅자 사이에 남경조약 비준서 교환 ◦1843년 7월, 오항통상장정과 세율표 확정, 내용 소개 ◦1843년 10월, 호문추가조약 체결
1845	고카 2	◦홍콩 식민지 건설 상세하게 설명 ◦청과 미국, 망하조약 체결. 청과 프랑스, 황포조약 체결 ◦광동에서 배외주의 운동 고조
1846	고카 3	※1846년부터 청·영국 관계를 넘어 세계정세를 전달 ◦광동에서 내영국 감정 악화 ◦프랑스 마다가스카르, 알제리 침공 ◦프랑스 함대, 미국 콜롬부스호, 일본방문 ◦영국·홍콩 정기선 운행 개시 ◦영국과 청국의 조약
1847	고카 4	◦네덜란드령 동인도에서 식민지 정책 실현, 발리전쟁 속보 ◦1845년 동인도에서 강제재배 제도의 성과로 커피, 사탕 등 네덜란드로 수출 ◦광동개항이 조약대로 진전되지 않자, 영국의 홍콩총독이 군함으로 다시 침공하여 재약정 ◦미국-멕시코 전쟁 상황 ◦유럽 철도부설 ◦영국, 보르네오 영유 진전, 오스트레일리아, 뉴질랜드 식민지 확대와 원주민과의 전쟁 ◦프랑스 타히티에 이어 베트남에서 군사행동 개시
1848	가에이嘉永 원년	◦프랑스 2월혁명 발발, 오를레앙가의 루이 필립이 망명지 영국에서 귀국하여 루이 나폴레옹으로 등장 ◦유럽 각지 대혼란 발생, 1843년 오스트리아 빈에서 혁명 발생 ◦타히티 여왕, 영국보호령 승인 ◦중국선박, 홍콩에서 런던으로 항해 ◦미국-멕시코 전쟁 종결, 캘리포니아 할양
1849	가에이 2	◦네덜란드 국왕 급사, 신임 국왕 윌리엄 2세, 국왕권한을 크게 제한하고 책임내각제를 규정하는 입헌개혁 시행. ◦네덜란드령 동인도에서 발리전쟁 발발 ◦프랑스, 제2공화제 이행 ◦오스트리아, 이탈리아 혼란

		◦ 러시아·터키 전쟁 위기 ◦ 중국 광동의 저항
1850	가에이 3	◦ 광동의 외국인거류지 교섭 ◦ 포르투갈의 마카오 식민지화 선언, 그 보복으로 총독 암살당함 ◦ 인도 시크전쟁 재발 ◦ 프랑스의 지원에 의해 로마교황 복권 ◦ 독일통일의 우여곡절 ◦ 미국의 대일본 교역 의향 ◦ 발리전쟁 지속
1851	가에이 4	◦ 해운의 자유화 ◦ 동인도해역에서 해적 퇴치 ◦ 하와이 부근에서 일본선 구조 ◦ 미국 캘리포니아로 골드러시 이민 유행 ◦ 태평천국의 난 발생 ◦ 광동개항 지연 ◦ 영국박람회 ◦ 오스트리아와 프러시아 대립 ◦ 러시아의 카프카즈 침략
1852	가에이 5	◦ 미국의 대일 함대파견 방침, 사절단장 페리 결정, 1~2 군데 개항 및 석탄저장소 확보계획 ◦ 중국 주변에 있는 미국함대 5척의 현황, 추가로 파견될 함대 현황, 함대사령관 페리 예정 → 1년 뒤 여기에 소개된 군함4척을 인솔, 페리 함대 에도 앞바다 우라가에 도착 ◦ 프랑스 알제리 침공
1853	가에이 6	◦ 스웨덴국왕과 결혼한 네덜란드공주, 왕자 출산 ◦ 네덜란드에서 상업이 급속히 발전 ◦ 영국과 네덜란드 사이에 해저 전신선 부설 시작. 영국·프랑스 사이에 개통된 것과 동일 ◦ 미국과 동인도 해역에 있는 구미 함대의 현황 ◦ 60년 동안의 미국 인구의 증가 현황 ◦ 러시아 함대의 무장 현황 ◦ 미국함대의 현황 ◦ 페리 함대의 일본방문 준비 ◦ 러시아함대의 일본방문 준비
1854	가에이 7 / 안세이 원년	◦ 네덜란드·영국, 해저케이블(280㎞) 전신 개통 ◦ 중국에서 태평천국의 난 확대 ◦ 러시아·터키, 크리미아 전쟁 발발 ◦ 중국근해와 동인도에 있는 각국 해군의 현황 ◦ 미국의 중국·동인도 함대 현황
1855	안세이 2	◦ 네덜란드의 홍수 피해 ◦ 중국반란군(태평천국)의 난의 점령지역 확대 ◦ 중국 연안의 해적활동 상세히 설명 ◦ 크리미아전쟁 확대 ◦ 미국 캘리포니아에서 대량의 금 발견
1856	안세이 3	◦ 영국령 인도 캘커타 부근에서 반란 ◦ 중국연안에서 해적 활동 극심 ◦ 크리미아 전쟁 현황, 러시아와 터키 1856년 3월 30일 오스트리아의 중재로 파리강화조약 체결 ◦ 수에즈운하 계획
1857	안세이 4	◦ 네덜란드 해군, 동인도에서 해적 소탕하고 노예해방시킴 ◦ 온두라스와 과테말라 지배권을 장악하려는 북미해적 워커 활동 소식 ◦ 크리미아 전쟁 종결과 강화조약 체결. 오스만 제국 쇠퇴하고 서구열강이 진출 ◦ 인도, 세포이 반란 발발 ◦ 러시아, 농노제 개혁과 군사 개혁 시행 ◦ 중국의 애로우호 사건 등 상세하게 전달

* 이 도표는 마츠가타 후유코의 다음 책을 참고하여 정리한 것이다. 松方冬子, 『別段風說書が語る19世紀:翻譯と硏究』, 東京大學出版會,
2012.

일본 근대역사 관련 영화/드라마 자료(DVD/CD/VOD 등)

Ⅰ. NHK 대하드라마

〈花の生涯〉(제1회 NHK 대하드라마-井伊大老と櫻田門), 1963.

〈德川慶喜〉, 1998.

〈篤姬〉, 2008.

〈龍馬傳〉, 2010.

〈八重の櫻〉, 2013.

Ⅱ. 다큐멘타리

고바야시 마사키(小林正樹), 〈東京裁判〉, 2004.

〈쇼오천황의 2개의 독백록〉(NHK 다큐멘타리).

Ⅲ. 에도 시대 관련 역사영화

1. 권력의 본질에 관한 의문과 성찰
구로자와 아키라, 〈란〉, 1985.

구로자와 아키라, 〈카게무샤〉, 1980.

2. 무사권력에 대한 풍자와 부정
미이케 다카시, 〈하라키리〉, 1962.

미이케 다카시, 〈一命〉, 2011.

3. 무사권력에 의한 폭정과 악행
미이케 다카시, 〈13인의 자객〉, 1963 · 2010.

이마이 다다시, 〈무사도잔혹물어〉, 1963.

고바야시 마사키, 〈上意討ち 拜領妻始末〉, 1967.

4. 무사의 일상생활

모리타 요시미츠, 〈武士の家計簿〉, 2010.

5. 일본의 전통문화와 외래문명

  1) 다도, 참선, 가부키 등

데가사와라 히로시(勅使河原宏), 〈리큐〉, 1989.

데시가와라 히로시(勅使河原宏), 〈豪姬〉, 1992.

  2) 외래종교

와타나베 구니오, 〈니치렌과 몽고대습래〉, 2005.

시노다 마사히로, 〈침묵〉, 1971.(엔도 슈사쿠의 동명소설 영화화)

시부야 미노루, 〈청동의 예수〉, 1955.

6. 충신장 관련 영화(忠臣藏物, 주신구라)

마키노 쇼조(牧野省三), 〈實錄忠臣藏(실록주신구라)〉, 1910·1921·1928.

미조구치 겐지(溝口健二), 〈元錄忠臣藏(겐로쿠주신구라)〉, 1941.

하기와라 료, 〈아코성〉, 1952.

이나가키 히로시(稲垣浩), 〈忠臣藏(주신구라)〉, 1962.

후카사쿠 긴지(深作欣二), 〈忠臣藏外傳(四谷怪談)〉, 1994.

7. 무사도의 덕목을 강조하는 영화

이나가키 히로시(稲垣浩), 〈宮本武藏〉(3부작), 1954~1956.

우치다 도무(內田吐夢), 〈鳥居强右衛門(도리이 고오에몽)〉, 1942.

구로사와 아키라(黑澤明), 〈7人の侍(7인의 사무라이)〉, 1954.

이나가키 히로시, 〈미야모토 무사시〉(3부작), 1954~1956.

우치다 도무, 〈미야모토 무사시〉(5부작), 1961~1965.

구로사와 아키라, 〈7인의 사무라이〉, 1954.

스기타 시게미치, 〈최후의 주신구라〉, 2010.

8. '사쿠라다문밖의 사건' 관련 영화

오카모토 기하치, 〈侍〉, 1965.

나카지마 사다오, 〈日本暗殺秘錄〉, 1969.

〈花の生涯〉(제1회 NHK 대하드라마—井伊大老と櫻田門), 1963.

〈德川慶喜〉(NHK 대하드라마), 1998.

〈篤姬〉(NHK 대하드라마), 2008.

사토 준야, 〈櫻田門外ノ変〉, 2010.

9. 신센조 관련 영화

오오모토 케이시, 〈바람의 검심〉, 2012.

오오모토 케이시, 〈바람의 검심〉(교토 대화재편), 2014.

오오모토 케이시, 〈바람의 검심〉(최후의 결전편), 2015.

오시마 나기사, 〈고하토〉, 2004.

다키타 요지로, 〈미부기시전〉, 2003.(아사다 지로의 동명소설을 영화화)

IV. 근현대사 관련 역사영화

1. 다이쇼/쇼와 시기 관련 역사영화

渡辺邦男, 〈明治天皇と日露大戰爭〉(메이지 천황 3부작), 2005.

並木鏡太郎, 〈天皇, 皇后と日淸戰爭〉(메이지 천황 3부작), 2005.

小森白, 〈明治大帝と乃木將軍〉(메이지 천황 3부작), 2005.

五社英雄, 〈2.26〉, 2009.

佐分利信, 〈叛亂〉, 2008.

森谷司郎, 〈動亂〉, 2006.

岡本喜八, 〈日本のいちばん長い日〉, 1967.

倉內均, 〈日本のいちばん長い夏〉, 2010.

2. 원폭 및 원폭피해자 관련 영화

新藤兼人, 〈原爆の子〉, 1952.(전후 최초로 원폭문제를 다룬 영화. 1953년 칸느영화
제에 출품했지만 미국으로부터 수상방해 압력을 받았고, 독일에서는 반전영화
로 군당국으로부터 압수를 당하기도 했다)

Robert Stone, 〈Radio Bikini〉, 1987.(1946.7 Bikini Island 원폭실험 다큐)

오오바 히데오, 〈長崎の鐘〉, 1950.(井伏鱒二의 동명소설을 영화화)

이마무라 쇼헤이, 〈黑い雨〉, 1989.

구로사와 아키라, 〈Rhapsody in August〉, 1991.

3. 전쟁에 관한 다양한 시선들

고바야시 마사키, 〈인간의 조건〉(6부작, 총 9시간 31분), 1959~1961.

오카모토 기하치, 〈피와 모래〉, 1965.

키노시타 케이노스케, 〈24개의 눈동자〉, 1954.

오시마 나기사, 〈메리 크리스마스 미스터 로렌스〉(전장의 크리스마스), 1983.

이치가와 곤, 〈버마의 하프〉, 1956 · 1985.

이치가와 곤, 〈들불〉, 1959.

후루하토 야스오, 〈호타루〉, 2001.

4. 1960년대 안보투쟁과 좌익/우익이념, 자위대에 관한 영화

오시마 나기사(大島渚), 〈日本の夜と霧(일본의 밤과 안개)〉, 1960.

와카마츠 코지, 〈11.25 자결의 날(自決の日)〉, 2012.

미시마 유키오, 〈憂國, 三島由紀夫〉, 2006.

阪本順治, 〈亡國のイージス〉, 2005.

佐藤純彌, 〈男たちの大和〉, 2005.

야마자키 다카시, 〈영원의 제로〉, 2014.

사진 출처 및 인용 자료의 소장처

사진 출처

일본 국립국회도서관 근대일본인의 초상   257, 349, 439좌상·우상, 468, 525좌, 531, 542, 543, 546, 570, 583, 609, 612, 643, 645, 647, 656전체(4장), 658좌·중·우

『幕末·明治·大正 回顧八十年史』   281, 316, 335, 347, 401, 612, 701

『近世名士写真 1·2』   257, 349, 439, 468, 525좌, 531, 536, 570, 583, 645, 647, 656좌-1·3, 658좌

『先哲像伝 近世畸人傳 百家埼行傳』   195, 215

『日本肖像画図録(京都大学文学部博物館図録)』   109우, 187우

기타   102(『近世史略』「武田耕雲斎筑波山之図」), 109좌(『図録「渡辺崋山·椿椿山が描く人物画」』), 151(『E·サトウ旧蔵写真アルバム』), 192상(『熈代勝覧』), 318(『梨堂公絵巻』第3巻), 375(『明治天皇と維新の群像』), 656좌-4(『憲政五十年史 : 画譜』), 658중(『幕末明治文化変遷史』), 658우(『歴代首相等写真』)

저자 촬영   49, 50상·하, 62좌·우, 85, 87상좌·우, 99, 108, 113좌/우상·하, 117, 123좌·우, 125상좌, 133좌·중·우, 140상·중·하, 141좌·우, 142우, 145좌·우, 146상·하, 147우, 156, 165, 175상우, 186좌·우, 202, 240상·하·좌·우, 257우, 258좌·우, 263, 270상·중·하, 272좌, 274상, 276우, 282좌·우, 283좌·우, 292좌·우, 293좌·우, 294, 297좌상·하좌·우하, 299, 305상, 317좌·우, 323좌·우, 324상, 330좌상·하, 333, 335, 336상/우하, 341상좌·우/하, 344, 345상·하, 348, 350, 353우, 356좌·중·우, 357우, 368우상·하, 382, 385좌·우, 427좌·우, 428, 429, 430, 431좌·우, 432좌·우, 439하, 440좌·우, 443우, 448, 480상·하, 513좌·우, 514좌·우, 515, 525우, 532좌·우, 553상·하, 572, 611, 655좌·우, 663, 678, 679, 681상·하, 682, 717

그림, 서적, 유물 자료 등의 소장처

국립국회도서관   137, 144좌·우, 197하우, 254하, 257좌, 335, 397하

메이지신궁 외원 성덕기념회화관   48, 359, 374, 377좌, 381, 458, 483, 485우, 497

모토오리 노리나가 기념관   87하, 88좌·우, 89좌·우, 90좌·우, 94, 95, 96

시볼트 기념관   140상·중·하, 141좌·우, 146상·하, 147우, 165

다카노 조에이 박물관   175상좌·우, 175하, 176좌·우, 177, 179좌·우

도쿄 국립박물관　182, 183, 187좌

교토 국립박물관　247, 325

도쿠가와 기념재단　309좌 · 우, 401

모리박물관　274하, 315

요코하마 개항자료관　278우상, 329

가고시마 상고집성관　270상 · 중 · 하, 348

기타　70좌(진복사 보생원), 71우(이시카와현 시로야마오메노 신사(白山比咩神社) 보물
관), 75좌(가나가와현 清浄光寺蔵), 75우(히로시마현 浄土寺蔵), 79하 · 729(아사히 신
문), 88좌(도쿠가와 미술관), 111우(교토대학부속도서관), 129(서울대학교 중앙도서관/
교토대학 도서관), 131상 · 하 · 좌 · 우(총 4장, 센다이시 미술관), 136좌(나가사키시립
박물관), 138(국립역사민속박물관), 160(서울 국립중앙박물관), 181(다하라 박물관),
188좌(오사카성 천수각), 190(鎮国守国神社), 197하좌(미국 텍사스대학 도서관), 200(心
学明誠舎), 201좌(赤穂市立歴史博物館), 201우(일본 천리대), 220(一蓮寺), 231좌 · 우(神護
寺), 254상(교토외국어대학 부속도서관), 263(가나가와 현립 역사박물관), 265우(鍋島報
效会), 278우하(시모노세키 시립 조후박물관), 281(福山誠之館同窓会), 288(彦根城博物
館), 291(야마구치현 문서관), 321(梨木神社), 322(鞆七卿遺跡 太田家住宅), 327좌(아이즈
와카마츠시), 397상우(러시아 모스크바 국립역사박물관), 397하(국립공문서관), 447(국
립일본역사박물관), 509(東京経済大学), 614(미국 의회도서관(Bain Collection)),
634 · 645우(외무성 외교사료관), 656좌-2(北海道大学附属図書館北方資料室), 718우상 · 하
(회천어뢰, 야스쿠니 신사), 730(U.S. Army Photos)

✤ 그밖에 이 책에 사용된 사진자료들 중 메이지유신 이후 일본정부의 공문서 사진자료는 일본국립공문서관, 일
본국회도서관 디지털아카이브에서, 나머지 저작권 표기를 하지 않은 사진자료는 구글 웹사이트에서 인용(퍼블릭
도메인)했다. 개별적인 저작권 표기를 하지는 않았지만, 귀중한 자료를 공유할 수 있도록 기증해 주신 분들께 감
사드린다.

찾아보기

ㄱ

가네코 겐타로金子堅太郎 406
가네코 주노스케金子重之助 292
가라고코로 91
가록 468
가록세 469
가마쿠라 막부 231
가모노 마부치 89
가모사賀茂社 신사 319, 399
『가부장제Patriarcha – 국왕의 자연적 권력』 66, 69
가스가春日大社 대사 317, 321
가쓰 가이슈勝海舟(가쓰 린타로) 260, 266, 356, 367, 368, 381, 382, 384, 385, 386, 425, 427
가쓰라 다로 584, 588, 599
가쓰라가와 호슈桂川甫周 145
가와지 도시요시川路利良 709
가와카미 겐사이河上彦齊 261
가와카미 소로쿠 599
가이라쿠엔 437
가즈노미야 401, 480
가토 간지加藤寬治 603
가토 히로유키加藤弘之 260
가훈家訓 15개조 430
간기엔 673
간닌마루咸臨丸 157, 266, 384
간무桓武 천황 727
간세이寬政 개혁 234
감합무역 246
갑신정변 587, 591

『강맹차기』 35, 679
강무소講武所 669
강병 정책 531
강화도 사건 510
개국 28, 29, 31, 277
개국론 264, 282
개명파開明派 695
개방 277
개성소 154
개세조약改稅約書 637
개전론 282
개척사 536
개항 28, 31
게베르(Gebere) 소총 272, 342, 357
게쇼月照 354
게이초慶長 유럽 파견 사절단 57, 133, 495
게이추 84
겐로쿠 해부도 168
겐무신정建武新政 36, 71, 391
겐부칸玄武官(현무관) 698
겐엔주쿠蘐園塾 673
겐지元治 내란 334
『겐지모노가타리』 87
견구사절단 156
견구소년사절단 132
견당사 129, 130, 134, 245
견로사절단 156
견미사절단 156
견불사절단 156
견수사 129, 245
고가 다케미치久我建通 401
고가쿠光格 천황 394, 399

고기도古義堂 673

고노 아즈사小野梓 638

고노에 다다후사近衛忠房 366

고노에 다다히로 290, 400

고노에가 354

고니시 유키나가小西行長 268

고다이 도모아츠五代友厚 621

고다이고 천황後醍醐天皇 71, 74, 391

고도론古道論 91

고도칸弘道館(홍도관) 112

고마쓰 다테와키 347, 355, 364, 371, 476

고마쓰노미야아키히토 친왕 375

고메이孝明 천황 30, 54, 287, 314, 319, 340, 343, 362, 388, 401

고명 247

고모모조노後桃園 천황 394

고묘光明 천황 391

고무라 쥬타로小村壽太郎 647

고무라카미後村上 천황 71

고문사학古文辭學 200, 216

『고문서학(De re diplomatica)』 204

고미즈노오後水尾 천황 400

고바야시 마사키小林正樹 732

고바야시 헤이분小林炳文 260

『고사기전』 89, 98

『고사기』 69, 213

고산케 418

고산쿄 288, 310, 328, 418

고요킨御用金 459

고의학古義學 200, 203, 205

고이즈미 준이치로 49

고채古債 460

고케닌 421, 422

『고킨와카슈古今和歌集』 83

고토 쇼지로 367, 368, 369, 370, 658

고학古學 191, 196, 202

곤도 이사미 702

공공성 56, 58, 242

공공의 정치公共の政事 241, 451

공무합체 317, 349, 479, 359

공부성 536

공의 여론 정치 55, 59

공자 32, 33

공적 세계 219

공적公的 사명감 662, 692

공적公的 세계 215

과잉 자숙 현상 726

관백 76, 375, 394

관세자주권 636

관세자주권의 회복 642

관영 공장 539, 547

관유물불하開拓使官有物拂下 사건 621

괴벨스 733

교도단 584

교육칙어 105

교육혁명 668

교토 쇼시다이 326, 394, 396

교토 슈고직京都守護職 55, 326, 375, 427

구니노미야아사히코久邇宮朝彦 친왕 400

구로다 기요타카 510, 511, 539

구로다 다케아키 55

구루하라 료조 440, 611

구마모토성 전투 514

구메 구니타케久米邦武 493

구사카 겐즈이 294, 316, 320, 323, 441, 442, 570

구스노키 마사시게 123, 296

구제 지사쿠久世治作 564

구조 히사타다 479

구화폐 통용 정지령 563

『구황이물고救荒二物考』 178

국가신도 57

「국력배양에 관한 건의서」 521

국립은행 조례 546, 550

국립은행 563
「국민개병령國民皆兵令」 467
국민개병제 595
국민군 595
국민적 민족주의 528
국사용괘 375
「국시강목國是綱目」 519
「국시삼론國是三論」 240
「국위선포의 편지國威宣布の宸翰」 48
국제 친선 724
국체國体 63
국체론 115
국토순례 684, 685
국풍国風 운동 57, 134
국학国学 운동 57, 134
국학国学 125, 215
국학사상 202
국헌國憲초안 615
국회 개설 상주안 616
국회개설청원서國會開設願望書 617
국회개설칙유 623
군권君權 521
군무방軍務方 579
군부대신 현역무관제 574
군비의견서 587
군사이원주의 585
군사일원주의 585
군사통수권 601
군인칙어 105
군인칙유 571, 586, 605, 606
군인훈계 571, 586, 605, 606
궁내성 724
궁중 개혁 631
권세강역權勢疆域 590
귀족원령 631
그나이스트(Rudolf von Gneist) 627
그리그스피 630

근대성 56, 57, 128
근대적 국가의식 692
근왕당勤王堂 695, 700
글로버 정원 341
금기錦旗 378
금록공채 470
금리수위총독 327
금문의 전투禁門の変(긴몬노헨) 275, 322, 363
금본위 제도 552, 556, 562
금은복본위제 556, 557
「금중병공가제법도禁中並公家諸法度」 393, 446
기도 다카요시 56, 275, 438, 444, 445, 469, 476, 484, 509, 512, 519, 578, 582, 612, 701
기리노 도시아키 511
기몬崎門학파 195
기미가요君が代 82
기병대 274
기소議奏 375, 393, 394
기시마 마타베米島又兵衛 325
기요카와 하치로 659
기타바타게 지카후사 70, 74, 478
기타바타케 다카치카 296
기타야마 안세 301
긴리부 393, 394
깃카와 쓰네마사 340

ㄴ

나가노 후미아키라長野文炳 488
나가사키 해군훈련소 265, 383
나가사키영어전습소長崎英語伝習所 486
나가오카 신타로 444
나가이 나오유키永井尚志 266
나가이 우타 315

나가타니 노부아츠長谷信篤　375
나루타키주쿠鳴瀧塾 (명롱숙)　141, 176
나마무기 사건　352, 353
나쓰지마 초안　632
『나오비노미타마直毘靈』　89, 91
나카가와 준안　163
나카가와노미야아사히코中川宮朝彦 친왕　366
나카노미카토쓰네유키中御門経之　371, 375
나카야마 간로쿠로中山寬六郎　590
나카야마 다다야스中山忠能　345, 371, 375
나카오카 신타로中岡慎太郎　356, 367, 369
나카지마 사부로스케　441
『난불사전』　149
『난일사전』　150
난징조약　633
『난학계제』　171
『난학사시』　128, 166, 171
남기파　308
남북조南北朝 시대　391
『남양사정南洋事情』　685
남조　73
내각제 수립　631
내국권업박람회　534
내무성　536
네덜란드 별단 풍설서　782
네덜란드 통상 풍설서　781
네덜란드 풍설서　252
노량해전　268, 269
『논어고의論語古義』　203, 213
『논어징論語徵』　214
『논어』　204, 206
누마자키 기치고로沼崎吉五郎　682
니니기　93
니시 기치베이西吉兵衛　139
니시 아마네西周　155, 410, 505
니죠 나리유키二条斉敬　366, 373
니콜라이 레자노프　397

니토베 이나조　685, 703
닛신칸(일신관)　432

ㄷ

다누마 오키쓰구田沼意次　235
다니 간조谷干城　644
『다마노미하시라靈の眞柱』　97
다마마쓰 미사오玉松操　76, 103
『다마쿠시게玉くしげ』　89, 93
다이고醍醐 천황　83
다이라 가문　231
다이라노 시게모리　231
다이묘가리大名貸　459
다이쇼大正 천황　727
다이카 개신　35, 36
다자이 슌다이太宰春臺　199
다치하라 스이켄　110, 124
다카노 조에이高野長英　173, 176, 383
다카미 센세키鷹見泉石　184
다카스기 신사쿠　38, 229, 274, 275, 294,
　　313, 329, 343, 409, 659, 687, 689
다카스의 4형제　327
다카시마 슈한高島秋帆　259, 271, 272
다카쓰카사 마사미치鷹司政通　401, 478
다카쓰카사 스케히로鷹司輔熙　366, 401
다카하시 다이치로　659
다케다 아야사부로　657
다케시타 노보루　727
다케치 한페이타(다케치 스이잔)　700
다테 마사무네伊達政宗　132
다테 무네나리　281, 365
당唐 풍설서　252
대납언大納言　453
대만 정벌 사건　586
대만 파병　510
대상제大嘗祭　399

대선제조용괘大船製造用掛　285

대심원　615

「대심원제재판소직제장정大審院諸裁判所職制章程」　640

『대일본사』　71, 106, 110

대장성 증권조례　546

대장성　535

대정봉환　358, 367

대정위임론　232, 234, 238

대청對淸 개전론　527

『대학大學』　204

대학두大學頭　283

데라다야　349

데라시마 무네노리寺島宗則　643, 626

데라우케寺請 제도　189

데라지마 료우寺島良安　144

데라지마 주사부로寺島忠三郎　325

데라코야寺子屋　669, 670

데즈카 리쓰조　441

데지마　136

데키주쿠　142

덴구당　437

덴구당의 난天狗党の乱　101, 102

덴마초 감옥　260, 292, 294

덴메이 대기근　235, 395

덴포 개혁　116

덴포기天保期의 사무라이　660, 664, 676, 677, 696

덴포 대기근　178, 180

도덕적 우월주의　695

도리이 요조鳥居耀藏　258

도바·후시미 전투　378

도바　377

도야마 시게키　43

도자마外樣 다이묘　17, 446

도코 신사東湖神社　110

도쿄대학사료편찬소　41

도쿄재판　732

도쿄전문학교　624

도쿠가와 나리노부　119

도쿠가와 나리아키　106, 111, 112, 116, 118, 126, 281, 282, 285, 286, 309

도쿠가와 모치나가　339

도쿠가와 모치츠구　339

도쿠가와 미쓰쿠니　106

도쿠가와 요시나카　310

도쿠가와 요시노부　53, 113, 116, 288, 310, 323, 328, 331, 343, 344, 351, 358, 362, 364, 373, 378, 386, 408, 415, 427

도쿠가와 요시무네德川吉宗　151

도쿠가와 요시카쓰　290, 331, 339

도쿠가와 요시쿠미德川慶恕　309

도쿠가와 요시토미(이에모치)　288, 309, 311, 331, 337

도쿠가와 이에미쓰德川家光　55

도쿠가와 이에사다　310, 479

도쿠가와 이에사토　421

도쿠가와 이에야스　132, 187, 237

도쿠가와 하루모리　110

도쿠가와 하루사다德川治貞　93

도쿠가와 히데타다　429

『도쿠가와실기德川實記』　187

도도토미 소호　296, 298

도통道統의 전승傳乘　188

도학적 합리주의　193

동도서기론東道西技論　162

동북개선군 처리대책　579

동일원童一元　268

『동자문童子問』　203, 209

두남 지역　434

두남번斗南藩　435

두프 하루마(Doeff Halma)　150

둔전병　470

ㄹ

라이 미키사부로　659
라이산요　613
락스만　96, 398
란스트(Constantin Lanst)　139
러시아 위협론　587
러시아혁명　651
런던군축조약　603
런던조약　362
레온 로슈(Leon Roches)　363, 411
레자노프 함대　183
레자노프　398
렌페이칸　701
렌페이칸練兵館(연병관)　698
로렌츠 폰 슈타인(Lorenz von Stein)　629,
　572, 590
로버트 루이스 스티븐슨　295
로버트 필머(Sir Robert Filmer)　65, 80
로쥬老中　448
뢰슬러(K. F. Rösler)　541
료선사(了仙寺)　283
루돌프 폰 그나이스트　572
르네상스 운동　64
리소르지멘토 운동(il Risorgimento)　491

ㅁ

마나베 아키카쓰間部詮勝　294, 682
마데노코지히로후사万里小路博房　375
마르크스주의 역사관　41, 42, 43
마르크스주의 역사학　23
마쓰가타 마사요시　544
마쓰다이라 가타모리　327, 427, 434
마쓰다이라 다카모리　373
마쓰다이라 모치아키　331
마쓰다이라 사다노부松平定信　234, 236

마쓰다이라 슌가쿠松平慶永(도쿠가와 요시
　나가)　239, 285, 290, 351
마에노 료타쿠　163, 171
마에바라 잇세이　275
마키 이즈미　115, 323
'마하바라따'　69
막번 협조주의 노선　285, 287, 288
막번연합대선건조론　281
막부절대주의 체제　308
막부절대주의　288, 289
『만국공법』　152, 504, 505
만국인물도　144
만국총도　144
만국회도병풍萬國繪圖屛風　144
만세일계萬世一繼 황통론　62, 63, 64, 70
『만엽대장기万葉代匠記』　84
만요가나万葉仮名　84
『만요슈萬葉集』　83
맹자　32, 33
『맹자고의孟子古義』　203
『맹자』　34, 209
메린칸明倫館(명륜관)　112, 273, 292, 678
메이지 천황　47, 54, 344
메이지신궁　48
메이지유신　36, 42
메이지유신의 근본이념(討幕의 根源, 御一新
　의 基)　511
멕시코달러　558, 561
멕켈　599
명예혁명　24, 69
모노노아와레物の哀れ　88
모렐(E. Morell)　535
모리 다카치카森利敬親　273, 315, 322
모리 데루모토　268
모리 모토쓰미　340
모리 모토즈미　340
모리 모토치카　340

모리 사다히로定広　322, 689
모리 아리노리森有禮　155, 467
모리가　314
모리슨호, 모리슨호 사건　182, 271, 280
모모노이 순조　700
모토오리 노리나가本居宣長　58, 70, 85, 86, 124, 202, 236, 238
몰트케　506, 648
무가제법도武家諸法度　446
『무교전서武教全書』　292, 679
무라카미 겐지 가문　478
무비공순론武備恭順論　337, 340
무사도　223, 665
『무사도』　685
무사토착론　228
무쓰 무네미쓰陸奥宗光　645
무역은貿易銀　558, 559, 560, 562
무오의 밀칙　117, 388
무왕　35
문류門流　375
『문명론의 개략』　63, 494, 714, 735
『미구회람실기』　491, 496
미나모토 요리토모　231
미노베 다쓰키치美濃部達吉　83
미니에 소총　342, 357
미시마 유키오　223
미야베 데조宮部鼎蔵　689
미즈노 다다키요水野忠精　411
미토가　417
미토시　437
미토학　106, 125
민권民權　521
민부성찰　555
「민선의원설립건의서」　526
민족적 정체성　661
밀러드 필모어(Millard Fillmore) 대통령　279

ㅂ ─────────────

박애정신　209
반막부 비밀동맹　342
반바야시 미쓰히라　659
반샤의 탄압蛮社の獄　180, 182
반쇼와게고요蠻書和解御用　152
방벌　211
버트란트 러셀　80
번군藩軍　508, 575
번서조소蕃書調所　267, 669
번찰　552
베네데토 크로체　40
베이징조약　633
벨기에 국립은행　551
벨벡(G. F. Verbeck)　486
벨쿠르(Bellecourt)　412
벳부 신스케　514
『변도弁道』　214, 217
『변명弁名』　214, 217
「별단別段풍설서(Apart Nieuws)」　253
「병법문답서」　690
병부성　586
병학자적 존왕양이론　304
『병학통론兵学通論』　142
보고원 중위　585
보불전쟁　406
보신전쟁戊辰戰爭(무진전쟁)　55, 377, 380
보아소나드(G. Boissonade)　541
『복고기復古記』　41
봉건적 군인정신　604
봉건할거주의　120
부국 정책　531
부국강병, 부국강병 정책　20, 264, 347
부번현삼치제府藩県三治制　456
부케텐소武家傳奏　315, 375, 393, 394
『북사문략北槎聞略』　145

북해도 개발 470
북해도 둔전병 592
북해도진무 총독 571
분큐 개혁 239, 318, 338, 352, 359, 419
불교 대탄압 81
불완전한 시민혁명 43
불평등조약 558
브리프 스케치(Brief Sketch) 486
『비본 다마쿠시게秘本玉くしげ』 89, 94
비스마르크 504, 522, 572, 627, 648
빌헬름 1세 627
빌헬름 2세 572

ㅅ ————————————————

사가의 난 586
사나다 유키쓰라眞田幸貫 257, 262
사랑의 낙관주의 208
사무라이 혁명가 28, 37
사무라이계급의 사회적 자살 18, 26
사민평등四民平等 정책 462, 466
「사법직무정제司法職務定制」 640
사사키 다카유키 621, 622
사숙私塾 667, 671
사쓰마 267
사쓰에이전쟁 20, 353
사이고 다카모리 270, 331, 347, 354, 364,
    373, 376, 378, 380, 385, 386, 445, 476,
    511, 512, 514, 578, 579
사이고 채권西郷札 516
사이토 신타로齋藤新太郎 439
사이토 야쿠로 701
사족士族의 민족주의 528
『사주사四洲史』 174
사천 전투泗川戰鬪 268
사카모토 료마坂本龍馬 260, 356, 367, 370,
    383, 444, 517, 659, 694

사카시타문밖의 사건坂下門外の変 351
사카이 다다아키 479
사카이 다다요시 402
사카이초문의 정변堺町門の変 320
사쿠라다문밖의 사건 117, 306, 388, 436
사쿠라야마 신사 681
사쿠마 쇼잔佐久間象山 162, 173, 256, 262,
    383, 659, 687, 690
사토 잇사이 181
『산다이코三代考(삼대고)』 98
「산발탈도령散髮脱刀令」 467
산병전술 596
산죠 사네토미三條實美 47, 51, 317, 339,
    401, 470
산킨코다이参勤交代(참근교대) 196, 338, 447
『산해경山海經』 69
『삼국통람도설』 145
『삼재도회』 144
삿동동맹薩土同盟 367
삿도맹약 369, 370
삿초 독재 620
삿초동맹 354, 363
상전록賞典禄 468
상치회尚歯会 150, 178, 182
서계여徐繼畬 174
서구화 정책 535
서남전쟁 508, 510, 514, 527
『서양기문西洋紀聞』 158, 162
『서양사정』 490, 494
서양학소 273
『서역물어西域物語』 145
선례先例주의 396
선봉대 337
선왕先王의 길道 216
선중팔책船中八策 367, 517
섭정 76, 375
성산城山 514

성학聖學   200
세키가하라 전투   269, 313, 380, 387, 445
세키구치關口 대포제작소   410
센뉴지泉涌寺   400
「오규소라이의율서荻生擬律書」   220
소라이학, 소라이학파   123, 191
『속일본기續日本紀』   727
송학   185
쇄국   28, 30
쇼다 미치코正田美智子   727
쇼와 천황   400, 721, 728
쇼와파시즘   22, 63, 105, 602
쇼카손주쿠松下村塾   293, 571, 673, 678, 683
쇼코칸彰考館   108, 110
쇼헤이마루호   271, 347
쇼헤이자카 학문소昌平坂学問所   112, 181, 669
쇼헤이코   112
순사제巡査制   467
순천 왜성   268
순행   79
「슈타인斯丁씨 의견서」   590
스가와라노 미치자네   130
스기우라 유즈루杉浦譲   465
스기타 겐파쿠   128, 139, 147, 163, 170, 176
스즈노야鈴の屋   673
스후 마사노스케周布政之助   272 441
습빙Soembing호   266
시가 시게타카   685
시가쿠칸士学館(사학관)   698, 700
「시격행일보試撃行日譜」   690
『시경詩經』   34
시대정신   661
시마다 사부로島田三郎   638
시마다 이치로   531
시마바라 난   180
시마즈 나리아키라   270, 281, 285, 346,

347, 348, 383
시마즈 나리오키   347
시마즈 다다요시島津忠義   348, 580
시마즈 시게히데島津重豪   347
시마즈 요시히로島津義弘   268
시마즈 히사미쓰   317, 318, 346, 348, 349, 351, 362, 365, 481, 532, 580
시모노세키 전쟁   20, 408
시모노세키 조약   329
「시무책」   239
『시민정부론』   68
시바 고칸   145
시바 료타로   19, 44, 307
시바타 다케나카柴田岡中   411
시볼트   141, 176
시부사와 에이이치渋沢栄一   464
시에이칸   702
「시찰공정視察功程」   493
식산흥업 정책   535, 536
신기관神祇官   104, 453
「신기론」   182, 183, 184
신년하례   724, 725
『신론新論』   115, 118, 120, 121, 688
신미 마사오키   157
「신보병교범」   600
신분제 폐지   462
신분해방령   463
신불습합   104
신불판연령神佛判然令   104
신수급여령   30
신정부강령팔책新政府綱領八策   367, 517
신지회소新地會所   335
신판親藩, 신판 다이묘   17, 446
신화조례新貨條例   552, 560
『신황정통기』   71, 75
심학   200
쓰다 마미치津田真道   155, 260, 410, 505

쓰루가 437

○─────────────

아담 락스만 397
아담Adam 67
아라이 하쿠세키新井白石 138, 145, 158
아래로부터의 혁명 23
아리무라 지자에몬 306, 659
아리스가와노미야다루히토有栖川宮熾仁
　　375, 618, 622
아마테라스 62, 70, 80, 86, 91, 92, 93, 120,
　　210, 238
아마테라스의 신칙 237
아베 마사히로 281, 286
아시카가 다카우지足利尊氏 71, 74, 93, 391
아오키 곤요青木昆陽 138
아오키 슈조青木周藏 627, 645, 646
아이자와 세이시사이會澤正志齊 112, 114,
　　115, 124, 256, 688
아이즈 마쓰다이라가 426
아이즈정토 총독 571
아코 사건 222, 224
아키히토 천황 580, 727
아편전쟁 24, 245, 251
『아편전쟁시말기』 688
안도 노부마사 351
안보투쟁 세대 676
안사이학파 190
안세이5조약 16, 362, 562, 635
안세이대탄압 287, 289, 294
안중근 609, 614
애덤스(F. O. Adams) 557
앨버트 모스(Issac Albert Moss) 628
야나기사와 요시야스 214, 220
야노 하루미치矢野玄道 103
야노 후미오 620

야마가 소코 85, 200
야마가타 아리토모 274, 336, 467, 512,
　　569, 578, 588, 592
야마가타계 파벌 711
야마구치 나오요시山口尙芳 484
야마다 우에몬 272
야마모토 쓰네토모 223
야마무라 사이스케 145, 159
야마시나노미야아키라山階宮晃 친왕 366,
　　375
야마오카 데스타로 657
야마와키 도요山脇東洋 168
야마요시 모리노리 530
야마우치 도요노리山内豊範 371
야마우치 요도 283, 365, 368, 376, 701
야마자키 안사이 195
야마카타 아리토모 467
「야세가만 이야기瘠我慢の説」 425
야세가만瘠我慢 424
야스가와 시게나리安川繁成 500
야스쿠니 신사 723
야에의 벚꽃八重の桜 428
얀 돈켈 쿠르티우스 284
양명학파 190
양역兩役 394
양이 28, 31
양이론 304, 389
양이론자 318
양학소 154
「양혜왕」 35
『어맹자의語孟字義』 203, 210
어음 회사 543
어친병 583
에가와 히데타쓰江川英龍 258, 440
에노모토 다케아키榎本武揚 155, 410, 425
에도 시대의 교육혁명 667
에도성 무혈개성 380

에드워드 미러의 추계　638

에르빈 벨츠　476

에조치蝦夷地　96

에타穢多　463, 464

에토오 신페이江藤新平　640

『역문전제譯文筌蹄』　217

역사대　334

역성혁명　22, 28, 31, 32, 33, 210

연병관練兵館　439

『엽은葉隱(하가쿠레)』　223

『영국침범사략』　255

영사재판권　287, 635

영사재판권의 철폐　642

『영환지략瀛環志略』　174

오가타 고안　142

오규 소라이荻生徂徠　214, 28, 58, 200

오노 야즈사　620

오다 노부나가　81, 429

오도리 게이스케大鳥圭介　142, 657

오무라 마스지로大村益次郎　142, 275, 442, 578, 580

오시오 헤이하치로大塩平八郎　180

오쓰키 겐타쿠大槻玄澤　147, 152, 171, 176

오야마 이와오　574, 599

오에 타쿠大江卓　465

오기마치산죠사네나루正親町三条実愛　366, 372, 375

오우에쓰奧羽越 열번동맹烈藩同盟　379

오이시 구라노스케　224

오이시 헤이하치로　668

오카쿠라 덴신　685

오쿠니 다카마사大國隆正　103, 104

오쿠니누시大國主神　98

오쿠리 마사야스小栗政寧　411

오쿠마 시게노부　457, 464, 487, 533, 535, 539, 543, 564, 618, 643

오쿠보 도시미치　348, 364, 376, 445, 469,

476, 481, 484, 509, 512, 528, 530, 578, 581, 609

오쿠보 이치오　367, 657

오키 다카토大木高任　465

오토 루돌프Otto Rudolf　641

오토모노 오토마로大作弟麻呂　230

오하라 시게토미　318, 350

와세다 대학　624

와타나베 가잔渡辺崋山　173, 176, 178, 181, 182

왕권신수설　62, 64, 68, 80

왕도정치　33, 210

왕도정치론　209, 212

왕인　185

왕정복고 역사관　41, 43

왕정복고 쿠데타　55

왕정복고선언　82

「왕정복고선언문(왕정복고대호령)」　76

「외교정략론」　589

외국인의 거주 허가　287

요시다 니로　556, 560

요시다 도시마루　295

요시다 쇼인吉田松陰　35, 58, 114, 115, 125, 173, 260, 290, 291, 292, 296, 303, 686

요시다 조슈쿠吉田長淑　149, 150

요시다 기요나리吉田清成　469

『요시다 도라지로』　295

요시무라 다다노리吉村忠典　161

요시오 고우큐古雄耕牛　147

요시카와 쓰네마사　332

요코이 쇼난橫井小楠　59, 173, 239, 242, 368, 451

요코하마 개항자료관　283

요코하마 정금은행正金銀行　553, 567

요한 쿨무스(Johann Adam Kulmus)　164

우국지사　37, 662

우두종　259

우메다 운핀 294, 570
우에노 가게노리 上野景範 637
우에스기 신키치 上杉愼吉 83
우에키 에모리 406
운코마루 雲行丸 347
원로원 615
원로회의 719
위로부터의 공업화 시대 537
위로부터의 혁명 23
위원 魏源 174
유격대 334
유교의 정치화 225
유력 다이묘 연합 356
유력 다이묘 雄藩(웅번)연합론 354
유리 기미마사 542
유리 기요마사 56
유리재정 543
『유메모노가타리 夢物語』 147, 179
유수 정부 留守政府 485
『유슈록 幽囚錄』 291
유신10걸 656
유신 28
유신3걸 654
유신사료편찬사무국 41
『유신사』 41
유악상주 602
「유청오록 遊淸五錄」 38
유학 遊學 667, 684
『유혼록』 680, 682
육군대학 572, 585
육군사관학교 584
육군성 586
육군예식 605
육군유년학교 584
육군편성법 579
육해군대신 현역무관제 602
은본위 제도 557

의원법 631
의학소 醫學所 669
이국선타불령, 타불령 118, 179
이나무라 산파쿠 稻村三伯 149
이노우에 가오루 井上馨 38, 155, 275, 469, 539, 643
이노우에 고와시 622
이노우에 마사루 井上勝 38, 155
이노우에 기요시 43
이누카이 쓰요시 犬養毅 603
이로하마루 347
이리에 구이치 入江九一 295, 325
이부키노야 氣吹舍 103
「이사공정 理事功程」 493, 496
이시다 바이간 200
이와쿠라 도모미 岩倉具視 76, 103, 371, 373, 376, 401, 469, 475, 484, 497, 582, 621
이와쿠라 도모야스 477
이와쿠라사절단 57, 484, 524, 779
「이와쿠라의 헌법의견서」 624
이은 614
이이 나오스케 17, 283, 286, 289, 306, 308, 358, 400, 436
이익강역 利益疆域 590
이익선, 이익선론 573, 589, 592
이중권력 구조, 이중권력체제 232, 390
이치죠 다다카 400
이케다 마사사다 397
이케다야 池田屋 사건 275, 323, 442
이쿠마쓰 幾松 443
이타가키 다이스케 367, 525, 580, 658
이토 겐보쿠 伊東玄朴 149
이토 나오우에몬 610
이토 미요지 伊東巳代治 628
이토 진사이 伊藤仁齊 59, 200, 203
이토 히로부미 38, 155, 274, 291, 444, 476, 484, 509, 519, 533, 550, 608, 621

이학금지령宽政異学の禁　174, 190, 670
이홍장李鴻章　591
『인방병비략隣邦兵備略』　588
인신人臣외교　303
인의仁義의 정치철학　206
인정관認証官 임명식　724, 725
일군만민론一君萬民論　122, 300
일러화친조약　284
「일미관세개정약서」　643
일미수호통상조약　16, 287, 289, 308, 362
일미화친조약　29, 152, 277, 283, 301
『일본서기』　69, 213
일본식 중화주의　86
『일본외사』　679
일본은행　551
일본의 국체　735
일본의 정통성　735
『일본정기日本正記』　613
일본중심주의　100, 106
일본파시즘의 허약성　733
『일본풍경론』　685
일상생활의 경험　205
일억총참회론一億總懺悔論　731
일영통상항해조약　646
임오군란　587, 591
임진왜란　246
임칙서林則徐(린쩌쉬)　174
입헌정체에 관한 상주문　624
「입헌정체에 관한 의견서」　520
「입헌정체조서」　174
잇카이소 연합 정권　326, 328, 360

ㅈ ─────────────

자신전紫宸殿　47
자유민권운동　526, 607, 616, 618
『자치통감』　679

「작전요무령」　600
장 마비용(Jean Mabillon)　204
장 보댕(Jean Bodin)　65
장자상속권　67
『장지藏志』　168
「재판소 구성법」　641
전국일치정체全国一致之政体　457
전면적인 서양화　520
전번일치제　275
『전습록』　688
「점차입헌정체의 조칙漸次立憲政体詔勅」　615
정규전칙正規典則　521
『정담政談』　214, 220, 228, 233
정당내각제 입헌론　618
「정명론正名論」　111
정신주의　604
정위화폐　554
정의파正義派　695
정이대장군征夷大將軍　230
『정정증역채람이언』　116, 158, 161
정체서政体書　453
「정체政體에 관한 의견서」　519
정충조精忠組　348, 532
정치의 발견자　219
정통성　56, 58, 63
정한론　291
정한론 정변(메이지6년 정변)　508, 509,
　510, 527, 706
정화鄭和의 대원정　248
제1차 조슈정벌전쟁　331, 402
제2차 금본위 제도　564
제2차 아편전쟁　404
제2차 조슈정벌전쟁　313, 337
제국헌법　83, 105, 631
제나라 선왕宣王　32
제대諸隊　229, 273

조공 체제 246

조레스(Jaures) 제독 411

조미수호조약 591

조소카베 모토치카長宗我部元親 365

조슈 파이브(조슈 5걸) 155, 441

조슈 267

조슈의 명예회복 361, 363, 366

조약 개정 482

조용한 혁명 21

조적朝敵 43

조후定府 제도 196, 447

족적族籍 463

존 로크(John Locke) 67

존왕론 124, 304

존왕양이 급진파尊攘過激派 117

존왕양이 점진파尊攘鎭派 117

존왕양이론 118, 125, 127, 202, 213, 301, 317

존왕양이론자 299

존왕양이사상 44

종량세 방식 637

종전 선언 77

좌우대신 453

죠반니 시도티(Giovanni B. Sidotti) 158

주공周公 35

주권선 573, 592

주돈이 192

주순수 108

주애정周藹亭 255

주인선朱印船 137

주인장 132, 137

주자(주희) 191, 192

주자학 191, 216

주자학적 낙관주의 193, 194, 225

중앙집권 정책 60

『중용』 204

중의원의원선거법 631

『중조사실』 85

중화사상 213

즈쇼 히로사토調所広郷 460

지겐류示現流 702

『지나지지支那地誌』 588

지동설 99, 139

지바 사다키치 700

지바 슈사쿠 699

지바 쥬타로 700

지방관회의 615

지배계급의 자기혁신 653

지번사知藩事, 지부사知府事, 지현사知縣事 456

지사志士 695, 696

지시전신기指示電信機 259

지조개정 469, 547, 548

『지지신보』 425

지진예보기 259

지토持統 천황 400

지토地頭 579

직원령職員令 453

진무神武 천황 70, 76, 82, 103, 123, 213

진무천황릉 317, 321

진사이학파 190

『진인방병비략표進隣邦兵備略表』 588

질록공채 469

질록처분秩禄処分 60, 468

집권적 발권 제도 551

집성관 272, 347

징병령 60, 596

징병제 462

ㅊ ─────────

『차의 책』 685

찰스 1세 67, 69

참모본부 572, 584, 599

참예회의參預会議 53, 359, 361

참의參議 453
『채람이언』 158
책봉 조서 247
책봉 체제 247
천명설 62
천민해방령 464
천양무궁天壤無窮의 신칙神勅 70, 71, 72, 93
천지의 공도 51
천진루 147, 176
천칭폐지령賤稱廃止令 464
천하공공의 도 212
천황가의 정통성 735
천황성단론 734
천황숭배론 58
천황의 공무 724
천황의 인간선언 77, 730
천황제 군대 601
천황제 통일 정부 359
천황존숭론, 천황존숭론자 58, 70
천황 친정親征 622
천황친정입헌론 618
청일전쟁 593
초망굴기론草莽崛起論 122, 300
『초사楚辭』 69
초연주의 572
추밀원 631
『춘추좌씨전』 679
『춘추』 35
충신장(주신구라) 사건 222
『치시마이문千島異聞』 116
「치죄법治罪法」 640
칙유 247
친병親兵 창설 582
친임식親任式 724, 725
칠생보국七生報國 296
칭량화폐稱量貨幣 554

ㅋ ─────────

카길 556, 557
코페르니쿠스 99, 139
크라우제비츠 595
크림전쟁 405
키요소네 567
킨더 498

ㅌ ─────────

타운젠트 해리스(Townsend Harris) 285,
287, 562
『타펠 아나토미아(Tefal Anatomia)』 148,
164, 165
탈번 낭사浪士 37
탈번 지사志士 663
태극도설 192
『태서여지도설泰西輿地圖說』 161
태양신 62
태정관 453, 580
태정관찰 542, 555
「태평책」 217
텐진조약 633
토마스 글로버(Thomas Glover) 341, 342,
357
토마스 홉스 75
토막 밀칙 361
토막 노선(討幕路線) 367
통상 회사 543, 549
통상사 549
통상조약 30
통상通商 관계 30
통수대권 601, 602, 603
통신通信 관계 30
『통항일람通航一覽』 283, 398
특명전권대사 484

티에르(Louis Adolphe Thiers) 대통령 502

ㅍ ───────────────

파리코뮌 406, 502
파비우스(G. Fabius) 266
파약양이破約攘夷, 파약양이 노선 317, 441
판적봉환版籍奉還(한세키호칸) 60, 455
페리 함대 24
페리(Matthew Calbraith Perry) 277
편무적 최혜국 대우 638
편무적 협정 관세 636
편제대권 601
평화헌법 722
폐도령 466
폐번치현(廢藩置県, 하이한치켄) 60, 457, 459
폐불훼석 100
풍설서風說書 251
프란체스코 하비에르 131, 143
프란츠 에케르트(Franz Eckert) 83
프랑스대혁명 22, 24, 651
『프랑스혁명에 관한 성찰』 406, 622
프러시아형 입헌론 618

ㅎ ───────────────

『하루마와게』 149
하마구치 내각 603
하세쿠라 쓰네나가 132, 133
하시모토 사나이橋本左内 142, 260, 290, 367
하시모토 사네야나橋本実梁 375
하야시 라잔林羅山 186
하야시 시헤이林子平 145, 173
하야시 주조 610
하야시 쥬사이林述齋 259
하야시 후쿠사이林復齋 283
하코다테 전쟁 657

하타모토 421, 422
하토야마 이치로 603
학교 제도 462
「학교문답서學校問答書」 241, 690
학연学研 42
학제 60
「학칙」 214, 217
핫토리 나카쓰네 98
항복(종전) 선언 730
항해원략론航海遠略論 441
항해원략책航海遠略策 315, 316
『해국도지海國圖志』 174, 241
『해국병담海國兵談』 116, 145
해군공채 587
해군 확장 계획 593
해군군령부 586
해군성 586
해군훈련소海軍傳習所(해군전습소) 266, 272
해리 파크스(Harry Parkes) 364, 412
해방괘海防掛 281
「해방팔책海防八策」 262
『해외신화海外新話』 255
『해체신서』 139, 164, 172, 677
행정관 453
행행行幸 724
헌법 3월안 632
「헌법제정에 관한 의견서」 520
헤르만 뢰슬러(Hermann Rösler) 622
헤이신마루丙辰丸 690
헨드릭 두프(Hendrick Doeff) 147
혁명적 사무라이 663
현양사玄洋社 644
혈맥과 의미 205
협정세율 인정 287
「형법」 640
형상설 565
『형영야화形影夜話』 170

호리카와 야스치카堀河康親　477

호리카와 에이치　43

호시나 마사미쓰　430

호시나 마사유키保科正之　429, 433

「호적에 관한 초안」　464

호조 다카토키　391

호조가北条家　230

호조北条　93

혼다 도시아키本多利明　145, 173

홋카이도개척사　620

홋타 마사요시屈田正睦　286, 287, 288, 479

『홍도관기술의』　122

「홍도관기」　122

홍콩달러설　565

『화자정람초和字正濫抄』　84

화족령　708

화족제 창설　631

화족제도華族制度　455

화친조약　16, 30

화학강담소和學講談所　669

『화한삼재도회和漢三才図會』　144

화혼양재론和魂洋才論　162

환換 회사　549

황국사관　68, 82, 115

황궁 1,000바퀴 돌기御所千度回　395

황실전범　631

『황제내경』　168

황통　735

황통론　62

황통의 연속성　213

『회남자淮南子』　69

「회천시사」　122

회천回天 궐기　334

효고 개항　361, 362, 366

후기 미토학　111, 123, 202, 215

후다이譜代 다이묘　17, 446

후지바야시 후잔藤林晋山　149, 150

후지와라 세이카　186

후지와라가　477

후지와라노 가마타리　135

후지타 도코藤田東湖　58, 110, 112, 122, 124, 126, 178, 256

후지타 유코쿠　111

후쿠오카 다카치카　56

후쿠자와 유키치福澤諭吉　63, 142, 154, 384, 450, 462, 489, 684, 713

히가시쿠니노미야　730

히닌非人　463, 464

히다 다메요시　497

히라노 구니오미平野国臣　355, 659

히라이즈미 기요시平泉澄　71, 82, 110, 123, 715

히라타 국학　101, 102, 105

히라타 아쓰타네平田篤胤　95, 100

히로세 단소　673

히코네시　437

히토쓰바시가　288, 328, 418, 419

히토쓰바시파　310, 400

기타

3종의 신기三種神器　71, 72, 73, 732

3직三職　375

4개국 연합 함대　328

4경 전쟁四境戰爭　337

4제후 회의　53, 359, 361, 365

5개 항구의 추가 개항　287

「5개조서약문」　47, 48, 49, 51, 53, 55, 59, 242, 382, 521, 620, 638, 719, 735

5셋칸가攝關家　375

68(1968년) 세대　676

8・18정변(1863)　275, 313, 320

88공경열참사건(八十八公卿列参事件)　479

Sir Rutherford Alcock(알코크)　410

아주 긴 시간이었다. 집필에 5년, 수정 및 교정에 1년 8개월이 걸렸다. 그렇게 된 가장 큰 원인은 일본근대사의 주요한 역사적 현장들을 직접 다니느라 많은 시간을 소비했기 때문이다. 가고시마에서 센다이까지 25개 도시를 다녀왔다. 이 책의 배경이 되는 주요 도시와 유적지를 거의 대부분 다녀왔고 사진도 많이 찍었다. 한 시대의 역사를 생생하게 이해하기 위해서는 그 시대의 지명과 역사지리에 대한 감각이 다른 무엇보다도 중요하다고 느꼈기 때문이었다.

지금은 아주 작은 도시에 지나지 않는 많은 지역들이, 이 책의 주요 무대인 1800년대의 시공간에서는 정치적, 경제적, 군사적 영향력이 매우 높아, 일본의 미래를 결정하는데 핵심적인 역할을 하였다. 조슈(하기), 시모노세키, 사쓰마(가고시마), 나가사키, 사가, 도사(고치), 미에, 아이즈(아이즈 와카마츠), 센다이 같은 변방 도시들이 여기에 해당한다.

고대 이래 중앙집권적인 권력구조를 가지고 있었던 우리나라와는 다르게 근현대 일본은 이러한 변방 도시들에 의해 기본적인 구조와 형태가 만들어졌다. 그러다보니 에도 시대건 현대건 일본을 제대로 이해하기 위해서는 교토나 도쿄 같은 몇 몇 대도시가 아니라, 작은 변방도시와 농촌지역 마을을 직접 다녀보지 않으면 안 된다.

이런 이유로 틈나는 대로 작은 도시들을 다녔다. 한두 량짜리 기차를 타고 일본의 구석구석을 다녔는데, 우리에게는 낯설고 무감각할 수도 있는 조그만 지명과 유적지도 그냥 지나치지 않았다. 그렇게 여행하면서 일본근대사를 느끼고 대화하고 성찰할 수 있었던 경험을 이 책에 다 녹여 표현하기는 불가능했지만, 이를 바탕으로 나름대로 심혈을 기울여 한 문장 한 문장 고심하면서 적어 나갔다. 독자들이 이 책을 읽고 이웃나라 일본에 대한 고정적인 생각의 틀에서 벗어나, 다양한 시각에서 풍부하고 생생하게, 가능하다면 좀 더 깊이 있게 이해하는데 조그만 도움이라도 된다면 더할 나위 없겠다.

지금 돌이켜 생각해보면 이 책을 완성하기 까지 많은 시간과 희생이 필요했었다. 2002년 국립부경대학교 국제지역학부에서 박사과정을 밟으면서 일본근대사를 본격적으로 연구하기 시작해 2012년 초 박사학위를 받았고, 곧바로 이 책의 집필에 들어가 2012년 봄부터 2013년 겨울까지는 아예 세상과 담을 쌓고 지내면서 초고를 완성했다. 이어 직장생활을 하면서 1년 8개월 동안 틈틈이 수정 보완하였다. 결코 만만치 않은 과정이었다.

이 책을 끝낸 지금 생각해보면 일본이라는 나라, 일본인이라는 민족은 언뜻 보면 참 작아 보이지만, 사실은 참 큰 나라라는 생각이 든다. 한때는 미국에 이어 세계 2위의 경제대국이었고 지금은 중국과 그 자리를 놓고 경쟁하고 있다는 사실만 봐도 그렇다. 세계 2위의 경제대국이 다른 나라가 아닌 일본이라는 사실 때문에 그게 얼마나 크고 대단한 것인지를 우리가 인정하지 않았을 뿐이지 그 규모가 한때는 영국, 프랑스, 독일을 합친 것과 같았다.

우리는 쉽게 무시하고 폄하하지만 일본의 역사 또한 간단하지가 않다. 깊고도 풍부하며 다양하다. 그래서 공부하면 할수록, 생각하면 할수록 어려운 나라이기도 하다. 아무리 뛰어나다 해도 한 개인의 능력으로는 이해할 수 있는 한계가 너무나 분명하게 다가오는 나라다. 일본 근대사를 이해하는 데 필요한 언어만 해도 몇 종류나 되는지 모른다. 가령 에도 시대 난학과 서양문명에 관해 전문적으로 연구하고자 한다면 네덜란드어는 기본이고, 스페인어, 포르투갈어가 필요하다. 막말 서양의 제도문물이 도입되는 과정을 연구하려면 불어와 독일어 영어가 필요하다. 일본어 사료를 해독하는 데에는 현대일본어를 이해하는 것만으로는 불가능하다. 한문에 고대일본어와 소로분 등 전혀 낯선 옛 일본어도 익혀야만 한다.

막말 정치적 격동기를 주도했던 중요한 정치적 주체별로 기본적으로라도 봐야만 하는 자료는 또 얼마나 많은지, 간단한 이력이라도 봐야만 하는 역사인물은 또 얼마나 많은지 그 어려움은 일일이 다 말할 수 없다. 처음부터 이런 줄 알았다면 아마 시작하지 않았을지 모른다. 그 어려움을 알고 난 지금은 당연히 두 번 다시 도전하고 싶지 않은 분야다. 그래서 그 긴 시간 동안 중도에 포기하지 않고 이렇게 마무리를 할 수 있도록 뒤에서 묵묵히 도와준 인내심 강한 나의 가족들에게 감사의 말을 남기지 않을 수 없다.

일본에 계신 장인어른께서는 한국에서 구할 수 없는 일본 고서나 중고서적을 수도 없이 보내주셨다. 나의 부모님은 언제나 그렇듯이 조용하게 기다려 주셨다. 큰 딸은 섬세한 언어감각으로 영문제목을 정하는 데 도움을 주었다. 큰 아들은 어깨너머로 원고를 훔쳐보면서 무슨 책을 쓰느냐고 가끔 물어보았다. 둘째 아들은, "나는 게임중독, 아빠는 책 중독! 책 좀 그만 봐"라고 소리치곤 했다. 막내딸은 돌아 앉아 있는 나의 등을 올라타며 말놀이를 해달라고 졸라댔다. 아이들에게는 아이들의 때가 있겠지만, 크면 다 이해하리라고 위안했다.

마지막으로 나의 아내, 코이데 아야 선생에게 고맙다는 말을 하지 않을 수 없다. 그녀는 언제나 나를 믿고 말없이 기다려주는 참을성 많은 사람이다. 그런 그녀도 내가 직장을 그만두고 이 책에만 매달린 지 2년이 다 되어갈 무렵부터는 언제 끝나느냐는 질문을 가끔씩 했다. 그때부터 나는 위기의식을 가지고 이 책의 집필에 속도를 냈다. 그러면서도 이 책의 일본어 참고문헌을 깔끔하게 정리해주었다. 아내라는 사람은 이렇듯 여러 가지 방면에서 감사하지 않으면 안 되는 존재다.

나의 모든 가족들에게 이 책이 조그만 기쁨이라도 될 수 있다면 정말 좋겠다.